Sessions Protokoll der vereinigten Sektionen
der Justiz und des Innern
für zweiter Teil des baierischen Strafgesetzbuches
von 1813

Von
Masakatsu Adachi

Alle rechte vorbehalten
©2011 Shakaihyoronsha, Tokio
(Verlag Shakaihyoronsha)
Hongo 2-3-10, Bunkyo, Tokio, 113-0033 Japan
Internet: www.shahyo.com
Druck: Kurashiki-Insatsu
Printed in Japan
ISBN978-4-7845-1803-6

Vorwort

Die Materialien, die ich in diesem Buch gesammelt habe, sind in Bayerisches Hauptstaatsarchiv aufbewahrt. Sie heißen" Act des Königlichen Staats Raths." Ihre Einrichtungsnummer ist 1973, 8206, 8207, 8212, 8214 und 2091.

Diese Materialien sind in zwei Teile geteilt. Erster Teil ist die Staatsverbrechen betreffend. Zweiter ist Sessions Protocoll der vereinigten Sektionen der Justiz und des Inneren.

Diese Protokolle sind Zweiter Teil" Von dem Prozeß in Strafsachen" in Strafgesetzbuch für das Königreich Baiern von 1813 betreffend. Wohlbekannt setzt das bayerisches Strafgesetzbuch von 1813 sich aus zwei Theilen zusammen. Erster Teil ist" Über Verbrechen und Vergehen." Was diesem Teil betrifft, gibt es die ausführliche Anmerkungen (sogenannte" Rotes Buch"). Aber Zweiter Teil betreffend, gibt es kein Buch ohne handschriftliches Material. Die erste Sitzung der vereinigten Sektionen der Justiz und des Inneren war am 6. Juni 1811 gehalten. Danach war die Sitzung gewöhnlich einmal in der Woche gehalten. Die letzte 26. Sitzung war 25. November 1811 gehalten.

Die Mitglieder der vereinigten Sektionen der Justiz und des Inneren waren Graf von Reigersberg, der königliche geheime Staats- und Konferenz-Minister, als Vorsitzende, von Zentner, von Krenner der Senior, Carl Graf von Arco, Adam Freiherr von Aretin, von Effner, von Feuerbach, Graf von Welsperg und von Gönner als geheimer Rat, Egid Kobell als Sekretär.

In der Sitzung war die Tatbestand als prozessualer Begriff ausführlich erörtert. Darin können wir den Keim der Entwicklung vom corpus delcti im Inquisitionsprozeß zu der Tatbestand im Anklageprozeß finden.

Ich hoffe, daß dieses Buch zur Erwerbung prozessuales Typus in der früh-modernen Zeit beiträgt.

Altes handsvchriftliches Material zu lesen und verstehen, ist sehr schwer als Fremde. Ich hoffe, nicht so mehr Mißverständnis zu sein.

Ich danke dem Hogakkai in Universität Kanto-gakuin für finanzielle Hilfe von Herzen. Ohne diese Hilfe kann ich dieses Buch nicht mehr herausgeben.

Yokohama, im Februar 2011　　　　　　　　　　　　　　　　　　　　　　Masakatsu ADACHI

INHALTSVERZEICHNIS

Erster Teil

Die Staatsverbrechen betreffend

1. Vortrag über die Untersuchung und Bestrafung von Staats-Verbrechen —————— 2
2. Die Einrichtung von Spezial Gerichten und Einführung des standrechtlichen Verfahrens betreffend —————— 11
3. Entwurf des königlichen Patentes wegen Staats-Verbrechen —————— 21

Zweiter Teil

Sessions Protocoll der vereinigten Sektionen der Justiz und des Inneren

1. Sitzung Nr. I —————— 37
2. Sitzung Nr. II —————— 56
3. Sitzung Nr. III —————— 71
4. Beilage zum Protocoll Nr. III-1 —————— 79
5. Beilage zum Protocoll Nr. III-2 —————— 81
6. Sitzung Nr. IV —————— 122
7. Zum Strafgesezbuch II. Theil "ad Allgemeiner Bestimmungen" —————— 140
8. Sitzung Nr. V —————— 142
9. Sitzung Nr. VI —————— 156
10. Sitzung Nr. VII —————— 173
11. Sitzung Nr. VIII —————— 192
12. Sitzung Nr. IX —————— 210
13. Sitzung Nr. X —————— 225
14. Sitzung Nr. XI —————— 244
15. Sitzung Nr. XII —————— 260
16. Sitzung Nr. XIII —————— 275
17. Sitzung Nr. XIV —————— 286
18. Von der Gegenstellung oder Konfrontazion —————— 298
19. Beilage zum Protokoll Nr: XIV. No. II —————— 300
20. Sitzung Nr. XV —————— 303
21. Beilage zum Protokoll Nr. XV —————— 315
22. Sitzung Nr. XVI —————— 318
23. Sitzung Nr. XVII —————— 331

24.	Sitzung Nr. XVIII	342
25.	Beilage Nr. I. zum Protokoll XVIII. vom27. October 1811	352
26.	Sitzung Nr. XIX	359
27.	Sitzung Nr. XX	369
28.	No 1. zum Protocoll Nr. 20. von Gönner	379
29.	Beylaage zum Prot: No. XX	384
30.	Beylaage zum Prot: No. XX	386
31.	Sitzung Nr. XXI	387
32.	Sitzung Nr. XXII	401
33.	Sitzung Nr. XXIII	415
34.	Beilage zum Protokoll No XXII	426
35.	Sitzung Nr. XXIV	437
36.	Sitzung Nr. XXV	443
37.	Sitzung Nr. XXVI	453

Acten des Königlichen Staats-Raths.

I Die Staatsverbrechen betreffend

1. Vortrag über die Untersuchung und Bestrafung von Staats-Verbrechen

§ 1

Während noch die drei südlichen Kreisen des Königreiches im Aufstande befangen sind, werden in den nördlichen Kreisen, und an derselben Gränzen von den Oesterreichern noch alle Mittel versucht, um das Volk gegen die Regierung aufzureizen. Die Unruhen von Mergentheim, die Auftritte vom 26te Junius in Nürnberg, die Widersezlichkeit einiger Landgerichte gegen die letzte Korrupzion sind Folgen und Beweise dieser Machinazionen.

§ 2

Durch die Errichtung der Nazional Garde ist zwar die Sicherheit des Staates gegen Anfälle von Aussen und Ausbruche innerer Unruhen geschüzt: auch haben die Siege in den ersten Tagen dieses Monates die Gefahr einer weitern Verbreitung von Unruhen vermindert; allein nun fodert es das Ansehen der Regierung und der Geseze, daß die Störer der öffentlichen Ordnung, da, wo es nach den Verhältnissen geschehen kann, gestraft werden. Die Strafe muß schnell auf das Verbrechen folgen, oder doch gleich mit der Wiederkehr der gesezlichen Gewalt eintreten, nur dadurch, daß mit schnell wirkender Kraft und Schreken dem Volke imponirt wird, kann die Zahl der Opfer der Gerechtigkeit vermindert werden.

§ 3

Das für ordentliche Kriminal Untersuchungen vorgeschriebene Verfahren wird durch die vielen Förmlichkeiten, mit denen es die Geseze umkleiden, durch die Trennung der untersuchenden und urtheilenden Behörde, durch die Rechtsmittel der Revision und Appellazion gelähmt, und verzögert. Daß Staats-Verbrecher vor ein Kriegs-Gericht gezogen werden sollen, ist noch durch kein allgemeines Gesez bestimmt: auch müßten die Kriegs-Gerichte erst eine neue Verfassung bekommen, wenn sie den beabsichteten Zwek erfüllen sollten.

Das Standrecht, wie selbiges in dem für die südlichen Theile des Königreichs bestehenden Oesterreichischen Kriminal Gesezbuche, angeordnet ist, gewährt ein kräftiges Mittel, einen Aufstand in seiner Entstehung zu unterdrücken, und verdient in so fern für das ganze Königreich um so mehr eingeführt zu werden, als ohnehin schon das neue Gesezbuch über Verbrechen und Vergehen im Art: 376 darauf hinweist: nach gestillter Unruhe aber läßt das Österreichische Kriminal-Gesez, wie jedes andere, den Staat hilflos.

§ 4

Zur Ausfüllung dieser unter den gegenwärtigen Umständen sehr empfindlichen Lücke in der Gesezgebung wird vorgeschlagen: Die Errichtung von Spezial Gerichten, in der Art und mit der Gewalt, wie von der französischen Regierung die Tribunaul Speciaul durch das Gesez vom 10. Slm: An 9. mit vielem Erfolge angeordnet wurden.

Die Ausdehnung der über das Standrecht bestehenden Geseze auf das ganze Königreich, endlich, die Kundmachung von jenem Theile des Gesezbuches, über Verbrechen und Vergehen, welcher von den gefährlichern Staats-Verbrechen handelt.

§ 5

Die lezte Verfügung ist nicht nur zur genauern Bestimmung der Kompetenz für die Spezial-Gerichte nothwendig, sondern sie ist auch das einzige Mittel den häufigen und wichtigen Anständen zu begegnen, welche die Verschiedenheit und zum Theil auch die Unbestimmtheit der im Königreich noch bestehenden Kriminal-Geseze in diesem Gegenstande mit sich führt. Da Seine Majestät diesem Theile des Kriminal Gesezbuches, nach geschehen Vortrag in geheime Staats-Konferenz, bereits die allerhöchste Genehmigung ertheilt haben; so wird die partielle Publikazion keinem Anstande unterliegen.

§ 6

Die Entwürfe der von Seiner Majestät hierüber zu erlassenden zwei Patente werden hiemit gehorsamst vergelangt. Das erste begreift die Anordnung über die Formazion, die Kompetenz und das Verfahren der Spezial-Gerichte, dann über das standrechtliche Verfahren: das zweite enthält die Kundmachung der auf die gefährlichern Staats-Verbrechen sich beziehenden Kriminal-Geseze.

§ 7

In der Art der Formazion der Spezial-Gerichte können die Unterthanen schon den wichtigsten Grund zur Beruhigung jener Besorgnisse finden, welche allenfalls die ausserordentliche Macht dieser Gerichtshöfe erregen mag. Seine Majestät der König wählt die fünf Richter aus der Mitte Seiner durch Befahrung geprüften Justizräthe, welche auch beim ordentlichen Kriminal Verfahren über Freiheit und Leben der Unterthanen urtheilen: zwei Beisizer, aus der Unterthanen Mitte gewählt, bürgen für die Ächtheit des Protokolls, dessen Führer, seinem Amte nach, eine höhere Präsumzion von Treue und Genauigkeit für sich hat.

§ 8

Vielleicht wird hier die Beigebung von Militär vermißt werden, und wirklich unterscheiden sich auch hierin die vorgeschlagenen Spezial-Gerichte von den französischen Tribunaul Special nicht minder als von den in andern Staaten bisher angeordneten Marzial-Gerichten: allein man glaubte hierin der öffentlichen Meinung nachgeben zu müssen, welche den in einem Strengen und von Förmlichkeiten entblößten Dienst gealterten, Tausende um sich fallen zu sehen gewohnten Männern weder die mildere Gemüths Stimmung, noch immer die Rüksicht auf Formen, noch die hohe Achtung für Menschenleben zutraut, die der Richter in so wichtigen Fällen haben soll: Lourguvi troir militairer sagte Dotzenandere im Tribunate, als des Gesezes Projekt über die Criminal Speciaul diskutirt wurde: "Quelle garantie offrant ils de plus? Serail ce une garantie de force? Non, ils jour isoler de leuv corps d'Instruction? Non, hors les cas militaires, ils se quot gloire d'ignores les lois, et les procedures."

§ 9

Neu und in Deutschland bisher ungewöhnlich ist die Erscheinung eines Regierungs- Kommissärs beim Kriminal-Gerichte. Er ist das Organ des von Seiner Majestät mit der Vorsorge für die innere Sicherheit unter den gegenwärtigen Verhältnissen ausserordentlich beauftragten Ministeriums beim Gerichte, und versieht zugleich die Funkzionen des öffentlichen Anklägers. Diese leztern werden durch die Wichtigkeit und Gefährlichkeit der Verbrechen gerechtfertigt, welche nicht gestatten, den oft einseitigen Erwägungen der Justiz-Beamten allein die Beurtheilung zu überlassen. Während die Staatssicherheit wollte, daß das Ministerium von dem Gange und den Resultaten der Untersuchung beständig in Kenntniß erhalten werde,: sollte doch das Ansehen von Einflusse der Regierung selbst auf die Untersuchung vermieden werden, welches eine solche unmittelbare Korrespondenz mit dem Spezial Gerichte immer gehabt haben würde, und so schien das Mittelorgan des Regierungs-Kommissärs am geeignetsten. Die Gefahr eines die Schuldlosigkeit Staatsrüksichten aufopfernden Einflusses ist dadurch entfernt, daß der Regierungs-Kommissär weder beim Urtheilen, noch sonst eine Stimme hat, daß daher Untersuchung und Aburtheilung, seiner Erinnerungen ungeachtet den Gang des Rechtes fortgeht. Die durch die Konstituzion garantirte Unabhängigkeit der Justiz-Beamten läßt auch keinen indirekten Einfluß auf den Richter besorgen.

§ 10

Die Einrichtung und Auflösung der Spezial Gerichte muß Seiner Majestät dem Könige allein überlassen werden, denn Allerhöchst dieselben können allein beurtheilen, ob es die Umstände erfodern, daß das Verfahren der ordentlichen Kriminal Gerichte noch länger suspendirt werde.

§ 11

Die Competenz der Special Gerichte ist genau bestimmt, und sehr beschränkt; es gehören beinahe nur solche Verbrechen vor ihr Tribunal, welche das neue Gesez mit dem Tode bestraft. Nur bei dem Verbrechen des Aufstandes im höchsten Grade /:wo militärische Gewalt zur Zerstreuung desselben nothwendig, oder wirkliche Gewaltthat an Personen und Sachen verübt wird:/ werden des Zusammenhanges der Untersuchung wegen, alle Theilnehmer desselben ohne Unterschied vor das Spezial-Gerichte gestellt. In einzelnen Fällen werden die Grade der Theilnahme näher bestimmt werden müssen, welche unerbittlich gestraft werden sollen, während die Menge Gnade erhält.

Des grands exemples sont nécessaires dans ces grandes occasions; maïs la multitude, près que toujours égarée par quelques soitneus, a des droits à la miséricorde. Ne nacettre aucun terme aux racte eretrer et aux vengeaures, ce ne serait pas punir mois actermiccer. /:Exposé des motifs da projet de loi tendant à l'etablissement d'un tribunal criminal special:/

§ 12

Da die Urtheile nach den Gesezen, welche zur Zeit und an dem Orte des begangenen Verbrechens bestanden haben, geschöpft werden sollen, so kann sich derjenige, welcher wegen einer vor Kundmachung des Patentes begangenen Handlung vor ein Spezial Gericht gezogen wird, so wenig über ein ungerechtes Zurückwirken des Gesezes beschweren, als der Unterthan jener Kreise, in welchen vorher in Kriminal-Sachen drei Instanzen bestanden haben, das organische Edikt über die Gerichts-Verfahrung, welches dieselben auch für frühere Fälle auf zwei reduzirte, der Ungerechtigkeit anklagen kann: Das Gesez, nach welchem er beurtheilt wird, ist das nähmliche, welches ihn bei seiner Handlung hätte leiten sollen: Selbst in den Formen hat sich nur das Zufällige geändert; das Wesentliche, die Garantie seiner bürgerlichen Freiheit, ist gleich geblieben.

§ 13

In den Bestimmungen über das Verfahren der Spezial Gerichte wurde von dem Gesichtspunkte ausgegangen, daß durch sorgfältig vorgezeichnete Formen von der einen Seite die bürgerliche Freiheit in einem um so höhern Grade gegen Präcipitazion und Willkühr gesichert werden müsse, je kürzer das Verfahren, und je gröser die Macht des Gerichtes auf der andern Seite sein muß, wenn es seiner Bestimmung entsprechen soll. In dieser Hinsicht glaubte man vorzüglich dafür sorgen zu sollen, daß des Faktum richtig aufgefaßt, und der Beweiß desselben, auf eine, keinen Einwendungen unterliegende Art hergestellet werde. Die Anwendung des Rechtes schien bei dem über die Wahl der Richter gegebenen Bestimmungen weniger Bedenken zu unterliegen.

§ 14

Alle Handlungen geschehen vor versammeltem Gerichte: Die Form der Protokolle, über welche die Geseze in den verschiedenen Theilen des Königreichs verschieden, zum Theil selbst schwankend sind, ist /:nach dem österreichischen Geszbuche:/ auf eine solche Art bestimmt, daß eine Unterschiebung oder Verfälschung nicht möglich ist. Nach geschlossener Untersuchung werden erst noch, und zwar in der Regel öffentlich, die Akten in Gegenwart des Beschuldigten und der Zeugen herabgelesen, und eben so werden öffentlich von dem öffentlichen Ankläger die Anklagepunkte ausgehoben, und dem Beschuldigten zu seiner Beantwortung vorgelegt.

§ 15

Wir sehen hier zwei neue, in unseren Kriminal-Gesezen bisher unbekannte Formen, nemlich die Öffentlichkeit der Schluß-Verhandlung, und die Beigebung eines Vertheidigers. Beide scheinen bei diesem ausserordentlichen Verfahren selbst auf den Fall nothwendig zu sein, daß sie auch künftig beim ordentlichen Verfahren nicht beingeführt werden sollten. Die Publizität ist allein geeignet, den Spezial Gerichten das eben so gehässige als furchtbare Ansehen einer geheimen Staats-Inquisizion zu benehmen, welches auf den oesterreichischen Jakobiner Kommissionen der Jahre 1796 und 1797 lastete: sie unterwirft, besonders wenn der Kreis des Antheil nehmenden Publikums durch den Druck erweitert wird, die sonst unerreichbaren Richter dem öffentlichen Urtheile, und giebt so dem Beschuldigten, wie dem Staate, den kräftigsten Schuz gegen Willkühr und Leichtsinn. Den damit verbundenen Gefahren ist durch die beigefügten Beschränkungen vorgebogen.

Ein Vertheidiger des Beschuldigten wurde durch den öffentlichen Ankläger nothwendig: die Chikanen und Verdrehungen, welche allenfalls davon besorgt werden können, sind ohne Einfluß, weil das Gericht in erster und lezter Instanz spricht, mithin eine Verzögerung deßwegen nicht Plaz greifen kann.

§ 16

Ein schriftlicher Vortrag über die Untersuchung hätte sich mit der Kürze des Verfahrens, nicht vortragen: er scheint aber auch gar nicht nothwendig zu sein. Da jeder der Richter bei der ganzen Untersuchung vom Anfange bis zum Ende gegenwärtig ist, und gewissermasen selbst an der Leitung desselben Antheil nimmt, da bei dem Schlusse die Akten nochmal herabgelesen, die Anklage Punkte vom Regierungs-Kommissär ausgehoben, und von dem Beklagten erörtert werden, da endlich erst noch der Präsident die Haupt Punkte reassumirt, so muß dadurch jedem einzelnen Richter der Begriff des Faktums, über welches geurtheilt werden soll, so deutlich und bestimmt werden, daß er, bei der Kenntniß der Geseze, und bei der Gewandtheit in Anwendung derselben, die man bei ihm, seiner Stelle zufolge, vermuthen muß, ohne Schwierigkeit seine Meinung wird abgeben können, besonders da die Umfrage darüber sich in drei abgesonderte Fragen auflöst.

§ 17

Es liegt in der Natur eines solchen Gerichts, daß es ohne weitere Berufung spricht: eben deßwegen aber scheint es nothwendig, daß in den Fällen, wo über die wichtigste und schwierigste Frage, ob der rechtliche Beweiß des Verbrechens hergestellt sei, Gleichheit der Stimmen eintritt, mithin Zweifel obwaltet, die Untersuchung an das ordentliche Kriminal Gericht verwiesen werde. Die französische Regierung war nach weiter gegangen, indem sie verordnete, daß die Zahl der Glieder des Gerichts immer gleich, /:nombre pair:/ sein sollte. Die Folge des, von wer, daß bei gleichen Stimmen der Beschuldigte losgesprochen wurde. Allein diese Vorsicht, die bei ihrem mehr als zum dritten Theil mit Militär Personen besezten Tribunaul Speciaul vielleicht notwendig gewesen sein möchte, wäre bei unsern Spezial Gerichten übertriebene Ängstlichkeit.

§ 18

Es muste ferner dem Spezial-Gerichte die Befugniß übertragen warden, in den wenigen Fällen, wo das allgemeine Gesez für den einzelnen Fall zu strenge zu sein scheint, sich an diejenige obere Behörde zu wenden, welche, indem sie allein die Verhältnisse des ganzen Reiches übersieht, auch allein bestimmen kann, ob den strengen Rechte sein Lauf gelassen, oder gleichwohl auf die Königliche Gnade angetragen werden soll.

§ 19

Noch giebt es zwar einen Fall, welcher sich ganz offenbar zur Entscheidung eines Obergerichts eigentnemlich der Fall, wo das ganze Spezial Gericht, oder doch einige Glieder desselben von dem Beschuldigten, als in der Sache befangen perhorrescirt warden: allein die Disposition, daß in diesem Falle die Sache an das Ober Appellazions Gericht gelangen müssen, scheint sich zur Einschaltung in das Patent nicht zu eignen, weil sonst Anlaß zu muthwilligen Perhoreszierung gegeben werden könnte: sie kann blos den Gegenstand einer dem Spezial-Gericht hierüber zu ertheilen den Weisung ausmachen.

§ 20
Die Bestimmungen über das standrechtliche Verfahren, welche den IV und lezten Titel des ersten Patents bilden, sind ganz aus dem in diesem Pünkt durch eine mehr als zwanzig jährige Erfahrung bewährten Oesterreichischen Kriminal Gesezbuch genommen.

§ 21
Die Macht, das Standrecht anzuordnen, muste den General Kommissär, benehmlich mit dem Appelazions- oder Spezial Gerichte, oder auch, wenn Gefahr auf dem Verzuge haftet, dem General Kommissär allein übertragen werden: dem blos im ersten Augenblik des Ausbrechens von Unruhen kann es wirken.

§ 22
Das Verfahren ist hier noch summarischer, als beim Spezial-Gerichte: die Kürze der Zeit gestattet nicht, daß die für dieses bei dem Schlusse des Verfahrens vorgeschriebenen Handlungen vorgenommen warden. Der Regierungs Kommissär erscheint dabei weniger in der Eigenschaft des öffentlichen Anklägers, als /:wie nach dem Österreichischen Gesezbuche der Kreishauptmann:/ in der Fukzion eines höhern Polizei-Beamten, welcher die in solchen Fällen nötigen polizeilichen Verfügungen treffen kann. So bekömmt denn auch der Beschuldigte keinen Vertheidiger, und er ist überhaupt mehr den Richtern überlassen, welche nicht einmal mit der Sorgfalt, wie beim Spezial Gerichte: gewählet werden.

§ 23
Todesstrafe ist hier die Regel, und selbst Handlungen, auf welche sonst diese Strafe durch das Gesez nicht verhängt ist, werden mit dem Tode bestraft, sobald sie nach verkündigtem Standrechte verübt worden sind. Untersuchung und Vollzug des Urtheils muß binnen 24 Stunden von der Zeit der Ergreifung des Beschuldigten beendet seien.

§ 24
Diese Verfahren, die eigentliche Nothwehr des Staates, in dem Momente, wo dessen auf öffentliche Ordnung beruhende Existenz bedroht ist, würde sich nicht rechtfertigen lassen, wenn es länger fortbestünde, als die Gefahr selbst, oder, wenn es sich weiter erstrekte, als nötig ist: darum kann es nach gestillter Unruhe nicht mehr angefangen, und eben sowenig fortgesezt werden: darum werden demselben nur die Rädelsführer des Aufstandes, oder die vorzüglich Gewaltthätigen, oder solche Theilnehmer unterworfen, welche durch Verkündigung des Standrechtes von den Folgen ihres Fortfahrens im Aufstande im Voraus verständiget sind: darum wird endlich der Untersuchte,

dessen Schuld oder Schuldlosigkeit binnen 24 Stunden nicht aufgeklärt werden kann, oder wegen Gleichheit der Stimmen unentschieden ist, dem ordentlichen Verfahren überlassen.

§ 25

Die Todesstrafe wird hier gegen die im neuen Kriminal-Gesezbuche gewählte Hinrichtungsweise durch den Strang vollzogen, man glaubte nicht erwarten zu können, daß in allen Gegenden des Reiches sich Sicherfürchter befinden, welche die nötige Geschiklichkeit besizen, um die Enthauptung ohne Marter des Verurtheilten vollziehen zu können. In dieser Hinsicht ware vielleicht der Tod durch die Kugel, da ohnehin immer Militär zur Bedekung des Standrechts vorhanden sein muß, noch geeigneter gewesen: allein man ist bisher bei uns gewöhnt gewesen, das Fusilliren nur als militairische Strafe anzusehen, welche keinen entehrenden Nebenbegriff mit sich führt.

§ 26

Das zweite Patent, dessen Entwurf vorgelegt wird, enthält lediglich die Kundmachung der Bestimmungen des neuen Kriminal-Gesezes, über die gefährlichern Staats-Verbrechen. Da das Kriminal-Gesez bereits die Genehmigung Seiner Majestät erhalten hat, so bedarf es über das Materielle dieser Bestimmungen keiner weitern Begründung.

§ 27

Als die unter den gegenwärtigen Umständen gefährlichern Staats-Verbrechen glaubte man diejenigen ansehen zu sollen, welche entweder aus dem durch die Österreichischen Agenten verbreiteten Geiste von Unruhe, und Widersezlichkeit entspringen, oder dahin führen: es würde daher von der II. Abtheilung des II. Titels die vier ersten Kapitel bekannt gemacht, die drei lezten aber, welche von Verbrechen wider öffentliche Treu und Glauben wider Staats- und anderes öffentliches Eigenthum und von besondern öffentlichen Verbrechen der Staats-Beamten handeln, weggelassen.

§ 28

Von den vier ersten Kapiteln glaupte man die Artikel 360 und 388 jenen als eine blose Remission auf andere Geseze, und diese wegen dermaligen Mangel eines Objektes weglassen zu sollen.

§ 29

Am Ende mußte endlich noch eine Bestimmung, der im Geseze ausgsprochenen Strafen beigefügt werden, weil zum Theil die Ausdrücke ganz neu sind, zum Theil aber in den verschiedenen noch im Königreiche bestehenden Kriminal-Gesezen verschiedene Bedeutung haben. Die Artikel 16 und 21 des Kriminal-Gesezbuches mußten einige Modifikazionen in nicht sehr wesentlichen Punkten erhalten, welche die noch nicht durchgehends ausgeführte Einrichtung abgesonderter Zucht- und Arbeitshäuser voraussezen.

§ 30

Es läßt sich nicht läugnen, daß diese theilweise Bekanntmachung des Kriminal-Gesezes, die auf die Staats Verbrechen gesezten Strafen aus dem Verhältnisse reisten müssen, in welchem sie mit den Strafen der übrigen Verbrecher stehen sollen, und auch gegenwärtig stehen mögen; allein man glaubte, daß dieser Nachtheil gegen die Wohlthat nicht zu berüksichtigen sei, welche dem Staat wie den Bürgern dadurch zugeht, daß sie nicht mehr länger in diesem so richtigen Punkte einer eben der ungerechten als gafährlichen Bescheidenheit und Unbestimmtheit der Geseze preisgegeben werden. Nebstdem hat diese theilweise Kundmachung in dem Gesezen über den Wilddiebstahl, und über die Bestechung der Staats-Beamten bereits Vorgänge, welche gewiß nicht durch so dringende Veranlassungen gerechtfertiget werden können.

§ 31

Der Termin der eintretenden Wirkung des Gesezes "vom 1. August wo die Publikazion desselben möglich ist" scheint nicht zu beengt zu sein, da es bis dort in allen Theilen des Reiches, welche nicht in Aufruhr sind, bekanntgemacht sein kann.

Diese sind die Motive, mit welchen man die vorgelegten Gesez-Entwürfe begründen zu können glaubt.
Es muß nunmehr der weitern Berathung des geheimen Raths, und hiernach der allerhöchsten Entscheidung Seiner Majestät überlassen werden, in wie weit die Entwürfe dem vorgesezten Zweke entsprechen, und die allerhöchste Genehmigung verdienen, oder andern Vorschlägen Plaz machen sollen.

2. **Die Errichtung von Spezial Gerichten und Einführung des standrechtlichen Verfahrens betreffend.**

Während der größte Theil Unserer Unterthanen den arglistigen Ränken eines treulosen Feindes eine unerschütterliche Treue entgegensezt, und Uns durch tägliche Beweise von Ergebenheit für Unsere Regierungs-Sorgen belehnt, müssen Wir mit Schmerzen sehen, wie noch immer ein beträchtlicher Theil Unsers Reiches durch Oesterreichische Agenten im offenen Aufruhr gegen Uns erhalten, und wie auch in den nördlichen Kreisen kein Mittel unversucht gelassen wird, um den minder unterrichteten Theil des Volkes zur Vergessenheit seiner Unterthanspflichten zu verleiten.

Durch die am 6. d. M. dekretirte Errichtung der Nazional Garde haben Wir nun zwar Unsern getreuen Unterthanen im Mittel eröffnet, Uns, und sich gegen die Anfälle des verzweifelnden Feindes, und der Rebellen kräftig zu schuzen; es fodert aber auch die Uns von Gott zur Bewahrung übertragene innere Sicherheit des Staats, daß diejenigen, welche die heilige Pflicht gegen Fürst und Vaterland vergessend, sich mit dem Feinde eingelassen, seine auf die Umwälzung und Zerstükelung Unseres Reiches durch heimliche Ränke und öffentliche Handlungen befördert, und die schwache Menge durch die Einwürkung ihrer verführenden Reden, oder durch Drohungen und Gewalt zu einen Unglük bringenden Aufstand bewogen haben, die geszliche Strafe auf eine solche Art erleiden, welche, indem sie den damit verbundenen Schrecken vermehret, Unserm Gemüthe den Schmerz erspart, noch mehr Opfer dem Schwerte der strafenden Gerechtigkeit zu überlassen.

In dieser Hinsicht haben Wir auch bereits mehrere, solche Verbrechen beschuldigte Menschen der gerichtlichen Untersuchung übergeben: Allein, hiebei durch die Befahrung überzeugt, daß die in den verschiedenen Theilen des Königreiches durch die bestehenden Kriminal Gerichts Ordnungen verschieden bestimmten, überhaupt nur auf gewöhnliche Fälle berechneten Formen, weder dem Verfahren jene Schnelligkeit, noch den Gerichten jene Kraft gewähren, welche die gegenwärtigen ausserordentliche Verhältnisse fodern, haben Wir noch Vernehmung Unseres Geheimen Raths beschlossen, diese gefährliche Lücke in der Gesezgebung durch die alsbaltige Bekanntmachung Unsere für die künftige Kriminal Gesezgebung über diesen Gegenstand gefaßten Beschlüsse auszufüllen, und sonach einerseits die bereits in einigen Theilen Unseres Königreichs über das standrechtliche Verfahren bestehenden Geseze über den ganzen Umfang Unseres Reiches auszudehnen, anderseits aber nach dem durch den Erfolg gerechtfertigten Beispiele anderer Staaten zur Untersuchung, und Aburtheilung der den Staat in seinem Dasein angreifenden Verbrecher ausserordentliche Geric und endlich das Verfahren mit besondern Formen begleiten, die Foderungen der Staats-Sicherheit mit jenen der bürgerlichen Freiheit vereinigen.

Wir haben demnach verordnet, und verordnen, wie folgt:

Erster Titel
Formazion der Spezial-Gerichte

§ 1. Es sollen in denjenigen Kreisen, in welchen Wir es für nötig finden, ausserordentliche Gerichtshöfe, unter dem Namen der Spezial Gerichte kostituirt werden.

§ 2. Das Spezial Gericht besteht aus fünf Richtern, unter denen einer den Vorsiz führt, einem Regierungs Kommissär, zwei Beisizern aus der Gemeinde des Orts, in welchem das Spezial Gericht seinen Siz nimmt, und einem Gerichts-Schreiber.

§ 3. Wir werden fünf Richter aus der Mitte Unserer Justiz-Rathe, und zwar in der Regel aus dem Appellazions Gerichte des Kreises, in welchem das Spezial Gericht errichtet wird, ernnen. Wir werden zugleich bestimmen, wer unter ihnen, und auf die lange Zeit derselbe den Vorsiz führen soll.

§ 4. Die Stelle eines Regierungs-Kommissärs vertritt, sofern Wir nicht ausdrüklich etwas anderes zu verfügen finden, Unser Kronfiskal bei dem Appellazions-Gerichte des einschlägigen Kreises.

§ 5. Zu Beisizern hat der Vorstand des Gerichtshofes, benemlich mit dem Regierungs Kommissär und mit Vorbehalt Unserer von dem leztern zu erholenden Genehmigung, zwei vertraute und unparteiische Männer aus der Gemeinde des Orts, in welchem das Spezial Gericht seinen Siz nimmt, zu wählen, und dieselben bei versammeltem Gerichte, dahin zu beeidigen, daß sie; um die Ächtheit des über das Verfahren aufzunehmenden Protokolls zu bezeugen, für die ordentliche Eintragung der Fragen und Antworten sowohl, als auch die Meinungen der Richter sorgfältig wachen, und alles, was ihnen bei dieser Gelegenheit bekannt wird, geheim halten werden. Die Beisizer sind ohne wichtige Ursache nicht zu verändern.

§ 6. Den Gerichtschreiber wählt der Vorstand des Gerichts mit Vorbehalt Unserer Genehmigung aus den Sekretarien des einschlägigen Appellazions Gerichtes.

§ 7. Das Spezial Gericht nimmt in der Regel seinen Siz in der Hauptstadt des Kreises, für welchen es errichtet ist, es wird jedoch seinem Ermessen überlassen, sich an denjenigen Art hinzubegeben, wo es der Zwek der Untersuchung, oder seine persönliche Sicherheit fodert.

§ 8. Jeder, welchen Wir oder der Vorstand des Spezial Gerichtes zu demselben einberufen, hat die Verbindlichkeit, sich binnen 24 Stunden nach erhaltenem Rufe bei der schwersten Ahndung an den Siz des Gerichts zu begeben.

§ 9. So wie Wir allein bestimmen können, wodurch die öffentliche Sicherheit die Errichtung eines Spezial Gerichtes erfodert wird, so müssen Wir Uns auch allein das Recht vorbehalten, die Dauer seines Wirkens festzusezen, und die Zeit der Auflösung auszusprechen.

Zweiter Titel
Konpetenz der Spezial Gerichte

§ 10. Dies Spezial Gericht erkennt, mit Ausschliessung aller anderer Gerichte, über die in dem Kreise, für welchen es konstituirt ist, begangenen Verbrechen des Staats-Verraths im ersten und zweiten, der beleidigten Majestät im ersten und zweiten und des Aufstandes im dritten, und höchsten Grade.

§ 11. Die Bestimmungen dieser Verbrechen, und deren Strafen machen Wir durch ein eigenes Gesez kund.

§ 12. Alle Handlungen, welche sich nach den Bestimmungen dieses Gesezes zu einem der §: 10. genannten Verbrechen, in dem dort angezeigten Grade eignen, gehören vor das Spezial Gericht, dieselben einigen sodann vor, oder nach Errichtung des Spezial Gerichts begangen worden sein: es versteht sich jedoch von selbst, daß die Bestrafung derselben nur nach jenen Gesezen bemessen werden kann, welche zur Zeit und an dem Orte des begangenen Verbrechens bestanden haben, sofern nicht das neue Gesez eine gelindere Behandlung des Verbrechers ausspricht.

§ 13. Alle Handlungen, welche entweder sich unter die Begriffe der genannten Verbrechen nicht einreichen lassen, oder doch den oben §: 10. ausgesprochenen Grund nicht erweichen, gehören zur Kompetenz der ordentlichen Kriminal Gerichte, und es ist die Untersuchung derselben von den Spezial Gerichten hin zu verweisen, so wir dagegen es Pflicht der ordentlichen Kriminal Gerichte ist, sofern sich bei einer von ihnen vorgenommenen Untersuchung rechtliche Anzeichnungen wegen eines zur Spezial-gerichtlichen Handlung sich eignenden Verbrechens ergeben hat, die Akten mit der Person des Beschuldigten sogleich an das einschlägige Spezial Gericht, so ferne eines errichtet ist, abzuliefern.

§ 14. Jedermann, ohne Unterschied seines Standes, Ranges, oder Wohnortes ist verpflichtet, auf den von Seite des Spezial Gerichtes an ihn ergehenden Auftrag ungesäumt vor demselben zu erscheinen, und auf Befragen; Rede und Antwort zu geben; er kann im Weigerungsfalle durch gerichtlichen Zwang gestellt, und zur Aussage mit Geld und Gefängnißstrafe verhalten werden.

Dritter Titel
Verfahren der Spezial Gerichte

§ 15. Sobald das Spezial Gericht seine Sizungen eröffnet hat, wird demselben von Unserem Ministerium der auswärtigen Angelegenheiten, welchem Wir die Sorg für die gefährdete Sicherheit gegenwärtig insbesondere übertragen haben, oder von den General Commissarien durch das Organ des Regierungs Kommissärs diejenigen Anzeigungen mittheilen lassen, welche wegen eines der oben § : 10. genannten Staatsverbrechens gegen gewisse Personen vorliegen. Das Gericht wird, sofern es dadurch die rechtliche Anschuldungen begründet findet, und die Verhaftung nicht schon ohnehin erfolgt ist, den Befehl deßwegen erlassen.

§ 16. Das Verfahren mit der Person des Beschuldigten nichtet sich ganz nach den Grundsäzen, welche durch die bestehenden Gesezen für das ordentliche Verfahren vorgeschrieben sind: es unterscheidet sich blos darin von demselben, daß es durchaus vor dem vertsammelten Gerichte, und soviel möglich ohne Unterbrechung geschieht, und daß es dabei vorzüglich auf Beschleunigung und in dieser Hinsicht hauptsächlich nur auf den Beweiß der die Kompetenz des Spezial Gerichts begründenden That, ohne Rüksicht auf Nebenumstände, oder andere Verbrechen des Ergriffenen, und auf Ausforschung der Hauptschuldigen ankommt.

§ 17. Die Untersuchung wird von denjenigen aus den Richtern geführt, welchen der Vorsizende dazu bestimmt hat. Er trägt dem Gerichte vor, wie er das Verfahren zu leiten gedenket, stellt hiernach die Fragen, und sagt dieselben so wie die von den Beschuldigten oder den Zeugen gegebenen Antworten dem Gerichtschreiber zum Protokoll in die Feder. Dem Präsidenten, so wie jedem Richter, und dem Regierungs Kommissär bleibt es unbenommen, während der Untersuchung Erinnerungen zu machen.

§ 18. Rüksichtlich der äussere Form des hierüber aufzunehmen, den Protokolls, wollen Wir, daß jeder Bogen des Protokolls von dem Verhurten unterschrieben, oder von ihm ein Handzeichen darunter gesezt, am Ende des Protokolls aber, die von dem Verhörten geschehene Unterschrift oder Bezeichnung von dem die Untersuchung leitenden Richter, den zwei Beisizern, und dem Gerichtschreiber(Protokollführe) mit ihrer Unterschrift bestätigt werden.

§ 19. Nach geschlossener Untersuchung wird der Beschuldigte mit den Zeugen vorgeladen, und das über ihre Verhöre aufgenommene Protokoll in ihrer Gegenwart und zwar, wenn eine der Kundmachung keine nachtheilige Einwirkung auf dem Zwek und Gang der Untersuchung zu besorgen ist, bei offenen Thüren herab gelesen. Dem Beschuldigten, wie den Zeugen steht es frei gegen die Ächtheit der protokollirten Aussagen Erinnerungen zu machen, worüber die Verhörs Beisizer sogleich gehört werden.

§ 20. Das Gericht berathschlagt über diese Erinnerungen und entscheidet über deren Statt-oder Unstatthaftigkeit durch Stimmen Mehrheit. So ferne es dieselben gegründet findet, wird der Beschuldigte dem ordentlichen Kriminal Gerichte zur Behandlung übergeben.

§ 21. Sind keine Erinnerungen gemacht, oder sind selbige als unstatthaft verworfen worden, so entwikelt der Regierungs-Kommissär in einem mündlichen Vortrage die vorzüglichen Anklagpunkte, welche wider den Beschuldigten streiten und begründet sie mit den sich aus den Akten ergebenden Beweisen. Der Beschuldigte ist verbunden Punkt für Punkt zu antworten, er kann hiebei anbringen was es zur seiner Vertheidigung sagen zu können glaubte.

§ 22. Er kann zu diesem Behufe sich einen Vertheidiger wählen, welcher nachdem er dahin beeidigt worden ist, daß er, was ihm bei dieser Gelegenheit bekannt wird, niemand offenbaren werde, nicht nur dem herablesen des Protokolls, wenn es auch sonst nicht bei offenen Thüren geschieht, beiwohnen, sondern auch sich in Gegenwart einer Gerichts Person mit dem Beschuldigten besprechen kann.

§ 23. Die allenfallsigen Erinnerungen des Beschuldigten und der Zeugen, so wie die Gegenerinnerungen der Beisizer, nebst dem Beschlusse des Gerichts hierüber müssen, so wie die Anklage des Regierungs-Kommissärs und die Vertheidigung des Beschuldigten, oder seines Sachwalters zum Protokoll gemeinen werden.

§ 24. Hierauf wird zur Berathschlagung und Urtheilsschöpfung geschritten, welche bei verschlossener Thüren vorgenommen wird. Der Präsident wiederholt in Kürze der Faktum nebst den für und gegen die Schuld des Untersuchten streitenden Gründen, und führt dann die Erwägung auf folgende drei Frage-Punkte zurücke.

a) ob rechtlicher Beweiß vorhanden ist, daß der Untersuchte des Verbrechens schuldig sei. b) welche erschwerende, oder mildernde Umstände dabei eintreten. c) welche Strafe daher auf das Verbrechen unter diesen Umständen bestimmt sei.

§ 25. Über jeden dieser Punkte hat der Vorsizende besonders umzufragen und die Stimmen der Richter mit den Gründen zum Protokoll zu geben. Der Regierungs-Kommissär (Kronfiskal) hat so wenig als die Beisizer, eine Stimme, jedoch kann er bei dem Vortrage des Präsidenten, so wie bei den Stimmen der Richter Erinnerungen machen, wenn er darin das Faktum unrichtig dargestellt, oder das Gesez unrecht angewendet findet.

§ 26. Unter den Richtern giebt derjenige, welcher die Untersuchung geführt hat, zuerst seine Stimme, die übrigen geben sie nach der Ordnung, in welcher Wir sie ernannt haben. Sind die Stimmen über die erst der § 24. aufgestellten Frage-Punkte gleich getheilt, so wird der Untersuchte dem ordentlichen Kriminal Gerichte zur Behandlung übergeben; sonst entscheidet der Vorsizende, welcher nur eine Stimme und zwar die lezte hat.

§ 27. Das auf solche Art durch Mehrheit der Stimmen ausgefallene Urtheil wird durch den Präsidenten wörtlich zu Protokoll gegeben, und dieses von stimmtlichen Mitgliedern des Gerichts, mit Ausnahme des Regierungs-Kommissärs, unterschrieben.

§ 28. Das Urtheil wird sogleich kundgemacht und vollzogen. Es findet dagegen weder das Rechtsmittel der Revision, noch jenes der Appellazion statt; nur in dem Falle, wenn das Spezial-Gericht glaubt, daß der Vorurtheilte der Begnadigung würdig sei, ist es ermächtiget, sein Gutachten nebst Akten Uns durch Unsern Regierungs-Kommissär (Kronfiskal) vorlegen zu lassen.

§ 29. Fällt das Urtheil zum Tode aus, so sind dem Verurtheilten zur Verbreitung dazu insgemein nur zwei Stunden, auf seine ausdrükliche Bitte noch eine dritte zu gewahren. Eine weitere Verläugerung kann nicht statt finden.

§ 30. Abwesende und Flüchtige, welche eines zur Kompetenz des Spezial Gerichtes gehörigen Verbrechens rechtlich beschuldiget sind, werden, sofern die Verfolgung derselben durch Stekbriefe und in andern Wegen fruchtlos geblieben sein sollte, durch ein, das gegen sie vorgekommene Verbrechen mit den wesentlichen Umständen enthaltenes und auf die gewöhnliche Art durch Assigirung und durch die Zeitungs-Blätter kund zu machendes Edikt vorgeladen, sich binnen 30 Tagen einzufinden, widrigenfalls sie des angeschuldigten Verbrechens geständig geachtet werden würden. Inzwischen wird die Untersuchung, so weit es möglich ist, fortgesezt.

§ 31. Nach Verlauf dieser Frist schreitet das Spezial-Gericht zum Schlusse des Verfahrens nach den §:§: 19. 20. 21. und 23. vorgeschriebenen Formen /: wobei dem Abwesenden von Amtswegen ein Sachwalter bestellt wird :/ und sohin zur Schöpfung des Urtheils, welches, wenn es auf Schuld ausfällt, auf die geeignete Art kundgemacht, und so weit möglich, vollzogen wird.

§ 32. Stellt sich der Verurtheilte, oder wird er ergrissen, so wird, sofern das Spezial Gericht noch in Funkzion ist, das Schlußverfahren, wie es in den §: 19. und 23. vorgeschrieben ist, mit ihm wiederholt, und hierauf zur Berathschlagung geschritten, ob es bei dem vorigen Urtheile belassen, und hiernach dasselbe ungesäumt vollzogen werden, oder ob der in contumaciam Verurtheilte erst einer neuen Untersuchung unterworfen werden solle. Bei gleichen Stimmen geschieht das Leztern.

§ 33. Ist zu der Zeit, wo der Beschuldigte oder Verurtheilte sich stellt, oder ergriffen wird, das Spezial Gericht schon wieder aufgelöst, so tritt wider ihn das gewöhnliche Verfahren des ordentlichen Kriminal Gerichtes ein.

§ 34. Über das Untersuchungs Geschäft ist ein Tagebuch mit Bezug auf das Protokoll zu führen, welches von dem Spezial Gerichte vor seiner Auflösung mit allen Akten, und mit einem umfassenden Berichte über das ganze Geschäft Unsern Ober Appellazions Gerichte, und durch dieses Uns vorgelegt werden sole. Damit Wir aber auch während der Untersuchung beständig in Kenntniß erhalten werden und diejenigen oberpolizeilichen Verfügungen augenblicklich treffen können, welche die innere Sicherheit des Staats fodert, soll Uns der Regierungs Kommissär ununterbrochen über den Gang der Untersuchung Berichte statten.

§ 35. Wir werden nach jedesmaliger Auflösung der Spezial Gerichte die Verfügung treffen, daß nach den Umständen, die sammtlichen Untersuchungs Akten nebst den Urtheilen und derselben Entscheidungs-Gründen durch Druk zur Publizität gebracht werden.

§ 36. Die Spezial Gerichte stehen in gleicher Kathegorie mit den Appellazions Gerichten: sie fertigen an die Stadt- und Landgerichte, so wie an die Polizei Direkzionen und Polizei Kommissariate im Namen Seiner Majestät des Königs die Auftrage aus, welche von dem Vorstande, und wenn sie an die Polizei Direkzionen oder Polizei Kommissariate ergehen, auch von dem Regierungs Kommissär (Kronfiskal) unterschrieben, und von dem Gerichtschreiber kontrasignirt werden: Sie erstatten ihre Berichte unmittelbar an Uns durch Unser Justiz Ministerium, so wie Unser Regierungs Kommissär an Unser Ministerium des auswärtigen Angelegenheiten berichtet.

Vierter Titel
Von dem Standrechte

§ 37. Wenn es bei einer Volksbewegung oder Zusammenrottung so weit kommt, daß zu Herstellung der Ruhe die ordentlichen Zwangsmittel nicht mehr zureichend, und die Anordnung ausserordentlicher Gewalt nötig wird; so hat Unser General Kommissär im Einverständniß mit dem Appellazions Gerichte des Kreises, oder sofern ein Spezial Gericht besteht, mit diesem und wenn Gefahr auf dem Verzugesteht, aus sich allein zu erklären, daß Aufstand im höchsten Grade vorhanden sei, und die Nothwendigkeit des Stand-Rechtes eintrete. Nach gestillter Unruhe kann ein Standrecht nicht mehr angefangen, noch wenn es wirklich im Zuge ist, fortgesezt werden.

§ 38. Wenn ein Spezial Gericht im Kreise besteht, soll der General Kommissär demselben den Ort des Aufruhrs, wo das Standrecht gehalten werden soll, und die Stunde durch den Regierungs-Kommissär anzeigen. Das Spezial Gericht hat sich ungesäumt dahin zu begeben, und sich zum Standrechte zu konstituiren.

§ 39. Wenn ein Spezial Gericht im Kreise nicht besteht, so hat der General Kommissär fünf in dem Kriminal Richteramte bewährte, und bei der Sache unbefangene Männer zur Besezung des Standrechts, so wie zwei Beisizer aus der Gemeinede zu benennen, einem unter ihnen den Vorsiz anzuweisen, und einen Gerichtsschreiber beizuziehen.

§ 40. In einem wie in dem andern Falle hat sich der General Kommissär mit dem nächsten Militär Commando über die Abordnung der zur Bedekung des Standrechtes auf alle Fälle nötigen Mannschaft zu benehmen, und dem Landrichter des Orts, wo das Standrecht gehalten wird, aufzutragen, sich selbst einzufinden, oder einen Beisizer dahin abzuordnen, und die Anstalt zu treffen, daß die nötigen Amts Geräthschaften, an einem zur Gerichtshaltung schiklichen Orte bereit seien, ein Galgen auf jeden Fall aufgerichtet werden, und ein Seelsorger und ein Scharfrichter zur Hand seien. Endlich hat er zum Standrechte, wenn es nicht ohnehin als Spezial Gericht mit einem Regierungs Kommissär versehen ist, den Kanzlei Direktor oder einen Kreisrath in dieser Eigenschaft abzuordnen.

§ 41. Jeder, der zur Besezung des Standrechts berufen wird, ist unter strenger Verantwortung schuldig, sich mit Hintansezung aller Geschäfte zur bestimmten Zeit und an dem bestimmten Orte einzufinden.

§ 42. Sobald alles gehörig vorbereitet ist, wird in den Gegenden, wo Aufstand ist, unter Trommelschlag kundgemacht, das Standrecht sei nun in seiner Wirksamkeit: Jedermann habe sich zur Ruhe zu begeben, sich sogleich von den aufrührischen Zusammenrottungen zu entfernen, und sich den zur Stellung des Aufruhres ergehenden Verordnungen zufügen, widrigenfalls dadurch ferner im Aufstand Begriffene nach der Strenge des Standrechts mit dem Tode würde bestraft werden.

Nach dieser Verkündigung sind diejenigen, welche sich als Rädelsführer und Aufwiegler auszeichnen, oder sich sonst durch Gewaltthätigkeiten der strengen Strafe schuldig machen, durch die Weiche, welcher bescheidene Kommissäre beizugeben sind, zu ergreifen, und vor das Standrecht zu bringen.

§ 43. Das Verfahren bei dem Standrechte kommt in der Hauptsache mit demjenigen überein, welches oben im dritten Titel für die Spezial Gerichte vorgeschrieben ist: es unterscheidet sich von demselben nur darinn, daß dasselbe von seinem Anfange bis zum Ende durchaus ohne Unterbrechung geschieht, daß es hierbei ganz allein auf den Beweiß der That, zu deren Bestrafung das Standrecht zusammengesetzt ist, ankommt, und wegen Ausforschung der Mitschuldigung die Schöpfung und Vollziehung des Urtheils wider den Ergriffenen nicht aufzuhalten ist, endlich daß das Urtheil im Standrechte binnen 24 Stunden von Zeit der Ergreifung des Schuldiger geschöpfet und sogleich vollzogen werden muß.

§ 44. Das Verfahren in Standrechte ist daher an den gewöhnlichen Gang und die Formlichkeiten der Untersuchung nicht gebunden. Dieselbe wird von dem Abstimmung der vier Gerichtsmäner geleitet, und nachdem sie geschlossen ist, wird: ohne erst die § 19 bis 25 für die Spezial Gerichte vorgeschriebenen Handlungen vorzunehmen, unmittelbar zur Berathschlagung geschritten. Bei gleich getheilten Meinungen ist der Beschuldigte dem Spezial Gerichte, oder falls keines existirt, dem ordentlichen Kriminal Gerichte zur Behandlung zu überlassen.

§ 45. Bei dem Standrechte ist die Strafe der Aufwiegler und Rädelsführer, so wie derjenigen welche nach verkundigtem Standrechte im Aufstande ergriffen werden, ohne Unterschied der Gröse ihrer Theilnahme die Hinrichtung durch den Strang (die Kugel); nur diejenigen, welche an den Aufstande geringern Antheil genommen haben, sollen dann, wenn durch die Hinrichtung eines oder des andern Hauptschuldigen ein abschreckendes Beispiel bereits bewirket werden ist, zu der durch die Geseze verordneten Freiheitsstrafe, welche jedoch mit öffentlicher Züchtigung zu verschärfen ist, verurtheilt werden.

§ 46. Wäre das dem Beschuldigten zur Last gelegte Verbrechen binnen vier und zwanzig Stunden nicht rechtlich erwiesen, wäre aber auch seine Schuldlosigkeit nicht dargethan, so wird derselbe dem Spezial Gerichte, oder aber, wenn keines existirte, dem ordentlichen Kriminal-Gerichte zur Behandlung überlassen.

§ 47. Gegen das gefällte Urtheil findet, so wenig als das Rechtsmittel der Revision oder Appellazion, ein Antrag auf Begnadigung statt; sondern dasselbe muß auf der Stelle angekündet und vollzogen werden.

§ 48. Über die Vorgange im Standrechte ist ein ordentliches Protokoll zu führen, in dasselbe alles Wesentliche, besonders was die Beschaffenheit der That und die Beweise betrift, sammt den bei der Berathschlagung aufgenommenen Stimmen und dem Urtheile einzutragen, das Protokoll von allen, die dem Standrechte beiwohnen, zu unterfertigen, und daselbe binnen drei Tagen nach geendigtem Standrechte, wenn das Spezial Gericht sich zum Standrechte konstituirt hat, unmittelbar, sonst aber durch das einschlägige Appellazions-Gericht an das Ober-Appellazions-Gericht einzuschicken, welches Uns dasselbe mit seinen Bemerkungen vorzulegen hat. Zugleich hat darüber der Regierungs-Kommissär an Unser Ministerium der auswärtigen Angelegenheiten Bericht zu erstatten.

§ 49. Wir wollen, daß die Verhandlungen des Standrechts nach den Umständen ebenfalls durch den Druk zur Publizität gebracht werden.

Unsere getreue Unterthanen werden nicht verkennen, wie sehr Wir bemüht sind, bei diesen ausserordentlichen Maasregeln, zu deren Treffung Wir Uns durch ausserordentliche Umstände veranlasst finden, die Schuldlosen gegen ungerechte und gesezwidrige Behandlung zu schüzen, und eben so versehen Wir Uns zu Unsere Beamten, daß im Falle Wir Uns bewegen finden, einen solchen ausserordentlichen Gerichtshof zu konstituiren, sich nicht nur diejenigen, welche Wir zu Besezung desselben zu berufen für gut finden sollten, des in sie gesezten Vertrauens würdig beweisen, sondern daß auch die übrigen Behörden durch schnelle Erfüllung der an sie ergehenden Ansinnen oder Aufträge dieses für den Staat ins höchsten Grade wichtige Geschäft thätig befördern werden.

München

3. Entwurf des königlichen Patentes wegen Staats-Verbrechen

In Erwägung der grosen Verschiedenheit, welche in Absicht auf die Kriminal- Gesezgebung in den verschiedenen Theilen Unseres Reiches noch statt findet, und in der fernern Erwägung, wie leicht durch die Unbestimmtheit, mit der schwierige noch bestehende Kriminal-Geseze ber Staats-Verbrechen und deren Bestrafung ausdrücken, sowohl die unter den gegenwärtigen Umständen auf einigen Punkten bedrohte innere Sicherheit des Staats, als auch die Rechtssicherheit einzelner Unterthanen, welche die Beschuldigung eines solchen Verbrechens auf sich laden, einem in Willkühr ausartenden richterlichen Ermessen überlassen warden kannten; haben Wir beschlossenen einen Theil des künftig einzuführenden Gesezbuchs über Verbrechen und Vergehen, welcher von den gefährlichsten Staats-Verbrechen handelt, gleich izt kund zu machen, und dadurch also sowohl allen Unterthanen Unseres Reiches in der Behandlunge wegen dieser dem ganzen Staat unmittelbaren angerechnenden Verbrechen gleich zustellen, als auch durch die Aufstellung deutlicher und umfassender Bestimmungen alle Gefahr einer willkührlichen Verurtheilung von ihnen abzuwenden.

Wir wollen demnach daß folgende Geseze von dem ersten des kommenden Monates August in allen Theilen Unseres Reiches, wo derselben Publikazion möglich ist, als verbindend angesehen, und hiernach sich bei Bestrafung der nach dem 1te August dawider begangenen Handlungen geachtet werde.

<u>Erster Titel</u>
<u>Von dem Staats Verrathe.</u>

§ : 1.

Ein Unterthan, welcher treulos mit rechtswidrigen Vorsaze wider den Staat eine der in nächstfolgenden Gesezen bestimmten Handlungen unternimmt, wird des Staats-Verrathes schuldig.

§ : 2.

Der erste und höchste Grad des Staats-Verrathes wird Hochverrath genannt, und wird begangen.

I durch Angriffe wider die persönliche Sicherheit des Staats-Oberhauptes im folgenden zwei Fällen.

1) Wenn ein Unterthan auf die geheiligte Person seines Königs einen Angriff gethan hat, um denselben zu Töden, gefangen zu nehmen oder in Feindes-Gewalt zu liefern, oder

2) wenn, um die eine oder andere der vorgenannten Mis-

sethaten auszuführen, ein Aufruhr erregte eine Verschwörung im Innern, oder eine Verbindung mit Auswärtigen eingegangen worden ist.

II Durch Angriff auf die Selbstständigkeit des Staates unter folgenden Voraussezungen:
1) Wenn ein Unterthan, um das Königreich einem fremden Staate einzuverleiben oder zu unterwerfen, oder um die hierauf gerichteten Plane einer auswärtigen Regierung zu begünstigen, ein Komplott angestiftet, eine Verbindung mit Auswärtigen geschlossen, oder einen Aufruhr erregt, oder in gleicher Absicht an solchen verrätherischen Verbindungen Antheil genommen hat;
2) Wenn ein Unterthan zu einem wider das Königreich ausgebrochenen Kriege den feindlichen Staat ausdrüklich aufgefodert, oder diesen in feindseliger Absicht, Veranlassung Vorwand oder Gelegenheit dazu gegeben hat.

III Durch Angriff auf die Verfassung—wenn ein Unterthan, um die bestehende Staats-Verfassung durch gewaltsame Revoluzion zu ändern, oder um den rechtmäsigen Verein von der Regierung zu entfernen, oder um die regierende Familie zu verdrängen, oder um die verfassungsmäsige Ordnung der Thronfolge zu verändern, sich in eine Verschwörung oder andere verrätherische Verbindung eingelassen, Aufruhr gestiftet, oder auf eine Person Unserer Familie, zur Ausführung solchen Zwekes, thätlich einen Angriff gethan hat.

§ : 3.

Ein solcher Missthäter soll enthauptet, und vor der Hinrichtung mit einer Tafel auf Brust und Rüken, welche die Aufschrift: Hochverräther führt, in einem rothen Hemde eine Stunde lang von dem Scharfrichterknechte an dem Pranger ausgestellt werden.

Auf seinem Grabe wird eine Schandsäule errichtet.

Seine Familie soll ihren Namen verändern.

§ : 4.

Des Staats Verrathes im zweiten Grade ist schuldig:
I. wer, um auf irgend eine Weise einen Theil des Staats von dem Ganzen loszureisen, einen Aufruhr erregt, oder sich in eine Verschwörung im Innern oder in ein Verständniß mit Auswärtigen eingelassen hat;
II. wer in einem ohne sein Zuthun entstandenen Kriege, Städte, Festungen, Pässe, oder andere Vertheidigungs-Posten dem Feinde verrätherisch übergeben, oder solche Übergabe oder Wegnahme derselben bewirkt hat;
III. Wer nach eingetretenem Kriegsstande zum Feinde

übergegangen ist, und die Waffen wider sein Vaterland oder dessen Verbündete getragen hat;

IV. wer, auf was immer für eine Weise, in einem Kriege oder Feinde absichtlich und freiwillig mit Rath oder That unterstüzt, demselben Operazionsplane oder Festungsrisse mitgetheilt, ihn durch Übersendung von Mannschaft, Waffen, Zufuhr, Munizion unterstüzt, Soldaten zu Aufstand, Deserzion, Überlaufen oder andere Untreue verführt hat.

§ : 5.

StaatsVerräther der zweiten Klasse sollen mit einfacher Todesstrafe belegt werden.

§ : 6.

Wer in eine verrätherische Verbindung verwikelt, vor deren wirklichen Ausbrüche, und ehe die StaatsGewalt auf anderem Wege Nachricht dann erhalten hat, sich und seine Mitschuldigen angeübt, hat die Begnadigung zu hoffen.

§ : 7.

Wer, ohne einen Verrath erster oder zweiter Klasse (: § :2. und 4.:) zu beabsichtigen, eine der folgenden Handlungen begeht, ist des Verraths im dritten Grade schuldig, und soll mit acht- bis sechzehnjährigen Freiheits-Verluste bestraft werden.

Nemlich I. ein Unterthan, welcher ein ihm aufgetragenes Staats-Geschäft mit einem auswärtigen Staate aus Gunst, oder um gegebenen oder versprochenen Vortheils willen, zum Nachtheile des Staates geführt hat; II. ein Staats-Beamter oder anderer Unterthan, welcher Depeschen, Urkunden oder Geheimnisse des Staats, die auf dessen Verfassung, Rechte oder Ansprüche sich beziehen, verräth oder ausliefert; III. wer Urkunden oder andere Beweißmittel von Rechten und Ansprüche des Staats aus Vorsaz unterdrükt oder verfälscht; IV. wer die Staats-Gränzen absichtlich verrükt, oder sonst ungewiß macht.

§ : 8.

Als Verräther des vierten Grades mit zwei bis achtjährigen Freiheitsverluste soll bestraft werden: I. wer für einen wirklichen oder vermeintlichen Rechts-Anspruch gegen Staat, Oberherrn, oder Mitunterthanen die Verwendung oder Einmischung einer fremden Macht für sich aufgefordert hat; II. Wer den zwischen Baiern und andern Mächten aufgerichteten Traktaten wissentlich und vorsäzlich zuwider handelt, oder die haupter fremder Staaten, deren Gesandte oder Bevollmächte mit mit öffentlichen Karakter durch verbrecherische Handlungen persönlich beleidiget, wofern nicht die Beleidigung an sich zu einer strafbaren Gattung von Verbrechen gehört; III. Wer Staats-Unterthanen durch Betrug oder hinterlastige Vorspieglung zum Auswandern vorführt hat; IV. wer heimlich Unterthanen zum Militairdienste eines auswärtige Kriegsherrn angeworben, oder solchem unbefugten Werber zur Ausführung seiner Absicht hülfe und Beistand geleistet hat, woferne nicht solche Handlung in das schwerere Verbrechen des Menschenraubes übergegangen.

§ : 9.

Die Bestrafung der Gehilfen bei einem Hoch- oder Staats-Verrathe, ingleichen des Versuches zu einer der in voranstehenden Gesezen bestimmten Handlung, ist nach den allgemein bestehenden Gesezen zu beurtheilen.

§ : 10.

Zu dem nächsten Versuche ist zu rechnen, wenn Jemand in einer öffentlich versammelten Volksmenge mündlich zu einem staatsverrätherischen Aufruhre aufgefodert hat. Als entfernter Versuch ist zu betrachten, die Auffoderung zu einer verrätherischen Handlung, welche blos durch Verbreitung schriftlicher, gedrukter, oder ungedrukter Aufsäze geschehen ist.

Hat die Auffoderung das Verbrechen wirklich zur Folge gehabt, so ist der Aufforderer als Urheber des vollendeten Verbrechens schuldig.

Zweiter Titel
Von Beleidigung der Majestät, und andern Verbrechen wider die Ehre des Staats und der Regierung.

§ : 11.

Wer mit vorsezlicher Verlezung der schuldigen Ehrfurcht gegen die Würde des Staatsoberhauptes Seine Person mit herabwürdigender Verachtung durch Worte oder Handlungen beleidiget, ist der beleidigten Majestät schuldig.

§ : 12.

Wer ohne hochverrätherische Absicht jedoch wissentlich und vorsäzlich an Unsere Person beleidigend Hand anlegt; wer seinen Monarchen mit einer persönlichen Mißhandlung bedroht; wer wider den Monarchen selbst, um demselben eine allerhöchste Entschliesung abzunöthigen, oder dessen Oberherrliche Befehle zu vereiteln, einen Aufruhr erregt hat: soll mit dem Tode bestraft werden.

§ : 13.

Wer I. an öffentlichen Orten vor einer versammelten Volksmenge, oder II. in öffentlich verbreiteten Schriften oder bildlichen Darstellungen, die Person des Oberherrn, oder dessen Regierungs Handlungen durch Verläumdung, verachten, den Spott, oder schimpfliche Schmähungen herabzuwürdigen trachtet; III. Wer solche Pasquillen wissentlich in Auftrag eines andern verfertiget; oder versezlich weiter verbreitet; endlich IV. Staatsbeamte, oder andere Personen, welche den Namen des Monarchen zur Ausübung einer gesezwidrigen Handlung mißbrauchen: diese sollen zur feierlichen Abbitte vor dem Bildnisse des Monarchen und zu <u>ein</u> bis <u>vierjährigen Arbeitshause</u> verurtheilt werden, wenn nicht die Beschaffenheit der Handlung in ein schwereres Verbrechen übergeht.

§ : 14.

Wer, ausser den in §: 13. bestimmten Voraussezungen durch Verläumdung, Läster-Reden, Schimpfworten oder andere unzweideutige Handlungen dem Monarchen in Ansehung seiner Person oder Regierung herabwürdigende Verachtung beweißt, ist zur feierlichen Abbitte vor dem königlichen Bildnisse und <u>zu Gefängniß auf sechs Monate bis zu einem Jahre</u> oder nach Umständen zu <u>köperlicher Züchtigung</u> zu verurtheilen.

§ : 15.

Wer gegen Unsere Gemahlin sich eines der vorgenannten Verbrechen schuldig macht, wird als Beleidiger der Majestät bestraft.

§ : 16.

Wer sich an der Person des Thronerben wissentlich und vorsezlich einer Beleidigung schuldig macht, soll in dem der Strafe der Majestäts Beleidigung am nächsten kommenden Grade bestraft werden.

§ : 17.

Wer die Ehrfurcht, welche der Würde des Staats-Amtes selbst gebührt, durch Ehrenbeleidigung eines Staats-Beamten vorsäzlich in herabwürdigende Worten oder Handlungen verlezt, ist <u>der Beleidigung der Amtsehre</u> schludig.

Nur diejenige Beleidigung eines staats-Beamten gibt für beleidigte Amtsehre, welche entweder während der Ausübung seiner Amts-Funkzion, oder in einem Verhältnisse, wo der Beleidiger wegen eines Amts-Geschäftes mit demselben zu thun hatte, oder aus Rache wegen einer obrigkeitlichen Verfügung oder endlich aus Widersezlichkeit gegen obrigkeitliche Anordnungen oder Befehle begangen worden ist.

§ : 18.

Wer solche Ehrenbeleidigung an Staats-Beamten der ersten und zweiten Klasse, oder an einem königlichen Kollegium, oder dessen Kommissarien verübt, ist <u>drei</u> bis <u>sechsmonatlichen Ge-</u>

fängnisse, und zugleich nach Umständen, feierlicher Abbitte unterworfen, wenn nicht schon auf der Beleidigung an sich eine schwerere Strafe steht, westfalls diese geschärft, und in Verbindung mit feierlicher Abbitte in anwendung zu bringen ist.

§ : 19.

Ehrenbeleidigungen, welche an andern Staats-beamten verübt werden, sind mit ein bis dreimonatlichem Gefängnisse und zugleich nach Umständen mit feierlicher Abbitte zu bestrafen; vorbehaltlich der mit vorgehendem § : enthaltenen Einschränkung.

§ : 20.

Gewalt oder thätliche Mißhandlungen in, bei oder wegen einer Amtshandlung sind nach dem Geseze wider das Verbrechen der Widersezung § : 23. zu beurtheilen.

§ : 21.

Wer die von der Obrigkeit unterzeichneten und zur öffentlichen Bekanntmachung angehefteten Verordnungen, Patente und öffentlichen Anzeigen abreißt, hinwegnimmt, beschädigt, besudelt, oder sonst mißhandelt, soll im Falle blosen Muthwillens mit körperlicher Züchtigung, oder mit zwei bis vierzehentägigen Gefängnisse, wenn aber solche Handlungen geschehen aus Rache oder in der Absicht, der Obrigkeit Verachtung zu beweisen, oder um die Bekanntmachung und Befolgung einer Anordnung zu verhindern, mit Gefängniß von einem bis zu drei Monaten belegt werden.

§ : 22.

Wer Gerichts- und andere obrigkeitliche Siegel, womit Sachen oder Schriften verschlossen gehalten werden, wissentlich und absichtlich erbricht, ablößt, beschädiget, hat ein bis dreimonatliche Gefängnißstrafe verwirkt, wenn nicht seine Handlung durch die Absicht oder andere Umstände in ein schwereres Verbrechen übergeht.

Eine mittelst Verletzung obrigkeitliche Siegel begangene Entwendung wird als Diebstahl durch Aufbruch bestraft.

Dritter Titel
Von Verbrechen wider die obrigkeitliche Ordnung.

§ : 23.

Wer an einer obrigkeitlichen Person während der Ausübung ihres Amtes Gewalt verübt, wer sich ihren Befehlen und Anordnungen mit Gewalt widersezt, oder dieselbe zu einer Amtshandlung zu nötigen, oder eine obrigkeitliche Verfügung an ihrer Person gewaltsam zu rächen sucht, ist des Verbrechens der Widersezung schuld.

§: 24.

Dieses Verbrechen soll bestraft werden: I.) mit drei bis sechsjährigem Arbeitshause, wenn die Gewalt durch thätliche Mißhandlung der Person, und zwar in verabredeter Verbindung mehrerer, oder mittelst nächstlichen Aufpassens, oder durch Gebrauch von Waffen geschehen ist; II.) mit ein bis dreijährigem Arbeitshause, wenn zwar thätliche Mißhandlungen, jedoch ohne die vorbemerkten beschwerenden Umstände vorgefallen sind; III.) mit sechsmonatlichen bis einjährigem Gefängnisse, wenn die Gewalt ohne thätliche Mißhandlung, mittelst gefährlicher Drohungen auf Leib oder Leben ausgeübt warden ist; IV.) Wenn die Widersezung durch blose Schimpfworte, oder andere herabwürdigende Handlungen geschehen ist, sind die Geseze wider verlezte amtsehre (§: 18. 19.) in Anwendung zu bringen.

§: 25.

Wer in der Person obrigkeitlicher Diener oder einer obrigkeitlich beordertenMilitär Person sich einer Verfügung der Obrigkeit mit Gewalt widersezt, ist eben so zu strafen, als wäre seine Gewalt unmittelbar wider die obrigkeitliche Person selbst gerichtet gewesen.

§: 26.

Jede Obrigkeit ist zur Aufrechthaltung ihres Ansehens bemächtiget, einen Widerspenstigen auf der Stelle zu ein bis zweitätigem Gefängnisse abführen zu lassen, vorbehaltlich der §: 14. bestimmten Strafe der Widersezung.

§: 27.

Wenn sich eine Menschenmenge von wenigstens zehen Personen öffentlich zusammen gerottet hat, um einer Obrigkeit mit Gewalt zu widerstehen, um eine Verfügung, oder die Zurücknahme einer erlassenen Verfügung von einer Obrigkeit zu erzwingen, oder zu ertrozen, oder um wegen einer Amtshandlung Rache an derselben zu verüben, so ist das Verbrechen des Aufstandes oder Tumults vorhanden.

§: 28.

Wenn sich die Zusammen-Gerotteten auf Befehl des Obrigkeit, deren öffentlichen Diener, oder des herbeikommenden Militärs sogleich wieder auseinander begeben, und in gehorsam unterwerfen, so sollen I.) Die Rädelsführer mit sechsmonatlichem bis einjährigem Gefängnisse: II.) Die gemeinen Theilnahmer hingegen mit ein bis dreimonatlichem Gefängnisse, oder mit körperlicher Züchtigung bestraft werden.

§ : 29.

Wenn die Tumultuanten wider den Befehl der erscheinenden Obrigkeit, deren öffentlichen Diener, oder des hinzu gekommenen Militairs, in ihrer Zusammenrottung beharrend, durch Lärmen, Schimpfen oder Drohen beharrlichen Troz zu erkennen gegeben haben; gleichwohl aber ohne wirkliche Anwendung militairischen Zwanges, und ehe noch von Seite der Verbrecher Gewalt an Personen oder Sachen verübt worden, die Ruhe wieder hergestellt worden ist, so sollen I.) die Rädelsführer mit drei- bis sechsjährigem Arbeitshause; II.) die gemeinen Theilnehmer mit sechsmonatlichen bis einjährigen Gefängnisse oder körperlicher Züchtigung, und diejenigen, welche mit tödtlichen Werkzeugen bewaffnet waren, mit ein bis dreijährigem Arbeitshause bestraft werden.

§ : 30.

Wenn aber die Hartnäkigkeit und Größe des Aufstandes die wirkliche Gewaltthätig- keiten nothwendig gemacht, oder die zusammen gerottete Menge wirkliche Gewaltha- ten an Personen oder Sachen verübt hat, so sollen, was die gemeinen Theilnehmer betrift, I.) diejenigen, welche Mord, Todschlag, Raub, oder Brandlegung begangen, oder zu diesen von Andern begangenen Verbrechen thätig geholfen, oder aufgefodert haben, zur Todesstrafe; II.) diejenigen, welche obrigkeitliche Personen, deren öffentliche Diener oder beordert Militair-Personen thätlich mißhandelt, in Wohnungen, Läden, und andern Orten Plünderung verübt, oder zu diesen von andern begangenen Verbrechen thätlich geholfen, oder aufgefodert haben, in zwölf- bis sechzehnjährigen Zuchthausstrafe; III.) diejenigen, welche an öffentlichen Gebäuden oder an Wohnungen und andern liegenden Gründen obrigkeitlicher Personen durch Aufbrechen, gewaltsames Eindringen, Domeliren, Gewalt ausgeübt, an oder in denselben Verwüstungen angerichtet haben, zu acht bis zwölfjährigen Zuchthause; IV.) diejenigen, welche mit Gewehr, oder was immer für tödtlichen Werkzeugen bewaffnet, an dem Aufstande Theil genommen, oder der Absicht kundig einem Theilnnehmer solche Werkzeuge mit getheilt haben, zu drei bis sechsjährigem Arbeitshause; V.) diejenigen, welche unbewaffnet durch Drohungen oder Schimpfworte Antheil genommen zu ein bis dreijährigem Arbeitshause; endlich VI.) alle übrigen Theilnehmer des Aufstandes zu sechsmonatlichem bis einjährigem Gefängnisse oder körperlicher Züchtigung verurtheilt werden.

§ : 31.

Die Rädelsführer sollen in dem §: 30. vorausgesezten Fall emit sechszehen- bis zwanzigjähriger Zuchthausstrafe, und wenn Mord, Todschlag, Raub, oder Brandlegung vorgefallen, sie mögen zu diesem Verbrechen ausdrüklich aufgefodert haben oder nicht, mit dem Tode bestraft werden.

§: 32.

Voranstehende Geseze kommen als dann nicht zur Anwendung, wenn die Andre, und oberhand nehmende Größe der Gefahr die Verkündigung des Standrechtes nothwendig gemacht hat, in welchem Falle ein Jeder, welcher nach verkündigten Standrechte im Aufstande ergriffen worden ist, nach blos summarischem standrechtlichem Verfahren, ohne Rüksicht auf die Art und Gröse seiner Theilnahme, zum Tode verurtheilt wird.

§: 33.

Wer zu einem Aufstande mündlich oder schriftlich durch angeheftete oder sonst verbreitete gedrukte oder ungedenkte Schriften deutlich und bestimmt aufgefodert hat; wird, wenn hieraus wirklich ein Tumult entstanden ist, als dessen Urheber oder Rädelsführer; wenn aber der Aufstand nicht erfolgte, und diese Auffoderung mündlich zu einer öffentlich versammlten Volksmenge geschah, mit drei bis sechsmonatlichem Gefängnisse und endlich, wenn solche Auffoderung schriftlich oder doch nicht vor versammelter Volksmenge geschehen, mit Gefängniß auf einen Monat bis zu drei Monaten bestraft.

§: 34.

Handwerker, welche, um ihre Beschwerden durchzusezen, die Einstellung ihres Gewerbes verabreden, zu einer solchen Übereinkunft auffodern oder die Obrigkeit damit bedrohen; Handwerksgesellen, oder Fabrik-Arbeiter verschiedener Meister oder Fabriken, welche wegen angeblicher Beschwerden wider die Obrigkeit oder ihre Herrn sich zur Einstellung ihrer Arbeit verabreden, zu einer solchen Verabredung auffodern, oder mit solcher Verabredung drohen, sollen mit einem- bis sechsmonatlichem Gefängnisse oder körperlicher Züchtigung belegt, und wenn ein Aufstand hieraus erfolgt, sollen diejenigen, welche die Verabredung bewirkt, oder zuerst dazu aufgefodert haben, als Urheber des Aufstandes bestraft werden.

§: 35.

Gleiche Strafe soll gegen diejenigen angewendet werden, welche mit rechtswidrigem Vorsaze, durch abergläubische Prophezeihungen, durch Verbreitung falscher Nachrichten über bevorstehende Hungersnoth u.d.g. die Gefahr eines Volks Aufstandes herbeiführen.

§: 36.

Wer zur Verlezung bürgerlicher Pflichten gegen die Obrigkeit, gegen Geseze des Staats oder Rechte der Mitbürger unter betrüglichem Vorwande der Religion auffodert; wer für betrüglich vorgegebene Religions-Wahrheiten, mit deren Ausübung die bürgerliche Ordnung nicht bestehen kann, aus Eigennuz oder andern Privatabsichten Anhänger zu werben sucht: soll, wenn seine Handlung nicht in ein schwereres Verbrechen übergegangen, als Unruhestifter zu <u>ein</u> bis <u>dreijähriger Arbeitshause</u> verurtheilt werden.

Arglose Schwärmer sind durch Belehrung zu bessern, oder durch polizeiliche Sicherungs-Mittel gefahrlos zu stellen.

§ : 37.

Sektenstifter, welche ihre an sich unschuldige Religions-Meinung durch unerlaubte Mittel zu verbreiten, oder geltend zu machen suchen, auf öffentlichen Pläzen predigen, ihre Anhänger zur Feindseligkeit gegen anders Denkende aufreizen, oder von dem gesellschaftlichen Verkehre mit Andern, abzuhalten, oder einem obrigkeitlichen Verbote zuwider sich und ihre Glaubens-Genossen durch äussere Kennzeichnen zu unterscheiden suchen: sind als Unruhestifter mit <u>ein</u> bis <u>sechsmonatlicher Gefängnißstrafe</u> zu belegen.

§ : 38.

Prediger, welche in öffentlichen Vorträgen oder Schriften durch Schmähungen, oder gehässige Beschuldigungen zwischen den im Staate aufgenommenen oder geduldeten kirchlichen Partheien Religions Haß zu weken, oder zu unterhalten suchen, sollen ihres <u>Amtes entsezt</u> werden.

§ : 39.

Wer einer Obrigkeit oder deren öffentlichen Dienern, in Rechtswidrigen Ungehorsame gegen die öffentliche Autorität seine Wohnung zu öffnen verweigert, so daß dieselbe mit Gewalt geöffnet werden muß, ist mit zwei bis <u>achttägigen Gefängnisse</u> zu strafen.

§ : 40.

Wer die Obrigkeit an die Gefangennehmung eines Angeschuldigten verhindert, denselben bei sich verbirgt, ihm zu seiner Flucht behülflich ist, wird nach den bestehenden Gesezen bestraft, wenn nicht die Handlung in ein schwereres Verbrechen übergegangen ist.

§ : 41.

Wer einen Gefangenen, welcher zur Strafe oder zur Sicherung seiner Freiheit beraubt ist, aus dem Straforte, Gefängnisse, oder sonst aus der Gewalt der Obrigkeit vorsäzlich befreit, der soll, wenn nicht Art und Umstände der Befreiung ein schwereres Verbrechen begründen, ohne Rüksicht, ob der Gefangene wieder ergriffen worden, oder nicht, I.) Wenn der Befreite wegen eines Kapital Verbrechens gefangen war, mit vier bis sechsjährigem Arbeitshause; II.) Wenn ein Strafling aus dem Zuchthause oder ein Angeschuldigter wegen eines mit Zuchthaus bedrohten Verbrechens, aus dem Gefängnisse befreit worden, mit ein bis vierjährigem Arbeitshause; III.) Wenn ein Verbrecher dem Arbeitshause, oder ein Angeschuldigter wegen eines mit Arbeitshaus geseżlich bedrohten Verbrechens, dem Gefängnisse entzogen worden, mit einmonatlichen bis halbjährigen Gefängnisse; endlich IV.) in andern als den vorgenannten Fällen mit Gefängniß von vier Tagen bis zu einem Monate, oder nach Umständen mit körperlicher Züchtigung bestraft werden.

§ : 42.

Gefangenwärter, Aufseher, Gerichts- und andere Staatsdiener welche ihrer Amtspflicht zuwider die Entweichung eines Gefangenen vorsäżlich bewirken, sind nebst dem § : 41. verordneten Strafen, der Dienstes Entsezung unterworfen. Eine durch ihre Fahrlässigkeit veranlaßte Entweichung soll mit ein bis dreimonatlichen Gefängnisse und im Wiederholungsfalle, nebst verdoppelter Dauer der Gefängnißstrafe mit Dienstes Entsezung belegt werden.

Viertel Titel
Von Verbrechen wider den öffentlichen Rechtsfrieden im Staate.

§ : 43.

Wer mit Umgehung richterlicher Hülfe eigenmächtig seine wirklichen oder vermeinten Rechts-Ansprüche gegenandre geltend macht, ist der unerlaubten Selbsthülfe schuldig, und soll mit einer Geldstrafe von Zehen bis Hundert-Gulden oder mit Gefängniß von drei Tagen bis zu einem Monate bestraft werden.

§ : 44.

Wer, um für eine vermeintliche oder wirkliche Beleidigung sich selbst Recht zu schaffen, oder um einen behaupteten Rechts-Anspruch eigenmächtig in Vollzug zu sezen, die Person des Andern gewaltthätig überfällt, leidet ein bis dreimonatliche geschärfte Gefängnißstrafe, wenn nicht die Gewaltthat in strafbarer Übertretung übergegangen ist.

§ : 45.

Diejenigen, welche um Rache zu nehmen, um behauptete Rechte eigenmächtig durchzusezen, um den ruhigen Besiz unbeweglicher Sachen, oder die Ausübung eines Rechtes zu stören oder zu entziehen, in fremde Häuser, Wohnungen und andere liegende Grunde, wiewohl unbewafnet gewaltthätig einfallen, oder sonst eigenmächtig sich eindringen; diese sollen, wenn es nicht zu schwereren Übertretungen bekommen ist, mit vierzehentägigem bis dreimonatlichem Gefängnisse bestraft werden.

§ : 46.

Wer mit Waffen versehen, oder in verabredeter Verbindung mehrerer Personen in Häuse, Wohnungen oder liegende Grunde aus irgend einer vorbewerkten Absicht (: § :41.:) es dringt, um einzudringen gewaltsam anfällt, leidet drei bis sechsmonatliche Gefängnißstrafe.

§ : 47.

Wenn zehen oder mehrere Personen durch wechselseitige Verabredung oder durch rechtswidrige absichtliche Veranstaltungen eines dritte in einem Truppe vereiniget, eine der vorbeschriebenen Handlungen (: § : 44. 45.:) vorüber, so heißt dieses ein Landfriedensbruch, welcher, wenn an Personen wirkliche Gewaltthätige verübt worden sind; I.) an den Rädelsführer mit drei bis sechsjährigem Arbeitshause; II.) an den gemeinen bewaffneten Theilnehmern mit ein bis dreijährigem Arbeitshause; III.) an unbewaffneten gemeinen Theilnehmern mit sechsmonatlichem bis einjährigem Gefängnisse, oder körperlicher Züchtigung bestraft werden soll.

Wenn keine wirklichen Gewaltthätigkeiten an Personen begangen worden sind, so haben I.) die Rädelsführer ein bis dreijähriges Arbeitshaus; II.) Die gemeinen bewaffneten Theilnehmer Gefängniß auf sechsmonate bis zu einem Jahr; III.) Die gemeinen unbewaffneten Theinehmer drei bis sechsmonatliches Gefängniß oder körperlicher Züchtigung verwirkt.

§ : 48.

Wider denjenigen, welcher bei einem Landfriedensbruche ein mit schwerer Strafe bedrohtes Verbrechen begeht, kommt die Strafe dieses schwereren Verbrechens geschärft zur Anwendung.

§ : 49.

Eine Gewaltthätigkeit, welche von absichtlich vereinigter Menge (: § : 47.:) ohne Anfall oder Einfall in liegende Gründe oder Wohnungen, unmittelbar an Personen begangen wird; daß gleichen jedes unter der Gestalt eines Landfriedensbruches (: § : 47.:) verübtes Gebrechen, welches für sich eine geleitender Strafe, als der Landfriedensbruch auf sich hat, wird als Landfriedensbruch bestraft.

§ : 50.

Wer in einer Kirche oder andern religiosen Versammlungs-Ort zur Zeit des Gottesdienstes gewaltthätig einfällt; wer die Religionsdiener während ihrer AmtsVerrichtungen thätlich mißhandelt, oder durch Zwang und Gewalt Gottesdienstliche Verrichtungen zu verhindern sucht, soll, wenn solche That nicht in Gestalt eines Landfriedensbruches oder andern schwereren Verbrechens begangen worden, eine drei- bis zwölfmonatliche Gefängnißstrafe leiden; auch zwischen förmlich aufgenommen, oder blos geduldeten Religions-Gemeinden kein Unterschied gemacht werden.

§ : 51.

Wenn an einem Religionsdiener während seiner Amts-Verrichtung, oder an der versammelten Gemeinde selbst mit Störung des Gottesdienstes wörtliche oder andere nicht thätliche Ehrenbeleidigungen begangen werden; so ist der Thäter <u>ein</u> bis <u>dreimonatlicher Gafängnißstrafe</u> und einer gerichtlichen öffentlichen Abbitte, welche der Gemeinde in der Person eines ihrer Geistlichen zu leisten ist, unterworfen.

Fünfter Titel
Bestimmung der Strafen.

§ : 52.

Nachdem in den obigen Gesezen die Strafen des Todes, des Zuchthauses, des Arbeitshauses, des Gefängnisses und der körperlichen Züchtigung ausgesprochen sind; mit diesen Ausdruken aber die verschiedenen in Unserm Reiche bestehenden Kriminalgeseze verschieden Begriffe verbinden, oder doch in der Art der Vollziehung Unteschiede festsezen, welche sich mit der die gleichheitliche Behandlung der Verbrecher fordernden Gerechtigkeit nicht vertragen würden; so wollen Wir auch die Bestimmungen der erwähnten Strafen in folgenden § : § : kund machen.

§ : 53.

Wer das Leben verwirkt hat, wird mit abgeschorenen Haaren und entblöstem Haupte, gekleidet in einem grauren Kittel, mit einer Tafel auf Brust und Rüken, worauf sein Verbrechen genannt ist, zum Richtplaze geführt, und daselbst enthauptet.

Sein Vermögen fällt an seine Erben: doch ist er vom Tage der Rechtskraft des Urtheils unfähig zu einer lezten Willens-Ordnung oder Schreckung unter Lebenden.

Wie die Todesstrafe beim Hochverrathe verschäft werden soll, ist § : 3. bestimmt.

§ : 54.

Der zum Zuchthaus Verurtheilte behält sein Eigenthum, und die Fähigkeit der Erwerbung neuer Rechte; doch ist er während seiner Strafzeit unfähig zu jeder Verfügung über das Seine auf den Todesfall oder unter Lebenden. Er darf einmals zu Arbeiten ausser dem Straforte gebracht werden, sondern wird innerhalb des Hauses dazu angehalten. Bei dem Eintritte in das Haus werden ihm die Haare abgeschoren: er bekommt Zuchthaus Kleidung. Eine leichtere Kette geht ihm vom rechten zum linken Fuße, wenn nicht seine besonders bewiesem Gefährlichkeit eine stärkere Fesselung nothwendig macht. Er empfängt täglich warme Speise; doch nur zweimal wochentlich ein halb Pfund Fleisch, und Krankheits-Fälle ausgenommen nie ein anderes Getränk, als Wasser.

Die Zuchthausstrafe darf nicht über zwanzig Jahren, nicht unter Act Jahren zuerkannt werden.

§ : 55.

Die zum Arbeitshause verurtheilten Sträflinge behalten alle ihre Privatrechte, mit der Fähigkeit, unter Lebenden und auf den Todesfall darüber zu verfügen.

Sie werden innerhalb des Gebäudes, welches, wo es möglich ist, von dem Zuchthaus Gebäude völlig abgesöndert sein muß, zur Arbeit mit Strenge angehalten. Sie werden nicht gefesselt, ausser bei besonderer Gefahr der Flucht. Auch darf diese Strafe nicht durch vorhergehende öffentliche Ausstellung geschärft werden, woferne nicht in besondern Fällen ausdrüklich das Gegentheil verordnet ist. Im übrigen werden sie den Zuchtlingen gleich behandelt.

In das Arbeitshaus darf niemand auf längere Zeit als auf acht Jahren, nicht auf kürzere als auf ein Jahr verurtheilt werden.

§ : 56.

Wo das Gesez <u>Gefängnißstrafe</u> bestimmt, wird der Verurtheilte entweder in der Frohorfeste, oder in einem andern von dem Arbeitshause verschiedenen Orts Gefängnisse, oder auch auf einer Festung, entfernte allem menschlichen Umgange bei einfacher Zuchthaus Kost eingesperrt, mit Vorbehalt aller seiner Privatrechte.

§ : 57.

Es soll diese Strafe nicht auf längere Zeit als auf <u>ein</u> Jahr statt haben.

Sobald sie auf länger als <u>einen</u> Monat zuerkannt worden, soll der Verbrecher zur Arbeit, und soweit es die Umstände verstatten, zu den gewöhnlichen Arbeiten seines Berufes angehalten werden.

§ : 58.

Eine <u>körperliche Züchtigung</u> darf die Zahl von Hundert Streichen einmals überschreiten.

Die Anzahl der Streiche ist im Urtheile zu bestimmen.

Sie soll auf den entblösten Rücken, mit einer aus Birken-Reisern gebundenen Ruthe vollzogen werden.

Wo das Gesez nicht ausdrüklich öffentliche körperliche Züchtigung bestimmt, soll sie im Gefängnisse, vor einer GerichtsPerson, von dem Gerichtsknechte vollzogen werden.

§ : 59.

Körperliche Züchtigung kann nur noch beifälligem Gutachten des Gerichts-Arztes vollzogen werden. Wäre Gefahr für Leben oder Gesundheit zu besorgen, so soll dieselbe, je nachdem sie als Hauptstrafe, oder nur als Schärfung zuzuerkennen wäre, mit Verhältniß mäsigem Gefängnisse, oder mit einer andern Schärfungs-Art vertauscht werden.

§ : 60.

Nebst der körperlichen Züchtigung, welche immer nur beim Eintritte in den Strafort, nie am Ende der Strafzeit zu vollziehen ist, sind noch die öffentliche Ausstellung durch den Gerichtsdiener, welcher jedoch nur bei zwanzigjähriger Zuchthaus-Strafe, statt findet, und die Schmälerung der Köst, Schärfungs-Arten der Freiheitsstrafen.

Wir wollen, daß dieses Gesez nicht blos durch das Regierungs-Blatt kund gemacht, sondern auch besonders gedrukt, an den öffentlichen Orten angehaftet, in den Gemeinde Versammlungen vorlesen, und von den Kanzeln verkündet werden soll.

München

II. Sessions Protocoll
der vereinigten Sektionen der Justiz und des Innern.

1. Sitzung Nr. I
Abgehalten den 26n Mai 1811.

Gegenwärtig waren.

Seine Exzellenz der königliche geheime Staats- und Konferenz- auch Justiz Minister Herr Graf von Reigersberg.

Die königliche wirkliche Herrn Geheimen Räthe
> von Zentner,
> von Krenner, der Ältere,
> Karl Graf von Arco, Exzellenz,
> Freiherr von Aretin,
> von Effner,
> von Feuerbach,
> Graf von Welsberg, dann
> der auf allerhöchsten Befehl hinzu berufene königliche Hofrath und Professor
> von Gönner

Seine Excellenz, der königliche geheimen Staats- und Konferenz Minister Herr Graf von Riegersberg, welche in der auf heute zu Prüfung des Entwurfes des zweiten Theils des Strafgesezbuches für das Königreich Baiern, von der Prozeß in Straf-Sachen angeordneten Sizung der vereinigten Geheimen Raths Sekzionen den Vorsiz führten, eröfnete den versamelten Mitgliedern, daß Seine Majestät der König allergnädigst befohlen, daß der wegen Bearbeitung des Zivil Gesezbuches sich hier befindernde königliche Hofrath und Professor von Gönner den Sekzions Sizungen beiwohne, und an den Berathungen über den Prozeß in Strafsachen Theil nehme.

Sie glaubten, daß zu Förderung dieser Berathungen es zwekmässig sein werde, wenn Herr Hofrath von Gönner seine Meinung über die einzelne Theile des vorgelegt werdenden Entwurfes unmittelbar nach dem Herrn Referenten äussere, und würden demselben in dieser Ordnung aufrufen.

Herr Geheimer Rath von Feuerbach, als Verfasser des Entwurfes des Prozesses in Strafsachen, und als ernannter Referent äusserten hierauf, daß sie zuerst die Oekonomie dieses Prozesses, die dem lithographirten Entwurfe vorangehe, vorlegen, und Ihre Gründe aus führen würden, welche sie bestimmt, diese anzunehmen.

Es müsse diese Lehre von dem Beweiße dessen Kraft und Wirkungen ganz in ihrem Zusammenhänge in einem besondern Abschnitte dargestellet werden. Eben dieses sein nothwendig, rüksichtlich der Theorie einzelner richterlicher Handlungen, durch welche die That oder der Thäter erforschet wird, z.B. dem Verhöre des Beschuldigten, dem Verhör der Zeugen, der Confrontation, der Haussuchung u.d.g. Diese Lehren könnten unmöglich in die Darstellung des Prozeßganges selbst mit eingeflechten werden.

Jene Fällen in dem Prozesse selbst keine fest bestimmte Stelle; Ein Zeugen Verhör z.B. könne im Anfange, in der Mitte und am Ende des Prozesses vorkommen, so wie Haussuchungen u.d.gl.; ein Verhör des Beschuldigten komme als Theil der General Untersuchung vor, andere seien Bestandtheile der Special Inquisition.

Wolle man daher, wie es ältere Gesezbücher gethan, in die Darstellung des Prozeßganges selbst die vollständige Theorie jener richterlichen Handlungen mit einflechten, so müsse dieses immer nur gelegenheitlich, gleichsam in einer Parenthese geschehen, wodurch dann immer der Zusammenhang unterbrochen, der Richter wer geführt, und eine klare deutliche Übersicht des Prozeßganges selbst ganz und gar unmöglich gemacht werde.

Die Haupt Eintheilung desselben Gründe sich auf vorherige Beschlüsse, welche die Sekzionen bei dem ersten Theile des Strafgesezbuches gefaßt, und sein analog mit dem Strafgesezbuche selbst in zwei Bücher eingerichtet worden.

<u>Das erste Buch</u> handle von <u>dem Prozeß bei Verbrechen.</u>
und habe seine Titel, Abtheilungen und Kapitel.
<u>Das zweite Buch</u> von <u>dem Prozeß bei Vergehen.</u>
mit Unterabtheilungen in Titel.

Das zweite Buch seie unverhältnißmäsig kürzer als das erstere, allein es seie unmöglich gewesen, demselben ohne Wiederholungen mehrere Unterabtheilungen zu geben, weil es mit dem Verfahren des ersten Theiles ganz gleiche Formen habe, und nur darin sich unterscheide, daß der Gang der Untersuchung und Aburtheilung in dem zweiten Buche eine größere Beschleunigung erhalten, und darin eigentlich die Ausnahme von dem Prozesse bei Verbrechen bestehe.

Herr Geheimer Rath von Feuerbach lasen das Inhalts Verzeichniß abstellten die angenommene Oekonomie auf, zeigten, worin dieselbe von dem Gang des bisherigen peinlichen Prozesses abweicht, und erläuterten im Allgemeinen die Grundsäze, nach welchen sie gearbeitet.

Herr Hofrath von Gönner äussterten, Sie fänden nötig, bei dieser vorgelegten Oekonomie die allgemeine Bemerkung zu machen, daß das System eines Gesezbuches jenes der Doctrin nicht sein, sondern dieses mehr den natürlichen Gang einhalten, und mit Vermeidung doktrineller Division zusammen fasten und darstellen solle.

Übereinstimmend mit dieser allgemeinen Bemerkung glaubten sie, daß das System des vorgelegten Entwurfes vereinfacht werden könne, in so ferne nicht die Oekonomie des ersten Theiles des Strafgesezbuches: welche Ihnen nicht hinlänglich bekannt, der Gleichförmigkeit wegen eine Abweichung von diesem Grundsaze nothwendig machen. Auf jeden Fall aber bedürfe es zum Unterschied zwischen dem ordentlichen Kriminal Prozesse und dem Standrechte keiner Oberabtheilung im zweiten Titel, und da der Grundsaz wohl nicht bestritten werden könne, daß es nothwendig seie, in dem Prozesse die Kraft <u>der Beweise</u> von dem <u>Gange der Untersuchung</u> und von dem <u>Urtheile</u> zu trennen, so werfe sich die weitere Frage auf:

<u>Soll die II. und III. Abtheilung des Entwurfes beibehalten oder sollen, beide in eine Abtheilung verschmolzen werden.</u>
Nebenfragen, die zu entscheiden seien, wären folgende.

1) Ob nicht von dem Gefängnisse und den Gefangnen Wärtern Etwas zu sagen seie. Glaube man, daß diese allerdings wichtige Bestimmungen nicht in den reglementaren Theil sich eignen, so wäre vielleicht in der Einleitung unter den allgemeinen Bestimmungen der schiklichste Ort, um hievon zu reiten, wenn man von den Gefängnisse für Verbrechen und Vergehen im Allgemeinen handlen wolle, sonst aber eigneten sich dieselbe in den 1n. Theil von den Kriminal Gerichten als Atribute derselben.

2) Ob nicht von Erhebung des Thatbestandes in der zweiten Abtheilung im eigenes Kapitel handlen solle, da Sie glaubten, daß diese sich nicht von dem Gange der Untersuchung trennen lasse, und

3) Ob nicht der Salvus conductus und die Mittel, die Verhaftung abzuwenden, mit dem IV. Kapitel der zweiten Abtheilung zu verbinden wären.

Sie erklärten sich dafür, die II. und III. Abtheilung in eine nicht zu vereinigen, und die ganze Oekonomie nach dem einfacheren Sistem zu bilden, daß das Ganze zwei Bücher mit Titel, Kapitel und Artikel enthalte, und die vorgeschlagene Unterabtheilungen wegfallen.

Sie würden dieselbe nach folgender Ordnung vorbehaltlich der weiteren Abtheilung in Kapitel einrichten.

    Einleitung
I. Buch. Prozeß bei Verbrechen.
    1ter Titel, Von Kriminal Gerichten.
    2ter Titel, Von der Untersuchung überhaupt.
    Hier würden sie ein Kapitel von Erhebung des Thatbestandes /:Corpus Delicti:/ und dem Mittel, die Verhaftung abzuwenden, einschalten.
    3ter Titel, Einzelne Handlungen.
    4ter Titel, Kraft der Beweise.
    5ter Titel, Vom Urtheile.
    6ter Titel, Vom Verfahren gegen Abwesende.
    7ter Titel, Vom Standrechte.
    II. Buch. Vom Verfahren bei Vergehen.

Seine Exzellenz Herr Geheimer Rath Carl Graf von Arco bezogen sich rüksichtlich der vorgelegten Oekonomie auf Ihre bearbeitete, litographirte und den Mitgliedern der vereinigten Sekzionen mitgetheilte Bemerkungen, die dem Protokoll beiliegen, und äusserten, daß Sie die von dem Herrn Referenten vergeschlagene Oekonomie für zu verwikelt, und für das Gedächtniß nicht vortheilhaft beurtheilten, denn man habe Mühe, die so vervielfachte Unterabtheilungen dem Gedächtnisse einzuprägen, und Sie glaubten, daß der einfachste Gang in Zusammenstellung des Ganzen der vorzüglichste sein, um sich etwas eigen zu machen.

Ihre Bemerkungen enthielten den Vorschlag, wie diese Oekonomie nur nach Bücher und Kapitele eingerichtet werden könnte, inzwischen erklärten Sie sich auch für den Vorschlag des Herrn Hofrath von Gönner diese nach Bücher, Titel, Kapitel und Artikel einzutheilen, und hiernach würde in Übereinstimmung mit Ihren Ansichtensich folgende Oekonomie ergeben:

    Einleitung
    Ites Buch.
        I ter Titel, Von denGerichten Cap:1 bis 4. worin sie auch ein eigenes Kapitel von den Gefängnissen, und eines von dem Thatbestande annehmen.
        II ter Titel, Von der General und Spezial Inquisizion Cap:4 bis 13.
        III ter Titel, Von dem Verfahren nach der erkannten Spezial Inquisizion Cap:13 bis 18.
        IV ter Titel, Von den Beweisen und deren Kraft Cap:18 bis 25.
        V ter Titel, Von dem Urtheile, Cap:25 bis 29.
        VI ter Titel, Von dem Verfahren wider Abwesende Cap:29 bis 31.
        VII ter Titel, Von dem Standrechte.
    IItes Buch.
    Von dem Verfahren bei Vergehen.

Seine Exzellenz der königliche geheime Staats- und Konferenz Minister Herr Graf von Reigersberg über die geäusserte verschiedene Ansichten rüksichtlich der Oekonomie des Prozesses in Straf-Sachen abstimmen.

Herr Geheimer Rath von Zentner stimmten dafür; die etwas verwikelte Oekonomie, die Herr Referent vorgeschlagen, zu vereinfachen, und den Grundsaz festzustellen, daß dieselbe nach Bücher, Titel, Kapitel und Artikel mit Hinweglassung aller weiteren Unterabtheilungen eingerichtet werde, so wie Herr Hofrath von Gönner angetragen, inzwischen aber sollte man sich mit Stellung der Kapitel, mit den Rubriken der Titel und Kapitel nicht beschäftigen, indem es dem Zweke einer reifen Berathung widersprechen würde, die innere Oekonomie festzusezen, ehe man das Ganze durchgangen und sich in den Stand gesezt habe, beurtheilen zu können, welche Rubrik auf einen Titel, auf ein

Kapitel passe, und in welchem Titel ein Kapitel am zwekmäsigsten einzureihen können.

Sie glaubten daher, daß wenn die Haupteintheilung der Oekonomie angenommen sei, man zur Prüfung der einzelnen Kapitel und Artikel übergehen solle, wo sich sodann das Weitere leicht und von selbst ergeben werde, und man dann viel eher den Zwek, nach dem die vereinigte Sekzionen streben müßten, erreichen werde.

Übrigens vereinigten Sie sich allerdings damit, daß rüksichtlich der Gefängnisse und des Thatbestandes eigene Kapitel dem 1n und 2n Titel eingeschaltet werden.

Mit dieser Ansicht des Herrn von Zentner einverstanden, äusserten Sich Herr Geheimer Rath von Krenner, und fügten um bei, daß Sie sich nicht wohl vorstellen könnten, wie man die Lehre von dem Thatbestande von dem übrigen Gange der Untersuchung trennen könne. Sie würden deswegen ein eigenes Kapitel dem II ten Titel einverleiben, auch wegen den Bestimmungen über die Gefängnisse in dem 1n Titel ein eigenes Kapitel bilden.

Seine Exzellenz Herr Geheimer Rath Carl Graf von Arco glaubten, daß es einer der wichtigsten Gegenstände der Deliberazion sein, das ganze Bild der Oekonomie aufzustellen, und sich damit vorzüglich zu beschäftigen, indem bei einem festen System es dann leicht sein werde, die Kapitel demselben anzupassen und sie einzureihen, was bei Durchgehung der einzelnen Kapitel und Artikel mehr Schwierigkeiten finden werde.

Glaube man aber das Nemliche auf dem entgegen gesezten Wege zu erreichen, so könnten sie sich auch hiezu mit Hinweisung auf ihre bereits vorgelegte Ansicht verstehen.

Herr Geheimer Rath Freiherr von Aretin äusserten, daß Sie es nicht für erschwerend ansähen, ein doktrinelles System aufzustellen, und dieses der theilwesen Prüfung der einzelnen Kapitel und Artikel vorauszuschicken, nach welchem sich das Ganze beurtheilen und einreihen lasse. Halte man aber den entgegen gesezten Weg für zwekmäsiger, so könnten Sie sich auch hiezu verstehen, und erklärten sich für die Haupteintheilung des Herrn Hofrath von Gönner, und würden diese als Regel aufstellen, nach welcher die Ausscheidung der Kapitel zu beurtheilen wäre. Auch wegen dem Thatbestand und den Gefängnissen erklärten sie sich, daß dafür eigene Kapitel in dem 1n und 2n Titel gebildet werden.

Herr Geheimer Rath von Effner sezten in Ihrer Abstimmung die Schwierigkeit auseinander, mit welcher jedes Mitglied der vereinigten Sekzionen zu Kämpfen gehabt haben würde, wenn Ihme die Bearbeitung aus Vorlage der Oekonomie zu Theil geworden wäre, es würde vielleicht bei jedem verschieden ausgefallen, und für Jedes sich viel dafür und dagegen haben sagen lassen. Aus diesem Grunde glaubten Sie, daß die Feststellung der Oekonomie in allen Theilen einer der wichtigsten Gegenstände der Deliberazion seie, aus Sie erklärten sich dafür, daß nach dem Gange der in den Geschichten beobachtet werde, Haupt Perioden und Unterabtheilungen, wie Sie Herr Referent vorgeschlagen, in dem Prozesse angenommen werden, denn sie hätten die gegentheilige Meinung, daß dadurch das Gedächtniß sehr erleichtert würde.

Daß das zweite Buch des Prozesses so kurz seie, daran würden Sie sich nicht stoßen, denn diese Lehre von dem Verfahren bei Vergehen seie in ihrer Natur und in ihrem Gange ein heterogener Gegenstand, der allerdings isolirt und kürzer behandelt werden könne, und es scheine zwekmäsiger, diese Art zu verfolgen, als solche weitläufig zu behandeln, sie mit den übrigen zu verbinden und dadurch den Hauptfaden zu unterbrechen.

Die Bestimmungen wegen den Gefängnissen würden Sie in die Einleitung aufnehmen, auch könnten Sie sich zu einem eigenen Kapitel wegen. Erhebung des Thatbestandes in dem II. Titel nur dann verstehen, wenn eine umfassende Lehre hievon in den folgenden Titel; wo hievon die Rede wieder seie, noch einmal vorkommen.

Herr Geheimer Rath von Feuerbach vereinigten sich mit dem Vorschlage, den Herr Hofrath von Gönner wegen Vereinfachung der Oekonomie gemacht, da die vorgelegte Oekonomie leicht darnach abzuändern, und diese in dem ganzen Entwurfe keine andere bedeutende Veränderung in der Stellung zur Folge habe, auch mit einem eigenen Kapitel über die Erhebung des Tathbestandes in dem IIn Titel könnten Sie sich um so eher vereinigen, als nur die unten stehende Artikel heraufgesezt, und in ein Ganzes zusammengestellt werden müßten.

Die Bestimmungen über die Gefängnisse könnten ganz wohl ein eigenes Kapitel in dem ersten Titel bilden, und Sie würden diese beide Kapitel nach einer neuen Fassung vorlegen. Sie erklärten Sich dafür, daß nach dieser Haupt Eintheilung man zu Durchgehung der einzelnen Kapitel und Artikel schreite, und darnach die innere Oekonomie der Titel einreihte.

Herr Geheimer Rath Graf von Welsberg äusserten, Sie hielten die Vereinfachung der Oekonomie für sehr wünschenswerth, und vereinigten sich deßwegen um so mehr mit dem Vorschlage des Herrn Hofrath von Gönner, als Sie glaubten, daß das Studium der Geschichte auch dadurch dem Gedächtnisse leicht werde, weil nur Haupt Perioden ohne viele Unterabtheilungen angeführt würden.

Die Bestimmungen über die Gefängnisse würden Sie in die Einleitung aufnehmen, seien wegen Erhebung des Thatbestandes aber in einem eigenen Kapitel im IIten Titel aufstellen. Übrigens waren Sie der Meinung, daß man sich die Arbeit erschweren, und gezwungen sein würde, manches Kapitel, manche Bestimmungen ausgesezt und unentschieden zu lassen, wenn man nicht vorher über die vollständige Einrichtung der ganzen Oekonomie sich vereiniget haben würde.

Nach der Mehrheit dieser Abstimmungen

wurde beschlossen, nach dem Vorschlage des Herrn Hofrath von Gönner die Haupteintheilung der Oekonomie des Prozesses in Strafsachen anzunehmen, und nach dem weitern Vorschlage des Herrn Geheimen Rath von Zentner sich mit Prüfung der einzelnen Kapitel und Artikel des Gesezbuches zu beschäftigen, und die Rubriken der Titel und Kapitel, so wie die immer Abtheilung der Titel erst als Folge dieser Prüfung fortzusezen.

Angenommen wurde übrigens, daß die Bestimmungen wegen den Gefängnissen und Gefangenen Wächter ein eigenes Kapitel im ersten Titel, und die Erhebung des Thatbestandes ein eigenes Kapitel im zweiten Titel bilden sollen, welche Herr Referent zu bearbeiten und vorzulegen habe.

Herr Geheimer Rath von Feuerbach giengen nun zu der einzelnen Bearbeitung der verschiedenen Theile des Entwurfes über, und trugen die Artikel vor, welche die allgemeine Bestimmungen aussprochen.

Nachdem von allen Mitgliedern der vereinigten Sekzionen angenommen war, daß wenn bei einem Art: Nichts erinnert würde, derselbe als angenommen zu betrachten sein, so lesen Herr Geheimer Rath von Feuerbach folgende Art: der allgemeinen Bestimmungen vor:

I.) <u>Von Strafsachen und dem Verfahren dabei überhaupt.</u>

Art: 1.
Niemand kann wegen Verbrechen oder Vergehen mit einer Strafe belegt werden, ausser nach vorgängiger Untersuchung, und nach richterlichem Erkenntnisse, auf eigenes Geständniß oder rechtliche Überweisung.

Art: 2.
Die Strafgerichtsbarkeit verführt von Amtswegen, ohne daß es einer Klage oder Beschwerde des beleidigten Theils bedürfte, vorbehaltlich der in dem <u>Gesezbuche über Verbrechen und Vergehen</u> Ausnahmsweise bestimmten Fälle.

II.) <u>Vom Verhältniß der Strafsachen zu andern, besonders Civil Sachen.</u>

Art: 3.
Untersuchungs Sachen gehören zu den eilenden Geschäften. Für sie gelten, wo Gefahr auf dem Verzuge haftet, keine Ferien, welcher Art sie sein mögen; sie sind nicht gebunden, an ordentliche Gerichts Tage, oder an bestimmte Gerichtsstunden.

Bei Art: 3. erinnerten Herr Geheimer Rath von Effner, Sie glaubten, dieser Art: eigen sich zur Instrukzion für die Gerichte und nicht in den Prozeß.

Auf die Gegenbemerkung des Herrn Geheimer Rath von Feuerbach, daß er deßwegen in den Prozeß aufgenommen werden müsse, um auszusprechen, daß an Sonn- oder Feiertägen solche Untersuchungen von den Gerichten gültig vorgenommen werden können, welches das ganze Publikum wissen müsse,

    wurde beschlossen, dem Art: 3. mit Änderung beizubehalten, daß statt <u>eilender Geschäften</u> gesezet werden
    "dringender Geschäften"
um den eintreten könnenden Auflegung zu begegnen, als ob die Untersuchungs-Geschäfte eilend behandelt würden.

Art: 4.
Wenn eine streitigen Privat-Rechts Sache mit einem Untersuchungs Gegenstände zusammentrift, so geht lezter in der Verhandlung und Entscheidung der Erster vor, es müßte dann die Civilsache eine Vorfrage betreffen, vor deren Entscheidung die Strafsache nicht beurtheilt werden kann.

Art: 5.
Bei einer anhängig gewordenen Untersuchungs Sache richtet sich zugleich die Untersuchung und Entscheidung,
  1.) auf die aus der Übertretung entstandenen privatrechtlichen Foderungen wegen Kösten, Wiedererstattung, Schadens Ersaz oder Genugthuung
  2.) auf privatrechtliche Zwischenpunkte, die eine Vorfrage rüksichtlich des Untersuchungs Gegenstandes betreffen.

Art: 6.
Wenn wegen einer aus Verbrechen oder Vergehen entsprungenen privatrechtlichen Forderung eine Civil-Klage erhoben worden ist, so soll dieselbe nach Ordnung des Civil Prozesses solange verhandelt werden, bis sich hinreichende Verdachts Gründe ergeben haben, wo sodann der Untersuchungs Prozeß zu eröffnen, und die Entscheidung des Civil Punktes bis zum Schlusse der Untersuchungs Sache auszusezen ist.

Art: 7.
Deßgleichen sind die in einem Civil Prozeß vorkommenden strafrechtlichen Punkte, welche eine Vorfrage rüksichtlich der Civil Sache betreffen, nach Ordnung des Civil Prozesses so weit zu verhandeln, bis sich hinreichende Verdachts-Gründe zur Eröffnung des Strafprozesses ergeben haben, wo sodann in Anwendung kommt, was im vorhergehenden Art: 6. verordnet ist.

    Gegen die Fassung dieser Art: erinnerte Herr Hofrath von Gönner, daß die Art: 4. und 5. nicht ganz zu harmoniren scheinen, in beiden seie die causa civilis als <u>eine Vorfrage</u> behandelt, und doch seie in beiden nicht hinlänglich unterschieden, ob die Vorfrage principaliter oder incidenter movirt würde.

    Die bestimmtere Auseinandersezung dieser Vorfragen hielten Sie für so wichtiger, als diese nicht nur über den Rang einer Civil- und Kriminal Sache, sondern auch für die Kompetenz der

Gerichtsstelle entscheidend seie.

Durch mehrere Fälle, welche Herr Hofrath von Gönner anführten, fürchten Sie zu zeigen, wie drückend die Wirkungen dieser Fassung für diejenige seie, die in diesem Falle sich befinden, und wie nothwendig es seie, das Verhältniß der Strafgerichtsbarkeit zur Civil-Gerichtsbarkeit genau festzustellen, und dadurch die Kompetenz, wie es der Geist der Kreitmaierschen Gesezgebung gewesen zu sein scheine, in den Fällen, wo eine streitige Privat Rechts Sache mit einem Kriminal Untersuchungs-Gegenstande zusammentrift, für die Kriminal-Gerichte zu bestimmen, indeme sonst in den allgemeinen und besondern Theilen des Prozesses eine bedeutende Lücke bleiben würde.

Bei Art: 6. und 7. äusserten Herr Hofrath von Gönner, daß nach ihren Ansichten diese den Art: 2. aufzuheben scheinen, und da Sie es für äusserst bedenklich ansahen, bei Verbrechen eine Civil-Klage zu erlauben, so machten Sie zu Beseitigung dieses Widerspruches den Vorschlage, ob man nicht, wenn der Staat Verbrechen ex officio zu untersuchen befehle, aus Verbrechen gar keine Zivil Klage erlauben, sondern vielmehr eine solche Klage als Denunziation betrachten, und den Gerichten befehlen solle, davon die Kriminal Richter in Kenntniß zu sezen.

Gegen diesen aufgestellten Grundsaz, daß in dem vorliegenden Falle immer der Kriminal Richter kompetent sein solle, äusserten sich Herr Geheimer Rath von Feuerbach und bemerkten, daß sie diese 4. Art: ganz aus dem baierischen Kriminal-Gesezbuche genommen, und nur in der Sprache einige Änderungen getroffen hätten. Sie hielten diese Bestimmungen für deutlich und erschöpfend, und bewiesen durch einige Fälle, daß wenn man auch den Grundsaz ausspreche, daß eine Kriminal Untersuchungs-Sache durch eine streitige Zivil-Klage nicht aufgehalten werden könne, es dennoch zu bedenklich sein werde, auch zu bestimmen, daß alle mit dieser Kriminal Untersuchung principaliter oder incidenter zusammenhängende streitige Zivil-Klagen vor das Kriminal-Gericht gezogen werden sollen, indeme dadurch manchem Unterthan, der bei dem Zivilrichter ganz gültige Beweis zu Beurkundung seiner Klage um deßwillen entzogen werden würde, weil der Kriminal Richter diesen nicht annehmen könne.

Da auch von einigen andern Herrn Geheimen Räthen der von Herrn von Gönner aufgestellte Grundsaz noch aus dem weiteren Grunde bestritten wurde, weil es der bürgerlichen Ehre der Unterthanen zu nachtheilig werden konnte, wegen solchen streitigen Zivil Klagen vor ein Kriminal Gericht gezogen zu werden, alle Herrn Geheimen Räthe aber sich überzeugten, daß die Bestimmungen dieser 4. Art: nicht erschöpfend genug, und eine nähere umständlichere Bearbeitung erfoderten, so wurde der baierische Kriminal Zivil, und Judiziar Kodex, so wie die hierauf Bezug habende Noten, rüksichtlich dieser Stellen nachgeschlagen, und die Folge hievon, so wie der darauf eingetretenen Besprechung unter sammtlichen Mitgliedern, wobei sich auch Herr Geheimer Rath von Feuerbach von der Nothwendigkeit überzeugten, die Bestimmungen dieser 4. Art: mehr auseinander zu sezen, und deutlicher zugeben war,

daß nach verfügter Umfrage sich aller Mitglieder dahin vereinigten, daß Herr Geheimer Rath von Feuerbach und Herr Hofrath von Gönner sich mit einander benehmen, und gemeinschaftlich eine andere Redakzion dieser 4. Art: nebst ohren Gründen hiezu bearbeiten sollen.

Sollten dieselbe sich über den dabei aufzustellen- den Grundsäze nicht vereinigen können, so hat jeder seine eigene Ansicht in denen hiernach bearbeiteten Entwurf zu faßen, und in der nächsten Sicherung vorzulegen.

Einsweil aber wurde beschloßen, dem Art: 4. ein eigenes Marginale zu geben, und dagegen jenes bei Art: 3. auszulassen weil sich der Art: 3. unter das Marginale des Art: 1.

Vom Strafsachen und dem Verfahren
dabei überhängt
sehr wohl bringen laße.

Art: 8.

Durch Auffoderung zum Beweis wegen angeblicher Diffamazion (: provocatio ex lege dittamari :), durch Injurien Klagen gegen den Angeber, und dergleichen, kann ein angefangener Untersuchungs-Prozeß werden aufgehoben, noch dessen Anfang, wenn sonst rechtliche Gründe dazu vorhanden, abgewendet werden.

Art: 9.

III.) Von der Strafgerichtsbarkeit überhaupt

Die Strafgerichtsbarkeit über Verbrechen und Vergehen steht in ihrem ganzen Anfang, sowohl rüksichtlich der Untersuchung als Ent-scheidung lediglich den unmittelbaren Königlichen Gerichten zu.

Bei Art: 9. Wurde die Bemerkung gemacht, daß nach der vorgelegten Fassung die Untergerichte der mediatisirten Fürfen ausgeschlossen seien, welches nach dem rheinischen Bundes-Akte, und in so einige nicht wohl geschehen könne, bis nicht Seine Majesthät der König Abweichungen hievon allergnädigst befehlen würden.

Herr Geheimer Rath Freiherr von Aretin äusserten, daß dieser Art: Ihnen ganz überflüssig scheine, denn die Bestimmung, welchen Gerichten die Strafgerichtsbarkeit über Verbrechen oder Vergehen zustehe, eigne sich weder zur Zivil- noch Kriminal Gesezgebung, sondern seie blos staatsrechtlich, und als von den verschiedenen Organisazionen, der Stellen abhängig, sehr leicht Veränderungen unterworfen. Sie würden daher den Art: 9. ganz auslassen, oder, wenn die Mehrheit ihn beibehalten wolle, sezen, <u>den Gerichten welche hiezu autorisirt sind.</u>

Herr Geheimer Rath von Feuerbach entwikelten die Ursache, welche der Fassung

<u>den unmittelbaren Königlichen Gerichten</u>

zum Grunde liegt, vereinigten sich aber mit dem Vorschlage, diesen Art: ganz auszulassen, weil man sonst entweder zuviel oder nichts sage.

Einige Miglieder waren der Meinung den Art: 9. mit der vorgeschlagenen Änderung beizubehalten, die Mehrheit

entschied aber inFolge verfügtene Abstimmung für dessen Weglassung.

Art: 10.

<u>Von dem Untersuchenden Behörde</u>

Die Untersuchung sowohl über Verbrechen als Vergehen ist, mit Ausnahme der Polizei-Frevel, und derjenigen geringeren Vergehen, welche in dem <u>Strafgesezbuch über Verbrechen und Vergehen</u> den Polizei-Behörden besonders zugewiesen werden, den Königlichen Untergerichten übertragen, nemlich den Stadt- und Landgerichten, innerhalb ihres Bezirkes vorbehaltlich des besonderen Gerichtsstandes bevorzugter Personen oder Sachen.

Dieser Art: wurde in Folge der bei Art: 9. gemachten Bemerkungen, welche auch hier Anwendung finden

dahin abgeändert, daß statt der Stelle
<u>den königlichen Untergerichten übertragen, nemlich den Stadt- oder Landgerichten innerhalbihres Bezirkes</u>
gesezet werde
"den hiezu autorisirten königlichen Untergerichten innerhalb ihres Bezirks übertragen."

Art: 11.

<u>Von urtheilenden Gerichten.</u>

Untergerichte haben weder über Verbrechen, noch über Vergehen das Recht der Entscheidung, welches allein den Obergerichten zusteht;
Über Vergehen entscheiden die Zivil-Strafgerichte;
über Verbrechen die Kriminal-Strafgerichte.

Bei diesem Art: machten Seine Exzelllenz Herr Geheimer Rath Carl Graf von Arco den Vorschlag, statt <u>Kriminal-Strafgerichten</u> zu sezen
"<u>Kriminal Gerichte</u>"
um ihren Unterschied von den Zivil-Strafgerichten stärker zu bezeichnen, und weil die Benennung Kriminal-Gerichte mehr Ein-

druk bei dem Publikum hervorbringen.

Diese Änderung in Art: 11. wurde angenommen.

Art: 12.
Ein <u>Zivil-Strafgericht</u> besteht bei jedem Appelazions Gerichte, und wird zusammengesezt aus drei Appellazions Räthen, unter welchen der Älteste den Vorsiz, übrigens aber mit den andern Mitgliedern ein gleiches Stimmrecht hat.
Die <u>Kriminal-Strafgerichte</u> bestehen aus einem wenigstens mit sechs Mitgliedern aus schlüßlich des Vorstandes zusammengesezten Senat desselben Appellazionsgerichtes.

Gegen die Zusammensezung von drei Appellazions Räthen zu Bildung eines Zivil-Strafgerichts, wiederholten Seine Exzellenz Herr Geheimer Rath Carl Graf von Arco die in der litographierten Beilage enthaltene Bemerkung, daß sie diese Zahl für zu gering halten, indem bei der Allgemeinen, nach dem ersten Theile mehr als vormals beschränkten Kriminalität noch schwerere Beleidigungen als Vergehen behandelt werden, worüber die Beurtheilung und Straferkenntniß nicht immer so leicht drei Individuen anvertraut werden sollte.

Auch Herr Hofrath von Gönner fanden den Ausdruk bei den Kriminal-Gerichten, zweiter Instanz ausschlieslich des Vorstandes zweideutig, und machten den Vorschlag zu sezen: aus einem Vorstande und Sechs Räthen.

Mehrere Herrn Geheimer Räthe vereinigten sich mit dem Vorschlage des Herrn Geheimen Rath Carl Graf von Arco, die Zivil-Strafgerichte mit einem Vorstande und 4. Räthen zu besezen, und die Majora schienen sich für diese Bestimmung zu bilden, allein auf die Erinnerung Seiner Exzellenz des Königlichen Geheimen Staats- und Konferenz Ministers Herrn Grafen von Reigersberg, daß die beschränkt Zahl der Räthe bei den meisten Appellazions Gerichten nicht gestatten würde, ohne Abbruch der Geschäfte nebst den Senaten für die Zivil und Kriminal Gerichtsbarkeit auch noch einen Senat aus 4. Räthen und einem Vorstande für die Zivil-Strafgerichtsbarkeit zu bilden, so wie die weitere Bemerkung, des Herrn Geheimen Rath von Effner, daß wenn man 4. Räthe und einen Vorstand zu diesem Senat als erste Instanz aufstelle, für den Senat in zweiter Instanz mehr als 6. Räthe und ein Vorstand würden erfodert werden, welches um so nachtheiliger auf die übrigen Geschäfte wirken müßte, als die Räthe, die über eine Sache in ersten Instanz beigezogen würden, in zweiter Instanz ausgeschlossen werden müßten, und auch ein groser Abstand zwischen der Wichtigkeit der Gegenstände, die bei einem Zivil-Straf- und bei einem Kriminal-Gerichte verhandelt werden sein, bestimmten die Mitglieder in Folge verfügter Umfrage, von ihren früheren Ansichten abzugehen, und in der Voraussezung der Unausführbarkeit sich dahin zu beschränken, daß das Zivil-Strafgericht aus drei Räthen unter Vorsiz eines Präsidenten oder Direktoren, das Kriminal Gericht aber aus einem Vorstande um sechs Räthen gebildet, sohin der zweite Theil des Art: 12. hiernach abgeändert, auch das Wort Strafe beiden Kriminal-Gerichten sowohl in diesem als allen folgenden Art: ausgelassen werden solle.

Nur Seine Exzellenz Herr Geheimer Rath Carl Graf von Arco vereinigten sich nicht mit der ersten Meinung, sondern äusserten, daß wenn die Besezung der Appellazions Gerichte nicht gestattete, den Senat für das Zivil-Strafgericht aus einem Vorstande und 4. Räthen zu bilden, Sie dafür stimmten, nur 2. Räthe und einen Vorstand zu nehmen, um dadurch die Paria zu vermeiden, indem Sie die vom Herrn Referenten weiter unten vorgeschlagene Kombinazion der Stimmen nicht annehmen könnten, wie dieses seiner Zeit näher würde entwikelt werden.

<u>Art: 13.</u>

Das Kriminal Gericht hat wegen des Zusammenhanges der Sachen in folgenden Fällen auch über Vergehen zu entscheiden:

1.) wenn mit den angeschuldigten Verbrechen noch nicht bestrafte Vergehen in einer und derselben Person zusammentreffen;

2.) wenn bei einem Verbrechen mehrere Personen als Theilnehmen zusammentreffen, unter welchen die Theilnahme des einen oder andern nur als Vergehen strafbar ist.

<u>Art: 14.</u>

Die zweite Instanz rüksichtlich der Vergehen ist das Appellazions-Gericht.

Von den Erkenntnissen der Kriminal Gerichte geht die Berufung an das Oberappellazions Gericht, als zweite und lezte Instanz.

Die von Seiner Exzellenz dem Herrn Geheimen Rathe Carl Grafen von Arco wegen dem Art: 14. in der litographirten Beilage gewachte Bemerkung wurde als erledigt beurtheilt, indem weiter unten festgesezt wird, daß bei Vergehen nur zwei Instanzen statt haben, allein

die Mitglieder der vereinigten Sekzionen und Herr Hofrath von Gönner bestimmten sich dennoch, um festzusezen, aus wie viel Räthen die zweite Instanz bestehen müsse, zu dem Beisaze in Art: 14. nach Appallazions Gericht

"in einem Senate von wenigstens sechs Mitgliedern und einem Vorständen."

IV.) <u>Von dem Verhältnisse der Strafgerichte unter sich</u>
1) <u>der einderen zu den ihnen übergeordneten.</u>

Art: 15.
Die untersuchenden Behörden, sind in allem, was die Untersuchung und Bestrafung betrifft, den bei den Appellazions-Gerichten bestehenden Strafgerichten, so wie diesen dem Oberappellazions Gerichte untergeordnet.

Die Untergerichte wenden sich in allen Fällen des Zweifels an das ihnen unmittelbar vorgesezte Obergericht, ohne jedoch unterdessen die Untersuchung in Ansehung derjenigen Punkte zu unterbrechen, welche mit der zu erwartenden oberrichterlichen Verfügung in keinem nothwendigen Zusammenhange stehen.

Die Obergerichte verfahren gegen die ihnen untergeordneten Behörden wegen Säumniß, Fahrlässigkeit oder Ungehorsam mit Zwangsmitteln und Ordnungsstrafen.

In dem Marginale des Art: 15. wurde die Änderung beliebt, statt
    Übergeordneten
zu sezen
    "Vorgesezten".

<u>Von den Berichten im Falle begangenen Verbrechen zu dem Obergericht.</u>

Art: 16.
Wenn in dem Bezirk eines Untersuchungs Gerichts eine Übertretung begangen worden ist, so hat dasselbe unverzüglich zu seinem Obergerichte in Kürze zu berichten.

1.) welches Verbrechen oder Vergehen, wann, und an welchen Orte dasselbe verübt worden;
2.) welche Effekten dabei entwendet worden sind, worüber ein möglich genaues beschreibendes Verzeichniß beizufügen;
3.) ob jemand und wer in Verdacht der verübten Handlung stehe, und welche hauptsächlichen Thatumstände diesen Verdacht begründen;
4.) welche Anstalten zur Habhaftwerdung des Thäters getroffen worden sind.

Art: 17.
Ist ein Verdächtiger in Verhaft genommen, oder der Spezial Untersuchung unterworfen werden, so muß der an das Obergericht unverzüglich zu erstattende Bericht enthalten:

1.) den Tag und Ort der Verhaftung, oder des ersten Verhörs;
2.) den Tauf und Zunamen des Untersuchten, und dessen Spiznamen;
3.) dessen Stand, Gewerbe, Wohnort, oder gewöhnlicher Aufenthalts-Ort, oder die Bemerkung, daß hievon noch nichts Zuverlässiges bekannt sei;
4.) eine genaue Beschreibung seiner Person nach Gestalt Sprache und Kleidung;
5.) genaues Verzeichniß und Beschreibung der bei ihm gefundenen Sachen;
6.) das ihm zur Last liegende Verbrechen;

7.) ob und welche Personen als dessen Mitschuldige bekannt, oder verdächtig sind.

Art: 18.

Wenn der Gefangene aus dem Gefängnisse oder Straforte entwichen ist, wenn sich ein Umstand ergiebt, welcher den vorher erstatteten Bericht in einem oder andern Punkte verändert, so ist hierüber ebenfalls an das Obergericht unverzüglich zu berichten.

Art: 19.

Aus der Mitte jeden Appellazions Gerichts soll ein eigens bestellter Kommissär, die ihm berichtlich zukommenden Thatsachen /:Art: 16. – 18. :/ in einem dazu besonders bestimmten tabellarisch eingerich-teten Manual verzeichnen.

Auch sollen die eingegangenen Berichte sogleich abschriftlich mit den allenfalls nötigen besondern Bemerkungen an die übrigen Appellazions Gerichte gesondert, und hier ebenfalls in das daselbst bestehende Manual eingetragen werden.

Art: 20.

Sogleich nach Einlauf solcher Berichte von Seite einer untersuchenden Behörde oder eines Appellazions Gerichtes /:Art: 16. – 19. :/ soll der hiezu bestellte Kommissär sein Manual sorghältig durchgehen, und durch genaue Vergleichung untersuchen: ob nicht die Beschreibung der bei dem Angeschuldigten gefundenen Sachen mit der Beschreibung solcher Gegenstände übereinkommt, welche von einem andern Gerichte als entwendet oder geraubt angegeben worden sind; ob der Verhaftete eigens etwa schon bei andern Gerichten untersucht, oder aus dem Gefängnisse oder Straforte entsprungen ist; ob nicht derselbe wegen anderer in einem andern Bezirke begangenen Übertretungen verdächtig; ob nicht aus der Beschreibung seiner Person zu vermuthen, daß er sich einen falschen Namen beigelegt habe, ob nicht etwa Theilnehmer desselben Verbrechens bei einem andern Gerichte in Untersuchung befangen sind, und dergleichen.

Der Kommissär hat das Untersuchungs Gericht über die von ihm entdekten Umstände sogleich rükantwortlich zu benachrichtigen, und bei seinem Appellazions Gerichte die etwa sonst nötigen Verfügungen deßhalb zu veranlassen.

Art: 21.

<u>Von den Prozeß- Tabellen</u>

Jeds Untersuchungs Gericht soll am Ende jeden viertel Jahres über alle bei ihm anhängigen Untersuchungen, deren Beschaffenheit und Lage, so wie über die in seinem Gefängnisse Verhafteten ein genaues Verzeichniß zu seinem Obergerichte einsenden.

Das Obergericht ist verbunden, die aus dieser Tabelle etwa hervorgehenden Säumnisse zu rügen, die nötig befundenen Erläuterungen oder Verantwortungen abzufodern, und alles sonst Geeignete ungesäumt zu verfügen.

Art: 22.

Am Ende jeden halben Jahres soll bei dem Obergerichte aus den vorbestimmten besondern Verzeichnissen eine General Tabelle verfaßt, dabei, was aus Veranlassung jener verfügt worden sei, und welche Prozesse bei dem Obergerichte selbst unerledigt liegen, bemerken alles dieses aber zu dem Oberappellazions Gerichte eingesendet, und die Tabellen der Untergerichte im Original beigelegt werden.

Das Oberappellazions Gericht hat sodann die nötigen Erinnerungen zu machen, und alle dadurch veranlaßten sonstigen Verfügungen zu treffen, welche die Beschleunigung und ordnungsmäsige Führung der Untersuchungs-Prozesse fodert.

Art: 23.

Am Schlusse des Jahres soll jedes Obergericht zugleich mit der Tabelle des lezten halben Jahres über die Zu- oder Obnahme der Verbrechen und Vergehen eines Bezirkes; über die wahrscheinlichen Ursachen hievon über die Mittel und Anstalten, um dem Anwachse der Verbrechen und Vergehen zu begegnen; über die durch die Erfahrung entdekten Lücken oder Mängel der Gesezgebung, einen umständlichen Bericht zu dem Appellazions Gerichte erstatten.

Art: 24.

Nach Abbruch eines jeden Jahres sendet das Oberappellazions Gericht eine General Tabelle über alle in dem gesammten Königreiche im Laufe des Jahres angefangenen, noch anhängigen oder erledigten Untersuchungen nebst seinen Bemerkungen, und versehen mit den nöti-gen Beilagen, zu dem geheimen Justiz-Ministerium ein.

Diesem Bericht sind die in dem Art: 23. befohlenen Jahres-Berichte beizulegen.

Bei den Art: 16. bis 25. die ihres Zusammenhanges wegen mit einander abgelesen wurden, bemerkten Seine Exzellenz Herr Geheimer Rath Carl Graf von Arco, diese Vorschriften schienen sich mehr zu einer besondern Reglementar Verordnung als zu einem Bestandtheile des Strafgesezbuches über das Verfahren zu eignen.

Nach gleichen Ansichten beurtheilten alle übrige Herrn Geheimen Räthe und Herr Hofrath von Gönner diese Art:, und da sie weder auf die Untersuchung noch auf die Gerichts Verfassung Bezug haben, und da es auch noch zweifelhaft beurtheilt wurde, ob es räthlich seie, diese Maasregel durch den gedrukt werdenden Prozeß zur Kenntniß aller Verbrecher zu bringen, so wurde beschlossen, dieselbe aus dem Prozeß in Strafsachen auszulasten und sie als eine Reglementar Verfügung auf eine besondere Verordnung zu verweisen, welche nach erstattetem Vortrage und nach vorherigen Benehmen mit dem Ministerium des Innern erlassen werden könnte.

Art: 25.

<u>Von der Visitazion der Untersuchungs Gerichte und Gefängnisse</u>

Indes Appellazions Gericht beordert jährlich eines seiner Mitglieder zur Visitazion der inquirirenden Unterbehörden.
Dieser Abgeordnete ist verbunden, die Gefängnisse und deren Beschaffenheit zu untersuchen, die Gefangenen über ihre Behandlung ohne Beisein des Untersuchungs Richters und der Gefangen Wärter zu vernehmen, die Akten und Registraturen zu durchgehen, und die Richtigkeit der eingesendeten Tabellen sowohl überhaupt, als auch besonders rüksichtlich der Vollständigkeit der darin aufgeführten Gefangenen zu prüfen.

Auch diesen Art: fanden die Mitglieder nicht an seiner Stelle, sondern

beschlossen, denselben in das in dem 1ten Titel aufgenommen werdende Kapitel von den Gafängnissen zu verweisen.

Art: 26.

2) <u>Vom Verhältniß der einander nicht übergeordneten ander</u>

Alle Strafgerichte des Königreichs sind einander jederzeit zur gegenseitigen Unterstüzung verpflichtet.
Sie sind verbunden, die an sie gelangenden Hilfs- oder Ersuchungs Schreiben /: Requisitorialien:/ ungesäumt zu erledigen, und selbst unaufgefodert die ihnen kund werdenden Thatsachen, welche zu Förderung der Straf-Justiz dienlich sein mögen, einander ungesäumt mitzutheilen.

Art: 27.

<u>Dem Verhältniß der Polizei Behörden der Strafgewalt</u>

Alle Polizei Behörden des Königreichs in Städten, wie auf dem Lande sind verpflichtet, durch Aufsicht und Anstalten den Verbrechen und Vergehen möglichst zuvor zu kommen; dieselben in ihrem Laufe zu unterdrücken, und, nach begangener That, die Ausübung der Strafgerechtigkeit werkthätig zu unterstüzen.

Art: 28.

Insbesondere ist .jede Polizei Behörde verbunden:
1.) von dem ihr bekannt gewordenen Verbrechen oder Vergehen oder deren Anzeigungen den gehörigen Untersuchungs Richter unverzüglich in Kenntniß zu sezen;
2.) zu wachen, daß die von dem Verbrechen zurükgelassene Spuren nicht vertilgt, oder verändert, sondern bis zu genommenem richterlichen Augenschein unverändert erhalten werden;
3.) Schleunige Anstalten zu treffen, um die Flucht des Thäters zu verhindern, und dem noch unbekannte Übertreter durch Ent-

dekung tüchtiger Anzeigung auf die Spur zu kommen;

4.) Jeder Justiz Behörde, nach geschehener Auffoderung in Verfolgung und Ergreifung des Thäters behülflich zu sein; auch

5.) in den in dieser Prozeßordnung besonders bestimmten Fällen, selbst ohne vorher gegangenen richterlichen Verhaftsbefehl, den Thäter zu ergreifen; jedoch

6.) jeden wegen Verbrechen oder Vergehen Ergriffenen innerhalb vier und zwanzig Stunden dem Untersuchungs Richter auszuliefern.

<u>Art: 29.</u>

Keine Polizei Behörde ist berechtiget, das Verhör eines Verdächtigen auf den Inhalt der Anschuldigung selbst zu erstrecken, und demselben besondere Fragstücke über das angeschuldigte Verbrechen oder Vergehen selbst vorzulegen, förmliche Zeugen Verhöre darüber abzuhalten, Haussuchungen deßwegen zu veranstalten, oder Stekbriefe zu erlassen.

Seine Exzellenz Herr Geheimer Rath Carl Graf von Arco bemerkten, Sie glaubten daß die Worte

<u>Haussuchungen deßwegen zu veranstalten, oder Stekbriefe zu veranlassen</u>

auszulassen wären, denn so weit könne die Thätigkeit der Polizei nicht wohl beschränkt werden: Nur durch diese Thätigkeit derselben würden die Kriminal Gerichte in sehr vielen Fällen der Verbrecher habhaft.

Die übrigen Mitglieder verstanden sich dazu, die Worte:

<u>Haussuchungen deßwegen zu veranstalten</u>

auszulassen, weil die Fälle sich ereignen könnten, wo diese zu Habhaftwendung der Verbrecher nach gewissen Vorschriften eintreten allein die Befugnisse, Stekbriefe auszufertigen, könnten den Polizei Stellen nicht eingeräumt werden, indem diese erst cum plena causae cognitione erlassen, und von dem Richter dekretirt werden müßten, dadurch aber den Polizei Stellen nicht benommen sei, durch Benehmen mit den übrigen Polizei Behörden und Stellen die nötig glaubende Maasregel zu veranlassen.

Nach dieser Meinung wurde beschlossen; im Art: 29. die Worte

<u>Haussuchungen deßwegen zu veranlassen</u>

auszulassen.

<u>Art: 30.</u>

Wenn bei einer Polizei Behörde Landstreicher, Bettler oder andere verdächtige Personen eingebracht werden, so soll dieselbe unverzüglich einen in der oben /: Art: 19.:/ beschriebenen Form abgefaßten Bericht zum gehörigen Appellazions Gericht erstatten, damit von dem Manual /: Art: 21.:/ Einsicht genommen, und, wenn etwa der Eingebrachte wirklicher Verbrechen oder

Vergehen verdächtig; oder aus Gefängnissen oder Straforten entwichen sein sollte, die geeigneten Verfügungen getroffen werden mögen.

Dieser Art: solle ebenfalls

    als blos reglementär zu der zu verlassenden besondern Verordnung verwiesen werden.

Hiemit endigte sich die heutige Sizung.
    Unterzeichnet: Graf von Reigersberg
      von Zentner
      von Krenner, der Ältere,
      Carl Graf von Arco
      Ad. Freiherr von Aretin
      von Effner
      Feuerbach
      Graf Welsperg
      Gönner
        Zur Beglaubigung
        Egid Kobell

2. **Sitzung Nr.** II

Abgehalten den 9ten Juni 1811.

Gegenwärtig waren:

Seine Exzellenz der Königliche Geheime Staats- und Konferenz-Minister,

Herr Graf von Reigersberg

Die Königliche wirkliche Herrn Geheimen Räthe:

von Zentner,

von Krenner, Senior,

Carl Graf von Arco, Exzellenz,

Freiherr von Aretin,

von Effner,

von Feuerbach,

Graf von Welsperg, dann

der auf allerhöchsten Befehl hiezu berufen Hofrath und Professor

von Gönner.

Nach Ablesung und Unterzeichnung des Protokolls der lezten Sizung kamen die vereinigte Sekzionen auf eine Erinnerung zurück, welche Seine Exzellenz der Königliche Geheime Staats- und Konferenz Minister Herr Graf von Reigersberg bei dem Ablesen der Diskussionen über den Art: 12. wegen Bildung des <u>Civil Strafgerichts</u> gemacht, wie nemlich dieselben glaubten, der Nothwendigkeit, die erste Instanz zureichend zu besezen, könnte dadurch entsprochen, und diese Zivil Strafgerichte nach dem Vorschlage des Königlichen Geheimen Raths Carl Grafen von Arco mit 4. Räthen und einem Vorstande besezt warden, wenn die vereinigte Sekzionen annehmen, daß nach dem Vorbilde des ehemaligen Reichs Hofrathes bei der zweiten Instanz unter den 6. Räthen zwei zugezogenwerden, welche in erster Instanz schon beigesessen.

Dieses scheine Ihnen der einzige Ausweg, wie bei der geringen Anzahl von zehen Räthen, womit zwei Appellazions Gerichte nur besezt, die ausreichende Bildung der ersten Instanz in Zivil Strafsachen erzielet werden könne, ohne die übrigen Geschäfte der Appellazions Gerichte zu unterbrechen, und die daraus entstehende Inkonsequenz hielten sie von minderen Folgen, als die zu schwache Besezung der ersten Instanz.

Sie hätten dem Königlichen Geheimen Rath von Feuerbach diese Iden mitgetheilt, um solche näher zu entwickeln, und in der Sizung vorzulegen.

Herr Geheimer Rath von Feuerbach bemerkten hierauf den vereinigten Sekzionen, daß sie diesen angegebenen Grundsaz ganz annehmbar beurtheilten, und glaubten, seiner Ausführung stehe kein Hinderniß entgegen, wenn man festseze, daß die erste Instanz aus 4. Räthen und einem Vorstande bestehen solle, und da, wo der Mangel an einer hinlänglichen Anzahl von Appellazions-Räthen es nicht möglich mache, die zweite Instanz in Zivil Strafsachen mit neuen 6. Räthen und einem Vorstande zubesezen, Ausnahmsweise gestattet werde, daß zwei Räthe der ersten Instanz auch zur zweiten beigezogen werden, nur müßte immer ein neuer Referent und nötigenfalls auch ein neuer Korreferent ernannt, und allenfalls dem Präsidenten zur Pflicht gemacht werden, immer diejenige zwei Räthe der ersten Instanz beizuziehen, welche eine mildere Meinung geäussert.

Dieses scheine um so unbedenklicher, als die Mehrheit immer aus 4. neuen Räthen bestehen würde.

Seine Exzellenz der Königliche Geheime Staats- und Konferenz Minister Herr Graf von Reigersberg veranlaßten über diesen Vorschlag die Umfrage.

Herr Hofrath von Gönner vereinigten sich mit dem gemachten Vorschlage, indem Ihnen die Besezung der ersten Instanz mit 4. Räthen und einem Vorstande so wichtig scheine, daß Sie die geringe Inkonsequenz für nicht sehr erheblich ansähen, zwei Räthe der ersten Instanz, da, wo die Besezung eines Appellazions-Gerichtes es nicht anders gestatte, der zweiten Instanz, mit den angegebenen näheren Bestimmungen beizugeben.

Herr Geheimer Rath von Zentner äusserten mit Beziehung auf Ihre in der lezten Sizung gegebene Abstimmung, daß sobald es nach der Konstituzion der Appellazions Gerichte ausführbar, Sie die Besezung der ersten Instanz mit 4. Räthen und einem Vorstande als zwekmäsiger annehmen, und sich auch zu dem Vorschlage verstehen, zwei Räthe der ersten Instanz der zweiten unter den näheren Bestimmungen beizugeben, sich aber nicht damit vereinigen könnten, daß dem Präsidenten zur Pflicht gemacht werde, die zwei Räthe, welche die mildere Meinung geäussert, dazu zu bestimmen, sondern Sie würden die Auswahl dieser zwei Räthe lediglich dem Präsidenten überlassen, um nicht im Voraus zu erklären und zu erkennen zu geben, daß die Regierung die mildere Meinung angenommen wünsche, welches bei einem Justiz Collegio nicht sein dürfte, auch würden Sie diese Beiziehung zweier Räthe der ersten Instanz nur Ausnahmsweise gestatten, und als Regel festsezen, daß wo möglich die zweite Instanz immer mit 6. Räthen, wovon keiner an den Verhandlungen der ersten Instanz Theil nahm, und einem Vorstande besezet werden solle.

Herr Geheimer Rath von Krenner, der Ältere, stimmten diesem Vorschlage des Geheimen Raths Herrn von Feuerbach jedoch nur in der Voraussezung bei, daß dem Präsidenten zur Pflicht gemacht werde, diejenige zwei Räthe zu der zweiten Instanz zu bestimmen, welche in ersterer die mildere Meinung geführt, indem es sonst zu gefährlich werde, den Präsidenten, welchen ohnehin schon viele Willkühr in Bildung der Senate eingeräumt sei, zu überlassen, welche Räthe der ersten Instanz Sie für die zweite auswählenwollen.

Seine Exzellenz Herr Geheimer Rath Carl Graf von Arco

und Herr Geheimer Rath Freiherr von Aretin erklärten sich für diesen Vorschlag zu Besezung der ersten und zweiten Instanz des Zivil-Strafgerichtes, jedoch aus dem vom Herrn Geheimer Rathe von Zentner gemachten Vorbehalte, daß nicht bestimmt werde, welche Räthe zur zweiten Instanz beigegangen, sondern dieses lediglich den Präsidenten überlassen bleiben solle, auch wäre diese Beziehung nur Ausnahmsweise und nur in den Fällen zu gestatten, wo die Besezung der zweiten Instanz mit 6. neuen Räthen wegen der beschränkten Zahl der Appellazions-Räthe nicht ausführbar.

Herr Geheimer Rath von Effner äusserten, Sie könnten nicht für Annahme dieses Vorschlages stimmen, denn die Rüksicht, daß die Justiz Stellen den ihnen obliegenden Geschäften folgen könnten, scheine Ihnen wichtiger, als jene, daß die erste Instanz aus 4. statt 3. Räthen bei der ohnehin hinlänglich besezten zweiten Instanz gebildet werde, auch könnten Sie nicht Bergen, daß Sie von einem Mitgliede eines Justiz Collegii keine sehr vortheilhafte Meinung haben könnten, welches nach Würdigung einer Streitsache in erster Instanz bereits votiret, und sich in der nemlichen Sache in 2ter Instanz abändern.

Geschehe dieses nicht, so seien in der zweiten Instanz schon zwei Stimmen praeoccupirt, und der Nachtheil für den zu entscheidenden Gegenstand offenbar.

Sie erklärten sich gegen diesen Vorschlag, und würden es bei dem in der legten Sizung gefaßten Beschlusse belassen. am allerwenigsten könnten Sie aber dafür stimmen, daß dem Präsidenten zur Pflicht gemacht werde, diejenige zwei Räthe zu nehmen, welche die mildere Meinung gehabt, weil dadurch zu sehr ausgesprechen würde, daß die Regierung immer das mildere Urtheil wolle, und die Erfahrung zeige, daß die Justiz Stellen ohnehin diesen Grundsaz in der Ausdehnung befolgen, daß Sie sich veranlaßt fänden, seiner Zeit darauf anzutragen, daß die obere Gerichtsstellen ermächtiget warden, die Urtheil der untern Instanzen nach Umständen zu schärfen, wofür Sie ihre Gründe seiner Zeit näher anführen würden.

Nach gleichen Ansichten wie Herr Geheimer Rath von Effner stimmten Herr Geheimer Rath Graf von Welsperg rüksichtlich dieses Vorschlages, und erklärten sich dafür, die erste Instanz mit 3. Räthen und einem Vorstande zu besezen, und Nichts wegen Beiziehung von zwei Räthen der ersten Instanz zur zweiten auszusprechen, weil dieser Bestimmung mehrere wichtige Gründe entgegen stehen.

Da Herr Geheimer Rath von Feuerbach und Herr Horath von Gönner dem Vorschlage des Herrn Geheimen Rath von Zentner beistimmten, daß dem Präsidenten die Auswahl der zu der zweiten Instanz nötigen Falls zu nehmenden zwei Räthen ersten Instanz überlassen werden solle, so wurde nach der Mehrheit der Abstimmungen.

der Vorschlag des Herrn Justiz Ministers Exzellenz nach den von den Herrn Geheimen Räthen von Zentner und von Feuerbach angegebenen Bestimmungen angenommen, und beschlossen, in Folge dessen in dem Art: 12. statt
<u>und wird zusammengesezt aus drei Appellazions Räthen</u>
zu sezen
"und wird zusammengesezt aus 4. Appellazions Räthen"
auch solle an dem gehörigen Orte ausgesprochen werden, daß in der Regel die Zivil Strafgerichte zweiten Instanz mit 6. Neuen Räthen und einem Vorstande besezet werden müssen, und nur in den Fällen durch Beiziehung zweier Räthe der ersten Instanz eine Ausnahm gestattet werde, wo die beschränkte Zahl der Appellazions-Gerichte dieses nicht zulasse, in diesem Falle aber müßte immer ein neuer Korreferent und nach Umständen auch ein neuer Korreferent ernannt werden.

Nach einer vom Herrn Geheimen Rathe von Zentner gemachten Erinnerung, daß es zur Geschäfts Beförderung zu wünschen wäre, daß die in einer Sizung beschlossen werdende Änderung oder neue Fassung einzelner Kapitel oder Artikel, wo möglich, immer in der nächsten Sizung vorgelegt werde, um nicht, wie es bei dem ersten Theile des Strafgesezbuches geschehen, in die Nothwendigkeit vorsezt zu sein, nach längerer Zeit auf das schon Vorgetragene wieder zurükzukommen, wogegen Herr Geheimer Rath von Feuerbach bemerkten, daß dieses nicht immer möglich sein, weil bei schwierigen und verwikelten Gegenständen manchmal eine günstige Stimmung, um Etwas mit Erfolg redigiren zu können, abgewartet werden müßte, es aber nach Thunlichkeit geschehen sollte, gingen Herr Geheimer Rath von Feuerbach zum
<u>1ten Buche</u>
<u>Von dem Prozesse bei Verbrechen</u>
über, und bemerkten, daß in der Rublik nach dem früheren Beschlusse folgende Änderungen getroffen werden müßten
Statt den Rubliken
<u>Erster Titel</u>
<u>Von dem ordentlichen Prozeß</u>
<u>Erste Abtheilung</u>
<u>Von der Zuständigkeit und Besezung der Kriminal Gerichte.</u>
<u>Erstes Kapitel</u>
<u>Von der Zuständigkeit /: Kompetenz:/ der Kriminal Gerichte</u>
müßten folgende angenommen werden.
<u>Erster Titel</u>
<u>Von den Kriminal Gerichten</u>
<u>Erstes Kapitel</u>
<u>Von der Zuständigkeit /: Kompetenz:/ der Kriminal Ge-</u>

richte

Herr Geheimer Rath von Feuerbach entwikelten in einer kürzen Übersicht die Grundsäze, nach welchen Sie das folgende erste Kapitel bearbeitet, und bemerkten, daß Sie von den bisherigen Rechtsbestimmungen, nach welchen dreierlei Fori statt gehabt

   das Forum domicilii
     delicti und deprebeusionis

abgehen zu müssen geglaubt, weil der Grund dieses dreifachen Fori, welcher historisch ihren Ursprung aus der ehemaligen deutschen Reichs Verfassung herleiteten, gegenwärtig bei der veränderten Staats Verfassung nicht mehr anwendbar und legislatio nicht mehr zu rechtfertigen sein.

Sie hätten blos das Forum delicti commissi aufgenommen, und hielten solches für das einzige geeignete, weil dieses Forum wegen dem Orte, wo das Verbrechen begangen worden, wegen dem Eindruck, den die Vollstrekung des Urtheils auf das Publicum, welches die That kenne, machen solle, wichtig sein. Allein auch wegen diesem Forum seien sie nicht in das Detail gegangen, weil in dem baierischen Staate noch mehrere Gerichte bestünden, welche den königlichen nicht unmittelbar untergeordnet; sie hätten blos die Grundlinien bezeichnet, und die Fälle entschieden, wo mehrere Fora Delicti commissi zusammen treffen könnten, auch bestimmt, daß in einigen Fällen, wo z.B. große Landen in ein Untersuchung verwickelt würden, dem Oberappellazions Gericht das Recht zustehe, auszusprechen, welches Gericht die Untersuchung haben solle.

Herr Geheimer Rath von Feuerbach lasen den

              Art: 31.

I. <u>Von dem ordentlichen Gerichtsstande</u>

Der ordentliche Gerichtsstand des Angeschuldigten, ist bei dem Gerichte in dessen Bezirke das Verbrechen begangen worden ist. /:Forum Delicti commissi:/

Ist das Verbrechen an einem andern Orte vorbereitet, an einem andern vollendet worden, so entscheidet der Ort der Vollendung.

Hat sich die Person mehrerer Verbrechen in verschiedenen Gerichtsbezirken schuldig gemacht, so ist das Gericht des Ortes, wo das schwerste Verbrechen vorgefallen, und wem auf diese verschiedenen Verbrechen gleich Strafgattung gesezt ist, das Gericht des jenigen Ortes zuständig, wo die meisten Verbrechen begangen worden sind.

ab, und machten einen Vorschlag, wie der dritte Saz dieses Art: deutlicher und bestimmter gefaßt werden könnte.

Als Folge der über diesen Art: und die vorgeschlagene Änderung des dritten Absazes eingetretenen Besprechung, wobei

Herr Geheimer Rath von Effner äusserten, daß der Ausdruk, <u>ein Verbrechen an einem andern Orte vorbereitet</u>, nicht hinlänglich seie, um das Forum Delicti commissi zu begründen, sondern daß hiezu das Verbrechen an einem Orte angefangen worden sein müsse.

Sie würden sezen, <u>angefangen worden</u>, oder doch wenigstens <u>vorbereitet</u>, oder <u>angefangen worden</u>, und nach Ablesung der von Seiner Exzellenz dem Königlichen Geheimen Rathe Carl Grafen von Arco gemachten, in der litographirten Beilage wegen dem Art: 31 enthaltenen Bemerkung, erhielten die Herrn Geheimen Räthe die Überzeugung, daß das Forum Delicti commissi das eigentliche Kompetente seie, auch durch den geänderten dritten Absaz die Frage, welchem Forum Delicti commissi bei dem zusammentreffen mehrerer, die Untersuchung zustehe, und daß das Oberappellazions Gericht wegen Wichtigkeit oder Zahl der in dem Bezirke eines andern Gerichtes begangenen Verbrechen solches bestimmen kanne und so wurde nach verfügter Umfrage und nach Würdigung der von einigen Mitgliedern rüksichtlich der Redakzion gemachten Erinnerungen

folgende Fassung des Art: 31. angenommen.

Art: 31.

<u>I. Von dem ordentlichen Gerichtsstande</u>

Der ordentliche Gerichtsstand des Angeschuldigten, ist bei dem Gerichte in dessen Bezirke das Verbrechen begangen worden ist./:Forum Delicti commissi:/

Ist das Verbrechen an einem andern Orte vorbereitet oder angefangen, an einem andern vollendet worden, so entscheidet der Ort der Vollendung.

Hat sich die Person mehrerer Verbrechen in verschiedenen Gerichtsbezirken schuldig gemacht, so ist unter diesen Gerichten das Gericht desjenigen Ortes das zuständige, welches durch Ladung oder Verhaftung des Angeschuldigten den übrigen zuvor gekommen, so ferne nicht von dem Obergerichte aus Rüksicht auf Wichtigkeit oder Zahl der in dem Bezirke eines andern Gerichtes begangenen Verbrechen <u>diesem</u> die Untersuchung übertragen worden ist.

Art: 32.

Jede Untersuchungs Behörde, in deren Bezirk sich die Spuren eines Verbrechens finden, ist verbunden, den Augenschein, und was sonst zur Berichtigung des Thatbestandes dienen kann, wie auch alle übrigen zur General Untersuchung nothwendigen gerichtlichen Handlungen unverzüglich vorzunehmen, und die darüber verhandelten Akten dem in Ansehung der Person des Angeschuldigten zuständigen Gerichte auszuliefern.

Deßgleichen ist jades Kriminal- und andere Gericht, in dessen Bezirk das Verbrechen nicht begangen worden, den verdächtige Thäter zu ergreifen, und nach vorgenommenem summarischen Verhör /: Art: 164. :/ dem Gerichte der begangenen That zur Untersuchung auszuliefern, verpflichtet.

Herr Geheimer Rath von Feuerbach bemerkten, daß diesen Artikel zu Entfernung des Mißverständnisses aufgenommen worden, daß diejenige Gerichte; welche sich nach den voehergehenden Art: als nicht kompetent ansehen, nicht glaubten, sie könnten bei einem ihnen bekannt werdenden Verbrechen ruhig zu sehen, bis ihnen die Untersuchung deselben von dem Oberappellazions Gerichte aufgetragen werde.

Herr Hofrath von Gönner erinnerten, daß der Ausdruk
die Ansehung der Person des Angeschuldigten
leichte dafür könnte mißverstanden warden, als ob es noch ein Forum personae gebe.

Die Fassung des Art: 32. wurde mit Auslassung der Worte der Person angenommen.

Art: 33.

Von dem Gerichtsstande der Gehülfen

Die Zuständigkeit eines Gerichtes über den Haupturheber gründet auch die Zuständigkeit über alle Theilnehmer, Gehülfen und Begünstiger.

Art: 34.

Von dem zweifelhaften Gerichtsstande

Wenn die Zuständigkeit zwischen verschiedenen Untergerichten zweifelhaft ist, so entscheidet das ihnen unmittelbar vorgesezte Obergericht.
Stehen die über die Zuständigkeit streitenden Untergerichte unter verschiedenen Kriminal-Obergerichten, oder ist die Zuständigkeit zwischen verschiedenen Obergerichten selbst streitig, so entscheidet das Oberappellazions Gericht.

Art: 35.

Übrigens sind die Obergerichte, und in den betreffenden Fällen das Oberappellazions Gericht ermächtiget, die Untersuchung eines Verbrechens aus wichtigen Gründen einem andern als den Art: 31. bestimmten Gerichte aufzutragen.

Wurden mit dem Beisaze angenommen, daß in Artikel 35. nebst dem Art: 31. auch den Art: 33. allegirt werde, um dem Oberappellazions Gerichte auch auf den Fall die Ermächtigung zu geben, die Untersuchung einem andern Gerichte aufzutragen, wenn die grose Anzahl, oder weite Entfernung der Theilnehmer, Gehülfe und Begünstiger aus finanziellen oder andern wichtigen Rüksichten eine Ausnahme nothwendig machen sollte.

Herr Geheimer Rath von Effner bemerkte, daß so richtig auch der im Art: 33. ausgesprochene Grundsaz nach juridischer Würdigung seie, dessen Anwendung in Sraxi, wegen dem mangelnden Raume in den Gefängnisse, und wegen den auf das Aerar fallenden beträchtlichen Kösten mancher Ausnahme unterliegen würde, weßwegen der Art: 35. ganz zwekmäsig aufgenommen worden.

Die Beziehung auf die folgende 36 – 40.

Art: 36.

II. <u>Von dem ausserordentlichen Gerichtsstande.</u>
1.) <u>wegen Privilegien der Person.</u>

Militär Personen haben ihren Gerichtsstand sowohl im Ansehung gemeiner, als militairischer Verbrechen vor den Militär Gerichten.

Art: 37.

Treffen bei demselben Verbrechen Zivil- und Militär Personen zusammen, so geschieht die Untersuchung von einem aus Militär- und Zivil Personen zusammengesezten Gerichte.

Doch erkennt nach geschlossenen Akten über die Zivil-Person das ordentliche Kriminal-Gericht, über die Militär Person die geeignete Militär-Behörde.

Art: 38.

Civil-Personen, welchen ein bevorzugter Gerichtsstand zukommt, werden durch einen Kommisär des Kriminal Obergerichts untersucht, vorbehaltlich der General Untersuchung und der provisorischen Verhaftung, als wozu in eilenden Fällen das Untergericht gleichfalls ermächtiget ist.

Gleiches gilt von den mediatisirten Fürsten und Grafen, vorbehaltlich des ihnen durch die rheinische Landes Akte und durch die königliche Deklarazion vom 19ten März 1807 zugestandenen Austrägal-Gerichts.

Art: 39.

2.) <u>wegen Privilegien der Sache</u>

Welche Verbrechen und Vergehen ihrer Beschaffenheit nach von den ordentlichen Gerichten ausgenommen sind, wie Zoll- und Müntze Defraudazionen und dergleichen, ist durch besondern Verordnungen entschieden.

bemerkten Herr Geheimer Rath von Feuerbach, daß hierin nur diejenige Bestimmungen aufgenommen worden, welche die Konstituzion ausspreche, alle reglementäre Verfügungen, die in ein Gesezbuch sich nicht eignen, weil sie Veränderungen und den Gange des Organidmus unterliegen, seien nur blos Bezugsweise berührt.

Auf verschiedene gegen die Fassung der Art: 37. und 38. gemachte Bemerkungen, daß nemlich nicht gesagt, wie das aburtheilende Gericht zusammen gesezt werde, –

daß die Appellazions Instanz nicht berühret, –

daß es nicht praktisch und manchen Widersprüchen unterworfen seie, auszusprechen, daß nach geschlossenen Akten über Zivil Personen das ordentliche Kriminal Gericht – über die Militair Personen die geeignete Militär Behörde erkenne, –

daß der Ausdruk Kriminal Obergericht irre führe; indem man glauben könnte, man verstehe darunter das Oberappellazions Gericht, –

daß der Ausdruk in eilenden Fällen zu unbestimmt und zu willkührlichen Auslegungen Anlaß geben könnte, und daß es überflüssig, die rheinische Landes Akte zu allegiren –

wurde nach eingetretener Bespruchung und nach verfügter Umfrage

folgende Fassung dieser 4 Artikel angenommen.
Art: 36. und 37. sollen einen Art: bilden, der so lautet:

II.) <u>Von dem ausserordentlichen Gerichtsstande wegen der Person</u>

<u>Art: 36.</u> Militair Personen haben ihren Gerichtsstand sowohl in Ansehung gemeiner als militairschen Verbrechen worden Militär-Gerichten.

Treffen bei demselben Verbrechen Zivil- und Militär Personen zusammen, so wird sowohl das untersuchende als das erkennende Gericht aus Zivil- und Militär-Personen zusammengesezt.

<u>Art: 38.</u> Zivil-Personen, welchen ein bevorzugter Gerichtsstand zukommt, werden durch das Kriminal-Gericht erster Instanz untersucht, vorbehaltlich der General Untersuchung und der provisorischen Verhaftung, als wozu, wenn Gefahr auf dem Verzuge haftet, das Untergericht gleichfalls ermächtiget ist.

Lezteres gilt auch von den mediatisirten Fürsten und Grafen, vorbehaltlich des ihnen durch die königliche Deklarazion vom 19ten März 1807 zugestandenen Austrägal Gerichts.

<u>Art: 39.</u> Wurde nach seiner Fassung beibehalten, solle jedoch in dem Marginale statt <u>Privilegien</u> gesezt werden
"wegen Beschaffenheit"
auch solle die Benemmung Kriminal Gericht erster Instanz, da, wo es Kriminal Obergericht heißt, und wo von einem Appellazions Gericht die Rede ist, in dem ganzen entwurfe des Prozesses angenommen, und in dem Marginale des Art: 36. das Wort <u>Privilegien</u> ausgelassen werden. Der Nus 37. solle einsweil ausgesezt, und die Folge der Nummern nicht geändert werden, weil dieses in den Allegozionen zu viele Schwierigkeiten veranlassen würde. Diese nach der Ordnung zu ändern, solle dem Herrn Referenten nach beendigter Durchgehung des Ganzen überlassen bleiben.

III. Von dem Gerichtsstande der Fremden, oder der Unterthanen, welche im auslande Verbrechen begehen.

Art: 40.

Kein baierischer Unthertan darf einem auswärtigen Staate zur Untersuchung und Bestrafung ausgeliefert werden; er ist wegen der im Auslande oder gegen einen auswärtigen Staat begangenen Verbrechen von dem inländischen Gerichte, wo er ergriffen wird, zu untersuchen, auch blos nach baierischen Gesezen zu strafen; jedoch vorbehaltlich der Bestimmung besonderer Staats Verträge.

Art: 41.

Fremde, welche ausser Baiern sich eines Verbrechens schuldig gemacht haben, sollen dem Gerichte der begangenen That ausgeliefert werden, es ware denn das Verbrechen an dem baierischen Staat, oder an einem baierischen Unterthan begangen worden, weßfalls die Bestimmungen des Art: 40. in Anwendung zu bringen sind.

Verweigert der auswärtige Staat die Übernahme des Verbrechers, so ist dieser unter Androhung der in dem Gesezbuche über Verbrechen und Vergehen I. B. Art: 31. festgesezten Strafen über die Gränze zu schaffen, und hievon seiner Obrigkeit die gehörige Nachricht zu ertheilen.

Art: 42.

Hat ein im Baiern ergriffener Fremder nicht blos im Auslande, sondern auch in Baiern Verbrechen begangen, so erstrekt sich dessen Untersuchung und Bestrafung blos auf die leztern; wo sodann nach überstandener Strafe die Vorschrift des Art: 41. zu beobachten ist.

Die diesen Art: bemerkten Herr Geheimer Rath von Feuerbach, daß in denselben diejenigen Grundsäze ausgeführt worden, welche bereits durch königliche Verordnungen ausgesprochen, und daß Sie geglaubt, die baierische Regierung solle sich mit Untersuchung und Bestrafung der Verbrechen, so ein in Baiern ergriffener Fremder im Auslande begangen, nicht befassen, sondern diesen nur seiner Regierung ausliefern.

Von Ablehnung der Richter

Art: 43.

Der Untersuchte ist berechtiget, den ihm bestellten Untersuchungs-Richter zu verwerfen:

1.) wenn sich derselbe einer auffallenden Zögerung, oder während der Untersuchung einer unerlaubten Handlung schuldig oder verdächtig gemacht hat;

2.) wenn derselbe an der Verurtheilung des Angeschuldigten ein, wenn gleich nur mittelbares oder entferntes Privat Interesse hat;

3.) wenn derselbe mit dem Beleidigten in auf- oder absteigender Linie oder bis zum vierten Grade der Seiten Linie einschlüssig verwandt, oder bis zum zweiten Grade der Seitenlinie verschwägert ist;

4.) wenn derselbe mit dem Beleidigten in besonderer Freundschaft oder Vertraulichkeit steht; oder

5.) mit dem Angeschuldigten selbst in Streit oder Feindschaft lebt.

<u>Art: 44.</u>

Aus gleichen Ursachen können die der Untersuchung beiwohnenden Protokoll-Führer, wie auch einzelne Mitglieder eines Obergerichts verworfen werden.

<u>Art: 45.</u>

Ob der Ablehnung einer Gerichtsperson statt zu geben oder nicht, entscheidet das zunächst höhere Gericht, und wenn die Ablehnung Mitglieder des Oberappellazions Gerichts betrift, das geheime Justiz-Ministerium.

Durch die Fassung des Art: 43. veranlaßt, bemerkten Herr Geheimer Rath von Zentner, daß die Bestimmungen der Nummern 2. bis 5. auf für den Richter in der Maas verbindlich sein müßten, von der Ausübung seiner Amtsfunkzion bei Strafe abzutreten, wenn ihme einer dieser Umstände bekannt wird.

Herr Hofrath von Gönner erklärten sich für diese Bemerkung und fügten derselben noch bei, wie Sie auch glaubten, daß in einem dieser Art: eine Bestimmung aufgenommen werde, wie der Beweis einer Perhorreszenz geführt werden solle.

Von der Richtigkeit dieser Bemerkungen, denen auch die übrigen Herr Geheimen Räthen beistimmten, überzeugt, und auf eine weitere Erinnerung, daß es passender scheine, den Nummer 1. des Art: 43. am Ende zu sezen, und die folgende Nummern heraufzurücken, machte Herr Geheimer Rath von Feuerbach den Vorschlag, in dem Art: 43. den Nummer 2. zum Nummer 1. und den Nummer 1. zum Nummer 5. zu machen.

Dem Art: 45. nach den Worten

<u>ob der Ablehnung einer Gerichts Person statt zu geben oder nicht? entscheidet</u>

beizufügen

"nach vergängiger Bescheinigung des Ablehnugs Grundes"

Dadurch werde ausgesprochen, daß kein strenger Beweis nöthig, und der Perhorreszenz Eid ausgeschlossen seie; Auch hätten Sie geglaubt, daß es anständiger und für die Gerichte geeigneter seie, wenn sie nicht selbst, wie es bisher üblich gewesen, über die Perhorreszenz des Gerichtes oder eines Rechtes aus ihrer Mitte absprechen, sondern wenn dieses von dem Obergerichte geschehe.

Wegen der Pflicht eines Richters, sich unter den in Art: 43. No. 1.–4. inclusive bezeichneten Fällen bei Strafe seiner Amts Funkzionen selbst zu begeben, wenn sie der Meinung, daß ein Eigener Art: einsweil unter Nummer 45.b. mit folgender Fassung und einem eigenen Marginale aufgenommen warden könnte.

Art: 45.b. In den Art: 43. No. 1. – 4. inclsive erwehnten Fällen ist die Gerichts-Person, bei welcher ein solcher Umstand eintrift, von Amtswegen verbunden, demselben ihren Vorgesezten anzuzeigen, und sich ihrer Amtsfunkzion zu entschlagen.

Wider denjenigen, welcher dieser Verbindlichkeit wissntlich entgegen handelt, ist mit Ordnungs Strafen, und nach Umständen gemäs dem Gesezbuche über Verbrechen und Vergehen zu verfahren.

Diese verschiedene Vorschläge des Herrn Referenten, so wie auch der Art: 45.b. wurden von den vereinigten Sekzionen angenommenen, und diesem lezten das Marginale gegeben

Von nothwendiger Entschlagung der Amts-Funkzionen.

Auch solle in Übereinstimmung mit diesem Art: das Marginale des Art: 43. so geändert werden:

Von Ablehnung der Gerichts Personen

und in dem ersten Saze des Art: 43. wäre statt

zu verwerfen

zu sezen

"abzulehnen"

Bei dem 2ten Kapitel

Von den zu Besezung der Gerichte erfoderlichen Personen und deren Eigenschaften,

bemerkten Herr Geheimer Rath von Feuerbach, daß Sie in diesem Kapitel sich blos auf das Gesezliche eingelassen, was zur Würde und nothwendigen Bildung eines Gerichtes erfoderlich.

Viele Bestimmungen, die in dem bisherigen Gesezbuche enthalten, und die Sie als hieher nicht geeignet beurtheilet, hätten Sie umgangen, dagegen aber ein Institut, die Gerichtszeugen, wieder erweket, welches zwar in dem baierischen Kriminal Prozeß ausgesprochen, aber ganz ausser Wirkung gekommen, obschon es in allen benachbarten Staaten, in allen um erworbenen Provinzen nach mit Erfolg bestehe, und selbst in dem neuen Oesterreichischen und Preussischen Kriminal Prozeß wieder aufgenommen worden.

Herr Geheimer Rath von Feuerbach verbreiteten sich über den Geist, der nach Erscheinung des Kraitmaierschen Kriminal Codex in Baiern herrschend geworden, und der in der Folge noch schärfere Grundsäze als das Gesezbuch selbst enthalten, eine Menge bestimmungen, die zum Schuze des Inquisiten aufgenommen gewesen, ausser Wirkung gebracht habe; Sie behaupteten sogar, daß damals der Vorschlag gewesen, den Landgerichten das Recht, die Tortur zu verhängen, und über Leben und Tod zu urtheilen, einzuräumen, und daß ein Entwurf der darauf Abzielenden Verordnung in die Maierische Generalien Sammlung als bestehend, welches aber nicht der Fall gewesen, aufgenommen worden.

Sie seien überzeugt, daß das Wohl der Unterthanen und die öffentliche Sicherheit deer Regierung die Pflicht auflege, in Untersuchung und Bestrafung der Verbrechen alle Strenge, die mit der Menschlichkeit zu vereinbaren, anwenden zu lassen, allein gleiche Überzeugung hätten Sie auch dafür, daß es Pflicht der Regierung seie, dem Inquisiten alle mögliche Sicherheit zu geben, daß die vorgeschriebene Formen von dem richter nicht verlezt, und nichts in seinem Verhör aufgeschrieben werde, was er nicht gesagt, Nichts umgangen werde, was er zu seiner Verhteidigung angeführt.

Diese Sicherheit fehle ganz in Baiern, und die tägliche Erfahrung zeige, daß ein groser Theil der Landrichter theils durch zu viele Geschäfte überhäuft, theils aus andern Ursachen sich bei den Verhörs Protokollen als anwesend vormerken lassen und dabei nicht erscheinen, wodurch der Inquisit öfters der Umrissenheit oder Bosheit, immer aber der Willkühr des Protokoll Führers Preis gegeben sei.

Diese Gründe und die wichtige Rüksicht, daß es das Ansehen eines Gerichtes herabseze, wenn ein Inquisit allein vor einem Menschen stehe, und über Verbrechen gehört werde, die oft den Verlust des Lebens zur Folge haben, und daß auch selbst einige Grausamkeit darin liege, daß ein Inquisit ohne alle Zeugen vor seinem Inquisiten allein stehen muß, bestimmten Sie zu dem Antrage, die Gerichts-Zeugen, so wie sie in allen vom Königreiche Baiern erworbenen Provinzen, wenn auch nicht mit Erfolg doch wenigstens ohne Nachtheil noch bestehen, allgemein wieder eingeführt, worauf auch das Oberappellazions-Gericht in einem umständlichen Bericht angetragen, und Sie überzeugten sich, daß hierin eine der wesentlichen Verbesserungen in Bestellung der Gerichte bestehe.

Herr Hofrath von Gönner unterstüzten diesen Antrag, und erklärten sich bestimmt für denselben, fügten auch den schon vorgelegten Gründen noch folgende bei:

daß es das Ansehen der Gerichte und den Eindruk bei dem Publicum erhöfe, wenn dem inquiriren den Gerichte zwei unbefangene Zeugen beigegeben werden, daß auch die Ausführbarkeit dieser Maasregel nach dem Edikte über die Bildung der Gemeinden keiner grosen Schwierigkeiten zu unterliegen scheine, und daß es eine der Regierung zur Ehre gereichende Wohlthat für den Inquisiten sei, wenn sie ohne die Kraft der Geseze zu schwachen, zwei redliche unbefangene Männer aufstelle, welche über die Beobachtung der gegebenen Formen und die Richtigkeit dessen, was aufgeschrieben wird, wachen, auch liege darin das einzige mögliche Mittel, die ordentliche Führung der Protokolle zu sursuriren.

Die Herrn Geheimen Räthe von Krenner, Senior, von Effner, und Graf von Welsperg schienen von dem Vortheile dieser Einrichtung überzeugt, nur fanden Sie rüksichtlich der Ausführbarkeit und wegen den damit verbundenen Kosten einige Anstände, die sich vielleicht aber nach näherer Würdigung heben lassen würden. Auf jeden Fall müßten sehr bestimmte Normen für sie rüksichtlich ihres Benehmens, rüksichtlich der Art ihrer Unterschriften oder der Verweigerung derselben gegeben werden.

Die Herrn Geheimen Räthe von Zentner, Freiherr von Aretin und mit ihnen auch Seine Exzellenz Herr Geheimer Rath Carl Graf von Arco. Lezterer unter Beziehung auf seine litographirte Bemerkungen glaubten, ohne den Vortheil eines solchen Instituts, wenn solches ausführbar, zu verkennen, daß die größte Schwierigkeit dagegen darin liege, daß man die Menschen mit den dazu erfoderlichen Eigenschaften nicht leicht finden würde, denn wären diese Zeugen blos als Masschinen bei den Verhören ohne zu wissen, zu welchem Zweke mit welchen Obliegenheiten sie den seien, so ware ihre Gegenwart nicht nur unnüz, sondern in manchen Fällen selbst sehr nachtheilig, denn erinnerten dieselbe etwas in Gegenwart des Inquisiten, welches bei dem nie zu beseitigenden Einfluße des Landrichters auf diese Zeugen selten den Fall sein würde, und entstehe dadurch zwischen dem Landrichter und den Zeugen ein Streit, so werde das Ansehen der Richter bei dem Inquisiten herabgesezt, und oft mehr verdorben als gut gemacht.

Eine weitere und noch wichtigere Einwendung bestehe darin, daß die Sropalation dessen, was diese beide Zeugen in dem Verhöre erfahren, sehr häufig sein werde, und dadurch vielleicht der Gang einer Untersuchungs Sache sehr verzögert und erschweret, wo nichtigen, unausführbar gemacht werden würde.

Ohne sich weiter in die Gründe, die diesem Vorschlage entgegen stehen in dieser eingetretenen Besprechung einzulassen, glaubten Sie, wenn der Vorschlag angenommen werden sollte, darauf aufmerksam machen zu müssen, daß dadurch viele neue Kösten für die Justizpflege im Lande verwendet werden müßten, denn ohnentgeldlich könne man nicht verlangen, daß dieselbe ihre Wirthschaft oder andern Arbeiten liegen lassen, um mehrere Stunden des Tages in der Verhör-Stube zuzubringen; daß man verzüglich darauf bedacht sein müsse, die Ernenung dieser Zeugen unabhängig von den Landgerichten zu machen, und daß eine bestimmte Instrukzion diesen Zeugen gegeben werden müßte.

Herr Geheimer Rath von Feuerbach suchten diese gegen den Vorschlag angegebene Gründe zu widerlegen, und führten rüksichtlich der Sropalation an, daß alle Staaten dahin arbeiteten, den Kriminal-Prozeß öffentlich führen zu lassen, und daß in Frankreich und Italien, wo dieses bereits in Wirkung seie, daß wegen die Kriminal-Geseze nicht weniger Streng ausgeübt würden.

Als Seine Exzellenz Herr Geheimer Rath Carl Graf von Arco Ihre in der litographirten Beilage Wegen den Art: 46. 57. 58. und 59. enthaltenen Bemerkungen abgelesen hatten, vereinigten sich alle Mitglieder die weitere Diskussionen und Abstimmungen über diesen Vortrag bis zur nächsten Sizung auszusezen, und dann auch zuvor den Bericht des Oberappellazions Gerichtes zu hören, und so

wurde die heutige Sizung beschlossen.
unterzeichnet: Graf von Reigersberg.
von Zentner,
von Krenner, der Ältere,
Carl Graf vo Arco,
ao. Freiherr von Aretin,
von Effner,
Feuerbach,
Graf Welsperg,
Gönner,
Zur Beglaubigung
Egid Kobell

3. Sitzung Nr. III
Abgehalten den 16 Juni 1811.

> Gegenwärtig waren:
> Seine Exzellenz der Königliche Geheime Staats- und Konferenz-Minister,
> Herr Graf von Reigersberg,
> Die königliche wirkliche Herrn Geheimen Räthe:
> von Zentner,
> von Krenner, Senior,
> Carl Graf von Arco, Exzellenz,
> Freiherr von Aretin,
> von Effner,
> von Feuerbach,
> Graf von Welsperg,
> dann der auf allerhöchsten Befehl hiezu berufen Hofrath und Professor
> von Gönner.

Sie auf heute angeordnete Sizung der vereinigten Sekzionen wurde nach Ablesung und Unterzeichnung des Protokolls vom 9. d. der Anhörung des Berichtes gwiedmet, welchen das Königliche Oberappellazions Gericht nach erhaltenem allerhöchsten Auftrage wegen Beiziehung zweier Zeugen bei peinlichen Gerichts Versammlungen unterm 22 Juni v: J: erstattet.

Als dieser Bericht und der als Beilage dabei sich befindende Vortrag nebst den Abstimmungen, der gegenwärtig gewesenen 28. Oberappellazions-Räthen ablesen war, welche Aktenstücke dem Protokoll beiliegen; verfügten Seine Exzellenz der Königliche geheime Staats- und Konferenz-Minister Herr Graf von Reigersberg die Umfrage, und riefen zuerst den Herrn Geheimen Rath von Feuerbach und Herr Hofrath von Gönner auf, sich äussern. /: Beilage I.

Herr Geheimer Rath von Feuerbach erklärten sich für die Beiziehung dieser zwei Gerichtszeugen noch näher zu bestimmenden Formen und einer denselben zu urtheilenden Instrukzion, und glaubten, es seie überflüssig, mehr über diese zu entscheidende Frage zu äussern, als bereits gehört worden, da alle Gründe, so für und gegen diese Beiziehung sprechen, in dem Vortrage des Oberappellazions-Gerichtes so erschöpft, und so ausgeführt worden, daß denselben nicht wohl etwas zuzusezen sei.

Nach gleichen Ansichten stimmten Herr Hofrath von Gönner.

Herr Geheimer Rath von Zentner äusserten folgendes:

Sie hätten in der lezten Sizung bei der Berathung über der Besezung des untersuchenden Gerichts den Nuzen der <u>angetragenen Zuziehung zweier beeideter Gerichtszeugen</u> bei den Verhören des Angeschuldigten oder der Zeugen nicht mißkannt, allein da Sie zugleich mit einigen Herrn Votanten, vorzüglich nach den Bemerkungen Seiner Exzellenz des Herrn Grafen von Arco die Schwierigkeiten eingesehen, welche in Sraxi bei der Auswahl solcher Zeugen eintreten würden, so trügen Sie Bedenken, Sich bestimmt dafür zu erklären; denn wären solche Zeugen blose von dem untersuchende Richter abhängige Maschinen, so wäre es in der That zweklos, sie beizuziehen. Sie wünschen den Bericht des Königlichen Oberappellazions Gerichts über diesen Gegenstand vorerst nach zu hören, und behielten sich eine nähere Äusserung Ihrer Meinung vor.

Sämmtliche Oberappellazions Gerichts Räthe seien darin gewesen: daß in einem <u>nur</u> aus dem Untersuchungs-Richter und dem Protokollführer: bestellten Gerichte keine hinreichende Sicherheit für den Angeschuldigten sei, deßhalb hätten mehrere für die Wiedereinführung der Gerichtszeugen, andere für die Anordnung eines förmlichen Gerichts oder wenigstens eines Concommissaire bei den wichtigeren Verhandlungen gestimmt.

In den That lasse sich kaum denken, wie ein Angeschuldigter oder desselben Vertheidiger, die Unförmlichkeiten eines Verhörs, daß er z. B. zu diesen oder jenen Aussagen durch Drohungen oder Mißhandlungen gezwungen worden, daß dieses oder jenes nicht richtig in das Protokoll eingetragen worden sei, ohne Zeugen bewiesen könne; der Richter und sein Aktuar erschienen in solchen Fällen als Betheiligte. Die Vota einiger Herrn Oberappellazions-Gerichts Räthe enthielten hierüber gründliche und aus bisherigen Erfahrungen abgeleitete Bemerkungen.

Man habe gegen die Zuziehung von Gerichtszeugen nur deßwegen sich erklärt, weil man dieselbe als Zweklose und dem Aerario lästige Statuen angesehen habe, allein man seie hierin zu weit gegangen, man hätte dieses in den <u>älteren und neueren Gesezgebungen</u> begründetes Institut wegen einigen Gebrechen nicht gleich gänzlich verwerfen, sondern auf eine Vervollkommnung desselben den Bedacht nehmen sollen.

Indem sie sich nunmehr für die Wiedereinführung der Gerichtszeugen als eines wesentlichen Bestandtheiles des untersuchende Gerichts erklärten, so brächten sie zur Beseitigung der dagegen gemachten Einwendungen folgende Punkte zu einer Reglementar Verordnung darüber in Vorschlag:

1.) Die den Kriminal Verhören beizuziehende Gerichtszeugen wären alle Zeit auf ein Jahr mit einem Supplenten angeordnen;
2.) Sie müßten die in Art: 57. seqq. Vorgeschriebene Eigenschaften haben, und wären vorzüglich aus solchen Gemeindsgliedern zu wählen, deren bürgerliche Gewerbs- und Nahrungs-Verhältnisse so beschaffen sind, daß sie unbeschadet dieser den Kriminal Verhören bewohnen können;
3.) Ihr Vorschlag auf dem Lande und in den kleineren Städten möchte dem Ortspfarrer und den Gemeinds-Vorstehern zu

übertragen sein; dadurch wird der Einfluß des Landrichters gemindert. In Städten, wo Polizei Direkzionen, oder Polizei Kommissariate bestehen, wäre derselbe dem Polizei Direktor oder Polizei Kommissär mit Vernehmung des Munizipal Rathes aufzutragen. Die Vorgeschlagenen müßten dabei durch das einschlägige Appellazions-Gericht bestätigt werden. Mitglieder des Munizipal oder Gemeinde Rathes sind wählbar, nicht aber die Gemeinde-Vorsteher, da bei ihnen vorzglich der Vorschlag beruht, und ihre übrige Geschäfte die Übernahme einer solchen Stelle nicht gestatten.

4.) Nach einem Jahr tritt der Supplent ein, und es wird ein neuer Zeuge und Supplent gewählt; der austretende Zeuge kann, wenn er nicht selbst von dieser Stelle befreit zu sein wünscht, auf einen neuen Vorschlag bestätigt werden.

5.) Für diese Gerichtszeuge wird eine klare und bestimmte Instrukzion entworfen, welche den Eintretenden erklärt und eine Abschrift mitgetheilt wird, und worauf sie beeidiget werden,

6.) Sie erhalten für ihre Versäumniß eine mäsige Belohnung, welche, da sie Repräsentanten der Gemeindsglieder des ganzen Gerichtsbezirkes vorstellen, durch Konkurrenz von sämmtlichen Gemeindsgliedern des Gerichts; Bezirkes erhoben wird; denn diese Stelle wäre eine Reihelast aller Gemeindsglieder, es ist deßhalb billig, daß sie dafür konkurriren, dem königlichen Aeroris kann diese Ausgabe nach ihrer Natur nicht aufgebürdet werden.

7.) Damit die Gerichtszeugen bei dem Gerichte immer anständig gekleidet erscheinen, so wären für sie 2. schwarze Mäntel anzuschaffen, diese Ausgabe ist unbedeutend und geschieht nur einmal für viele Jahre. Die Konkurrenz kann auch keine sehr grose Summe machen, da die Beiziehung der Gerichtszeugen nur auf die Kriminal Verhören beschränkt ist.

Würden die Gerichtszeugen mit der angegebenen Vorsicht gewählt und instruirt, so sein nicht zu erwarten, daß sie blose von dem Landrichter ganz abhängige Maschienen vorstellen, oder die Gerichtsgeheimnisse leichtsinnig ausschwäzen werden, – warum sollten solche reife – wenigstens religiöse Männer nicht wenigstens dasselbe Vertrauen, als ein junger oft sehr leichtsinniger Aktuar verdienen? Da sie vom Landrichter unabhängig seien, so därfe man von ihnen erwarten, daß sie ihre Instrukzion gewissenhaft erfüllen, und wenigstens in vorkommenden Fällen, wo die Ächtheit des Protokolls von dem Inquisiten oder seinem Defensor angegriffen werde, das junge, was wirklich geschehen oder unterlassen worden, treu angeben würden. In der Gegenwart solcher Zeugen werde der untersuchende Richter sich kaum trauen, von dem vorgeschriebenen geseslichen Verfahren abzuweichen, da er fürchten müsse, daß die von ihm begangene Unförmlichkeiten wenigstens am Schlusse der Untersuchung dem erkennenden

Richter angezeigt werden.

Herr Geheime Rath von Krenner erklärten sich bestimmt für die Beiziehung der zwei Gerichtszeugen bei peinlichen Verhandlungen, indem sie diese Beiziehung zweier gerichtlicher Zeugen zu den angegebenen Verhandlungen als einen unerläßlichen Theil der Kriminal Gesezgebung ansähen, und in ihrer 15. jährigen Praxis bei der juridischen Fakultät in Ingolstadt hinlängliche Gelegenheit gehabt hätten sich zu überzeugen, welche Gebrechen durch die Abschaffung dieser Zeugen sich in Ausübung der Kriminal Geseze ergeben, und wie dringend nothwendig es seie, zu Sicherung der Protokolle auf diese einzig ausführbare Maasregel zurükzukommen.

Mit den vom Herrn Geheimen Rathe von Zentner zur Grundlage einer Reglementar Verordnung in Antrag gebrochten Punkten vereinigten sie sich bis auf einen vollkommen, nemlich jenen wegen Beibringung der den Zeugen für ihre Versäumniß zu bewilligenden Belohnung durch Konkurrenz von sämmtlichen Gemeindsgliedern des Gerichts Bezirks, indeme es die Pflicht des Staates sein, diese für die Justizpflege so nothwendige Ausgabe, um so mehr auf das Staats Ärar zu übernehmen, als dieses leztern dermal schon uralte Gerichtssteuern und Einnahmen beziehet, die von den Unterthanen blos und ganz insonderheit für die Administrazion der Kriminal-Justiz bezahlt werden.

Seine Exzellenz der Königliche Geheime Rath Carl Graf von Arco gaben folgende Abstimmung zu Protokoll:

In der Ablesung der sehr verschiedenen Voten der 28. Mitglieder des Oberappellazions Gerichtes hätten Sie nichts vernommen, was Sie Ihre bereits geäusserte Ansicht zu ändern vermöchte.

Die ganze Frage reduzire sich im wesentlichen darauf:
>"welche Meinung hat die gesezgebende Gewalt von den von ihr aufgestellten Richtern?"

Hält sie diese für umrissende heftige, leidenschaftliche, pflichtvergessene Menschen, oder nicht. Im ersten Falle sichern auch die vorgeschlagene Wiedereinführung der Gerichtszeugen wenig vor Übergriffen dieser instruirenden Richter; – sondern es müßten unläßlich andere Richter bestellt; – oder noch besser die Stellung der instruirenden Gerichtsbehörden geändert, und eigene mit mehreren Individuen besezte Kriminal Gerichte bestellt werden.

Im lezteren Falle seien sie überflüssig. Ihre Einführung würde bei einer Anzahl von 216. Landgerichten, eine zweklose, neue Ausgabe von 86,400 Fl. veranlassen. Denn man dürfe sicher annehmen, daß man bei der grosen Zahl der sich vielmehr mehrenden als abnehmenden Verbrechen, welche Trägheit, Armuth und Immoralität erzeugten, bei jedem instruirenden Gerichte stets 4. Zeugen in voller Aktivität werde verwenden müssen, dieß gebe in einem nicht übertriebenen Anschlage eine

Zahl von 816. zu Zeugen zu verwendenden Individuen.

Nehme man nur für die Entschädigung eines jeden dieser Zeugen, die sehr geringe Summe von 18. des Tages an, so werfe sich für jeden eine Summe vom 1087 oder in runder Zahl von 1007 des Jahrs heraus, – folglich in Summa von 86,400Fl. Diese Ausgabe würde aber weder die Nachtheil, welche wegen Sropalation, zu besorgen stehen, noch alle die übrigen heben, welche in Ihnen speziellen Bemerkungen Ad Art: 46. und eben so in den Votis einer grosen Zahl von Oberappellazions Räthen aufgezählt seien.

Der Königliche Geheime Rath Freiherr von Aretin erklärten sich gegen die Beiziehung dieser zwei Gerichtszeugen, und äusserten mit Bezug auf ihre in der lezten Sizung schon angegebene Bemerkungen, die sie weitwendig zu wiederholen hier überflüssig fänden, daß folgende Gründe sie hiezu bestimmt.

1.) Würden diese Zeugen bei dem ein zu beseitigenden Einflusse dee Landgerichte, mit den sie in jedem ihrer Verhältnisse zusammen träfen, und von welchen sie immer abhängig sein würden, man möge sie auch wählen lassen, von wem man wolle, immer nur blose Maschinen und Statuen bleiben, die nie dem beabsichteten Zweke entstrechen, und folglich in keinem Falle etwas nuzen würden, wenn man auch annehme, daß sie unschädlich seien.

2.) Stehe die Schwierigkeit, wo nicht die Unausführbarkeit der Einführung dieses Institutes immer entgegen Männer aufzufinden, welche die notigen Verkenntnisse und erforderliche Fassungs-Kraft besizen, daß der Inquisit in ihrer Gegenwart eine Beruhigung und der Sichter einen Sporn finden könne, seine aufhabende Pflichten strenger, als er sonst thun würde, zu erfüllen.

Männer von diesen Eigenschaften hätten immer mit eigenen oder öffentlichen Geschäften genug zu thun, und könnten weitere zeitraubende Verpflichtungen nicht wohl auf sich nehmen. Man würde daher in Praai auf Austrägler, abgehauste Bürger, Leute die lieber alles als Ihre Gewerbe besorgen, oder solche Begünstige zurükkommen, welchen man, die wievil geringe Remuneration verdienen lassen will.

3.) Würde die Vergütung des Zeitversäumnisses dieser Zeugen dem Königlichen Staats Arar eine so bedeutende neue Last zuziehen, daß sie unter den gegenwärtigen Verhältnissen nicht darauf antragen, noch weniger aber und in keinem Falle dazu einrathen könnten, diese Ausgabe durch Konkurrenz des Gerichts Bezirkes zu denken, denn wo der Unterthan die Landessteuer des Familien Schuzgeld für den geniesender Schuz bereits entrichten müsse, könne ihme wahrhaft nicht diese neue Auflage für Ausübung der Justiz auferlegt werden.

4.) Der Einwurf wegen der nachtheiligen Sropalation sei im keinem der gegentheiligen Abstimmungen gehoben. Die Erfahrung haben ganz gezeigt, wie gerne solche Männern, um sich einen Anstrich von Wichtigkeit zu geben, aus Schmähsucht, Unverstand oder andern Ursachen von den Gegenständen sprechen, die vor ihren Augen verhandelt werden.

Bei aller Vorliebe für die Oeffentlichkeit der Kriminal Verhandlungen /: welche nach geschlossenen Akten wohl am zwekmäsigsten sein dürfte:/ werde niemand mißkennen, daß unzeitige Bekanntwerdung einzelner Daten während dem Lauf der Untersuchung dieselbe sehr erschwere, oft ganz vereitle.

Würden jedoch die Majora für die Beiziehung dieser Zeugen gegen Ihren Antrag entscheiden, so würde es vielleicht dann zwekmäsig sein, diese Zeugen immer aus dem Stande des Inquisiten zu nehmen. Hierein liese sich vielleicht noch ein Grund auffinden, woraus der Inquisit und der höhere Richter eine Beruhigung über die Richtigkeit des Verfahrens schöpfen, und der Richter manchmal die nötigen Erläuterungen über Verhältnisse, Redensarten, Idiolismen, u. d. gl. finden könnte. Allein Sie müßten Ihrer Überzeugung nach diese Beiziehung überhaupt als unnüz und nachtheilig verwerfen, eine andere Frage sein, in wie weit die Beiordnung eines Konkommissärs bei diesen peinlichen Verhandlungen nach der Praxis nothwendig werde, allein hierüber sich zu äussern, seie gegenwärtig der Zeitpunkt nicht , und dieser Punkt werde seiner Zeit am gehörigen Orte vorkommen.

Herr Geheimer Rath von Effner äusserten folgendes zu Protokoll:

Sie seien ganz von der Nothwendigkeit und dem Nuzen der Einführung der Zeugen bei peinlichen Verhandlungen der Gerichte überzeugt, würden aber zu weitläufig sein müssen, wenn Sie die Gründe hiefür, die nun so umständlich seien, gehört worden, wiederholten, oder die Einwendung dagegen widerlegten.

Wenn der Zeugen eine bestimmte Instrukzion gegeben, und wenn diese Instrukzion so beschränkt werde, daß sie blos gesunde Sinne; und einen schlichten Menschenverstand voraussezen, so könne man wohl Subjekte genug ausfinden, um sie zu diesen Zwek zu gebrauchen, und sie würden auch nicht unnüze Statisten machen.

Diese Instrukzion könnte allenfalls auf folgende Punkte reduzirt werden:

1.) Ob Fragen und Antworten soviel möglich wörtlich, oder wenigst in ihrem wahren Sinne zum Protokoll genommen worden;
2.) Ob nicht Versprechungen oder Drohungen, oder andere auf den Prozeß Bezug habende Reden zwischen dem Inquirenten und Inquisiten während dem Verhör vorgegangen sind, welche nicht zum Protokoll genommen wurden;
3.) Ob nicht Thätlichkeiten oder Mißhandlungen an dem Inquisiten vorgenommen worden sind, welche das Protokoll nicht

enthalten;
4.) Ob Inquisit das Protokoll richtig und ohne Zwang unterzeichnet habe;
5.) Ob die Bemerkungen in dem Gebärden Protokoll faktisch richtig angegeben seien.

Übrigens wäre den Zeugen aufzutragen, wenn sie nach obiger Instrukzion, Bemerkungen über den Inquisiten zu machen hätten, diese nach dem Verhör zu Protokoll zu geben.

Mit dem Vorschlage des Herrn Geheimen Raths von Zentner über die Art der Bestellung der Gerichtszeugen vereinigten auch Sie sich, nur mit der Ausnahme, daß sie keine Bezalung, sondern nur ein jährliches Honorar und zwar aus dem Mitteln des Ärars erhalten sollten, welches Honorar verhältnißmäsig in die Gerichtskosten jener Inquisiten einzurechnen, welche die Kosten der Inquisizion selbst zu tragen verbunden seien, und wonach diese Lastwage so hoch nicht dem Staate zu stehen kommen werde, als Herr Geheimer Rath Graf von Arco berechneten.

Herr Geheimer Rath Graf von Welsperg erklärten sich für die Beiziehung der Zeugen, da Ihren Ansichten nach eine Kontrolle für die Sicherheit des Inquisiten und selbst für den höhern Richter eine unerläßliche Nothwendigkeit sein, die nach der bestehenden Besezung der Gerichte auf keinem andern Wege herzustellen möglich.

Sie hätten die Überzeugung, daß die Auffindung der hiezu erforderlichen Männer mit den nötigen Eigenschaften begabt, nicht so schwer sein, als man glaube, und daß dieselbe mit einer zwekmäsigen faßlichen Instrukzion versehen, allerdings gute und für die Kriminal-Justiz nüzliche Dienste leisten, und für manchen Richter, für manchen Inquisit eine wohlthätige Schuzwehre sei.

Mit allen Punkten, die Herr Geheimer Rath von Zentner für die Reglementar Verordnung vorgeschlagen, vereinigten sie sich, nur rüksichtlich der Kösten, könnten Sie dessen Ansicht nicht theilen, sondern glaubten, daß diese der Staate, in dessen Pflicht es liege, den Unterthanen eine sichere und in allen Theilen entsprechende Justiz zu verschaffen, tragen müsse.

Herr Geheimer Rath von Feuerbach und Herr Hofrath von Gönner vereinigten sich mit allen den Punkten, die Herr Geheimer Rath von Zentner als Grundlage der zu erlessenden Reglementar Verordnung vorgeschlagen, und so wurde nach der Mehrheit

beschlossen, das Institut der Beiziehung zweier Gerichtszeugen zu den angegebenen peinlichen Verhandlungen in den peinlichen Prozeß wieder aufzunehmen, und die Reglementar-Verordnung nach den von Herrn Geheimen Rath von Zentner angegebenen Grundlinien zu entwerfen.

Nach diesem Beschlusse machte Herr Hofrath von Gönner den Vorschlag, daß obschon dadurch das Institut der Beiziehung zweier Zeugen begründet werde, es dennoch rüksichtlich der möglichen Wandelbarkeit dieser Controlle bei einer neuen Gerichts-Verfassung oder bei eintretenden andern Verhältnisse zwekmäsiger scheine, in dem zweiten Theile des Gesezbuches von dem peinlichen Prozeß nichts von Beiziehung dieser Gerichtszeugen auszusprechen, sondern auch diese Einrichtung blos als einen Theil der reglementaiern Verordnung zu behandeln, weil in einem Gesezbuche blos bleibende Bestimmungen enthalten sein sollten, und dieses wieder erwekt werdende Institut doch in gewisse Rüksicht nur als ein Versuch zu betrachten sei, ob dadurch der beabsichtete Zwek erreicht werde.

Seine Exzellenz der Königliche Geheime Staats- und Konferenz-Minister Herr Graf von Reigersberg liesen über diesen neuen Vorschlag abstimmen, allein einstimmig waren alle übrigen Herrn Geheimen Räthe und selbst diejenige, welche gegen die Beiziehung dieser Zeugen sich geäussert, der Meinung, daß nach dem durch die Mehrheit angenommenen Beschlusse in dem zweiten Theile des peinlichen Gesezbuches dem Prozesse, wegen den daraus fliesenden rechtlichen Wirkungen, und der bei Unterlassung dieser Zeugen-Beiziehung darauf gegründet werden könnenden Nullität ausgesprochen werden müste, daß zu dem bestimmt werdenden peinlichen Verhandlungen zwei Gerichtszeugen beizuziehen seien.

In Folge dieser Abstimmung wurde der Vorschlag des Herrn Hofrath von Gönner nicht angenommen, sondern die Bestimmung des Art: 46., wodurch die Beiziehung dieser Gerichtszeugen ausgesprochen wird, beibehalten.

Hiemit endigte sich die heutige Sizung.
Unterzeichnet: Graf von Reigersberg.
                   von Zentner,
                   von Krenner, der Ältere,
                   C. Graf von Arco,
                   A. Freiherr von Aretin,
                   von Effner,
                   Feuerbach,
                   Graf von Welsperg,
                   Gönner,
                        Zur Bestätigung:
                        Egid Kobell

4. Beilage zum Protocoll Nr. III-1

Allerdurchlauchtigster Großmächtigster König:
Allergnädigster König und Herr!

Eurer Königlichen Majestät allerhöchsten Weisung vom 11ten Dezember 1809 gemäß, würde über die Zweckmäßigkeit der Beiziehung zweier Beisitzer bei peinlichen Gerichts-Verhandlungen von der allerunterthänigst unterzeichneten Stelle in einer Plenar-Berathung ausführlich desiutiret.

Aus dem beiliegenden Sitzunge Protokolle geruhen allerhöchst dieselben die Verschiedenheit der Ansichten sowohl, als aus dem Schluße desselben folgendes sich aus den Abstimmungen ergebendes Resultat der Berathung allergnädigst zu entnehmen.

Unter den anwesenden acht und zwanzig Gerichts-Mitgliedern glaubten nach dem neben bemerkten Schema siebenzehen der Abstimmenden, die Beiziehung zweier Beisitzer bei dem peinlichen Verfahren der Gesezgebenden Gewalt aus verschiedenen Gründen nicht anrathen zu dürfen. Theils besorgen sie, wenn zwei gewöhnlich aus der minder gebildeten Volksklaße zu wählende Individuen Kenntniß von dem gerichten Verfahren erhalten, Verletzung des bei Untersuchungen so wichtigen Geheimnißes, theils wachten sie ihre Anwesenheit nicht als Kontorolle über den ohnehin vollen Glauben und volles Zutrauen verdienenden Inquirenten zum Besten des Inquisiten von irgend einem wesentlichen Nutzen. Da man weder auf die Unabhängigkeit dieser Zeuger von Ersterm, noch auf ihre Achtsamkeit zu Gunsten des Leztern zählen könne. Vielmehr besorgten einige Votenten, Zögerung des Untersuchungs Verfahrens dürfte öfters die Folge dieser für die beigezogenen Individuen lästigen, und die Prozeßkosten mehrenden, ihrem Zwecke nach der Praxis nicht entsprechenden Förmlichkeit werden.

Inzwischen wollten unter diesen siebenzehen Votanten neun der Stimmenden dennoch nicht unbedingt Beisitzer ganz ausgeschloßen wißen. Einige tragen darauf an, daß bei peinlichen Untersuchungen über sehr schwere Verbrechen, andern, daß bei den wichtigsten Verhandlungen des Untersuchungs Prozeßes theils zwei Beisitzer, theils ein Conkommißär beigezogen werde. Gegen diese gutächtliche Meinung stimmten bestimmt eilf Votanten. Diese begutachten der Wiedereinführung der gesezlichen Vorschrift, wornach die Beiziehung zweier Beisitzer dem Inquirenten vorgeschrieben wird. Sie finden darinn die Schutzwähre des Inquisiten sowohl gegen die Mißgriffe, als die Mißhandlung des etwa beleidigten, oder vom blinden Eifer zur Entdekung eines Verbrechens geleiteten Inquirenten.

Sie besorgen die Verletzung des Geheimnißes zum Nachtheile der Sicherheit des Staates und Ausforschung des Verbrechens nicht, indem der Eid und die Strafe die Zeugen zur Verschwiegenheit anhalte.

Mit Beziehung auf die oesterreichischen und andere Gesezgebungen neuerer Zeiten, mit Anführung der Vortheile des oeffentlichen Verfahrens im Kriminal-Prozeße, mit Berührung mancher auf die damalige Bestellung der die Inquisition führenden Gerichte Bezug habenden Berüksichtigungen werden in einzelnen Abstimmungen die nähren für die Beiziehung der Beisitzer sprechenden Gründe ausführlich dargelegt.

Bei dieser Lage der Abstimmungen, wo demnach acht Votanten die Beiziehung zweier Beisitzer bei dem Untersuchungs-Prozeße nicht für räthlich und nüzlich erachteten; neue Votanten dieser Meinung gleichfals, jedoch unter solchen Beschränkungen beitraten, wodurch sie den Zwek ihrer Beiziehung auf eine andere Art zu erreichen glauben, endlich eilf Votanten dagegen bestimmt auf die Wiedereinfügrung die gesezlichen Vorschrift, daß zwei Beisitzer als Zeugen des Inquisitions-Verfahrens beizuziehen seien, antragen; so wird es am zwekmäßigsten sein, das sämtliche Abstimmungen enthaltende Plenar Protokoll mit diesem Resüme in Abschrift der allerhöchsten Stelle allerehrerbietigst mit der Bemerkung vorzulegen, daß übrigens die Beibehaltung der gesezlichen Vorschrift wegen Beiziehung zweier Beisitzer in jenen Theilen des Königreichs, wo solche ohnehin bisher gesezlich war, von der eminenten Stimmenmehrheit für räthlich erachtet wurde.

Indem wir alles der Prüfung und den höhere Einsichten der gesezgebenden Macht ehrerbietigst anheim stellen, erstreben wir in allertiefester Unterwürsichkeit Eurer Königlichen Majestät.

München dem 5 Jänner 1810

Allerunterthänigst treugehorsamste Präsidenten, Direktoren und Räthe des Königlichen Oberappellationsgerichte

Graf von Larosen Graf Reigersberg

5. Beilage zu Protokoll Nr. III-2

<u>Vortrag</u> in Pleno
ad Pleberiptum Augustissimi
d. d. 11ten Dezember 1809.

Die Anwendung des Prozeß Rechtes bei Untergerichten, in deren Amtsbezirken verschiedene Strafgesetze nebeneinander bestehen, betreffend.

Als ich am 23ten Oktober laufenden Jahres über die vom königlichen Appellationsgerichte zu Neuburg, in Berufungs-Wege anhero eingesendeten Akten, in Untersuchungs-Sachen gegen Franz Steer, einen schuldhaften Todschlag betreffend, schriftlichen Vortrage machte; bemerkte ich unter andern, das untersuchende Landgericht zu Neuburg habe bei Besichtigung des todten Bürgers gegen die deutliche Vorschrift des C. C. i. P.II. C.III. § 2. n:3. unterlaßen, zween Zeugen beizuziehen; es werde also dieses besonders zu bemerken, und dem Landgerichte die Weisung zu geben seyn, daß es für die Zukunft die Vorschrift des Gesetzes genau beobachten solle.

Mit diesem Antrage vereinigten sich damals alle voréhrliche Mitglieder des ersten Senats ohne die mindeste Bemerkung, somit wurde die geeignete Weisung
neo: acte 3.
wirklich erlaßen.

Unterm 13ten November fangte aber hierüber folgender Bericht des königlichen Appellationsgerichts ein.
Leg: neo: 4.
Da mir dieser zum Vortrag zugefertiget wurde, legte ich ihn am 17 einsem dem hohen Senate vormit der ganz offenen Erklärung, daß das Appellationsgericht Recht habe, ich aber bei meinem Antrage um so mehr Entschuldigung zu verdienen hatte, als eines theils wohl kaum Jemand sich rühmen dürfte, alle in den vielen Länden der Generalien Sammlung zerstreute, und hin und da ein älteres Gesez erlaeuternde abändernde oder aufhebende Verordnungen im Gedächtniße zu haben, andern theils im Senate selbst hl. Räthe gegenwärtig gewesen, welche peinliche Prozeße nach baierischen Gesetz instruirt und abgeurtheilt, und doch gegen meine Antrag nichts erinnert hätten.

Ich trug darauf an, den Bericht zur Zeit auf sich ruhen zu laßen, weil
a. das Oberappellationsgericht doch gegen das Appellationsgericht nicht gerade zusagen könne, daß es sich geirrt, oder die neuere derogatorische Verordnung nicht gekannt habe,
b. weil ohnehin bald eine allgemeinne neue genißche Gerichtsordnung zu erwarten sey, welche dann über die Form, wie die Besichtigung eines todten Bürgers vorzunehmen seyn, die gesezliche Bestimmung machen würde.

Damit waren alle Stimmen einverstanden.

Nachdem aber das hohe Praesidium von diesem Schluße des ersten Senats unterrichtet war, äusserte Hochdasselbe der Wunsch, daß lieber ein Bericht zur höchsten Stelle über diesen Punkt erstattet werden möchte, indem das hohe Justiz-Ministerium geneigt sein dürfte, den durch die Verordnung vom 23. November 1772 aufgehobenen Beizug der Beisitzer wieder einzuführen, welches sich unter andern aus der über die Formation der Spezial Gerichte ergangenen allerhöchsten Verordnung schließen laße. Auch diese Aeußerung des hohen Präsidiums trug ich sogleich wieder dem ersten Senate vor.

Es wurde jedoch durch die Mehrheit, auf dem Entschluße, daß der Appellationsgericht Steuburgische Bericht indeßen bedenkenden Akten berufen solle, verbleiben zu laßen, indem etwa das gedachte Appellationsgericht sich selbst zur allerhöchsten Stelle wenden, oder auch anhero nochmalige Anfrage stellen sollte, es zu einem Berichte an Seine Königliche Majestät auch noch Zeit seyn.

Inmittelst kanne um eben diese Zeit in einem anklagenden Senate der Fall vor, daß der Verbrecher ein ehemaliger oesterreichischer Unterthann die untersuchende Behörde unter ein nach dem baierischen Kriminal Gesez verfahrende Gericht war.

Der Referent stellte aus, daß die Beisitzer, welche nach den oesterreichischen Gesetzen nothwendig sind, nicht beigezogen werden; mehrere Votanten waren aber der Meinung, daß diese Beiziehung habe allerdings unterlaßen werden können, weil das untersuchende Gericht auf die baierische Prozeßformen angewiesen sey.

Es würde also ein Bericht zur allerhöchsten Stelle belieben und dieser hatte folgendes allerhöchstes Reskript d. d. ii ten zur Folge, welches zwar am 12te durch Verlesung in sämmtlichen Senaten bekannt gemacht wurde, jezt aber weil ein Gutachten allerdings verlangt wird, nochmals zur Kenntniß des hohen Pleni gebracht werden muß.

Leg. Refer: d. d. 11ten Nov: 1809.

Von hohen Praesidii wegen würde mir dieses allerhöchste Reskript zum Vortrage in Pleno zugefertigt. Ich sollte nun meine unmasgebliche Meinung darüber aeußern, wohin unser gutachtlicher Antrag an Seine Königliche Majestät zu richten, und auf welche Gründe er zu bauen seyn.

Weil ich aber, wenn die Mehrheit des hohen Kollegiums mit meiner Meinung vereinigen sollte, sogleich auch den Entwurf des Berichtes vorzulegen, also einerley Sache zweimal vortragen müßte; Soschließe ich hier damit, daß ich meinen unmaasgeblichen Entwurf des an Seine Königliche Majestät zu erstattenden gutachtlichen Berichts verlese, und der erleuchten Prüfung und Abstimmung des hohen Pleni unterwerfe.

München den 14ten Dezember 1809.

An
Seine Königliche Majestät,
Allerunterthänigster gutachtlicher Bericht des königlichen Oberappellationsgerichts ad Referip: Cleni: d. d. 11 ten die Anwendung des Prozeßrechts bei Untergerichten, in deren Amts verschiedenen Strafgesetze bestehen, insbesondere die Beisitzer bei peinlichen Gerichtshandlungen betreffend.

Allerdurchlauchtigster Großmächtigster König!
Allergnädigster König und Herr!

Auf den an Eure Königliche Majestät von uns allerunterthänigst erstatteten Bericht vom 6te des vorigen Monaths den Beizug zweier Zeugen oder Beisitzer bei verschiedenen Handlungen im peinlichen Prozeße betreffend, haben Allerhöchst dieselben uns durch ein allergnädigstes Reskript vom 11ten dieses eröfnen, daß, da bei Untersuchung eines Verbrechers stets dem Prozeßgeseze des untersuchenden Gerichts in Anwendung kommen müßen, auch in dem von uns in erwähnten Berichte aufgestellten Falle die Zuziehung zweier Beisitzer nicht erforderlich gewesen seyn.

Dieser allerhöchsten Entscheidung des besondere Falls haben jedoch Eure Königliche Majestät noch beigefügt.

Da die Verschiedenheit der Prozeßgesetze in einem so wichtigen Punkte, wie die Zuziehung der Beisitzer einen großen Mißstand verursacht, auch die erst durch ein späteres Generale geschehene Aufhebung der in codice criminali verordneten Beisitzer sehr große Nachteile zur Folge gehabt; so sind wie sehr geneigt, die ältere Verordnung des Codicis Criminalis wieder herzustellen, und dadurch eine allgemeine Gleichförmigkeit aber diesen Gegenstand einzuführen, weilen auch jedoch hierüber zu förderst mit euerm gutachtlichen Berichte vernehmen.

Dieses allergnädigst abgefoderte Gutachten versämmeln wir nicht, hiemit allerunterthänigst zu erstatten.

Es zerfällt nach der Natur des Gegenstandes in zwei Abschnitte, oder zwo zu erörternde Fragen.

I. Ist überhaupt die Wiedereinführung der Beisitzer bei peinlichen Gerichtshandlungen rathsam?

II. Auf welche Fälle und in welcher Maße ist sie geseßlich zu bestimmen?

ad I. Die Beiziehung der Beisitzer bei peinlichen Gerichts Verhandlungen hat bekanntermaßen ihren Ursprung in der erblaßen deutschen Gerichts Verfaßung. Aus ihr ist sie in viele geschriebene peinliche Gerichts-Ordnungen übergegangen, die zum Theil noch jezt in verschiedenen Theilen der Königlichen Staaten geseßliche Kraft haben, zum Beispiel in die Oesterreichische.

Nur ist die Eigenschaft dieser Beisitzer sehr verschieden.

a. Nach der Carolinischen peinlichen Constitution sind sie eigentliche Schöffen; also wirkliche Richter.

b. Nach dem oesterreichischen Strafgesezbuche sind sie zum Theil nur Zeugen; welche den Verhören beiwohnen für ordentliche Eintragung der Fragen und Antworten zu wachen, und die Aechtheit des Protokolls zu bezeugen haben, /: § 288 et 354:/ zum Theil aber wirkliche Richter die bei Abfaßung eines peinlichen Urtheils, als constituirende Mitglieder des Gerichts eine entscheidende Stimmung haben./: § 417. 418. et 425:/

c. Nach dem baierischen Criminal Gesetze sind hingegen die Beysitzer bloße Zeugen, welche als solche einigen gerichtlichen Handlungen im peinlichen Prozeße beizuwohnen haben, übrigens aber zum ordentlich besezten Gerichte nicht gehören, und noch weniger auf die Faßung des Straf-Erkenntnißes einen Einflußhaben. /C. Cr: Bav: B.II. C.I. § 6. et C.3. § 2/ Leztere Art von Beisitzern ist jedoch durch des General Mandat vom 23te Nov: 1772 ad 2dem als unnöthig angesehen und aufgehoben worden.

Aus dieser großen Verschiedenheit der Prozeßgesetze in eben demselben Königreiche entsteht, wie sich auch das allerhöchste Reskript vom 11ten dieses ausdrückt, ein Mißstand, und Eure Königliche Majestät erklärer sich eben deswegen geneigt, eine Gleichförmigkeit über diesen Gegenstand einzuführen.

Unsere allergnädigst abgefoderte gutachtliche Meinung hierüber ist diese:

1. Da nach der neuen GerichtsVerfassung des Königreichs die Untergerichte durchaus kein Recht ein Straf-Erkenntniß zu fallen, ferners haben, sondern ihnen blos die Befugniß der Instruktion des Prozeßes bis zum Spruche zustehet, so kann von den Beisitzern, wie sie das Oesterreichische Strafgesezbuch und die Carolinische Constitution zur Urtheils Fassung fordern, ohnehin keine Frage mehr seyn.

2. Diese Beisitzer würden also und noch als Zeugen oder wie man sie auch anderwärts nennet, als Urkunde Personen, bei dem gerichtlichenVerfahren beigezogen werden.

Der Regel nach scheinen sie uns aber auch hier theils überflüßig, theils nachtheilig zu sein.

Ueberflüßig erscheinen sie uns, weil jezt die Gerichte in den Städten und auf dem Lande nicht mehr blos aus einem Richter und einem Aktuar bestehen, deren Rechtskenntniße über dieses vormals sehr problematisch waren, sondern aus Stadt und Landrichtern, 2 auch mehrere Asseßoren und einem Aktuar, für welche alle durch ausgestandene Prüfung die Vermuthung der nöthigen Rechtskenntniße streitet, und die solchergestalt jeden Orts ein ordentliches besetztes Gericht bilden.

Solchen Männern noch Zeugen ihrer Handlungen beizuordnen, und zwar solche Zeugen, welche die Ordnungsmäßigkeit und Gesezlichkeit derselben zu beurtheilen nicht einmal im Stande sind, dünket und gleich im Ueberfluß zu sein. Aber auch <u>nachtheilig</u> müßen wir den Beizug solcher Beisitzer in mehrere Rüksichten finden. Und zwar

a. <u>für die Beschleunigung der Untersuchung.</u>

Diese Beisitzer können in Städten und auf dem Lande nicht anders, als aus dem Gewerb und Nahrungsstand genommen werden, auch müßen bei einer peinlichen Untersuchung immer die nämlichen beibehalten werden, wenn ihr Beisitz nicht eine ganz zweklose Formalität sein solle.

Da num diese Leute ihre nöthigen Berufs-Geschäfte zum Zwek ihrer Nahrung ohnehin haben, auch deswegen mehrmals vom Hause abwesend sein müßen; wie oft wird es nicht sich fügen, daß sie der Verhören und andern gerichtlichen Handlungen nicht beiwohnen können, und diese also ausgesezt werden müßen, unter welcher Verzögerung der Inquisit schuldlos leidet, auch zum Theil der Staat durch Vermehrung der Azungskösten beschädigt wird.

b. <u>für das Aerarium.</u>

Männern, welche mit ihrer Hand, oder Berufs Arbeit sich und ihrer Familie den Unterhalt verschaffen müßen, kann man ohne Unbilligkeit nicht zumuthen, daß sie dieselbe viele Tage lang versäumen, ohne eine verhältnismäßige Entschädigung dafür zu empfangen. Und da desgleichen Beisitzer über dieses aus dem gebildetern und angesehenern Theil der Gerichts Einwohner zu wählen wären, so würde diese Entschädigung um soviel höher zu bestimmen sein.

Dieses würde eine neue und sehr bedeutende Quelle zu Ausgaben für den Staat eröffnen.

c. <u>für das zum Zwek einer guten Untersuchung
nothwendig zu bewahrende Geheimniß.</u>

Es ist wahr, dergleichen Beisitzer werden zu Beobachtung des Stillschweigens beeidiget. Allein deßenungeachtet belehrt uns die Erfahrung, wie Stumpf: in kürzer Zeit, zumal bey Leuten gemeinen Standes, das Gefühl für eine solche Eidespflicht werde, wie leicht sie es ohne es selbst zu ahnden, bald aus unzeitigen Mitleiden, bald aus Eitelkeit, zu zeigen, daß sie auch etwas wißen und etwas bedenken, bald aus andern Veranlaßung verletzen.

Aus diesen Gründen können wie also die WiederEinführung, oder auch bei Beibehaltung der Beisitzer der Regel nach weder für nöthig noch auch für rathsam ansehen.

Die Beisitzer müßten also auch in denjenigen Untergerichten; wo der peinliche Prozeß noch nach den oesterreichischen Gesetzen instruirt wird, für die Zukunft aufhören.

Die Einwurf, daß die oesterreichischen Unterthannen ein erlangtes Recht dazu haben, und daß die Beibehaltung der Beisitzer noch durch ein besonderes allerhöchstes Reskript an die vormalige Königliche Oberste Justiz Stellen in Ulm bestättiget worden seyn kann gegen diesen Antrage, wie wir glauben nicht statt finden.

Das oesterreichische Strafgesezbuch mit der Prozeßordnung ist überhaupt nur ein provisorisch beibehaltenes Gesetz, das ganz außer Kraft zu setzen, noch mehr also in einzelnen Puncten abzuändern, Eure Königliche Majestät als unmenschrigen Souverain freie Macht zustehet.

Ist doch schon aus eben diesem Grunde das zuvor nach dem oesterreichischen Gesetzen bestehende Recht dreier Instanzen in peinlichen Fällen aufgehoben worden. Warum sollte nicht auch das sogenannte Recht auf die Beisitzer, das dem Inquisiten nicht einmal einen wahren Vortheil gewährt, aufgehoben werden können.

Oder wo liegt der Rechtsgrund für den ehemals oesterreichischen Unterthann, nach andern Rechtsformen behandelt zu werden, als die übrigen getreuen Unterthannen des Reiches.

Sollten jedoch Eure Königliche Majestät der allerhöchsten Meinung sein, daß nach Aufhebung der hin und da noch üblich gewesenen Beisitzer der Sicherheit des Staates und der einzelnen Vewrbrechen noch nicht genug vorgesehen wäre, wenn in Zukunft alle peinlichen Prozeße nach Maasgabe des organischen Edikts vom 24te Juli 1808. Zif:11. § 13. und 14. nur durch einen Stadt oder Landrichter oder einen Stellvertretenden Asseßor und den Aktuar instruirt wurden.

So würde vielleicht zwekmäßiger sein, zu verordnen, daß in wichtigeren Criminal Fällen der Prozeß nicht um von dem Stadt oder Landrichter, nebst dem Aktuar, allein, sondern mit Zuzug eines Asseßors, und im Verhinderungsfalle des Stadt oder Landrichters zwar Asseßoren instruirt werden solle.

Schon gedachtes Edikt spricht im 13 § davon, daß der Stadtrichter die Untersuchung einem oder mehrere Beisitzern auftragen könne, und der § 14. schießet dieses bei den Landgerichten nicht aus.

Indem wir aber aus dem Grunde, weil die Stadt und Landgerichte ohnehin mit vielen Geschäften beladen sind, unsere umausgeblichen Antrag nur auf die wichtigere Criminal Fälle beschränken, fühlen zugleich wohl, wie schwer es seye, hier eine genaue Grenzlinie zu ziehen. Oft erscheint eine Untersuchung im Anfange nicht wichtig, und wird es in der Folge, ungekehrt scheint man es Anfangs manchmal mit dem schweren Verbrechen zu thun zu haben, das in der Folge sich nur noch al seine leichte Verschuldung darstellet.

Hier möchte es also nothwendig sein, dem eigenen ersten des untersuchenden Gerichts etwas zu überlaßen, und die gesezliche Bestimmung nur dahin zu, daß es für einen wichtigen Criminal Fall gehalten werden solle, wenn auf das in Frage stehende Verbrechen eine Todes oder harte Leibesstrafe gesezt ist, und schon aus der General Inquisition soviel hervorgehet, daß der Angeschuldigte von einer Schweren Bestrafung nicht werde bosgesprochen werden können. Wenn wir solcher Gestalt in Beantwortung unserer ersten Frage die Wiedereinführung der Beisitzer, oder wo sie noch bestehen, ihre Beibehaltung für unnöthig und zum Theil sogar für nachtheilig erachten; so verstehen wir dieses nur im Allgemeinen und glauben hingegen, daß es Ausnahmsweise Fälle gebe, wo dergleichen Beisitzer noch mit Nutzen zugelaßen werden könnten. Dieses leitet uns zur Erörterung unserer zwoten Frage.

ad II. Es giebt Fälle, wo es nicht nur zur Beruhigung des Publikums und insbesondere der durch ein Verbrechen beschädigten Personen, sondern auch zur Beförderung der Untersuchung selbst dienet, wenn außer den eigentlichen Rechtsgelehrten Gerichts Personen, auch noch andere rechtschaffene und verständige Männer beigezogen werden. Dieses ergiebt sich vorzüglich bei den Verbrechen, welche Spuren zurükläßen; in delictis facti Permanentis: und bei deren Untersuchung Besichitigungen nothwendig sind; zum Beispiel: Todschlägen und gefährlichen Verwundungen, Diebstählen, wo Hausrisitationen oder gewaltsamen Einbrüchen, wo Ortsbesichtigungen nothwendig Räuberein und Mordthaten, wo Gegenden zu beaugenscheinigen sind, u.d.gl.

Hier werden schon nach dem gemeinen Sprichworte zwei Augen sehen mehr, als eines, zweie zugezogene verständige des Orts der Gegend, der Personen kundige Beisitzer, im sehr vielen Fällen vom großen Nutzen sein, indem sie nicht nur den Richter auf manches aufmerksam machen können, was ihm etwas sonst entgangen ware, oder hätte entgehen müßen, sondern auch dem Publikum die beruhigende Urzeugung geben, daß das Gericht alles erschöpft habe, was zu genauer Herstellung des Thatbestand des möglich war.

Von solcher Beisitzern wären auch die obenbenannten Zutheile nicht zu besergen; indem sie mit der ganzen übrigen Untersuchung nichts zu thun, auch für eine Zeit-Versäumnuß von einer oder üblichen wenigen Stunden keine Entschädigung anzusprechen hätten.

Wir setzen jedoch, wenn wir auf solche Beisitzer für gewiße bestimmte Fälle unmaasgeblich antragen und uns von ihren Nutzen versprechen, voraus

1) daß sie immer aus dem Orte, wo die Besichtigung geschieht, mit vorsichtigen Auswahl genommen,
2) zu dieser Handlung besonders beeidiget,
3) nicht als bloße stumme Zeugen, sondern als Männer beigezogen werden müßen, welche die Befugniß und Pflicht haben, dem Richter den ihre bekannten nähere Staff zur Untersuchung zu suppeditiren und ihn auf die ihnen wißentliche Umstände aufmerksam zu machen, wornach sie
4) das solchergestalt in ihrer Gegenwart und mit ihrer Mitwirkung erhobene Erfunds Protokoll zu unterzeichnen haben.

Dieses würde jedoch,

5) Die Einvernehmung und das Urtheil der Kunstverständigen, wo diese nach der Natur des Gegenstandes nothwendig sind, keineswegs ausschließen, nach die Meinung der Beisitzer dem pflichtmäßigen Gutachten der Kunstverständigen den mindesten Abbruch thun können.

Wir unterwerfen Eurer Königlichen Majestät allerhöchsten Prüfung diese gutachtlichen Gedanken, und ermarten darüber die allergnädigste gesezgebende Bestimmung in allertiefster Ehrerbietung nicht nur zum Zwek unsers eigenen richterlichen Benehmens, sondern auch um sie den Königlichen AppellationsGerichten, und durch sie den Untergerichten als künstige allgemeine Norm bekannt machen zu können.

Zu Königlichen allerhöchsten Hulden und Gnaden erlaßen wir uns allergehorsamst und verharren in allerschuldigster Ehrfurcht.

Euer Königlichen Majestät

    Allerunterthänigst treugehorsamste Präsidenten, Direktoren und Räthe des Königlichen Oberappellationsgerichtes

Plenar Sitzungs-Protokoll

Anwesende
Seine Exzelenz der Königliche Oberappellationsgerichts Präsident
Herr Graf von Reigersberg
<u>Herrn Direktoren.</u>
von Aichberger, von der Becke, von Zwakl.
<u>Herrn Räthe.</u>
von Morigotti, entschuldigt, von Prenntner, von Büller, von Gerngroß, von Primbs, von Stürzer, Sen: von Miller, von Bannwarth, von Maier, Baron von Godin, entschuldigt, von Wolfanger, von Schaaf, von Reindl, von Starf, entschuldigt, von Molitor, von Oesterreicher, von Geyer, von Zöpfl, entschuldigt, von Schellhas, von Hinsberg, von Gramm, von Cloßmann, von Unterrichter, von Kosebsky, entschuldigt, Baron Sainte Maria Eglise, von Kaltenbrunner, von Liebeskind, von Stürzerhen: von Schaden, von Kienlen.

München, Dienstag dem 19te Dezember 1809
<u>Herr von Miller</u>
erstattete einen Vortrag auf Veranlaßung des allerhöchsten Reskripts vom 11te Dezember dieses Jahrs die Anwendung des Prozeßrechtes bei Untergerichten, in deren Amts Bezirken verschiedene Strafgesetze nebeneinander bestehen, insbesondere die Beyziehung der Beisitzer bei peinlichen Gerichts Verhandlungen betreffend, und verlas sodann den hierüber entworfenen Bericht.

Hierüber ließen nun Seine Exzelenz die Stimmen abgeben, und da diese sehr verschieden aussieben, so bemerkten Seine Exzelenz Herr Präsident folgendes.

Die Meinungen, welche abgegeben wurden, beträffen einen sehr wichtigen Gegenstand in der peinlichen Gesetzgebung. Es sey daher gleichfalls wichtig, daß jede Meinung in dem Protokolle aufgenommen, und selbst die verschiedenen Ansichten zur Kenntniß der gesezgebenden Macht gebracht werden. Sie ersuchten daher jedem Herrn Votanten sein abgegebenes Votum dem vorsitzenden Sekretär auf einem Blatte kurz niedergeschrieben, etwa bis morgen zuzustellen, damit es in das Protokoll ein und nachgetragen werde.

Seine Exzelenz würden sodann mit voller Uebersicht der abgelegten Stimmen den zu faßenden Beschluß vorzulegen nicht verfehlen.

Diesem Präsidial Auftrage gemäs geben die anwesenden Gerichts Mitglieder folgende Abstimmungen zu Protokoll:

Direktor von Aichberger

Ueber das zu erstattend allerunterthänigste Gutachten, und über die Frage, ob bey den Visis repertis Gezeuger, so wie überhaupt bei den peinlichen Untersuchungen Beisitzer von den inquirirem und die Untersuchung leitenden Unterbehörden sollen beigezohen werden. Der Untergerichte entsumet sich noch gar wohl von der Zeit als er noch Hofrath war, daß in den Jahren 70 und 71 häufig Criminal Fälle vorkommen, wo wegen Mangel der Gerichtsbeisitzer und Gezeugen vielmal in nullitatem processus erkannt würde, wodurch viele Uebelthäter ungestraft davon kommen. Um diese und andere allzuweit ausgedehnte Zweifel und Mißverständniße zu beseitigen, wurden nach erholten Gutachten unter der Regierung Seiner Churfürstliche durchlaucht Maximilian Joseph Höchstseeligen Angedenkens in der authentischen Leuterations Verordnug vom 23te November 1772. Maierische General Sammlung, erster Band n:82. pag.74. et seg: die Beiziehung der Assessoren oder Beisitzer ad penitem 7dem gänzlich abgeschaft.

Da nun nach dem Antrage des Herrn Referens mehrmal die Frage, ob die Beisitzer wieder und in welchen Fällen einzuführen räthlich seyn, zur Genügung des abgefodert allerunterthänigsten Gutachtens vorgelegt worden, so stimmte der Unterzeichnete mit Referenten aus den von ihm angeführten Gründen um so mehr überhaupt und im allgemeinen in negativom, als er überzeugt ist, daß die Beiziehung der Beisitzer oder Gezeugen bei peinlichen Untersuchungen weder Gericht noch Nutzen vielmehr Nachtheit bringen.

Nicht Gericht, weil bei den nach dem organischen Edikt bestellten indisio formato die Beisitzer kein größeres Ansehen wegen ihren Charakter als Bürger oder Bauern darstellen.

Nicht Nutzen, weil sie ihres Mangels halber an Kenntnißen von peinlichen Untersuchungen den indisio formato weder Einreden noch Zurechtweisung /:wenn allenfalls inggestio ve Fragen gestellt, oder so Gebrechen begangen werden:/ mit Kraft entgegen stellen können.

Der Nachtheil von ihrer Anwesenheit ist aber schon in der Verordnung selbst und in der Erfahrenheit gegründet, weil die Beiziehung der Gezeugen oder Beisitzer dem allerhöchsten Aerario eine Entschädigung wegen Verabsäumung der Berufsgeschäften derselben allenfals mit der Zeit zuziehen konnte.

Daß nach Meinung des Herrn Referenten in schweren peinlichen Fällen und in delictis atroeibus das inquirirende Richteramt mit einen ohnehin entpflichteten Asseßor därfte verstärkt werden, hat darinn seinen Grund, weil auch bei dem Dikaßerium in derlei Fällen gemeiniglich Commißair beigegeben zu werden gepflegen wird.

Daß endlich in Fällen, wo der Thatbestand mitl einer Lokal Untersuchung muß hergestellt werden. Gezeugen sollen beigezogen werden, ist von darum zwekmäßig, damit alle Umstände sorgfältig hiebei aufgefaßt werden.

Aus diesen Umständen war sonach Unterzeichneter ganz mit Herrn Referenten einverstanden.

München, den 19te Dezember 1809

Direktor von der Becke
Votum

Votant müße das freimüthige Bekenntniß ablegen, daß er über peinliche Untersuchungen durchaus keine eigene Erfahrung besitzen, und überhaupt im praktischen Theil des Criminal Rechts nur wenig zu arbeiten Gelegenheit gehabt habe. Er getraue sich daher nicht bei der Wichtigkeit so vieler für beide Meinungen, die bejahende sowohl als die verneinende sprechenden Gründe, sich nach bloßen Ideen für eine derselben bestimmt zu entscheiden, sondern erkläre sich vielmehr bereit, dem aus dem Urtheil so vieler als Inquirenten und Richter in Criminalfällen geübter Männer hervorgehenden Resultate beizutretten.

Jedoch müße er dabei bemerken, daß wie auch die Entscheidung ausfalle, eine allgemeine Vorschrift zu erlaßen nothwendig sey, und kein Unterschied der Fälle, oder der eingebene Handlungen statt finden könne, als wodurch der richterlichen Willkühr ein zu großer Spielraum eingeräumt würde.

Ferner könne er auch in dem Falle, wenn die Stimmen-Mehrheit für die Meinung der Hl. Referenten ausfallen sollte, das von der dermaligen Besetzung der Land und Stadtgerichte, und der Fähigkeit ihrer Mitglieder hergenommene Motiv nicht aufnehmen, indem dasselbe seines Erachtens wenigstens noch sehr problematisch sey.

Dem Antrag der Herrn Referenten in zweiten Theile seines Vortrags könne er auf allen Fall unbedingt beitretten, würde aber übrigens dem Schluß des Berichts als ungeeignet und überflüßig weglaßen.

Den 19te Dezember 1809

Direktor von Zwakl
Gutachten

Ueber die Fragen

1mo Ob bei Untersuchungen zwei Zeugen beigezohen werden sollen?

2do Ob diese Beiziehung allerzeit geschehen?

3tis Ob nicht statt diesen das Untersuchungsgericht aus mehrere richterlichen Individuen für die Zukunft zusammengesezt werden, und endlich

4to Ob nicht sogar da, wo die Zeugen noch geseßlich sind, dort abgeschaft werden sollte?

ad 1meni. Ich bin der Meinung, daß zwei Zeugen beigezohen werden. Entgegen steht vorzüglich

a.) solche Personen, deren Gegenwart bei Untersuchungen von einer Wirkung sein könnte, sind schwer aufzufinden, die wenigsten haben Einsicht genug oder Muth gegen den Richter aufzustehen und den Inquisiten zu schützen.

ad a. Ich gestehe, daß in der Ausführung manche Beschwerden liegen, allein es werden doch in den Gerichts Orten, welche meistentheils in Städten und Märkten befindlich, einige Männer anzutreffen sein, welche über das bloße faktische Betragen des Richters und den Inquisiten Urtheilen und Zeugschaft werden geben können. Zum Beispiel: Wenn der Richter den Inquisit durch unerlaubte Drohungen zu einer Ange zwingt, wenn er ihn sogar mißhandeln sollte, wenn er mehr oder weniger in das Protokoll einträgt oder wenn er den Inquisiten zur Unterschrift zwingt.

Solche Begebenheiten müßen doch jeden Menschen auffallen, der Augen und Ohren hat.

Auch wird es einem ehrlichen Manne nicht an Muth fehlen, wo nicht in instanti doch ce ad sui integra andere oder höhere Orten pflichtmäßige Anzeigen, über das unordentliche Benehmen anzubringen.

Gewißen haben doch die gemeinen Leute, so viel und so gut als manche von den sogenannten Honoratioren und woe in Etwas auf ihren Gewißen ruht, – da schweigen sie nicht.

Da unsere dermaligen Untergerichte /:obwohl das Gericht selbst nunmehr aus mehrere Individuen zusammengesezt ist:/ nur aus dem Richter und Aktuar bestehen – leztes ohnehin dem ersten subordinirt ist, so ist die Gegenwart von Zeugen um so nothwendiger, als das Schicksal des Inquisiten beinahe ganz in dem Handen dieser beiden resp: nur einer Gerichtsperson liegt. Die Untersuchung ist das Wichtigste im Prozeß, und der obere Richter kann nun nach den sprechen, was auf dem Papier steht, so ihm der Inquirirende vorlegt.

Der Inquisit kann den entscheidenden obere Richtern, keine schriftliche, keine mündliche Angabe, so er sich in dem Zustande der Freiheit nicht befindet, vorbringen, ohne daß sie nicht durch die Hände des Inquirent lauffen muß.

Wenn nun dieser alles unterschlägt, oder wenigstens der Sache eine andere Wendung giebt, wodurch kann der Inquisit in seinen freiheitlosen Stande diese und gegen das seine Angabe widersprechende gerichtliche Protokoll einen rechtskräftigen Beweis in Contrarium führen?

Der Aktuar ist auf diesen Fall in Sachen selbst Beklagter:

Was würde also auch seine Aussage für einen rechtlichen Verfahren anzeigen, oder wenigstens den Inquisiten zur Anzeige verhelfen; der Fall einer Ungerechtigkeit wird sich wenigstens selten ereigene, und es liegt doch immerhin eine Beruhigung darinn, – wenn mehrere Menschen das Zeugniß von sich geben – diese wichtige Handlung ist ordentlich, ist rechtlich vor sich gangen.

b.) Die Beiziehung von Zeugen verursacht dem Aerar viele Kösten.

ad b. Da Criminal Untersuchungen nicht täglich vorfallen, da es noch eine Frage ist, ob die in loco anwesenden Zeugen bezalt werden müßen; so dürfte dieser Einwurf auch nicht gar so erheblich sein, und zudem, wenn die Frage ist, von Beschützung der Menschenrechte; so darf man auf Auslagen besonders ein Justiz Collegium keine Rüksicht nehmen.

c.) Durch Zeugen werden öfters die Gerichts-Geheimniße kundgemacht.

ad c. Wenn aus einer nützlichen Anstalt manchmal ein Mißbrauch einschleicht; so darf dieß die ganze Anordnung nicht aufheben – gegen Mißbrauch laßen sich Vorbohrung darf: den übrigens liegt gewis jedem Unterthann daran, daß Verbrechen entdekt und Verbrecher bestraft werden.

d.) Wenn die Beiziehung der Zeugen nüzlich und nothwendig, warum sind sie in Baiern 1772 aufgehoben worden.

ad d. Ad: 1772 war eben nicht der günstige Zeitpunkt in Baiern, wo man die Rechte des Unbeschuldigten so viel möglich sicher zu stellen, bemüht war; die schreklichen Torturs oder die strengen Strafgesetze so anders sprechen für diesen Satz zu deutlich. Jegt ist ein anderer Geist! Man will strafen aber der Inquisit soll als Menschen während der Untersuchung behandelt werden, man gestattet ihm auch die Appellation – jezt ist es überhaupt darum anderst.

ad 2dimi Die Zeugen sollen allezeit gegenwärtig sein, darunter verstehe ich: kein Verbrechen, kein Verbrecher soll auf eine andere Art untersucht werden, und jedes rechtliche Verfahren muß in Beisein der Zeugen geschehen. Denn für jeden, der einmal dem Criminal Prozeß unterliegt, ist die Sache von höchster Wichtigkeit, und jedes Verfahren ist wegen ihren Folgen und Zusammenhang mit den Ganzen für den Prozeß von Belang.

ad 3tiamo Anstatt der Zeugen könnte ich dermalen, wo die Untergerichte so viele Geschäfte haben, keine mehrere Gerichtspersonen beizuziehen in Vorschlag bringen. Ich wünschte förmliche Criminal Untersuchungs Gerichte aus wenigstens 3 oder 4 Individuen, oder daß die Untersuchung einen öffentlichen Chracter become, dann bedarf ich keiner besondere Controlle mehr – keine positive Zeugen.

ad 4tem Aus der oesterreichischen Criminal Gerichts Verfassung einzelner Bestandtheile, die nach meiner Ansicht nüzlich sind, herauszureißen, ist zu gewagt, wenigstens gehört dazu, wenn man sich auch von der Nothwendigkeit der Zeugen nicht über zeugen konnte, eine vollständige Verfaßungs Kenntniß, die ich von Oesterreich nicht besitze.

Daher Votum.

<u>Jedeszeit sind zwei Zeugen bei Untersuchungen beizuziehen.</u>

München, den 19te Dezember 1809

Oberappellationsgerichts Rath von Prenntner

Was 1. den generalen Theil der Frage betrift; so ist meine Meinung: daß überhaupt bei allen Criminal Verhandlungen die Beiziehung von 2 Zeugen nicht nöthig seyn.

Da kein einziger Herr Votant die Objection zur Sprache brachte, daß je bei den Spezial Gerichten auch zwei Zeugen beigezogen werden müßten, so will ich sie jezt auflösen:

ich sage demnach, daß /:um vieler andere Diferenzen nicht zu erwähnen:/ ein Hauptunterschied darin liege:

daß dort die aeußere Solennitäten <u>vermehrt</u> werden mußten,

a. weil selbst bei Todesstrafen kein weiterer Rekurs mehr gestattet wurde,

b. sondern dieselbe binnen 3 Stunden enequirt werden sollte.

c. Die Regierung /:gegen welche der schändliche Tumult gerichtet war:/ war gewißermaßen Parthey, und sie wollte sich nach ihrer Weisheit,

d. durch Zeugen deßelben Ortes controlliren laßen, damit

e. die Legalität ihres Verfahrens, auch durch unbetheiligte zur Publicität gebracht würde.

f. Dort wer die höchste Publicitäts Verschaffung ein wichtiger Zwek, der bei den meisten andere Criminalen Verfahrungen wegfällt.

Der französische Senator und ehemalige Präsident des Kastations Tribunale Herr von Malerille, Sagtin Seinen unvergleichlichen Comentar über den Code Napoleon,

daß es ein verfällter Gesichtspunkt sei, wenn man nur immer die schlechtesten Subjecte im Auge habe; und das Gesetz blos die Opposition gegen Betrage und Ausschweiffungen bilden soll.

Und doch sind die 2 Zeugen blos gegen den falsch dictirenden Richter berechnet.

Endlich der Mangel an Bildung auf dem flachen Land wenigstens bei der noch lebenden Generation vollendet die practische Inapplication dieses in der Theorie schönen Vorschlages, sobald die Menschen auch nur das wären, was sie seyn sollten.

II den speziellen Theil der Frage schränke ich auf die fundscheine Visa reperta ein, weil es hier meistens auf <u>unmittelbare Sinnes Erkenntniß</u> ankömmt, das auch dem geraden Naturs Sachen beiwohnt.

Allein sobald sie auf <u>alle Constitute</u> ausgedehnt wird, so zerstört sich die Exzeption durch zu große Expansion; denn aus was besteht dann der peinliche Prozeß als

    a. aus Constituten

    b. die Konfrontation ist auch ein Konstitut.

    c. die Zeugen-Vernehmung, da sie die Condition wirken kann, ist auch soviel als eine Constitut.

    d. aus den Disis repertio,

    e. der Rekapitulation, oder den Schluß Constitut,

    f. und der Eröffnung des Erkenntnißes.

Der Unterschied zwischen <u>wichtigen</u> und minder wichtigen Theilen des Verfahrens oder der Verbrechen, ist da übel angebracht, wo es sich um Ehre, Freiheit und Leben prägt.

Wenn ein rechtlicher Mann über ein Object von 8. Gulden konstituirt wird, so ists ihm so wichtig, als wenn ein habiteirter Verbrecher wegen 2007 dem peinlichen Prozeße unterworfen wird.

    e. Endlich denke man, daß es außer den Constituten mit Verbrechern, auch Vernehmungen wegen Verbrechern giebt, zum Beispiel welche Menge von Requisitorialien erlaßen nicht das Stadtgericht und das Landgericht München?

In der <u>Au</u> ist ein Asseßor fast <u>ausschlüßig</u> mit dem Criminali beschäftigt; wenn ihm eine halbe Stünde von andern Geschäften übrig, so verwendet er sie wieder zu Constituten, da bekanntlich alle Keuchen, nicht nur von Inquisiten besezt, sondern öfter zwei in eine einzigen Keuche sich befinden; wenn er also <u>jederzeit</u> und zu <u>verschiedene Tageszeiten</u> die zwei Zeugen herbei ruffen laßen muß, so darf das Aerarium sogleich zwei neue Besoldungen creirnei denn diese zwei Zeugen werden wenig mehr ihrem Gewerbe oder Berufe nachgehen können.

Derjenige, welcher als Surrogat <u>zwei Asseßoren</u>, statt den zwei Zeugen vorschlägt, hat die Sache theoretisch in Rüksicht des höhern Zweks, der dadurch erreicht würde, trefflich gefaßt, allein er kennt den practischen Geschäftsgang der Landgerichte nicht, er kennt ihrer <u>unglaublichen Menge</u> nicht, da sie <u>alle</u> Azur Geschäfte zum Beispiel polizeiliche-Justiz: Militär Marsch-Kriminäle: Kommißionäle aufgetragenen Reßort des Landgerichts concentriren. − Jedoch weit entfernt, einer höhere Einsicht vorzugreiffen empfiehlt sich der Untergerichte unterthänigst.

München, den 20. Dezember 1809

<u>Von Büller</u>
<u>Votum</u>

Die vorgelegte Frage ist sehr wichtig, weil die ehemalige Gesezgebung schon sich mit der

Erörterung derselben befaßet hat, und dabei der merkwürdige Umstand eingetretten ist, daß die Beiziehung der Gezeugen, welche in der baierischen peinlichen Gerichtsordnung eingeführt war, in der Folge nach Vernehmung des Hofraths und samtlicher Regierungen aufgehoben worden ist. Dieser geschichtliche Umstand liefert neuerdings den durch die Erfahrung öfters bestättigen Beweis, daß manche Masregel, welche nach einer reinen Rechts Theorie als unerläßlich erscheinen, bei der wirklichen Anwendung vielen Schwierigkeiten unterliegen, und daß die Schwierigkeiten sehr oft den Nutzen überwiegen, welchen die reinen Grundsätze empfehlen.

Ich würde mich hier zu weit von dem Zweke eines Votanten entfernen, wenn ich mich auf die Zergliederung des Unterschieds zwischen der ehemaligen Gerichts-Verfaßung, wo die Beisitzer nothwendig waren, und der gegenwärtigen einlaßen, dann die Gründe alle aufzählen wollte, aus denen ich nach der gegenwärtigen Gerichtsverfaßung die Beiziehung zweier Gezeugen für entbehrlich erkläre, sondern ich berufe mich lediglich auf die Beweise des ehemaligen Hofraths und der ehemaligen Regierungen dann auf die vom Herrn Referenten angeführten Gründe, mit der Bemerkung, daß vorzüglich folgende Umstände meine Bestimmungs-Gründe sind.

a. Weil das bei Criminal Untersuchungen nothwendigen Geheimniß in Gefahr steht,
b. Weil die Beiziehung, wenn sie einmal für wesentlich erachtet würde, in allen Fällen angewendet werden müßte, dieses aber entweder mit schädlicher Verzögerung der Geschäfte verbunden, oder gar nicht ausführbar ware, wie dies zum Beispiel bei Vernehmung eines Todtkranken Gezeugen geschehen könnte.
c. Weil man in Betrachtung ziehen muß, daß oft Handlungen blos durch Requisitionen geschehen müßen.
d. Weil die Anwesenheit eines Gezeugen, der die erforderlichen Kenntniße des verhandelten Gegenstandes nicht genau besizt, dem vorgesezten Zweke nicht entspricht; und es nicht zu erwarten steht, daß man unter zehn Gerichten auch nur einen Gezeugen ausfinden könnte; der die Merkmale durch eigene Ueberzeugung bestättigen könnte, die in der Folge das richterliche Urtheil bestimmen.
e. Weil endlich in Fällen, wo die Sache zum Augenschein von was immer für einer Art kömmt, ohnehin Kenstverständige beigezogen werden müßen, welche die Gegenwart der Zeugen entbehrlich machen.

Uebrigens stimme ich dem Herrn Referenten ganz bey, daß die Untersuchung durch zwei Commißarion gesuchet werden sollte, allein auch dieß erscheint mir bei der gegenwärtigen Verfaßung der Landgerichte und bei ihrem Geschäftsdrange schlechterdings nicht ausführbar.

Ich würde also diesen Vorschlag auf die Haupt Momente der Untersuchung beschränken, und nur für folgende zwei Fälle einen Conkommißär in der Regel anordnen:

<u>Erstens</u>, Bei den Confrontations Handlungen, weil diese Handlungen schon an und für sich sehr wirklich sind, und hiebei die größte Gefahr und Veranlaßung zu Suggestivfragen vorhanden ist.

<u>Zweitens</u>, Bei dem legten Constitut, weil hier die Hauptpuncte der Untersuchung rekapitulirt worden, wo ein richtiger Blick des Conconmmißärs den ganzen Gang der Untersuchung im Wesentlichen durchschauen und prüfen kann.

Daß ich bei der gegenwärtigen Abstimmung der neuesten Vorschriften für die Spezial Gerichte nicht zur Bestimmungs Norm nehmen konnte, darüber entscheidet der große Unterschied des Zwekes, welcher eines Erachtens hier berüksichtiget werden muß.

<u>von Gerngroß</u>

Ich stimme bei der 1ten Frage nach dem Antrage des Referenten dahin, daß im allgemeinen die Beiziehung zweier Gerichtszeugen zu den Verhandlungen des peinlichen Prozeßes nicht anzurathen sey, und zwar

a. Aus den vom Referenten aufgestellten Gründen, wor ich aber die Nothwendigkeit, daß bei einer Untersuchung immer die nämlichen Zeugen zugegangen werden mußten, ausnehmen.

b. Aus dem besondere Grunde, weil durch die Zuziehung solcher Zeugen die Absicht für die genaue Beobachtung der Prozeßförmlichkeiten zu sorgen, größentheils nicht erreicht werden könnte; indem diese Zeugen weder die Kenntniße noch den Muth haben, die allenfalsigen Fehler des Inquirenten zu bemerken und in Erinnerung zu bringen.

Dagegen ware nach meiner Ansicht sehr zu wünschen, daß die Verhöre des Inquisiten und die Confrontationen nicht blos von einem Inquirenten nebst Aktuar vorgenommen werden, sondern daß der Land- oder Stadtrichter noch einen Asseßor, oder der inquirirende Asseßor noch einen Asseßor zur Seite haben sollte, als wodurch die strenge Einhaltung der Prozeßes-Vorschriften, und insonderheit die Vermeidung verfänglicher Fragen hinterließiger Versprechungen und schädlicher Suggestionen, so wie die ordentliche Eintragung der Fragen den Antworten in das Protokoll mehr erzielet werden könnte, weil die Gegenwart eines Concommißärs den Inquirenten in den Schranken der gesezlichen Normen erhalten und vorzüglich die richtige Protokollirung aller Fragen und Antworten bewirken und verläßigen würde, besonders da der Aktuar öfters nur ein zu selbigen Akt verpflichteter Schreiber ist.

Bei der Zuziehung eines Commißärs zu den Constituten und Confrontationen dürften nach meiner Meinung auch in den Landes Gebiets Theilen, wo noch die oesterreichischen Gesetze gelten, die Gerichtszeugen abgeschaft werden; außerdeßen aber wären sie bis zur allgemeinen Einführung einen neuen Criminal Gerichtsordnung noch beizubehalten, weil es sich dermal nur frägt, ob die Gerichtszeugen da, wo es jezt nicht gesezlich ist, zugezogen werden sollen.

Bey der IIten Frage trette ich der Meinung des Referenten bei ohne jedoch dem Gerichtszeugen bei diesen Verhandlungen einen andere Wirkungskreis, als die Verläßigung des gerichtlichen Verfahrens vorzuzeichnen.

<u>Von Primbs</u>

Der uns vorgelegte gutachtliche Bericht zufällt in zwei Theile
a. ob die Zeugen bei dem peinlichen Prozeße in der Regel allezeit, oder
b. nur in einzelnen Fällen beigezogen werden sollen.

ad a. Bin ich der Meinung, daß die Beiziehung der Zeugen stets unnöthig sein. Denn da sie keinen Theil der richterlichen Untersuchung resp: Prüfung ausmachen können, weil ihnen die gehörige wissenschaftliche Ausbildung mangelt, so könnte ihre Gegenwart nur in so weit nützen, als sie die richtige Verprotokollirung des Vergetragenen verkürzen; allein da der Richter und Aktuar ohnehin schon verpflichtete Personen sind, und eine Verletzung der Pflichten nicht zu vermuthen ist – so ist die Gegenwart der Zeugen unnütz, ja vielmehr auch nachtheilig, wie Herr Referent schon deducirte.

Den Eingang im Berichte, daß izt die Untergerichte nicht mehr entscheiden dürfen, daß jezt die Landgerichte mit hinreichende Anzahl von fähigen Männer besezt seinn, wollte ich weglaßen.

Die Beiziehung der Zeugen, wo die oesterreichischen Gesetze noch gelten, solle auch für die Zukunft geschohen.

ad b. In jenen Fällen, wo visa reperta vorgenommen werden, müßen ohnehin schon actis periti beigezogen werden. Die weitere Beiziehung von Zeugen ist daher auch dießfalls unnütz.

Wünschens werther wäre auf jedem Falle eine oeffentliche Verhandlung im peinlichen Verfahren.

Von Stürzer Senior

Herr Referent hat über diesen Deliberations Gegenstand zwei Fragen aufgeworfen: nämlich
1) Wenn allgemeinen die Wieder Beiziehung von Zeugen und Beisitzern bei den Criminal Verhandlungen vermittelst Gutachtens zur allerhöchsten Stelle sollte in Antrag gebracht werden, und wann nicht?

c. Ob selbe doch nicht Ausnahmsweise für einige Spezialfälle anzurathen wäre?

Ad 1) Die wichtigen vom Herrn Referent angebrachten Gründe, die ich nicht wiederhollen will, bestimmen auch ein auf die <u>verneinende Beantwortung der ersten Frage</u> und ich füge nur noch einige Bemerkungen bei.

Der Zwek der Beiziehung von Zeugen und Beisitzern zu den Criminal Verhandlungen spricht sich schon durch die Gesezes Stelle Cod: Crim: P.2. C.1 § 6 selbst aus: Sie sollen heißt es darinn auf die gerichtlichen Verhandlungen <u>gutes Aufmerken bezeugen</u>, also <u>eine Art Controlle des Richters und Garantis für die rechtliche Freiheit des Inquisiten sein.</u>

Sosehr ich wünsche, daß bei allen Criminal Verhandlungen die erdenklichste Genauigkeit die größte individuelle Sicherheit des Inquisiten, gegen die Willkühr. Unwißenheit oder gegen das verkehrte Benehmen des inquirirenden Richters herrsche; so wenig kann ich mich doch überzeugen, daß diese Rechtswohlthat durch die Beiziehung von ein paar Beisitzern oder Zeugen wirklich erzielt werde.

Wenn die Beisitzer dem vorhabenden Zwek nicht blos scheinbar, sondern wirklich wesentlich entsprechen sollten, so genügt es nicht, wenn sie blos ehrliche Männer sind, sondern sie mußten wenigst den wesentlichen Bestandtheilen des peinlichen Prozeßes erfahren sein, um beurtheilen zu können, ob der Richter den Forderungen des Gesetzes nach der Lage der zu untersuchenden That ein Genüge geleistet, und inner den ihm bezeichneten Schranken verblieben seyn. Sie sollten gleichsam die Censoren aller seiner Schriften seyn, sie sollten das Befugniß haben, dem Richter selbst mit Rath und That an Handen zu gehen, oder falls dieser in der Instruktion Mißgriffe machen würde, solche sogleich bei der höhere Stelle anzuzeigen. Nur unter solchen Modifikationen könnte man sich von ihrer Beiziehung einen wesentlichen Nutzen versprechen.

Nach dieser Ansicht ginnge nicht nur die Nothwendigkeit hervor, für jedes Gericht derbei bestimmte /:ganz natürlich vom Staate zu erhaltende:/ Beisitzer zu haben, sondern es leuchtet auch von selbst ein, daß Beisitzer, – besonders auf dem Lande nach Willkühr, Zeit und Lokal Umständen und Verhältnißen gewählt, dem vorhabenden Zweke platterdings nicht entsprechen können. Wie will ein Bauersmann, der oft selbst nicht lesen oder schreiben kann, und gewöhnlich seine eigenen Ideen nicht zusammenhängend und erschöpfend vorzutragen vermag, beurtheilen, ob ein Richter die Aussagen der Zeugen oder Inquisiten richtig protokollrt, ob er vom Geseze vorgeschriebenen Normen beobachtet habe. Wie kann man auf den Fall einer Beschwerde über unrichtigen Niederschreibung einer Aussage von Beisitzern dieser Art einen verläßigen Beweis gegen ein gerichtliches Protokoll sich je versprechen und erwarten? Dank sey es dem Genius der Menschheit, daß jene traurige Zeiten verschwunden sind, wo nach dem Grundsaze – <u>Kein Verbrechen ohne Verbrecher</u> gehuldigt wurde: –

Wenn aber jezt noch der Fall gedenkbar wäre, daß ein inquirirender Richter, von Leidenschaft hingerißen, das Verderben des Inquisiten vorsezlich zu böser Zweke seines Verfahrens nähme, ist es denn nicht auch aber so möglich und denkbar, daß er ganz unwissende, oder mit ihm einverstandene Beisitzer wähle, wodurch er seine Verhandlungen bemänteln, und ihnen den Außenschein der Rechtlichkeit und Förmlichkeit geben könne?

Wo gewähren also auch für solchen Fall die Beisitzer die bezweken wollende Sicherung des Inquisiten?

Noch muß ich eines Umstandes erwähnen, welcher er dem Herrn Referenten nicht bemerkt wurde. Meine 11 jährige Praxis als ehemaliger Hofrath, hat mich belehrt, daß bei großen Komplizitäten, bei Diebs und Räuberbanden sehr oft angeseßene, sonst im besten Rufe gestandene Menschen, vorzügliche Theilnehmer der untersuchten Verbrechen waren, und oft nur nach langen Inquisitionen, oft gar nur zufällig entdekt würden.

Wie leicht kann sich nun nicht der Fall ereignen, daß solche heimliche Theilnehmer, auf die man wegen ihres bisherigen guten Rufes, nicht den geringsten Verdacht schöpfen konnte, sogar als Zeugen und Beisitzer zu derjenigen Verhandlung gezogen werden, welche ihre Frevel und Verbrechen enthüllen sollten? Werden ihnen dadurch nicht selbst die Mittel an Handen gegeben, den Zwek der Inquisition ganz zu vereiteln? Ich beschränke mich mit diesen kurzen Bemerkungen für die erste Frage und wende mich zur

2te Frage.

Nach der Meinung des Herrn Referenten, dürfte für einige benannte Fälle von <u>Wichtigkeit</u> die Beiziehung von Beisitzern ausnahmsweise angerathen werden. Ich könnte dieser Meinung nie beitreten, denn, wenn die Beiziehung von Beisitzern im Allgemeinen nicht nüzlich und rathsam ist, so kann sie es auch in sonderheitlichen Fällen nicht sein.

Wichtig ist meines Dafürhaltens, jeder Criminal Prozeße, denn wenn auch nicht immer Todesstrafe oder langwieriges Gefängniß die Resultate der peinlichen Untersuchung sind, so handelt es sich doch stets um ein noch größeres Gut, als Leben und Freiheit selbst sind, es handelt sich nun das erste der jedem Menschen angebohrene Rechte, um das Recht eines guten Namens für deßen Gefühl und Werth nur verhärtete Bösewichter unempfänglich sein können. Wer von uns mißkennt, die traurigen und oft fürchterlichen Folgen, die für den in der bürgerlichen Gesellschaft lebenden Menschen aus dem Verlust der Ehre und des guten Rufes resultiren! Das Gesez muß für jedem Staats-Bürger gleich sein, und geht man von dem Grundsatze aus, daß die Beiziehung von Beisitzern und Zeugen ein Versicherungs-Mittel der Inquisiten gegen die Wiederkehr oder Ungeschiklichkeit der inquirirenden Richter für, so müßte diese Rechts Wohlthat für alle Fälle statt finden, außer deßen wäre es eine auffallende Absurdität, eine schreiende Ungerechtigkeit gegen die Menschheit, wenn sich dieser Wohlthat nur die großen Verbrecher zu erfreuen hätten.

Sollte dich Wichtigkeit der Sache von der Ansicht genommen werden, daß nur bei schweren Instruktionen Zeugen und Beisitzer beigezogen werden sollten /:wer kann dieß gleich im Anfange einer Inquisition voraus sehen, und wer soll dieß bestimmen? – :/ so dürften Beisitzer und Zeugen von der Art wie sie nach Anordnung des Criminal Codex nur erfodert werden, wohl nicht die Leute seyn die den Richter in Abhaltung der Constituten, Confrontationen, Zeugenabhörungen, vor Mißgriffen abhalten könnten, wie ich mich bereits in der Beantwortung der ersten Frage hierüber geaeußert habe.

Noch überflüßiger wäre Beiziehung von solchen Personen bei Erhebung der Thatbestande; denn in jenen Fällen, wo nach Verordnung der Criminalgesetze die Beiziehung von Kunst und Sache Verständigen erfoderlich ist, können erfahren Zeugen in der Sache ohnedieß keinen Ausschlag geben, in andere Fällen hingegen sind sie eben so unnütz, da, wenn je das Gericht ein nicht mehr zu ersetzendes Vorsehen sich zu Schulden kommen läßt, schon gleichfalls wieder durch die Gesetze bestimmt ist, daß ein soches Versehen dem Inquisiten zu zutun geht, mithin die Absicht, nämlich die Sicherung des Inquisiten, welche durch die Beiziehung von Zeugen und Beisitzer erzwekt werden will, schon durch das bestehende Gesez erreicht wird.

Von Bannwarth
Votum

über die Frage, ob es räthlich sey, überhaupt bei den Verhandlungen des Criminal Prozeßes oder nur bei einzelnen Theilen des Verfahrens und nur bei Untersuchung besonders wichtiger

Verbrechen, Beisitzer oder Zeugen beizuziehen.

Ich glaube nicht, daß deßfalls einen Unterschied eintretten zu laßen räthlich oder thunlich sey, da es nicht wohl im allgemeinen bestimmt werden kann, welche Theile des Prozeßualischen Verfahrens in Criminal Sachen oder welche Verbrechen vorzüglich groß und wichtig, besonders in relativer Hinsicht seien, folglich es hauptsächlich der Willkühr des Inquirenten, die in einem so aeußerst wichtigen Verfahren, eher beschränkt als erweitert werden soll, überlaßen werden müßte, zu welchen Handlungen einen Zeugen beiziehen wollte oder nicht.

Ich wäre daher der Meinung, daß ein durchgehends gleiches Gesetz, daß auf alle gerichtliche Handlungen in Criminal Prozeßen in gleicher Form anwendbar wäre in Vorschlag gebracht werden solle, nämlich daß entweder überall bei allen Criminal Akten z. B. Constituten, Confrontationen, Zeugen Verhören, visis repertis pp ohne Ausnahme, oder bei keinem derselben solche Zeugen oder Urkundsmänner beigezogen werden sollten.

In Ansehung der weitern Frage aber, welches von beiden räthlicher seyn, halte ich mich für überzeugt, daß bei sonst vorschriftmäßig besezten Criminal Gerichte der Beizug von 2 weitere Zeugen oder bloßen Beisitzern ganz unnöthig, zweklos sohin unräthlich sey.

Die Gründe, welche Herr Proronent von Miller zu Behauptung dieser These ad Punct : I. seines Vortrages angebracht hat, mache ich mir ganz eigen, nur halte ich die 2 derselben, daß dermal die instruirenden Land und Stadtgerichte beßer als vormals besezt, und Gefahr vorhanden sey, durch Beizug einiger Beisitzer die Prozeße zu verzögern, weil die nämlichen Beisitzer nicht immer zu haben wären, nicht für adäquat, weil nach der noch wie ehemals bestehenden Praxi doch nur Richter oder Commißariums die Prozeße leitet und instruirt und es auch unter der Voraussetzung, daß Beisitzer bei jeder Verhandlung beigezogen werden müßten, nicht nöthig wäre, die nämlichen Individuen bei allen Verhandlungen des nämlichen Prozeßes zu gebrauchen, indem sich derselben Verrichtung, die in bloßer Beiwohnung besteht mit jedem einzelnen Acte schließt, und bei einer separaten Handlung stets andere Zeugen, falls die vorigen verhindert wären, beigezogen werden könnten.

Der stärkste und mein Hauptgrund dabei ist, weil der Zeugen nach der Erfahrung ganz wirkungslose State sind, die auf den Prozeß selbst nicht den geringsten Einfluß haben: noch eine Anordnung zu verhindern oder gut zu machen im Stande sind.

Die nämlichen Gründe aber, welche Hl. Proponenten zu Antrage bewogen haben, die Constituta des Inquisiten die Confrontationen, Zeugen Verhöre pp ohne Beizug von Beisitzern vornehmen zu laßen: ja noch weit mehr und gewichtigere Gründe liegen vor, ad Punct: seiner Proposition, ohne solche die Visa reperta, die Augenscheine bei Delictis Facti permanenti vorgehen zu laßen, weil in diesen Fällen allzeit Kunst oder Werkverständige ohnehin zugezogen werden müßen, folglich weitere in Sachen unerfahrens Zeugen, wie sie durchaus sind, ganz unnütz und zweklos wären.

Die Hauptliche des Criminal Prozeßes sind bei Spezial Inquisitionen; die Constitute des Indulpaten und die Confrontationen.

Sind nun bei diesen keine Zeugen nöthig, so sind sie es weit weniger bei Visis repertis, wo sie durch Kunstverständige weit ersezt werden.

Allein eben wegen der Wichtigkeit dieser Handlungen und aus dem zweiten Grunde, weil dermalen die Inquirirenden Behörden, wo nicht bester doch zahlreicher als vorhin besezt sind, wäre zu wünschen, daß die Spezial Verhöre und Confrontationen jederzeit von zwei Richtern dem Landrichter und einem Asseßor oder zwei Asseßoren nebst einem Aktuar vorgenommen werden, weil es immer aeußerst bedenklich ist, die Freiheit, Ehre oder Leben eines Menschen bei so höchst wichtigen Handlungen in die Hände eines einzeln, öfters sehr jungen und ungeübte Inquisitions, und seines von ihm großentheils ganz abhängigen Aktuars eingelegen.

Mein endlicher Antrag geht also dahin, daß in dem ad Intienen zu erstattenden Berichte auf den Beizug zweier Beisitzer oder Zeugen in peinlichen Untersuchungs Handlungen nicht angetragen, sondern ihr Beizug als unnütz und zweklos voegestellt, dagegen der Wunsch zu erkennen gegeben werden möchte, daß eine allgemeine gesezliche Vorschrift erlaßen werden möchte, vermöge welcher die Constitute und Confrontationen der Inquisiten in allen Fällen bei allen Land und Stadtgerichten, jederzeit von zwei Commißarien, wovon einer die Controlle des andern macht, nebst einem Aktuar, wie sich von selbst versteht vorgenommen werden sollen.

München, den 19. Dezember 1809.

v. Maier

Der Unterschied zwischen Gezeugen und Beisitzern darf, wie ich glaube, nicht aus den Augen verloren werden. Das allerhöchste Reskript hat nur die erstere, und nicht die leztere zum Gegenstande, das heißt: es hat sich das abzugebende Gutachten nicht darüber zu verbreiten, ob bei wichtigen Criminalprozessen oder bei wichtigern Verhandlungen eines Criminal Prozesses, mehrere Beisitzer, oder richterliche Personen beizuziehen seien? Inder einzelne Fall wird denjenigen, der darüber zu bestimmen hat, von selbst auffordern, in Erwägung zu ziehen, ob ein Concommißarius zu einem ganzen Prozesse oder zu einer einzelnen Verhandlung desselben nothwendig sey: die Wichtigkeit oder Verworenheit des Prozesses wird dazu ebenfalls, wie in Civileben die Norm geben.

Hier ist nur von Gezeugen, von solchen Personen die Rede, die nicht richten, sondern nur die Rechtlichkeit des richterlichen Verfahrens beurkunden sollen, und ich muß gestehen, daß be idem ersten Anblik es kaum möglich scheint, die Nüzlichkeit des Beizuges derselben zu den Criminal Verhandlungen zu widersprechen; weil sie der einzige Schraken zu sein scheinen, der einen Richter zwingen kann, inner den Gränzen der Rechtlichkeit zu bleiben, und weder seinen Privatgefühlen noch seinen Leidenschaften zu opfern.

Allein im practischen Lichte verschwindet, wie mich deucht, diese moralische Reflection beinahe ganz.

Die Gezeugen sollen eine Controlle gegen den Richter sein, aber beinahe scheint es lächerlich: jemand cotrolliren zu wollen, und ihm zugleich die Macht einzuräumen, diese Controlle selbst zu wählen und zu bestimmen.

Wo wird sich der Bürger, oder der Bauer finden lassen, der es mit Aufopferung mancher Interessen, über sich vermag, den Landrichter eines Versehens, oder gar einer Unwissenheit zu bezüchtigen? oder wenn auch mancher den festen Willen dazu hätte, wo nimmt er die Kenntniße her? wenn er controlliren sollte, so müßte er die Criminal Geseze wenigst eben so gut kennen, als der Richter selbst, und das ist in Absicht auf den Bürger und Bauer ein Suppositem von Supponendem.

Demungeachtet bin ich der Meinung, daß die Sache nicht ganz und schlechterdings zu verwerfen sei. Bei Erhebung des Thatbestandes zum Beispiel, kann es in der That von erspießlichen Folgen sein, wenn Männer, beigezogen werden, die mit allen Verhältnißen und Lokalitäten geneu bekannt sind, bei Verbrechen nämlich, zu deren Thatbestandes Erhebung die Gesetze nicht ohnehin schon die Gezeugen bestimmen, wie zum Beispiel bei Ermordungen die Arzte und Wundarzte, bei Beschädigungen die Schäzleute.

Ich gebe nur ein Beispiel:

Wenn ein gewaltsamer Diebstahl verübt wird, so muß es sehr folgenreich sein, wenn bei Erhebung des Corporis Delicti Leute beigezogen werden, die genau den Gegenstand kennen, an dem die Gewalt ausgeübt wurde, es ist dieses nicht selten die einzige Quelle schon im voraus über die Art der verübten Gewalt versichert zu werden, und es bedarf keiner Erwähnung, wie sehr eine solche Gewisheit den Prozeß selbst erleichtern.

Ich bin daher /: jedoch mit gänzlicher Abstrahirung von den Assessoren :/ mit dem Gutachten des Herrn Referenten in so weit einverstanden, daß ich die Gezeugen im Allgemeinen nicht für nothwendig halte: jedoch glaube, daß sie in einzelnen Fällen deren im Gutachten mehreren angeführt sind, nicht ohne vollen Nutzen beigezogen werden.

Ueber einzelne Bestandtheile des projectirten Berichts kann ich mich nicht aeußern, da sie meinem Gedächtniße nicht mehr gegenwärtig sind.

München, den 19. Dezember 1809.

v. Wolfanger.

Gehorsamst Unterzeichneter wiederhollt seine gestern abgegebene Meinung,
 die Beiziehung der Zeugen zu den peinlichen Verhandlungen betreffende
in der, dem vorgezeichneten Zweke angemessenen Kürze
1) Tritt derselbe dem Antrage des Herrn Referenten bey,
 daß die Wiedereinführung der sogenannten Beisizer, oder Zeugen bei den Criminal Verhandlungen im Allgemeinen nicht zu begutachten sey.
Unterzeichneter verkennt die wesentlichen Vortheile ein, welche unter der gehörigen Voraussetzung aus der Beobachtung der Stelle Cod: Crim: P: 2. C. 1. § 6. hervorgehen würden.

Er glaubt aber mit dem Herrn Referenten und aus dem von ihm angeführten Gründen, daß sich der Zwek dieser Verordnung bei weitem in den meisten Fällen nicht erreichen lasse, und daß die damit verbundenen Nachtheile das Uebergewicht haben. Diese Beisitzer mußten entweder auf längere Zeit, und für alle Verhandlungen ernannt werden, oder es wäre dem Gerichte die Macht zu überlassen, sie nach Umständen für jeden Art zu wählen. Im ersten Falle wäre das Versäumniß für Gewerbtreibende zu Groß, und ihre Entschädigung würde zu viele Küsten verursachen.

Im zweiten hingegen wurde die Wahl, wie die Erfahrung bei Zivil Verhandlungen zeigt, theils aus Bequemlichkeit, theils aus Nothwendigkeit saß immer auf solche Personen fallen, die am wenigsten zu versäumen haben, z.B. Nachtwächter, Bothen und andere, für deren Zuverlässigkeit gerade am wenigsten zu stehen wäre.

Gehorsamst unterzeichneter trägt jedoch bei diesem Abschnitte darauf an, daß

θ. in dem Aufsage des Hl. Referenten jener Grund weggelassen werden möchte, welcher aus der Vergleichung der Fähigkeiten, und der Anzahl der Individuen hergeholt wird, welche die vorigen und jetzigen Untergerichte bilden.

b. Könnte Unterzeichneter dem Antrage nicht beistimmen, daß die Beisitzer auch in jenen Provinzen aufhören sollten, wo sie durch die oesterreichischen Gesetze wirklich eingeführt sind, denn er pflichtet den schon öfter zur Sprache gebrachten Satze bei,

daß fragmentarische Abänderung der bestehenden Gestze nur da anzurathen sei, wo sie dringendste Nothwendigkeit fordert, welche im gegebenen Falle nicht vorhanden zu sein scheit.

a. Auch in Rüksicht des 2ten Theils des Aufsatzes ist Unterzeichneter mit dem Herrn Referenten einverstanden nur glaubt derselbe, daß

θ. Die Grenzlinie zwischen wichtigen und minderwichtigen peinlichen Fällen, leichter und richtiger in der Beschaffenheit des der Untersuchung unterliegenden Verbrechens gesucht werden könnte, ohne Rüksicht auf die, ein vorher zu bestimmenden Resultate, welche die Untersuchung in Ansehung des Inkulpaten liefern würde.

b. Bei Besichtigungen, wo nicht nach der Natur der Sache die anwesenheit von Kunstverständigen erforderlich ist, dürfte consequent mit dem im ersten Abschnitte aufgestellten Grundsätzen auch die Beiziehung gewöhnlicher Zeugen unterbleiben.

München, den 20te Dezember 1809.

von Schaaf.

In Betreff des in gestriger Plenarsitzung wegen künftiger Beiziehung zweier Zeugen zu Landgerichtlichen Protokollar Verhörre in Criminal Untersuchungs Prozeßen, erkläre ich nach der Sachen reiferer Ueberlegung meine schon geistere geaeusserte Meinung ferner dahin. –

So lang dein Wunsche einer Verordnung nicht gewährt wird, daß die Criminal Untersuchungen von einer hierzu besonders constituirten Gerichtsstelle oder einem inquirirenden Landrichter mit Beziehung eines Amts-Assessors oder auch im Verhinderungsfall des Landrichters, von dem ersten Assessor mit Beiziehung des zweiter, als Assistenten fürgenommen werden müssen – wäre es meines Dafürhaltens räthlich, ja zur Versicherung – daß der Inquisit bei dessen Verhören nach geselicher Ordnung behandelt, und die Zeugenbeweise ganz unprothezischene Inquirenten der in dieser Qualität zugleich den Kläger agirt, aufgenommen werden. Nothwendig, daß bei jeder Spezialuntersuchung ohne Unterschied der Gattung von Verbrechen, so fern sie nur peinlich sind, zwei Zeugen von den instruirenden Landrichter oder AmtsAssessoren benebst dem Amtsaktuar beigezogen werden, welche des Inquisiten Antworten bei den Constituten, die Aussagen der Zeugen, und was von ein oder andere bei den Confrontationen erklärt wird, selbst mit anhören der Protokoll-Verlesung zugleich gegenwärtig sein, uns also nicht nur ob alles so wie das Protokoll enthaltet wörtlich ausgesprochen, sondern auch, wie der Inquisit und ichss: Zeugen dabei behandelt werden, erforderlichen Falls bezeugen könnten.

Bei vernehmenden Augenschein und Sectionen aber, wo Leib und Wundärzte oder andere Experten beigezogen warden, welche ihr pflichtmäßiges oder noch zu beschwerendes Gutachten selbst, schriftlich zum Protokoll gelangen lassen, glaubte ich die Beiziehung zweier Zeugen überflüßig zu sein.

Indem solche ohnehin von dem eigentlichen Befund nicht mehr sagen können, als die Experten nach ihren Eid und Pflichten gutachtlich erklären, und falls auch ein anderes dem Protokoll pflichtwidrig eingeschrieben warden wollte, durch das schriftliche Sentiment derselben der begangene Fehlen schon entdeckt würde.

Bei anderen vorgedachten Protokollar Verhandlegungen aber ist in Fällen, wo ein Versehen oder Exzeß des Inquirenten oder seines Aktuar geschehen, der Inquisit oder die Zeugen bedroht, mißhandelt, durch Schmeichelreden hintergangen, oder auch sein und des Inquisiten Aussagen nichtwörtlich niedergeschrieben oder ordentlich verlesen worden, und der gleichen. Niemand dersolche anordnungen rügen oder hierüber in der Folge gültigen Beweis gegen ein bereits in legaler äußerlichen Form vorliegendes Protokoll leisten konnte, so groß auch immer die Vermuthung für die Redlichkeit der Inquirenten und ihrer Aktuars sein mag, so sinsie jedoch Menschen, die bei der befragten Geschäftsbehandlung oft durch Leidenschaft hingerissen warden, oder auch durch Unachtsamkeit auf die eigentliche Ausdruke der Inquisiten oder der Zeugen fehlen, und selben bei der Niederschreibung einen andern Sinn beilegen können, und ein Versehen dieser Art dürfte oft für den Inquisiten von den traurigsten Folgen sein.

Zudem kann das Verfahren eines Criminal Inquirenten ein genug beobachtet werden, solange man solche findet, die im Irrwahn Ihrer Untersuchung Ehre zu machen geneigter sind, den Inquisiten schuldig als unschuldig zu finden.

Der redliche Inquirent und Aktuar aber wird sich freuen, auch andere Zeugen ihrer Handlung zu haben, die benebst dem geführten Protokoll seinem Verfahren das verdienende Lob beilegen.

Um so weniger glaube ich daher, die im ehemal oesterreichischen Gebiet bestehende Gerichtsordnung zwei Zeugen zu den Criminal Verhören beizuziehen, abzuändern wäre, besonders wo solche vermög einer allerhöchsten Vorschrift noch zur Zeit beibehalten werden solle.

München, den 20. Dezember 1809.

v. Reindl
Votum.

Ohne von jener Nothwendigkeit zu sprechen, welche in frühern Zeiten die Einführung der sogenannten Schöppen Beisitzer, Siobinen herbeiführte, bin ich der vollsten Ueberzeugung, daß es sehr nüzlich und folglich auch rathlich wäre, bei criminällre Verhandlungen zwei Männer beizuziehen, welche gleichsam die Controle des inquirirenden Richters zu machen im Stande wären.

Nicht blos Formalitatis gratia, und um zu wissen, daß dieser oder jener Akt vorgenommen wurde, sondern um überzeugt zu sein, daß die Verhandlung so und nicht anders gepflogen wurde, würden ihre Stimme in den Constituten in den Gezeugen Vernehmungen und andere Produkten gelesen werden. Der entscheidende Richter erlangt dadurch Gewisheit, daß die Fragen und Antworten so, wie sie zu lesen sind, gegeben wurden, und es blieb kein Zweifel übrig, daß der Inquisit weder durch Suggestiv Fragen, noch auf eine andere Weise mißhandelt wurde.

Allein, wo findet man seine Männer?

In einigen Arten mag man wohl in Ansehung ihrer Benennung in keine Verlegenheit kommen, aber in vielen wird man diese Absicht gar nicht erreichen können, sondern zwei Beisitzer nehmen müßen, die außer ihren natürlichen Verstand keine Kenntniße, keine Einsichten besitzen, diese Beisitzer bringen nicht nur keinen Nutzen, sondern verursachen vielmehr jenen bedeutenden Schaden, von dem der titl Referent weitläufiger gehandelt hat, und der einer grundlichen Widerlregung nicht ausgesezt werden kann.

Wenn nun jene Beisitzer, die einen Nutzen brächten, nicht aufgestellt warden können, jene hingegen, welche bloße Figuranten wären, nicht nur nicht nüzlich, sondern wirklich schädlich wären, so muß ich meine Meinung dahin abgeben, daß bei gerichtlichen Verhandlungen in Crimrinal Sachen sogenannte Beisitzer nicht beigezohen werden sollen.

Würde jedoch die Mehrheit der Stimmen die Einführung der Beisitzer räthlich finden, so könnte ich in Ansehung ihrer Beiziehung keine Ausnahme machen, sondern müßte für ihre Beiziehung in allen Verhandlungen stimmen, denn jede derlei Verhandlung, welche die Ehre und das Leben eines Menschen betrift, ist von größter Wichtigkeit, und es ist dem Inquisiten eben so viel daran gelegen, daß die Gezeugen Vernehmung auf eine ordentliche Weise geschieht, als ihm daran liegt, daß der inquirirende Richter bei der Herstellung des Corporis Delicti bei der Verhör bei der Vornahme der Cofrontation, seine Schranken nicht überschreitet.

Indem ich nun meine Gründe über die erste vom Titel Referenten aufgeworfene Frage kürzlich vorgebracht habe, muß ich weiters bemerken, daß ich mit der von ihm /: Referenten:/ vorgeschlagenen Art, auf welche die Beiziehung der Beisitzer räthlich ware, nicht verstanden sein kann. In den von ihm aufgezählten Fällen müßen immer nur Sachverständige gewählt, und abgehört werden.

Haben einmal diese ihre Aussagen ad Protocollem gegeben, wozu soll noch bei Vernehmung zweier Beisitzer fruchten, die in der Sache keine Kenntniße besitzen?

Bei der Besichtigung eines Körpers sind Aerzte, Chirurgen und Hebammen, bei der Besichtigung eines Orts: wo Gewalt verübt wurde, Handwerkleute und bei Abschätzung eines Schadens sogenannte Schätzmänner, aber nicht auch andere Gezeugen oder Beisitzer nothwendig. Da über derley Fällen die Gesetze ohnehin die nöthigen Vorschriften enthalten, so ist ein jeder Antrag in Betreff der Beiziehung solcher Personen ohnehin überflüßig – in Betreff der sogenannten Beisitzer hingegen unstatthaft.

von Molitor.

Mit dem Gutachten des Herrn Referenten bin ich jedoch in der Art einverstanden, daß
1) Die Beiziehung zweier Zeugen auch in delictis facti permanentis nun so mehr zu unterlassen sey, da
a. bei Sektionen ohnehin eigentliche Kunstverständige als Aerzte, Wundaerzte, Hebamen und
b. bei sonstigen Lokal Besichtigungen, zum Beispiel wegen Diebstähle, besonders gewaltsamen, wenigstens solche Personen beigezogen werden müßen, die die von der Lage des Orts und andere auf das Verbrechen Bezug habenden Umständen die beste Wißenschaft haben. Und das
2) Die von Herrn Referent angeführten Gründe,
a. wegen der Fähigkeit der vormaligen Land und Patrimonial Richter,
b. wegen zureichender Besetzung der dermaligen Stadt und Landgerichte, und
c. wegen des Zwekes der zu erlassenden Verfügung nach dem Antrage des Herrn Direktors von der Becke zu umgehen seyen.

München, den 20te Dezember 1809

v. Oesterreicher.

Unterthänigst unterzeichneter ist hiebei ganz kurz der gestern schon geaeußerten und folgenden Meinung: Davon, daß der betreffende Landrichter der die peinliche Untersuchung zu führen hat, jedesmal zu derselben zwei Beisitzer, die ihm durch die neueste Organisation erst allergnädigst beigegeben worden sind, beizuziehen habe, kann wegen kaum eine Tode seyn, weil sonst die allerweiseste Absicht verfehlt, und andern offiziellen, nicht selten auch dringenden Geschäften ihre Arbeiter entzogen würden.

Es handelt sich also mehr von der Frage, ob dem inquirirenden Richter nicht zwei ehrbare und mit gefundene Menschenverstande begabte Männer als Zeuge beizugeben seien.

Eine absolute Nothwendigkeit hiezu will Unterzeichneten nicht deduziren, aber die Idee einer so großen <u>Nützlichkeit</u> hierunter, dringt sich demselben wiederholt in dem Maaß auf, daß jene, wenigstens seiner individuellen vollen Ueberzeugung noch vielleicht in die Nothwendigkeit gränzen dürfte.

Denn 1) abgesehen auch von allen ältere Gesetzen, die hieher zur schönen Belege angeführt werden könnten, so bleibt schon so vieles im Allgemeinen richtig, daß man in keinem Falle mehr nothwendig hat, ganz offen zu Werk zu gehen, als eben bei Untersuchung peinlicher Fälle. Es gewinnt auch hindurch selbst der geradeste Richter und dessen Unbefangenheit erhöht sich noch mehr.

2. Möchte auch das Vertrauen des Inquisiten einen nicht geringen Zuwachs erhalten, und zugleich auf der andere Seite nicht selten unverschämten Läugnen desselben zur wesentlichen Beförderung der Inquisition selbst, großer Einhalt geschehen. Denn

Sieht der Inquisit, daß das Gericht, selbst mit seines gleichen besetzt ist, dann ist er weniger verzagt, er hat auch nicht zu befürchten, daß ihm seine, dem Richter oft unverständliche Sprache gemißdeutet werde.

Auf der andern Seite wird sich derselbe auch sicher von gar unverschämtes Läugnen mehr in Acht nehmen, denn er muß doch stets befürchten: er werde, wenn er sich schuldig weiß, am Ende überführt, und denn sey er zugleich durch die zwei mit anwesenden Zeugen, daß er so sehr gelogen habe, überwiesen, und habe somit auf eine etwaige Milderung der gesezlichen Staaten auf den Grund eines neumüthigen Bekenntnisses, ganz keine Anhofnung mehr.

3. Ist die Anwesenheit der Zeugen das beste Mittel den inquisirenden Richter selbst stets in Schranken zu halten. Weit entfernt, demselben die gesezliche Vermuthung, die für ihn im Amte

streitet abzusprechen; so kann man doch nicht immer von Richtern denken, wie sie sein sollen, sondern wie sie als Menschen nicht selten sind.

Mancher ist gleich beleidiget, wenn er sich in seinem amtlichen Ansehen von einem doch oft ganz ohne alle Erziehung vor ihm stehenden Inquisiten auch nur im mindesten gekränkt zu sein erachtet; mancher ist auch zu rasch; mancher zu leichtsinnig, mancher zu gut, mancher zu streng u.d.gl.

Hieraus ergehen gar leicht, wenn sich der Richter, mit einem bloßen Aktuar, der wenn es auch der Amts-Aktuar ist, ihm doch nicht selten huldigt, faß so ganz allein überlaßen sieht, die schädlichsten Folgen, entweder gegen den Inquisiten, oder wider die Sache und daß die Wahrheit zur Bestrafung der Verbrechen zur Abschäue für andere desto weniger sich erhebe, selbst.

Seid aber nebst dem Aktuar dem inquirirenden Richter noch ein paar Zeugen zur Seite, besonders vom bürgerlichen Stande; es hält sich sodann derselbe geweis in möglichsten Schranken, um sein Ansehen zu erhalten, seinen Credit nicht zu verlieren, auch selbst nicht Gefahr zu laufen, bei höherer Behörde nicht dommcirt zu werden.

Der Einwand, daß derlei Zeugen, gemeinen Standes, doch nichts von der zu führenden Untersuchung verstünden somit unnütz seien, läßt sich schon mit dem Bemeldten, denn sie bedürfen nur Augen um zu sehen, ob der Inquisit, wovon am Ende doch die Protokolle schweigen, nicht mißhandelt werde, dann haben sie nichts mehr nöthig, als ein gutes Gehör und einen schlichten Menschen-Verstand, um mittelst ihrer Unterschrift bezeugen zu können, daß alles so und nicht anderst niesergeschrieben worden sey, wie es der Inquisit beantwortet habe.

Mit diesem ist dann schon genug gewonnen.

Der Rechtsgelehrtheit bedürfen die Zeugen schon überhaupt nicht, und wird von dem inquirirenden Richter sonst ein wesentlicher Fehler bei dem Verfahren begangen, so rügt und laßt ihn schon der Oberrichter verbeßern, und dann gewis <u>deswegen</u>, <u>weil</u> die Kenntniße oder Achtsamkeit des erstern wenigstens in dem Punkte, wo Fehler begangen worden ist, auch nicht weiter gereicht haben, als jene der Zeugen.

Derley Zeugen von guten Sitten und naturlichen gutem Verstand finden sich aber auch noch überall so, daß kaum ein Mangel, selbst bei dem etwa nothwendigen Wechsel derselben, hierunter entstehen möchte, und unterthänigst Unterzeichneter findet die Beiziehung derselben so erheblich und nöthig, daß er sich nicht erlaubt, <u>einzig</u> die Fälle <u>ausgenommen</u>, wo der inquirirende Richter ohnedem Kunstverständige von Amtswegen beiziehen muß, noch <u>überdieß auch nur für eine einzige</u> Ausnahme hierunter zu stimmen.

<u>Denn</u>

4. Schon die ersten Verhöre mit dem Angeschuldigten scheinen ihm die Basis für Alles zu geben, und wenn man nur erst bei wichtigern Theilen des Inquisitions Prozeßes, wie die Spezial Inquisition, Confrontation sind, Zeugen zulassen wollte, so möchte es um da mehr zu spät und ganz von keinem Nutzen mehr sein, als wenn diese jezt erst von <u>Richter</u> hörten.

Der Inquisit widerspreche sich, sie es gerade zu glauben müßten; weil sie zur Zeit der ersten Aussagen desselben anwesend nicht gewesensind.

Da übrigens 5) Jene königliche Collegien, die die peinlichen Erkenntniße zu fällen: resis: zu revidiren haben, sich lediglich nach den, von dem inquirirenden Richter geführten Protokollen, wenn Folge sonst in Ordnung sind, zu richten haben, sich auch nach gar nichts anders richten können, ist ohnedem klar, und sehr es also auf die eigentlichen Worte des Inquisiten anzukommen habe, wird mit diesem noch klarer, und warum fordert man denn

6) bei einem ganzen Collegie, wie gewis sehr löblich ist, daß der Rath referiren, und seine Acten während seines Vortrages, unter seine Collegen zur Controle theile.

Faß möchte ich mit dem Wunsche schließen:

Die Inquisition werde vor einem Collegio geführt, und dann lieber die Urtel, auch nur von drei Räthen erfaß.

München, den 20te Dezember 1809.

von Geyer

Ich will öffenherzig sein, und gestehen, daß mich die Besetzung der Landgerichte in Hinsicht der peinlichen Justizpflege nicht beruhiget.

Es ist keine leichte Aufgabe, eine peinliche Untersuchung gut zu führen. Ich fodere dazu nicht nur eine volle Kenntniß der Gesetze, ich fodere auch eine tiefe Menschenkenntniß, und kaltes Blut.

Dagegen finde ich an Unsere Landgerichts Assessoren und Aktuarien, denen meistens dergleichen Untersuchungen überlassen werden, größtentheils junge Männer, die kaum der Schule entlaufen sind, und diese im Gedränge bald in Zivil Sachen, bald von peinlichen Fragen, bald von Polizei, und bald von Militär, und Regierungsgegenständen.

Hier fehlt alle ruhige Hingebung für eien so wichtigen Geschäftszweig, und es verschwindet sogar die tröstende Aussicht für die Zukunft, daß diese Männer Fabricando auch nur Fabri jemals werden können.

Wenn nun diese Männer ihren Inquisiten rauh behandeln, wenn sie ihn mit Suggestion zu fangen suchen, wenn sie sich gegen ihn Drohungen erlauben, wenn sie ihn mißhandeln, um ihn zu einem schnellen Geständniße zu bringen, wo soll der Inquisit Schutz suchen.

Solche Mißgriffe unterlässt man weislich, in das Protokolle einzutragen, und der Oberrichter hört den Inquisiten doch nur einzig durch diese Protokolle. Wendet man nur freilich ein, diese Männer sind verpflichtet, die Treue und Vollständigkeit ihrer Verhandlungen verdient öffentlichen Glauben, so muß ich schweigen.

Allein ich spreche nicht von dem, was ist Rechtens? sondern von dem, was sit unter diesen vorliegenden Umständen räthlich.

Wenn man sodann diesem Einwande doch einiges Gericht beilegen will, so finde ich es unnöthig einen Unterschied zu machen, zwischen großen und kleinen Verbrechen. Der richterliche Glaube behauptet seine Rechte, sowohl bei großen als kleinen Geschäften.

Ich hoffe, daß die allerhöchste Regierung diese Gebrechen einsieht, und bald durch eigene Gerichte, deren Wirkungskreis sich einzig auf die peinlichen Fälle in zwei oder drei Landgerichte einschränkt, diesem Uebel oder wenigstens der Besorgniß abhilft.

Bis dahin aber fodere ich Sicherheit für den Inquisiten bei seinen Verhören, greife deshalb zu jeden Mittel, und halte es daher für zwekmäßig und räthlich: bis zur Anordnung solcher Criminal Gerichte bei allen Verhören den ant sint: ant non sint Zeugen zuziehen zu lassen.

München, den 19. Dezember 1809.

v. Schellhass.

Votant ist fest überzeugt, daß die Beiziehung von Gerichts Beisitzern aus der Gemeinde <u>als Zeugen</u> bei <u>allen Criminal Verhandlungen</u> wesentliche und überwiegende Vortheile gewährt.

Nach seiner Ansicht kann nur auf diese Art eine hinreichende <u>Garantie</u> der <u>bürgerlichen Freiheit</u> hergestellt werden.

Wenn der Gesezgeber die Menschen, blos so wie sie sein <u>sollen</u> zu betrachten hätte, so würde er sich die genaueste Beobachtung der Prozeßualien Formen von dem Pflichtgefühl der Richter und Aktuarien – von ihrem persönlichen Character von ihrem Amts Eide versprechen können.

Allein dabei kann er sich nicht mehr beruhigen, nachdem die Erfahrung ihn belehrt, daß

Justizmorde zwar unter die seltenen, aber doch möglichen und zuvielen wirklich geschehenden Dinge gehören, daß Leidenschaft den Richter zu weit führen kann, und daß die Fälle nicht so sehr selben sind, in welchen der Inquisit mit Grausamkeit behandelt, durch Drohungen, durch Zwang von ihm das Geständniß einer vielleicht nicht begangenen That erpresst, oder durch Fragen, die gar nicht ins Protokoll niedergeschrieben werden, hinterlistig erschlichen wird.

Bei der Instruktion des Prozeßes können dem Inquisiten die unersezlichsten Nachtheile zugefügt werden, die keine höhere Instanz wieder repariren kann, weil die Basis ihres Urtheile keine andern als das unterrichterliche Protokoll sein kann.

Warum sollte man also nicht die höchst mögliche Vorsicht anwenden, um sich zu überzeugen, daß diese Protokolle richtig und vollständig sind.

Zu dieser Vorsicht gehört die Beiziehung von Zeugen denn auf wenn soll sich der Inquisit berufen, wenn er sich beschwert, daß der Unterrichter die Gesetze gegen ihn verletzt, ihm zum Beispiel durch Schläge das Geständniß erpresst habe. Auf den Richter den er anklagt, oder auf den Aktuar, der diesem Richter untergeordnet ist? Nein, auf Zeugen. Es mag sein, daß den meisten die nöthige Einsicht fehlt, um zu verstehen, was eine suggestive Frage ist, oder sonsten gründliche Beobachtungen zu machen. Allein einestheils wird dies nicht durchgängig der Fall sein, indem es blos hellen <u>natürlichen Vorstand</u> und etwas Uebung erfodert, um das zu verstehen, was vorgeht, und um zu begreifen, ob die Antworten des Inquisiten im <u>wesentlichen</u> richtig niedergeschrieben werden, anderntheils ist ja der Zwek nicht, daß die <u>Zeugen</u> das Benehmen des Richters leiten, daß sie ihm Bestellung machen sollten, wenn er Fragen stellt, die ihnen suggestive scheinen, sondern nur dieser, die sie die Richtigkeit des Protokolls bezeugen, der Inquisiten gegen Gewaltthätigkeiten durch ihre bloße Gegenwart schützen, dem Richter durch ihre Kenntniße der Lokalitäten, und des eigentlichen Sinns, den gewiße Ausdrüke in der Sprache des gemeinen Volks haben, in den Stand setzen, den Inquisiten gehörig zu verstehen, und im <u>Wesentlichen</u> getreu seine Antworten aufzufassen, endlich daß sie die in mancher Hinsicht bedenkliche <u>Publizität</u> der Criminal Verhandlungen in so weit ersetzen, als es ohne großen Inconvenienzen geschehen kann, und in so weit als es nothing ist, um dem instruirenden Gerichte das Vertrauen des Piblikums zu gewinnen.

Man könnte einwenden, daß, da die Zeugen dem Landgericht subordinirt sind, sie schwerlich den Muth haben dürften, ihre Unterschrift zum Protokoll zu verweigern, wofern sie auch noch so große Fehler bemerkt haben sollten.

Allein die <u>Gegenwart der Zeugen</u> ist schon ein <u>moralischer Zwang</u> für den Richter um sich in den Schranken des Gesetzes zu halten. Jedermann scheut sich, in Gegenwart anderer unrecht zu handeln. Ueberdieß kann der Richter der Zeugen, doch nie trauen, weil er immer besorgen muß, daß sie seine Fehlgriffe einer höhern Stelle anzeigen, oder wenn dieselbe bei der Appellation, oder wie immer zur Spreche kommen, jene Geheimniße verrathen, die ein ihm untergeordneter Aktuar so viele Ursachen zu verschweigen hat.

Nicht vergessen darf es werden, daß die Beiziehunh von Zeugen das Vertrauen des Publikums gegen im Gericht, das rechtlich verfährt, eben damit aber auch das Ansehen, mit welchem alle Justizstellen nothwendig bekleidet sein müßen, außerordentlich verstärkt.

Warum sollten Gesetzgeber und Richter die öffentliche Meinung vernachläßigen, warum durch Geheimniße Träumerey ihr entgegenwirken.

Volant hält die Anwesenheit der Gerichtszeugen bei allen Criminal Verhandlungen, /: nicht blos bey Augenscheinen, wo die Kunstverständigen ihre Stelle vertretten:/ für nüzlich und nothwendig, also bei allen Verhören, die mit dem Inquisiten sowohl, als mit den Zeugen vorgenommen werden, so gut als bei Confrontationen, weil kein Criminäller Act unwichtig ist.

Die Einwendungen gegen diese seine Ansicht schnell scheinen ihm ungenügend.

1. Man hält die Beiziehung von Gerichtszeugen für überflüßig, weil die Gerichte jezt voll-

ständig und bester als vorher seien.

Allein man geht hier von der irrigen Unterstellung aus, daß die vollständigere Besetzung der Untergerichte auf die Instruktion oder Criminalfälle einen Einflus habe, da <u>doch jezt wie ehedem blos ein</u> instruirender Richter mit einem Aktuar die ganze General und Spezial Inquisition leitet. Votant wünscht, daß die Voraussetzung, die Gerichte seine jezt bester besezt als vorher, <u>durchgängig</u> wahr sein möchte. Es kann dies aber nach den Akten, die zum Theil einlaufen, nicht für so ganz ausgemacht ansehen. Wenn aber auch so bleiben doch immer die Richter Menschen, folglich Fehlern und Leidenschaften unterworfen.

Das Mehr oder Weniger kann hier nicht so genau berechnet werden.

2. Das vorgeschlagenen Surrogat hält Votant für unausführbar und hinreichend – ersteres weil die Landgerichts-Assessoren nicht blos Criminal, sondern auch Zivil Rechtsfälle zu behandeln, ja sogar den Landrichtern in polizeilichen und andern Verrichtungen beizustehen haben, folglich eine Besetzung des instruirenden Gerichts mit zwei Commißarien bei den überhäuften Arbeiten ohne Stokung anderer dringenden Geschäfte sich nicht wohl ins Werk setzen lassen wird. Lezteres, weil doch durch diese Controle des Assessors gegen den ihm vorgesezten Landrichter und so weiter das Vertrauen des Publikums weniger gewonnen wird, als wenn Zeugen aus der Gemeinde anwesend sind.

Will man nach dem Vorschlag, diese gedoppelte Besetzung des Gerichts nur in wichtigen Criminalfällen erfordern, so wird, man mag nun zu Bestimmung dieses sehr relativen Begrifs eine poenam in thesi vel hypthetice capitalem als Maasstab gebrauchen wollen, immer die Frage übrig bleiben, ob denn überhaupt irgend eine Criminal Sache – um wichtig sey, ob der Verlust des ehrlichen Namens nicht dem unbescholtenen rechtlichen Manne von Bildung härter als der Verlurst des Lebens fallen könne, und ob die Gesezgebung consequent handeln, wenn sie Aburtheilung eines auf frischer That ertappten Mörders mit mehrern die Rechtssicherheit schützenden Förmlichkeit umgebe, als die Aburtheilung eines bisher unbescholtenen Mannes, der durch Anzeigen einer entehrenden Handlung überführt, oder blos von der Instanz absolrirt, oder /: nach dem baierischen Criminal Codex :/ gar wegen Verdachts bestraft werden soll, nicht zu gedenken, daß die Gesezgebung sich hier vergeblich bemühen würde, durch eine Menge Details, von denen jedes neue Zweifel und Anfragen veranlaßt, eine Sache zu bestimmen, die ewig unbestimmbar bleiben wird.

3. Die Beiziehung von Gerichts Beisitzern als Zeugen mag einige Inkonvenienzen haben. Welche menschliche Einrichtung hat diese nicht. Allein in keinem Falle sind sie so groß, als man sie schildert.

a. Aufenthalt und Stokung kann in der Untersuchung dadurch nicht entstehen, denn in Fall der Verhinderung des einen Zeugen, oder bei lange dauernden Untersuchungen können die Zeugen abwechselt werden. Es ist nicht nothwendig, daß immer die nämlicher Personen als Zeugen zugegen sind.

b. Man fürchtet dem Aerario Kösten aufzuladen, weil die Gerichts Beisitzer für ihre Mühe und Zeit-Versäumniß Gebühren aufrechnen würden.

Ich weiß nicht, ob in den oesterreichischen Staaten ihnen etwas dafür vergütet wird. Ich sollte glauben, wenn die Reihe nicht die nämlichen Personen zu oft trift, so würden Unterthanspflicht, Patriotismus, und die Ueberzeugung von den Vortheilen, welche diese Einreichtung für die Sicherheit der Mitbürger, so wie für diejenige jedes einzelnen gewährt, die Bürger Leicht an diese Institution, so wie an so manche andern gemeinnützige Anstalten gewöhnen.

War diese Einrichtung in Oesterreich möglich, warum sollte sie es nicht auch in Baiern sein, wo sie doch schon ehedem statt fand?

In Würtenberg werden, oder würden wenigstens ihrmals die Stadtgerichts-Beisitzer /: Gemeindräthe :/ welches angesehene und verständige Männer aus der Gemeinde sein sollen, die um geringen Sold größentheils der Ehre halber dienen, und an dem Sitze des Oberamts wohnen, unter andern auch zu Gerichtsschöffen bei allen Criminal Verhandlungen gebraucht.

c. Die Möglichkeit, daß das Gerichtsgeheimniß verrathen wird, läßt sich zwar nicht läugnen. Allein einestheils muß man erwägen, daß der Eid der Verschiegenheit unter der Bürgerklaße immer noch große Wirkung hervorbringt, anderntheils sehe ich so große Nachtheile nicht dabei. Die Erfahrung zeigt, daß in manchen Staaten alle Criminal Gerichts Verhandlungen, selbst die Zeugen Verhöre öffentlich sind.

Aber auch da, wo dieß nicht der Fall ist, müßen die Zeugen mit dem Inquisiten, der nicht gestehen will, konfrontirt werden, so daß dieser doch alles erfährt, was diese ausgesagt haben. Und was als Eid bürgt, denn für die Verschwiegenheit der <u>zu Protokoll vernommenen Zeugen?</u> Nur in dem einzigen Falle, wenn Mitschuldige vorhanden sind, die sich auf freiem Fuße befinden, könnten dergleichen Klatschereien Schaden bringen, in so fern diese dadurch von den Aussagen des Inquisiten Notiz erhielten, und diese zu ihrer Rettung benützen könnten.

Allein einestheils wird ein vernünftiger Richter leicht dagegen Maasregel in der Seille treffen können: anderntheils wird es doch wohl nicht unmöglich sein, durch eindringende Ermahnungen, und durch Strafen dergleichen Klatschereien vorzubeugen.

Votant ist daher der Meinung, <u>daß nicht nur den königlichen Unterthannen der ehemals oesterreichischen Gebiete diese Wohlthat nicht zu entziehen, sondern dieselbe auch allen übrigen Unterthannen des Königreichs anzugönnen sey,</u> daß folglich der zu erstattende aller unterthänigste Bericht um so mehr den Antrag dahin enthalten dürfte, als schon in dem allerhöchsten Reskripte die Bemerkung vorkömmt, daß die unterlassene Beiziehung der Gerichts Beisitzer <u>Nachtheile veranlasst habe,</u> und als endlich die Verordnung wegen Errichtung der Spezialgerichte die Zuziehung derselben bei Untersuchungen über Staats Verbrechen bereits zum Gesetz erhoben hat.

Votant kann übrigens bei dieser Gelegenheit den Wunsch nicht bergen, daß eine allgemeine peinliche Gerichts Ordnung die Vermehrung der fragmentarischen Verordnungen, deren Zahl ohnehin Legio ist, überflüßig machen möchte.

<u>Von Hinsberg</u>

Eine Erfahrung von 1 3 Jahren, während welcher ich mich vielfältig mit Criminal Untersuchungen beschäftigte, hat mich überzeugt, daß die Beiziehung 2 vernünftiger unpartheiischer zur Aufmerksamkeit auf die Aechtheit des Protokolls und zur Verschwiegenheit beeidigter Männer zu Criminal Untersuchungen eine sehr nützliche Einrichtung sey.

Die häufigen Geschäfte der untersuchenden Behörden erlauben nicht, zu einer Criminal Untersuchung mehr als einen Beamten oder Gerichtsbeisitzer mit einem Protokollsführer zu verwenden. Ehre, Vermögen, − und Leben der Staatsbürger sind also, wenn eine solche Controle nicht besteht, der Gewißenhaftigkeit eines einzigen Mannes, der ein Interesse dabei hat, die etwa der Untersuchung begangenen Fehler zu vergeben und eines in so vielen Rüksichten von ihm abhängigen Individuums überlassen.

Auch der Rechtschaffenste und geschickteste Mann ist der Gefahr ausgesezt den Untersuchten zu mißverstehen, die beisitzenden Zeugen, denen die Bedenkung der Worte in der Volks Sprache etwa bekannter ist, werden den Untersuchenden auf im solches Mißverständniß aufmerksam machen. Nur sehr wenigen, zumal jungen Leuten, ist es gegeben, wenn sie einen härtnäkigen Untersuchten vor sich haben, oder vor sich zu haben glauben, von aller Leidenschaftlichkeit frei zu bleiben, und welcher junge Beamte wünscht sich nicht durch die baldige Herauslobung des Bekenntnißes Ehre zu machen?

Die natürliche Folge hievon ist, daß mancher Untersuchende sich im Heuer der Leidenschaft Suggestivfragen, Versprechungen und Drohungen, vielleicht wohl auch Mißhandlungen erlaubt, die im Protokolle nicht erscheinen, und doch die einzige Veranlassung des Bekenntnißes sind. In Gegenwart von 2 Zeugen wird sich der Beamte vor einem so gesezwidrigen Benehmen hüten.

Hiezu kommt noch, daß wenn der Untersuchte behauptet, eine im Protokoll enthaltene Aussage nicht gemacht zu haben, durchaus kein Mittel vorhanden ist, über die Aechtheit des Protokolls zur Beruhigung zu gelangen, oder die Unächtheit desselben zu entdeken, wenn es ohne alle Controle geführt wurde.

Es bedarf keiner großen Kenntnisse, sondern hauptsächlich nur gesunder Sinne, um bemerken zu können, ob die Aussagen des Einvernommenen gehörig niedergeschrieben, und ob Drohungen oder Versprechungen angewendet worden seyen, oder nicht? Zudem giebt eine längere Uebung auch Ungelehrten über die wichtigsten Erfordernißen einer Kriminal-Untersuchung helle Begriffe.

Das Gerichts-Geheimniß ist durch den Eid in den meisten Fällen gesichert, und wenn es auch einmal, etwa zum Besten eines Mitschuldigens verlezt werden sollte; so ist doch dieses eben so, wie der kleine Aufwand, dem die Beiziehung solcher Beisitzer die Staatskasse verursachen möchte, eine Unvollkommenheit, welche gegen die aus dem Mangel aller Kontrole der Handlungen des untersuchenden Richters entspringenden Nachtheile, von deren Wichtigkeit sich die allerhöchste Stelle, vermöge des jüngsten Reskripts selbst überzeugt hat, als sehr unbedeutend erscheint.

Ich stimme daher, daß dem allerhöchsten Hofe der Antrag gemacht werde, die Beiziehung von zween, auf die im eingange bemerkte Weise zu beeidigenden Zeugen, oder Urkundspersonen zu allen Verhören, Zeugenverhören, Confrontationen und Erhebungen des Thatbestandes bei Criminaluntersuchungen, allenfalls mit der Einschränkung, allgemein zu verordnen, daß zween Kunst-Verständige, wo sie bei Erhebung des Thatbestandes nothing sind, in solchen Fällen die Stelle dieser Zeugen vertreten.

München, den 19. Dezember 1809

v. Gramm

Der Herr Referent hat diese Frage in 2 Abschnitte getheilt, nämlich

<u>a</u> ob im Allgemeinen und in der Regel bei allen Criminal Untersuchungen Zeugen oder Beisitzer beizuziehen seien?

<u>b</u> Ob dieses nicht Ausnahmsweise bei einigen Gerichtshandlungen zu geschehen habe?

Die erste Frage hat der Referent verneint, weil die Beiziehung der Zeugen zweklos, dem Gange deer Untersuchung hinderlich und für das allerhöchste Aerarium kostspielig sey.

Ich würde dem Herrn Referenten vollkommen beistimmen und den Beizug von Zeugen zu Criminal-Untersuchungen für ganz überflüßig erachten, wenn ordentlich organisirte Criminal Gerichte im Königreiche bestenden, wo jede Criminal Untersuchung wenigstens zwei Rechtsgelehrten und geprüften Inquirenten nebst einem verpflichteten im ordentlichen Staatsdienste bestehenden Aktuar anvertraut ware, oder wenn die Stadt und Landgerichte so organisirt wären, daß jede Criminal Untersuchung durch den Stadt oder Landrichter und einen Beisitzer nebst einem verpflichteten Aktuar, oder durch 2 Besitzer und einen verpflichteten Aktuar vorgenommen werden könnte.

Allein die wenigfaltigen und häufigen Geschäfte bei den Landgerichten erlauben es nicht, daß zu den Criminal Untersuchungen immer zwei Gerichtspersonen nebst einem Aktuar verwendet werden, ja dieses wird, wenn zwei Untersuchungen zu gleicher Zeit vorfallen, wie der Fall möglich ist, dann platterdings unmöglich.

Darum zeigt die Erfahrung, daß die Criminal Untersuchungen immer nur durch eine Gerichtsperson, den Land oder Stadtrichter, oder durch einen Beisitzer mit Beizug eines Aktuar vorgenommen werden.

Dieser ist meistenfalls ein Praktikant, oder wohl gar ein im Dieste und Lohne des Landrichters stehender, von ihm abhängiger Schreiber.

Das Schiksal des Inquisiten ist also gleichsam in die Hände eines einzigen inquirirenden Richters gelegt, und der Inquisit findet für seine Ehre, Freiheit, Eigenthum und Leben keine andere Garantin, als die Rechtschaffenheit des Inquirenten.

Ist aber diese Bürgschaft für den Inquisiten immer wohl zuzureichend?

Der inquirirende Richter mit dem besten Herzen bleibt immer Mensch, erkann aus Uebereilung, aus Leidenschaft fehlen, gegen jenen von bösem Herzen hat der Inquisit bei dieser Untersuchungsart gar keine Schutzwehre. Der Oberrichter kann einzig nur nach den ihm vorgelegten Untersuchungsarten urtheilen.

Hat der inquirirende Richter von dem Inquisiten durch Suggestiven, durch Drohungen, oder wohl gar durch Mißhandlungen ein Geständniß erpresst, und das Protokoll macht von diesen unerlaubten Mitteln keine Meldung, oder hat er wohl gar dem Inquisiten in dem Protokolle andere Antworten, als dieser wirklich gab, unterstellt, so kann nach der Lage der Acten vom Obergerichte nicht anders als ein Straf Erkenntniß gegen ihn erfolgen.

In den ihm durch die Gesetze zugestandenen Rechtsmitteln der Revision und Appellation findet er aber gegen solche mögliche Handlungen eines Richters keine Schutzwehre.

Denn bei der Revision spricht der oberste Gerichtshof nach eben denselben Akten, nach welchen das der Revision unterliegende Erkenntniß des Obergerichtes geschöpft wurde, und der Inquisit wird gar nicht mehr gehört.

Will er aber im Falle einer Appellation die Einwendung machen, daß er das ihm zur Last gelegte Geständniß nicht, oder nicht so, wie es das Protokoll enthalte, gemacht haben, oder daß ihm dasselbe durch Drohungen oder Mißhandlungen abgenöthiget worden sey; so sind ihm eben daraus; weil außer dem Richter und dem Aktuar Niemand bei der Verhandlung zugegen war, die Mittel benommen, einen Beweis hierüber herzustellen.

Der inquirirende Richter mit dem Schilde der rechtlichen Vermuthung bedenckt, daß alles, was die Protokolle enthalten, wahr sei, bis das Gegentheil erwiesen wird, kann jedem solchen Einwende trozen, und wenn auch je ein Aktuar für eine solche Angabe eines Inquisiten ein günstiges Zeugniß ablegen sollte. So würde durch eine solche Angabe eines einzigen Zeugen jene rechtlichen Vermuthung und die Angabe des Richters und die Angabe des Richters noch nicht verletzt.

Freiheit, Ehre und Leben der Staatsbürger fordern also bei Criminaluntersuchungen eine Kräftigern Schutzwehre.

Ich glaube diese bei der jetzigen Beschaffenheit der Criminal oder untersuchenden Gerichte nur darinn zu finden, daß zu jeder gerichtlichen Handlung beim Untersuchungs Prozeße zwei vertraute unpartheiische Männer beigezogen werden, welche dahin zu beeidigen sind, daß sie darauf sorgfältig wachen, daß alles, was bei einer solchen gerichtlichen Verhandlung vorgeht, genau zum Protokolle genomen werde, um die Aechtheit des Protokolls bezeugen zu können, und daß sie alles, was hiebei vorkommt, bis zur Kundmachung des Urtheils geheim halten.

Aus diesem stellt sich nun meines Erachtens von selbst dar, daß Beisitzer oder Zeugen dieser Art nicht zweklos sind.

Sollte aber hie und da der eine oder andere dieser Zeugen seinem Endzweke nicht entsprechen, entweder weil der nicht aufmerksam genug ist, oder die ihm auferlegte Verschwiegenheit nicht beobachtet, so kann dieses zwar nachtheilige Folgen haben.

Allein, ist man auch versichert, daß der Aktuar, ja der Richter selbst immer das nöthige Stillschweigen beobachten werde?

Und ist es für den Inquisiten nicht gefährlicher, wenn der Richter allein unter vier Augen das Verfahren leitet, als wenn noch zwei Zeugen beigezogen werden müßen, auf die er sich nicht gewis zum Voraus verlassen kann, daß sie seine Handlungen nicht beobachten werden.

Jeder Mensch, der nur einigen Anspruch auf Rechtlichkeit macht, ist so beschaffen, daß er sich scheut vor mehreren Zeugen etwas unerlaubtes zu begehen.

Schon die Gegenwart zweier Zeugen wird also gegen die Exzesse des Richters gleichsam einen moralischen Denen setzen.

Die Geschäfte selbst werden durch den Beizug solcher Zeugen nicht aufgehalten werden.

Die Gerichte, welche Untersuchungen zu führen haben, befinden sich größtentheils in einer Stadt oder in einem Markte. In einem solchen Orte werden sich aber leicht ein paar vertraute und unpartheiische Männer mit guten Gesichts und Gehörs-Organen finden lassen, die bezeugen können, daß das, was sie gesehen und gehört haben, richtig zu Protokoll genommen worden sey.

Endlich läßt sich von einer humanen Regierung erwarten, daß dieselbe die Kosten einer Anstalt, die zur Schutzwehre für die Ehre, Freiheit und Leben der Staatsbürger dient, nicht mit kärglichen Finanz Rüksichten abwiegen wird.

Da aber jede gerichtliche Handlung bei einem Kriminal Prozeße auf das Schicksal des Beschuldigten einen wesentlichen Einfluß hat, indem jede entweder zur Herstellung des Beweises der verübten That, wie Visa et Reperta Vernehmung des Damnifikaten, oder des Beweises des Thäters wie z. B. Zeugenverhöre, Verhöre des Inquisiten abzielet, so glaub ich auch, das zu jedem gerichtlichen Orte dergleichen Zeugen oder Beisitzer beizuziehen seien.

Da durch dann die Beantwortung der zweiten von dem Heiligen Referenten aufgestellten Frage von selbst weg.

München, den 19. Dezember 1809

v. Clossmann

Votum

Über die Frage, ob bei peinlichen Untersuchungen Zeugen zugezogen werden sollen?

Daß die dermalige Verfahrungaweise in peinlichen Untersuchungen mancherley Gebrechen mit sich führe, ist nicht zu verkennen.

Der Angeschuldigte steht ganz in den Mächten der inquirirenden Richter, wenn diese leidenschaftliche zu Werke gehen, oder wenn ihre Rechtskenntniße beschränkt sind, so kann vieles geschehen, was zum größten Nachteil den Inquisiten gereicht.

Zu wünschen wäre daher allerdings, daß in peinlichen Untersuchungen solche Anordnungen getroffen werden, wodurch dem inquirirenden Richter alle Möglichkeit benommen würde, entweder aus Unwissenheit oder Leidenschaft, wider Menschlichkeit und Recht und Billigkeit zu handeln.

Ob aber durch die Beiziehung der Zeugen bei peinlichen Untersuchungen ein Theil des Uebels und des Mißstandes gehoben werde, ist sehr zu bezweifeln, denn
1. Diese Zeugschaft wird jedem ein sehr läßiges Geschäft sein, jeder wird sich davon zu entziehen trachten, es wird immer Mühe kosten, unbescholtene Männer zu finden, welche gern und willig beizuwohnen sich entschließen, sehr oft wird Zwang eintrotten müßen, und wenn dieser gebraucht werden muß; so ist schon die Absicht verfehlt.

2. Die wenigsten sind fähig zu beurtheilen, ob der Richter rechtlich oder fehlerhaft handeln, wie er auch dabei sich verhalte, so werden sie ihm Beifall zu winken, denn eines Inquisiten willen will es keiner mit dem Obern verderben.

3. Einem leidenschaftlichen Richter kostet es auch nicht viel Mühe, in den Zeugen selbst Leidenschaft gegen den Inquisiten zu erwecken, wenn besonders der Fall eintritt, daß der Inquisit ein verschreiter oder verstokter, oder ein für die Nachbarschaft gefährlicher Mensch ist.

4. Das langweilige Geschäft der Untersuchung ermüdet den Zeugen, er giebt netweder gar nicht obacht, auf das, was verhandelt wird, er denkt entweder an andere ihm nachgehende Dinge an seine Wirtschaft und dergleichen, oder er sitzt da, und schläft, —

Nicht selten wird er sich auf einige Zeit entfernen, und solche Ursache vorschützen, wogegen der Richter nichts einwenden kann, indessen muß mit der Untersuchung bis zu seiner Rükkunft gewartet werden, das Geschäft leidet also einen Unterbruch, vielleicht zu einer Zeit, wo dieser höchst nachtheilig ist.

5. Niemand wird sich so umsonst brauchen lassen wollen, weil dem Landmann oder Tagwerker durch dergleichen Beiwohnungen viele Zeit verlohren geht, er muß daher entschädigt werden. Wenn man sich die Mühe nehmen will, die Summe der Entschädigung zu berechnen, so mag sich leicht jährlich ein Quantum von etlich und sechzig tausend Gulden herauswerfen, welche dem allerhöchsten Aerarien zu Laß fallen; ohne daß dieser Aufwand den erwünschten Absichten entspreche.

6. Man beurtheile nicht den Bürger und Bewohner großer Städte nach dem rohen Landmann, die Bildung und Einsichten und Beurtheilungskräften der ersten können nicht mit dem der leztere vergleichen werden.

In größere Städten könnte allenfals die Beiziehung dergleichen Zeugen von Nutzen sein, den aber auf dem Lande nicht erzielt werden kann.

7. Es mag auch bei Gelegenheit der unlängst bestandenen Spezialgerichten die Beiziehung der Zeugen den gehoften Zwek erlangt haben, allein von dieser einzelnen temporellen Anstalt kann unmöglich auf die allgemeine beständige Einführung geschloßen werden. Dort nahme jeder Zeug seine Auswahl als einen besondere Vorzug auf, worauf er stolz vor, und die Seltenheit der Sache machtejeden das Geschäft wünschenswerth, um zu sehen und zu hören, was dann alles da vorgehe.

Andere Gesinnungen hingegen würden sich zeigen, wenn die Sache ein ständiges; Ansehen erhalten sollte.

Uebrigens berufe ich mich auf diejenigen Gründe, welche der Herr Referent schon vorgebracht, und wodurch er das Schädliche gezeugt hat, welches durch die Beiziehung der Zeugen bei peinlichen Untersuchungen hervorgehen würde.

Indeßen ist es immer gefährlich, die Sache so zu belassen, wie sie gegenwärtig ist, indem die zeitherige Erfahrung uns belehrt hat, welche große Uebel durch die bisherige Verfassungsweise in peinlichen Untersuchungen hervorgetretten sind: Jede Anstalt, die auch getroffen werden will, kann nichts anders als ein Provisorium seyn, weil wir mit Zuversicht einer geänderten Criminal Prozeß Ordnung und eines peinlichen Rechts entgegen sehen können, wodurch aller und jeder Mißstand gehoben werden wird.

Durch die einsmalige Aufstellung besonderer Criminal Gerichten, dürfte das erwünschte gute erzwekt werden, und dann so mehr, wenn alle peinliche Untersuchungen bei offenen Thüren geschehen dürfen.

Ich werde dermal schon dahin Stimmen, daß einsweilen jede peinliche Untersuchung von Anfang bis zum Ende von zweien Richtern, entweder den Landrichter und einem Asseßor, mit Beiziehung des Actuarii, oder von zween Asseßoren geführt werden müßte. Allein ich würde das wollen, was unmöglich geschehen kann, indem die Aemter mit zu vielen andern auch sehr wichtigen Geschäftszweige vernachläßigen müßten.

Ich wähle daher den Mittelweg, indem ich meine Meinung dahin abgebe, daß nur in wichtigen Criminal Fällen, wo aus dem Thathandlungen vorauszusehen ist, daß es auf eine Todes- oder große körperliche Strafe ankommen könne, und zwar nur bei Constituten oder Confrontationen zwei Criminal Richter auf obbemelte Weise beiwohnen müßen.

Bei Besichtigungen der Leichname, der Sache und Oerter müßen ohnehin nach den bestehenden Gesetzen zwei beeidigte Kunst refre: Sachverständige zugezogen werden. Es ist also hiebei kein Nachtheil für den Inquisiten zu befürchten.

In den vormaligen Oesterreichischen Landen wollte ich es bei den dort bestehenden Verordnungen belaßen, weil eine partielle Abänderung nicht räthlich ist, solche in die peinliche Gesetze-Verfassung zu viel eingreifen möchte, und nach meiner Meinung die dermalige Verfügung nur ein Provisorium sein solle.

Auf diese Weise wollte ich das Gutachten zur allerhöchste Stelle erstatten, jedoch ausdrüklich dabei bemerken, daß diese Anstalt nur provisorisch bis zur Einführung eines bald zu hoffenden vollständigen Criminal Gesezbuches angeordnet werden möchte.

München, den 19. Dezember 1809

---

v. Unterrichter

Daß hier nicht von Beisitzern die Rede sein könne, die eine Gerichtsbarkeit mit dem Inquirenten theilen, da solche dermalen nirgends im ganzen Königreiche mehr bestehen, versteht sich von selbst; Ebenso wenig ist auch darüber nicht die Frage, ob nicht irgend ein Criminal Verfahren, oder eine Besedtzung der Gerichte denkbar sey, wodurch der Zwek, warum Beisitzer oder vielmehr Zeugen zu den Criminal Untersuchungen beigezogen werden sollten, oder ganz wegfalle, oder doch auf eine andere Art vollständiger erreicht werden könnte. Vielmehr sezt, die dem Oberappellationsgerichte zu Begutachtung vorgelegte Frage die dermalige Besetzung der Criminalgerichte und das gegenwärtig im Königreiche bestehende Criminal Verfahren zum voraus, ja dieser Voraussetzung ist Schreiber dieses der Meinung, daß auf unbedingte Wiederherstellung der Vorschrift des Codicis criminalis, die Beziehung zweier Beisitzer oder Zeugen bei den Criminal Verfahren betroffend angetragen werden möchte, und hinzu wird er durch folgende Betrachtungen bestimmt:

a. Bei aller Vermuthung für den Glauben eines vor Richter und Aktuar aufgenommenen Protokolls lassen wohl alle Gesetze in der Welt noch immer den Beweis des Gegentheils zu, dieser Beweis darf also auch dem Untersuchten nicht abgesprochen werden, wenn selber behauptet; er habe anders ausgesagt, als wie der untersuchende Richter es zu Protokoll nahm, oder er habe das nicht gestanden, was darinn als Geständniß vorkomme, oder man habe ihm durch betrügerische Vorspielungen vielleicht gar durch eine Art von Tortur, wovon im Protokoll nichts erscheine eine Aussage abgelegt: und dennoch wird all dieses dem untersuchten darzuthun ganz unmöglich gemacht, wenn er Niemand andern als die Stummen, Wände des Verhörszimmers und den aktuirenden Schreiber zu Zeugen hat, der immer der Untergebene des Richters ist, gewöhnlich auch von diesem willkührlich entlassen werden kann; und der, wenn er sogar für den Untersuchten aussagen sollte, wider das Protokoll als teglio uniens nicht einmal einen vollen Beweis machte.

b. Aber auch den guten Willen des Richters nicht in Zweifel gezogen, wie leicht ist ein Mißverständniß zwischen den Untersuchten, und und dem Untersucher bei der häufigen Urkunde des erstere mit der Schriftsprache, und des leztere mit jenen des gemeinen Mannes möglich, wie leicht kann etwas oft gerade das wichtigste überhört werden. Die Beisitzer unter den erfahrnen verständigern Ortsbewohnern ausgewählt, und zwekmäßig belehrt, werden solche Verstoß oft verbeugen, wenigstens erfuhr solches der Schreiber dieses, als er noch das Criminal Richteramt in erster Instanz vermaltete, mehr als einmal.

c. Endlich verdienst allerdings auch die Beruhigung eine Rücksicht, die sowohl für den untersuchenden Richter, als für den Untersuchten die Gegenwart zweier unverfanglicher ehrlicher Männer gewährt, und zwar für den erstere, um boshafte Anschuldungen des Untersuchten zurükzuweisen, für den leztere aber, um sich nicht ganz der Willkühr des Inquirenten hingegeben zu sehen.

Zudem bedarf es auch zu solchen Beisitzern nicht eben Gelehrten, ein unbescholtener Ruf und gewöhnlicher gesunder Menschen Sinn entsprächen dem Geschäfte vollständig und solche Leute: am Sitze jedes Criminal Gerichts in einer erfoderlichen Zahl zu finden, die bei Verhinderungsfällen eine Abwechslung zulassen, kann unmöglich schwer halten, wenn aber dies auch mit einiger Auslage verbunden sein sollte, so kann doch hierauf bei einer Anstalt nicht gesehen werden, die mit der Sicherheit der Bürger für Freiheit und Leben im unmittelbarsten Verbande steht, und die seit Urzeiten in dem großen Theil von Europa und noch gegenwärtig in einen großen Theil des Königreiches ohne alle Inkonvenienz beobachtet wird.

München, den 19. Dezember 1809

Baron Sainte Marie Eglise

Weil gestern die Abstimmung über den zum geheimen Ministerial Justiz Departement zu machenden berichtlichen Antrag, in Betreff der Beiziehung zweier Zeugen zu gerichtlichen Criminal Verhandlungen so verschiedenartig ausfiel, daß bei der großen Anzahl der Herrn Votanten mit Bestimmtheit nicht ausgesprochen werden konnte, für welchen Antrag die Mehrheit gestimmt hat, so haben Eure Exzellenz uns sämtlichen Votanten aufgetragen, schriftlich abzugeben, wohin jeder gestimmt hat.

Diesem verehrlichen Auftrag gemäs bemerke ich nun gehorsamst, daß ich aus den von Herrn von Oesterreicher und besonders von Herrn von Schellhas angeführten Gründen.

Für die Beiziehung zweier Zeugen zu allen Criminal Verhandlungen ohne Unterschied gestimmt habe.

Und die Falle die Stimmen Mehrheit hiefür nicht ausfallen sollte, so war ich der eventuellen Meinung, daß zu gar keiner peinlichen Verhandlung Zeugen beigezogen, sondern es bei den bisherigen geseglichen Bestimmungen belassen werden soll.

Sollte Eure Exzellenz von mir ein motivirtes Votum nötig zu haben glauben, so bitte ich auf diesen Fall um Nachsicht bis auf den nächsten Samstag Abends, denn bis nächsten Freitag hoffe ich die gegenwärtig bearbeitende Criminalsache pito hurti etroboriae, wovon der Inquisit bereits 1/2 Jahre im Gefängniß sizt, in Vortrag zu bringen, und denn würde ich es zu meinem ersten Geschäfte machen, den mit der Beiziehung einiger Zeugen zu allen Criminal Verhandlungen unverkennbar verbundenen Nutzen zu detailliren.

Ich bin mit unbegränzter Verehrung.

---

von Kaltenbrunner

In dem von der allerhöchsten Stelle abgeforderten Bericht sey darauf anzutragen, daß in dem ganzen Laufe des Verfahrens gegen einen peinlich untersuchten zwei unbescholtene verständige Männer als Zeugen der Aechtheit aller in dem Verfahren aufzunehmenden Protokolle, unter den Namen von Beisitzern zuzuziehen seien, ohne daß ihnen sonst auf das active Amt des Inquirenten Einfluß gestattet werde.

Gründe

a. überhaupt sollte in peinlichen Untersuchungen wenigst einige Oeffentlichkeit /:Publicität:/ herrschen.
Hiezu dient die vorgeschlagene Beiziehung der Beisitzer.
b. Sie sind nicht blos für den Inquisiten als Kontrolle, daß alles so aufgezeichnet wird, wie er angab, nüzlich, sie sind nicht blos ein Schild gegen allenfallsige Ueberschritte der richterlichen Befugniße im Inquiriren; vorzüglich gegen Gewaltthätigkeiten, sondern auch
c. in rechtlicher Hinsicht nothwendig, weil sie dem gegen jedes gerichtliche Protokoll zulässigen Gegenbeweis auf die natürlichste und einzig mögliche Weise dem Inquisiten liefern.
d. Eben weil die Gesetze gegen jedes gerichtliche Protokoll im bürgerlichen Verfahren ungeachtet der für seine Aechtheit streitenden rechtlichen Vermuthung den Gegenbeweis gestatten, soll im peinlichen Verfahren, wo der Richter nicht minder unfehlbar /:in hallibel:/ ist, der Gegenbeweis erleichtert werden, zumal das Zeugniß des auch verpflichteten Actuars meistens nur Zeugniß in eigener Sache wird, wenn er etwas anders wiedergeschrieben hat, als er sollte.
e. Der Ausführung der theoretisch richtigen Sache stehen zwar mehrere, doch nicht überwiegende Hinderniße entgegen.
1) Nicht nur bei jedem Stadt: sondern auch jedem Landgerichte, werden sich mehrere unbescholtene, mit gesundem Menschenverstande begabte Männer finden lassen. Wenn auch einige Landgerichte in kleinen Dörfen thronen, wo die Zahl dieser Männer sehr klein sein wird, so daß etwa an manchen Orten kaum zwei angetroffen werden dürften, so ist es Sache der Regierung, überhaupt die Landgerichtssitze auch wegen andere Vortheilen an etwas volkreichere Orte zu verlegen.
2) Die Furcht ihrer gänzlichen Abhängigkeit vom Landrichter, und daraus entspringenden Verfehlung ihrer Bestimmung, so wie die Gefahr für das Gerichtsgeheimniß: wird bei unbescholtener Männer durch den Eid, deßen sie jedesmal erinnert werden, beseitigt. Beide Besorgniße traten bisher nicht minder bei bloßen ins Handgelübde genommenen Schreibern ein.
3) Finanzielle Rüksichten, die in der Entschädigung solcher Männer /:wegen Versaeumniß in ihrem Erwerbe:/ liegen, welche bei mittellosen Inquisiten die Staatskaße treffen würde, können keinen Einfluß auf den Juristen, wenn dieser Vorschläge zu machen hat, haben.
Die Finanziers würden diesen Grund ohnehin geltend genug machen.
f. Im peinlichen Verfahren ist jeder einzelne Act wichtig, es darf also kein Unterschied zwischen wichtigern und minder wichtigen gemacht werden.
g. Die von mehrere Stimmen vorgeschlagene Zuziehung noch eines Aßessors bei einigen Theilen des Verfahrens, ist wegen der Menge der Geschäfte, womit die Landgerichte überhaupt sind, minder thunlich, als die Auffindung der zwei tüchtigen Männer.

---

von Liebeskind

Der Unterschriebene hält die Zuziehung von Zeugen oder Beisitzern bei peinlichen Verhören, die von einem Richter und einem vereideten Aktuar gehalten werden, für höchst entbehrlich, weil sie
a. den Richter

a) weder in intellectueller, noch

b) in moralischer Rüksicht kontrolliren können. In intellectueller Rüksicht nicht, weil sie keine hinreichende Kenntniß vom Untersuchungs Prozeße haben, in moralischer Rüksicht nicht weil sehr viel Bildung erfoderlich ist, um bei erhaltenem Reize nicht leidenschaftlich zu handeln, und die Beisitzer doch wohl weniger gebildete Leute, als die Gerichtspersonen sind. Wird nun der Richter etwa durch die Hartnäckigkeit und Lügenhaftigkeit des Inquisiten in Hitze gebracht, so wird dem Beisitzer, wenn er an der Untersuchung Theil nimmt, die Hitze des Inquirenten gar nicht auffallen, und wenn er ohne Theilnahme der Untersuchung beiwohnt, wird er sich an der Hitze des Inquirenten noch weniger ärgern, in jedem Fälle aber schwerlich sich herausnehmen, dem Inquirenten etwas mehr Kultblütigkeit zu empfohlen, weil dieß übel aufgenommen werden könnte.

Der statt stellt solche Leute ins Richteramt, von denen er gewiß ist, daß sie keine groben Exzeße begehen, und seine Exzeße werden von Schöppen nicht bemerkt.

Ferner, weil sie

b. die Untersuchung schwerfälliger und theurer machen, ohne dem Inquisiten einen Vortheil zu stiften.

Der Fall möchte sehr oft eintreten, daß der Richter, wenn er auch Zeit und Lust dazu hätte, dennoch blos, weil er die Schöppen nicht zusammen zu bringen vermag, kein Verhör vornehmen kann.

---

von Stelzer, junior

Ich beantworte die Frage: ob bei peinlichen Untersuchungen Beisitzer beigezogen werden sollen?

Durch folgende kurze 3 Sätze.

1) Die Beiziehung von Beisitzern aus dem gemeinen Stande halte ich

a. für unnütz.

b. für nachtheilig.

ad a. Als bloße Zeugen nützen sie offenbar nichts, weil sie stumm sind, und weil alles, was der Inquirent vornimmt, von ihnen nothwendig genehm gehalten werden muß, einen moralischen Zwang zur Pflichterfüllung erhält der Inquirent durch die Gegenwart von Beisitzern nicht, es ist nicht denkbar, daß der pflichtvergessene Richter die Gegenwart von stummen, des Ganges der Untersuchung nicht verständigen, seiner eigenen Gerichtsbarkeit untergenbenen Zeugen scheuen soll, um seine rechtswidrige Absicht in Erfüllung zu setzen; auch gehört wohl ein seines geprüftes Auge dazu, um zu bestimmen, welche Fragen kaptiös, welche suggestiv seyen?

Darum hat auch die Erfahrung gelehrt, daß die Beisitzer gewöhnlich ihre Gegenwart nicht durch verzend eine Theilnahme, sondern durch Göhnen oder Schlafen bezeichneten.

b. Zur Mittelnahme an der richterlichen Gewalt /:conferatur art: 21. Const: Crim: Caroli V:/ und um über das Verfahren des Inquirenten die geeigneten Bemerkungen zu machen, ermangelt es allenthalben auf dem Lande an hinreichenden Kenntnißen; Verwirrung ist die nothwendige Folge einer Controle von Rechtsunverständigen gegen Rechtsverständige!

ad b. Nachtheilig ist den Beiziehung von Schöppen,

1. der Beschleunigung der Untersuchung.

2. dem nothwendigen Gerichts Geheimniße.

3. dem Wohlstande der Bürger, welche ihrem Gewerbe entzogen werden, oder auf der andern Seite dem Staats Aerar.

2) Für aeußerst nüzlich halte ich die Beiziehung eines Conkommißärs, das heist eines Landgerichts Asseßors neben dem Inquirenten. So lange indeßen die Justiz nicht von der Polizei getrennt wird, so lange ist dieser Vorschlag nicht allgemein ausführbar.

Dennoch müßten zwei Inquirenten sein.

a. in allen und jeden Criminal Inquisitionen.
- α bei dem so wichtigen lezten erkollegirenden Institute,
- β bei dem delicaten Acten der Confrontation,

b. Nicht nur für diese einzelnen Acte, sondern für alle Theile der Inquisition wären zwei Inquirenten nothwendig
- α bei Staats Verbrechen
- β bei dem Morde
- γ Brandstiftung
- δ Raube

3) Die Beiziehung eigener Zeugen bei Besichtigungen scheint mir überflüßig zu sein, weil die ohnehin zuziehenden Kunstverständigen die besten qualifizirten Zeugen sind, und weil es dem Richter da, wo es auf Lokalkenntniße ankömmt, ohnehin unbenommen ist, Leute von dem Orte, von der Gegend zu seiner Information zu vernehmen.

Also meo voto ist

1. Die Beiziehung von Beisitzern bei Criminal Inquisitionen ist unnütz und nachtheilig.
2. Dagegen ist die Beiziehung eines Concommißärs wünschenswerth.
    - α immer bei dem lezten erkollegirenden Institute und bei der Confrontation,
    - β in allen Theilen der Untersuchung, bei gewißen schweren ausdrüklich zu bestimmenden Verbrechen.
3. Zeugen bei Besichitigungen sind überflüßig.

München, den 19. Dezember 1809

---

v. Schaden
Votum

über die an die allerhöchste Stelle zu begutachtende Frage: Ob bei den zu peinlichen Untersuchungen konstituirten Gerichten des Königreichs und zu ihren peinlichen Prozeß Verhandlungen zwei Urkundspersonen zugezogen werden sollen?

Da aber diesen Gegenstand bereits in der heutigen Sitzung des hohen Plennius mündlich gestimmt worden ist, so beobachte ich bei diesem schriftlichen Gutachten denselben Gang, nach dem ich dort mich geaeußert habe.

1) Ob, wenn die Hauptfrage selbst nach irgend einer Ansicht entschieden werden sollte, die Entscheidung allgemein für das ganze Königreich, oder nur für einzelnen Theile desselben gegeben werden sollte? Und
2) Was eigentlich unter den gegenwärtigen Verhältnißen die Namen Beisitzer, Urkundsperson, Zeugen bezeichnen mögten?

Zur ersten Frage:

bin ich der Meinung: daß jede erfolgende allerhöchste Bestimmung alle Gerichte des Königreiches ohne Unterschied und ohne Rüksicht, auf die bisher bestandenen Prozeßordnungen umfassen müße.

Dieses folgt schon der in allen übrigen Rüksichten so höchst nöthigen Einförmigkeit des gerichtlichen Verfahrens in allen Theilen der Rechtspflege, und wäre es bei dieser Gelegenheit um so eine wünschenswerthe Einförmigkeit nicht zu thun, so könnte man es eben so gut, bis zur Einführung einer allgemeinen peinlichen Gerichtsordnung bei den bisherigen einzelnen Gerichtsordnungen belassen.

Aber es scheint der allerhöchsten Stelle schon vor der Hand darum zu thun zu sein, in diesem Stücke das Beste und Sicherste allgemein einzuführen, und daher kann ich mich schon mit denjenigen Stimmen nicht konformiren, die auf die Abschaffung der Beisitzer in dem ganzen Königreiche, mit Ausnahme der von Oesterreich angefallenen Theile untragen.

Eines oder das andere allgemein! – dieß scheint mir nothwendige Bedingung des künftigen Gesetzes zu seyn.

Zur zweiten Frage.

Von Schöffen und Urtheilssprochere in alten Sinne kann die Rede nicht seyn: daß ist dem allerhöchsten Reskripte schon stillschweigend ausgesprochen, und es würde auch dem ganzen Gebreude unterer jetzigen Formen entgegen stehen. Ebensowenig sind Beisitzer gemeint, die gegen die wesentliche Leitung des Prozesses, und seiner Theile von Amtswegen etwas zu erinnern hätten, zum Beispiel gegen Suggestionen, die sich der Richter zu Schulden kommen ließe, oder gegen das Benehmen der Kunstverständigen.

Sie sollen blos Zeugen sein, daß alles, was bei den peinlichen Verfahren gesagt oder verhandelt worden ist, genau und richtig niedergeschrieben worden sey, wie es gesagt und verhandelt worden.

Also Urkundspersonen, und in diesem Sinne machte ich zur Beantwortung der Hauptfrage! daß

zwei Zeugen aus dem gemeinen und bürgerlichen Stande unter was immer für einer Benennung das wenigste sey, was man unglücklichen Inquisiten und Angeschuldigten zur Bewährung der ihnen zur Last fallenden oder sie entschuldigenden Thatsachen bewilligen könne.

Die weisesten Gesetze die über Bestrafungen der Verbrechen, vielleicht so lange die Welt existirt mitgegeben worden sind, enthält

Das 48 Buch und der 16. Titel der Digesten de poenis, wo es in dem

7 Gesetze

heißt,

Satins enim eft impunitum relinqui hatinus nolentis, quam mocentem damnare.

Wie soll man nun den Unschuldigen von dem Schuldigen richtig unterscheiden, wenn man schon an einem fort davon zweifeln muß, ob auch das, was niedergeschrieben werden, sich wirklich so verhalte, wie es geschehen ist.

In dieser Beziehung waren unsere alten deutschen Gesetze /:abgesehen von der Grausamkeit ihrer Straffen, und ihrer religiosen und philosophischen Vorurtheile:/ wirklich menschenfreundlicher oder vielmehr konsequenter, als diejenigen, die seit ohngefähr Jahrhunderten bei Uns in Uebung gekommen sind. Jene unterschieden sorgfältig unter den geschwornen, die nur über die Thatsache erkannten, und dem Richter, der die Anwendung des Rechtes auf die Thatsachen ausspruch.

Deswegen sagt auch Montis quien, wenn er dem englischen aus Deutschland entsprungenen geschwornen Gerichte /:Titel:/ die verdienten Lobeserhebungen zollet, und dieses schöne Recht ist in den germanischen Wäldern entstanden.

Selbst die Carolinische peinliche Gerichts Ordnung hat noch diese geschwornen und den feierlichen Anklags Prozeß im Auge: denn nach ihr muß das Gericht mit einem Richter und 7 Schöffen oder Urtheilssprechern besezt sein.

In es hat sich in unsern größern Städten noch lange durch das lezte feyerliche Verhör ad panium juris und das sogenannte Hochnoth-peinliche Halsgericht eine Spur der alten Vorsichtigen und stützenden Einrichtung erhalten.

Das wesentlichste dabei war nach meiner Dafürhalten die Gegenwart mehrerer Urkundsperson, die in jedem Falle über die Aechtheit der Verhandlungen Zeugen sein konnten.

Jetzt, /:das heißt seit ohngefähr einem Jahrhundert im Durchschnitte sind wir auf einen einzigen Richter und einen Aktuar herunter gekommen. Man mag von sogenannten öffentlichen Glauben der Gerichte und der Protokolle so viel gutes Sagen als man kann, so lehrt doch die tägliche Erfahrung, daß viel niedergeschrieben wird, was weder in den Worten noch in dem Sinne derjenigen liegt, die gerichtlich vernommen werden: und woher soll denn, wenn dieser unglückliche Fall eintritt, der Beweis für den getränkten Anschuldigen genommen werden?

Doch wohl nur aus dem Munde der Zeugen.

Ich freue mich also, daß es nach den Ausdrüken des allerhöchsten Reskriptes bereits in den Absichten den gesezgebunden Macht zu liegen scheint, die Beiziehung zweier Zeugen zu den peinlichen Untersuchungen allenthalben und durchaus zu verordnen, und warum sollte es nicht für die gewöhnlichen peinlichen Gerichte geschehen, da bereits diese allerhöchste Vorschrift für die Spezialgerichte bestehet?

Alles, was man dagegen anführt, hat in meinen augen lange nicht das Gewicht, um das Wohlthätige der Institution selbst aufzuwiegen. Gemein Leute, sagt man, müßen gewöhnlich die Stelle dieser Zeugen vertreten. Als wenn in dem gemeinen schlichten Menschenverstande nicht Kraft genug läge, zu bemerken, was wahr oder falsch geschrieben worden, was geschehen oder nicht geschehen, gesagt oder nicht gesagt worden ist! Darum allein ist es zu thun, und dafür genüget der gewöhnliche Hausgebackene Menschenverstand allenthalben.

So wie Moliere dem größen Menschenkenner, keine seiner unsterblichen Arbeiten so lange gefiel, bis seine alle Köchin ihren Beifall nicht dazu gegeben hatte.

<u>Auch die vermehrten Kosten scheinen als ein erhebliches Hinderniß gegen die befragte</u> Anordnung betrachtet zu werden.

Einer Regierung, die so viel gutes und kostbares für die bürgerliche Ordnung unternimmt, wie die unsrige möchte ich diese Betrachtung mit einmal vorlegen, und wenn in der kleinen Markgrafschaft Burgau die Sache ohne Schwierigkeit hat eingeführt werden können, was sollte den in dem weit umfaßenden Baiern entgegen stehen?

Außerdem sehe ich nicht ein, warum die ehrenvolle Beiziehung zu einem peinlichen Gerichte nicht eben so wie der Dienst in der National Garde umsonst geleistet werden könnte, zumal wenn mit den Zeugen nach Umständen abgewechselt wird, wobey ich kein Hinderniß finde, wenn ich bei dem Gesichtspunkte fest stehen bleibe, daß sie blos Urkunds Personen sein sollen. Hat man doch schon zu Carls V Zeiten 7 Schöffen bezahlen und für es kommen dürfen, was immer anbrauchbaren Menschen und Quellen geworden seyn?

<u>Man führt ferner die jetzige, bessere und zahlreichere Besetzung der Gerichte an.</u>

Begriff und Ausdruk von besser sind relativ, und die Zahl der Beamten ist nicht nur auf gerichtliche Gegenstände allein, sondern auch auf unzählbare außergerichtliche berechnet. Unsere Landgerichte sind schon durch den Umfang ihrer Geschäfte ehewürdig, und die Acten bewähren, daß selten mehr die Landrichter selbst die peinlichen Untersuchungen führen können. Es werden also junge Rechtsgelehrte gebraucht, denen ohne Beleidigung die nöthige Erfahrung gröstentheils abgesprochen werden kann. Wie wohlthätig erscheinet nicht schon in dieser Hinsicht allein die Beiziehung rechtlicher und verständiger Männer als Zeugen ihrer Handlungen?

Muß nicht ihre Gegenwart die Aufmerksamkeit junger Richter nothwendig wege erhalten, ihre Hitze mäßigen? Stets ihre Gewißenhaftigkeit ansprechen, und ihre Ehrbegierde schärfen? Von den Actuaren will ich gar nicht reden: denn ein großer Theil derselben besizt schon nicht Sprachkenntniß genug um richtig zu schreiben. Haben wir doch bei diesem höchsten Gerichte schon manche Protokolle unter die Augen erhalten, die wir nur mit der grösten Mühe und Anstrengung lesen konnten. <u>Endlich fürchtet man auch für das Gerichts Geheimniß, wenn gemeine Leute beigezogen werden.</u> Allein die Gabe oder die Tugend im Geheimniß zu bewahren, ist meines Wissens noch ein für einen ausschließenden Antheil der Gelehrsamkeit überhaupt, und der Rechtsgelehrsamkeit insbesondere gehalten worden; ja ich wage es aus voller Ueberzeugung zu behaupten, daß ich einen gewißenhaften gemeinen Mann, der auf das Stillschweigen geschworen, in der Regel für eben so verschweigen, als einen jungen Richter halte; und dann gehöre ich unter diejenigen, die das oeffentliche nicht das heimliche Verfahren für die höchste Vollkommenheit des peinlichen Prozesses halten, wovon jedoch hier der Ort nicht ist, in die geeignete Ausführung einzugehen.

München, den 19. Dezember 1809

---

v. Kielen
Votum

über die Frage, ob in Criminal Sachen, zur Instruction zwei Zeugen oder Beisitzer adhibirt werden sollen.

So sehr ich von der Unzulänglichkeit unserer dermaligen Criminal Prozeß Instruktion für die Garantie der Rechte eines angeschuldigten Staatsbürgers überhaupt bin, und Ignoranz, die Leidenschaftlichkeit oder den bösen Grillen des instruirenden Richters wirksam Mittel einzuführen: so glaube ich doch, daß sich dieser Zwek durch die Adhibirung zweier Zeugen beyer Criminal Instruktion keineswegs erreichen lasse, und daß diese Einrichtung überhaupt mit zu vielen Inconvinienzen verbunden sey, als daß sie mit Erfolg realisirt werden könnte.

Meine Gründe sind folgende:

1) Abgesehen davon, daß bei manchen Landgerichte Leute als Zeugen aufgestellt werden müßten, die weder lesen noch schreiben, folglich auch nicht über die geschriebenen Verhandlungen urtheilen könnten, so würde doch auch selbst von vernünftigen und gebildeten Bürgern und Bauern, wenig Nutzen zu erwarten seyn.

Diese Zeugen sollten nemlich dafür stehen,

a. daß alles richtig zu Protokoll genommen werden,

b. daß keine Suggestiven mit unterlaufen, und

c. daß sich der Inquirent keine gesezwidrigen Mittel erlaube.

Allein

ad a. ist es phisisch unmöglich, daß nicht mehr und nicht weniger, als was der Inquirent und der Inquisit spricht, zu Protocoll komme.

Wer diesen Saz leugnet, hat entweder einmals inquiriret, oder er hat die Absicht, die wahre Beschaffenheit der Sachen zu vorhanden. Bei Confrontationen, bei langen Erzählungen, die ein Inquisit macht, und in hundert andern Fällen kommt nicht strictissime das, was gesprochen werden ins Protokoll, und man lese nur Constitute. so wird man gewöhnlich in dem Antworten, nicht den Inquisiten, sondern nur den Inquirenten sprechen hören.

Im Gründe kommt es aber auch nur darauf an, daß diejenigen Fragen und Antworten, die entscheidend sind, ganz vollkommen getreu eingetragen werden.

Nur für eine solche Eintragung könnten also auch die Zeugen verbindlich gemacht werden, allein wie könnte man ihnen zumuthen, das Entscheidende vom nicht Entscheidenden zu unterscheiden, und sollten also wohl durch die Beiziehung solcher Zeugen andern Protokolle als unsern bisherigen hervorzubringen seyn? Ferner

ad b. Wie kann ein solcher Zeuge – und man mache sich dabei einen lebhaften Begriff von diesen Leuten, die oft mehr Natur, als civilisirten Menschen gleichen würden, – unterscheiden, was eine Suggestivfrage sey, und was keine, da dieß oft selbst der Richter nicht kann, ja öfters in Collegien darüber gestritten wird.

ad c. Was hingegen, die gesezwidrigen Mittel betrift, so würde ein solcher Zeuge sie wohl oft für rechtmäßig halten, und glauben, wie er mit seiner jurisdictione domestica unter Kindern und Gesinde verfahre, das därfe dedm Richter wohl auch nicht untersagt sey.

Überhaupt aber:

d. Vergesse man nicht, daß ein solcher Zeuge seine Obrigkeit controlliren soll, und daß er daher gröstentheils, theils aus Furcht, theils aus Unkenntniß, theils aus Hochachtung sich damit begnügen wird, die Rolle eines Statisten zu spielen.

e. Die Erfahrung hat mich, der ich sehr häufig in Gesellschaft solcher Leute inquirirte, vollkommen überzeugt, daß sie nicht nur nichts nützen, sondern häufig auch schaden. Bald merken sie gar nicht auf, bald unterbrechen sie unter irgend einem Vorwand das Verhör, bald schwäzen sie wohl gar darin, vorzüglich aber bekümmern sie sich am allerwenigsten um das was protocollirt wird, sondern wollen nur durch neue Geständnisse des Inquisiten unterhalten seyn und schlafen auch wohl mit unten, wenn es nach ihrer Meinung langweilig hergeht.

Auch ist ein nicht ausser Acht zu lassender Nachtheil, daß sie alles wieder ausschwäzen, wogegen der ihnen abzunehmende Eid keineswegs schüzt, und daß dadurch – wie ich Beispiele selbst aus den ehemalig oesterreichischen Staaten aufweisen könnte – die ganze Untersuchung verdorben wird.

2) Würde es aber auch keine geringe Schwierigkeiten machen, immer genug Leute zu diesem Geschäfte aufzutreiben.

Der Gewerbsmann hat seine Zeit zu was andern nöthig, als sie in den Verhör-Stuben zu verlieren.

Wollte man immer dieselben Personen für eine ganze Inquisition adhibiren, wer wollte sich, wenn die Inquisition lange Zeit zum Beispiel Jahr und Tag andauert, und wenn es, wegen der Menge der Complizen viel zu verhören giebt, dazu gebrauchen laßen?!

Um Cosequent zu bleiben, müßte man ferner auch bei Zeugen, Vernehmungen in Criminalsachen jene Zeugen adhibiren. Allein dann gäbe es bei manchen Gerichten keinen Tag, wo sie nicht erfoderlich wären, und ich fürchte, daß sie dann in manchen Gegenden zur nicht zu bekommen wären, und daß sich jeder gegen dieses Geschäft, das ein zweiten Wachtdienst wäre, sträuben würde.

Zudem müßten diese Leute auch entschädigt werden, was nach einem sehr mäßigen Anschlage jährlich wohl mehr als 100,00f. Kosten würde.

Endlich:

3) Scheint auch die Beiziehung der Zeugen ganz dem Prinzipe unserer dermaligen Criminal Prozeß-Instruktion entgengen zu sein.

Bei dieser ist nemlich alles auf dem hidem des Instrumenten berechnet, und dieser Fides ist die einzige Bedingung, unter der sich ein Urtheil denken lässt.

Die Beiziehung von Zeugen aber hebt jener hidem wiederum auf, und gereichtet auf solche Art das Prinzip, auf welches alle Einrichtungen bei unserer Criminal Prozeß Instruction gegründet sind.

Im Grunde genommen bleibt man auch mit dieser Beiziehung zweier Zeugen immer nur auf halben Wege stehen.

Denn, wenn man den Instrumenten nicht vollkommen traut, so muß man auch den todten Achten nicht trauen, und dieß führt dann natürlich auf nichts anders, als auf das Bedürfniß eines öffentlichen Verfahrens.

Hindurch, aber auch nur hindurch wird beabsichtete Zweck vollkommen erreicht.

Man laße also instruiren, wie man bisher instruirte, den der Instruction muß von keiner Seite ein Hinderniß in dem Weg gelegt werden.

Am Ende aber gestatte man ein öffentliches Verfahren, wo der Inquisit noch alles zu seiner

Vertheidigung anführen, und wo er über den Gand der Instruction von einem dritten frei vernommen werden kann.

Auf solche Art wird der beabsichtete Zwek vollkommen erreicht werden, ohne in die Inkonvenienzen zu verfallen, die bei Adhibirung zweier Zeugen immer unvermeidlich sind.

<u>Schema der Abstimmungen.</u>

Die Beisitzer sind weder nüzlich noch räthlich.	Dagegen werden folgende Modifikationen begutachtet.			Die Beisitzer sind räthlich und nüzlich.
	Abtheilung wichtiger und minder wichtiger peinlichen Untersuchungen.	Abtheilung nach der Verschiedenheit des peinlichen Verfahrens.	Beiziehung eines Concommissairs oder Assessors.	
Miller	Miller 1	Miller	Miller	Zweckl
Aichberger	Aichberger 2	Aichberger	Aichberger	Schaaf
Prenntner	Cloßmann 3	Gerngroß 4	von der Becke 7	Oesterreicher
Büller		Maier 5	Büller 8	Geyer
Gerngroß		Wolfanger 6	Gerngroß	Schellhas
Primbs			Bannwarth 9	Hinsberg
Stürzer Sen:				Gramm
Bannwarth				Unterrichter
Maier				B: Marie Eglise
Wolfanger				Kaltenbrunner
Reindel				Schaden
Molitov				11
Cloßmann				
Liebeskind				
Stürzer jun:				
Kielen				
von der Becke				
Ad Majora				
17				

Seine des Herrn Präsident Grafen von Reigersberg Exzellenz bemerkten nach erfolgter Eintragung sämmtlicher Abstimmungen zum Protokoll.

den 5. Jänner 1810

Unter den anwesenden acht und zwanzig Mitgliedern glauben nach dem ebenbemerkten Schema 17 der Abstimenden, die Beiziehung zweier Beisitzer bei dem peinlichen Verfahren der gesezgebenden Gewalt aus verschiedenen Gründen nicht anrathen zu dürfen. Theils besorgen sie, wenn zwei gewöhnlich aus der minder gebildeten Volks-Klasse zu wählende Individuen Kenntniß von dem gerichtlichen Verfahren erhalten, Verletzung des bei Untersuchungen so wichtigen Geheimnißes, theils erachten sie ihre Anwesenheit nicht als Controle über den ohnehin vollen Glauben und volles Zutrauen verdienenden Inquirenten zum Besten des Inquisiten von irgend einem wesentlichen Nutzen, da man weder auf die Unabhängigkeit dieser Zeugen von Ersteren, noch auf ihre Achtsamkeit zu Gunsten des leztern zählen könne.

Vielmehr besorgen einige Votanten, Zögerung des Untersuchungs-Verfahrens dürfte öfters die Folge dieser für die beigezogenen Individuen lüstigen, und die Prozeß-Kosten mehrenden, ihrem Zweke nach der Praxis nicht entsprechenden Förmlichkeit werden.

Inzwischen wollen unter diesen 17 Votanten 9 der Stimmenden dennoch nicht unbedingt die Beisitzer ganz ausgeschlossen wißen.

Einige tragen darauf an, daß bei peinlichen Untersuchungen über sehr schwere Verbrechen andere, daß bei den wichtigsten Verhandlungen des Untersuchungs Prozeßes theils zwei Beisitzer, theils ein Conkommißär beigezogen werde.

Gegen diese gutächtliche Meinung stimmen bestimmt 11 Votanten. Diese begutachten die Wiedereinführung der gesezlichen Vorschrift, wornach die Beiziehung zweier Beisitzer dem Inquirenten vorgeschrieben wird. Sie finden darinn die Schutzwähre des Inquisiten sowohl gegen die Mißgriffe, als die Mißhandlung des etwa beleidigten, oder vom blinden Eifer zur Entdekung eines Verbrechens geleiteten Inquirenten. Sie besorgen die Verletzung des Geheimnißes zur Nachtheile der Sicherheit des Staates, und Ausforschung des Verbrechens nicht, indem der Eid und die Strafe die Zeugen zur Verschwiegenheit anhalten.

Mit Beziehung auf die oesterreichischen und andere Gesezgebungen neuerer Zeiten, mit Anführung der Vortheile des öffentlichen Verfahrens im Criminal-Prozeße, mit Berührung mancher auf die dermalige Bestellung der die Inquisition führenden Gerichte Bezug habenden Berüksichtigungen werden in einzelnen Abstimmungen die nähere für die Beiziehung der Beisitzer sprechenden Gründe ausführlich dargelegt. Bei dieser Lage der Abstimmungen, wo demnach acht Votanten die Beiziehung zweier Beisitzer bei dem Untersuchungs-Prozeße nicht für räthlich und nüzlich erachten: neun Votanten dieser Meinung gleichfals, jedoch unter solchen Beschränkungen beitreten, wodurch sie den Zwek ihrer Beiziehung auf eine andere Art zu erreichen glauben, endlich eilf Votanten dagegen bestimmt auf die Wiedereinführung – der gesezlichen Vorschrift, daß zwei Beisitzer als Zeugen des Inquisitions Verfahrens beizuziehen seyen, antragen, so wird es am zwekmäßigsten sein, das sämmtliche Abstimmungen enthaltende Plenar Protokoll mit diesem Resümé in Abschrift mittels Remißberichts der allerhöchsten Stelle allerehrerbiethigst vorzulegen, worauf ich hiemit mit der Bemerkung den Schluß ziehe, daß übrigens die Beibehaltung der Königreiches, wo solche ohnehin bisher gesezlich war, von der eminenten Stimmenmehrheit für räthlich erachtet wurde.

München, den 3. Jänner 1810

6. Sitzung Nr. IV

Abgehalten den 23ten Juni 1811.
Gegenwärtig waren:
Seine Excellenz der königliche geheime Staats- und Konferenz-Minister
Herr Graf von Reigersberg,
Die königliche wirkliche Herrn Geheimen Räthe,
von Zentner,
von Krenner, Senior,
Carl Graf von Arco, Exzellenz,
Freiherr von Aretin,
von Effner,
on Feuerbach,
Graf von Welsperg, dann
der auf allerhöchsten Befehl hinzu
berufene Hofrath und Professor
von Gönner.

Nach Ablesung und Unterzeichnung des Protokolls vom 16ten dieses eröfneten Herr Geheimer Rath von Feuerbach den vereinigten Geheimen Raths Sekzionen, daß Sie nach den Beschlüssen derselben die §: §: 3. 4. 5. 6. und 7.
<u>Vom Verhältnisse der Strafsachen zu andern,</u>
<u>besonders Zivil-Sachen</u>
nach vorherigem Benehmen mit Herrn Hofrath von Gönner anders redigirt, und aus den Gründen, von ihrer früheren Fassung abgegangen, weil Sie sich überzeugt, daß der von Herrn Hofrath von Gönner aufgestellte Grundsaz, daß das Forum criminale alle in einer Zivil-Sache vorkommende anzeigen, so auf ein Verbrechen Bezug haben, an sich ziehen und diese als Denunziazion behandelt werden müsse, richtig und in Sraui nicht zu umgehen sein, ohne in mancherlei Inkonsequenzen zu verfallen.

Das angegebene Marginale für diese Art: sein zu eng, und die Nothwendigkeit ein anderes zu surrogiren, würde sich nach Durchgehung der §: §: von selbst darstellen.

Die hier vorliegende Hauptfrage löse sich in vier untergeordnete Fragen auf, und die Bestimmungen hierüber müsten im Zusammenhange entwikelt werden, denn dieselbe liesen sich nicht wohl trennen, und es sein nötig, sie im Ganzen zu geben.

Der Art: 3. des neuen Entwurfes der mit den folgenden §en in der Beilage enthalten, behandle das Verhältniß der Straf-Sachen zu den andern im Allgemeinen, orto causarum tractandorum, und Sie glaubten, es sein Zwekmäsig, über diesen einzelnen Art: abstimmen zu lassen, und bei den folgenden immer diejenige mit einander zu nehmen, die im Zusammenhange stehen.

Herrn Geheimer Rath von Feuerbach machten bei der vorgelegten Fassung nur den weiteren Vorschlag, der Saz: <u>auch gehet in der Verhandlung</u>, mit einem besondern Abschnitt in diesem Art: anzufangen.

Auf die von Seiner Exzellenz, dem königlichen Geheimen Staats- und Konferenz Minister Herrn Grafen von Reigersberg über den Art: 3. verfügten Umfrage

wurde derselbe angenommen, und nur statt
<u>Sind nicht gebunden</u>
zu sezen beliebt,
sind nicht beschränkt,
auch wurde der Saz
<u>auch gehet in der Verhandlung,</u>
als ein neuer Abschnitt in demselben Art: aufgenommen.

Seine Exzellenz Herr Geheimer Rath Carl Graf von Arco behielten sich vor, Ihre Erinnerungen über die Fassung dieser Art: im Ganzen nachher vorzulegen.

Die Art: 4. und 5. der neuen Fassung nach der Beilage, welche Herr Geheimer Rath von Feuerbach vortrugen, enthielten die Bestimmungen auf die Frage:

was hat der Richter zu beobachten, wenn bei ihme eine Zivil- und Kriminal Sache zusammentrifft, und er eine Untersuchung deßwegen zu veranlassen hat?

Nachdem Herr Geheimer Rath von Feuerbach diese Bestimmungen durch einige angeführte Falle versinnlicht, und ihre praktische Anwendung auseinander gesetzt hatte, gaben Seine Exzellenz Herr Geheimer Rath Carl Graf von Arco folgende Äusserung zu Protokoll.

Sie müsten gestehen, daß Sie diese neue Redaction nicht ganz befriedige.

Schon bei dem ersten Augenblike hätte Ihnen der ersten in den ältern Artikeln 5. 6. et 7. in Deutlichkeit nachzustehen geschienen, und bei wiederholter Durchlesung und Prüfung hätten Sie das gleiche Resultat gefunden.

Der Haupt Einwurf, welchen Herr Hofrath von Gönner dieser frühern Redaktion gemacht, hätte darin bestanden, daß er den Saz darin durchgeführt wünschte, daß das forum criminale als orobilius in allen Fällen und ohne allen Unterschied, die früher im Wege der Zivilklage vor den Zivil Gerichtshöfen hängige Sache an sich ziehen solle.

Allein es seine gleich bei der ersten Diskussion von Herrn Geheimen Rath von Feuerbach mehrere Inkonvenienzion mündlich entwikelt werden, welche mit der durchgängigen Anwendung dieses Sazes verbunden wären.

Soviel Sie sich deren auswendig erinnern könnten, hätten sie vorzüglich darin bestanden.

In dem Verluste so mancher Beweis-Mittel, für den Kläger im bürgerlichen RechtsVerfahren, deren er sich bei der allgemeinen Ansichziehung der Sache ex capite fori nobilioris nicht mehr würde bedienen können.

In der zu grosen Gefahr, jeden Beglagten schon wegen des Rubrums der Klage vor der Kriminal Gerichte zu ziehen, als z.B. in dem Falle, wo action ex condictione furtive angestellt wird, wiewohl noch kein zureichender Verdachts-Grund gegen den Beklagten ausgenommen den in dem Klagslibelle enthaltenen Assorten bestehe.

Allerdings seien diese Inkonvenienzion, vorzüglich die zweite, von sehr bedeutenden Belange, und Sie könnten Sich keinen zureichenden Grund denken, aus welchem Herr Referent inder Fassung des neuen Artikels 5. seine frühere Ansichten so ganz aufgegeben habe.

Sie hätten sehr gewunschen, und wünschten noch, daß es dem Herrn Referenten gefällig gewesen ware, die Motive und Gründe seiner neuen Fassung in einer besondern zur Litographie gebrachten Entwickelung dem Herrn Votanten mitzutheilen.

Es scheine Ihnen stets zu weit gegangen zu sein, jede Zivil Klage, welche aus dem Grunde eines Verbrechens gegen eine dessen beschuldigte Person erhoben werde, also <u>auf das blose Rubrum der Zivilklage</u>, da diese wie bekannt, nach dem baierischen Judiciar Codex nicht dokumentirt zu werden brauche, sogleich als Denunciation zu behandeln.

Man müsse, wie es Ihnen scheine, hier unterscheiden: wann diese Zivilklage erhaben werde?

Denn sie könne gestellt werden, entweder Nach geendigtem Kriminal Prozesse, oder her noch ein Kriminal-Prozeß, gegen den Beklagten bestanden.

Ersterenfalls entweder

a) weil der Kriminal Richter das punitum damnorum satisfactionis et eapensarum gleichzeitig mit dem Kriminal Urtheil zu entscheiden übersehen, oder

b) weil das von ihm circa hac puncta gefällte Urtheil damals nicht zum Vollzuge kommen konnte, und erst in dem Zeitpunkte, wo der Beschuldigte zu besseren Vermögens-Umständen gelangte, geltend gemacht werden könne.

In diesem Fällen könne die vor der Zivil Behörde gestellte Klage an <u>und für sich selbst nicht</u> mehr die Natur der Denunciation annehmen, und es erscheine die geseßliche Bestimmung hier offenbar als futil; denn sie ruhe auf dem Kriminal Urtheile über ein bereits schon abgewandeltes Verbrechen oder Vergehen.

Werde aber diese Zivilklage angestellt, noch Ehe ein Kriminal Prozeß über das vorkommende Factum gegen den Beklagten bestanden, so betreffe diese Klage meist nur die Fälle eines betrügerischen Geschäftes.

Denn wegen mörderischen Anfalles, Raubes, Diebstahles Brandlegung und solcher schweren Verbrechen begründe wohl

Niemand eine Zivilklage auf Schaden Ersaz, weil er dem Beklagten den Beweiß nach bürgerlichem Verfahren wohl nie Würde machen können.

Dießfalls werde der Beschädigte ohnehin von selbst stets den Weg der Denunciation des Factums, ohne positive Bestimmung der Person als dem mit sicherer wählen.

Wenn also die Zivil Klage nur auf den Grund eines betrüglichen Geschäftes gestellt würde, und werden könnte; so wäre es, wie es Ihnen scheine, viel zu voreilig, schon diese gewöhnlich nie dokumentirte Klage, sogleich zur peinlichen Denunciation zu stempeln, und dadurch jeden Beklagten, der auch sehr wohl unschuldig sein könnte, sogleich dem Ungemache der peinlichen Untersuchung zu unterwerfen.

Erst, wenn aus dem Verlaufe des Zivil Prozesses, die Schuld des Beklagten sich offenbare, könne und sole das Amt des peinlichen Gerichtshofes eintreten, wie es auch der Art: 6. der älteren Fassung sehr richtig verordnen, bei welchem Sie es auch belassen würden.

Herr Geheimer Rath von Feuerbach bemerkten hierauf, daß Sie im Grunde Ihre Ansicht nicht geändert, sondern nur durch die sehr richtige Erinnerung des Herrn Hofrath von Gönner aufmerksam gemacht, die damals erhobene Fragen und Anstände berüksichtiget, und die Fälle, so nach ihrer Verschiedenheit nicht klar genug entwikelt gewesen, näher aus einander gesezt, und alle dagegen angebrachte Bedenklichkeiten beseitiget zu haben glaubten. Als Gründe für Ihre neuere Fassung gaben Sie folgende an:

1.) Sein in allen Fällen, woe in Verbrechen auf welche eine Art angebracht werde, und zur Kenntniß des Richters komme, immer nur der Kriminal Richter competent.
2.) Jede Zivil Klage auf den Grund eines Verbrechens, sein Ihrer Natur nach schon eine Denunziazion, es sein der Unterschied blos der, daß dort die Privat Person zunächst nur auf Geltendmachung ihrer Privat Rechte aus dem Verbrechen antrage, welches dem Staate rüksichtlich seiner öffentlichen Rechte aus dem Verbrechen gegen den Angeschuldigten zustehe.
3.) Sein die Meinung des Herrn Grafen von Arco Exzellenz ganz gegen den, dem Inquisizions-Prozeß nothwendigen Grundsaz, wornach das untersuchende Richteramt sogleich zur allgemeinen Untersuchung verpfichtet sei, sobald es irgend eine Notiz über das Dasein eines Verbrechens erhalten habe.
4.) Sein nicht ausgesprochen, daß sogleich auf eine solche gegen eine bestimmte Person gerichtete Anzeige der Untersuchungs-Prozeß eingeleitet worde, sondern es heiße nur, eine solche Anzeige sole als Denunziazion betrachtet werden.

Wie sich der Kriminal Richter bei einer Denunziazion zu benehmen, welche Förmlichkeiten er hiebei zu beobachten habe, hierüber seien die Vorschriften in den Art: 63. bis 68.

enthalten, welche Sie ablasen, um dadurch noch mehr zu begründen, daß die Sicherheit der einzelnen Personen durch die Bestimmungen der Art: 4. und 5. nicht gefährdet werde.

Auch Herr Hofrath von Gönner gaben zu Rechtfertigung der vorgelegten Fassung folgendes zu Protokoll:

Nach dem Beschusse des königlichen geheimen Rathes seien die Art: 4. bis 7. vom Herrn Geheimen Rathe von Feuerbach und Ihnen in genauen Überlegung genommen, und die neue Redakzion sein das Resultat, worüber Sie nach mehreren sorgfältigen Berathungen übereingekommen, um einen Gegenstand von so hohem Belange mit aller Umsicht und Vollständigkeit zu bestimmen.

Daß man Sie im Art: 4. und 5. der neuen Redakzion dem Zivil Richter es zur Verbindlichkeit gemacht, das Zivil Verfahren zu suspendiren, wenn eine Zivilklage gegen ein bestimmtes Individuum aus einem Verbrechen angestellt, oder wenn sich im Verlaufe eines Zivil Prozesses hinreichender Verdacht einer strafbaren Handlung herauswerfe, beruhe auf folgenden Gründen:

1.) Der Zivil Richter würde hierüber einen strafrechtlichen Gegenstand präjudiziell entscheiden, also seine Gerichtsbarkeit über ihre Grenzen erstreken;
2.) Auch passé der ganze Zivil Prozeß mit seinen Kontumazialfolgen durchaus nicht auf Gegenstände, welche der Strafgerichtsbarkeit angehören, und das derselben eigenthümliche Verfahren voraussezen;
3.) Jede Zivilrechtlich angebrachte Klage, sobald sie gegen ein bestimmtes Individuum die Beschuldigung eines Verbrechens enthalte, sein schon in der That eine Denunziazion, sie müsse also auch vom Gesezgeber, der keinen Akkusazions Prozeß zulasse, als Denunziazion ergriffen werden.
4.) Hierdurch würde auch weder dem Kläger noch dem Angeschuldigten präjudizirt; Nicht dem Kläger, denn dieser habe vielmehr den doppelten Vortheil, daß er keine Prozeßkosten tragen müsse, und daß der Richter ex officio auf Erforschung der Beweise den Bedacht nehme. Nicht dem Beklagten oder Denunziaten, indem gegen denselben nicht eher eine Untersuchung angefangen werde, bis vom Denunzianten Beweismittel angegeben, diese vom Richter erhoben, und so beschaffen seien, daß aus ihnen ein zur Eröffnung der Untersuchung gegen den Denunziaten hinreichender Verdacht hervorgienge.
5.) Seze man nun hinzu, daß der Staat auf Verbrechen von Amtswegen inquiriren müsse, ohne Unterschied, durch welchen Weg das Dasein eines Verbrechens ihm bekannt würde, so lasse sich an der Richtigkeit der vorgeschlagenen Artikel 4. und 5. nicht zweifeln.

Seine Exzellenz der Herr Geheimer Staats- und Konferenz-Minister Graf von Reigersberg liesen über die Art: 4. und 5. abstimmen. Herr Geheimer Rath von Feuerbach und Herr Hofrath von Gönner Erklärten sich wiederholt für die vorgelegte Fassung der Art: 4. und 5.

Herr Geheimer Rath von Zentner äusserten, Sie seien nach den gegebenen Erläuterungen und nach den Bestimmungen der Art: worin von der Denunziazion gehandelt werde, mit der vorgelegten Fassung der Art: 4. und 5. verstanden, da eine solche Anzeige immer mit einem hinreichenden Verdachte begleitet sein müsse, ehe der Kriminal Richter eine Untersuchung gegen Jemanden einleiten könne, und nicht ausgesprochen werde, daß Jemand auf eine solche Anzeige gleich vor den Kriminal Richter gezogen werde.

Die Frage seie nur, ist das angeschuldigte Verbrechen verübt worden, wer hat es begangen, welche Verdachts-Gründe stehen denjenigen entgegen, der dessen Beschuldigt worden?

Die Untersuchung dieser Fragen stünde auf jeden Fall den Kriminal Richter zu, und wolle man solche bei den Zivilrichter verhandeln lassen, so würde dieser immer als incompetent dabei erscheinen.

Herr Geheimer Rath von Krenner erklärten sich für die angegebene Fassung des Art: 4. wegen dem Art: 5. aber äusserten Sie, daß es schwer sein, sich deßwegen zu entscheiden, denn einer Seits trage die Bestimmung das Gepräge der Härte an sich, den Kriminal Richter sogleich auf ein nicht unterstüztes

Klag Libell in einer Zivil Sache abgegeben, auftreten, und eine General-Inquisizion welcher die Spezial Inquisizion fast immer schnell nachfolge, einleiten zu lassen, welches nach den bisherigen Gesezen nie der Fall gewesen, anderer Seits sein es aber auch richtig, daß sobald es sich von einer Anzeige eines begangenen Verbrechens handln, der Zivil Richter nie competent seie, und also nie ordnungsmäsig verfahren könne.

Diesen lezten Grund hielten Sie für überwiegend, und erklärten sich deßwegen auch für die vorgelegte Fassung des Art: 5.

Seine Exzellenz Herr Geheimer Rath Carl Graf von Arco äusserten, keine der Ihnen entgegen gesezten Gründe hätten Sie bis jezt zu der Überzeugung gebracht, Ihre gegebene Ansichten verlassen, und der vorgeschlagenen Fassung der Art: 4. und 5. beitreten zu können.

Die Erfahrung würde zeigen, wohin diese Grundsäze führen, und wie sehr die Bürger eines Staats zu bedauern, gegen welche die angewendet worden. Sie hielten Ihre Gründe noch immer für überwiegend und bleiben bei Ihren Ansichten.

Herr Geheimer Rath Freiherr von Aretin erklärten sich für die vorgetragene Fassung der Art: 4. und 5. und äusserten, alle Bedenklichkeiten, so dagegen angebracht, scheinen Ihnen durch die Bestimmungen in der Art: welche von der Denunziazion handelten, hinlänglich widerlegt.

Herr Geheimer Rath von Effner theilten die von dem Herrn Referenten gegebene Ansichten nicht, sondern warum der Überzeugung, daß da es sich hier von dem Inquisizions- nicht Akkusazions Prozesse handle, und man voraussezen müsse, daß jeder Unterthan der Pflicht, Verbrechen auch ohne alles Privat Interesse anzuzeigen, nachkommen werde, das Verfahren des Zivilrichteers nicht sogleich sistiret, und derjenige, gegen den eine solche Anzeigen gemacht worden, auf diese blose Anzeige in die Hände des Kriminal Richters geliefert werden könnte, Sie glaubten vielmehr, sie könnten pari passu neben einander verfahren, und es seie hinlänglich, wenn dem Zivil Richter auferlegt würde, von einer solchen Anzeige den Kriminal Richter durch abschriftliche Mittheilung in Kenntniß zu sezen, sein Verfahren aber in so lange fortzusezen, bis er entweder im Zivil Prozesse auf zureichende Verdacht Gründe, oder auf Beweise stoße, welche Ihme die Überzeugung von der Richtigkeit der Anzeige verschaffen.

Weiter würden Sie nie gehen, denn erscheine Ihnen bei der Verschiedenheit des Verfahrens des Zivil- und Kriminal-Richters zu besenklich, die Leichtigkeit, jeden Unterthan vor ein Kriminal Gericht zu bringen, so sehr zu begünstigen.

Herr Geheimer Rath Graf von Welsperg stimmten für die vorgelegte Fassung der Art: 4. und 5. und fanden hiebei um so weniger Bedenken, als in dem nachfolgenden Art: 6. die Grenzen der Gerichte so genau angegeben, und ein fortdauerndes gleiches Verfahren des Zivil-Gerichtes mit dem Kriminal-Gerichten in einer und derselben Sache eine Vermengung der Jurisdikzion und manche andere Inkonsequenzen zur Folge haben würde.

Nach der Mehrheit der Stimmenden

> wurden die Art: 4. und 5. nach der vorgetragenen Fassung angenommen.

Herr Geheimer Rath von Feuerbach lasen die neue Fassung der Art: 6. und 7. nach der Beilage ab, und bemerkten, daß durch den Art: 6. der eigentlich einen nothwendigen Übergang zu dem Art: 7. bilde, die Kompetenz der Zivil- und Kriminal-Gerichte bestimmt werde. In der früheren Fassung seie das Prinzip nicht so vollkommen ausgesprochen worden, allein da gegenwärtig diese Lehre so ganz erschöpfend gegeben werde; so hätten Sie diesen Abgang ersezt, auch die Bestimmung aufgenommen, daß der Betheiligte von dem Untersuchungs-Richter in den angegebenen Fällen vernommen werden müßte, um ihn dadurch zu sichern, daß er die erste Instanz nicht verliere.

Bei der über die Art: 6. und 7. von Seiner Exzellenz dem königlichen geheimen Staats- und Konferenz-Minister Herrn

Grafen von Reigersberg erfoderten Abstimmung erklärten sich Herr Hofrath von Gönner und die Herrn Geheimer Räthe von Zentner, von Krenner, Freiherr von Aretin und Graf von Welsperg für die vorgelegte Fassung dieser Art: nur bemerkten Herr Geheimer Rath von Krenner, daß Ihnen die Fassung des Num: 2. im Art: 7. etwas dunkel scheine.

Seine Exzellenz Herr Geheimer Rath Carl von Arco äusserten:

Die Bestimmungen dieser benden Art: seien in dem ältern Art: 5. des Entwurfes viel kürzer und gediegener, und doch vollständig genug enthalten. Daß die Competenz des Kriminal-Gerichtshofes sich auch auf privatrechtliche Zwischenpunkte erstrecke, die eine Vorfrage rüksichtlich des Untersuchungs-Gegenstandes betreffen, scheine zwar eine Anomalie im bürgerlichen Rechtsverfahren zu sein, welche sich aber nicht beseitigen lasse, wenn man nicht den Gang der Kriminal Prozedur verwirren, und in das unendliche verlängern wolle.

Sie stimmten daher für die Beibehaltung des alten Art: 5. des Entwurfes.

Herr Geheimer Rath von Effner erinnerten, es seie noch ein groses nicht gelöstes Problem, ob man auch dem Kriminal Richter das Erkenntniß über Entschädigung und Genugthuung überlassen solle, diesem so entgegen zu sezen, daß der Beschädigte eine ganze Instanz verliere, und daß die Beweis-Art bei dem Kriminal Richter ganz verschieden von jener bei dem Zivil-Richter seie, auch ohne Unrecht dem Beschädiger bei dem Kriminal Gerichte nicht wohl die Mittel zum Gegenbeweise entzogen werden könnten, die er bei dem Zivil Richter hätte anbringen können. Diese Befugniß dem Kriminal Richter per compromissum aufzutragen seie bedenklich, weil dem Beschädiger so gut, wie dem Beschädigten die Wahl des Gerichtes frei belassen werden müßte, und dadurch der Willkühr zu viel Spielraum gegeben würde. Der Fall könnte sich sehr leicht ereignen, daß auf Anrufung des Beschädigten ein halb instruirter Akt von dem Kriminal Richter zu dem Zivil Gerichte hinüber gegeben, und dort wieder von Neuem instruirt werden müßte.

Um diesem willkührlichen und unsistematischen Gange auszuweichen, würden Sie festsezen, daß dem Kriminal Richter blos das Erkenntniß über Kosten und Wiedererstattung eingeräumt, jenes wegen Entschädigung und Genugthuung aber dem Zivil-Richter vorbehalten werde, denn Sie hielten es für zu bedenklich, Entschädigung und Genugthuung bei dem Kriminal Richter ausstreiten zu lassen.

In Folge der gegebenen Abstimmungen wurde nach der Mehrheit

die vorgetragene neue Fassung der Art: 6. und 7. angenommen.

Herr Geheimer Rath von Feuerbach trugen den Art: a port 7. nach der Beilage vor und bemerkten, daß dadurch die sehr schwierige Frage, wegen welcher sie sich mit Herrn von Gönner mehrmal benommen, entschieden seie.

<u>Wenn ein Zivil-Gericht innerhalb seiner Kompetenz ein Urtheil gefällt, und dadurch eine Vorfrage in einer bei einem Kriminal-Gericht anhängigen Sache entschieden hat, in wie weit wird dadurch das Kriminal Richterliche Erkenntniß praejudiciret?</u>

Der entgegen gesezten Fall finde seine Entscheidung in dem folgenden Art:

Auf die von Seiner Exzellenz dem königlichen geheimen Staats- und Konferenz-Minister Herrn Grafen von Reigersberg verfügte Umfrage erklärten Sich Herr Hof-Rath von Gönner für die Fassung und gaben folgendes zu Protokoll:

Man müsse von dem Saze ausgehen, daß die Erkenntnisse der Zivil- und Kriminal-Gerichte, von einer Staatsbehörde gefällt, auf gleiche Achtung und Wirksamkeit Anspruch hätten, solange nicht die Eigenheiten der Beweismittel in einem oder dem andern Verfahren eine Ausnahme begründeten; habe also z.B. ein Zivil Gericht eine Ehe für gültig erklärt, weil Urkunden oder Zeugen den Beweis darüber geliefert, so seie das Dasein dieser Ehe für alle Zivil- und Kriminal Gerichte entschieden. Umgekehrt wäre es widersprechend, wenn man einen Angeschuldigten als Dieb zur Strafe verurtheilen, und seine Verbindlichkeit zum Schadens Ersaze vor dem Zivil Gerichte bezweifeln wollte.

Nur soferne manche Beweismittel im Zivil-Prozesse statt fänden, welche dem Kriminal Prozesse fremd seien, müsse man dieser Eigenheiten wegen die Zivilrechtlichen Mittel in dem Falle vorbehalten, wenn der Angeschuldigte aus Mangel hinreichender Beweise rüksichtlich der Strafe von der Instanz losgesprochen würde. Auch mußten dritten Personen, welchen ein Strafurtheil zum Nachtheil gereicht, und welche ihre Zivilrechtlichen Befugnisse noch nicht geltend gemacht, oder vertheidigt hätten, den Gegenbeweis vorbehalten.

Auf diese Weise würde die Gefahr vermieden, Erkenntnisse der Zivil- und Strafgerichte in Widerspruch zu sezen, und dennoch seien die darunter befangene Zivil Rechte eines Betheiligten aufrecht erhalten. Folglich sein durch die gemachten Vorschläge alle Kollision zwischen den Erkenntnissen beider Gerichte und die Gefahr gehoben, daß das Erkenntniß eines von beiden Gerichten in die Sphäre des andern unbefugterweise eingriffe.

Herr Geheimer Rath von Zentner vereinigten sich mit der Fassung des Art: a port 7. Herr Geheimer Rath von Krenner fanden in der Anwendung der hierin enthaltenen Voraussetzung viele Schwierigkeiten, vorzüglich bei einem vorhandenen Rechtskräftigen Urtheile, da diese Voraussetzung die Entscheidung der

Prozesse sehr erschweren werde, erklärten sich aber gleichwohl für die Fassung.

Seine Exzellenz Herr Geheimer Rath Carl Graf von Arco äusserten:

Die Bestimmung dieses Art: vorstehe sich von selbst. Nur über die in fine enthaltene Klausel, vorausgesezt, daß seines Erkenntniß auf solche Beweise gegründet, welche auch im Untersuchungs Prozesse zulässig seien, nähmen Sie noch einigen Anstand.

Ihnen scheine es, daß der im bürgerlichen Verfahren vollkommen hergestellte Beweiß, auch ohne den Unterschied der gebrauchten Beweismittel gelten sollte und müßte.

Was einmal zureichend und vollständig bewiesen seie, müsse es in jedem statu causae, und in jedem soro bleiben. Eine Abweichung von diesem Saze würde unendliche Irrungen, Streitigkeiten und Prozeß Verlängerungen veranlassen.

Übrigens seie die in dieser Klausel vorkommende Exception soweit, daß sie den ganzen an und für sich richtigen Saz umstöße.

Herr Geheimer Rath Freiherr von Aretin erklärten sich bestimmt für die Fassung des Art: a port 7., indem ohne die darin aufgenommen Voraussezung die Beendigung der Prozesse zwar erleichtert, allein das Schiksal des Angeklagten erschwert würde.

Herr Geheimer Rath von Effner äusserten, der ausgesprochene Saz seie an sich zwar richtig, allein Sie würden ihn anders und um jeder unrechten Auslegung vorzubeugen, so fasten:

Die in einem Zivil Prozeß angebrachten Beweise können von dem Kriminal Richter in soweit angenommen, und ihnen die Kraft eines vollkommenen Beweises zum Vortheile wie zum Nachtheile des Angeschuldigten beigelegt werden, wenn diese Beweise von Ersterem untersuchte und von der Art befunden werden, daß sie auch im Untersuchungs Prozesse zulässig wären.

Herr Geheimer Rath Graf von Welsperg erklärten sich für die vom Herrn Geheimen Rathe von Effner vorgelegte Fassung, indem sonst diese Ausnahme die ganze Rache aufhebe, und manche Inkonsequenz daraus entstehen könnte.

Die Mehrheit bestimmte sich

> für die vom Herrn Geheimen Rathe von Feuerbach vorgelegte Fassung des Art: a port 7. und dieselbe wurde angenommen.

Herr Geheimer Rath von Feuerbach lasen den Art: 3. port 7. nach der Beilage ab, wodurch die entgegen gesezte Frage beantwortet wird, nemlich

> in wie weit präjudizirt ein Erkenntniß des Kriminal Richters jenes des Zivil Richters, wenn dadurch eine Vorfrage in ei-

ner bei dem Zivil Richter anhängigen Sache entschieden wird?

Herr Geheimer Rath von Feuerbach führten einige Fälle an, wodurch diese Theorie deutlicher hingestellt wurde.

Seine Exzellenz der königliche geheime Staats- und Konferenz Minister Herr Graf von Reigersberg verfügten hierüber die Umfrage.

Herr Hofrath von Gönner erklärten sich für die Fassung, eben so Herr Geheimer Rath von Zentner, jedoch würden Sie den Nus. 2. dieses Art: deutlicher sezen, indenen sonst in der praktischen Anwendung dieser Bestimmungen sich manche Schwierigkeiten zeigen würden.

Auch Herr Geheimer Rath von Krenner fanden in der praktischen Anwendung dieser Lehre manchen Anstand: erklärten sich aber von der Richtigkeit des Sazes überzeugt, für die Fassung nach einer deutlichen Redakzion des Nus 2. des Art: β.

Seine Exzellenz Herr Geheimer Rath Carl Graf von Arco äusserten:

<u>Ad Num: 1.</u> desselben seien Sie damit verstanden.

<u>Ad Num: 2.</u> Eben so.

Im Ganzen ginge also Ihre Meinung dahin, daß die Fassung der alten Art: 4. 5. 6. et 7. der neueren Fassung Der Art: 3. – 6. port 7. allerdings vorzuziehen sein.

Herr Geheimer Rath Freiherr von Aretin erklärten sich ohne alle Erinnerung für die Fassung des Art: β port 7.

Herr Geheimer Rath von Effner gaben Ihre Abstimmung dahin, daß Sie sich mit diesen Ausnahmen nie verstehen, und nie annehmen könnten, daß die Entscheidung eines Kriminal Gerichtes als vollgeltend dem Zivil Gerichte hinüber gegeben werden, denn die Arten der Beweise seie bei beiden Gerichten so verschieden, so heterogen, daß sie nicht vermengt werden könnten. Im Kriminal Prozesse seien artifizielle Beweise gestattet, im Zivil Prozeß nicht und mit welchem Rechte wolle man einem Beklagten die leichtere Beweismittel entziehen, die der Zivil Richter jene aber der Kriminal Richter zugebe.

Sie müßten sich ganz gegen diese Fassung erklären, und könnten nie für Annahme dieser Grundsäze stimmen, welche offenbar die Rechte eines Beklagten verkürzen.

Herr Geheimer Rath Graf von Welsperg stimmten für die Fassung, da die Erinnerung des Herrn Geheimen Rath von Effner auf die Fragen wegen der Jurisdikzion zurükgehe, welche durch den Art: 4. entschieden sein.

Herr Geheimer Rath von Feuerbach machten den Vorschlag, zu deutlicherer Fassung des Nus 2. dieses Art: nach dem Wunsche einiger Mitglieder

<u>Statt gegen dritte privatrechtlich Betheiligte</u>

zu sezen:

"zum Nachtheile dritter privatrechtlicher Betheiligten"

indem nur in dem Worte Gegen in der Zusammenstellung einige
Undeutlichkeit liege.

Auch könnte nach der Erinnerung des Herrn Hofrath von
Gönner in Nummer 1. statt
> die Beweise der Schuld

gesezt werden:
> "die Beweise der Verbindlichkeit."

Mit diesen beiden Änderungen wurde die Fassung des Art: β.
port 7. nach der Mehrheit der Abstimmungen angenommen.

Herr Geheimer Rath von Feuerbach giengen hierauf zu dem 2n
Kapitel des Prozesses in Strafsachen über, welches
> von den zu Besezung des Gerichtes erfoderlichen Personen
> und deren Eigenschaften

handelt.

Herr Geheimer Rath von Feuerbach lasen den Art: 46. ab.

Art: 46.

I.) Von Besezung des untersuchen-den Gerichts.

Bei Untersuchungen über Verbrechen wird zu jeder gerichtlichen Handlung; welche auf Begründung rechtgültigen Beweises wider den Angeschuldigten gerichtet ist, die Gegenwart 1.) des Untersuchungs Richters, 2.) eines beeideten Protokollführers, und überdies 3.) bei Verhören des Angeschuldigten oder der Zeugen die Zuziehung zweier beeideten Gerichtszeugen erfodert.

Ausser obigen Voraussezungen, wie bei Aufzeichnung der ersten Veranlassung der Untersuchung, bei der Unterredung des Vertheidigers mit dem Inquisiten und dergleichen, ist die Gegenwart des Untersuchungs-Richters oder des beeideten Protokollführers allein hinreichend.

Herr Hofrath von Gönner erinnerten, daß hier und in dem
Art: 49. von einem Protokollführer im Gegensaze des Untersuchungs-Richters gesprochen werde. Im Oesterreichischen Codex §: 288. werde er Aktuar genannt, mehr seie er auch nicht und mehr könne er auch nicht sein. So wie der Protokollführer in den beiden Art: 46. und 49. dargestellt sei, sollte man denken, er führe das Protokoll, und er seie dem im Art: 48. benannten Untersuchungs-Richter als eigentlicher führer des Protokolls entgegen gesezt. Dieses könne aber nicht sein, wenigstens nicht noch der Organisazion der baierischen Kriminal Gerichte, denen die Annahme ihres Schreiber-Personals überlassen sei. Wolle man also nicht jene Organisazion mit dem Codex im Widerspruch sezen, so müsse man.

1.) davon ausgehen, daß der Untersuchungs-Richter das Protokollführer, und der Aktuar es schreibe.

Hiernach müsse man aber auch

2.) Namen und seine Funkzion besonders Art: 49. Abändern,

3.) doch so, daß er bei seiner Pflicht auf alle Handlungen aufmerksam sei, und Nichts Aufzeichen, als was vorgegangen.

Da die Geschäfte des Protokollführers erst im Art:49. behandelt werden, so wurde nur

> von den Herrn Geheimen Räthen, ohne sich über die Erinnerung des Herrn hofrath von Gönner selbst noch zu äussern, einsweil beliebt, den Namen Protokollführer im ersten Absaze des Art: 46. in jenen Aktuar abzuändern, weil voraus zu sehen, daß diesem die Fassung des Protokolls nicht anvertraut werden kann, da hiezu meistens Schreiber oder Praktikanten gewendet werden, obschon Herr Geheimer Rath von Feuerbach, gegen diese Änderung erklärt, weil man diese Benennung nicht in allen Theilen des Königreichs könne, und man glauben könnte, es müßte der Amts-Aktuar dazu verwendet werden.

Auf eine fernere Erinnerung aber, daß der Untersuchungs-Richter oder der Aktuar allein kein Gericht bilde, und folglich auch nicht ein förmliches Protokoll über die erste Veranlassung der Untersuchung abgehalten könne, wurde nach dem Vorschlage des Herrn Geheimen Rath Freiherrn von Aretin und nach verfügter Umfrage

> beschlossen, den zweiten Absaz des Art: 46. anfangend:
> ausser obigen Voraussezungen ganz auszulassen.

Art: 47.

Eine von nicht gehörig beseztem Untersuchungs-Gericht vorgenommene gerichtliche Handlung ist nichtig, und soll, wo dieses thunlich, und für das Endurtheil nothwendig ist, auf Kosten des Untersuchungs-Richters wiederholt werden, welcher leztere überdies mit einer Ordnungsstrafe von fünf- bis fünfzig Gulden zu belegen ist, vorbehaltlich der etwa noch verwirkten schwereren Strafen, wenn dabei Betrug oder andere rechtswidrige Handlung zum Grund liegt.

Der blose Mangel der Vereidung wird durch nachfolgende Ablegung des Eides gehoben, vorbehaltlich des Ersazes der durch solche Nachlässigkeit veranlaßten Kosten, und der wider den Untersuchungs-Richter zu verfügenden Ordnungs-Strafe.

Gegen den Schluß dieses Art: wurde das Bedenken erhoben, daß es doch oft manchen Nachtheil haben könnte, wenn z.B. alle Glieder des Gerichtes, den bei seinem Dienstantritte beeidigten Richter ausgenommen, bei einer Gerichts Verhandlung nicht wären beeidigt worden, und dieser Mangel erst durch nachfolgende sollte, dieses auch vorzüglich, nach der Meinung des Herrn Geheimen Rath von Krenner, bei einem nicht beeidigten Aktuar bedenkliche Folgen haben könnte.

Nach verfügter Umfrage

wurde daher beliebt, den Schluß des Art: 47. nach dem Vorschlage des Herrn Geheimen Rath von Zentner auf folgende Art zu redigiren:

"Der blose Mangel der Vereidung einer oder der andern Gerichts-Person wird durch nachfolgende Ablegung des Eides gehoben, vorbehaltlich usw."

Art: 48.

II.) <u>Von dem Untersuchungs-Richter.</u> Der Untersuchungs Richter hat die Untersuchung den bestehenden Gesezen gemäs, unter Leitung des Obergerichtes zu führen.

Er ist nicht nur für seine eigenen Handlungen oder Unterlassungen, sondern auch, soferne ihm hiebei irgend eine Fahrlässigkeit zur Last fällt, für die Handlungen oder Unterlassungen der ihm beigegebenen Personen, besonders für die Richtigkeit der Protokolle verantwortlich.

Welchen Personen das Amt eines Untersuchungs Richters zusteht, wie dieselben zu prüfen, zu bestellen, zu verpflichten, ist durch besondere Verordnungen bestimmt.

Herr Geheimer Rath von Feuerbach bemerkten, daß Sie in diesem Art: nicht sehr ins Detail eingegangen, und nicht gesagt hätten, das Stadtgericht, der Landrichter seien untersuchende Richter, weil dieses als organische Bestimmung blos den Reglementar-Verfügungen vorbehalten bleiben müsse.

Eure von Herrn Geheimen Rathe von Krenner gemachten Bemerkung, daß Sie sich den Aktuar als eine selbstständige von dem Untersuchungs Richter unabhängige Person dächten, die zur Kontrolle des Richters da seie, folglich auch das Protokoll selbst ohne daß es ihme diktirt werde, führen, und folglich auch für die Richtigkeit der Protokolle allein verantwortlich sein müsse, ohne geachtet, wurde nach erfolgter Abstimmung

von den übrigen Herrn Geheimen Räthen die Fassung, des Art: 48. angenommen, weil es schwer und fast unmöglich, bei allen Landgerichten Aktuar zu finden, welche die hiezu nötige Eigenschaften besezen, und doch der Richter als erste Person des Gerichtes, die das Ganze leitet, für die Richtigkeit des Protokolls verantwortlich sein müsse.

Diese Gründen sezten Herr Geheimer Rath von Krenner weiter entgegen, daß wenn wirklich der Mangel an brauchbaren Aktuarien so groß seie, daß man die zu Führung eines ordentlichen Protokolls nötige Personen nicht finden könne, so müsse

Baiern auf die Ausübung einer zwekmäsigen und ordentlichen Kriminal-Justiz Verzicht thun.

Art: 49.

III.) Amt des Protokollführers.

Der Protokollführer ist verbunden, alles was vor Gericht Verhandelt wird, auf der Stelle, (:nicht blos aus dem Gedächtnisse:) pünktlich aufzuzeichnen, am Schluß der Verhör den Inquisiten oder den Zeugen ihre Aussagen vorzulesen, für die gehörige Einrichtung und Aufbewahrung der Protokolle und Akten zu sorgen, und, gleich jeder andern Gerichts Person, über Alles, was er im Gerichte hört oder sieht, oder sonst in Bezug auf die vorhabende Untersuchung erfährt, bei Strafe Verlezten Amtsgeheimnisses, gewissenhaftes Stillschweigen zu Beobachten.

Bei diesem Art: kamen Herr Hofrath von Gönner auf Ihre vorher schon gemachte Erinnerung zurück, und dadurch veranlaßt, äusserten Herr Geheimer Rath von Feuerbach, daß Ihren Ansichten nach ein Aktuar oder Protokoll, führen eine zum Form des Gerichtes wesentliche Person seie, und Sie sich hierunter nicht eine Maschine, nicht blos eine Hand des Richters gedacht, sondern ihme diejenige Funkzionen beigelegt, welche für denselben in allen Kriminal Gesezbüchern vorgeschrieben seien, habe man aber die Überzeugung, daß in Baiern die Aktuarien zu diesen Funkzionen nicht brauchbar, so mußten freilich die Bestimmungen dieses Art: geändert werden, und sie müßten sich auch dazu verstehen, dem Richter das Diktiren des Protokolls zu überlassen.

Herr Hofrath von Gönner wiederholten was Sie deßwegen angeführt, und äusserten, man könne annehmen, daß es bei den Untergerichten im Reiche nie anders bei Kriminal- und andern Verhandlungen, gehalten worden, und nie anders würde gehalten werden können. Die Aktuarien seien blose Schreiber, der Richter diktire das Protokoll, warum also nicht aussprechen, daß es sein solle, wie es nicht anderes sein könne.

Sie würden im Art: 48. nach den Richtern das Diktiren des Protokolls zur Pflicht machen, und die Funkzionen des Aktuars Art: 49. darnach einrichten.

Sollte man aber die Wahl des Ausdruckes im Augenblike nicht finden, so würde es vielleicht zwekmäsig sein, die Fassung inzwischen zu bearbeiten, und sie in der nächsten Sizung vorzulegen.

Die übrigen Herrn Geheimen Räthe waren aber der Meinung, daß wenn man sich einmal über den Begriff, welche Funkzionen einem Aktuar aufgetragen werden sollen, vereiniget habe, die Redakzion des Art: 49. gleich geschehen könne. Es wurde deßwegen von Seine Exzellenz dem Königlichen geheimen Staats- und Konferenz-Minister Herrn Grafen von Reigersberg die Umfrage über die Fassung des Art: 49. veranlaßt.

Herr Geheimer Rath von Zentner äussterten, daß Herr Geheimer Rath von Feuerbach dem Aktuar zu viel, Herr Hofrath von Gönner aber demselben zu wenig beilegen wollten.

Ein Protokoll in dem Seiner wie Herr Referent glaube, unter eigener Verantwortlichkeit zu führen, dazu seien die Aktuarien, so wie sie auf dem Lande und auch in Städten existirten, nicht geeignet, allein eine Controlle, daß das, was gesagt und geschehen, ins Protokoll komme, könnten sie allerdings sein, dazu gehörten nur Augen, Ohren und einige Überlegung, der Aktuar müsse Zeuge mit sein, er müsse aufmerksam auf Alles sein, was vorgehe und gesagt werde, und die Pflicht haben, Nichts aufzunehmen, was nicht vorgegangen, und nicht gesagt worden. Hierauf würden Sie die Funkzionen des Aktuars beschränken, und nicht sagen, ob er das Protokoll selbst aufnehmen, oder ob es ihme diktirt werden solle.

Herr Geheimer Rath von Krenner äussterten mit Beziehung auf Ihre schon vorgelegte Ansicht von der Bestimmung eines Aktuars, worüber der baierische Judiziar- und Kriminal Codex /:der nachgeschlagen wurde:/ sehr deutliche Vorschriften enthalte, daß wenn diese Leute zu diesem Verrichtungen nicht tauglich, Sie auch nichts sagen würden, als der Aktuar hat Alles, was vor Gericht verhandelt wird, pünktlich aufzuzeichnen.

Seine Exzellenz Herr Geheimer Rath Carl Graf von Arco vereinigten sich vollkommen mit den vom Herrn Hofrathe von Gönner entwikelten Ansichten, und würden bestimmt ausssprechen, daß der Aktuar verpflichtet, das jenige pünktlich aufzunehmen, was der Richter oder der Inquisit ihme zu Protokoll diktire, auch glaubten Sie, daß es zwekmäsig sein würde, jede Frage und Antwort, so wie sie aufgeschrieben, gleich ablesen zu lassen, weil dann sich der Inquisit und die Zeugen leichter erinnern würden, ob es so gesagt worden.

Herr Geheimer Rath Carl Graf von Arco Exzellenz fügten Ihrer Abstimmung den Wunsch bei, daß, da Herr Hofrath von Gönner über mehrere Art: des Prozesses Bemerkungen niedergeschrieben, dieselbe litographirt und vertheilt würden, weil man so; dann diese voraus durchgehen, und sich dieselbe leichter eigen machen, auch allenfalls auf ihre Widerlegung vorbereiten könnte.

Herr Geheimer Rath Freiherr von Aretin äussterten die Meinung, daß man solche allgemein Ausdrücke bei Fassung des Art: 49. wählen sollte, die auf alle Fälle paßten. Die Richtigkeit des Protokolls seie die Hauptsache, und werde diese erreicht, so seie es gleichgültig, ob der Richter solches diktire, oder ob der Aktuar solches selbst fertige. Für besser hielten Sie es, wenn es der Richter diktire, weil die größte Zahl der Aktuarien schwer eins zusammenbringen, und weil es für die Zeugen und den Inquisiten leichter wäre, das Gesagte zu fassen, wenn es von dem Aktuar allein niedergeschrieben und erst am Ende abgelesen werde.

Sie würden weglassen nicht blos aus dem Gedächtnisse und sezen:

> "Der Aktuar ist verbunden, Alles, was von Gericht verhandelt wird, auf der Stelle, nicht mehr nicht weniger aufzunehmen."

Von Einrichtung und Aufbewahrung der Akten würden Sie nichts sagen, weil dieses nicht das Geschäft des Aktuars seie.

Herr Geheimer Rath von Effner äusserten, Sie würden, obschon ins allenthalben geschehe, doch nicht direkte sagen, daß der Richter dem Aktuar das Protokoll diktiren solle, sondern aussprechen,:

> der Aktuar ist verbunden, über alles, was vor Gericht verhandelt wird, das Protokoll zu führen, und Nicht aufzunehmen, was nicht geschehen, nicht gesagt worden. Die Stelle wegen Aufbewahrung der Akten würden Sie weglassen.

Die Herrn Geheimen Räthe von Feuerbach und Graf von Welsperg, dann Herr Hofrath von Gönner nahmen die Momente der Fassung an, die Herr Geheimer Rath von Zentner vorgeschlagen. Die Stelle wegen der Akten-Aufbewahrung wäre aber auszulassen.

Nach diesen Abstimmungen

wurde folgende Fassung des Art: 49. angenommen:

III.) <u>Amt des Aktuars</u>

Art: 49.

Die Aktuar ist verbunden, auf Alles was vor Gericht verhandelt wird, aufmerksam zu sein, solches mit aller Genauigkeit aufzuzeichnen, Nichts zu Protokoll zu nehmen, wie nicht wirklich vorgekommen, ferner am Schlusse der Verhöre dem Inquisiten oder der Zeugen ihre Aussagen vorzulesen, für die gehörige Forme der Protokollen zu sagen, und gleich jeder andern GerichtsPerson über Alles, was er im Gerichte hört, oder sieht, oder sonst in Bezug auf die vorhabende Untersuchung erfährt, bei Strafe verlezten Amtsgeheimnisses, gewissenhaftes Stillschweigen zu beobachten.

Hiemit wurde die heutige Sizung beschlossen.

Unterzeichnet: Graf von Reigersberg,
von Zentner,
von Krenner der Ältere,
Carl Graf von Arco,
Ad. Freiherr von Aretin,
von Zentner,
Feuerbach,
Graf von Welsperg,

Gönner.
Zur Beglaubigung;
Egid Kobell

7. Zum Strafgesezbuch II. Theil "ad Allgemeiner Bestimmungen"

II.) Vom Verhältniß der Strafsachen zu andern, besonders Civilsachen.

Art. 3.
Untersuchungssachen gehören zu den dringenden Geschäften.

Für sie gelten, wo Gefahr auf dem Verzug haftet, keine Ferien, welcher Art sie seze mögen, sie sind nicht gebunden, an ordentliche Gerichtstage, oder an bestimmte Gerichtsstunden. Auch gelt in der Verhandlung und Entscheidung eine Strafsache stets einer streitigen Privatrechtssache vor, es müßte denn die Civilsache eine Vorfrage betreffen, von welcher die Entscheidung der Strafsache abhängig ist.

Art. 4.
Ergiebt sich in einer streitigen Privatrechtssache oder bei Gelegenheit derselben, ein zur Veranlaßung eines strafrechtlichen Verfahrens hinreichender Verdacht, so ist sogleich wegen solchen strafrechtlichen Gegenstandes der Untersuchungsprozeß zu eröffnen oder bei der geeigneten Behörde zu veranlassen, und wenn die Strafrechtssache eine Vorfrage betrifft, ohne welche die Civilsache nicht entschieden werden kann, die Verhandlung und Entscheidung der lezteren, bis zur Beendigung der ersteren zu verschieben.

Art. 5.
Wenn eine Civilklage aus dem Grund eines begangenen Verbrechens oder Vergehens gegen eine dessen beschuldigte Person erhoben wird, so ist diese Klage als Denunciation zu betrachten, mithin von dem Richter, bei welchem diese Klage erhoben worden, alles dasjenige zu beobachten, was in diesem Gesezbuche rücksichtlich der Denunciation verordnet ist. Ist aber der Richter zur Untersuchung von Verbrechen oder Vergehen nicht berechtiget, so hat demselbe diese Klage sogleich der betreffenden Untersuchungsbehörde zu zuschliessen, von welcher sodann das Geeignete zu verfügen ist.

Art. 6.
So wenig sich die Civilgerichtsbarkeit auf strafrechtliche Gegenstände erstreckt, welche mit der streitigen Privatrechtssache in Verbindung stochen, so wenig erstreckt sich die Untersuchung und Entscheidung eines Strafgerichts auf die mit einer Untersuchungssache in Verbindung stehenden civilrechtlichen Gegenstände, vorbehaltlich dessen, was im nächstfolgenden Artikel verordnet ist.

Art. 7. (alt. 5.)
Bei einer anhängigen Untersuchungssache richtet sich zugleich die Untersuchung und Entscheidung

1.) auf privatrechtliche Zwischenpunkte, die eine Vorfrage rücksichtlcih des Untersuchungsgegenstandes betreffen,

2.) auf die aus der Uebertretung oder dem Processe entstandenen privatrechtlichen Foderungen wegen Kosten, Wiedererstattung, Schadensersaz oder Genugthuung, so ferne der Betheiligte, als wozu der Untersuchungsrichter von Amtswegen, verbunden, hierüber vernommen, und solches Erkenntniß von demselben verlangt worden ist, ausserdem aber, oder wenn sich die Sache rücksichtlich solcher privatrechtlichen Foderungen noch nicht hinreichend instruirt findet ist, der Betheiligte deshalb zur besonderen civilrechtlichen Verhandlung zu verweisen.

<u>Art. a. post 7.</u>

Ein civilrechtliches Erkenntniß, durch welches eine Vorfrage entschieden ist, von welcher die Entscheidung eines strafrechtlichen Punktes abhängt, hat in dem strafrechtlichen Verfahren die Kraft eines vollkommenen Beweises zum Vortheile wie zum Nachtheile des Ungeschuldigten, worausgesezt, daß jenes Erkenntniß auf solche Beweise gegründet ist, welche auch im Untersuchungsprocesse zulästig sind.

<u>Art. b. post 7.</u>

Gleiches gilt im entgegengesezten Verhältnisse, wenn durch ein strafrichterliches Erkenntniß, eine Frage rechtskräftig entschieden worden, welche der Entscheidung einer Civilsache präjudicirt, ausgenommen.

1.) wenn der Ungeschuldigte blos von der Instanz losgesprochen worden ist, wesfalls dem Betheiligten frei steht, die Beweise der Schuld des Anderen auf dem Wege des civilrechtlichen Verfahrens geltend zu machen, ohne daß jedoch als denn das zum Vortheil des Klägers ausgesprochene Civilerkenntniß ein Präjudiz rücksichtlcih der Untersuchungssache begründete.

2.) Auch wirkt ein strafrechtliches Erkenntniß zum Nachtheil dritte privatrechtlich betheiligte Personen nur unter dem Vorbehalt des Gegenbeweises.

8. Sitzung Nr. V

Abgehalten den 30ten Juni, 1811.
Gegenwärtig waren:
Seine Exzellenz der königliche geheime Staats- und Konferenz Minister,
Herr Graf von Reigersberg;
Die königliche wirkliche Herrn Geheimen Räthe:
von Zentner,
von Krenner, Senior,
Siene Exellenz Carl Graf von Arco,
Freiherr von Aretin,
von Effner,
von Feuerbach,
Graf von Welsperg,
dann der auf allerhöchsten Befehl hiezu berufene Hofrath und Professor
von Gönner.

Das Protokoll der Sizung vom 23ten dieses wurde abgelesen und unterzeichnet.

Herr Geheimer Rath von Feuerbach bemerkten hierauf, daß die Art: 50. bis 54. welche von Einrichtung dere Protokollen handeln, nach der Ordnung eines Compendii nicht an ihrem Plaze sein würden, allein nach der Meinung der Neuesten peinlichen Rechtslehrer seien diese Bestimmungen so wesentlich, daß sie in dem Gesezbuche über den peinlichen Prozeß aufgenommen, um nicht einer reglementarien Verordnung überlassen werden könnten.

Von diesem Saze, dem Sie vollkommen beistimmten, ausgehend, hätten sie nach dem Art: 49., wo von dem Protokollführer gehandelt werde, es für den schicklichsten Plaz gehalten, diese wesentliche Bestimmungen einzureichen, wenn man nicht ein besonders Kapitel daraus wachen wollen, wozu sie sich nicht ganz eigneten.

Herr Geheimer Rath von Feuerbach lasen die Art: 50. 51.52.53. ab.

<u>Einrichtung der Protokolle.</u>

Art: 50.
Indes vollständige Protokoll muß in seinem Eingange enthalten, die Veranlassung und den Gegenstand desselben, das Jahr und den Tag der vorgenommenen Handlung, so wie die Beziehung des Ortes, wo sie geschah, und der Personen, welche dabei gegenwärtig waren, wie auch, ob diese vereidet oder nicht vereidet seid;

Art: 51.
Bei Vernehmung der Zeugen, oder des Angeschuldigten sind auf der linken Seitenhälfte des Protokolls die Fragen und gegen über auf der rechten die Antworten niederzuschreiben.

Alle Fragen und Antworten sollen ohne Veränderung in denselben Ausdrücken, womit sie gethan oder gegeben werden, verzeichnet, auch nicht in dem erzehlenden Stile in der dritten Person, sondern als selbst sprechend in der ersten abgefaßt werden.

In dem einmal Niedergeschriebenen darf kein Umstand aus gestrichen, zugesezt, oder verändert werden, alle etwa nötigen Veränderungen oder Zusäze sind eigens zum Protokolle zu bemerken, und von dem Zeugen oder Angeschuldigten durch besondere Unterschrift zu genehmen, auch von den Gerichtszeugen besonders zu unterschreiben.

<u>Art: 52.</u>

Alle Augenscheins- oder Verhörs-Protokolle müssen am Ende jeder Seite mit dem Namenszuge des Untersuchungs-Richters versehen, und am Schusse von ihm selbst, von dem Protokollführer, von dem verhörten Zeugen oder Angeschuldigten, und wenn Gerichtszeugen oder Sachverständige bei der Handlung zugegen waren, auch von diesen unterschrieben werden.

Angeschuldigte, Zeugen oder Sachverständige, welche nicht schreiben können, unterzeichnen das Protokoll mit ihrem Handzeichnen; wobei der Protokollführer, von welcher Person es herrühre, zu bemerken verpflichtet ist.

<u>Art. 53.</u>

Besteht ein Protokoll aus mehreren Bogen, so soll dasselbe mit einer blauen und weisen Schnur geheftet, und diese am Ende mit dem Gerichtssiegel auf dem Blatte befestiget werden.

Bei dem Art: 50. wurde von einigen Herrn Geheimen Räthen die Erinnerung gemacht, daß es zwekmäsig sein dürfte, auch die Tageszeit bemerken zu lassen, wo das Protokoll abgehalten wird, indem die Fälle praktisch sein konnten, wo an einem Tage zwei Protokolle mit dem nemlichen Inquisiten abgehalten werden, auch fanden Sie es deutlicher zu sezen, <u>vorgenommenen GerichtsHandlung</u>, statt vorgenommenen Handlung und statt <u>wo sie geschah</u>.

"wo dieselbe geschah".

Da diese Erinnerungen von allen Mitgiedern als zwekmäsig angenommen waren.

So wurden folgende Änderungen in dem Art: 50. beliebt:

<u>Statt das Jahr und den Tag der vorgenommenen Handbuch</u>

und statt

<u>Die Bezeichnung des Ortes wo sie geschah</u>

solle gesezt werden

"das Jahr, den Tag und die Tageszeit der vorgenommenen Gerichtshandlung, so wie die Bezeichnung des Ortes wo dieselbe geschah."

Gegen die Fassung der Art: 51. und 52.

       wurde nichts erinnert, als daß in Art: 51. um jede Misdeutung wegen der linken und rechten Seite des Protokolls zu entfernen gesezet wurde:

         "auf der einen Seitenhälfte des Protokolls die Fragen, und auf der andern die Antworten wieder zu schreiben,"

       auf am Schlusse des Art: 52. auf die Bemerkung des geheimen Rath Freiherr von Aretin gegen den Ausdruck <u>ihre Handzeichen</u>, zu sezen:

         "können oder wollen genannte Personen nicht mit unter zeichnen, es ist dieses."

Aus Veranlaß des Art: 53. äusserten Herr Hofrath von Gönner, diese Bestimmungen seien ihren Ansichten nach allerdings reglementär, und Sie wünschten, daß so vieles an der guten Einrichtung der Untersuchungs-Protokolle liege, daß dieser Art: sich mehr darüber verbreite, in so ferne diese Anordnungen nicht reglementär behandelt werden wollten.

 Es sollte z:B: befohlen werden, daß alle Verhör-Protokolle nicht auf einzelne Bögen sondern auf Sexternionen geschrieben werden, und daß für die Verhöre des Angeschuldigten ein eigenes Protokoll gehalten werde, wie dieses auch durch den Oesterreichischen Codex eingeführt.

 Wenn insbesondere die Protokolle nur auf einzelne Bögen geschrieben würden, welche man nachher auf einander lege, so werde es schwer sein, ein Protokoll, das oft aus 6. bis 12. Bögen bestehen könne, nach der Vorschrift des Art: 53. zu heften. Diese Beschwerde seie aber gehoben, wenn befohlen werde, daß zu allen Verhörs Protokollen, das Papier Lagenweis nach Sexternionen genommen; und diese nach Vorschrift des gegenwärtigen Artikels geheftet werden sollten.

 Herr Geheimer Rath von Feuerbach erwiederten auf diese Äusserung, daß die in dem Art: 53. aufgenommene Bestimmung nicht reglementär, sondern da es sich hiebei von der äussern Form der Protokolle handle, und diesen durch Beidrückung der Gerichts Siegel eine grösere Legalität beigelegt werde, so hielten sie diese Anordnung für bleibend und in das Gesezbuch allerdings geeignet. Auch seie gegen die Heftung der Protokolle nach Sexternionen Manches zu erinnern, und besonders die Übersicht dieser Protokolle für den entscheidenden Richter erschweret.

 Bei der von Seiner Exzellenz dem königlichen geheimen Staats- und Konferenz Minister Herrn Grafen von Reigersberg über diese verschiedene Ansichten verfügten Umfrage erklärten sich die Herrn Geheimen Räthe von Zentner, von Krenner, Freiherr von Aretin, von Effner und Graf von Welsperg für die Fassung des Art: 53., so wie Herr Geheimer Rath von Feuerbach sie vorgeschlagen, weil durch das im Art: 54. angeordnete Tagbuch gegen die eintreten könnende Verfälschung der Bögen, woraus die Protokolle gebildet werden, gesorgt seie, weil die Übersicht der Protokolle auf diese Art: erleichtert werde, und weil ausser dem Zeugen- und Verhörs Protokolle noch ein Drittes für Konfrontazionen und Vergleichen gebildet werden müßte.

Seine Exzellenz, der königliche geheime Rath Herr Carl Graf von Arco stimmten dem Vorschlage des Herrn Hofrath von Gönner bei, indeme derselbe den Vorzug habe, daß dadurch der möglichen Verfälschung der Protokolle vorgebeugt werde, und der Unterschied wegen der erschwerten Übersicht der Protokolle nicht gar wesentlich seie, indem dadurch jene für den untersuchenden Richter erleichtert, für den entscheidenden Richter aber in Etwas erschwert werde.

Inzwischen habe diese Art der Heftung den entscheidenden Vorzug, daß die Akten dadurch besser erhalten würden.

In Folge der Mehrheit der Abstimmungen wurde der Art: 53. nach seiner Fassung beibehalten.

Herr Geheimer Rath von Feuerbach trugen die Art: 54. und 55. vor.

Art: 54.

<u>Vom dem Tagbuche</u>

Bei jeder Kriminal-Untersuchung muß neben den Hauptakten ein besonderes Tagebuch /:Journal:/ geführt werden, worin alles, was in der Sache bei dem Gericht vorgefallen, oder eingegangen; von demselben beschlössen, gethan oder ausgefertiget worden, Tag für Tag in Kürze eingetragen wird.

Art: 55.

<u>Vom der Akten-Einrichtung</u>

Alle einzelnen, zu demselben Prozeß gehörenden Produckte sollen nach der Zeitordnung neben einander gerecht, jedes Produkt mit einem besondern fortlaufenden Nummer bezeichnet, mit einem den Akten vorzusezenden Produkten Verzeichnisse /:Akten-Designazion:/ versehen, und in einen oder mehrere Bände zusammen geheftet werden.

Gegen die Fassung dieser beiden Art: wurde nichts Wesetliches erinnert, und nur im Art: 55. statt
<u>sollen nach der Zeitordnung neben einander gereihet</u>
zu sezen beliebt
"nach der Zeitfolge geordnet"
Herr Geheimer Rath von Krenner machten wegen dieser Heftung im Allgemeinen die Bemerkung, daß solche mit vieler Vorsicht und Pünktlichkeit geschehen müsse, um jeder Vertauschung oder Verfälschung eines Bogens dieser Protokolle vorzubeugen.

Art: 56.

<u>Strafe des Protokoll führers</u>   Nachlässigkeiten des Protokollsführers gegen vorstehende Verordnungen werden nach Befinden der Umstände mit einer Ordnungsstrafe von fünf bis zwanzig Gulden geahndet.

In dem Marginale des gegenwärtigen Art: wurde nach dem früheren Beschluße die Benennung Protokollführer in jene Aktuar umgeändert, in dem Kontext aber die erstere als gleich bedeutend nach den früheren wegen dessen Geschäften gegebene Bestimmungen beibehalten.

Art: 57.

IV.) <u>Gerichts-Zeugen</u>   Die den Kriminalverhören beizuziehenden Gerichts Zeugen werden von dem Untersuchungs-Richter aus angesehenen Gerichts-Unterthanen gewählt, welche volljährig, ansässig, des Lesens und Schreibens kundig, untadelhafter Aufführung und weder mit dem Angeschuldigten, noch dem Beleidigten, nach dem Untersuchungs-Richter oder Protokollführer verwandt, nahe verschwägert oder sonst besonders befreundet sind.

Bei diesem Art: bemerkten Herr Geheimer Rath von Feuerbach, daß der erste Saz desselben wegfalle, theils nach den früheren wegen diesen Gerichtszeugen genommenen Beschlüssen, theils auch, weil diese Bestimmung als reglementär in die erlassen werdende Verordnung aufgenommen wurde.

Die gänzliche Auslassung des ersten Sazes wurde von den übrigen Herrn Geheimen Räthen nicht als nothwendig beurtheilet, sondern Sie glaubten, derselbe könnte mit Auslassung der Worte
"von dem Untersuchungs Richter"
beibehalten werden, und mit der zu erlassenden Reglementar-Verordnung bestehen.

Da aber auch erinnert wurde, daß es nötig sein werde, die Grade der Verwandtschaft der Zeugen aus Zudrücken, auch hier Aktuar statt Protokollführer zu sezen, und statt <u>besonders befreundet</u>, einen andern Ausdruk zu wählen, weil Verwandt und befreundet in gleichem Sinne genommen zu werden pflegen;

So wurde nach verfügter Umrfrage

folgende Fassung dieses Art: angenommen:

Art: 57.

IV.) <u>Gerichts Zeuge</u>   Die den Kriminal Verhören beizuziehende Gerichtszeugen werden aus angesehenen Gerichts-Unterthanen gewählt, welche volljährig, ansässig, des Lesens und Schreibens kundig, untadelhafter Aufführung, und weder mit dem Angeschuldigten noch dem Beleidigten, noch dem Untersuchungs-

Richter oder Aktuar in dem Art: 43. No 2. bestimmten Grade verwandt, verschwägert, oder auch sonst durch besondere freundschaftliche Verhältnisse verbunden sind.

Art: 58.

Sie sollen, wenn sie zum erstenmal dem Verhör beiwohnen, förmlich auf ihre Pflicht verredet, oder wenn sie schon bei einer andern Untersuchung beeidigt worden sind, dieses ihres Eides erinnert werden.

Sie sind verbunden, zu beobachten, ob die in dem Protokolle benannte Gerichts-Personen dem Termine fortwährend beigewohnt haben, ob alles, was vor Gericht geschehen, gethan, gefragt und geantwortet wordengetreu, ohne Zusaz, Weglassung oder Änderung zum Protokoll genommen, der Angeschuldigte durch keine unerlaubten Versprechung, Drohungen oder Mißhandlungen zu einem Geständnisse angehalten, oder verleitet, demselben auch das Verhörs-Protokoll am Schlusse gehörig vorgelesen, und von ihm bemerktermasen genehmigt worden ist. Überdies sind sie bei Vermeidung strenger Ahndung zur genauen Beobachtung des Stillschweigens verpflichtet.

Gegen die Fassung dieses Art: wurde erinnert, daß der Anfang desselben anders gesezt werden müsse, weil derselbe, so wie er aufgenommen, nicht mit den angegebenen und genehmigten Grundsäzen, nach welchen die Reglementär Verordnung wegen diesen Zeugen verfasst werden solle, übereinstimmt:

Folgende Fassung des Anfangs des Art: 58. wurde daher beliebt:
Sie sollen nach ihrer Ernennung und Bestätigung von den Untersuchungs Gerichten für die Dauer ihrer Amts Verrichtungen vereidet werden.
Sie sind verbunden
Die folgende Fassung dieses Art: wurde mit den Änderungen beibehalten, daß statt dem Termin gesetzt wurde
"oder GerichtsHandlung"
Statt was vor Gericht geschehen
"was dabei geschehen"
und statt von ihme bemerktermasend genehmiget worden ist
"von ihme bemerktermasen anerkannt worden ist."

Art: 59.

Die Gerichtszeugen unterzeichnen das Protokoll mit ihrer Namens-Unterschrift nebst Beifügung ihrer Eigenschaft als Gerichtszeugen.

Sie sind nicht befügt, dem Untersuchungs-Richter während des Verhörs auf irgend eine Weise einzureden, doch ist der Protokollführer verbunden, diejenigen Erinnerungen, welche sie am

Schlusse des Verhörs gegen dessen Förmlichkeit vorbringen möchten, umständlich zum Protokolle zu verzeichnen, welcher Zusaz sodann von den Gerichtszeugen ebenfalls, so wie oben verordnet, zu unterschreiben ist.

Herr Hofrath von Gönner bemerkten, daß die Aufzeichnung der Erinnerungen der Zeugen blos gegen die Förmlichkeiten des Verhörs von dem Protokollführer Ihnen zu beschränkt scheine, und Sie glaubten, es könnten von diesen Zeugen auch andern Erinnerungen zu Protokoll gegeben werden, welche ebenfalls aufgezeichnet werden müßten.
<u>Sie würden die Worte gegen dessen Förmlichkeit</u> auslassen.

Diese Erinnerung wurde als gegründet von den übrigen Mitgliederen angenommen

und beschlossen, in der Fassung des Art: 59. die Worte
<u>gegen dessen Förmlichkeit</u>
auszulassen.

Art: 60.

Der Angeschuldigte ist berechtiget, die ihm vorgestellten Gerichtszeugen aus denselben Gründen abzulehnen, aus welchen nach Art: 43. ein Richter gültigerweise abgelehnt werden kann.

Diesen Art: auszulassen, wurde aus dem Grunde beschlossen, weil diese Befugniß des Angeschuldigten schon in den Art: 43. und 44. und dem diesen beigefügten Marginale, wo es heiße
<u>Von Ablehnung der GerichtsPersonen</u>
ausgesprochen, da unter GerichtsPersonen auch die Zeugen begriffen seien, und die Hinweisung auf den Art: 43. bereits im Art: 57. verfügt worden.

Auch wurde bei Nachschlagung des Art: 44. der Ausdruck
<u>verworfen werden</u>
übereinstimmend mit der Änderung im Art: 43. in jenen "abgelehnt worden" angeändert.

Art: 61.

V.) <u>Von Besezung der erkennenden Gerichte erster und zweiter Instanz.</u>

Über keinen eines Verbrechens Angeschuldigten kann von dem Kriminal Gerichte erster Instanz ein Endurtheil gefällt werden, als in vollständiger Verhandlung, zu welcher der Präsident oder andere Vorstand des Appellations Gerichtes nebst sechs Räthen erforderlich ist.

Art: 62.

Zugehörig besezten Kriminal Gerichte zweiten Instanz wird nächst dem Präsidenten oder einem Direktor des Oberappellazions Gerichts, ein Senat von acht Oberappellazions Gerichts

Räthen erfodert.

Herr Geheimer Rath von Feuerbach bemerkten, daß hier eigentlich eine Repetizion derjenigen Bestimmungen vorkomme, welche der frühere Art: 12. enthalte, allein Sie hätten gefunden, daß diese Wiederholung gewissermasen zur Vervollständigung des Kapitels nothwendig sei, weil der Art: 12. eigentlich nur von dem untersuchenden Kriminal Gerichte spreche, und daraus sich die Folge ziehen lasse, daß in minder bedeutenden Gerichtshandlungen auch ein Senat, der nicht so vollständig besezt, verfahren könne.

Die übrigen Mitglieder, der vereinigten Sekzionen fanden diese Wiederholung unbedenklich, Und als Folge dieser Ansicht

> wurden die Art: 61. und 62. beibehalten, nur solle am Ende der Art: 61. inklarirter beigefügt werden:
> /:Art: 12:/
> auch wäre statt vollständuger Versamm- lung zu sezen
> "als in hinlänglich besezter Versammlung"
> um jeder zweideutigen Auslegung, als ob die Versammlung des ganzen Gerichtes nothwendig, vorzubeugen.

Herr Geheimer Rath von Feuerbach giengen nun zu dem nach einem früheren Beschlusse der vereinigten Sekzionen neu redigirten

Dritten Kapitel
Von den Untersuchungs Gefängnissen

über, und bemerkten, daß Sie in diesem Kapitel, worin sich über die äussere und innere Einrichtung der Gefängnisse, über die Behandlung der Gefangenen so viel sagen ließ, und worüber in manchem andern Gesezbuche soviel gesagt worden, was Ihrer inneren Überzeugung nach nur reglementär seie, und in eine besondere Verordnung gehöre, nur diejenige Hauptbestimmungen aufgenommen, welche sich in das Gesezbuch selbst eigneten, daher hätten Sie auch demjenigen, was Sie bereits früher über diesen Gegenstand bearbeitet, nur eine andere Stellung gegeben.

In den Staaten, wo die Patrimonial Gerichte noch die Kriminal-Justiz ausübten, z.B. in Oesterreich, seie es zu Sicherung des Angeschuldigten und des Staates nothwendig gewesen, ausführlichere, selbst reglementaire Bestimmungen hierüber in das Gesezbuch aufzunehmen, und dadurch zu veranlassen, daß die Patrimonial Gerichte nicht gegen das Gesez an der vorgeschriebenen Einrichtung der Gefängnisse Etwas ermangeln lassen, allein in Baiern, wo die Kriminal Justiz nur von den Königlichen Behörden ausgeübt werde, seien diese detaillirten Vorschriften überflüssig, und man könne sich auf Hauptgrundsäze beschränken.

Da Seine Exzellenz der königliche Geheime Rath Herr Carl Graf von Arco über diesen voraus vertheilten Entwurf des 3ten Kapitels ihre Bemerkungen hatten litographiren und ausgeben lassen, so kamen die Mitglieder der vereinigten Sekzionen überein, diese in Abschrift beiliegende Bemerkungen, worin der erwehnte Gegenstand nach ganz andern Ansichten behandelt wird, und die darin angezogene Art: aus dem Oesterreichischen Gesezbuche ablesen zu lassen, dann den Gegenstand einer näheren Berathung zu unterwerfen, und zu dem Entwurfe des 3ten Kapitels selbst überzugehen.

Als Seine Exzellenz Herr Geheimer Rath Carl Graf von Arco diese Ablesung beendiget, und wiederholt geäussert hatten, daß Sie die Aufnahm der angetragenen Bestimmungen in das Gesezbuch für so wesentlich ansähen, als dadurch das Finanz Ministerium für alle Zeiten gebunden werde, nach den Vorschriften dieser Geseze in Bezug auf die Einrichtung der Gefängnisse zu handeln, welches sonst bei einer blos von einem Ministerium ausgehenden reglementären Verordnung nicht wohl der Fall sein dürfte.

Von der Nothwendigkeit, einen Unterschied in der Gefangenhaltung eines gebildeten, und rohen ungebildeten Menschen zu machen, seien Sie so lebhaft überzeugt, daß Sie von Ihrem gemachten Vorschlage, auch dießfalls eine Bestimmung in dem Gesebuche aufzunehmen, nie abgehen könnten.

Wie diese verschiedene Anträge in das 3te Kapitel eingereihet werden wollten, dieses überliesen Sie ganz dem Herrn Referenten.

Herr Geheimer Rath von Feuerbach bemerkten hierauf, alle diese detaillirte Bestimmungen über die äussere und innere Einrichtung der Gefängnisse, über Behandlung der Gefangenen, eigneten sich nicht in das Gesezbuch eines Staates, wo dessen Behörden allein die Kriminal Justiz verwalten, und wo folglich keine Gefahren vorhanden, daß durch untere Patrimonial Gerichts-Stellen schreibende Mißbräuche bei Einrichtung der Gefängnisse, oder grausame Mißhandlungen des Angeschuldigten Plaz greifen könnten.

Diese Verfügungen seien nur von Lokal Verhältnissen abhängig, und Veränderungen unterworfen, das Gesezbuch möge auch darüber, noch so bestimmte Normen aufstellen, Sie werden sich in allenfalls nach diesen rohten müssen, und selbst das Oesterreichischen Gesezbuch, welches blos wegen seinen, das Criminale ausübenden Patrimonial Gerichten so umständlich über diesen Gegenstand sich berbreite, habe die Voraussezung, wenn Umstände es gestatten.

Diese Voraussezung habe sehr oft in einzelnen Fällen die Anwendung des Gesezes auf.

Der geäusserte Zwek, das Finanz Ministerium für alle Zeiten durch diese gesezliche Bestimmungen zu binden, werde ebenfalls nicht erreicht, denn wolle das Finanz Ministerium aus Überzeugung der dringenden Nothwendigkeit, aus Pflicht gegen die Unterthanen des Staates und aus Menschlichkeit Nichts thun, so würde es auch durch das Gesez, welches in einem Staate, wie Baiern, wo alle Herrschafts-Gerichte und Städte das Criminale verlohren, der Monarch sich selbst gebe, nicht dazu vermagt werden.

Aus allen diesen Gründen, und da manche der von Seiner Exzellenz dem Herrn Grafen von Arco gemachten Bemerkungen schon in dem Entwurfe selbst eingereihet, erklärten sich Herr Geheimer Rath von Feuerbach gegen die Aufnahm diese blos reglementären Bestimmungen in das Gesezbuch, sondern glaubten, daß sowohl die in dem Oesterreichischen Gesezbuch enthaltene, als auch noch manche andere bei Entwerfung einer Reglementar Verordnung benuzt werden könnten.

Eben so stimmten Sie gegen die gesezliche Aufnahme eines zu machenden Unterschiedes in Behandlung eines gebildeten und eines rohen ungebildeten Gefangenen.

Dieser allerdings billige Unterschied, für den manche Gründe Sprächen, liesen sich wohl in der Instrukzion, nicht aber in dem Gesezbuche aussorechen, denn welchen Grad der Bildung solle man zur Trennung der Gefangenen in dem Gesezbuche annehmen, oder solle man gegen die konstituzionelle Bestimmung, daß Jedermann vor dem Geseze gleich sei, aussprechen, daß nur der Adelige anders als die übrigen Unterthanen im Gefängnisse behandelt werden sollen.

Mit wenig Worten lasse sich in der Instrukzion Sagen, daß der gebildete Mann nicht mit dem ungebildeten zusammen gesperrt werden solle.

Nach näherer Beleuchtung dieser verschiedenen Ansichten, und nachdem die Mitglieder Ihre Meinungen in einer statt gehabten Unterredung entwikelt hatten, verfügten Seine Exzellenz der Königliche Geheime Staats- und Konferenz Minister Herr Graf von Reigersberg die Umfrage.

Herr Hofrath von Gönner waren der Meinung, daß der größte Theil der in dem Oesterreichischen Gesezbuche aufgenommenen Bestimmungen sich blos zu einer reglementären Verordnung eigneten, weßwegen Sie diese sowohl, als auch den zu machenden Unterschied des Gefängnisses eines gebildeten Mannes und des rohen Menschen dahin verweisen würden.

Herr Geheimer Rath von Zentner äusserten, die in dem Oesterreichischen Gesezbuche enthaltene ausführliche Bestimmungen Sprächen allerdings solche zwekmäsige Vorschriften wegen der Einrichtung der Gefängnisse und Behandlung der Gefangenen aus, daß Sie den Wunsch nicht bergen könnten, dieselbe benüzt, und dadurch der Willkühr aller Stellen in Einrichtung der Gefängnisse und Behandlung des Angeschuldigten Schreken gesezt zu sehen.

Allein, da mehrere angeführte Gründe gegen die Aufnahme derselben in das Gesezbuch selbst, Ihnen von bedeutender Erheblichkeit schienen, so würden Sie dieselbe auch auf eine Reglementar Verordnung verweisen, die aber, nachdem sie vorher in den vereinigten Sekzionen geprüft, zu gleicher Zeit mit dem Gesebuche erscheinen müßte.

Eben so würden Sie auch in der Instrukzion an die Gerichte den sehr richtig motivirten Unterschied des Aufbewahrungs Ortes eines gebildeten Manns und eines rohen Menschen aufnehmen, und glaubten, es seie unnötig, sich hierüber indem Gesezbuche zu äussern, so wie Sie überhaupt alle diese detaillirte Bestimmungen in dem Gesezbuche in der Voraussezung umgehen würden, die als geltendes Gesez von allen Ministerium und königliche Stellen befolgt werde.

Herr Geheimer Rath von Krenner erklärten sich durchaus mit den von Seiner Exzellenz dem Herrn Geheimer Rathe Grafen von Arco wegen der Einrichtung der Gefängnisse, Behandlung der Gefangenen, und dem in den Aufbewahrungs Orte eines gebildeten und rohen Menschen zu machenden Unterschieds geäusserten Ansichten verstanden, und bemerkten, daß Sie der Hinweisung dieser Gegenstände zu einer reglementären Verordnung und zur Instrukzion nur unter der Voraussezung beitreten könnten, daß diese Reglementar Verordnung eine unmittelbare Beilage und einen integrirenden Theil des Gesezbuches bilden würden.

Seine Exzellenz Herr Geheimer Rath Carl Graf von Arco äusserten, daß Sie sich zu dem vom Herrn Geheimen Rathe von Zenker gemachten Vorschlage verstehen, und ihre Mozion zurüknehmen könnten, wenn diese Reglementär Verordnung in den vereinigten Sekzionen entworfen, geprüft und mit dem Gesezbuche erscheinen würde; Rücksichtlich der Verschiedenheit der Behandlung und vorzüglich des Aufbewahrungs Orte, müßten Sie darauf bestehen, daß in dem Gesezbuche selbst der Unterschied zwischen den gebildeten und den rohen ungebildeten Menschen ausgespochen würde.

Die Herrn Geheimen Rathe Freiherr von Aretin, von Effner, und Graf von Welsperg stimmten den Ansichten und den Vorschlägen des Herrn Rath von Zentner bei

und so wurde beschlossen, die von Seiner Exzellenz, dem Königlichen Geheimen Rathe Carl Grafen von Arco vorgetragenen Bemerkungen in dem Gesezbuche selbst zu umgehen, dieselbe aber in der bei den vereinigten Sekzionen zu entwerfenden und zu prüfenden Reglementar Verordnung, welche mit dem Gesezbuche erscheinen solle, zu benuzen, und das Zwekmäsige hierin Anwendung zu bringen.

Der zu machende Unterschied in den Aufbewahrungs Orten eines gebildeten und eines rohen ungebildeten Menschen wurde auf die Instrukzion verwiesen, und die Prüfung des Entwurfes des 3ten Kapitels, von den Untersuchungs Gefängnissen bis zur nächsten Sizung ausgesezt.

Hiemit endigte sich die heutuge Sizung.
 unterzeichnet: Graf von Reigersberg.
     von Zentner,
     von Krenner, der Ältere,
     C. Graf von Arco,
     A. Freiherr von Aretin,
     von Effner,
     Feuerbach,
     Graf von Welsperg,
     Gönner.
       Zur Beglaubigung:
       Egio Kobell

Beilage I:
Allgemeine und Specielle Bemerkung
zu
dem nach Beschlusse der vereinigten Sekzionen
entworfenen 3ten Kapitel des 1ten Titels
<u>Von den Untersuchungs Gefängnissen</u>

Ob ich schon gegen keinen der in dem Entwurfe dieses Kapitels a lit: a – h inclusive enthaltenen Artikel irgend etwas zu erinnern finde, so muß ich doch im Allgemeinen bemerken.

a.) "daß eine das Kapitel selbst nicht vollständig ausgearbeitet scheinet, indem ihm mehrere wichtige Bestimmungen mangeln, die man ungerne darin vermißt."

Das Oesterreichische Gesezbuch hat diesem in der Lehre von der Criminal Procedur überhaupt, gewiß nicht umrichtigen Kapitel eine mehrere Ausdehnung und Entwiklung, und wie ich glaube, mit vollem Rechte gegeben.

Es hat den Punkt der Vorsicht gegen Entweichung a §: 309. – 312. mit besonderer Sorghalt ausgearbeitet, und es dürfte darin allerdings benüzt werden.

So scheinen mir auch die §: §: 318. 323. 324. 325. 326. der Berüksichtigung und Aufnahme in das baierische Gesezbuch würdig.

Ebenso die §: §: 329. und 330.

Die Fassung und Einreihung derselben, wäre dem Herrn Referenten zu übertragen.

b.) Ferners vermisse ich sowohl in dem Entwurfe, als auch in dem Oesterreichischen Gesezbuche irgend eine zureichende Bestimmung über den doch so nothwendigen Unterschied der Untersuchungs Gefängnisse, für die <u>Individuen aus den gebildeten und höheren Ständen, und für die ganz rohe und gemeine</u> Verbrecher.

Ich kann mich von der Überzeugung nicht trennen, daß hierüber eine geszliche Bestimmung nothwendig ist.

Der Codex Bar: Crim: hat diesen Unterschied p: 2. C. 6. §: 2. und vorzüglich §: 9. allerdings, jedoch mit der ihm eigenen Kürze behandelt.

§: 9. sagt er

"Ansehnliche Personen, soll man auch in leidentlich und ehrlicher Verwahr halten, oder nach Gestalt des Verbrechens und der Person in ihrem Hause verwachten lassen, oder wo kein periculum fugae ist, allenfalls gar nur mit Haus- oder Stadt Arrest belegen."

Ähnliche Bestimmungen wünschte ich, in dem neuen Strafgesezbuch aufgenommen zu sehen.

Hatte sich erst kürzlich ein sehr vornehmer Stadtsdiener nicht der gegen ihn erkannten Verhaltung, durch ein freizeitiges Ende entzogen, – würde man ihn wohl in ein gemeines Kriminal Gefängniß mitten unter Diebe und Mörder geworfen haben?

Keineswegs, – denn noch dem baierischen Criminal Codex hätte man es nicht gekönt.

Seze man aber den Fall, es wäre schon das neue Gesezbuch eingeführt gewesen, und dieses hätte keinen Unterschied zwischen ihm und einem gemeinen Straßenräuber hinsichtlich des Ortes der Haft, und der Behandlung während derselben gemacht, und der Gerichtshof hätte ihn dennoch in das gemeine Kriminal Gefängniß bringen lassen, welche Sensation würde wohl ein solches Verfahren hervorgebracht haben?

Zudem kömmt noch zu erwägen, daß die Verbrechen der Staatsdiener und so auch der Menschen in den gebildeten Klassen in der Regel von ganz anderer Natur, als die Verbrechen der ungebildeteren Klassen odere gar des Januern Gesindels sind.

Die Verbrechen der Ersteren bestehen gewöhnlich nicht, Diebstahl, Raub und Mord, deren sich die gewöhnlichen Verbrecher schuldig machen.

Staatsdiener und öffentliche Beamte machen sich, wie dieß auch aus dem 1ten Theile II. Buche Cap: VII. Des Entwurfes des Strafgesezbuches zu ersehen ist, vielmehr

1.) des Mißbrauchs der Amts und
2.) der Straf Gewalt,
3.) der Bestechung,
4.) der Partheilichkeit, und
5.) der Untreue im Amte schuldig.

Die ersteren Verbrechen, besonders die ad 1. 2. et 4. sind ihrer Natur nach von der besonderen Eigenschaft.

1:) daß eine und eben dieselbe Handlung, je nach Verschiedenheit der Umstände, unter welchen sie begangen wird, bald ein Verbrechen, bald ein Vergehen, bald keines von beiden sogar eine xxtliche Handlung ist, – daher das Criterium derselben oft auf sehr seinen xxx beruhrt, welche in der Verhteidigung gehörig herausgehoben und nachgewiesen, oft die Ansicht des Richters in der Würdigung der Handlung ganz ändern könne.

2:) Daß in diesen Fällen, die General Inquisizion stets mit der Special Inquisition, einigst vermengt ist, da das Vergehen oder Verbrechen nur aus schon aktenmäsig bestehenden Verhandlungen hervorgehet, und folglich hier nicht , wie bei gemeinen Verbrechen vor dem Bekenntnisse oder der Überweisung eine Art von Ungewißheit über die Person des Schuldigen bestehet, welche die Habhaftwerdung seiner Person nothwendig macht, um die Gesellschaft wenigst während des Ganzes der Untersuchung von weiteren Verbrechen, die der Verdächtige begehen könnte zu schüzen.

3:) Daß Verbrechen ersterer Art, meistens vermögliche sehr oft mit bedeutendem liegenden Eigenthume angesessene Personen sind, bei welchen die Gefahr der Flucht, viel weniger zu besorgen stehet;

4:) Daß endlich ihre Lebensart und Sitten ihnen auf eine selbst gesezlich auszusprechende Behandlung während der Untersuchung Anspruch geben, welche, wenn man nicht offenbar ungerecht und hart verfahren will, sehr abweichend von jener ausfallen muß, die gegen gemeine Diebe, Strassenräuber und Mörder Plaz greifen soll.

Wenn das übrigens in so vielen Hinsichten aus gezeichnete Oesterreichische Strafgesezbuch diese Gründe nicht berüsichtiget hat, so kann ich mir es nicht anders, als aus dem Grunde erklären, daß es in einem Zeitpunkte vefasst wurde, wo man nur den an sich zwar wahren- aber auch nur mit den geeigneten Modifikazionen wahren Spruch vor Augen hatte.

<u>Alles seye vor dem Gestze gleich.</u>

Ich gebe den Saz zwar zu. Aber bei <u>ungleichen</u> Verhältnissen der Personen und der <u>Natur</u> ihrer <u>Verbrechen</u> liegt in der ganz gleichen Behandlung im Gefängnisse in Hinsicht auf <u>die Art der ersteren</u> und <u>den Art des lezteren</u> Gerade die gröste <u>Ungleichheit</u>, und es wäre in der That sehr schlimm, wenn man eben in dem Zeitpunkte, wo man nur noch <u>Humanitaet</u> athmet, die <u>Humanitaet gerade dort vermissen</u> sollte, wo sie am rechten Orte stehet.

unterzeichnet:
Carl Graf von Arco

9. **Sitzung Nr. VI**

Abgehalten den 7ten Juli, 1811.
Gegenwärtig waren:
Seine Exzellenz der königliche geheime Staats- und Konferenz Minister,
Herr Graf von Reigersberg;
Die königliche wirkliche Herrn Geheimen Räthe:
von Zentner,
von Krenner, Senior,
Siene Exellenz Carl Graf von Arco, waren nicht gegenwärtig,
Freiherr von Aretin,
von Effner,
von Feuerbach,
Graf von Welsperg,
Hofrath von Gönner.

Nach der in der lezten Sizung getroffenen Vereinbarung trugen Herr Geheimen Rath von Feuerbach, nachdem das Protokoll vom 30n v: M: abgelesen und unterzeichnet war, den Entwurf des einzureifenden 3ten Kapitels vor, welches von den UntersuchungsGefängnissen handelt, und dem Protokoll abschriftlich beiliegt.   Beilage 1. · / ·

Herr Geheimer Rath von Feuerbach bemerkten, daß Sie die Art: so dieses Kapitel bilden, einsweilen mit Buchstaben bezeichnet, weil die Nummern derselben noch nicht bestimmt angegeben werden könnten.

Nach Ableseung des Art: A. und des demselben beibefügten Marginale, wurde vom Herrn Geheimen Rathe Freiherrn von Aretin erinnert, daß das Marginale zu lang sein, und entweder abgekürzt oder abgetheilt werden dürfte.

Durch diese Bemerkung veranlasst

wurde das Marginale bei Art: nach dem Vorschlage des Herrn Geheimen Rath von Effner auf folgende Art gefasst.
<u>Von den UntersuchungsGefängnissen und Behandlung der Gefangenen.</u>

Gegen die Fassung des Art: A. selbsten bemerkten Herr Geheimer Rath von Effner, daß so zwekmäsig und menschlich auch diese Abweichung von den Bestimmungen des bisherigen Kriminal Prozesses sein, und obschon Sie mit dem aufgestellten Grundsaze sich vereinigten, so fänden Sie denselben dennoch sehr weit gestellt, indeme er dem Gefangenen das Recht einräume, Beschäftigung, Licht, Bücher und andere Bequemlichkeiten in Folge des Gesezes zu fodern.

Dieses, Einem des Kriminal Verbrechens Beschuldigten zu gestatten, unterliege mehreren Bedenken, und es sein eine wichtige Frage, ob man diese Abweichung in ihrem ganzen Umfange annehmen solle.

Dieser Erinnerung sezten Herr Referent und mehrere der übrigen Mitglieder der Sekzionen entgegen, daß die in dem bisherigen Prozesse angeordnete Behandlung der Untersuchungs Gefangenen zu hart, und es sehr gefehlet sei, einen Menschen, der eines Verbrechens nur beschuldiget, in dem Verwahrungs Orte so zu behandlen wie denjenigen, der eines Verbrechens überwiesen. Die Mitglieder der Sekzionen vereinigten sich deßwegen vollkommen mit dem aufgestellten Grundsäze einer menschlicheren Behandlung des Untersuchungs Gefangenen, und der angetragenen Abweichung, jedoch mit der Beschränkung, daß nicht durch zu groste Milde die nötige Rüksicht auf den Stand eines Gefangenen überschritten werde. Aus diesen Gründen wurden Sie die Worte <u>und Ungemach</u> in dem ersten Absaze des Art: auslassen, und in dem zweiten auch noch den Fall aufnehmen, wo der Gefangene wegen besonderer Gefährlichkeit seiner Person gefesselt werden kann. Den Saz, <u>und blos so weit diese zu verhindern nöthig</u>, würden Sie umgehen, weil derselbe schon in dem ersten <u>bei besonderer Gefahr der Flucht,</u> enthalten.

Ob einem solchen Gefangenen, Beschäftigung, Licht und Bücher zu gestatten, hierüber werde die zu erlassende Reglementar Verordnung das Nähere bestimmen und wahrscheinlich der Beurtheilung des Richters überlassen, ob solches geschehen kann, oder nicht?

Herr geheimer Rath von Feuerbach gaben noch, als Ursache, warum Sie den Saz:
<u>und blos in so weit diese zu verhindern nöthig</u>
aufgenommen, an, daß Sie dadurch den Grad der Feßlung eines Gefangenen, bei dem Gefahr der Flucht vorhanden, hätten bestimmen und andeuten wollen, daß man in solchen Fällen nicht immer den stärksten, sondern nur den, den Umständen angemessenen anwenden solle. Inzwischen könnten Sie sich auch zu Auslassung dieses Sazes verstehen.

In Folge verfügter Umfrage, und nach der einstimmigen Meinung aller Mitglieder

wurde folgende Fassung des Art. A. angenommen:
<u>Art: A.</u>
Untersuchungs Gefängnisse sollen der Gesundheit der Gefangenen gefährlich und überhaupt so eingethotet sein, daß der Gefangene nicht mehr Übel leide als nötig, nur sich dessen Person zu versoichern.

Der Verhaltete soll nur wegen besonderer Gefährlichkeit seiner Person, oder bei Gefahr der Flucht mit Fesseln belegt warden.

Bei Art: B erinnerten Herr Geheimer Rath von Feuerbach,

daß die nähere Vorsichtsmaaßregeln, welche bei Anwendung dieser Bestimmungen getroffen werden müßten, Gegenstand der Reglementar Verordnung seien.

Von einigen der übrigen Mitglieder wurde hiebei bemerkt, daß der Gefangene nicht auch Brod und Wasser, als warme Speisen erhalte, es nicht überflüssig sein dürfte, beizusezen: <u>nebst Brod und Wasser eine warme Speise</u>. Auch würde es auffallen, wenn in dem Gesezbuche nicht ausgesprochen werde, wie der Gefangene im Krankheits-Zustande behandelt werde, und deßwegen würden Sie einen hierauf sich beziehenden Beisaz machen. Auch am Schlusse würden Sie näher andeuten, worin der Untersuchungs-Gefangene, in so weit es die Ordnung des Hauses zuläßt, sich eine bessere Verpflegung verschaffen kann, nemlich an Kost, Kleidung und Bettung.

^q nur bestimmt auszudrücken, daß

Bestimmt würden Sie aber in der Reglementar Verordnung ausdrücken, daß diese bessere Kost immer in dem Hause zubereitet werden müsse, und nie aus einem andern Hause dahin gebracht werden dürfe, denn die Aufsicht könne hiebei nie so beobachtet werden, daß nicht auf diesem Wege den Gefangenen Etwas zugebracht werde, auch sein der Fall möglich, daß einem bedeutenden Gefangenen, der mehrere wichtige Theilnehmer haben könnte, auf diesem Wege Gift zukommen.

Nach verfügter Abstimmung wurde die Fassung des Art: B. auf folgende Art: angenommen:

Art: B.

Lebt der Gefangene auf öffentliche Kosten, so gebührt ihme ausser dere nöthigen Kleidung, zur Schlafstätte ein Strohsak mit einer Decke, zur Nahrung aber nebst Wasser und Brod täglich eine warme Speise, und wochentlich zweimal ein halb Pfund Fleisch.

In Krankheits-Fällen erhalten die Gefangenen ihre Pflegung nach besonderer ärztlicher Vorschrift.

So weit die Ordnung des Hauses, und die erfoderliche Nüchternheit und Mäsigkeit es gestatten, darf ihme auf eigene Kosten, oder aus Unterstüzung Anderer, bessere Verpflegung an Kost, Kleidung und Bettung verschaft werden.

Auch wurde beschlossen, in der Reglementar Verordnung als unerläßlich auszusprochen, daß die bessere Kost, welche der Untersuchungs-Gefangene sich verschaffen darf, immer in dem Hause zubereitet werden muß.

Bei dem Art: C bemerkten Herr Geheimer Rath von Feuerbach, daß auch rücksichtlich der Anwendung dieser Bestimmungen in der Reglementar-Verordnung sich mehr würde verbreitet, und Ihre hiebei habende Idee würde ausgeführt werden, daß diese Begünstigung sich zu beschäftigen, nur denjenigen

Untersuchungs-Gefangenen zukomme, welche nicht eines Kapitels Verbrechens beschuldiget.

Herr Hofrath von Gönner erinnerten hingegen, daß Sie wünschten, diese Beschränkung für die eines Kapitel Verbrechens Beschuldigte würde gleich in dem Geseze ausgedrükt, denn es seie sicher, daß die Langeweile in einem einsamen Gehängnisse eine der peinigendsten Qualen für einen Gefangenen seie, und nicht selten Vieles dazubeitrage, ihn zum Geständnisse zu bringen.

Herr Geheimer Rath von Krenner vereinigten sich mit diesem Vorschlage des Herrn Hofrath von Gönner.

Herr Geheimer Rath von Feuerbach äusserten, Sie glaubten nicht, daß es nötig seie, diesen Beisaz in dem Gesezbuche zu machen, diese Bestimmungen eigneten sich blos zu der Reglementar Verordnung auch müsse man sonst noch mehrere Anordnungen aufnehmen; Ihren Ansichten widerstrebe es nicht, auch dem eines Kapitel Verbrechens Beschuldigten die Lesung der Bibel oder anderer moralischer Bücher zu gestatten, es seie eine unnöthige Grausamkeit, einem Menschen, der des Verbrechens, so man ihn beschuldigt, sein es auch das größte, noch nicht überwiesen, gleich einem schon Verurtheilten der peinigendsten Langenweile Preiß zu geben, und ihm die Lesung moralischer Bücher, welche sehr oft auf des Menschen Besserung gewirkt, und ihn zum Geständniß gebracht, zu versagen, auch gewöhnten sich die Menschen so wie Sie jezt behandelt werden, sehr leicht an einen solchen Grad von Müssiggang, daß sie nicht selten mehr verschlimmert als gebessert schon aus dem Untersuchungs-Gefängnisse heraus kommen. Der erste Saz wegen der Erlaubniß zur Beschäftigung der Gefangenen seie wichtig, in das Gesezbuch aufzunehmen, weil der Gefangene wissen müsse, welche Rechte ihm zustehen.

Die übrigen Herrn geheimen Räthe erklärten sich dafür, daß in dem Gesezbuche dere allgemeine Saz, dem Untersuchungs-Gefangenen seine Beschäftigung erlaubt, mit Umgehung der näheren Bestimmungen, die in die Reglementar Verordnung gehörten, jedoch mit dem Beisaze nach richterlichem Ermessen aufgenommen werde, denn nur der Richter können beurtheilen, welche Art von Beschäftigung nach den individuellen Verhältnissen des Gefangenen demselben ohne Gefahr des Entweichens oder sonstigen Mißbrauch zu gestatten.

Der zweite Saz des Art: der ohnehin praktisch nie ausführbar sein würde, ware, in dem Gesezbuche zu umgehen, und in die Reglementar Verordnung zu verweisen.

In dem 3ten Säze aber noch beizufügen, daß der Überschuß auch zur Unterstüzung der Angehörigen des Untersuchungs-Gefangenen zu verwenden, denn es seie Pflicht desselben für seine Familie, welche sonst öfters dem höchsten Elend Preiß gegeben, nach seinen Kräften zu sorgen.

Nach diesen Äusserungen und in Folge verfügter Bestimmung

wurde der Art: C. wie folgt, rediziret:

Art: C.

Dem Gefangenen kann nach richterlichem Ermessen jede Beschäftigung erlaubt werden, wobei keine Gefahr des Entweichens oder sonstigen Mißbrauchs zu besorgen ist.

Der Verdienst seiner Arbeit ist ihm, nach Abzug der Kosten des Materials und der Verpflegung zu verrechnen, und der Überschuß entweder zur Unterstüzung seiner Angehörigen zu verwenden, oder auf den Fall seiner wider erlangten Freiheit gerichtlich zu verwahren.

Der Absaz der alten Fassung wurde zur Reglementar Verordnung verwiesen.

Art: D.

Bei diesem Art: bemerkten Herr Hofrath von Gönner, daß Sie hier den Art: 329. des Oesterreichischen Gesezbuches wegen Behandlung der Gefangenen im Falle der Widerspenstigkeit, der sehr schön bearbeitet, aufgenommen und mit de rim Art: D. schon enthaltenen Bestimmung in Verbindung gesezt wünschten. Diesen vervollständigten Art: würden Sie aber den Art: E. und F. nachsezen, weil sich derselbe dann besser an dies beide anschliesen, da allen vorhergehende Art: von Behandlungen des Gefangenen bei ordentlichem Betragen, der neue Art: F. von dieser bei unordentlichen Betragen sprechen.

Herr Geheimer Rath von Feuerbach erinnerten hierauf, daß diese Bestimmungen auf den Fall der Widerspenstigkeit eines Gefangenen schon in dem nachfolgenden Art: 192. enthalten, und daß, wenn man denselben heraufziehe, das Nemliche unten noch einmal wiederholt werden müßte.

Die hierüber eingetretene Besprechung und die hierauf erfolgte Umfrage hatte zur Folge, daß die übrige Herrn Geheimen Räthe dem von Herrn Hofrath von Gönner gemachten Vorschlage In der Art beistimmten, daß die Bestimmungen des Art: 192. mit einigen Änderungen, mit jenen im Art: D. verbunden, und daraus der Art: C. gebildet, sohin den bisherigen Art: E. und F. nachgesetzt werden solle.

Die von Herrn Geheimer Rath von Feuerbach befürchtete Wiederholung den Anordnungen des Art: 192. könnte dadurch gehoben werden, daß im Art: 192. sich auf den Art C. bezogen würde, auch trete sie nicht ganz ein, weil die Fälle in diesen beiden Art: verschieden; denn hier im Art: C. seie von der Widerspenstigkeit eines Gefangenen und seiner Behandlung im Untersuchungs Gefängnisse, in Art: 192. aber von derselben im Laufe der Untersuchung und dem Verhöre die Rede.

Die Redakzion dieses vervollständigten Art: wurde ausgesezt, bis die beide Art: E. und F., welche nun D. und E. werden, geprüft und angenommen sind.

Art: E. und D.

Herr Geheimer Rath von Feuerbach machten den Vorschlag, in diesem Art: mit wenigen Worten den Wunsch, den Seine Exzellenz Herr Geheimer Rath Carl Graf von Arco in Ihren schriftlichen Bemerkungen vorgelegt, zu entsprechen, und eine Trennung des gebildeten von dem rohen ungebildeten Menschen in dem Untersuchungs-Gefängnisse gesezlich auszusprechen, und nach den Worten:

<u>ungeübte von besonders verderbten Verbrecher</u>

beizufügen

"Personen gebildeter Stände von andern"

wodurch diese durch manche Rüksichten unterstüzte Erinnerung sehr passend gelöset werde.

Die Mitglieder der Sekzionen vereinigten sich mit diesem Vorschlage vollkommen, und glaubten, daß wenn auch der Grundsaz hier ausgesprochen werde, die nähere Bestimmungen hierüber dennoch nach dem frühern Beschulusse in der zu erlassenden Instrukzion entwikelt werden könnten.

Dieser Beisaz in dem Geseze selbst rechtfertige sich dadurch, daß sonst die Strafe des gebildeten Menschen durch das Zusammensperren mit rohen ungebildeten schon im Voraus geschärft werde, auch der nemliche Grund zu dieser Trennung obwalte, der die Absönderung des ungeübten von dem verderbten Verbrecher veranlasse.

In Folge verfügter abstimmung

wurde der Art: D. mit dem von Herrn Geheimen Rathe von Feuerbach vorgeschlagenen Beisaz angenommen.

Art. F. und E.

Bei der Fassung dieses Art: wurde von einigen Mitgliedern bemerkt, daß der Zutritt zu den Gefangenen und die Mittheilung von Gegenständen an denselben nie anders gestattet werden dürfe, als mit besonderer Bewilligung des Richters. Die Beurtheilung, ob dieses geschehen könne, oder nicht dem Gefangenen Wärter zu überlassen, würde bedenklich und in mancher Rüksicht gefährlich sein.

Eben so unterliege die am Schluße dieses Art: den Gefangenen gegebene Bewilligung, Briefe, selbst nach der dem Untersuchungs-Richter davon zu gebenden Kenntniß zu empfangen oder zu schreiben, manchen Anständen, und es werde rathsam sein, den Saz

<u>Briefe müssen zuvor stets dem Untersuchungs-Richter eingehändiget werden</u>

ganz auszulassen.

Diese Erinnerungen von allen Mitgliedern der vereinigten

Sekzionen als gegründet angenommen

  veranlassten in dem 2ten Absaze des Art: nach den Worten:
   <u>gestattet werden, außer</u>
  den Beisaz:
   "auf besondere Bewilligung des Richters."
  und eben so in dem 3ten Absaze nach den Worten:
   <u>nichts von den Gefangenen erhalten, außer</u>
  jenen,
   "mit Beiwilligung des Richters."
  Der Saz am Schlusse des Art:
   <u>Briefe müssen zuvor stets dem Untersuchungs-</u>
   <u>Richter eingehändiget werden</u>
  solle ausgelassen werden.
   Die übrige Fassung des Art: E. wurde beibehalten.

In Übereinstimmung mit den, wegen dem alten Art: D. der
nun als Art: F. einzurücken kommt, von den Sekzionen erfolgten
entscheidungen

  wurde nachstehende Fassung des neuauchrigen Art: F. angenommen:
     Art: F.

VI.) <u>Von Ungehorsams -</u> Wenn der Gefangene durch Schmähungen, Drohworte, ver-
 <u>Strafen.</u> suchte Gewalt, oder sonst, durch hartnäkige Weigerung des
  Gehorsams gegen Befehle des Gerichts oder dessen Diener sich
  eines ungebührlichen Betragens schuldig macht, so darf derselbe nach Erkenntniß des Untersuchungs-Richters mit Verschärfung des Gefängnisses, mit Schmälerung der Kost, oder mit
  Körperlicher Züchtigung bis zu 15. Streifen bestraft werden.
   Eigenmächtige Gewalt der Gefangnen Wärter, so ferne
  nicht dieselbe zu Abwendung augenblikliche Gefahr nothwendig
  geworden, unterliegt strenger Bestrafung.

Art: G.
Gegen die Fassung des Art: G.

  wurde nichts erinnert, als daß im ersten Absaze statt:
   <u>und ob er deßhalb</u>
  gesezet werde:
   "oder ob er deßhalb"
  und daß nach dem Vorschlage des Herrn Geheimen Rath von
  Effner die Besuchung der Gefängnisse dem Untersuchungs-
  Richter in seinem Bezirke, wenigstens alle Monate, statt alle
  zwei Monate zur Pflicht gemacht wurde, indem dieses weder mit
  Kosten noch mit Zeit-Versäumniß verbunden, und sehr leicht
  von dem Untersuchungs-Richter geschehen kann.

Art: H.

Aus Veranlaß dieses Art: äusserten Herr Hofrath von Gönner, daß Sie zwar den Ausspruch des Gesezes vollkommen billigten, daß die Untergerichte einer steten Visitazion unterworfen seien, aber die Vorgeschlagene Art der Visitazion seie eigenes Bedenklichkeiten unterworfen;

a.) dem großen Kosten Aufwande wegen der das ganze Königreich jährlich durchgehenden Commission;
b.) wegen dem Verluste eines Mitgliedes bei jedem Appellazions-Gerichte wenigstens auf 3. bis 4. Monate;
c.) werde der Richter nicht so in der Ungewißheit erhalten, ob nicht eine Untersuchungs Commission zu ihm komme, wie es der Zwek erfodern, und die nötige Überraschung werde vereitelt, wenn er voraus die Zeit wisse, wann die Untersuchungs Commission ihre Geschäfte antrette.

Besser könnte es sein, wenn dem geheimen Ministerium der Justiz überlassen würde, jährlich mehrere Untersuchungen durch einen von demselben zu benennenden Kommissär anordnen zu lassen. Durch diesen Vorschlag würden alle Gerichte in steter Furcht einer Visitazion erhalten, folglich der Zweck der Visitazion vollkommen erreicht, ohne den mit dem erstern Vorschlag verbundenen Kosten Aufwand.

Diese Bemerkung des Herrn Hofrath von Gönner, welche von allen Herrn geheimen Hofräthen als vollkommen gegründet, und als sehr wesentlich beurtheilet wurde, bestimmte die vereinigte Sekzionen

den Anfang des Art: H. dahin abzuändern:
Art: H.
Jährlich sollen mehrere Untersuchungs-Behörden nach Weisung des Ministeriums der Justiz der Visitazion unterworfen werden.
Der zur diesen Zweke Abgeordnete ist verbunden.
Die übrige Fassung des Art: H. wurde beibehalten.

Herr Geheimer Rath von Feuerbach giengen nun zu der zweiten Abtheilung über

Von dem Gange der Untersuchung und den Bestand-Theilen des Untersuchungs-Verfahrens überhaupt.
1tes Kapitel.
Von dem Anfange der Untersuchung und deren Veranlassung.

und bemerkten, daß nach der angenommenen neuen Oekonomie statt zweitenAbtheilung gesezt werden müsse
"Zweiten Titel"
auch hätten Sie in diesem ersten Kapitel den angenommenen Sinn der gewöhnlichen Benennungen Anzeige, /:Denuncia-

tio:/ Anzeigung, /:indicium:/ beibehalten, und es für überflüssig gehalten, eine Schulmäsige Definizion, was hierunter verstanden werde, vorausschicken.

Herr Geheimer Rath von Feuerbach lasen folgende Art: ab.

Art: 63.

1.) <u>Allgemeine Verfügung.</u>

Der Untersuchungs Richter ist zur Eröffnung eine Untersuchung pflichtmäsig veranlasst, sobald derselbe auf was immer für eine Weise die Gewißheit oder Wahrscheinlichkeit eines Verbrechens erhalten hat.

Art: 64.

2.) <u>Von der Anzeige oder Denunziazion</u>

Anzeige /:Denunziazion:/ können erhoben werden, nicht blos unmittelbar bei dem Untersuchungs-Richter, sondern auch bei jeder richterlichen oder polizeilichen Obrigkeit, doch sind leztere verbunden, dieselbe sogleich dem zuständigen Untersuchungs-Richter zur rechtlichen Verfügung mitzutheilen.

Art: 65.

Zu einer Anzeige /:Denunziazion:/ auf welche unmittelbar eine Untersuchung eröfnet werden soll, wird erfodert:

1.) daß dieselbe bestimmt und umständlich,
2.) in sich selbst wahrscheinlich sei,
3.) auf eigener Erfahrung des Anzeigers, nicht blos auf Hörensagen beruhe, und
4.) von einer Person herrühre, welche nicht wegen ihrer persönlichen Eigenschaften zu einem Zeugnisse schlechterdings untüchtig ist.

Die von Seiner Exzellenz dem königlichen geheimen Rathe, Herrn Carl Grafen von Arco gegen den Ausdruck in No 2. dieses Art:

<u>in sich selbst wahrscheinlich sei</u>

in ihren litographirten Bemerkungen gemachte Erinnerung wurde bei Abwesenheit des Herrn Hofrathe von Gönner abgelesen, und der Prüfung der vereinigten Sekzionen untergeben.

Die Mitglieder der vereinigten Sekzionen Erklärten sich aber in Folge der hierüber statt gehabten Unterredung und nach verfügter Umfrage für die von dem Herrn Referenten angegebene Fassung, weil dieselbe positiv gesezt besser und keinen Widerspruch in sich enthalte.

Die von dem Herrn Referenten vorgeschlagene Redakzion des Art: 65. wurde beibehalten.

Art: 66.

Jede Anzeige, Sie geschehe schriftlich oder mündlich muß überdieß den Namen, Stand und Wohnort des Anzeigers, so wie das Datum, unter welchem sie geschehen, enthalten.

Art: 67.

Eine mit den vorbemerkten Eigenschaften /:Art: 65. 66.:/ nicht versehene, oder von einem völlig unbekannten herrührende, oder mittels Pasquills, Schmähschrift oder sonst rechtswidrig erhobene anzeige, ist ohne Wirkung.

Doch ist der Untersuchungsrichter verbunden, entweder die nötigen Verfügungen zu treffen, um wo thunlich, den Mängeln der Denunziazion abzuhelfen, oder, wenn dieselbe durch Anführung besonderer Thatsachen unterstüzt ist, diesen, so weit es der Ehre einer Person unnachtheilig geschehen kann, im Stillen nachzuforschen um dadurch eine grundliche Veranlassung zur Eröffnung eines Prozesses zu erhalten.

Art: 68.

Ist Die Angabe gegen eine bestimmte Person gerichtet, so muß der Anzeiger, ehe wider den angegebenen irgend verfahren werden kann, gerichtlich vernommen, und zugleich über die Beweggründe zur Anzeiger, so wie über seine Verhältnisse zu dem Angeschuldigten vernommen werden.

Hievon sind allein diejenigen Anzeigen ausgenommen, welche von einer Gerichtsperson oder einem Polizei Beamten mit Beziehung auf ihren geleisteten Amtseid geschehen.

Bei dem Art: 68. machte Herr Hofrath von Gönner die Bemerkung, es scheine Ihnen zwekmäsig, daß hier bestimmt werde, der Anzeiger seie sogleich über die Media probandi zu vernehmen, und zu derselben Angabe aufzufodern.

Über diesen vorgeschlagenen Beisaz verfügten Seine Exzellenz der Königliche geheime Staats- und Konferenz-Minister, Herr Graf von Reigersberg die Umfrage, und in Folge dieser vereinigten sich die Herrn Geheimen Räthe zwar zu einer nähern Bestimmung in diesen Art:, worüber der Anzeiger gerichtlich zu vernehmen ware, ohne jedoch ihme die Angabe der Beweismittel sogleich aufzulegen, weil es möglich, daß der Anzeiger, ohne eigentliche Beweismittel zu haben, solche Behelfe angeben könne, wodurch einem begangenen Verbrechen nachgeforscht und solches entdekt werden könne.

Die Art: 66. und 67. wurden unbedingt, der Art: 68. aber mit dem Beisaze nach

<u>Verfahren werden kann</u>

angenommen

"über den Inhalt seiner Anzeige und die zur näheren Erforschung dienlichen Behelfe."

Art: 69.

Ein Angeber ist auf Erfodern jedesmal in Person vor Gericht zu erscheinen; die nöthig befundenen näheren Aufklärungen zu ertheilen, die ihm etwa bekannten Beweismittel und sonstigen Behelfe pflichtmäsig anzugeben, auch wenn er eidespflichtig ist, und über einen Umstand aussagt, oder nicht unmittelbar durch richterlichen Augenschein erhoben warden kann, dieselbe zu beschwören verbunden.

Doch ist er nicht verpflichtet die Beweislast zu übernehmen, oder Sicherheit zu leisten, oder die Prozeßkosten vorzustrecken, vorbehaltlich dessen, was in dem <u>Gesezbuche über Verbrechen und Vergehen</u> wider falsche Denunziazion verordnet ist.

Die von Seiner Exzellenz, dem Königlichen Geheimen Rathe Herrn Carl Grafen von Arco gegen den ersten Absaz dieses Art: in der litographirten Beilage gemacht Bemerkungen wurde vom Herrn Hofrath von Gönner abgelesen, und nachdem dieselbe einer Prüfung unterworfen waren, aus den Gründen hievon Umgang genommen, weil hier nicht von einem gehässigen Denunzianten, welchen Seine Exzellenz Herr Geheimer Rath Carl Graf von Arco im Auge gehabt zu haben schienen, sondern von einem ex officio auftretenden, durch das Gesez aufgeforderten Anzeiger die Rede seie, dessen persönliche Eigenschaften und Verhältnisse nach Art: 65. ihn nicht zu einem Zeugnisse schlechterdings untüchtig machen dürfen.

Die Folge der Nichtbeeidigung würde sein, daß auf eine Anzeige, Denunziazion gar nicht gebaut werden könnte, und da das Gehässige einer Denunziazion nach dem Geseze, welches die Anzeige eines Verbrechens jedem Bürger eines Staates zur allgemeinen Pflicht mache, wegfalle, und dieser verbunden, aufzutreten, wenn ihme ein Verbrechen bekannt, so seie nicht zu verkennen, daß dessen Anzeige durch die Bekräftigung mit einem Eide mehr Glaubwürdigkeit, als ohne diesen erhalt.

Von einigen Mitgliedern wurde jedoch gegen den Ausdruck: <u>Eidespflichtig</u>: im Art: 69. erinnert, daß vorzuziehen sein werde, Eidesfähig statt Eidespflichtig, indem Mancher eidespflichtig aber nicht Eidesfähig sein könnte.

Mit der Änderung, Eidesfähig statt Eidespflichtig wurde der Art: 69. nach seiner Fassung angenommen.

<u>Art: 70.</u>

3.) <u>Von Gerichten.</u>

Erlangt der Richter Kenntniß von einem über ein Verbrechen oder dessen Anzeigung verbreiteten Gerichte, dessen Ungrund sogleich nicht offenbar ist, so soll er zuvörderst die Wirklichkeit desselben durch umständliche Abhörung der Person, wodurch er davon zuerst in Kenntniß gesezt worden, zu den Akten beurkunden, sodann aber über den Grund oder Ungrund desselben weitere Nachforschung pflegen, und ins besondere durch Abhörung derjenigen Personen, welche das Gericht fortgepflanzt haben, dessen Ursprung zu entdecken bemüht sein.

Bei diesem Art: bemerkten Herr Geheimer Rath Graf von Welsperg:

Sie glaubten in diesem Art: einen kleinen, wenigst anscheinenden Widerspruch oder doch etwas Überflüssiges zu finden, welches allenfalls auch Andere, wie Sie, irre führen könnte.

Solle nemlich der Art: 70. im Wesentlichen so viel sagen, daß ein Untersuchungs-Richter selbst nicht ein bloses Gericht unbenüzt lassen, sondern dem Grund oder Ungrund nachforschen solle, so scheine Ihnen dieses von darum wenigstens unnöthig, weil solches durch die §§: 6 3. und 6 7. zweiten Theils der die §§: 65. und 66. darin aufnehme, bereits vorgeschrieben.

Daß übrigens der §: 70. mit dem §: 67. ad Ziffer 3. des §: 65. im Widerspruche stehe, scheine Ihnen doch so ziemlich klar zu sein, denn der §: 67. ersten Theils erkläre selbst eine Anzeige, Denunziazion, die auf Hörensagen beruhe, ohne <u>Wirkung</u>, nemlich die Nachforschung eines Grundes oder Ungrundes beigegeben werde.

Sie glaubten den Herrn Referenten allerdings zu verstehen, indem Dieselbe durch die §§: 65. 66. und zum Theil auch 67. nur soviel sagen Wollten, daß über solche Anzeigen keine mit der Ehre einer Person nachtheilige Untersuchung sogleich vorgenommen werden dürfen; ob es aber hiezu nöthig seie, zu sagen, daß derlei Anzeigen keine Wirkung haben, wo ihnen doch in den §§: 67. und 70. eine Wirkung gegeben werde, dieses seie, was Sie allenfalls irre führte, und was Sie bemerken zu dürfen glaubten.

Die übrigen Mitglieder fanden diesen Widerspruch nicht ganz, indeme im Art: 67. von der Anzeige, welche von einer völlig unbekannten Person oder mittels eines Pasquils gemacht wird, hier aber im Art: 70. von einem über ein begangenes Verbrechen sich verbreiteten Gerüchte die Rede seie, und Lezteres allerdings eine Nachforschung und die Vernehmung der Personen denen dieses Gerücht bekannt, zur Folge haben, wogegen eine von einer ganz unbekannten Person, oder durch eine Schmähschrift, Pasquille gemachte Anzeige ohne Wirkung bleiben kann, in so ferne nicht leztere von mehreren Umständen begleitet, und von mehreren Personen ausgesagt zu einem die Aufmerksamkeit des Untersuchung-Richters erweckenden Gerüchte und als solches nachher behandelt wird.

Der Art: 70. wurde nach seiner Fassung beibehalten.

Art:71.

4.) <u>Von Selbstanzeige des Thäters.</u>

Zeigt Jemand sich selbst dem Gerichte als Verbrecher an, so soll demselbe, nachdem er über die Art: 169. bemerkten persönliche Fragen vernommen worden, zur umständlichen Erzählung des ganzen Vorganges angehalten, über die zur nähern Aufklärung oder weitern Nachforschung dienlichen Umstände verhört, und, nach Beschaffenheit der Umstände, sogleich in Verhalt zurükbehalten werden.

Art: 72.

5.) <u>Von den auf der Tat ertappten Verbrechern</u>

Wird ein auf der That ertappter Verbrecher vor Gericht oder vor vor eine Polizei-Obrigkeit gebracht, so sollen zuförderst die jenigen, durch die demselbe vor Gericht, oder vor die Polizei-Obrigkeit gestellt worden, über die Art seiner Erprüfung und alle dabei bemerkten Umstände, wie auch um diejenigen Personen, welche noch sonst davon unterrichtet sein können, zum Protokolle befragt, der Ertappte sogleich nach Beschaffenheit der Umstände in gefänglicher Haft zurückbehalten, und sodann unverzüglich das Weitere verfügt werden.

Art: 73.

6.) <u>Von der Privat Kenntniß des Untersuchungs Richters.</u>

Hat der Untersuchungs-Richter durch seine eigenen Sinne ausser gerichtlich einen Umstand erfahren, welcher den Anfang eines Kriminal Prozesses begründet, so soll er seine Erfahrung in Beisein eines andern Mitgliedes des Gerichts in Beziehung auf seinen Amtseid zum Protokolle erklären, worauf sodann die Untersuchung von ihm selbst fortgeführt werden darf, ausgenommen, wenn er den Thäter bei der verbrecherischen Handlung selbst gesehen zu haben behauptet; in welchem Falle die Untersuchung gegen die angezeigte Person von einem Andern geführt werden muß.

Art: 74.

7.) <u>Von dem Protokolle über die Veranlassung der Inquisizion.</u>

Über alles dasjenige, wodurch der Anfang einer Untersuchung veranlasst wird, soll ein genaues umständliches Protokoll aufgenommen warden, wobei jedoch die Gegenwart von Gerichtsbeisizern nicht erfoderlich ist.

Art: 75.

<u>Vom Gericht über das Verbrechen an die Administrativ Obrigkeit.</u>

Wenn ein Staats Verrath, Tumult, Münz, oder anderes Verbrechen angezeigt worden ist, wobei unmittelbar der Staat selbst, und die allgemeine Sicherheit vorzüglich betheiligt, oder eine vorkehrende politische Maasregel erforderlich ist, soll das General Kommissarirt des Kreises von Vorfalle unverzüglich in Kenntniß gesezt worden.

Bei dem Art: 72. bemerkten Herr Geheimer Rath von Feuerbach, daß Sie durch Aufnahme dieses Art: eine in den meisten Gesezbücher sich befindende Lücke ergänzt hätten, und da durch eine eigentliche Modifikazion der Anzeige festgesezet werde.

In Folge verfügter Umfrage

wurden die Art: 71. 72. 73. 74. und nach ihrer Fassung beibehalten, nur im Art: 75. statt
<u>oder anderes Verbrechen angezeigt worden ist</u>

gesezt:
"oder anderes Verbrechen Gegenstand der Untersuchung geworden ist"
weil es noch zu frühe seie, auf blose Anzeige eines Verbrechen das General Kommissariat Kenntniß zu sezen.

Ehe Herr Geheimer Rath von Feuerbach zu dem zweiten Kapitels von der General Untersuchung übergiengen, bemerkten Dieselbe, daß zwar ein Beschuluß der vereinigten Sekzionen vom 26ten Mai d. J. vorliege, nach welchem hier ein eigenes Kapitel über den Thatbestand, Corpus Delicti dem Gesezbuche eingereihet worden solle, allein Ihrer Überzeugung und Ihren Ansichten nach unterliege die Anwendung dieses Beschulusses manchen wichtigen Bedenken; denn müsse ein eigenes Kapitel von dem Thatbestande gebildet werden, so müsse man ganze hierauf Bezug habende Lehren herauf sezen, wodurch das Ganze in seinem Zusammenhange gestört und zerrissen werde.

Der Ganz, den Sie bis jezt angenommen, Scheide der Spezial Untersuchung genau aus, und hierin liege sicher das Wesentlichste, worauf bei Entwerfung eines Gesezbuches Rücksicht genommen werden müsse.

Zuerst werde gesagte, was ist die General Untersuchung, was hat der Richter bei der verhängten General Untersuchung zu befolgen, zu thun, um die That und den Thäter zu erforschen.

Nun würden die Mittel dieser Erforschung auseinander gesezt und behandelt, und hiebei könnten wohl einige Art: die auf den Thatbestand nach allgemeinen Ansichten Bezug haben, herauf gesezt, allein nicht eine eigene Theorie des Thatbestandes eingereihet werden, denn bei vielen Verbrechen könne dieser erst durch die Spezial Inquisizion hergestellt werden.

Herr Geheimer Rath von Feuerbach bemerkten, daß Sie die Art: angeben würden, welche, ohne den angenommenen Gang zu stören, und ohne das Ganze zerreisten, herauf gesezt werden könnten, und äusserten, die Mitglieder der vereinigten Sekzionen würden sich nach Durchgehung dieses Kapitels überzeugen, daß es bei dem nothwendigen Unterschied der General und Spezial-Inquisizion nicht thunlich, ein eigenes Kapitel von dem Thatbestande /:Corpus Delicti:/ im Zusammenhange hier einzureihen.

Die Mitglieder der vereinigten Sekzionen fanden nach diesen Äusserungen des Herrn Referenten selbst die Schwierigkeiten, den in der Sizung vom 26ten Mai d. J. genommenen Beschluß in Anwendung zu bringen, wenn man den schwer zu beseitigenden Unterschied der General- und Spezial Untersuchung beibehalten, und dieselbe nicht miteinander vermischen wolle.

Der Gang, den das Oesterreichische Gesezbuch deßwegen eingehalten, wurde nachgeschlagen und abgelesen, und sodann nach dem Vorschlage des Herrn Geheimen Rath von Zentner beliebt, zuerst das von dem Herrn Referenten bearbeitete Kapitel mit den von ihme vorgeschlagen werdenden Zusäzen zu durchgehen, und sich zu überzeugen, in wie weit dieses genüzet, oder ob man auf den frühern Beschluß wegen einem eigenen Kapitel über den Thatbestand, /:Corpus Delicti:/ zurükkommen, oder denselben verlassen solle.

Da Herr Geheimer Rath von Feuerbach sich erklärten, zur nächsten Sizung dieses Kapitel nach Ihnen Ansichten vollständig bearbeitet, mitzubringen
so wurde die heutige Sizung aufgehoben.
Unterzeichnet: Graf von Reigersberg.
von Zentner,
von Krenner, der Ältere,
A. Freiherr von Aretin,
von Effner,
Feuerbach,
Graf von Welsperg,
Gönner,
Zur Beglaubigung:
Egio Kobell.

Drittes Kapitel.
Von Untersuchungsgefängnissen.

Marginalia (links): Von ~~Beschaffenheit des~~ dem Untersuchungsgefängnisses, und dem* gegen gefangene Angeschuldigte zu beobachenden Verfahren.
*Behandlung des Gefangenen
≠wegen besondere Gefährlichkeit seiner Person

Art. a. (141)

Untersuchungsgefängnisse sollen der Gesundheit der Gefangenen ungefährlich und überhaupt so eingerichtet seyn, daß der Gefangene nicht mehr Uebel und Ungemach leide, als nöthig, um sich dessen Person zu versichern.

Der Untersuchungsgefangene soll nur≠ bei Gefahr der Flucht, wegen besondere Gefährlichkeit seiner Person, mit Fesseln belegt werden.

Art. b. (142)

Lebt den Gefangene auf öffentliche Kosten, so gebührt ihm ausser der nöthigen Kleidung zur Schlaf Stätte ein Strohsack mit einer Matraze, zur Nahrung aber⁺ Wasser und Brot, täglich eine warme Speise und wöchentlich zweimal ein halb Pfund Fleisch. ⁺

Marginalia (links): ⁺nebst
†in Krankheitssichten erhalten die Gefangenen die ihre Verpflegung nach besonderer ärztlicher Vorschrift.

So weit die Ordnung des Hauses und die erfoderliche Nüchternheit und Mässigkeit es gestatten, darf ihm auf eigene Kosten oder aus Unterstüzung Anderer bessere Verpflegung * verschafft werden.

Marginalia (links): *in Kost, Kleidung, und Bette

Art. c. (143)

Dem Gefangenen⁸ ist⁹ Beschäftigung zu erlauben, welche ihm ohne Gefahr des Entweichens, oder sonstigen Mißbrauchs gestattet werden kann.

Marginalia (links): ⁸kann nach richterlichen Ermessen
⁹jede wobei keine zu Besez ist

~~Soviel möglich soll ihm zu Verrichtung seiner gewöhnlichen Berufsarbeit, oder zu einer solchen Beschäftigung Gelegenheit gegeben werden, womit er sich im Stande der Freiheit seinen Unterhalt verdienen kann.~~

Der Verdienst seiner Arbeit ist ihm, nach Abzug der Un-Kosten, des Materials, und der Verpflegung zu verrechnen, und der Ueberschuß⁸ auf den Fall wiedererlangten Freiheit gerichtlich zu verwahren.

Marginalia (links): ⁸ändernd zu Überstütig seiner Angehörigen zu verwenden.

Art. d. (144)

~~Eigenmächtige Gewalt der Gefangenwärter, so ferne auf dieselbe zur Abwendung augenblicklicher Gefahr nothwendig geworden,~~ unterliegt strengen Bestrafung.

Art. e. (145)

Jeder einzelne Gefangene ist soviel möglich in abgesonderten Gefängnisse zu verwahren.

Besonders aber sollen Personen verschiedenen Geschlechtes, Theilnehmer desselben Verbrechens, ungeübte von besonders verderbten * Verbrechern getrennt, und jede Unterredung der Gefangenen durch Worte oder Zeichnen sorgfältig vermieden werden.

Marginalia (links): *Verspüre gebildeter Stünde von andern

Art. f. (146)

Den Gefangenwärtern ist bei strenger Strafe verboten, sich über Gegenstände der Untersuchung mit den Gefangenen zu unterreden.

Niemand darf der Zugang zu dem Gefangenen gestattet werden, ausser⁺ in Gegenwart einer zum Kriminalgericht gehörenden Person, welche die Sprache versteht, worin die Unterredung geschieht.

Der Gefangene darf nichts von Andern, Andere nichts von dem Gefangenen erhalten,⁺ ausser durch den Gefangenaufseher und nach den sorgfältiger Durchsuchung. ~~Briefe müssen zuvor stets dem Untersuchungsrichter eingehändigt werden.~~*

Art. g. (147)

Um Ende jeden Verhörs der Gefangene zu befragen: ob er mit seiner Behandlungen Gefängnisse zusenden sey, und ob er deshalb Beschwerden zu führen habe.

Auch soll der Untersuchungsrichter wenigstens alle zwei Monate die Gefängnisse seines Bezirks unvermuthet besuchen, die Gefangenen in Abwesenheit der Gefangenwärter befragen, und sogleich das Nöthige, soweit es die Grenzen seiner Befugnisse nicht übersteigt, verfügen.

Art. h. (25)

Jedes Appelationsgericht beordert jährlich eines seiner Mitglieder zur Visitation der inquirirenden Unterbehörden. Dieses Abgeordnete ist verbunden, die Gefängnisse und deren Beschaffenheit zu untersuchen; die Gefangenen über ihre Behandlung ohne Beiseyn des Untersuchungsrichters und der Gefangenwärter zu vernehmen, die Akten und Registreturen zu durchgehen, und die Richtigkeit der eingesendeten Tabellen sowohl überhaupt, als auch besonders rücksichtlich der Vollständigkeit der darin aufgeführten Gefangenen zu prüfen.

⁺ auf besondere Bewilligung des Richters

⁺ mit Bewilligung des Richters
* Wenn die Gefangene durch Schmähungen, Drohworte, versuchte Gewalt, oder sonst durch hartnäkige Weigerung des Geforsams gegen Bestehle des Richters, oder diesen Diener eines ungebührlichen Betrages schuldig macht, so nach Erkenntniß des leztere Unte, ist

10. Sitzung Nr. VII

Abgehaltn den 14. Juli, 1811.
Gegenwärtig waren;
Seine Exzellenz, der königliche geheime Staats- und Konferenz-Minister,
Herr Graf von Reigersberg,
Die königliche wirkliche Herrn geheimen Räthe:
von Zentner,
von Krenner, Senior,
Seine Exzellenz Carl Graf von Arco, waren mit allerhöchster Beiwilligung abweisend.
Freiherr von Aretin,
von Effner,
von Feuerbach,
Graf von Welsperg, dann
von Gönner.

Die Ablesung und Unterzeichnung des Protokolls der Sizung vom 7n dieses war das Erste womit die vereinigte Sekzionen sich Heute beschäftigten, nachter bemerkten Herr Geheimer Rath von Feuerbach, daß Sie durch die litographirte und Ausgetheilte addizionelle Art: nach dem Art: 79. die Ihnen gewordene Aufgabe gelöst zu haben glaubten.

Durch diese neue Art: werde das Kapitel von der General Untersuchung mit denjenigen Bestimmungen ergänzt, welche dem Richter zur Instrukzion der General Untersuchung wesentlich; Alles seie darin aufgenommen, was diesem Zweck entspreche, und was gesagt werden könne, ohne in eine eigentliche Theorie des Thatbestandes hier einzugehen, welche nach ihrem Sisteme weiter unten gegeben werden müsse, die Mitglieder der vereinigten Sekzionen würden sich nach Durchgehung, dieses entworfenen Kapitels überzeugen, daß solches zwekmäsiger und dein Ganzen entsprechender seie.

Nachdem Herr Geheimer Rath von Feuerbach das Sistem, welches Sie aufgestellt, und durchgeführt, wiederholt entwikelt, lasen dieselbe, die Art: 76. und 77. des zweiten Kapitels ab.

Art: 76.

<u>Von der General-Untersuchung überhaupt.</u>
Sobald der Untersuchungs Richter Veranlassung zur Eröfnung eines Prozesses erhalten hat, ist derselbe verbunden, Unverzüglich die nötigen Naturforschungen anzustellen, um sowohl über die Wirklichkeitdes des angezeigten Verbrechens überhaupt die erfoderlichen Beweise zu den Akten zu den Akten zu bringen, als auch durch Auffindung hinweichender Verdachts Gründe wider den etwa noch unbekannten Thäter die Verhängung peinlicher Untersuchung möglich zu machen.

Art: 77.

Dabei soll sich aber der Untersuchungs Richter nicht ausschliesend auf den im vorhergehenden Art: 76. angegebenen Hauptzweck der General Untersuchung beschränken, sondern zugleich alle sich ihm darbietenden oder nahe liegenden Beweise, welche die besondern Umstände der That, die Schuld des Thäters, oder andere auf das künftige Endurtheil Einfluß habende Umstände betreffen, zumal wenn dieselben durch Versäumniß verändert, erschwert oder verloren gehen könnten, umständlich und genau sogleich zu den Akten zu bringen suchen.

Herr von Feuerbach äusserten, es werde nötig sein, den Marginalen dieses Kapitels römische Ziffer zu geben, weil durch die eingerükt werdende Art: mehrere Unterabtheilungen gemacht würden.

Der Hauptzwek dieser beiden Art: seie, die Nachfolgende Spezial-Untersuchung möglich zu machen, und sie zu erleichtern.

Herr Hofrath von Gönner bemerkten mit Beziehung auf ihre in der litographirten Beilage enthaltene Äusserungen, daß die Bestimmungen, welche Herr Geheimer Rath von Feuerbach in diesen beiden Art: in Masse und kürzer aufgenommen, in dem Art: 233. und 234. auf eine doktrinelle Art behandelt und detaillirter gegeben seien. Inzwischen glaubten Sie, daß auch die Fassung des Herrn von Feuerbach hinweise um den Untersuchungs Richter auf Alles aufmerksam zu machen, was er bei einleitung der General Untersuchung zu beobachten, nur untergäben Sie der Beurtheilung des Herrn Referenten, ob nicht in einem der beiden Art: wie in dem Oesterreichischen Gesezbuche Art: 233. und 234. die Gehülfen und Begünstiger ebenfalls genannt werden wollten.

Herr Geheimer Rath von Feuerbach erinnerten hierauf, daß Ihnen eine detaillirte Auseinandersezung desjenigen, was der Richter bei der General-Untersuchung zu thun, überflüssig scheine, weil in diesen beiden Art: 76. und 77. Alles enthalten, und mir kürzer zusammengedrängt seie, und daß, obschon sich die Gehülfen und Begünstiger schon darunter begreifen ließen, Sie dennoch sich dazu verstehen könnten, dieselbe zu mehrerer Deutlichkeit in einem der beiden Art: ausdrüklich zu benennen.

Sie würden im Art: 76. statt
<u>nach unbekannten Thäter</u>
sezen:
"nach unbekannten Urheber und diesem beifügen dessen Gehülfe und Begünstiger."

Gegen den Ausdruk Wirklichkeit und jenen Verbrechen, in der Art. 77. und 78. fanden Herr Geheimer Rath von Effner einige Erinnerungen zu machen.

Sie glaubten, daß Wirklichkeit des angezeigten Verbrechens den Sinn des lateinischen Wortes exis leutia nicht ganz gebe, und es deßwegen zwekmäsig sein dürfte, einen andern

Ausdruk zu wählen, allenfalls <u>Dasein</u> des angezeigten Verbrechens.

Auch die Benennung Verbrechen in diesem und den folgenden Art: dieses Kapitels scheine Ihnen für die Epoche, worin der Richter gegenwärtig noch stehe, nicht zu passen, er wisse noch nicht, ob das, was geschehen, ein Verbrechen seie, es handle sich gegenwärtig nur von Untersuchung der That und Nachforschung des Thäters.

Mit diesen Erinnerungen verstanden, äusserten Sich Herr Geheimer Rath Graf von Welsperg.

Diesen Bemerkungen stellte Herr Geheimer Rath von Feuerbach entgegen, daß das Wort Wirklichkeit das genau zu bezeichnen scheine, was man dem Richter sagen solle, nemlich, daß er seine Nachforschungen und Untersuchung auf eine wirklich begangene That anwenden müsse, die nach der herzustellenden faktischen und juridischen Gewißheit ein Verbrechen seie, und dieser Ausdrük beide Fragen, das an et quale in sich begreife Verbrechen könne man diese That aus dem Grunde dermal schon nennen, weil solche Anzeigen dem Kriminal Richter gegeben sein müßten, die die Wirklichkeit eines Verbrechens nicht bezweifeln lassen, er wiße, daß ein Verbrechen begangen worden, allein er wiße noch nicht, wie und durch wen es verübt worden, und müsse deßwegen die General Untersuchung einleiten.

Seine Exzellenz der königliche geheime Staats- und Konferenz Minister Herr Graf von Reigersberg ließen über diese beiden Art: abstimmen.

Alle Mitglieder vereinigten sich mit der Fassung und der vom Herrn Geheimen Rathe von Feuerbach rüksichtlich der wegen den Gehülfen und Begünstigern vorgeschlagenen Änderung und Beisaz im Art: 76.

Die Herrn Geheimen Räthe und von Effner und Graf von Welsperg erklärten sich zwar auch für die Redakzion, bemerkten jedoch, daß die Fassung des Art: 834. des Oesterreichischen Gesezbuches nach Punkten sehr detaillirt und deutlich seie.

Ersterer verstanden sich auch zu dem Ausdrücke Wirklichkeit in der Voraussezung, daß Jedermann den Sinn darin finde, den Herr Geheimer Rath von Feuerbach erläuterte.

In Folge der Abstimmungen

> wurden die Art: 76. und 77. nach ihrer Fassung, doch mit der vom Herrn Geheimen Rathe von Feuerbach angetragenen Änderung in Art: 76.
>
> statt Thäter
> "Urheber"
> und dem Beisaze:
> dessen Gehülfen und Begünstiger"
> beibehalten.

175

Der Schreibfehler, Naturforschungen, statt Nachforschungen wurde abgeändert.

Dem Marginale des Art: 76. solle der römische Ziffer I. jenem des Art: 78. II. dem Art: 82: III. und dem Art: 88. IV. beigefügt werden.

<u>Von Erforschung der Spuren durch Augen schein.</u>

Art: 78.

Vor allen Dingen soll der Untersuchungs Richter sich bemühen, die von dem Verbrechen zurückgebliebenen Spuren, welche entweder zur Herstellung des Thatbestandes, oder zur Begründung rechtlichen Verdachts gegen den Thäter dienlich sein können, zu entdeken, dieselben durch Augenschein in geseglicher Art zu erforschen, die betreffenden Gegenstände, wo es thunlich in gerichtliche Verwahrung zu nehmen und daß dieselben bis zu beendigten Prozesse unverändert erhalten werden, durch geeignete Maasregeln zu veranstalten.

Art: 79.

Der Richter stellt zu vorgedachten Zwek allgemeine oder besondere Haussuchung an, noch den Bestimmungen, welche hierüber in VI. Kapitel der III. Abtheilung enthalten sind.

Bei diesen Art: machten Herr Geheimer Rath von Feuerbach den Vorschlag, dieselbe in einen zu verschmelzen, daher den Art: 79. dem Art: 78. in einem eigenen Absaze beizufügen, und in diesem lezten in Folge der aufgestellten Oekonomie statt der IIIn abtheilung zusezen, des III. Titels.

Dieser Vorschlag wurde von den vereinigten Sekzionen ohne Bedenken angenommen, von einigen derselben aber die Erinnerung gemacht, daß es nötig sein werde, im Art: 78. auf die Stelle des Gesezbuches zu verweisen, wo vorgeschrieben wird, wie und mit welchen Förmlichkeiten der Augenschein in geseglicher Art vorgenommen werde, denn sonst würde man hier eine Lücke finden.

Diese lezte Bemerkung veranlaßte die vereinigte Sekzionen

in Art: 78. nach

<u>durch Augenschein in gesezlicher</u>

den Beisaz zu machen:

"nach den näheren Bestimmungen des Titel III. Cap: 4."

Aus den Art: 78. und 79. wurde der Art: 78. gebildet, und am Schluss statt III. Abtheilung gesezt,

"III. Titel"

Herr geheimer Rath von Feuerbach lasen nun den Art: a post 79. der litographirten Beilage vor, und bemerkten, daß alle übrige Bestimmungen wegen dem Gutachten der Kunstverständigen und sonst, nach Ihren Ansichten nicht hieher, sondern zu der Kraft der Beweise gehöre, wo es auch umständlich behandelt werde; Hier seie nur von dem die Rede, was zur Instrukzion des Richters nothwendig.

Herr Geheimer Rath von Krenner erinnerten, daß Ihnen der Ausdruck im 2n Absaze dieses Art:, muthmaasliche Thäter zu gewagt seie, und Sie glaubten, es müßten mehrere und stärkere Indizien als blose Muthmasungen des Richters vorhanden sein, um Jemanden zu verhaften.

Gegen den ganzen zweiten Absaz wurden, vorzüglich von Seiner Exzellenz, dem königlichen geheimen Staats- und Konferenz-Minister Herrn Grafen von Reigersberg mehrere Bedenken aufgestellt, indem dies emit Umständen begleitete Hinführung zu dem Verstorbenen rüksichtlich der sichtbaren Wunden, an dem Körper des Entseelten, leicht eine Suggestion, und es oft härter als die Tortur selbsten werden könne, zu dem Leichnam des jenigen, den man erschlagen oder sonst vergewaltiget, hingeführt zu werden.

Vom Herrn Geheimen Rathe von Feuerbach wurde dagegen bemerkt, daß da andere Personen, welche den Verstorbenen im Leben bekannt, blos zur Anerkennung des Leichnames hingeführtwerden, dieses auch ohne Anstand mit dem muthmaslichen Thäter geschehen könne, und keine der im Kriminale bisher getroffenen Anordnungen habe sich in der Ausführung so bewährt, wie diese, da nach der Erfahrung schon mehrere Verbrecher, von dem Anblike des Leichnams des Entseelten überwältiget, ihre That augenbliklich gestanden. Eine Suggestion könne hiebei nicht eintreten, da der muthmasliche Thäter nur vor den Leichnam zu Anerkennung geführt werde, und ihme weder die Wunden gezeigt, noch auch er bei der Sekzion gegenwärtig bleibe.

Die Erinnerung des Herrn von Krenner werde durch die unten folgende Lehre von den Indizion und Beweisen gelöset, indem da bestimmt vorkomme, wenn die Verhaftung eintreten dürfe.

Diese Erläuterungen bestimmt

      die Mitglieder, sich für Beibehaltung der Fassung des Art: A.
      der litographirten Beilage zu erklären.

Gegen die vom Herrn Geheimen Rathe von Feuerbach vorgetragene Fassung der Art: B. C. D. und E.

      wurde nichts erinnert, als daß im Art: B. den Worten: der Tödtung vollbracht worden
      beizusezen:
       "wahrscheinlich vollbracht worden"
      Und im Art: E. bei: sogleich über den Vorfall selbst
      das Wort selbst auszulassen wäre.

Bei dem Art: F. erinnerten Herr Geheimer Rath von Effner, daß Ihnen ein bloser Verdacht nicht hinreichend scheine, nun vorzüglich gegen eine unbescholtene Person eine solche Untersuchung, welche oft von den nachtheiligsten Folgen für ihre Ehre und ihr weiteres Fortkommen sein könne, vornehmen zu lassen, besonders da ein neueres Beispiel bekannt, wie falsch diese gesezliche Bestimmung ausgelegt und mißbraucht werde.

Sie würden festsezen, daß dieses nur bei hinreichenden Verdachte geschehen könne.

Herr Geheimer Rath von Feuerbach entgegneten, daß zwar unten näher bestimmt werde, unter welchen Voraussezungen und bei welchem Grade des Verdachtes gegen eine bestimmte und unbescholtene Person verfahren werden dürfe, inzwischen könnten Sie sich mit der angetragenen bestimmteren Fassung vereinigen.

Diese Erinnerung und eine weitere von Seiner Exzellenz dem königlichen geheimen Staats- und Konferenz Minister Herrn Grafen von Reigersberg erhobene, daß es unanständig und unschicklich sein würde, eine solche Untersuchung im beisein des Gerichtes vornehmen zu lassen, veranlaßte die vereinigte Sekzionen

sich für folgende Fassung des Art: F. zu bestimmen:

Art: F.

3.) <u>bei heimlicher Geburt, Kindermord und dergleichen.</u>

Wenn gegen eine Person hinreichender Verdacht heimlicher Geburt, und eines damit in Verbindung stehenden Verbrechens, z.B. des Kindermordes, Abtreibens, Aussezens und dergleichen vorhanden ist, so soll dieselbe in Beisein zweier ehrbaren Frauen von dem Gerichts Arzte oder einer beeideten Hebamme untersucht werden.

Die vom Herrn Geheimen Rathe von Feuerbach Vorgetragene Fassung der Art: G. und H. der Litographirten Beilage wurde von den vereinigten Sekzionen angenommen, und nur auf Erinnerung des Herrn Geheimen Rath Freiherrn von Aretin, daß es zwekmäsig sein werde, bei dem Augenschein von Brand-Stiftungen auch auf die wahrscheinliche Umstände, unter welchen solche geschehen, Rüksicht zu nehmen, in Art: K. der Beisaz beliebt:

<u>nach das Feuer ausgekommen,</u>
"die wahrscheinlichen Umstände, unter welchen solches geschehen."

Art: 80.

Sind die Spuren einer That, die solche ihrer Natur nach zurükzulassen pflegt, gleichwohl nicht aufzufinden, so soll dieser Umstand, und was hievon Ursache sey, fleichßig erforscht, das Mangelhafte des Thatbestandes aber durch andere Beweismittel möglichst ergänzt werden.

Art: 81.

Der Untersuchungs Richter, welcher die Erforschung der Spuren des Verbrechens unterlassen, oder sonst eine strafbare Nachlässigkeit dabei verschuldet hat, ist mit einer Ordnungsstrafe von <u>fünf</u> bis <u>fünfzig Gulden</u> zu belegen.

Herr Geheimer Rath von Feuerbach machten hier die Bemerkung, daß diese beide Art: noch einige allgemeine Bestimmungen enthielten, und es nötig sein werde, dem Art: 80. das Marginale
<u>allgemeine Bestimmungen</u>
beizufügen.

Auf die bei Art: 81. vom Herrn Geheimen Rathe von Krenner gemachte Erinnerung, daß Ihnen eine Strafe von 5 f. in Kriminal Sachen zu gering scheine, und Sie entweder Ahndung oder eine Geldstrafe von 25. bis 50 fr. vorschreiben würden, verfügten Seine Exzellenz der königliche geheimen Staats- und Konferenz-Minister Herr Graf von Reigersberg die Umfrage, und alle Mitgliedeer vereinigten sich

dem Art: 80. das Marginale
"allgemeine Bestimmungen"
beizufügen, und die Fassung dieser beiden Art: mit der Änderung im Art: 8 1. anzunehmen, daß die Ordnungsstrafe auf 1 0. bis 50. f. gesezt werde, von der Ahndung aber Umgang zu nehmen wäre, indem diese sonst immer, und die Geldstrafe nur selten würde angewendet werden.

Art: 82.

<u>Von Zeugen Vernehmung</u>

Um die etwa noch unbekannten Spuren des Verbrechens zu entdecken, den Thatbestand durch Zeugen-Aussagen zu berichtigen oder zu ergänzen, um dem noch unbekannten Thäter auf die Spur zu bekommen, oder die wider ihn herzustellenden Beweise aufzufinden, soll der Untersuchungs Richter alle diejenigen Personen, von welchen irgendeine Auskunft zu erwarten ist, ins besondere den beschädigten selbst, dessen Familien-Genossen, Hauseinwohner und Nachbarn, diese mögen als Beweiszeugen tauglich sein oder nicht, ohne Aufschub zum Protokoll vernehmen.

Art: 83.

Auch derjenige, wider welchen schon einige Muthmasung oder entfernter Verdacht vorhanden, kann nach Umständen in der Eigenschaft eines Zeugen vorgefodert, und über den Verfall ver-

nommen werden, damit der Verdacht entweder durch die von
ihm angegebenen Umstände gehoben, oder durch die Art seines
Benehmens, durch die Unwahrheit der von ihm angegebenen
Umstände und dergleichen, gründlich bestärkt oder vermehrt
werde.

Gegen die Fassung dieser Art: wurde nichts erinnert.

Art: 84.
Bei Verbrechen, an deren Entdekung und Bestrafung dem Staate besonders gelegen, kann das Publikum auf Verfügung des Kriminal-Obergerichts zur Entdekung des Übelthäters öffentlich, allenfalls durch das Versprechen einer Belohnung aufgefodert werden.

Bei diesem Art: wurde die litographirte Bemerkung Seiner Exzellenz des königlichen geheimen Raths Herrn Carl Grafen von Arco abgelesen, und zu Genügung derselben, welche die Sekzionen diesen den dabei obwalten könnenden Interesse der Administrativ-Behörden als richtig annahmen

nach Kriminal Gericht, beigefügt:
"oder einer höheren administrativ Behörde,"
das Wort <u>Ober</u> bei Gericht wurde in Folge des früheren Beschlusses ausgelassen, von dem weiteren Vorschlage des Herrn Geheimen Rath von Krenner zu sezen, Soll- statt Kann, wurde aus dem Grunde Umgang genommen, weil die Gerichte sonst glauben könnten, es müsse in jedem Falle geschehen.

Art: 85.
Alle abzuhörenden Zeugen sollen nach Beantwortung der persönlichen Fragen /:Art: 216:/ zur vollständigen Erzehlung alles dessen, was ihnen von dem Vorfalle bekannt geworden, im Allgemeinen aufgefodert, und nur in so ferne, als dieses zur nähern Aufklärung ihrer Aussagen erfoderlich, oder zur Erforschung des Grundes ihrer Wissenschaft noch wendig ist, über besondere Punkte befragt, dabei auch jede Verhaltung einzelner Umstände /:Suggestion:/ sorghältig vermieden werden.
Gilt es demnach der Erforschung des Thäters, so sind die Zeugen, ohne daß ihnen die etwa schon gemuthmaßte Person genannt, oder bezeichnet wird, blos im Allgemeinen zu befragen: ob ihnen nicht bekannt, daß sich dieses oder jenes Verbrechen zugetragen? woher ihnen dieses bekannt sei? wen sie deßhalb in Verdacht haben? warum und aus welchen Gründen? ob ihnen nicht andere Personen, welche allenfalls Auskunft darüber geben können, bekannt seien? und dergleichen.

Herr Geheimer Rath von Feuerbach äusserten, in diesem

Art: seien sie etwas mehr in die Fragen selbst eingegangen, welche der Richter bei der General Untersuchung zu machen habe, weil hier von den Gerichten sehr oft gefehlt, und nicht selten durch die vorgelegt werdende Fragen der weitere Gang der Untersuchung, wo nicht ganz vereitelt, doch sehr erschwert werde.

Die Fassung dieses Art: wurde von den vereinigten Sekzionen, jedoch mit Auslassung des inklinirten Wortes Suggestion, angenommen, weil der Begrif der Suggestion hier noch nicht erschöpfend entwikelt seie, und folglich der Richter nie geführt werden könnte.

Art: 86.

Haben die Zeugen einen Umstand ausgesagt, welcher auf das künftige Straferkenntniß irgend einen Einfluß haben kann, so sollen dieselben, wenn sie eidesfähig und eidespflichtig sind, /:Art:222:/ sogleich am Schlusse Verhörs vereidet werden.

Gegen diesen Art: der auf die vorhergehende zurükwirke, wurden mehrere Bedenken aufgestellt, und das von dem Herrn Referenten angenommene Sistem, die Zeugen erst nach ihrer Vernehmung in gewissen Fällen vereiden zu lassen selbst angegriffen.

Aus Gründe hievon wurden angegeben, daß die Erfahrung bestätige, wie der größte Theil der Landleute, wenn sie ohne Vereidung vernommen werden, aus der religiösen Rüksicht an dem Blute oder der Strafe eines ihrer Mitmenschen können Antheil nehmen zu wollen, immer vor Gericht sagen, daß Sie nichts wissen; daß der Zwek den Herr Referent vor Augen gehabt, durch die ausgedehntere Vernehmung der Zeugen, selbst der untauglichen und der That Verdächtigen, durch die General Untersuchung der Spezial Untersuchung vorarbeiten zu lassen, und die viele neuere Vornehmungen zu vermeiden, ohne Vereidung nicht erreicht werde, indem der Zeuge, wenn er am Schlusse seiner Vernehmung aufgefodert werde, den Eid auf das Gesagte abzulegen, sehr oft erklären würde, daß er ganz anders deponirt hätte, wenn er gewußt, solches mit einem Eide bekräftigen zu müssen, wodurch neue Vernehmungen auch manchmal Korrekturen in den Vernehmungs Protokollen würden nothwendig werden; daß diese nachherige Beeidigung mehrere Meineide zur Folge haben Könnte, da Jemand aus Leidenschaft, oder um nicht zu oft vor Gericht gezogen zu werden, das einmal Gesagte, welches er in einer ganz andern Voraussezung deponirst, beschwöre, und sich dadurch aus der Sache gezogen zu haben glaube; daß es der Würde und dem Ansehen der Gerichte und der öffentlichen Meinung und den Religions Begriffen der größten Klasse der Unterthanen widerstrebe, in Kriminal Sachen eine Menge von Personen ohne vorherige Vereidung zu vernehmen, und solche erst nachher dazu auffodern zu lassen.

Herr Hofrath von Gönner entwikelten die Art, Wie bisher rücksichtlich der Zeugen-Vernehmungen und ihrer Beeidigung nach dem baierischen Kriminal Codex verfahren worden, und äusserten, so viel Vorzügliches auch das vom Herrn Geheimen Rathe von Feuerbach aufgestellte neue Sistem habe, Sie sich dennoch dafür erklärten, daß die Beeidigung den Vernehmungen der tauglichen und nicht verdächtigen Zeugen vorhergehe, welches Sie für so wesentlicher hielten, als die im Art: 83. angeordnete Vernehmungen nicht mehr präparatorisch, sondern schon Theile der nachfolgen könnenden Spezial Untersuchung seien, und der Zwek, dieser dadurch vorzuarbeiten, weit ohne auf diesem Wege verricht werde.

Herr Geheimer Rath von Feuerbach von den Angeführten Gründen überzeugt, bestimmten sich ebenfalls die bisherige Vereidung der Zeugen angenehmen, und machten den Vorschlag, diese Bestimmung dem Art: 83. am Ende beizufügen, und Art: 86. ganz auszulassen.

Als Folge der Seiner Exzellenz dem königlichen geheimen Staats- und Konferenz-Minister Herrn Grafen von Reigersberg hierüber verfügten Umfrage erklärten sich alle Mitglieder für die vorherige Beeidigung der Zeugen, jedoch mit Ausnahme der nicht Eidesfähigen, und der That oder einer Theilnahme an derselben Verdächtigen, nach Beantwortung der persönlichen Fragen nach Anweisung des §: 216.

Herr Geheimer Rath von Zentner fanden Ihrer Beistimmung zu der vorhergehenden Beeidigung der Zeugen ohngeachtet, in dem vom Herrn Referenten aufgestellten Sisteme manches Vorzügliche, und besonders daß dadurch der Vervielfältigung der Eide entgegen gearbeitet werde, welche den Werth dieser dem religiösen Manne so heiligen Handlung unendlich schwäche.

Über den Ort, wo die Bestimmung eingereihet werden solle, vereinigten sich die Sectionen, dieselbe nicht dem Art: 83. anzufügen, sondern sie an die Stelle des alten Art: 86. zu sezen,

und so wurde folgende Fassung des Art: 86. angenommen.

Art: 86.
Diejenige, welche eidesfähig und nicht der That oder einer Theilnahme an derselben verdächtig sind, sollen nach Beantwortung der persönlichen Frage Art: 216. sogleich vereidet werden.

Art: 87.
Übrigens ist alles das jenige zu beobachten, was in der III. Abtheilung des gegenwärtigen Titels über die Form der Zeugenvernehmung, Vornahme des Augenscheins, Gutachten der Kunstverständigen und andere Handlungen des Untersuchungs Richters verordnet ist.

Art: 88.

Schluß der General Untersuchung

Die General Untersuchung ist zu schliesen, sobald hinreichende Gründe gefunden sind, um eine bestimmte Person in den Stand der Anschuldigung zu versezen, oder sobald mit Grund anzunehmen ist, daß alle weitere Nachforschung zur Entdeckung solcher Gründe fruchtlos sehen werde.

Gegen die Fassung dieser Art: wurde nichts erinnert, und nur in Art: 87. in folge der geänderten Oekonomie gesezt, statt: <u>was in der III. Abtheilung des gegenwärtigen Titels über p</u> "was in dem III. Titel über p".

Herr Geheimer Rath von Feuerbach giengen dann zu <u>dem dritten Kapitel</u>
<u>Von der Hauptuntersuchung oder Spezial-Inquisizion</u>
über, und bemerkten, daß sie hier dem nemlichen Gange wie bei der General Untersuchung gefolget.

Zuerst werde von dem anfrage der Hauptuntersuchung gehandelt, dann wenn und von wenn darauf zu erkennen, von der Vertheidigung gegen die erkannte Spezial Inquisizion, – von amtlichen Berichten nach verfügter Spezial Inquisizion, – von ihren Folgen, – von dem Zwecke und Mittel, und von den Gegenständen derselben.

Nach gleichen Grundsäzen wie bei der General Untersuchung werde auch hier nur dasjenige ausgesprochen, was der Richter bei der Vornahme der Spezial Untersuchung zu thun habe, ohne die Beweismittel, die Indizien mehr als im Allgemeinen zu berühren, indem die Hauptbestimmung hierüber unten in einem eigenen Kapitel vorkomme.

Die Rubrik dieses Kapitels wurde † in Gegensaze mit der General Untersuchung in jene umzuändern beliebt: † von den Sekzionen

"Von der Spezial Untersuchung",
welche Änderung auch in allen Marginalen dieses Kapitels zu treffen wäre.

Herr Geheimer Rath von Effner erinnerten, daß hier eine wichtige Vorfrage zu entscheiden wäre, nemlich, ob nicht jeder verhängt werdenden Spezial Untersuchung ein förmliches Erkenntniß des einschlägigen Kriminal-Gerichtes vorher gehen müsse. Ihren Ansichten von der Freiheit und Sicherheit der Unterthanen und Ihrer Überzeugung nach seie diese Bestimmung nothwendig, und könne diese auf Ehre und Leben eines Unterthanen so tief einwirkende Frage nicht der Beurtheilung des untern Gerichtes überlassen werden. Sie würden selbst keinen Anstand nehmen, über dieses, von dem Kriminal Gerichte erfolgte Erkenntniß die Appellazion zuzugestehen.

Auf diese Bemerkung äusserten Herr Geheimer Rath von Feuerbach, daß Sie übereinstimmend mit den Ansichten des

Herrn Geheimen Rathen von Effner diese erfolgen müssende
Erkenntniß des Kriminal Gerichtes in Art: 95., jedoch mit den im
Art: 94. bemerkten Ausnahmen aufgenommen, und diese Frage
bei Prüfung dieser beiden Art: wieder vorkommen würde.

    Herr Geheimer Rath von Feuerbach lasen den Art:89. ab.

Art: 89.

<u>Anfang der Haupt Untersuchung.</u>

Die Hauptuntersuchung oder Spezial Inquisizion erinnert ihren Anfang, sobald eine Person in den Stand der Anschuldigung versezt worden ist, um über das ihr vermuthlich zur Last liegende Verbrechen dem Untersuchungs Richter persönlich Rede und Antwort zu geben.

Durch die provisorische Verhaftung /:Art: 120f. :/ und das hierauf abgehaltene summarisch Verhör /:Art: 164 f. :/ allein, wird die Spezial Inquisizion nicht begründet.

    Die vorgelesene Fassung dieses Art: veranlaßte die Erinnerung, daß gesagt werden müsse, wer eine Person in dem Stand der Anschuldigung zu versezen habe, ehe die Spezial Untersuchung ihren Anfang nehmen kann.

    Auch fanden Herr Geheimer Rath von Effner den Ausdruck, in <u>Anschuldigung</u> versezt, nicht ganz dem entsprechend, was man dadurch anderten wolle.

    In Folge hierüber verfügter Umfrage

wurde der Art: 89. mit der Änderung angenommen, daß im Anfange statt

<u>die Hauptuntersuchung oder Spezial Inquisizion</u>

gesezet: "die Spezial Inquisizion" und nach: <u>sobald eine Person</u> beigefügt werde: "von dem Richter" wogegen weiter unten die Worte

<u>den Untersuchungs Richter</u>

auszulassen wären,
der Ausdruk:

<u>in den Stand der Anschuldigung versezt</u>

wurde als das genau bezeichnend, was anzudeuten sei, beibehalten.

    Das Marginale dieses Art: solle heißen:

<u>Anfang der Spezial Untersuchung.</u>

Art: 90.

<u>Wann darauf zu Verkennen.</u>

Niemand kann in den Stand der Anschuldigung versezt, und der Spezial Inquisizion unterworfen werden, solange nicht bestimmte Gründe der Gewißheit oder Wahrscheinlichkeit vorhanden, und zu den Akten gebracht sind, 1.) daß die strafbare That daselbst geschehen sei, und 2.) daß jene Person sich derselben als Urheber, Gehilfe oder Begünstiger schuldig gemacht habe.

Das Marginale dieses Art: fanden Herr Geheimer Rath von Zentner nicht ganz geeignet, weil dadurch voraus ausgesprochen werde, als ob jeder Spezial Inquisizion ein Erkenntniß vorausgehen müsse, welches noch den Art: 94. und 95. nicht der Fall sei.

Die litographirte Bemerkung des Herrn Carl Grafen von Arco Exzellenz bei diesem Art:, welche abgelesen wurde, hatte, da sie durch einen Schreibfehler veranlaßt worden, indem der Abschreiber in dem Entwurfe statt selbst daselbst gesezet, keine andere Folge, als daß das Wort selbst als überflussig ausgelassen wurde,

> Mit Auslassung des Wortes selbst wurde die Fassung des Art: 90. beibehalten und dessen Marginale so gesezt:
> Wenn dieselbe statt habe.

Art: 91.

Was den persönlichen Verdacht des Angeschuldigten insbesondern anbetrift, so wird erfodert, daß derselbe entweder
1.) sich selbst vor Gericht angegeben hat, und kein Grund vorhanden ist, denselben einer absichtlichen oder unabsichtlichen Täuschung verdächtig zu halten; oder
2.) daß er sich aussergerichtlich der That schuldig bekommt hat, und dieser Umstand entweder durch obrigkeitliche Protokolle, oder durch gerichtliche Zeugen Aussagen, oder wenigstens, wenn das Bekenntniß in einer Urkunde enthalten, durch Vergleichung der Handschrift und hierauf gegründeten Ausspruch vereideter Schreibverständiger, zu den akten beurkundet ist; oder
3.) daß wenigstens ein vollgültiger Zeuge, oder mehrere, wenn nicht ganz vollgültige doch in ihren Aussagen übereinstimmende Zeugen über die That selbst wider ihn aussagen, oder endlich
4.) daß durch vorhandene gehörig erwiesene Anzeigungen ein naher dringender Verdacht /:indicium proximum:/ wider denselben begründet sei.

Auch die von Seiner Exzellen dem königlichen geheimen Rathe Herrn Carl Grafen v. Arco gegen den Art: 91. gemachte litographirte Bemerkung wurde abgelesen, und dagegen erinnert, daß der von dem geheimen Rathe Herrn Carl Grafen von Arco Exzellenz aufgestellte Zweifel schon in der Lehre von den Indizien gelöset sei, wo zwischen der Kraft der Indizien gegen angesessene oder übrigens rechtliche Leute, und den Vaganten oder lüderlichen Gesindels unterschieden und darauf Rüksicht genommen. Übrigens stoße es auch gegen die Rechte des Menschen überhaupt, gegen einen Vaganden oder sonst lüderlichen Menschen, der deßwegen noch kein Verbrecher sei, blos auf eine bescheinigte Anzeige oder Deposizion eines auch nicht vollgultigen Zeugen, sogleich die Spezial Inquisizion mit ihren Folgen verhängen zu lassen. Etwas anderes seie es, auf polizeilichem Wege gegen diese zu verfahren. Erwehnte Erinnerung blieb aus diesen Gründen ohne Wirkung.

Herr Geheimer Rath von Effner bemerkten, Ihnen scheine, der Nummer 4. dieses Art: erfodere eine deutlichere Auseinandersezung, indem so wie er da stehe, er eigentlich das nemliche sage, was die drei vorhergehende Nummern enthielten, Sie glaubten, man sole erklären, daß ein unvollständiger Beweis oder ein Indicium vorhanden sein müsse.

Herr Geheimer Rath v. Feuerbach äusserten, daß hier in den Unterschied eines unvollständigen Beweises, oder des Indicii einzugehen, unnötig sei, indem der Richter, der den ganzen Prozeß vor sich habe, und studiren müsse, folglich unten den Unterschied finden würde, gewiß auch keinen Zweifel über diese Bestimmung haben könnte.

In Folge verfügter Umfrage

wurde die Fassung des Art: 91. mit der einzigen Änderung angenommen, daß man in No. 3. dieses Art: statt
<u>oder mehreren</u>
zu sezen beliebte
"oder wenigstens zwei"

Art: 92.

Eine einzige, wenn gleich an sich noch so dringende Anzeigung reicht für sich allein einmals zur Spezial Untersuchung hin, wenn sie nicht vollkommen erwiesen ist.

Sind indessen mehrere anzeigungen vorhanden, welche sich gegenseitig einander unterstüzen, so ist je nach der Zahl und Wichtigkeit der zusammentreffenden Umstände, auch ein unvollständiger Beweis derselben zur Begründung der Spezial Inquisizion für genügend zu achten, vorausgesezt, daß nicht alle einzelne Anzeigungen insgesammt nur auf einem und demselben Beweismittel z.B. auf der Aussage eines Einzigen Zeugen beruhen.

Art: 93.

Das übrigens die einzelnen Verdachts Gründe selbst, und deren Würdigung anbetrifft, so sind hierüber die besondern Bestimmungen in dem VI. Kapitel der IV. Abtheilung umständlich enthalten.

Gegen die Fassung dieser beiden Art: wurde nichts erinnert;
In Folge der geänderten Oekonomie aber im Art: 93. gesezt:
statt <u>der IV. Abtheilung</u>
"des IV Titels"

<u>Art: 94.</u>

<u>Von wem auf Spezial Inquisizion erkannt werden kann.</u>

Der Anfang einer Spezial Untersuchung kann nur in folgenden Fällen von dem Untersuchungs Richter selbst verfügt werden:

1.) wenn der Thäter selbst der That vor Gericht schuldig erklärt hat;
2.) wenn derselbe auf der That ertappt, und dieses gehörig zum Protokoll beurkundet ist;
3.) wenn Zeugen, welche bei der That selbst zugegen waren, wider den Verdächtigen ausgesagt haben;
4.) wenn die Anzeige durch einen beeidigten Gerichts- oder Polizei Beamten über die That selbst aus eigener unmittelbarer Erfahrung geschehen ist;
5.) wenn der Verdächtige entweder ein Vagant ist, oder mit bekannten Verbrechen im Umgange lebt;
6.) Wenn der Verdächtige bereits wegen eines Verbrechens derselben oder ähnlichen Arrt bestraft, oder in Untersuchung gewesen ist, ohne deßhalb ein völlig freisprechendes Urtheil erhalten zu haben:

Alles dieses jedoch mit der Verbindlichkeit, daß innerhalb vier und zwanzig Stunden an das Obergericht de rim Art: 17.verordnete Bericht erstattet werde.

<u>Art: 95.</u>

Ausser den vorgedachten Fällen sind die Akten nach geschlossener General Untersuchung zu dem Kriminal Obergerichte einzusenden, welches

entweder <u>auf Ergänzung der General Inquisizion</u>, oder wenn die verdächtigen Umstände noch zur Zeit für unzureichend erkannt werden, und dermalen keine Hofnung zur Bestärkung derselben vorhanden, <u>auf einstweilige Aufhebung des Prozesses,</u>

oder wenn der wider den Angeschuldigten erhobene Verdacht als völlig grundlos erkannt wird, <u>auf definitire Aufhebung der Untersuchung,</u>

oder endlich, wenn die Verdachts Gründe zur Spezial Inquisizion hinreichend befunden worden, <u>auf die Spezial Inquisizion</u> erkennt.

Gegen das Marginale des Art: 94. wurde die nemliche Erinnerung wie bei Art: 90. gemacht, vorzüglich aber die schon berichtete Frage aufgeworfen, ob der Spezial Inquisizion ein Erkenntniß des Kriminal Gerichts vorhergehen müsse.

Mehrere Mitglieder schilderten die Nothwendigkeit dieser Verfügung lebhaft, indem darin allein eine für den rechtlichen Unterthan nicht zu umgehende Sicherheit liege, und es zu gefährlich und bedenklich seie, gegen eine Menschen das Erkenntniß, ob eine in ihren Folgen so bedeutende Spezial Inquisizion, die auf ihre Ehre und den Stand ganzer Familien so mächtig wirke, der Beurtheilung des Untergerichtes, oder vielleicht gar eines jungen, raschen leidenschaftlichen Assessors, der sich dadurch auszuzeichnen glaube, zu überlassen.

Alle dagegen gemacht werden könnende Einwendungen würden durch diese einzige wichtige Rüksicht geschwächt.

Andere Mitglieder mißkannten zwar nicht die Vortheile dieser Verfügung, und die darin liegende Beruhigung und Sicherheit der Unterthanen, allein wenn man die ungeheuer Arbeit und den Aufenthalt der Geschäfte betrachte, welcher dadurch eintrete, und womit durch diese gesezliche Anordnung die Appellazions Gerichte überschwemmt würden, so überzeuge man sich, daß wenn man auch Grundsaz huldige, doch einige Modifikazionen gefunden werden müßten, um diese den ganzen Gang der Justiz störende Nachtheile zu entfernen.

Durch diese Äusserung veranlaßt, bemerkten Herr Geheimer Rath von Effner, Sie glaubten, dieser Vervielfältigung der Arbeiten der Kriminal Gerichte könnte dadurch begegnet werden, wenn man den Nummer 5. des Art: 94. erweitere, und nebst den Vaganten auch nicht angesessene- oder mit üblem Leumuthe bekannte Personen, von der Wohlthat, daß der gegen sie zu verhängenden Spezial Inquisizion ein Erkenntniß des Kriminal Gerichtes vorausgehen müsse, ausschliese, dadurch würden die Arbeiten bei den Appellazions Gerichten nicht so sehr vermehrt, daß man allen angesessenen rechtlichen Unterthanen eine Bestimmung entziehen wollte, die auf so heiligen Gründen beruhe.

Dieser Vorschlag des Herrn Geheimen Rath von Effner fand allgemeinen Beifall, indem er die beiden Ansichten vereiniget, den rechtlich angesessenen Menschen von dem Vaganten, dem Lüderlichen unterscheidet, und Ersterem eine nothwendige Schuzwehre nicht entziehet.

Nach verfügter Umfrage

wurde die Fassung der Art: 94. und 95. mit folgenden Änderungen angenommen.

Der Nummer 5. des Art: 94. solle so gesezt werden:

Nummer 5. "Wenn der Verdächtige Heimathlos oder nicht angesessen, oder durch seinen Lebenswandel in üblem Ruhe ist."

Der Nachsaz nach Num.: 6. solle hier ganz ausgelassen worden, weil er sich zur Reglementär Verordnung eignet, wohin er zu verweisen.

Das Marginale des Art: 94. solle heißen:

<u>Von wenn die SpezialInquisizion verfügt werden kann:</u>

Hiermit endigte sich die heutige Sizung.

Unterzeichnet: Graf von Reigersberg.

von Zentner,

von Krenner, der Ältere.

C. von Freiherr von Aretin.

von Effner,
Feuerbach,
Graf von Welsperg,
Gönner,
    Zur Beglaubing:
       Egid Kobell

Tit. II. Cap. II.

Articuli additioales post Art.79.

Art. a. (alt 249. 250.)

besonders zur Benichtigung des Tatbestandes und zwar
1.) bei vorgefallener Tötung.

Ergeben sich anzeigen eines gewaltsamen Todes, so soll der Leichnam, wenn nicht der Tod offen-kundiger unzweifelhafter Weise durch bloßen Unglücksfall verursacht worden, eher nicht, als nach vorgenommennem gerichtlichem Augenschein beerdigt, oder, wenn dieses gleichwohl geschehen, und dabei noch die Erreichung eines Zweckes richterliches Untersuchung zu hoffen ist, wieder ausgegraben werden.

Auch soll man den Leichnam, ehe zu dessen Oeffung geschritten wird, denjenigen Personen, welche den Verstorbenen im Leben gekannt haben, und wenn der muthmaßliche Thäter bereits verhaftet ist, auch diesem zur Anmerkung vorzeigen.

Ist der Todte niemanden den bekannt, so soll eine genaue Beschreibung desselben zu den Akten genommen und in öffentlichen Blättern bekennt gemacht werden.

Art. b. (alt 252.)

Bei der gerichtlichen Bedsichtigung des Leichnams soll der Ort wo, und die Lage, in welcher derselbe gefunden worden, wie auch Geschlecht und muthmaßliches Alter desselben wohl bemerkt, die Zahl, Größe, Beschaffenheit und Lage der Wunden und anderere Spuren erlittener Gewaltthat, desgleichen durch welche Mittel oder Werkzeuge die Tödung vollbracht worden, mit Zuziehung der Sachverständiger auf das genaueste erforscht werden.

Art. c. (alt 254.)

Bei vorgefallener Kindestödung ist außer der Beschaffenheit und Tödlichkeit der Verlezungen, zu untersuchen, ob das Kind lebendig geboren und lebensfähig gewesen sei, wobei alle betreffenden Erscheinungen und die zur Entdeckung derselben angewendeten Proben umständlich zum Protokolle zu verzeichnen sind.

Art. d. (alt 255.)

Bei Vergiftungen ist nächst den allgemeinen Erfordernißen vornämlich dahin zu trachten, daß das Gift selbst in dem Kürzere aufgesucht, und sodann ihemisch untersucht werden.

Lezteres gilt zugleich von allen verdächtigen Substanzen, welche in der Wohnung des Verstorbenen, in den noch übrigen Speisen und dergleichen oder auch bei dem Verdächtigen selbst gefunden werden.

2.) bei Verwundungen und andern Verlezungen

3.) bei heimlicher Geburt, Kindermord

4.) bei Entwendungen und Beschädigungen des Eigenthums.

5.) bei Brandstiftungen.

Art. e.

Desgleichen wenn eine Person verwundet, verlezt oder sonst vergewaltiget worden ist, sollen die vorhandenen Spuren, und wie dieselben wahrscheinlich entstanden seyn mögen, durch den Gerichtsarzt in Beiseyn des Gerichts genau erforscht, nach ihrer Zahl, Art und Beschaffenheit umständlich beschrieben; auch der Beschädigte selbst, so weit es ohne größere Gefahr der Gesundheit und des Lebens geschehen kann, sogleich über den Vorfall selbst und den Urheber der That vernommen werden.

Art. f. (alt 258.)

Wenn eine Person heimlicher Geburt und eines damit in Verbindung stehenden Verbrechens z.B. des vorsäzlichen Kindermordes, Abtreibens, Aussezens und dergleichen verdächtig ist, so soll dieselbe in Beiseyn des Gerichts von dem Gerichtsarzte oder von zwei beeideten Hebammen untersucht werden.

Art. g. (alt 259.)

Bei Beschädigungen des Eigenthums, bei Entwendungen besonders durch Einbruch oder Einsteigen ist durch Augenschein hauptsächlich die Art und Grösse, der gebrauchten Gewalt oder List, der gestiftete Schade, oder das Daseyn solcher Thatsachen zu erforschen, welche auf die Entdeckung oder Unterweisung des Thäters führen können.

Art. h. (alt 260.)

Bei Brandstiftungen ist insbesondere der Ort, wo zuerst das Feuer ausgekommen, die Beschaffenheit und Größe des erregten Brandes, die Entfernung der Brandstätte von andern Wohnungen oder Behältnißen, und überhaupt alles dasjenige, woraus die Größe der Gefahr ermeßen werden kann, durch den Augenschein möglichst genau zu erforschen.

11. Sitzung Nr.VIII

Abgehaltn den 21n Juli, 1811.
Gegenwärtig waren;
Seine Exzellenz, der königlichen geheimen Staats- und Konferenz-Minister,
Herr Graf von Reigersberg,
Die königliche wirkliche Herrn geheimen Räthe:
von Zentner,
von Krenner, Senior,
Seine Exzellenz Carl Graf von Arco,
Freiherr von Aretin,
von Effner,
von Feuerbach,
Graf von Welsperg, dann
Herr Hofrath von Gönner.

Nach Ablesung und Unterzeichnung des Protokolls vom 14n dieses trugen Herr Geheimer Rath von Feuerbach die Art: 96. und 97, vor:

<u>Von der vorläufigen Verantwortung des Inkulpaten,</u>

Art:96.

Ist der Verdächtige eine mit liegenden Gründen gesessene, oder im öffentlichen Dienst angestellte und bisher unbescholtene Person, von deren Karakter und Lebensart man sich der angeschuldeten That nicht vorsehen kann; so soll derselbe, bevor die Spezial-Inquisizion verfügt wird, mit der wider ihn vorhandenen Beschuldigung, ohne ihm jedoch die einzelnen Umstände oder die eingetretenen besondern Verdachts-Gründe und Beistandmitteln anzuzeigen, im Allgemeinen schriftlich bekannt gemacht, und zu seiner vorläufigen schriftlichen Verantwortung aufgefodert werden.

Die Mittheilung der Beschuldigung soll enthalten, die Benennung des Verbrechens selbst, des Ortes und der Zeit, wo und wann, so wie der Person, an welcher es begangen worden ist.

Art: 97.

Zur Abgabe der schriftlichen Verantwortung ist mehr nicht, als eine unerstrekbare höchstens achttägige Frist zu gestatten.

Dieselbe bemerkten, schon nach dem Kreitmaier'schen Codex sein dem angesessenenund unbescholtenen Menschen die Begünstigungzugestanden, daß ihme vor Eröfnung der Spezial-Inquisizion die gegen denselben angebrachteBeschuldigung mitgetheilt, und er zu seiner schriftlichen Verantwortung aufgefodert werden muesse.

Diesen Vorzug, der auf manchem rechtlichenund menschlichen Grund beruhe, hätten Sie indem neuen Gesezbuche, jedoch mit einigen Modifikationen und ohne Dazwischenkunfteines Sachwalters beibehalten.

Die von Seiner Exzellenz dem königlichen geheimen Rathe Herrn Carl Grafen von Arco und Herrn Hofrath von Gönner aus Veranlaß dieser beiden Art: in der litographirten Beilage aufgestellte Bemerkungen wurden abgelesen, und so wie die Fassung der Art: selbst einer nähern Diskussion unterworfen.

Seine Exzellenz der königliche geheime Rath Herr Graf von Arco unterstüzten Ihre Erinnerung noch dadurch, dem Angeschuldigten dürfe man nicht so viel, und z.B. Zeit und Ort bestimmt mitteilen, indenn sonst Suggestive daraus entstehen könnten; dieselbe kamen auf den schon mehrmal geäusserten Wunsch zurück, daß man zwischen den Verbrechen, von einem aus den höheren und gebildeten Stände befangen, und jenen so der gemeine Mann gewöhnlich sich zu Schulden kommen lasse, überhaupt unterschiede, und erstere vorzüglich in dieser zugestandenen schriftlichen Verantwortung verschieden behandle, indeme diese öfters ihre ganz eigene Nuoucen hätten, und manchmal einer eigenen Beurtheilung unerlagen, es auch für den gebildeten Mann wesentlich seie, daß die Umstände, worauf er sich beruhe, vor Eröfnung der Spezial-Inquisition verifizirt, nud ihme eine zweite Verantwortung, wenn der untersuchende oder der obere Richter manche Umstände nicht hinlänglich aufgeklärt finde, nicht entzogen werde. Diese Latitude würde Sie noch beifügen.

Den Beisaz, oder eine Person von xxx würden Sie deßwegen aufnehmen, weil es manchen Adeligen geben könne, der weder angesessen, noch im Staatsdienste seie, Gewerb könne deerselbe ohnehin nicht treiben, und folglich müste dieser ohne den Beisaz die Begünstigung der schriftlichen Verantwortung entbehren.

Herr Geheimer Rath von Krenner, der Ältere, von der Nothwendigkeit überzeugt, alles zu vermeiden, was auf Suggestiren hinführen, den Prozeß erschweren, oder gar vereiteln könnte, vereinigten sich vollkommen mit diesen entwikelten Ansichten, und fanden eine weitere schriftliche Verantwortung des Angeschuldigten, wenn die theilweise erste Verantwortung nicht Alles erschöpfe, um so nothwendiger, als man dem noch nicht überwiesenen Angeschuldigten alle Mittel sich zu rechtfertigen, erleichtern müsse.

Dieser Bemerkung und der gegebenen Erläuterung wurde entgegen gesezt, daß dieser von Seiner Exzellenz dem Herrn Grafen von Arco vorgelgte Wunsch wegen der weiteren Vernehmung, wenn die erste nicht für erschöpfend befunden würde, bereits in dem während Ihrer Abwesenheit geprüften und angenommenen Art: 95. enthalten seie, indem dadurch dem Kriminal Gericht das Recht eingeräumt werde, auf Ergänzung der General Inquisizion zu erkennen, wenn dasselbe Etwasnicht hinlänglich erschöpft beurtheile. Eine grösere Sicherheit den Angeschuldigkeiten zu geben, seie nicht wohl thunlich, und jeder weitere Beisaz scheine überflüssig.

Der vorgeschlagene Beisaz, oder eine Person von Adel werde aus dem Wunde nicht aufzunehmen sein, weil biher in dem Gesezbuche absichtlich verschieden worden, einen bestimmten Stand her nennen, und man gesucht habe, den damit beabsichteten Zweck auch ohne diese Aufführung zu erreichen, auch diese sich nicht wohl ein inländischer adeliger denken, der nicht ansässig, nicht ein Staatsdienste stehe, oder nicht auf den Stand seines Vaters Anspruch machen könne. Ergebe sich der Fall, so die nicht abzusehen, wie diesen eine Ausnahme zu Statten kommen könne.

Die Erinnerungen des Herrn Hofrath von Gönner, welche von Denenselben mündlichem Vortrage noch mehr ausgeführt und vorzüglich gezeigt wurde, welche Mißdeutungen diese Verschiedenheit der Bestimmungen in den Art: 96. und 115. veranlassen könnte, hatten zur Folge, daß Herr Geheimer Rath von Feuerbach, so wie alle übrige Mitglieder von der Richtigkeit dieser Erinnerung überzeugt, sich äusserten, so würden in den Art: 96. die neinste Bestimmungen über den Begrif eines Angesessenen geben, wie er den Art: 115. enthalten, und es seie zwekmäsig in dem Art: 96. deutlicher Art umschreiben, was unter angesessen verstanden werde, nur eine terminus tegnicus zu haben, da dieses Ausdrukes sich in der Folge öfters bedient werde, und dann Jedermann wisse, was man darunter verstehe.

Die weitere Bemerkung wegen Unterlassung der schriftlichen Vernehmung in den Fällen, wo noch Art: 114. ein Jeder ohne Unterschied des Standes verhaftet werden muß, beruhe ebenfalls auf guten Gründen, beziehe sich aber eigentlich auf den Art: 98. und könnte da näher überdacht werden.

Die durch die litographirte Bemerkung des Herrn Carl Grafen von Arco Exzellenz veranlaßte Frage, ob das, was dem Angeschuldigten zu seiner schriftlichen Verantwortung mitzutheilen, erweitert, oder beschränkt werden sole, führte den Herrn Geheimen Rath von Effner zu der Äusserung, daß nach Ihren Ansichten die Bestimmungen hierüber in den Kreitmaier'schen Codex zu weit, in der vorgetragenen Fassung aber zu sehr beschränkt seie.

Dem Angeschuldigten blos Verbrechen, die Zeit und den Ort im Allgemeinen zu eröffnen, scheine Ihnen nicht hinreichend, und Sie glaubten, daß um denselben die Mittel sich zu reinigen, zu erleichtern, Auszugsweise wenigstens einige Haupt-Indizien und Beweis Gründe in allgemeinen Ausdrücken mitgetheilt werden könnten; Seie der Angeklagte unschuldig, so erhalte er dadurch eher den Veranlaß sich zu vertheidigen, und seine Unschuld darzuthun, seie er schuldig und vermöge er nicht, die auf ihm liegende Verdachts Gründe zu entfernen, so schade diese etwas umständlichere Mittheilung dem weiteren Verfahren nicht.

Dieser vorgeschlagenen Erweiterung der Mittheilung wurde entgegen gesezt, daß sie leicht zu weit führen, öfters von den Richtern mißverstanden, und dadurch Suggestiven veranlaßt werden könnten, welche dem Gange des Prozesses hinderlich. Der Angeklagte erfahre genug um sich zu vertheidigen, wenn er begangen worden, migetheilt erhalte, und es könnte bedenklich sein, ihme mehr zu sagen, indeme der Richter sonst die Mittel aus den Händen gebe, in der Sache weiter zu verfahren.

Diese verschiedene Äusserungen und die wegen diesen beiden Art: statt gehabte Besprechung veranlaßten Seine Exzellenz den königlichen geheimen Staats- und Konferenz-Minister Herrn Grafen von Reigersberg umzufragen, un die Mitglieder vereinigten sich

die Art: 96. und 97. mit der nach der Erinnerung des Herrn Hofrathen von Gönner nötigen Änderung nach ihrer Fassung anzunehmen, daß nemlich der Anfang des Art: 96. wie folget, übereinstimmend mit dem Art: 115. umgeändert werde.

Art: 96. Ist der Verdächtige mitliegenden Gründen oder durch ordentliches stetes Gwerb, oder durch Anstellung im öfentlichen Dienste angesessen, so daß man sich von dessen Karakter und Lebensart ff.

Seine Exzellenz Herr Geheimer Rath Carl Gaf von Arco äusserten Ihre weitere Erinnerung wegen einer zweiten Vernehmung des Angeschuldigten, im Falle die erste nicht für hinlänglich befunden worden, sein durch den Art: 95. bei dessen Discussion Sie nicht gegenwärtig gewesen, gehoben, allein Ihren Beisaz, <u>oder eine Person von Adel</u> wünschten Sie noch immer aufgenommen.

<u>Art: 98.</u>

Ohne vorgängige schriftliche Verantwortung auf die vorhandenen Verdachts Gründe allein kann selbst gegen die im Art: 96. benannten Personen sogleich die Spezial-Inquisizion erkannt werden:

1.) wenn der Verdächtige die Flucht ergriffen hat;
2.) wenn bereits so viele und starke Verdachtsgründe oder Beweismittel vorhanden sind, daß dieselben der Überweisung nahe kommen.

Dieser Fassung fügten Herr Geheimer Rath von Feuerbach die Bemerkung bei, daß Sie diese Limitation der schriftlichen Vernehmung der Konsequenz wegen mit dem folgenden Art:, wo von der Kaptur gehandelt werde, aufgenommen und glaubten, hier könne auch jezt die vom Herrn Hofrathe von Gönner gemachte Erinnerung wegen Unterlassung der schriftlichen Vernehmung in den Fällen, die der Art: 114. enthalten, benuzet, und deßwegen ein eigener Nummer beigefügt werden.

Herr Hofrath von Gönner bemerkten, daß Sie nicht bergen könnten, daß Ihnen die Limitation in No. 2. des Art: 98. bei dessen Durchgehung auffallend gewesen, und Ihnen wehe gethan habe, weil sie so arbiträr seie, und so leicht mißdeutet werden könnte; Sie würden sie weglassen, und dafür jene wegen den Kapitar Verbrechen aufnehmen.

Mit diesem Vorschlage einverstanden, äusserten sich Herr Geheimer Rath von Feuerbach, und bemerkten, daß Sie gestehen müßten, daß eine Inkonsequenz darin liege, indem dadurch mehr als ein halber Beweis erfodert werde. Sie gaben über die Grundsäze, nach welchen in Ihrem Sisteme bei der Kaptur zu verfahren, die nötigen Erläuterungen.

Die übrigen Herrn Geheimen Räthe Überzeugten sich zwar von der Nothwendigkeit, die Erinnerung des Herrn Hofrath von Gönner an einer Stelle dieses Kapitals zu erschöpfen, allein mit der Weglassung des Nus 2. des Art: 98. konnten sie sich nicht vereinigen, indem eine schriftliche Vernehmung, da wo sie viele und starke Verdachts-Gründe oder Beweismittel vorhanden, daß dieselbe der Überweisung nahe kommen, gewiß überflüssig und ohne allen Zweck seie, indem der Angeschuldigte noch Mittel genug habe, alles was er zu seiner Vertheidigung anführen könne, zu Protokoll zu geben.

Diese Einwürfe veranlaßten den Herrn Hofrath von Gönner, den Vorschlag zu machen, daß alle Bedenklichkeiten gehoben werden könnten, wenn man dem Art: 120. der von persönlicher Verhaftung handle, einen Beisaz in einem eigenen Nummer anfüge, wodurch gesagt werde, daß auch Personen, welche nach Art: 96. das Recht der vorläufigen Verantwortung gestattet ist, in den im Art: 114. bemerkten Fällen provisorisch verhaftet werden könne.

Dadurch würden alle Anstände beseitigt, und ausgesprochen, daß die provisorische Verhaftung die Wohlthat der schriftlichen Vernehmung nicht ausschliese.

Da alle Mitglieder mit diesem Vorschlage Sich vereinigten, so wurde einsweil zu Protokoll bemerkt, daß dieser Beisaz im Art: 120. aufzunehmen.

Die Fassung des Art: 98. wurde beibehalten, die Stellung des Anfanges zu mehrerer Deutlichkeit aber so geändert:

Art: 98.

Auf die vorhandene Verdachts Gründe allein ohne vorgängige schriftliche Vernehmung kann selbst gegen die im Art: 96. benannte Personen sogleich die Spezial-Untersuchung verfügt werden 1tens f

Art: 99.

> Gegen einen Staatsdiener, welcher sich eines Amts Verbrechens schuldig gemacht hat, kann von dem Gericht nicht eher auf Spezial-Untersuchung erkannt werden als nachdem die Sache von dem königlichen geheimen Rath dem Gericht überwiesen worden ist;

Die wegen diesem Art: in den litographirten Bemerkungen Seiner Exzellenz des Herrn Geheimen Rath Carl Grafen von Arco und Hofrathen von Gönner enthaltene Stellen wurden abgelesen, und vom Herrn Geheimen Rathe von Feuerbach bemerkt, daß Sie zwischen Amts- und gemeinen Verbrechen von einem Staatsdiener begangen, um deßwillen unterschieden, weil Ihnen die Würde der Justiz zu erfodern scheine, daß dieselbe in Nachforschung und Aburtheilung eines gemeinen Verbrechens nicht aufgehalten werden sollte, und das Staats-Interesse, welches diese Beschränkung bei Amts Verbrechen der Staatsdiener in der Konstituzion veranlaßt haben mögte, bei gemeinen Verbrechen nicht obwalte.

Die von Seiner Exzellenz dem königlichen geheimen Rathe Herrn Carl Grafen von Arco vorgeschlagene Beifügung der Majorats Besitzer müsse noch aus gesezt bleiben, bis über die Frage, ob dieselbe ohne Vernehmung des Geheimen Raths zu Verhalt gezogen werden können, in der Plenar Versammlung entschieden sein werde.

Die übrigen Herrn Geheimen Räthe und Herr Hofrath von Gönner theilten diese Ansicht nicht, indem Sie nicht glaubten, daß das Interesse des Staates wegen dem Amte allein diese Bestimmungen in der Konstituzion und den organischen Edikten über die Bildung des geheimen Rathes veranlasset, sondern daß hiebei auch die Würde des Staatsdienstes und die ältere Bestimmung in dem Kreitmaier'schen Codex, nach welchen kein Staatsdiener ohne landesfürstliche Genehmigung in eine Kriminal Untersuchung gezogen werden dürfe, berüksichtiget worden.

Abgesehen von den Gründen, welche diese Bestimmung in der Konstituzion und dem Edikte über die Bildung des geheimen Rathes veranlasset, seie dieselbe so deutlich und darin so bestimmt, der Unterschied zwischen einem Amts- und gemeinen Verbrechen, umgangen, daß es nicht in der Befugniß der Sekzionen liegen könne, davon abzugehen; Zu Begründung, daß ein solcher Unterschied nicht angenommen worden, seie bereits ein Präjudiz vorhanden, da die Beurtheilung, ob ein Geistlicher, wegen einem ihme angeschuldigten gemeinen Verbrechen von dem Gerichte untersucht werden solle oder nicht, dem Geheimen Rathe übertragen worden.

Auch hemme die Bestimmung des Art: 99. ohne diesen Unterschied die Justiz Stellen nicht, mit der General Untersuchung fürzufahren, indeme die Erkenntniß des Geheimen Rathes erst vor Eröffnung der Spezial Untersuchung eintreten, und dieses sich auf die General Untersuchung gründen müsse.

Nach diesen Ansichten und nach verfügter Umfrage

wurde beschlossen, in diesem Art: die nemlichen Worte, wie sie in dem Art:7. des Ediktes über die Bildung des Geheimen Rathes enthalten, aufzunehmen, und denselben auf folgende Art zu fassen, dabei jedoch nach dem Vorschlage des Herrn von Feuerbach beizusezen, daß die provisorische Verhaftung eines öffentlichen Beamten bei hiezu hinreichenden Gründen nicht ausgeschlossen seie.

Art: <u>99</u>.Gegen einen öffentlichen Beamten kann von dem Gerichte nicht die Spezial Untersuchung verfügt werden, als nachdem die Sache ein Erkenntniß des königlichen geheimen Raths dem Gerichte überwiesen worden ist.

Vorbehaltlich der provisorischen Verhaftung, wenn hiezu hinreichende Gründe vorhanden sind.

Die Majorats Besizer den öffentlichen Beamten gleich zu stellen, auf deutlich, daß die von den Sekzionen deßwegen gestellten allerunterthänigsten Anträge in der Plenar Versammlung des Geheimen Rathes genehmiget werden wurde einsweil in dem protokoll vorgemerkt.

<u>Art: 100.</u>

<u>Von der Vertheidigung gegen die erkannte Spezial Inquisizion</u>

Wider die erkannte Spezial Untersuchung findet kein die Vollstrekung hinderndes Rechtsmittel statt, es könnte, denn der Angeschuldete durch unumstösliche keiner Weitlaufigkeit unterworfene Beweise auf der Stelle darthun, daß entweder die That selbst, weswegen um zu beschuldigt, gar nicht geschehen sei, – oder da er wegen Abwesenheit von dem Orte der That zur Zeit ihrer Begehung in der Unmöglichkeit sich befunden, die angeschuldete That zu verüben,   – oder endlich, daß ein Irrthum über seine Person vorwalte, wenn er diejenige nicht sei, wofür er ausgegeben werde.

Sie gegen diesen Art: von Seiner Exzellenz dem königlichen geheimen Rathe Herrn Carl Grafen von Arco gemachte litographirte Bemerkung wurde abgelesen, derselben aber keine Folge zugestanden, weil von dem Beweise des Alibi weiter unten gehandelt werde, auch die Fassung erschöpfend scheine, und so wurde

dieser Art: nach seiner Fassung angenommen.

<u>Art: 101.</u>

Über das Rechtsmittel der Vertheidigung wider die verhängte Spezial Untersuchung hat sich der Angeschuldigte innerhalb vier und zwanzig Stunden nach bekannt gemachten Beschlusse zum Protokoll des Untersuchungs Richters zu erklären.

Es steht ihm frei, seine Vertheidigung entweder selbst zu führen oder sich dazu einen der Rechte kundigen Vertheidiger zu erbitten und die Ausführung der Vertheidigungs Gründe entweder mündlich zum Protokolle zu geben oder dieselben in einer besondern Vertheidigung Schrift nachzutragen.

Zur Ausführung der Vertheidigungs Gründe ist ihm mehr nicht als eine unerstrekliche Frist von weitern vier Tagen zu gestatten:

Die Fassung dieses Art: wurde mit denjenigen Erinnerungen begleitet, welche Herr Hofrath Von Gönner dießfalls hatten litographiren lassen.

Herr Geheimer Rath von Feuerbach bemerkten, daß in dem 2te. Saze dieses Art: nach nährem Nachdenken nicht mehr beistimmen könnten, denn erstens seie ein Rechtskundiger hiebei nicht nothwendig, da die Äusserung, so der Angeschuldigte wegen dem zu ergreifenden Rechtsmittel anzugeben, so einfach seie, daß sie jeder Mensch abgeben könne, zweitens seie es bedenklich, einen Rechtskundigen zuzulassen, weil er den Angeschuldigten unterrichten könne, was er bejahen und was er verneinen solle.

Diese Bemerkung wurde von den Sekzionen Als richtig angenommen, und da auch Seine Exzellenz Herr Geheimer Rath Carl Graf von Arco erinnerten, daß ihnen der Zeitraum im ersten Absaze von 24. Stunden, und in dem dritten von 4. Tagen zu lang scheine, weil der Angeschuldigte sich über das Rechtsmittel der Vertheidigung sogleich erklären, und seine Vertheidigungs Gründe und Anzeige der Beweismittel, wenn auch nicht sogleich, doch in einer kürzeren Zeitfrist abgeben könne, mehrere Mitglieder auch sich gegen die Zulassung der schriftlichen Vertheidigung überhaupt äusserten, so wurde nach verfügter Umfrage

folgende Fassung des Art: 101. angenommen:

Art: 101.
Über das Rechtsmittel der Vertheidigung wider die verfügte Spezial Untersuchung hat sich der Angeschuldigte sogleich bei Bekanntmachung des Beschlusses zu erklären und sodann längstens innerhalb 24. Stunden seine Vertheidigungs Gründe nebst Anzeige der Beweismittel mundlich zu Protokoll zu geben.

Art: 102.
Die Vertheidigung zu Abwendung der Spezial-Inquisizion, welche entweder nicht auf eben bemerkte Gründe /:Art: 101:/ gebaut, oder mit den nötigen Belagen und der Anzeige der erfoderlichen Beweise nicht versehen ist, soll sogleich von dem Untersuchungs Richter verworfen, jedoch als dann auf der Stelle dem Kriminal- Obergerichte die berichtliche Anzeige davon gemacht worden.

Art: 103.
Ausser der vorgedachten Voraussezung erkennt über die ge-

führte Vertheidigung in erster und lezter Instanz das Kriminal Obergericht, welches, wenn es der Vertheidigung statt giebt, die Sache zur Ausführung der angegebenen Vertheidigungs-Beweise zum Untergerichte rükverweißt, es wären denn die bereits vorhandenen Belage von der Art, daß sogleich die Aufhebung der Spezial-Untersuchung erkannt werden könnte.

Art: 104.

Das Kriminal Obergericht hat über die geführte Vertheidigung innerhalb vier Tagen zu erkennen, angerechnet von dem Tage, wo ihm die Akten sammt der Vertheidigung zugekommen sind.

Gegen die Fassung dieses Art. wurden mehrere Anstände erhoben, und vorzüglich von Seiner Exzellenz dem Herrn Geheimen Rathe Carl Grafen von Arco auf den Vorschlag des Herrn von Feuerbach, die berichtliche Anzeige an das Obergericht im Falle, wo die von dem Angeschuldigten angebrachte Beweismittel verworfen werden. Zuzulassen erinnert, daß Sie diese Anzeige fur so wesentlicher hielten, als sonst dem Angeschuldigten kein Mittel bleibe, gegen das vielleicht leidenschaftliche oder zu rasche Verwerfen seiner Beweismittel eine Hilfe zu suchen; Monate lang könne er in dem Gefängnisse herumgezogen, und den Folgen einer Special Inquisizion unterworfen werden, ehe der Obergerichter erfahre, daß die angegebene Beweismittel nicht ganz verwerflich waren, oder noch Ergänzungen nötig seien.

Auch Herr Hofrath von Gönner fanden nötig, daß die Fälle, wo das Obergericht über die Beweismittel selbst entscheiden müsse, näher auseinander gesezt, und vorzüglich diejenige aufgenommen werden, wo das Obergericht selbst auf die Spezial Inquisizion erkennen muß.

Diese verschiedene Erinnerungen und die eigene Überzeugung des Herrn Geheimen Rath von Feuerbach, daß diese Art: nicht erschöpfend genug bearbeitet seien, führten dieselbe zu dem Vorschlage, sie zu Hause nochmal zu durchgehen, sie nach allen dabei eintretenden Rücksichten zu prüfen, und eine neue Fassung derselben in der nächsten Sizung vorzulegen, einstweil könne man aber schon festsezen, daß der Art: 104. ganz auszulassen wäre.

Nach mehrfältiger Beleuchtung dieser Art:, und nachdem die verschiedene Ansichten, wie dieselbe gestellt werden müssen, vorgelegt, und darüber sich besprochen war, vereinigten

sich alle Mitglieder der Sekzionen, die neue Fassung dieser Art: in der nächsten Sekzion zu erwarten,

Die in dem Entwurfe durch den Abschreiber aufgenommene unrichtige Allegazion des Art: 101. in Art: 102. wurde einsweil durch Beziehung auf den Art: 100. verbessert.

<u>Von ämtlichen Berichten nach Verfügter Spezial Inquisizion oder Verhaftung</u>

Art: 105.
Geräth ein Unterthan ausserhalb seines lezten Wohnorts in Untersuchung, so soll das untersuchende Gericht sogleich nach geschehener Verhaftung oder verfügter Spezial Inquisizion den Zivilrichter des Wohnortes des Angeschuldigten von Vorfalle in Kenntniß sezen.

Gegen die Fassung dieses Art: wurde nichts erinnert.

Art: 106.
Betrift die Verhaftung oder Spezial Inquisizion einen öffentlichen Beamten, oder einen Geistlichen, so soll das betreffende Staatsministerium, und im leztern Falle zugleich die dem Angeschuldigten vorgesezte geistliche Behörde von dem Vorfall in Kenntniß gesezt werden.

Herr Geheimer Rath von Feuerbach bemerkten, daß in Übereinstimmung mit der im Art: 99. getroffenen Änderung, dieser Art: ganz ausbleiben müsse, indem das Ministerium schon nach den Bestimmungen des Art: 99. von der gegen einen öffentlichen Beamten verfügt werden sollenden Spezial Inquisizion in Kenntniß gesezt werde.

Obschon einige Mitglieder die Meinung äusserten, daß dieser Art: nicht ausgelassen, wohl aber abgeändert werden sollte, indem es noch andere Geistliche als die Pfarrer gebe, welche nicht den öffentlichen Beamten gleichgestellt, und rücksichtlich dieser sowohl das betreffende Staats-Mnisterium, als auch die geistliche Behörde in Kenntniß gesezt werden müsse, so entschied die Mehrheit

dennoch für Auslassung dieses Art:, weil in den Fällen, wo gegen geistliche, die den öffentlichen Beamten nicht gleich gestellt, die Spezial-Untersuchung verhängt wird, ohnehin immer Anzeigs-Berichte an das Staats-Ministerium erstattet werden, und es dahero unnötig sein, solches in dem Gesezbuche zu bestimmen.

Art: 107.
<u>Folgen der Spezial Inquisizion</u>

Wer wegen Verbrechen zur Spezial Inquisizion gezogen ist, erhält den Namen Inquisit peinlich Angeschuldigter.

Er wird, in so ferne eine Verhaftung statt findet, in das für Inquisiten bestimmte Kriminal Gefängniß gebracht.

Ein Beamter, wider welchen auf Spezial Inquisizion erkannt worden, wird bis zum Ausgange der Sache von seinem Amte suspendirt, jedoch vorbehaltlich seines Standes Gehaltes.

Die Bemerkungen, so Seine Exzellenz der königliche geheime Rath Herr Carl Graf von Arco wegen diesem Art: hatten litographiren lassen, wurden von denselben abgelesen. Hierauf aber aus den Gründen keine Änderung beliebt, weil in dem Art: D. post 79. bereits der Unterschied rücksichtlich Des Untersuchungs-Gefängnisses eines gebildeten und rohen verderbten Menschen aufgenommen, und die deßwegen weiters nötige Vorschriften in der Instrukzion zur Prüfung vorzulegen komme, würden ausgesprochen werden.

Eine Erinnerung Seiner Exzellenz des königlichen Geheimen Raths und Konferenz-Ministers Herrn Grafen von Reigersberg, daß nach den Bestimmungen des 3n Absazes dieses Art: diejenige Beamten, welche noch ihrer Dienst Kathegorie sich nicht dazu eigneten, daß der königliche geheime Rath über die Zulassung der Spezial Inquisizion gegen sie zuvor erkenne, besser daran sein würden, als leztere, die gegen diese nicht nach dem bisherigen Gebrauche schon bei dem Eintritt der General Untersuchung die Diestes Suspension eintrette, wo gegen jene dieses erst bei der Spezial-Inquisizion der Fall sein werde, wurde zwar als vollkommenrichtig von allen Mitgliedern beurtheilet, allein da gegenwärtig kein Veranlaß vorliege, in die Frage, wie es künftig mit jenen Beamten, deren vor Gericht-Stellung durch den königlichen geheimen Rath erkannt werde, rüksichtlich der Dienst Suspension gehalten werden solle, so waren die Sekzionen der Meinung, sich hierüber dermahl keinen Antrag zu erlauben, sondern sich auf den Wunsch zu beschränken, daß ein gleiches Verfahren rücksichtlich der Suspension beobachtet werden mögte.

Der Art: 107. wurde nach seiner Fassung mit der Änderung angenommen, daß der Anfang des 3ten Absazes auf folgende Art gesezt werden.

Ein Beamter, welcher der Spezial Inquisizion unterworfen worden, wird ff

Art: 108.

<u>Zwek und Mittel derselben.</u>

Der Zwek des richterlichen Verfahrens bei der Haupt-Untersuchung oder Spezial Inquisizion ist.

eines Theils durch Vernehmung des Angeschuldigten zu erfahren, ob und wie viel derselbe von der gegen ihn vorhandenen Beschuldigung abläugne, oder einräume, und was er zu seiner Rechtfertigung oder Entschuldigung anzuführen habe?

anderen Theils aber den vollkommen rechtlichen Beweis entweder der Schuld des Angeschuldigten, so wie der That an sich und aller auf das Definitiv Erkenntniß Einfluß habenden Umstände derselbn, soweit alles dieses nicht schon bei Gelegenheit der General Untersuchung vollkommen geschehen, zu den Akten zu bringen.

Art: 109.
Rücksichtlich des Beweises der Schuld insbesondere sollen die Untersuchungs Handlungen des Richters dahin gerichtet sein, daß kein rechtlich begründeter Zweifel übrig bleibe, über die Zurechnungsfähigkeit der Person, über der rechtswidrigen Vorsaz derselben, über Veranlassung, Beweggrund und Endzwek des verderiherischen Entschlusses über die etwa geschehenen Vorbereitungen zur Vollbringung der That die Mittel, die Art und die Umstände ihrer Ausführung über die nach deren Vollbringung vorgefallenen merkwürdigen Thatsachen endlich darüber, ob und welche Mitschuldige bei vor, oder nach Vollbringung des Verbrechens mitgewirkt haben.

Art: 110.
Die Untersuchungs-Handlungen, deren sich Inquiren zu vorgedachten Zwecken bedient, sind

das Verhör des Inquisiten, die Vernehmung von Zeugen, und deren allenfalls nötige Konfrontazion unter sich, oder mit dem Inquisiten,

 die Einholung des Gutachtens von Sachverständigen in den erfoderlichen Fällen, deßgleichen

 die Vornahme des nötigen Augenscheins oder

 die Herbeischaffung und und Produkzion von Urkunden, wobei übrigens, was die Form dieser Handlungen und das dabei zu beobachtende Verfahren anbetrift, die Verordnung der III. Abtheilung gegenwärtigen Titels zur Anwendung kommen.

Art: 111.
<u>Gegenstände derselben.</u>

Die Spezial Inquisizion erstrekt sich nicht blos auf die schon in der General Untersuchung angezeigten, sondern auch auf alle erst während der Spezial-Inquisizion entdekten Verbrechen.

Über Verbrechen, worüber keine bestimmten Anzeigungen in den Akten vorkommen, darf Inquisit nicht befragt werden, berüchtigte Räuber, Diebe und Landstreicher ausgenommen, welche über alle Übelthaten befragt werden dürfen, die von Leuten solcher Art gemeiniglich begangen zu werden pflegen.

Art: 112.
Bei dem Zusammentreffen mehrerer Übertretungen sollen nur diejenigen, welche auf das Straferkenntniß wesentlichen Einfluß haben, umständlich untersucht, minder wichtige hingegen, welche zur Vernehmung der Strafe nichts beitragen, zumal wenn der vollständige Beweis derselben mit Weitläufigkeit verknüpft ware, nur so weit, als zur Beurtheilung des Karakters des Inquisiten erfoderlich, zu den Akten bescheiniget werden, es müßte denn in anderer Rüksicht an der vollständigen Kenntniß derselben dem gemeinen Wesen besonders gelegen sein.

Art: 113.
Überhaupt soll sich der Untersuchungsrichter von unnüzer Weitschweifigkeit bei unbedeutenden Gegenstände, so wie von

schädlicher Oberflächlichkeit bei erhebliche Punkten gleichweit entfernt halten, und zu diesem Ende die schon verhandelten Akten fleisig durchgehen, sich zu allen Verhören sorgfältig vorbereiten, und stets die Übersicht des Ganzen, so wie den Zwek seines Verfahrens bestimmt vor Augen zu behalten suchen.

Herr Geheimer Rath von Feuerbach fügten diesen Art: die mündliche Erläuterung bei, daß Sie hierin alles so bestimmt und kurz aufgenommen was sich über die Mittel und den Zweck der Spezial Inquisizion sagen lasse, und was der Richter zu thun habe um diesen Zwek zu erreichen, ohne die Untersuchung durch unnötige Erholungen zum Nachtheile des Angeschuldigten und des Staats-Arars zu verlängern.

Herr Geheimer Rath Graf vonWelsperg machten bei dem Art: 112. die Erinnerung, daß es Ihnen doch nötig scheine, in diesem Art: zu sagen, daß die in einigen Fällen erfoderliche Erfolungen rücksichtlich der Mitschuldigen, Gehilfen und Hehler nicht unterlassen warden.

Herr Gehimer Rath von Krenner äusserten, der Art: 113. scheine Ihnen überflüssig, indem es ohnehin in der Pflicht eines jeden Richters liegen, dem nachzukommen was für vorgeschrieben werde.

Da aber die übrigen Mitglieder es unbedenklich fanden, die Richter auf diese Vorschriften wiederholtaufmerksam zu machen, so wurden die vorgetragenen Art: 108. bis 114. mit folgenden Änderungen angenommen.

Art: 108.

Sollen im Anfange die Worte

Hauptuntersuchung oder

ausgelassen, und im Art: 110. am Ende nach der geänderten Oekonomie

statt der III. Abtheilung des gegenwärtigen Titels

gesezet werden.

"des III. Titels"

auch wäre in Folge der gemachten Erinnerung dem Art: 112. nach

in anderen Rüksicht

beizufügen:

"z.B. zur Entdekung oder Überführung von Mitschuldigung und dergleichen."

Dem nun folgenden 4n Kapitel

Von der Ladung und Verhaftung und Verhaftung des Angeschuligten.

schickten Herr Geheimer Rath von Feuerbach den Gang voraus, nach welchem sie dieses Kapitel bearbeitet.

Zuerst handle dasselbe davon, bei welchem Verbrechen

und welche Personen Verhaftung oder nur Ladung statthabe, dann
>auf welche Verdachtsgründe der Arrest, und wann provisorische Verhaftung statt finde.

Von den Verhafts-Befehlen, was bei und nach der Verhaftnehmung zu beobachten, und von der Befreiung vom vom Gefängnisse gegen Kauzion.

Die Art: dieses Capitels wegen Beschaffenheit der Untersuchungs-Gefängnisse gegen wären auszulassen, weil sie in einem eigenen Kapitel oben aufgenommen worden.

<u>Bei welchem Verbrechen und gegen welche Personen Verhaftung oder nur Ladung statt hat.</u>

Art: 114.

Wer einer Übertretung angeschuldiget ist, worden auf das Gesez die Todes- Ketten- oder Zuchthausstrafe gesezt hat, soll, ohne Unterschied der Person bis zum Ausgange der Untersuchung in persönliche Haft gehalten werden.

Art: 115.

Geht aber die Anschuldigung auf ein Verbrechen geringner Art, so findet gegen Personen, welche innerhalb des Königreichs ihren ordentlichen Wohnsiz haben, und entweder durch hinreichenden Besiz liegen, der Gründe, oder durch Anstellung im Staatsdienste angesessen sind, keine Verhaftung statt, Sie wäre denn bereits früher wegen Verbrechen bestraft oder nur von der Instanz losgesprochen worden, oder es wäre nach vorliegenden besondern Umständen ihre Flucht zu besorgen.

Art: 116.

In den Fällen, welche keine Verhaftung des Angeschuldigten gestatten, wird der Angeschuldigte durch blose Ladung vor Gericht gefodert, welche ihm, wenn er sich in fremdem Gerichtsbezirke aufhält, nach vorgängigen Hilfsschreiben /:Requisitorialien:/ durch den Richter seines Aufenthalts-Ortes mitgetheilt wird.

Macht sich der Geladene der Flucht verdächtig, so kann derselbe von dem requirirten Richter, wie von demjenigen, welcher die Ladung erlassen, in Verhaft genommen werden.

Art: 117.

Bleibt der Geladene in dem bestimmten Gerichts-Termine aus, so wird ein in der Form des Art: 125. f. verabfaßter Verhaftbefehl ausgefertigt, und der Ungehorsame während der Untersuchung so lange in persönlicher Gewahrsame gehalten, bis er entweder hinreichende Sicherheit geleistet, oder dargethan hat, daß ihm wegen unverschuldeter Hindernisse das Erscheinen vor Gericht unmöglich gewesen sei.

Art: 118.

Ist im Falle des Art: 115. der Angeschuldigte abwesend, ohne daß dessen Aufenthaltsort bekannt ist, so wird gegen ihn mit öffentlicher Ladung /:Ediktal-Zitazion:/ verfahren, es wären denn Gründe vorhanden, daß derselbe durch Flucht sich der richterlichen Gewalt entzogen habe, oder mitziehen wolle, wesfalls gegen denselben, wie gegen jeden andern Flüchtling zu verfahren ist.

Art: 119.

<u>Auf welche Verdachts Gründe der Arrest Statt findet.</u>

Niemand darf wegen einer Anschuldigung seiner persönlichen Freiheit beraubt werden, ausser so ferne gemäs den Bestimmungen des vorhergehenden Kapitels /:Art: 91.:/ rechtliche Gründe vorhanden sind, demselben in den Stand der Anschuldigung zu versezen, mit Ausnahme der in dem folgenden Art: /:120.:/ bestimmten Fälle des provisorischen Verhaftes.

Die Erinnerung Seiner Exzellenz des Herrn Carl Grafen von Arco in der litographirten Beilage wegen dem Art: 115. wurde abgelesen, allein aus den bei Art: 96. entwikelten Gründen blieb dieselbe ohne Folge.

Da gegen die Fassung dieser Art: sonst keine Bemerkung gemacht wurde

so erklärten sich sämmtliche Mitglieder für Annahme dieser Art: nach ihrer Fassung.

Art: 120.

<u>Wann provisorische Verhaftung statt finde.</u>

Bei noch entfernten, oder noch nicht gehörig erhobenem Verdachte findet provisorische Verhaftung statt:

1.) wenn der muthmasliche Thäter ein Vagabund, oder die nahen Entfernung verdächtiger Ausländer ist;

2.) Wenn der Verdächtige schon auf der Flucht begriffen ist, oder Anstalten macht, welche auf seine beabsichtete Flucht schliesen lassen;

3.) Wenn derselbe schon wegen deselben oder ähnlichen Verbrechens bestraft, oder nur von der Instanz losgesprochen worden ist;

4.) Wenn er sonst wegen seiner Aufführung und Lebensart eine Person ist, zu welcher man sich der in Untersuchung begriffenen That leicht versehen kann.

Diesem Art: wurde nach dem Vorschlage des Herrn Hofrath von Gönner und nach dem bei Art: 98. Gefaßten Beschlusse

unter No. 5. folgender Beisaz angefügt:
N.5. "Auch können Personen, welche nach Art: 96. das Recht der vorläufigen Vertheidigung gestattet ist, in den Art: 114. bemerkten Folge provisorisch verhaftet werden."

In Num: 3. wäre statt
wenn derselbe schon
zu sezen:
"wenn er schon"

Die übrige Fassung dieses Art: aber wurde angenommen.

Art: 121.

Deßgleichen sind bei Todschlägen oder schweren Verwundungen, welche in einer Schlägerei begangen werden, ohne daß der wahre Thäter sogleich ausgemittelt ware, alle Theilnehmer an dem Handel, und alle einigermasen verdächtige Anwesende provisorisch in Verhaft zu nehmen.

Gleiches gilt von Aufruhr, Tumult, und andern in einem Auflaufe begangenen Verbrechen.

Art: 122.

Bei Untersuchung über Räuber- oder Diebsbanden und andere dergleichen verbrecherische Komplotts oder Banden dürfen alle, die mit den Verbrechen in Verbindung gestanden haben, und welche eine Kollusion mit den Übelthätern befürchten lassen, provisorisch verhaftet werden.

Art: 123.

Überhaupt aber findet der provisorische Arrest nur als dann statt, wenn nicht durch gelindere Mittel, als da sind:

Stadtarrest, Beschlagnehmung der Pässe, Versezung unter besondere Polizei Aufsicht und dergleichen, die Erweichung desselben Zwekes mit Sicherheit zu erwarten ist.

Art: 124.

Die provisorische Haft ist blos Zivilarrest. Der Verhaftete ist entweder in seiner eigenen Wohnung zu bewohnen, oder in einem öffentlichen, jedoch von den Kriminal Gefängniß verschiedenen Orte zu verwahren.

Er darf nicht gefesselt werden, ausser im Falle des Ungehorsams, oder besonderer Gefahr der Flucht.

Er führt nicht den Namen Inquisit, oder peinlich Beklagter, sondern nur Gefangener, Befragter oder Konstitut.

Bei dem lezten diesen Art: wurde nur die Bemerkung beigefügt, die Benemmung Konstitut ware um deßwillen auszulassen, weil dieselbe nur in Altbaiern gebräuchlich, und mehr damit bezeichnet werde, als man hier aussprechen wolle.

Mit Weglassung der Benennung oder Konstitut am Schlusse des Art: 124. wurde nach verfügter Umfrage die Fassung dieser Art: beibehalten.

Art: 125.

<u>Von Verhafts-Befehlen.</u>

Die in den nachfolgenden Art: enthaltenen Fälle ausgenommen, sezt die Verhaftnehmung einen förmlichen Verhaftsbefehle voraus, welcher enthalten muß den Namen oder die genaue Beziehung der Person des zu Verhaftenden, und die allgemeine Anführung des Grundes, aus welchem die Verhäftsnahme verfügt wird.

Die Verhafts Befehl ist von dem Gerichts Vorstande, nebst Beidrückung des Gerichts-Siegels zu unterschreiben.
Stekbriefe sind einem Verhafts Befehle gleich zu achten.

Gegen die Fassung dieses Art: wurden mehrere Anstände erhoben, indem einiger Mitglieder der Meinung wären, der Verhaftsbefehl müsse das Verbrechen, jedoch ohne dessen nähere Bezeichnung enthalten, andere aber glaubten, es seie unnöthig, und oft auch wegen der versucht werden könnenden Flucht bedenklich, den Grund der Verhaftung, oder auch nur die allgemeine Anführung des Verbrechens dem Verhafts-Befehle einzuverleiben; alle Mitglieder waren aber darin einstimmig, daß der Verhafts Befehl dem zu Verhaftenden vorzuzeigen.
Nach hierüber verfügter Umfrrage wurde

beschlossen, den Art: 125. wie folgt zu fassen:
Art: 125. "Die in dem nachfolgenden Art: enthaltene Fälle ausgenommen, sezt die Verhaftnehmung einen förmlichen Verhafts-Befehl voraus, welcher den Namen, oder die genaue Bezeichnung der Person des zu Verhaftenden enthalten muß.
Der Verhafts-Befehl ist von dem Gerichts Vorstande nebst Beidrückung des Gerichts-Siegels zu unterschreiben, und muß dem zu Verhaftenden vorgewiesen werden.
Stekbriefe sind einem Verhafts Befehle gleich zu achten."

<u>Art: 126.</u>
Jeder in der gehörigen Form ausgefertigte Verhafts-Befehl ist in dem ganzen Gebiete des Königreichs vollstrekbar.
Alle Gerichte, Polizei-Behörden, und Befehlshaber der bewafneten Macht sind schuldig, dessen Vollstrekung unverzüglich zu handhaben.

Gegen diesen Article

wurde nichts erinnert, nur beliebt, den Saz:
<u>und Befehlshaber der bewafneten Macht</u> auszulassen, und dafür zu seazen:
"Polizei- und Militair Behörden sind p."

<u>Art: 127.</u>
Zur Gefangennehmung wird kein besonderer Verhaftsbefehl erfodert:
1.) wenn der Thäter sich selbst angiebt;
2.) wenn er auf frischer That ertappt worden ist;
3.) wenn die Gefangennehmung in den Art: 121. enthaltenen Fällen innerhalb Vier und Zwanzig Stunden von dem Vorfalle selbst angerechnet, verfügt;
4.) wenn der Verdächtige auf eilender Fucht ergiffen wird.

Herr Hofrath von Gönner erinnerten, daß Sie hier eine Ausnahme vermißten, deren Beifügung Ihnen wesentlich scheine, nemlich wenn auf grose Räuberbanden, oder zahlreiches Gesindel von der Obrigkeit eine Streiche angeordnet werde, dann seie die Ausfertigung von Verhaftes Befehlen nicht ausführte, man nehme Alles, was man bekomme, und aus der Untersuchung erst ergebe sich, ihrer in Verhaft behalten, oder entlassen werde.

Zu Genügung dieser sehr gegründeten Bemerkung

    wurde in Folge verfügter abstimmung beschlossen, nach No. 4. beizufügen.

    5.) bei obrigkeitlich angeordneten Streifen können Verdächtige auch ohne besondere Verhafts Befehle gefangen genommen werden.

    Der Ausdruk in Num: 4. auf eilender Flucht wurde dahin abgeändert

      "auf der Flucht"

    übrigens aber die Fassung des Art: 127. angenommen.

Mit dem Art: 127. wurde die heutige Sizung geendiget.

    Unterzeichnet: Graf von Reigersberg.
      von Zentner,
      von Krenner, der Ältere.
      C. von Freiherr von Aretin.
      von Effner,
      Feuerbach,
      Graf von Welsperg,
      Gönner,
        Zur Beglaubing:
        Egid Kobell

12. Sitzung Nr. IX

Abgehaltn den 28. Juli, 1811.
Gegenwärtig waren;
Seine Exzellenz, der königliche geheime Staats- und Konferenz- dann
Justiz-Minister, Herr Graf von Reigersberg,
Die königliche wirkliche Herrn geheimen Räthe:
von Zentner,
von Krenner, Senior,
Seine Exzellenz Carl Graf von Arco,
von Effner,
von Feuerbach,
Graf von Welsperg, dann
Herr Hofrath von Gönner.

Das Protokoll der Sizung vom 21n dieses abgelesen und unterzeichnet.

Herr Geheimer Rath von Feuerbach unterrichteten die vereinigte Sekzionen, wie Sie inzwischen Sich mit einer neuen Fassung der Art: 102. und 103. beschäftiget, und nach Berüksichtigung aller in der lezten Sizung wegen diesen Art: aufgestellten Anständen die Überzeugung erhalten hätten, daß mit Auslassung des Art: 103. eine erganzte Fassung des Art: 102. hinreiche, um die Fälle genau zu bezeichnen, in welchen der Untersuchungs-Richter wegen der Vertheidigung des Anschuldigten mit Anlegung der Akten eine Anzeige zum Keiminal-Gericht zu machen.

Um alle unnötige und überflüssige Anzeigs-Berichte an die ohnehin so sehr beschäftigte Kriminal-Gerichte so viel möglich zu beseitigen, ohne den Angeschuldigten zu prägeriren, um jede Chicane und Verzügerung, die in einer Untersuchungs-Sache aus den Bestimmungen des Art: 100. vorbereitet werden könnte, zu entfernen, würden Sie diese Anzeige an das Kriminal Gericht blos auf den Fall beschräcken, wo die Thatsachen und Beweise von der Art sind, daß hierauf sogleich eine gänzliche Lossprechung des Angeschuldigten erfolgen könne.

In den Fällen, wo die von den Angeschuldigten Angegebene Vertheidigungs-Gründe und Anzeigen der Beweismittel eine nähere Erforschung und weitere Vernehmungen erheischen, habe der Untersuchungs-Richter dieselbe ohne weitere Anzeige zu verfügen, und sie zu den Akten zu bringen, wo dieses aber nicht nothwendig befunden würde, und hinlängliche Gründe vorhanden wären, die Vertheidigung zu Abwendung der Spezial Inquisizion zu verwerfen, ohne weiters mit der Spezial Inquisizion zu verfahren.

Übereinstimmend mit diesen Grundsäzen würden Sie daher dem Art: 102. nach

<u>verworfen werden</u>

in eigenen Beisäzen folgendes beifügen:

"Im entgegen gesezten Falle aber hat der Untersuchungs Richter sogleich das Nötige zu verfügen, um die Wahrheit der angegebenen Thatumstände zu erforschen, und deren Beweisen zu den Akten zu bringen.

Wenn diese Thatsachen und Beweise von der Art sind, daß hierauf sogleich eine gänzliche Lossprechung des Angeschuldigten erfolgen könnte; so sind die Akten zum Spruche an das Kriminal Gericht einzusenden, ausserdem aber ist ohne weiters mit der Special Inquisition zu verfahren."

Die Art: 103. und 104. des Entwurfes würden Sie ganz auslassen.

Dieser vorgeschlagenen Fassung des Art: 102. sezten Seine Exzellenz der königliche geheime Rath Herr Carl Graf von Arco die Bemerkung entgegen, daß dadurch Ihr in der lezten Sizung erhobener Anstand nicht gelöset seie, dem Angeschuldigten aus einem Höhern und gebildeten Stande einen Weg offen zu lassen, wodurch das Kriminal Gericht von seiner Vertheidigung, welche der Unterrichter aus manchmal nicht zu bestimmenden Ursachen verworfen, in Kenntniß gesezet, ehe dieser die Special Inquisition verhänge, und dadurch eine vielleicht nothwendige nochmalige Vernehmung, oder eine andere Ergänzung der vorgelegten Beweismittel möglich gemacht werde.

Bei gemeinen Verbrechern, denen nach Art: 120. diese Begünstigung der Vernehmung, mit allem Rechte entzogen worden, scheine Ihnen diese Vorsicht unnötig, und für diese die angetragene Fassung des Art: 102. hinlänglich; allein bei jedem Schritte, der vorwärts in dem Entwurfe des Prozesses gemacht werde, überzeugten sie sich immer mehr, wie nothwendig es sei, den Unterschied in der Behandlung eines gebildeten Menschen und eines Rohen einzuhalten.

Diese Bemerkung wurde dadurch widerleget, daß diese Bestimmungen nur gegen gemeine Verbrecher, gegen Heimatlose, oder nicht angesessene oder durch ihren Lebenswandel in üblem Rufe stehende Menschen, Art: 94. gerichtet, und die andere Angeschuldigte, welche angesessen oder aus gebildetem Stande sind, hievon schon nach dem Inhalte des Art: 95. ausgenommen, indeme die Special Inquisition gegen diese nur auf ein Erkenntniß des Kriminal-Gerichtes verfüget werden kann.

Herr Graf von Arco seien abwesend gewesen, als diese beiden Art: nach manchen Diskussionen redigiret worden.

Die weitere Erinnerung des Herrn Geheimen Rathen von Effner, daß ausser den in der vorgeschlagenen Fassung des Art: 102. angegebenen Fällen, auch noch jener eine Bestimmung erfodern würde, wo ein Angeschuldigter Etwas zu seiner Rechtfertigung bewiesen, ohne aber sich dadurch ganz gereiniget zu haben; solle in diesem Falle der Untersuchungs Richter die Special Inquisition sogleich verfügen können, oder solle er zu einer Anzeige verbunden sein? – wurde nicht für so erheblich beurtheilet, daß dieser Fall eine eigene Bestimmung in dem Art: 102. nothwendig mache, da die Regierung doch auf die Beurtheilung des Richters vertrauen müsse, und derselbe in diesem Falle ohne weitere Auseinandersezung wissen werde, was er zu thun habe.

Herr Geheimer Rath von Krenner der Ältere machten die Bemerkung: ob nicht in dem neuen Absaze des Art: 102. gesagt warden solle: <u>die gänzliche Lossprechung des Angeschuldigten erfolgen kann</u>, statt <u>könnte</u>. –

Allein auf die gegen Erinnerung des Herrn Gehimen Raths von Feuerbach, daß dieses <u>könnte</u> absichtlich gewählet worden, um dem Unterrichter in Beurtheilung dieser Fälle nicht zu viel einzuräumen, und ihme dadurch anzudeuten, daß er auch in zweifelhaften Fällen die Akten einzusenden habe: verfügten Seine Exzellenz der königliche geheime Staats- und Konferenz-Minister, Herr Graf von Reigersberg, die Umfrage, und alle Mitglieder vereinigten sich mit der vom Herrn von Feuerbach vorgeschlagenen Fassung des Art: 102. indem derselbe alles erschöpfe, was nach den Art: 95. und 100. über die Vertheidigung des Angeschuldigten noch zu sagen nötig.

In Folge dieser Abstimmungen

wurde der Art: 102. nach der Fassung, die Herr Geheimer Rath von Feuerbach angegeben, angenommen, und beschlossen, die Art: 103. und 104. des Entwurfes auszulassen.

Herr Geheimer Rath von Feuerbach kamen nun auf die Art: 128. 129. und 130., wobei man in der lezten Sizung stehen geblieben, und lasen dieselben ab.

Art: 128.

In den Fällen des 127. Artikels kann die Verhaftung wegen Verbrechen auch von Polizei-Behörden verfügt werden, unter der Verbindlichkeit, den Gefangenen innerhalb vier und zwanzig Stunden seinem ordentlichen Richter ausgeliefern.

Art: 129.

Da der Gerichts oder Polizei Beamte, jeder Gerichts- oder Polizei Bediente darf eine Person, welche mit Beschreibung eines durch Requisizion oder Stekbriefe verfolgten Übelthäters übereintritt, auch ohne besondern Verhafts-Befehl ergreifen und der Obrigkeit einliefern.

Diese hat sodann unverzüglich den Eingebrachten über seine Person zu vernohmen, und die Personbeschreibung des Stekbriefes oder Ersuchungs-Schreibens mit den Merkmalen der Person genau zu vergleichen.

Entdeckt sich der Irrthum in der Person, so soll zwar der Eingebrachte sogleich wieder entlassen, jedoch dem Richter der anfängigen Untersuchung die ganzen Verhandlung unverzüglich übersendet werden.

<u>Art: 130.</u>

<u>Was bei, und nach der Verhaftnehmung zu beobachten.</u>

Bei jeder Verhaftnehmung ist mit möglister Schonung der Person und der Ehre des Angeschuldigten zu verfahren. Nur als dann, und nur in so weit darf Gewalt gegen ihn gebracht werden, als nötig ist, sich desselben im Falle einer Widersezung zu bemächtigen, und dessen Flucht zu verhindern.

Gerichtsdiener, Soldaten und Andere, welche sich muthwilliger Mißhandlung desselben schuldig machen, unterliegen den gesezlichen Strafen.

Gegen die Fassung dieser Art: wurde nichts erinnert, und dieselbe angenommen. Nur gegen den Ausdruk im Art: 129. ergreifen, machten Herr Geheimer Rath von Krenner die Bemerkung, daß derselbe zu stark scheine, und gewissermasen authorisirt, was man in dem folgenden Art: 130. verbiete.

Sie würden sezen, <u>anhalten</u>, statt <u>ergreifen</u>.

<u>Art: 131.</u>

Den Verhafteten soll man sogleich nach seiner Einbringung in Gegenwart der Obrigkeit sorgfältig durchsuchen. Die bei ihm gefundenen Sachen, welche für die Untersuchung Wichtigkeit gewinnen, oder irgend von ihm mißbraucht werden könnten, sollen demselben abgenommen, in ein den Akten beizulegendes Verzeichniß gebracht, und gerichtlich verwahrt werden.

Auch ist der Verhaftete selbst nach seinen Eigenheiten so genau als möglich zu den Akten zu beschreiben.

Herr Geheimer Rath von Effner fanden diese angeordnete Visitation, so zwekmäsig sie auch im Allgemeinen sein möge, zu weit ausgedehnt; denn nach dieser Bestimmung werde auch der rechtliche Mann, der nach Art: 129. aus Irrthum verhaftet wird, und sich ausweisen könne, dieser Visitation durch Gerichts- oder Polizei Diener unterworfen, welches doch zu weit gehe, und einen Widerspruch mit de rim Art: 130. anbefohlenen Schonung enthalte.

Diese Erinnerung fand einigen Widerspruch, indem die Herrn von Feuerbach und Gönner glaubten, daß der Fall selten eintreffen, und der rechtliche Mann schon Mittel finden werde, sich dieser in so vielen Rüksichten bei den zu Verhaft gebrachten nothwendigen Visitation zu entziehen, hierin zu viele Ausnahmen festsezen zu wollen, könne der öffentlichen Sicherheit gefährlich werden.

Die Mehrheit der Sekzions Mitglieder vereinigten sich, in Folge verfügter Abstimmung durch die von Herrn von Effner gemachte Erinnerung und die Möglichkeit des Falles veranlasset, dem Art: 1 3 1. einen Beisaz zu geben, wodurch diese Möglichkeit beseitiget werde, und den Anfang des Art: 131. so zu sezen:

> Art: 131. den Verhafteten soll man nach seiner Einbringung in Gegenwart der Obrigkeit und nach dessen vorläufiger Befragung Art: 129. sorgfältig durchsuchen.

Art: 132.
Nicht weniger ist der Ort, die Zeit und die Art der Verhaftung, so wie die Veranlassung derselben zum Protokoll zu bemerken.

Art: 133.
Geschah die Einlieferung zunächst an eine Polizei Obrigkeit oder an einen andern, als den in der Sache zuständigen Richter, so sind die in den Art: 131. und 132. erwehnten Sachen und Protokolle dem zuständigen Untersuchungs Richter zugleich mit dem Verhafteten zu überliefern.

Art: 134.
Was in Ansehung des sogleich nach der Verhaftung vorzunehmenden summarischen Verhörs zu beobachten, ist Art: 164. f.f. verordnet.

Diese drei Artikel wurden nach verfügter Umfrage ohne Änderung angenommen.

<u>Von der Befreiung vom Gefängnisse gegen Kaution.</u>

Art: 135.
Ein Angeschuldigter, welcher nicht wegen Größte der bevorstehenden Strafe, sondern wegen Mangels de rim Art: 115. bestimmten persönlichen Eigenschaften zur Verhaftung geeignet ist, kann gegen Leistung hiernehmender Sicherheit die Befreiung vom Gefängnisse erlangen.

Art: 136.
Davon sind ausgenommen:
1.) Landstreicher,
2.) wer schon früher wegen Verbrechen bestraft, oder nur von der Instanz losgesorochen worden ist;
3.) wer des Gefängnisses gegen Sicherheit entlediget, schon einmal die Flucht ergriffen hat;
4.) Derjenige, von welchem entweder eine Beredung mit andern Verbrechern, oder wegen bewiesener besonderer Gefährlichkeit des Karakters eine Störung der öffentlichen Sicherheit, dringend zu besorgen.

Gegen diese beide Art: erhoben sich mehrere Anstände und die Fassung derselben wurde, als nicht deutlich und nicht ganz entsprechend beurtheilet, weil darin zu begin scheine, daß auch die in Art: 95. bemerkten Personen sich nicht von der Haft durch Caution frei machenkönnten, wo doch diese Bestimmungen sich in den moisten Fällen nur auf Landstreicher und nicht angesessene Personen beziehen müsse, auch könne offenbar die Besprechung ab instantia nur bei lezteren gegen die Nichtannahme einer Caution wirken; denn auf einen angesessenen Bürger, Gewerbs- oder andern rechtlichen Menschen, der vielleicht nur wegen einem entfernten Verdacht in eine Untersuchung gezogen, und ab instantia losgesprochen worden, diesen Saz anwenden zu wollen, würde zu hart sein.

Diese Erinnerung und die Nothwendigkeit einer deutlicheren Fassung dieser Art: veranlaßte die vereinigte Sekzionen nach eingetretener Besprechung und nach verfügter Umfrage

sich für folgende Fassung derArt: 135. und 136. zu erklären:

Art: 135. "Ein Angeschuldigter, welcher nicht wegen Größe der bestehenden Strafe /: Art: 114:/ sondern wegen Mangels der Art: 115. bestimmter persönlicher Eigenschaften zur Verhaftung geeignet ist, kann gegen Leistung hinreichender Sicherheit die Befreiung vom Gefängnisse erlangen, jedoch mit Ausnahme der Landstreicher, und derjenigen, welche schon früher wegen Verbrechen bestraft, oder nur von der Instanz losgesprochen sind."

Art: 136. "Selbst diejenigen, welche die oben in Art: 115. bestimmte persönliche Eigenschaften an sich haben, können sich der Verhaftung durch Caution nicht entledigen, wenn sie

1.) schon früher wegen Verbrechen bestraft worden sind;

2.) wenn sie von dem Gefängnisse gegen Sicherheit befreiet, schon einmal die Flucht ergriffen hatten;

3.) wenn von ihnen entweder eine Beredung mit andern Verbrecheren, oder wegen bewiesener besonderer Gefährlichkeit des Karakters eine Störung der öffentlichen Sicherheit zu befahren ist."

Art: 137.
Die Befreiung von dem Gefängnisse gegen sicherheit wird nach vorgängiger Vernehmung der durch das Verbrechen beleidigten Privatperson von dem untersuchenden Gericht erkannt, vorbehaltlich der Berufung an den höhern Richter.

wurde nach der Fassung angenommen, da die Erinnerung des Herrn Geheimen Raths von Effner statt erkannt, verfügt zu sezen, und dieses der erste Fall seie, wo der Unterrichter erkenne, und dadurch drei Instanzen in einer Kriminal Sache zugestanden würden, welches sonst nie statt habe, ohne Wirkung blieb, und von Herrn geheimen Rath von Feuerbach hierauf erwiedert wurde, daß die Kauzions Leistung keine eigentliche Kriminal- sondern eine incidirende Zivil-Sache seie, in welcher drei Instanzen allerdings Plaz greifen könnten.

Art: 138.

Keine SicherheitsLeistung wird zugelassen, als durch tüchtige im Königreich angesessene Bürgen, oder durch gerichtliche hinterlegte Pfänder.
Die Versicherungs-Summe ist zu bemessen, nach der Größe des zu leistenden Schaden Ersazes, und der wahrscheinlich auflaufenden Prozeß kosten, so wie nach Verhältniß der Größe der zu erwartenden Strafe.
In keinen Falle darf dieselbe weniger als Ein Hundert Gulden btragen.

Gegen die Fassung dieses Art: wurde erinnert, daß das Minimum von 100 f. zu gering seie, und dasselbe bei einer Caution zur Befreiung vom Gefängniß, wegen einem angeschuldeten Verbrechen sehr wohl auf einige Hundert Gulden gesezet werden könne.

Herr Geheimer Rath von Effner fanden die Bestimmung, daß die in einer Kriminal Sache zu erwartende Strafe sein Geld angeschlagen werde, nicht ganz aneignet; auch war Herr Geheimer Rath Graf von Welsperg der Meinung, daß es Ihren Ansichten nach zwekmäsiger scheine, gar kein Minimum der Cautions Summer festzusezen, dem Richter zu überlassen; auf jeden Fall seien 100 f. zu wenig.

Dieser lezten Bemerkung wurde entgegen gesezet, daß die Bestimmung eines Minimi der Cautions Summe um deßwegen nothwendig, weil sonst der Richter eine nach niedere Summe als 100 f. zur Caution annehmen könne.

Alle Mitglieder und Herr Referent erklärten sich für eine Höherung des Minimi, und nach verfügter Umfrage

wurden 200 f., als das Minimum der Cautions Summe, und die Fassung des Art: 138. und dieser Änderung angenommen.

Art: 139.

Die Versicherungs Summe ist verfallen, sobald sich der Angeklagte durch eigenen Verschulden der Fortsezung der Untersuchung oder dem Vollzuge der Strafe entzieht.
Die verfallene Summe gehört dem Staate, nach Abzug des dem Beschuldigten zu leistenden Ersazes.

Art: 140.

Die Versicherungs Summe wird frei, und die Bürgen werden ihrer Verbindlichkeit ledig, sobald der Angeschuldigte von aller Schuld und allen Kosten freigesprochen wird.

Gleiches ist der Anfangs gegen Sicherheit Befreite nach ergriffener Flucht wieder gefangen genommen, so haften die Bürgen nur für diejenige Summe, welche schon vor der Wiederergreifung aufgelaufen, oder auf die Wiederergreifung des Flüchtigen verwendet worden ist.

Die Fassung des Art: 140. unterlag mehreren Anständen, indeme einige Mitglieder es zu hart fanden, daß die Cautions Summe auch dann noch zum Theile in Anspruch genommen werde, wenn der Angeschuldigte entweihen, wieder eingebracht, und dann verhaftet werde.

In diesem Falle, wo die Fortsezung der Untersuchung nicht gestöret, und jeder Anspruch des Beschuldigten auf das Vermögen des Angeschuldigten in Wirkung bleibe, treffe diese Zurückbehaltung der Caution, meistens die Weiber und Familien des Verhafteten, die im Vertrauen auf die Rechtlichkeit des Angeklagten und aus Anhänglichkeit alles aufgeboten, um zu Entfernung der Haft die nötige Caution aufzubringen. Täusche nun ein solcher das Vertrauen seiner Angehörigen. Verwandte oder Freunde, und werde er erreicht, so trete nicht nur der Fall der Verhaftung ein, den sie abzuwenden gesucht, sondern sie würden auch noch durch den Verlust der Cautions Summe beschädiget.

Der Nachsaz des Art: 140. würde wegzulassen seie; überhaupt scheine die ganze Fassung der beiden Art: 139. und 140. mehr Deutlichkeit zu erfodern.

Herr Geheimer Rath von Feuerbach entwikelten ihre Gründe, aus welchen Sie diese Fassung angenommen; sie beruhe auf dem strengeren Sisteme, daß wer sich für einen verbürgt, mit der Caution entweder im Ganzen oder zum Theile in jedem Falle haften müsse, um sowohl dem Beschädigten durch die dadurch möglich gemachte Fortsezung der Untersuchung den Ersaz zu sichern, als auch den Staat für die Prozeßkösten zu denken; die Folge hievon seie, daß ehe sich Jemand für einen Andern verbürgt, er sich genau erkundigen und überlegen werde, für wen er bei den hierüber bestehenden strengen gesezlichen Bestimmungen die Bürgschaft übernimmt, auch alle Aufmerksamkeit anwenden werde, daß der, für den er sich verbürgt, nicht so leicht entfliehe. Auch wieder dadurch die sonst häufigen Cautions Stellungen sich mindern.

Dieses System seie am einfachsten, man habe nicht nötig, in so viele Distinkzionen einzugehen, und dessen Strenge werde durch die politische Rüksichten, so hiebei eintreten, gerechtfertiget.

Die litographirte Bemerkung Seiner Exzellenz des königlichen geheimen Raths, Herrn Carl Grafen von Arco wegen dem

Art: 139. wurde Abgelesen, und vom Herrn Geheimen Rath von Effner erinnert, daß diese Grundsäze des Herrn Referenten auf jene Bürgen, die aus Eigennuz, aus andern unredlichen Absichten oder gar aus Theilnahme an dem Verbrechen Caution stellen, ganz anwendbar seien; allein man dürfe diese allein nicht im Auge haben, denn die häufigeren Fälle würden gewiß die sein, wo redliche Bürgen aus reinen Absichten auftreten, um die Haft eines ihnen werthen Angehörigen oder Freundes zu entfernen.

Die wegen diesem Gegenstande fortgesezte Besprechung entwikelte noch weitere Anstände gegen die Fassung dieser Art.

Man glaubte als gewiß annehmen zu können, daß zwischen Art: 139. und 140. ein Widerspruch statt finde; nach Art: 139. seie die Versicherungs-Summe verfallen, wenn z.B. der Angeschuldigte entweiche, ohne zu unterscheiden, ob er wieder eingebracht werde, und doch sollen nach Art: 140. die Bürgen im lezten Falle nicht für die ganze Versicherung haften. Es komme darauf an, ob strenge Konsequenz oder Milde vorherrschen solle; im ersten Falle müsse der Nachsaz gestrichen werden, im lezten Fall könne man darin einen Unterschied finden, daß die Bürgen doch durch die Schuld des Angeschuldigten in einen übermäsigen Schaden versezt würden, da doch der Grund dieses Schadens nach dessen Widergefangennehmung gehoben seie. Anbei möchte es räthlich sein, die verfallene Caution zurückzugeben, wenn der zu Verhaftende sich nach der Flucht wieder freiwillig stellen, indeme mehr an seiner Person, als an der Caution gelegen. Auch scheine es, daß die Frage, wofür die Bürgen zu haften haben, einer nähern Bestimmung bedürfen, denn die Caution, welche sie leisten, seie nur Surrogat der Verhaftung, also eine Cautio de judicio Sisti, woraus, ausser dem Fall der Entweichung seine Verbindlichkeit zum Schadens Ersaze direkt nicht hervorgehe, daher eine deutlichere Redakzion der Art: 139. – 140. nothwendig sein möchte.

Diese verschiedene Bemerkungen, und die dem Herrn Referenten dadurch gewordene Überzeugung, daß die Lehre wegen der Bürgschaft eine vollständigere Ausarbeitung erfodern, und noch manche zu können geglaubt, welche aber in der Lehre von dem sicheren Geleite vollständig aufgenommen, erheische, führten denselben zu dem Vorschlage: Ihnen zu erlauben, diese Lehre von der Bürgschaft bis zur nächsten Sizung und zu bearbeiten, und das , was gewunschen werde, und was nothwendig, um diesen Bestimmungen mehr Deutlichkeit zu geben, aus der Lehre von dem sicheren Geleite heraufzuziehen.

Inzwischen könnten sich die vereinten Sekzionen doch darüber entscheiden, ob man das strengere Sistem, welches Sie befolget, oder ein milderes annehmen wollte; denn nach der gegeben werdenden Basis müßten Sie arbeiten.

Als alle Mitglieder der vereinigten Sekzionen sich dazu verstanden, die neue Bearbeitung dieser Lehre in der nächsten Si-

zung zu erwarten, verfügten Seine Exzellenz der königliche
geheime Staats- und Konferenz-Minister, Herr Graf von Reigersberg die Umfrage über die Frage, nach welchem Sisteme
gearbeitet werden solle?

Einstimmig erklärten sich Alle

>Mitglieder für das strengere Sistem, in deme es zwar streng,
>aber nicht ungerecht, und durch politische Gründe unterstüzet
>seie.
>
>Die neue Bearbeitung der Lehre von der Bürgschaft solle
>daher bis zur nächsten Sizung erwartet werden.

Die Auslassung der folgenden Art: dieses Kapitels, von Beschaffenheit des Untersuchungs-Gefängnisses und dem gegen
gefangene Angeschuldigte zu beobachtenden Verfahren.

Art: 141.

<u>Von Beschaffenheit des Untersuchungs-Gefängnisses und dem gegen gefangene Angeschuldigte zu beobachtende Verfahren.</u>

Untersuchungs-Gefängnisse sollen der Gesundheit der Gefangenen ungefährlich, und überhaupt so eingerichtet sein, daß der
Gefangene nicht mehr Übel und Ungemach leide, als nötig, um
sich dessen Person zu versichern.

Der Untersuchungs-Gefangene soll nur bei besonderer Gefahr
der Flucht, und blos, so weit diese zu verhindern nötig, mit Fesseln belegt werden.

Art: 142.

Lebt der Gefangene auf öffentliche Kosten, so gebührt ihm ausser der nötigen Kleidung zur Schlafstätte ein Strohsak mit einer
Matraze, zur Nahrung aber Wasser und Brot, täglich eine warme Speise und wöchentlich zweimal ein halb Pfund Fleisch.

Soweit die Ordnung des Hauses und die erfoderliche Nüchternheit und Mäsigkeit es gestatten, darf ihm auf eigene Kosten,
oder aus Unterstüzung Anderer bessere Verpflegung verschaft
werden.

Art: 143.

Dem Gefangenen ist jede Beschäftigung zu erlauben, welche ihm
ohne Gefahr des Entweichens, oder sonstigen Mißbrauchs gestattet werden kann.

So viel möglich soll ihm zu Verrichtung seiner gewöhnlichen Berufs Arbeit, oder zu einer solchen Beschäftigung Gelegenheit
gegeben werden, womit er sich im Stande der Freiheit seinen
Unterhalt verdienen kann.

Der Verdienst seiner Arbeit ist ihm, nach Abzug dere Unkosten
des Materials und der Verpflegung zu verrechnen, und der Überschuß auf den Fall seiner wiedererlangten Freiheit gerichtlcih
zu verwahren.

Art: 144.

Eigenmächtige Gewalt der Gefangenwärter, so fere nicht dieselbe zur Abwendung augenbliklicher Gefahr nothwendig geworden, unterliegt strenger Bestrafung.

Art: 145.

Jeder einzelne Gefangene ist so viel möglich in abgesonderten Gefängnisse zu verwahren.

Besonders aber sollen Personen verschieden Geschlecht, Theilnehmer desselben Verbrechens, ungeübte von besonders verderbten Verbrechern von einander getrennt, und jede Unterredung der Gefangenen durch Worte oder Zeichen sorgfältig vermieden werden.

Art: 146.

Den Gefangenwärtern ist bei strenger Strafe verboten, sich über Gegenstände der Untersuchung mit den Gefangenen zu unterreden.

Niemand darf der Zugang zu dem Gefangenen gestattet werden, ausser in Gegenwart einer zum Kriminal Gericht gehörenden Person, welche die Sprache versteht, worin die Unterredung geschieht. Der Gefangene darf nichts von Andern, Andere nichts von dem Gefangenen erhalten, ausser durch den Gefangen Aufseher und nach sorgfältiger Durchsuchung.

Briefe müssen zuvor stets dem Untersuchungs-Richter eingehändiget werden.

Art: 147.

Am Ende jeden Verhörs ist der Gefangene zu befragen, ob er mit seiner Behandlung im Gefängnisse zufrieden sei und ob er deshalb Beschwerden zu führen habe?

Auch soll der Untersuchungs Richter wenigstens alle zwei Monate die Gefängnisse seines Bezirks unvermuthet besuchen, die Gefangenen in Abwesenheit der Gefangenwärter befragen, und sogleich das Nötige, so weit es die Grenzen seiner Befugnisse nicht übersteigt, verfügen.

wurde beliebt, weil ein eigenes Kapitel wegen den Untersuchungs-Gefängnisse und diese Verfahren aufgenommen werden.

Dem fünften Kapitel
<u>Von dem Beschlusse der Untersuchung</u>
<u>oder</u>
<u>dem Vertheidigungs-Verfahren</u>

fügten Herr Geheimer Rath von Feuerbach die Bemerkung bei, daß in diesem Kapitel ein öffentliches Schluß verfahren und ein Defensor aufgenommen, und darin nach Möglichkeit und mit Berücksichtigung der Verhältnisse der bestehenden Gerichts Verfassung sich demjenigen genähert worden, was in den meisten Staaten angenommen, was dem Zeitgeiste entspreche, und was zur möglichsten Sicherstellung des Angeschuldigten gegen jede Unförmlichkeit in dem gegen ihn vorgenommenen Verfahren geschehen könne.

Herr von Feuerbach führten an, wie es in Frankreich, Italien, Westphalen und einigen Bundesstaaten, rücksichtlich dieses öffentlichen Verfahrens und des Defensors gehalten werde, was in Oesterreich und Preussen rücksichtlich des Schlußverfahrens vorgeschrieben, und legten dann vor, wie dieses Kapitel eingetheilt worden.

Zuerst werde entwikelt.

Begriff und Zwek desselben, dann die Einleitung des Schlußverfahrens und der Verhtiedigung des Angeschuldigten, das Schlußverfahren selbst, und was dabei sowohl als nach Beendigung desselben zu beobachten.

Da rücksichtlich dieses Kapitels und des Art: 148. Seine Exzellenz Herr Geheimer Rath Carl Graf von Arco und Herr Hofrath von Gönner in den litographirten Beilagen Bemerkungen gemacht, so wurden dieselben abgelesen, und dann die Fragen selbst: soll ein Defensor dem Angeschuldigten gestattet: soll ein öffentliches Schlußverfahren statt haben: und soll bei diesem nebst dem Defensor ein öffentlicher Ankläger auftreten, mit Rüksicht auf die abgelesenen Bemerkungen, die Diskussion unterworfen.

Geheimer Rath von Feuerbach schilderte die Nothwendigkeit, dem Angeschuldigten einen Defensor zu gestatten, weil die Vorschriften, welche der Kreitmaier'sche Codex hierüber enthalte, den Angeklagten ganz in die Händen des Richters gebe, und es von einem Menschen zu viel begehrt, und gar nicht auf den Gang des menschlichen Handels berechnet seie, von ihm zu fodern, daß er zwei so verschiedene Interessen nach richtigen Ansichten entsprechen soll; – Von dem Richter, der in einer langen Untersuchung alle seine Rechts-kenntnisse, alle zulässige Mittel aufgeboten, den Angeschuldigten des Verbrechens zu überführen, und dessen Stimmung und Neigung durch Läugnen der That, oder durch andere Umstände, gegen denselben zu seinem Nachtheile Wurzel gefaßt, zu erwarten, daß er zu gleicher Zeit der Vertheidiger dieses Angeklagten werden soll. Dieses sei gewiß von dem Menschen zu viel gefodert, auch der Korreferat könne dieses nicht leisten, weil er den Angeschuldigten nie oder selten sieht, sich nicht mit ihm über seine Vertheidigung bespricht, und wegen überhäuften Arbeiten diesem Geschäfte sich nicht, so wie es die Lage des Angeklagten erfodert, wiedern kann.

Über die Frage, daß das Schluß-Verfahren öffentlich sein soll, werde es überflüssig sein, sich umständlich zu verbreiten, weil der allgemeine Tadel, daß die strafende Gerechtigkeit im stillen handle, und sich in ein undurchdringliches Dunkel einfälle, zu laut Spreche, und fast alle bedeutende Staaten Europas dieses Geheimnißvolle bei der Kriminal Prozedur entferne.

Für die Beiziehung eines öffentlichen Anklägers, der dem Defensor gegenüber stehe, spräche allerdings wichtige Gründe, allein wie diese Anstalt mit der gegenwartigen Justiz Verfassung, die man vorzugleich nicht aus dem Auge verlieren dürfe, mit der nötigen Rücksicht auf die Finanzen in Verbindung zu bringen, hierin liege die Hauptschwierigkeit, die Sie bisher nicht zu lösen vermogten; denn daß dieses öffentliche Schlußverfahren bei den Untergerichten eintreten müsse, hievon werde Sich Jedermann überzeugen.

Diesen Äusserungen fügten Herr Geheimer Rath von Feuerbach bei, daß Sie wohl fühlten, daß dieses Kapitel, so wie es bearbeitet, manche Unvollkommenheiten in sich trage, und dem Bilde, welches Sie sich von der Kriminal Prozedur überhaupt und einem öffentlichen Schlußverfahren in peinlichen Fällen machten, nicht entspreche. Denn ein Hauptrequisit fehle ganz: der Richter sehe den Inquisiten, über dessen Leben und Ehre er urtheilen solle, nicht; die lebhafte Einwirkung des gegenwärtigen Menschen, der Eindruck seines Verhteidigungs aufscheine Richter gehe verloren, und er werde blos nach dem toden Buchstaben der Akten verurtheilet. Allein die Unmöglichkeit alles dieses, so sehr man auch von dessen Nothwendigkeit durchdrungen, mit der bestehenden Justiz Organisazion und den finanziellen Rüksichten zu verbinden, habe Ihnen Schranken gesezt, und nicht erlaubt, in Ihrem Entwurfe weiter zu gehen, als es ausführbar; auch hätten Sie geglaubt, es seie besser, wenn auch nicht alles geschehen könne, doch einen Schritt vorwärts zu thun, als es bei dem Allen zu belassen.

So sehr sich alle Mitglieder von der Richtigkeit der angegebenen Gründe, für die Zulassung eines Vertheidigers, und für das öffentliche Schlußverfahren überzeugten, so wenig konnten sie sich mit den zu Erreichung dieses Zweks vorgeschlagenen Maasregel vereinigen, denn so wie dieses öffentliche Schlußverfahren in dem fünften Kapitel angeordnet, sei es nichts als eine Prunk-Anstalt, ohne Nuzen für den Angeschuldigten, ohne Zwek für den Gerichten dadurch zu gebende Würde und Achtung, und ohne allen Eindruck auf das Publikum, welches vielleicht in Baiern noch schwer zu finden, und bei den Untergerichten, wo dieses öffentliche Schlußverfahren gehalten werden soll, gar nicht anzutreffen sein werde.

Dem Richter einen Verhteidiger der aus Akzessisten oder Praktikanten, folglich aus ohnehin sehr beschäftigten Gerichts-Personen genommen werden kann, entgegen zu stellen, würde alle Inkonsequenzen nach sich ziehen, welche Seine Exzellenz Herr Geheimer Rath Carl Graf von Arco in ihren litographirten Bemerkungen sehr wahr aufgestellt, und ehe der Wurde des Richters schaden, als sie erheben, nicht selten wurde ein solches öffentliches Schlußverfahren, welchem schon bei den Untergerichten der wirkende Anstand fehle, in juridische Dispute, gehässige Äusserungen und Feindseligkeiten unter den Gerichts-Personen ausarten, und bei dem Publikum, wenn eins dabei erscheine, nicht den geglaubten, wohl aber einen entgegengesezten Eindruck hervorbringen.

Einem Vertheidiger, der nie aus Gerichts Personen genommen werden soll, müsse ein öffentlicher Ankläger, oder wie man ihn sonst nennen wolle, entgegengestellt sein, der ruhig, kalt, und ohne alle Leidenschaft, frei von jeder Einwirkung, und jeder Kritik wegen dem Untersuchungs-Verfahren selbst, dem Richter und Vertheidiger des begangene Verbrechen, die Größe desselben, alle solches bestärkende Beweise, vorleget, und auf die Anwendung des Strafgesezes gegen den erwiesenen Verbrecher aufmerksam macht, auch die Rechte des Staats in Beziehung auf die öffentliche Sicherheit wahret, Kann Bauern nicht, wie es fast alle bedeutende Staaten Europa's gegenwärtig verfügen, ein solches öffentliches Schlußverfahren mit als der Würde und den übrigen Feierlichkeiten mit einem Ankläger und einem Vertheidiger aufstellen, so seie es zwekmäsige, diese als gut und unter diesen Voraussezungen wirkende Anstalt, ganz zu umgehen, als sie nur zur Hälfte einzurichten, und dadurch mehr zu schaden als zu nüzen.

Herr Geheimer Rath Freiherr von Aretin führten die vereinigten Sekzionen wieder auf die schon bei der Organisazions Kommission rege gewordene Idee zurück, in jedem Kreise eigene Kriminal Kommissariate zu errichten, welches, wenn man die schon erganisirte Stadtgerichte dazu mitverwende, keine so bedeutende Ausgabe für den Staat machen könne, und wodurch nebst diesem öffentlichen Schlußverfahren in Kriminal-Sachen noch manche andere Vortheile erreicht wurden.

Unter Beziehung auf ihre litographirte Bemerkungen äusserten Herr Hofrath von Gönner, daß man die Frage: ob Defension bei dem Schlußverfahren zuzulassen sei, mit der Frage vom feierlichen und öffentlichen Schlußverfahren nicht verwechseln dürfe; die Defension sei von diesem feierlichen und öffentlichen Schlußverfahren unabhängig, und erstere könne Ihrer Überzeugung nach, selbst dem überwiesenen Verbrecher, der während seiner ganzen Untersuchung Niemand als seinen Richter sehe, nicht entzogen werden.

Diese verschiedenen Ideen, die dadurch veranlaßte fortsezte Besprechung und die gegenseitigen Bemerkungen, führten den Herrn gemeinen Rath von Feuerbach zu dem Vorschlage: ob die Sekzionen sich nicht damit vereinigen könnten, wenn dieses öffentlichen Schlußverfahren nur auf Kapital Verbrechen beschränkt, und um demselben das nötige feyerliche würdevolle zugeben, bei den einschlägigen Appellazions-Gerichten gehalten werde, wo der eines Kapital-Verbrechens Angeschuldigte und überwiesene Verbrecher Hingebracht, bei offenen Thüren von dem öffentlichen Ankläger, welches der Kronfiskal, oder eine Gerichtsperson sein könne, angeklagt, und von seinem Defensor vertheidiget werde.

Hierdurch seie auch das nötige Requisit einer Kriminal Prozedur erreicht, daß der Inquisit vor dem Richter stehe, der über ihn urtheile.

Bei geringeren Verbrechen könne dann die Defension, jedoch ohne öffentliches Schlußverfahren, allenfalls nach dem Vorschlage des Herrn Hofraths von Gönner, und wie es in dem österreichischen Prozeß bestimmt, in einem lezten Schluß hervor statt haben.

Wenn dieser Vorschlag den Beifall der vereinigten Sekzionen erhalte, so würden Sie die nähern Modalitäten wie dieses einzurichten, mit welchem Förmlichkeiten dasselbe zu begleiten, und wie die Vorträge und Abstimmungen bei einem solchen geführten Kapital Verbrechen zu behandeln, und wann der Ankläger und Vertheidiger zu erscheinen und zu sprechen, näher bearbeiten, und dasjenige, was in das fünfte Kapitel hievon sich eigne, zur nächsten Sizung mitbringen. Obschon gegen diesen Vorschlag von einzelnen Mitgliedern Erinnerungen rücksichtlich der Gefahr der Befreiung eines solchen transportirt werdenden Verbrechers, des Aufenthalts in der Aburtheilung gemacht wurden, und obschon Seine Exzellenz Herr Geheimer Rath Carl Graf von Arco noch immer der Meinung waren, daß da, wo kein öffentlicher Ankläger sein könne, auch keine Defension statt haben solle; so vereinigten sich dennoch alle Mitglieder mit diesem Vorschläge, der alle zuerst erhobene Anstände beseitige, und dem Zwecke ohne bedeutende Kosten näher komme, und nach dem sich dieselben über die Art, wie die Förmlichkeiten dieses öffentlichen Schlußverfahrens bei den Appellazions-Gerichten Zu ordnen, wann der Vortrag hierüber zu erstatten, wann der öffentliche Ankläger und Vertheidiger zu erscheinen, und abgestimmt werden soll, wiederholt besprochen, so

> wurde beschlossen, die nähere Bearbeitung dieses Vorschlages von dem Herrn Referenten zu erwarten,

und hiemit die heutige Sizung aufgehoben.

Unterzeichnet: Graf von Reigersberg.
von Zentner,
von Krenner, der Ältere.
C. von Freiherr von Aretin.
von Effner,
Feuerbach,
Graf von Welsperg,
Gönner,
Zur Beglaubing:
Egid Kobell

13. **Sitzung Nr. X**
Abgehaltn am 4n August, 1811.
Gegenwärtig waren:
Seine Exzellenz, der königliche geheime Staats- und Konferenz- dann Justiz-Minister, Herr Graf von Reigersberg,
Die königliche wirkliche Herrn geheimen Räthe:
von Zentner,
von Krenner, der Ältere,
Seine Exzellenz Carl Graf von Arco,
Freiherr von Aretin,
von Effner,
von Feuerbach,
Graf von Welsperg, dann
Herr Hofrath von Gönner.

Nach Ablesung und Unterzeichnung des Protokolls der lezten Sizung, äusserten Herr Geheimer Rath von Feuerbach, Sie hätten nach den − wegen den Art: 139. und 140. lezthin statt gehaltenen Diskussionen, und dach der erhaltenen Überzeugung, daß die erhobene Anstände gegen die frühere Fassung dieser Art: dadurch entstanden, weil zwei sich entgegengesezte Prinzipien, nemlich die cautio de judicio sisti und die cautio de judicatum solvi kombinirt worden, die Lehre wegen der Bürgschaft neu bearbeitet, und dieselbe blos auf den reinen Begrif den cautio de judicio sisti beschränkt, in deme nur von dieser die Rede sein, und die cautio de judicatum solvi von dem Richter nur bei Bestimmung der Kauzion selbst wie in Art: 135. verordnet, berücksichtiget werden müsse, hier aber nicht in anwendung kommen könne, da die Caution, wovon es sich gegenwärtig handle, nur als ein Surrogat der Ansässigkeit beurtheilet werden, und folglich mit der Verhaftung oder dem erfolgten Urtheile des Richters aufhören müsse, nicht aber über diesen Zeitpunkt hinaus für den Ersaz des Beschuldigten haften könne.

Geheimer Rath von Feuerbach lasen die in der Beilage I. enthaltene Fassung des Art: 139. vor und bemerkten, daß vielleicht zu Erschöpfung aller Zweifel dem Art: 136. am Ende noch beigesezt werden könnte, daß auch bei Bemessung der Kauzions-Summe auf die Gefahr der Entweichung Rüksicht genommen, und nach Gröse derselben von dem Richter eine höhere Summe als Kauzion gefodert werde.

Auch diese neue Fassung des Art: 139. entsprach den Ansichten nicht, welche die Mitglieder der vereinigten Sekzionen wegen der Lehre über die Bürgschaft in der lezten Sizung entwikelt, sie weiche von dem, vom Herrn Referenten früher vorgeschlagene, und von den vereinigten Sekzionen nicht ohne Widerspruch angenommenen strengeren Sisteme ganz ab, und enthalte in den zwei Nachsäzen solche Erleichterung, welche die Hauptbestimmungen dieses Art: schwächen, und den Hauptanstand gegen die Kauzions Leistung nicht nur nicht beseitigen, sondern vielmehr befördern, da dem Fluchtigen ein so langer Zeitraum zu feiner Rückkunft ohne Verlust der Kauzion Summe gegeben werde, innerhalb welcher er hinlänglich Zeit und Muße habe, sich mit seinen allenfalsigen Gehülfen zu besprechen, sich wegen den künftigen Deposizionen mit ihnen zu verabreden, verstekte Sachen weiter zu bringen, das Corpus delicti zu verändern, oder dasselbe gar wegzuschaffen.

Einige Mitglieder waren der Meinung, daß wenn man diese mit einer Cautions-Leistung verbundene Nachtheile für die öffentliche Sicherheit und die Erschwerung der Untersuchung eines begangenen Verbrechens verfolge, man sich dazu hingezogen finde, gegen alle Kauzions Leistung zu stimmen, oder wenigstens den Zeitpunkt so sehr zu beschränken, wo ein Flüchtinger ohne Verlust der Caution wieder zurückkommen könne, daß diese Nachtheile, wo nicht alle entfernet, doch wenigstens sehr geschwächet wurden.

Andere Mitglieder wollten das einmal angenommene strenge Sistem mit Konsequenz verfolgen, und die Kauzion in jedem Falle für verfallen erklären, sobald derjenige, für den sich verbürgt worden, flüchtig gegangen; Denn die Kauzionsleistung ganz auszuschliesen, würde dem baierrischen Kriminal-Prozesse eine härte beilegen, welche allen anderen Prozessen nicht eigen, da alle übrigen die Kauzionsleistung zulassen.

Einige Mitglieder von der Nothwendigkeit durchdrungen, in dem Prozesse die Humanität und Liberalität, welche eine Regierung auszeichnen, nicht zu verlassen, wo es oft einem seine Famillie nur schwer ernährenden Gewerbsmanne, oder einem Vater von der größten Wichtigkeit sein kann, seinen Sohn von der Verhaftung durch Caution zu befreien, äusserten, daß die Zurückkehr eines den Leichtsinn oder augenbliklicher Übereilung flüchtig Gewordenen nicht so sehr erschweren, wohl aber den Termin, innerhalb welchem diese geschehen müsse, so beschränken solle, als es nötig, um denselben zu der Überlegung kommen zu lassen, welchen Schade er seiner Familie oder seinen Freunden zufüge, und zu verhindern, daß er keinen bedeutenden Misbrauch von seiner Flucht habe machen können.

Es komme alles darauf an, worauf der Staat in legislativer Hinsicht mehr Werth lege, dem Flüchtigen durch Nichtverfall der Caution einigen Reiz zu geben, wieder zurückzukommen, oder ob er vorziehe, zu versuchen, in wie weit durch die strenge Maasregel des Verlustes der Kauzion in jedem Falle, die Flucht verhindert werde.

Diesen verschiedenen Bemerkungen fügten Herr Geheimer Rath von Effner die Erinnerung bei, daß Sie auf den Art: 138. zurükgehen, und die Sekzionen auf einen Anstand aufmerksam machen müßen, der sich Ihnen bei Durchgehung dieser neuen Fassung und der deswegen eingetretenen Diskussionen gezeiget; in Art: 138. seie nemlich der indirekte Zwek der Kauzion, nemlich die Größe des zu leistenden Schadens Ersazes vorausgesezet, und dadurch auf die Cautio de judicatum solvi hingedeutet, von der aber in der folgenden Lehre von der Bürgschaft nichts mehr vorkomme. Die Konsequenz des Sistemes scheine zu erfodern, daß wenn man blos die Cautio de judicio sriti vor Augen habe, entweder in dem Art: 138. nichts von dem Schadens Ersaze erwehnet, oder dieser in der ganzen Lehre durchgeführt, und folglich die Bestimmungen des Art: 140., wann die Kauzions Haftung aufhöre, geändert werden müßte.

Auch in dem Art: 139. würden Sie beisezen, daß nebst dem Abzuge des schuldigen Ersazes für den Beschädigten, die Prozeß-Kösten gedeckt sein müßten, ehe die Caution dem Staate verfallen, denn es könne nicht in der Absicht der Regierung liegen, sich durch diese verfallene Caution etwas zueignen zu wollen, worauf noch Privaten rechtliche Ansprüche haben; – Eben so würden Sie ein Schlusse des Art: 139. die Worte <u>oder dem Vollzug der Strafe</u> auslassen, indeme der Vollzug der Strafe mit der Kauzion keine Verbindung habe, und nach Art: 140. diese schon aufhöre, wenn das Urtheil nur gesprochen.

Wegen den zwei ersten Nachsäzen des Art: 139., welche die Ausnahmen enthalten, würden Sie unterscheiden, und die Caution aus eigenem Vermögen des Angeschuldigten und Entflohenen gestellet, in jedem Falle, ob er zurükkomme oder nicht, für verfallen erklären, nicht so bei der Kauzion, welche andere dritte Personen für ihn geleistet. Diese Bürgen verdienen nach ihrer Überzeugung mehr Schonung und eine mildere Behandlung als der Entflohene, und diesen würden sie die Caution zurükgeben, wenn sie die Flucht des Angeschuldigten innerhalb 24. Stunden dem Gerichte anzeigen, oder derselbe innerhalb einer zu bestimmenden kurzen Zeitfrist selbst zurükkommt, oder auch von den Bürgen zurückgebracht wird.

Die erste Bemerkung des Herrn von Effner wegen dem Art: 138. wurde von den vereinigten Sekzionen für so erheblich angesehen, daß dieselbe sich dahin vereinigten, diese einer eigenen Diskussionen zu unterwerfen, sobald man sich über die neue Fassung des Art: 139. verstanden haben würde.

Um dieses zu erreichen, verfügten Seine Exzellenz der königliche geheime Staats- und Konferenz-Minister Herr Graf von Reigersberg, über die gegenden Art: 139. erfordern verschiedene Umstände die Umfrage.

Geheimer Rath von Feuerbach erinnerten sich nach den gegen diese Fassung gehörten Einwürfen für die gänzliche Redaczionen der beiden Nachsäze des Art: 139., welche die Ausnahmen des Verfalls der Caution enthalten, denn durch einen kürzeren Termine werde den Zwek, den Sie dabei gehabt, nicht erreichet, und wolle man dem strengeren Sisteme folgen, so hielten Sie es für zwekmäsiger, dasselbe ganz durchzuführen, und keine Ausnahmen gegen das Vedrfallen der Caution zu gestatten, wenn ein Angeschuldigter der aus seinem Vermögen oder für den andern Bürgschaft geleistet, entfliehet.

Wegen den Prozeß kösten fanden Sie unnötig im Anfange dieses Art: etwas beizusezen, weil diese ebenfalls dem Staate angehoren, und folglich schon in dem begrifen, was dem Staate nach Abzug des schuldigen Ersazes für den beschädigten bleibe.

Zu Auslassung der Worte am Schlusse des ersten Absazes des Art: 139.

<u>oder dem Vollzug der Strafe</u>

könnten Sie sich verstehen.

Herr Hofrath von Gönner sezten auseinander, wie nach der ganzen Anlege des Entwurfes die Befreiung vom Gefängnisse gegen Caution nur bei unangesessenen Person eintrete, und also die Eigenschaft eines Surrogats der Angesessenheit im Gegensaze des Art: 115. annehme. Da nun das Vermögen eines Angesessenen blos darum, weil er sich der Untersuchung entzieht, nicht konfiszirt werde, so werde auch bei Konfiskazion der Kauzions Summe die Auffassung einer minderen Strenge nothwendig.

Allemal aber, wie es nach dem neuen Entwurfe des Art: 139. widersprechend, wenn im Falle freienflüger Widerkehr die aus dem eigenen Vermögen des Angeschuldigten geleistete Caution nicht verfallen, dagegen in eben demselben Falle die Caution der Bürgen verloren sein solle.

Zu Gleichstellung dieser Fälle, und weil es eine Liberalität ausspreche, welche die Regierung ohne dem Vorwurf der übermäsiger Strenge nicht umgehen könne, einen aus augenbliklicher Übereilung aus falscher Furcht oder aus Leichtsinn Entflohenen, der nach erfolgter Reue, und nach dem er zu sich gekommen, in einem kurzen Zeitraume zurükkehrt, mit dem Verluste der Kauzions Summe zu befreien, stimmten Sie dafür, daß

1.) die freiwillge Wiederkehr eines entflohenen Angeschuldigten, und dessen Zurükbringung durch die Bürgen einander in den Wirkungen gleich gehalten, auch
2.) Die Kauzion für nicht verfallen erkläret, jedoch
3.) Der Zeitraum statt des wie Herr Geheimer Rath von Zentner in der statt gehabten Unterredung richtig bemerket, mit 6. Monate zu weit ausgedehnten Termins auf 3. Tage beschränkt werden solle.

Wegen den Prozeßkosten im ersten Absaze des Art: 139. würden Sie dieselbe dem Schadens Ersaze beifügen und den Vollzug der Strafe auslassen.

Herr Geheimer Rath von Zentner äusserten, entweder müste man keine Kauzion annehmen, oder einige Latitude rüksichtlich des Verfalles dieser Caution eintretten lassen, denn dem Staate liege mehr daran, den angeschuldigten Verbrecher, als des Geld zu haben. Die daher müssere einigen Reiz geben, um diese Rüksicht des Entflohenen zu befördern. Auch verdiene der von Herrn von Effner angeführte Grund einige Rücksicht, daß die Bürgen, wenn Sie auch schon für den Angeschuldigten in Beziehung auf seine Person ganz einstehen, mit mehr Schonung als den Entflohene selbst behandelt werde.

Auffallen würde es auch und der Liberalität der Regierung wiedersprechen, wenn in dem baierischen Prozesse gar keine Latituden wegen der Kauzionsleistung, die man nach dem Beispiele anderer Gesezbücher nicht ganz umgehen könne, aufnehmen.

Aus diesen Gründen würden Sie diese beiden Nachsäze des Art: 139. jedoch in einen zusammengefaßt, beibehalten, und den Termin auf 3. mal 24, Stunden nach dem Vorschlage des Herr Hofrath von Gönner festsezen.

Die Prozeßkösten dem Anfange des Art: 139. beizufügen, fänden Sie um so nothwendiger, als auch von anderen Kösten, als denen so der Staat ziehe, z.B. Zeugen Gelder s.a. die Rede sein könne.

Die Worte: <u>oder dem Vollzug der Strafe</u>, am Ende des ersten Absazes des Art: 139. würden Sie aus den angegebenen Gründen auslassen.

Geheimer Rath von Krenner der Ältere äusserten, wenn dieser Art: sich blos auf die kleineren Verbrechen beschränke, und die grösere ohnehin schon von der Surrogirung der Kauzion ausgeschlossen wären; so würden sie wegen den damit berbunden sein könnenden Mißbräuchen sich gegen jede Kauzions Annahme erklären, allein selbst bei deisen Voraussezungen könnten Sie nicht anderst, als für das strengere System stimmen, und würden diese beide Ausnahmen, wo die Kauzion nicht verfallen solle, auslassen.

Für den Beisaz der Prozeßkösten und für die Auslassung der Worte: <u>oder dem Vollzug der Strafe</u>, in dem ersten Absaz dieses Art: müßten Sie sich erklären.

Seine Exzellenz Geheimer Rath Carl Graf von Arco bemerkten, daß um mit Vollständigkeit sich über die aufgeworfenen Fragen zu äussern, es nothwendig sein dürfte, die ganze Stufenleiter von Verbrechen und Strafen vor sich zu haben, um bemessen zu können, welche Verbrechen hier unter die Geringere gerechnet werden, denn so viel Sie sich erinnern könnten, seie Arbeitshausstrafe auch noch auf manche bedeutende Verbrechen gesezet.

Angenommen aber, daß diese nicht hoch steigen, komme noch die weitere Vorfrage zu untersuchen, ob die Zulassung einer Caution selbsten nothwendig, und ob sie bei den dadurch entstehen könnenden Misbräuchen räthlich.

Wenn man auf die frühere Lehre der Art: 114. 115. bis 135. zurückgehe, so sollte man glauben, daß er einer Verhaftung nur dann unterliege, wenn hinlängliche bewiesene Anzeigen eines begangenen Verbrechens vorhanden.

Inzwischen, da man die Cautions Zulassung überhaupt wünsche, und es auffallen müße, dieselbe in dem baierischen Prozeß zu vermissen, wo Sie alle andere Staaten aufgenommen, es einen Karakter der Inhumanität an sich habe, den sie selbst entfernt wünschten, so stimmten sie ebenfalls für die Zulassung der Kauzion jedoch nach dem strengen Sisteme, und würden deßwegen die beide Ausnahmen, wo dieselbe nicht verfallen, umgehen, und erklären, daß diese Kauzion in jedem Falle, wo der Angeschuldigte fluchtet, eingezogen wird.

Den Beisaz wegen den Prozeßkösten würden Sie im ersten Absaze des Art: 139. aufnehmen, und die Worte: <u>oder dem Vollzuge der Strafe</u>, auslassen.

Geheimer Rath Freiherr von Aretin erklärten sich für die Beibehaltung der Kauzion und der Beisäze in dem Art: 139. jedoch nach dem Vorschlage der Herrn von Zentner und Gönner mit Abänderung des Zeitraumes in 3. mal 24. Stunden, denn es würde zu streng sein, augenblikliche Reue des vielleicht nur aus Übereilung Entwichenen auszuschliesen, und ihn wegen einer kurzen Abwesenheit mit dem Verluste der Caution zu bestrafen. Für den Beisaz wegen den Prozeßkösten und die Auslassung der Worte: <u>oder dem Vollzuge der Strafe</u>, stimmten Sie ebenfalls.

Geheimer Rath von Effner wiederholten Ihre schon vorgelegte Meinung wegen dem zu machenden Unterschied zwischen der Caution, die der Entwichene aus eigenem Vermögen gestellet, und jener, so andere Personen für ihn geleistet.

Wegen den Prozeßkösten und Auslassung des Vollzugs der Strafe im ersten Absaze stimmten Sie mit Freiherrn von Aretin rücksichtlich dieser lezteren Meinung vereinigten sich auch Geheimer Rath Herr Graf von Welsperg. In der Hauptsache sahen Dieselbe die Frage, worüber abgestimmt wurde, als eine Fortsezung der in der lezten Sizung hierüber statt gehabten Deliberazionen an, und erklärten sich wiederholt für das strengere Sistem, und folglich für Auslassung der beiden Ausnahmen.

Nach diesen Abstimmungen waren die Majora für die strengere Ansicht, und für Weglassung der beiden Ausnahmen, allein, da Herr Geheimer Rath von Feuerbach von ihrer früheren Meinung abgiengen, und sich mit jener der Herrn von Zentner, Freiherr von Aretin und von Gönner Vereinigen, so wurde beschlossen,

folgende Fassung des Art: 139. anzunehmen, und die Ausnahmen nach dem Vorschlage des Herrn Hofrathen von Gönner zu redigiren:

Art: 139. "Die Versicherungs Summe ist nach Abzug des schuldigen Erazes für den Beschädigten und der Prozeßkosten dem Staate verfallen, sobald sich der Angeschuldigte der Fortsezung der Untersuchung entzieht, er werde wieder ergriffen oder nicht.

Hat sich jedoch derselbe innerhalb 3. mal 4. Stunden nach der Entweichung freiwillig wieder dem Gerichte gestellet, oder wird er innerhalb dieses Zeitraums von seinen Bürgen zurükgebracht, so ist die Versicherungs Summe nicht verfallen.

In keinem Falle ist den Bürgen die Rechtswohlthat der Ordnung gestattet, vorbehaltlich ihres Rükanspruches gegen den Inquisiten und dessen Ersten."

Seine Exzellenz der königliche geheime Staats- und Konferenz Minister Herr Graf von Reigersberg untergaben nunmehr die von Herrn Geheimen Rath von Effner wegen dem Art: 138. gemachte Erinnerung und den von Herrn von Feuerbach zu diesen Art: vorgeschlagenen Beisaz einer nähern Discussion und der Abstimmung hierüber.

Die Richtigkeit des Sazes, so Herr Geheimer Rath von Effner aufgestellet, daß eine Inkonsequenz darin liege, im Art: 138. die Bemessung der Versicherungs-Summe von der Größe des zu leistenden Schadens-Ersazes abhängen zu lassen, den Schadens Ersaz principaliter hinzustellen, und dadurch auf die Cautio de judicatum Solvi hinzuweisen, von der aber nachher gar nichts mehr erwehnet, und bei dem Aufhören der Caution gar keine Rüksicht darauf genommen werde, wurde von den meisten Mitgliedern angenommen.

Nur Herr Geheimer Rath vo Feuerbach und Herr Hofrath von Gönner äusserten die Meinung, daß der Schadens Ersaz in dem Art: 138. nicht ausgelassen werden könnte, indeme der Richter, auch wenn man nichts darüber sage, doch bei Bestimmung der Cautions Summe hierauf Rücksicht nehmen müsse, und ein Hauptmotif für dessen Beibehaltung darin liege, daß diese Caution als ein Surrogat der Angesessenheit betrachtet, und folglich auch nach der Größe des zu leistenden Schadens-Ersazes bemessen werden müsse; Wohl aber verstanden sich Herr Geheimer Rath von Feuerbach dazu, daß der Schadens Ersaz nicht Principaliter, sondern nach der zu erwartenden Strafe und den wahrscheinlichen Prozeßkösten gesezet werde.

Da alle Mitglieder sich mit diesem lezten Vorschlage vereinigten,

so wurde folgende Fassung des Art: 138. beliebt:

Art: 138. "Keine Sicherheits-Leistung wird zugelassen, als durch tüchtige im Königreiche angesessene Bürgen, oder durch gerichtlich hinterlegte Pfänden.

Die Versicherungs-Summe ist hauptsächlich nach Verhältniß der Größe der zu erwartenden Strafe zu bemessen, jedoch zugleich auf die wahrscheinlich auflaufende Prozeßkösten, so wie auf die Größe des zu leis-

tenden Schadens Ersazes Rücksicht zu nehmen.
In keinem Falle darf dieselbe weniger als Zwei Hundert Gulden betragen."

Der weitere vom Herrn Geheimen Rath von Feuerbach vorgeschlagene Beisaz, auch auf die Größe der Gefahr der Entweichung Rüksicht nehmen lassen, wurde aus dem Grunde umgangen, weil er den Richter irre und glauben machen könnte, er müsse die Caution auch bei der größten Gefahr der Entweichung annehmen, und dieselbe nur höher sezen.

Die neue Fassung der Art: 140. und 141. der litographirten Beilage wurde hierauf vom Herrn Geheimen Rathe von Feuerbach vorgetragen, und von den vereinigten Sekzionen

mit dem Beisaze in Art: 141. angenommen, daß <u>nach Verkündung des Straf Erkenntnisses</u> beigefüget werden,
"erster Instanz"
die Erinnerung des Herrn Geheimen Rath von Effner, daß Sie in Art: 140. No.1 sezen würden:
sobald der Angeschuldigte nach Rechte kräftig gewordenem Urtheile an den Ort der Verhaftung gebracht worden ist,
wurde dadurch widerlegt, daß sobald das Urtheil dem gegenwärtigen Angeschuldigten verkündet worden, diesen Verhaftung und Verbringung an den Strafort, Sache des Gerichtes sein, und die Bürgschaft nicht mehr dafür haften könne, wenn der Richter hiebei etwas unterlasse.
Die weiters gemachte Bemerkung, daß der N. 2. und N. 3. des Art: 140. die gleiche Bestimmung umfasse, und der Num: 2. füglich ausgelassen werden können, wurde dadurch geleset, daß die Fälle verschieden, und der Angeschuldigte auch ausandern Ursachen verhaftet werden könne, als in No. 3. angegeben.

Herr Geheimer Rath von Feuerbach giengen nun zu dem fünften Kapitel:
<u>von dem Beschlusse der Untersuchung oder dem Vertheidigungs-Verfahren</u>
dar, und bemerkten, daß Sie sowohl auf dem in der lezten Sizung gefaßten Beschlusse als nach den aufgestellten Grundsäzen und mit Rücksicht auf die dem Herrn Hofrathen von Gönner übereinstimmend mit ihren wegen diesem Kapitel litographirten Bemerkungen gemachten Erinnerungen:
daß die Defension durch einen Defensor unabhängig von dem im ersten Entwurfe damit verbundenen förmlichen Schlußverfahren zugelassen werden, und dieses feierliche Schlußverfahren selbst theils wegen den von Ihnen angegebenen, theils wegen sonstigen Bedenklichkeiten nur bei Kapital-Verbrechen eintreten solle, diese fünfte Kapitel bearbeitet, und dieses in der

litographirten Beilage der Beurtheilung der Beurtheilung der vereinigten Sekzionen unterlegen, wodurch die Fassung des fünften Kapitels in dem Entwurfe ein ganz auszulassen wäre.

Beilage No. II.

Herr Geheimer Rath von Feuerbach lasen den Art: A. B. C. D. und E. ab, und fügte die Bemerkung bei, daß zwar von mehreren Juristen die Behandlung aufgestellt worden, die Gegenwart einer Gerichts Person, wenn der Vertheidiger sich mit dem Verhafteten bespricht, sein hinderlich und für den Inquisiten rüksichtlich der feinen Besprechung mit seinem Vertheidiger abschrekend, Weswegen sie vorschlagen, den Vertheidiger durch einen Eid zu binden, daß er sich keiner Suboruation oder andere Kunstgriff erlauben solle, allein da Ihnen bekannt, wie manche Vertheidiger sich in solchen Besprechungen benehmen, und welche Wendungen und Fragen sie sich erlauben; so hätten Sie vorgezogen, es dabei zu belassen, daß eine Gerichts Person bei diesen Besprechungen gegenwärtig sein müsse.

Seine Exzellenz Herr Geheimer Rath Carl Graf von Arco machten bei dem Art: B. die Erinnerung: Sie hielten einen Beisaz für nothwendig, wodurch bestimmt werde, daß ein Angeschuldigter nicht einen Vertheidiger in zu groser Entfernung fodere, indeme sonst die Beendigung einer angefangenen Untersuchung sehr verzögert werden könnte.

Über diese fünf Art: wurde von Seiner Exzellenz dem königlichen geheimen Staats- und Konferenz Minister Herrn Grafen von Reigersberg die Umfrage verfügt, und als Folge hievon

dieselbe mit dem nachstehenden Beisaz und Änderungen angenommen.

In dem 2n Absaze des Art: B. solle am Schlusse beigefüget werden.

"so ferne diese in dem Bezirke desselben Appellazions-Gerichts wohnhaft, auch sonst kein geseziches Hinderniß vorhanden ist."

Geheimer Rath von Feuerbach trugen die Folgenden Art: F. G. H. I. vor, welche von der Beschaffenheit des Schlußverfahrens bei nicht Kapital Verbrechen handeln.

Über diese Art: gegen welche nur die Bemerkungen gemacht wurden, daß nicht wie in Art: H. verordnet, dem Inquisit die Einsicht der Akten zu gestatten, und in Art: F. statt mit der nächsten Post zum anderer Ausdruck zu wählen wäre, weil nicht an allen Sizen der Landgerichte Postwägen ab- oder zugehen;

liesen Seine Exzellenz der königliche geheime Staats- und Konferenz Minister Herr Graf von Reigersberg, abstimmen,

und dieselben wurden mit folgenden Änderungen angenommen: Statt dem Anfange des 2n Absazes,
<u>zu diesem Ende macht p</u>
wäre zu sezen:
"Es macht daher der p"
In Art: H. sollen die Worte nach Inquisit,
<u>durch Einsicht der Akten</u>
ausgelassen, auch in Art: F. statt
<u>mit der nächsten Post zum Spruche eingesendet</u>
gesezt werden:
"mit der nächsten Versendungs Gelegenheit zum Schlusse einbefördt."

Den Art: K. L. M. N. O. P. Q. bei von dem Schlußverfahren bei Kapitel Verbrechen, welche Herr Geheimer Rath von Feuerbach ablesen, fügten Diesselbe bei, daß es nicht möglich seie, dieses öffentliche Schlußverfahren bei dem Appellazions-Gerichte vornehmen zu lassen, wenn nicht vorher die Mitglieder desselben durch einen Vortrag des Referenten von dem Factum und den vorliegenden Beweismittel unterrichtet. Nach diesen Ansichten, worüber in der lezten Sizung sich schon geäussert worden, hätten Sie den Ganz dieses Verfahrens geordnet.

Geheimer Rath Herr Carl Graf von Arco fügten Ihrer wegen Entgegenstellung der Zeugen litographirten Bewerkung bei, es seie eine Frage, ob nicht die Nochmalige Vernehmung und Entgegenstellung der Zeugen bei dem Schlußverfahren nöthig, und zur Feierlichkeit und Wirksamkeit dieses Schlußverfahrens unumgänzlich seie, denn hierin liege eigentlich der Hauptschuz für den Inquisiten, und ohne dieses Auftretender Zeugen, ohne ihre öffentliche Vernehmung und Konfrontazion scheine ihnen das Ganze ohne Wirkung für den Richter, für das Publikum und den Inquisiten, und bleibe, wie schon in der lezten Sizung erinnert worden, auch nach den neueren Anordnungen, so zwekmäsig sie auch ausgeführt, eine Prunk Anstalt, die dem Zwek nicht entspreche.

Nach Ihrer innigen Überzeugung müßten Sie, um etwas Erschöpfendes zu machen, darauf bestehen, daß auch die nochmalige Vernehmung und Konfrontazion der Zeugen dem Schluß Verfahren beigefüget beigefüget werde, welche Einrichtung vorzüglich bei den Verbrechen des Hochverrathes und den Majestäts Verbrechen von der größten Wichtigkeit seie, wovon die englische Verfassung einen unwiderlegbaren Beweis aufstelle.

Herr Geheimer Rath von Feuerbach äusserten hierauf, so gegründet auch die Bemerkung und Wünsche Seiner Exzellenz des Herrn Grafen von Arco wegen Beiziehung der Zeugen zu dem öffentlichen Schlußverfahren seien, so wenig könnten dieselbe bei dem Gange des ganzen Prozesses in Ausführung gebracht werden, man bedenke nur den Aufenthalt und die Kösten, so durch Zusammenbringung und nochmaliger Vernehmung dieser Zeugen veranlasset würden, und die Unausführbarkeit dieser Einrichtung würde sich lebhaft darstellen, auch werde man sich durch die folgende Lehre über die Konfrontazion überzeugen, daß alles geschehen, was nötig und möglich, um diese nicht zu bemerkstelligende Masregel der Zeugen-Aufführung bei dem Schlußverfahren zu umgehen.

Als Siene Exzellenz der königliche geheime Staats- und Konferenz-Minister über die Bemerkung des Herrn Carl Grafen von Arco Exzellenz wegen den Zeugen und über die Art: K. L. M. N. O. P. Q. die Umfrage veranlasset hatten, erklärten sich alle übrige Mitglieder gegen die Zuziehung der Zeugen zu dem Schlußverfahren, weil die Unausführbarkeit dieser Maasregel in Baiern einleuchte, die Ursache, welche solche in England zum Schuze des Angeschuldigten nötig mache, in Baiern und mehreren deutschen Staaten zum Glüke nicht existirten, und das ganze öffentliche Schluß Verfahren, so wie es vorgeschlagen, solches vereiteln würde.

Sie stimmten, in der Überzeugung, daß es besser seie, doch etwas hierin zu thun, wenn man auch nicht alles thun könne, als es bei dem Alten zu belassen, für die vorgelesene Fassung dieser sieben Artikel,

und dieselben wurde mit folgenden Änderungen angenommen: In dem Art: O. solle in dem ersten Absaze das Wort <u>selbst</u> nach <u>Gericht Handlung</u> ausgelassen und am Schluß des 2n Absazes dieses Art: gesezt werden

"seinen Antrag auf die gegen den Inquisiten zu erkennende Strafe"

Der dritte Absaz dieses Art: wäre, um auszudrinken, daß man auch eine schriftliche Vertheidigung ablesen könne, zu redigeren, wie folgt:

"Nach vernommener Anklage fodert der Gerichts Vorstand den Vertheidiger zum mündlichen Vortrage seiner Vertheidigungs-Gründe auf."

In dem 4n Absaze wäre das Wort selbst nach Angeschuldigte wieder ausgelassen.

Der Schluß des Art: Q. solle auf folgende Art gefaßt werden:

"Auch ist sowohl die förmliche Anklage des Kronfiskals als die förmliche Vertheidigungs Schrift zu den Akten zu geben."

Zu der dritten Abtheilung, nach der neuen Oekonomie des Gesezbuches, dritter Titel:

<u>Von der Form und Beschaffenheit einzelner Untersuchungs-Handlungen insbesondere</u>

Erstes Kapitel

Von dem Verhör des Angeschuldigten gingen nun Herr Geheimer Rath von Feuerbach über, und lasen die Art: 162. und

163. ab.

I.) Allgemeine Bestimmungen.

Art: 162.
Jeder Angeschuldigter ist verbunden, die ihm vorgelegten Fragen mündlich zum Protokolle zu beantworten, Punkte ausgenommen, welche auf weitläufigen Rechnungen, oder andern verwikelten Auseinandersezungen beruhen, wo eine schriftliche Beantwortung, jedoch nur auf Verfügung des Kriminal-Obergerichtes gestattet werden kann.

Art: 163.
Der Gefangene erscheint während seines Verhörs frei von Ketten. Er darf sich vor seinem Richter niedersezen. Dieser ist verbunden, sich gegen ihn der seinem Stande gebührenden Form der Anrede, "durch Sie, Er, u.s.w." zu bedienen.

Bei dem Art: 163. wurde erinnert, daß auch der Untersuchungs-Richter eine solche schriftliche Beantwortung in den angegebenden Fällen müße gestatten können, ohne an das Kriminal Gericht zu berichten,

und deßwegen beschlossen, in dem Art: 162. die Worte:
Jedoch nur auf Verfügung des Kriminal-Obergerichtes
auszulassen.
Die übrige Fassung dieser bei Art: wurde angenommen.

II.) Von dem ersten Verhöre:
1.) wann und von wem dasselbe vorzunehmen.

Art: 164.
Jeder Gefangene, er sei nur provisorisch verhaftet, oder sei schon die Spezial Inquisizion wider ihn verfügt, sogleich, nachdem er eingebracht worden, oder doch längstens innerhalb vier und zwanzig Stunden verhört worden.
Wer dieses Verhör pflichtwidrig verzögert, ist die Strafe von so vielmal fünf Gulden verfallen, als vier Tage das Verhör verzögert worden ist.

Art: 165.
Vorstehende Art: ist auch auf Polizeibehörden, bei den ein Verbrechen eingebracht worden, jedoch nur altxx anzuwenden, wenn wegen Entfornung des Arts die Anferung des Angeschuldigten an den gehörigen Untersuchungs-Richter nicht innerhalb zwölf Stunden bewirkt werden kann.
In keinem Falle darf sich das polizeiliche Verhör auf den Gegenstand der Anschuldigung selbst erstrecken, sondern ist auf die allgemeinen persönlichen Fragen (:Art: 169:) zu beschränken.

Art: 166.
Wird der von der Polizei-Obrigkeit Ergriffene und summarisch Verhörte dem Untersuchungs-Richter abgeliefert, so ist dieser gleichwohl nach der Verordnung des Art: 164. und das erste Verhör auch seiner Seits vorzunehmen verbunden.

Art: 167.
Bei vorgefallener Tödtung soll, wo möglich der Verdächtige sogleich zu dem Leichname geführt, dieser ihm zur Anerkennung (:Rekognizion:) vorgezeigt, auch mit demselben, wo es die Umstände gestatten, das erste Verhör in des Leichnams Gegenwart vorgenommen werden.

Die von Seiner Exzellenz dem Königlichen Geheimen Rathe Herrn Carl Grafen von Arco wegen dem Art: 165. litographirte Bemerkung wurde abgelesen, und obschon vom Herrn Geheimen Rathe von Feuerbach und von einigen andern Mitgliedern dagegen die Erinnerung gemacht worden, daß es sehr bedenklich werden könnte, der Polizei Direkzion andere Fragen, als die blos allgemeine Persönliche zu erlauben, und noch bedenklichersein würde, derselben das Recht einzuräumen, einen Angeschuldigten loszusprechen und ihn sogleich zu entlassen; So überzeugten sich dennoch alle Mitglieder, daß eine deutlicher Fassung des Art: 165. nothwendig, woran der Fall aufgenommen werde, daß den Polizei Stellen zugestanden werde, das freiwillige Bekenntniß des Angeschuldigten der geschehenen That, wenn er solches bei seiner Einbringung, ohne besonders darum befragt zu werden, ablegt , zu Protokoll zu nehmen.

Gegen den Schluß des Art: 167. äusserten sich Herr Hofrath von Gönner, und bemerkten, wie Sie wünschten, daß diese Bestimmung, welche selten ausführbar, um so mehr gestrichen werden möchte, als sie für den möglichen Fall, daß sie einen Unschuldigen treffen könne, zu abschreckend und grausam sein.

Mehrere Mitglieder überzeugten sich von der Richtigkeit dieser Ansicht, theils wegen seltener Ausführbarkeit dieser Bestimmung, theils auch weil dieses Verhör oft härter, als die Tortur selbst sein könne.

Die gegen den Schluß des Art: 164. gemachte Erinnerung, als ob die Strafe von fünf Gulden zu gering, und es auffallend sein konnte, den Tag der Verhaftung mit fünf Gulden zu taxiren, blieb ohne Folge, weil man diesen Ansaz für hoch genug und für hinreichend hielt um einer pflichtwidrigen Verzögerung des Verhörs vorzubeugen.

Nach verfügter Umfrage über diese vier Art:

wurde von den vereinigten Sekzionen beschlossen, die Art: 164. und 166. nach ihrer Fassung anzunehmen.

Dem Art: 164. aber am Schlusse folgendes in einem Absaz beizufügen:

"doch ist dasjenige, was der Angeschuldigte über die Sache selbst von freien Stücken, und ohne vorgängige besondere Befragungen äussert, zum polizeilichen Protokoll zu nehmen."

Der Schluß des Art: 167., dessen Fassung übrigens genehmiget wurde, solle wie folget, geändert werden:
"vorgezeiget, auch mit demselben sogleich nach geschehener Vorziegung ein Verhör vorgenommen werden."

Heirmit endigte sich die heutige Sizung.

Unterzeichnet: Graf von Reigersberg.
von Zentner,
von Krenner, der Ältere.
C. von Freiherr von Aretin.
von Effner,
Feuerbach,
Graf von Welsperg,
Gönner,
Zur Beglaubing:
Egid Kobell

Beylaage zum prot. X.

Zur Lehre: —

<u>Befreiung vom Gefängniße gegen Sicherheit.</u>
<u>post. Art. 138.</u>

Art. 139.

Die Versicherungssumme ist, nach Abzug des schuldigen Ersazes für den Beschädigten, dem Staate verfallen, so bald sich der Angeklagte der Fortsezung der Untersuchung oder dem Vollzug der Strafe entzieht, er werde wieder ergriffen oder nicht.

Ist jedoch die Sicherheit aus dem Vermögen des Angeschuldigten geleistet, und hat sich derselbe längstens innerhalb sechs Monaten freiwillig wieder dem Gerichte gestellt, so ist die Versicherungssumme für verfallen nicht geachtet.

Gleiches gilt von der Versicherungssumme der Bürgen, so ferne diese den Entwichenen längstens innerhalb sechs Monaten zum Untersuchungsgerichte stellten.

In keinem Falle ist eben den Bürgen die Rechtswohlthat der Ordnung gestattet, vorbehaltlich ihres Rückanspruchs gegen den Inquisiten und deßen Erben.

Art. 140.

Die Versicherungssumme wird frei, und die Bürgen werden ihrer Verbindlichkeit ledig, 1.) sobald dem gegenwärtigen Angeschuldigten des Urtheil verkündet worden ist; 2.) sobald der Befreite von dem Richter gefangen genommen worden; 3.) sobald rechtliche Gründe eingetreten sind, den Angeschuldigten, der geleisteten Sicherheit ungeachtet, gefänglich einzuziehen und derselbe sodann, durch Schuld des Gerichts, entwichen ist.

Art. 141.

Der für geleistete Sicherheit vom Gefängniß Befreite ist gefangen zu nehmen sogleich bei Verkündigung des Straferkenntnißes, oder wenn er seine Freiheit zu neuen Verbrechen oder Vergehen mißbraucht, oder wenn er auf eine an ihn ergangene richterliche Ladung ungehorsam ausgeblieben ist oder zur Flucht Anstalten getroffen, oder auch die besonderen Bedingungen nicht erfüllt hat, unter welchen ihm gegen Sicherheitsleistung die Befreiung vom Gefängniße gestattet worden ist.

Zum Untersuchungsproceß Buch I. Titel II.

Fünftes Kapitel.
Von dem Beschluß der Untersuchung oder dem Vertheidigungsverfahren.

I.) Von der Vertheidigung des Angeschuldigten überhaupt.

Art. a. (Art.148.)
Wenn durch Specialinquisition die Gegenstände der Untersuchung gehörig erschöpft sind, oder keine nähere Aufklärung weiter zu hoffen ist, so tritt das Schluß verfah- ren ein, welches die Herstellung oder Ergänzung alles deßen, was etwa noch zur Vertheidigung des Angeschuldigten dienlich seyn mag, zum Hauptzwecke hat.

Art. b. (Art. 149. 150.)
Zum Schlußverfahren ist dem Inquisiten ein rechtsver- ständiger Vertheidiger beizugeben, entweder auf deßen ausdrückliches Verlangen oder auch von Amtswegen selbst wider seinen Willen, wenn das angeschuldigte Verbrechen von solcher Beschaffenheit ist, daß ein Erkenntniß auf Todes- oder Kettenstrafe für den Angeschuldigten zu besorgen steht.

Auch ist der Angeschuldigte in jedem Falle berechtiget die Person selbst zu bestimmen, welcher er seine Vertheidigung anvertrauen wolle, so ferne derselben keine gesezliches Hinderniß entgegenstehet.

Der Richter ist verbunden den Inquisiten mit dem Rechte sich einen Vertheidiger zu wählen, ausdrücklich bekannt zu machen; ihn zu befragen: wen er zur Übernahme seiner Vertheidigung verlange, und sodann alles dieses und ein Inquisit sich hierauf geäußert, getreu zu den Akten verzeichnen zu laßen.

Art. c. (Art. 151.)
Die Vertheidigung eines Angeschuldigten sind zu übernehmen verbunden
1.) Advocaten,
2.) Die Acceßisten der Stadt- und Landgerichte, mit Ausnahme derjenigen, welche bei demselben Gerichte angestellt sind, vor welchem die Vertheidigung geschehen soll.

Ueberdies ist jeder andere Rechtsverständige, welchen sich Inquisit erwählt, die Vertheidigung zu übernehmen berechtiget, und von dem Gerichte, ausser im Falle erheblicher Bedenklichkeiten zuzulassen.

Art. d. (152.)
Bei Ertheilung des Auftrags an den Vertheidiger bestimmt das Gericht zugleich den Termin der Vertheidigung, welcher nach

Beschaffenheit, Größe und Wichtigkeit der Akten zu ermeßen, und wenn nicht außer- ordentliche Umstände deßen Verlängerung nothwendig machen, nicht zu erstrecken ist.

Innerhalb des gesezten Termins ist der Vertheidiger seine Vertheidigung vorzubereiten, der Richter aber alles, was sonst zur Einleitung des Schlußverfahrens dient, zu verfügen verbunden.

Wegen Säumniß und Nachläßigkeit ist der Vertheidiger mit Geldstrafe von zehn bis fünfzig Gulden, und mit dem Ersaz der dadurch veranlaßten Proceß- und Untersuchungs kosten zu belegen.

Art. e. (Art. 153.)

Um sich gehörig vorzubereiten, hat der Vertheidiger zu untersuchen, ob alle zur Entschuldigung oder Minderung der Strafe dienenden Umstände gehörig erschöpft, und deren Beweise zu den Akten gebracht seyen, weshalb er berechtiget und verbunden ist,

1.) sämmtliche Akten in Beiseyn einer vereideten Gerichtsperson zu durchgehen, und sich 2.) mit dem Gefangenen, jedoch gleichfalls in Beiseyn einer vereideten Gerichtsperson, über die Akten noch zur Vetheidigung die andern Umstände zu unterreden, wobei sich übrigens derselbe aller Subornation und anderer unerlaubter Kunstgriffe bei schwerer Ahndung zu enthalten hat.

Art. f.

II.) <u>Von der Beschaffenheit des Schlußverfahrens bei Nichtcapitalverbrechen.</u>

Betrifft die Untersuchung ein Verbrechen, weswegen keine Todes- oder Kettenstrafe zu besorgen steht, so wird das Schlußverfahren bei dem Untersuchungsgerichte selbst vorgenommen.

Zu diesem Ende macht der Untersuchungsrichter am Ende des lezten Vedrhörs den Inquisiten mit dem bevorstehenden Vertheidigungstermin, und mit deßen Zweck, so wie mit den ihm zustehenden Rechten der Vertheidigung bekannt, und verfügt sodann angesäumt alles dasjenige, was zur Einleitung und Vorbereitung des Vertheidigungsverfahrens erfoderlich ist.

Art. g. (Art. 155. 156.)

In dem Vertheidigungstermine selbst erklart zuvorderst der Richter dem Inquisiten, daß diese gerichtliche Handlung ausschließend seine Vertheidigung zum Zwecke habe und fodert ihn auf, nunmehr alles dasjenige anzubringen, was er der Wahrheit gemäß zu seiner Enrschuldigung dienlich erachte.

Hierauf ist der Inquisit oder deßen Vertheidiger berechtiget:

1.) dasjenige, was noch der weiteren Untersuchung bedärfe, und die allenfalls nachträglichen Vertheidigungsbeweise anzuzeigen,

2.) alle rechtlichen Gründe, welche die Gültigkeit des Verfahrens, die Glaubwürdigkeit und Kraft der Beweise und überhaupt die Abwendung oder Minderung der Schuld betreffen, zum Protokolle zu geben.

Ein besonderer Termin zur Abfaßung förmlicher Vertheidigungsschrift wird nicht gestattet; doch bleibt dem Inquisiten oder deßen Vertheidiger unbenommen, eine solche Deductionsschrift entweder sogleich im Schlußtermine, oder, so lange nicht in der Hauptsache erkannt worden, nachträglich zu den Akten zu übergeben.

Art. h. (Art. 160.)

Sind die von dem Inquisiten oder deßen Vertheidiger angegebenen Ergänzungen und Beweise von einiger Erheblichkeit, so sollen dieselben nach beendigten Schlußverfahren sogleich zu den Akten gebracht, und hievon der Vertheidiger, oder wenn ein solcher nicht vorhanden, der Inquisit durch Einsicht der Akten in Kenntniß gesezt werden.

Durchaus unerheblich, und blos verzögerliche Ersezungen ist der Untersuchungsrichter selbst zu verwerfen berechtiget.

Art. i. (Art. 161.)

Nach beendigtem Schlußverfahren und allenfalls beigebrachten Ersezungen, werden die Akten an das betreffende Kriminalgerichte mit der nächsten Verseidungsgelegenheit Post zum Spruche eingesendet.

Den Akten wird zugleich ein Attestat des Langerichts Arztes über die Leibesbeschaffenheit und den Gesundheits zustand des Inquisiten beigelegt, damit hienach die Art und Größe einer allenfalls zu verfügenden körperlichen Züchtigung beurtheilt werden möge.

III.) <u>Von dem Schluß verfahren bei Capital-Verbrechen.</u>

Art. k.

Betrifft die Untersuchung ein Verbrechen, weswegen auf Todes- oder Kettenstrafe erkannt werden könnte, so besteht das Schlußverfahren in förmlicher Anklage und Vertheidigung des Inquisiten, und zwar vor versammelten Kriminalgericht, in Gegenwart des seiner Ketten entledigten Inquisiten und bei geöffneten Gerichtsthüren.

1.) <u>Vorbereitung deßelben.</u>

Art. l.

Sobald demnach in vorbestimmten Fällen der Untersuchungsrichter die Sache für erschöpft erachtet, so sind zuvorderst die Akten zum Kriminalgericht einzusenden, wo selbst auf erstatteten umständlichen Vortrag, darüber: ob die Akten rücksichtlich aller zur Anschuldigung oder Vertheidigung dienenden Umstände für geschloßen zu halten, oder noch Ergänzungen nachzuholen seyen, vorläufig zu erkennen ist.

Art. m.

Wurden die Akten für geschloßen erkannt, und findet das Kriminalgericht die Sache zum feierlichen Schlußverfahren geeignet, so ist Inquisit, wenn er in äußeren Gerichten untersucht worden, sogleich zum Size des betreffenden Kriminalgerichtes, wohlverwahrt zu übersezen; sodann längstens innerhalb vier und zwanzig Stunden, nachdem er daselbst angekommen, von einem Kommißär des Kriminalgerichts mit Zuziehung eines beeideten Gerichtsschreibers, über den bevorstehenden feierlichen Schlußvereind zu unterrichten, und über die Wahl seines Vertheidigers zu befragen.

Art. n.

2.) <u>Von dem Schlußverfahren selbst.</u> In dem Termin zum öffentlichen Schlußverfahren ist nächst dem unter seinem Vorstande versammelten Kriminalgericht die Gegenwart des Kronfiskals, des Vertheidigers des Angeschuldigten und des Angeschuldigten selbst nothwendig.

Art. o.

Die feierliche Gerichtshandlung selbst wird durch eine kurze Rede des Vorstandes, welche den Zweck des vorzunehmenden Geschäftes darstellt, eröffnet, und sodann der Kronfiskal zur Erhebung seiner förmlicher Anklage aufgefodert.

Der Kronfiskal erzählt in einem umständlichen aktengemässen Vortrag die Geschichte der angeschuldigten That, entwickelt die einzelnen Punkte der Anklage, begründet dieselbe mit den aus Akten sich ergebenden Beweisen, und macht hierauf, mit Anführung der in Anwendung kommen, den Gesezstellen, seinen Antrag auf die den Inquisiten zu erkennende Strafe.

Nach vernommener Anklage fodert der Gerichtsvorstand den Vertheidigen zur mündlichen Ausführung seiner Vertheidigungsgründe auf.

Noch geführter förmlicher Vertheidigung wird endlich auch der Angeschuldigte selbst erinnert, dasjenige anzugeben, was er selbst der Wahrheit gemäß anführen zu können glaube.

Art. p.

Ueber die ganze Schlußverhandlung ist ein umständliches Protokoll zu verfaßen. Auch ist sowohl die förmliche Anklage des Kronfiskals, so wie die förmliche Vertheidigung schriftlich den Akten beizulegen.

Art. q.

Nach vollendeter Anklags- und Vertheidigungshandlung wird längstens noch drei Tagen bei dem Kriminalgericht der Hauptvortrag erstattet, und das Urtheil geschöpft, alles dieses bei verschloßenen Thüren und in Abwesenheit des Kronfiskals, so wie des Vertheidigers und des Angeschuldigten.

Das erkannte Urtheil hingegen wird sodann, nach Verordnung des V. Titels II. Kap., bei geöffneten Gerichtsthüren, dem Angeschuldigten in Gegenwart des Anklägers und des Vertheidigers verkündet.

14. Sitzung Nr. XI

Abgehaltn den 11. August 1811.
Gegenwärtig waren;
Seine Exzellenz, der königliche geheime Staats- und Konferenz-
Minister, Herr Graf von Reigersberg,
Die königliche wirkliche Herrn geheimen Räthe:
von Zentner,
von Krenner, Senior,
Seine Exzellenz Carl Graf von Arco,
von Effner,
von Feuerbach,
Graf von Welsperg,
Herr Hofrath von Gönner,

Den vereinigten Sekzionen wurde das Protokollder lezten Sizung vorgelesen, und nachdem dasselbe unterzeichnet war, von Herrn Geheimen Rath von Feuerbach fortgefahren, den Art: 168. bei welchem lezthin die Sizung aufgehoben worden, vorzutragen.

Allein, da sowohl Seine Exzellenz Herr Geheimer Rath Carl Graf von Arco als auch Herr Hofrath von Gönner gegen mehrere Art:, welche <u>von Beschaffenheit des ersten Verhöres, von dem Falle des Läugnens im ersten Verhöre, von jenem, wenn im ersten Verhöre das Bekanntniß abgelegt wird, und von dem weiteren Verhöre des Inquisiten handeln,</u> verschiedene Erinnerungen in den litographirten Beilagen aufgestellt, so wurde zwar die Frage aufgeworfen, ob man zuerst diese Bemerkungen im Zusammenhange anhören, oder jede einzeln dem betreffenden Art: beifügen wolle.

Nach verschiedenen deßwegen geäusserten Meinungen vereinigten sich die Sekzionen dahin, vorher die Art:, welche sich auf das erste Verhör beziehen, nur ablesen zu lassen, hierauf die litographirte Erinnerungen hierüber im Zusammenhange zu hören, und dann mit der näheren Prüfung derselben sich zu beschäftigen.

Auf die bei Ablesung dieser Art: von Herrn Geheimen Rath Freiherrn von Aretin gemachte Erinnerung, daß in dem Art: 168. in der Stellung des Sazes, <u>welcher zuerst vor Gericht erscheint,</u> eine Zweideutigkeit liege, wurde der Anfang desselben so geändert:

"der Beschuldigte ist bei seinem ersten Verhöre zuvörderst" und nachher die Art: 168. bis 175. des Entwurfes und die litographirte Bemerkungen des Herrn Grafen Carl von Arco und von Gönner einer näheren Diskussion unterworfen, welche dahin führte, daß Herr Geheimer Rath Carl Graf von Arco Exzellenz die ganze Oekonomie des Prozesses aus den Beweis in der ersten Sizung angegebenen Gründen angriffen, und diejenige angenommen wünschten, welche sie vorgeschlagen, die andere Mitglieder aber sich zwar für die Beibehaltung der bereits angenommenen Haupt-Eintheilung des Prozesses erklärten, jedoch von der Nothwendigkeit sich überzeugten, die Lehre von dem summarischen Verhöre und von dem Ordentlichen bestimmt zu trennen, und solche nicht, wie es in dem Entwurfe geschehen, parallel neben einander fortgehen zu lassen, indeme es für den Richter äusserst schwer, aus dieser in dem Entwurfe aufgestellten vermischten Lehre dasjenige herauszuheben, was auf das erste ordentliche Verhör Bezug habe, auch seien noch manche Zwischensäze nothwendig, um diese Lehre vollständig zu machen, und das Verhältniß des ersten Verhörs zu den Folgenden genauer zu bestimmen.

Herr Geheimer Rath von Feuerbach durch diese statt gehabte Diskussionen und die gemachte Bemerkungen aufmerksam gemacht, daß dieser Lehre wegen dem ersten Verhöre noch verschiedene Bestimmungen und Auseinandersezungen mangeln, und nachdem Sie überzeugt worden, daß eine bestimmte Trennung des summarischen Verhöres von dem Ordentlichen das Zeuge deutlicher und entsprechender darstellen werde, machten den Vorschlag, die Art: 164. bis 175. umzuarbeiten, und darin folgende Unterabtheilungen aufzunehmen:

    I. Allgemeine Bestimmungen über das Verhör,
    II. Von dem summarischen Verhöre,
    III. Von dem ordentlichen Verhöre mit dem Angeschuldigten, gegen welchen schon die Spezial Untersuchung erkannt ist.

Sie glaubten, es seie nicht nötig, eigene Kapitel für die verschiedene Abtheilungen zu machen, sondern es seie hinreichend, sie mit römischen Ziffern zu bezeichnen, in diesen Abtheilungen könnten alle Vorschriften, die den Karakter einer jeden deutlich angeben, aufgenommen, und ihr Zusammenwirken bestimmt auseinander gesezt werden.

In der nächsten Sizung würden Sie diese neue Bearbeitung vorlegen.

Seine Exzellenz der königliche geheime Staats- und Konferenz Minister Herr Graf von Reigersberg liesen über diesen Vorschlag abstimmen.

Herr Hofrath von Gönner äusserten, Sie würden an der von den vereinigten Sekzionen in der Hauptsache angenommenen Oekonomie des Prozesses, die Sie für ganz zwekmäsig hielten, nichts ändern, seien aber überzeugt, daß dieses Kapitel von dem ersten Verhöre eine gänzliche Umarbeitung erfodern, welcher eine Trennung des summarischen Verhöres von dem Ordentlichen als Haupt Basis zum Grunde gelegt werden müsse.

Sie erklärten sich dafür, die neue Bearbeitung des Herrn Referenten nach den gegebenen Eintheilungen zu erwarten.

Schon in ihren litographirten Bemerkungen hätten Sie, um Wiederholungen zu vermeiden, kurz angedeutet, daß Sie in der Hauptsache den richtigen Bemerkungen Seiner Exzellenz des

Herrn Grafen von Arco gegen vorstehende Artikel vollkommen beipflichten, und das summarische Verhör eines Angeschuldigten ganz übereinstimmend mit dem §: 287. des Oesterreichischen Gesezbuches nur als dasjenige anerkennen, welches gleich nach der Verhaftung zur Sicherung der persönlichen Freiheit und gleichsam als habeas corpus Akte abzuhalten ist. Mit diesem Verhöre aber habe das erste Verhör, welches nach verhängter Spezial-Inquisizion mit dem Angeschuldigten abgehalten werde, gar nichts gemein, denn dieseserste Verhör seie schon ein förmliches und habe alle Wirkungen, welche das summarische Verhör nicht hervorbringe.

Beide müßten also schärfer, all es im Entwurfe geschehen, getrennt und besonders durchgeführt werden, und dieses seie desto nothwendiger, als a.) nach Art: 165. das summarische Verhör sogar den verhaftenden Polizei-Behörden übertragen, und man gewiß einer Polizei Behörde das erste förmliche Kriminal-Verhör nicht überlassen könne; b.) das im summarischen Verhöre abgelegte Geständniß nach Ast: 173. keine Beweiskraft habe, und diese Beweiskraft dem im ersten förmlichen Verhöre Abgelegten Geständnisse nicht abgesprochen werden könne:

Ihr Antrag gehe also dahin:
1.) das summarische Verhör mit dem § 287. des Oesterreichischen Strafcodex auf den Fall der Verhaftung zu beschränken;
2.) Von demselben das förmliche Verhör nach erkannter Spezial Inquisizion ganz zu trennen, auch
3.) Dem in diesem, wenn gleich ersten, förmlichen Verhör abgelegten Geständnisse die Beweiskraft, ohne daß es wiederholt zu warden brauche, beizulegen.
4.) Da ferner, wie Sie in Ihren litographirten Bemerkungen und in andern Abstimmungen zeigten, die General-Untersuchung in einem ganz eigenthümlichen Geiste so aufgefaßt, daß sie sich ganz in die Spezial-Untersuchung verschmelzen, und diese oft ganz entberlich machen könne, so seie nothwendig, genau zu bestimmen, in welchen Fällen auf die blose General-Untersuchung ohne Spezial-Untersuchung /: mit Ausnahme des immer unentberlichen Schluß- oder DefensionsVerfahrens :/ ein Straferkenntniß erfolgen könne.
5.) Erhalte der Entwurf diese Verbesserung, und würden nach diesen Gesichts-Punkten die Art: 164. bis 174. umgearbeitet, so könne es bei der angenommenen Oekonomie des 2n Theils belassen, und das gegenwärtige erste Kapitel des 3n Titels nach seiner Anlage im Ganzen beibehalten werden.

Herr Geheimer Rath Graf von Zentner schildeten die grose Verschiedenheit in der Oekonomie, welche angenommen worden, und welche Herr Geheimer Rath Graf von Arco vorgeschlagen, glaubten aber, daß man bei den, welche der Haupt-Eintheilung nach in der ersten Sizung beliebt worden, stehen bleiben müsse, weil sie in mehrerer Hinsicht vorzüglicher seie; allein, da sich die vereinigte Sekzionen ausdrüklich vorbehalten, die Stellung der einzelnen Titel und Kapitel nach den sich in der Prüfung entwikelnden Ansichten abzuändern, oder dieselbe zu versezen, so wollten auch Sie die neue Umarbeitung des Kapitels von dem Verhöre erwarten, und glaubten, daß hiebei sowohl auf die einzelne Bemerkungen des Herrn Grafen von Arco als Auch auf die für zwekmäsig beurtheilte Bestimmungen des Oesterreichischen Gesezbuches hierüber Rücksicht genommen werden könnte.

Herr Geheimer Rath von Krenner der Ältere waren der Meinung, daß man nicht mehr in die Hauptfrage, welche Oekonomie angenommen werden solle, eingehen könne, sondern darauf sich beschränken müssen, in wie weit die gegebene Theorie so gestellet, daß der darin zwar schon liegende Unterschied zwischen dem summarischen und dem ordentlichen Verhöre sich heraushebe.

Das paralele Fortlaufen dieser Bestimmungen würden Sie verlassen, und solche trennen, daher Sie sich mit dem Vorschlage, dieselbe nach diesen Ansichten umzuarbeiten, vereinigen könnten. Nur glaubten Sie, daß auch schon auf ein summarisches Verhör, und auf ein darin liegendes qualifizirtes Geständniß, wenn solches mit allen übrigen Erfahrungen übereinstimmen, ein Angeschuldigter kondemnirt werden könne, und es in diesem Falle eines weiteren Ratifikazions Verhöres nicht mehr bedürfe.

Seine Exzellenz Herr Geheimer Rath Carl Graf von Arco äusserten, alle von den übrigen Mitgliedern sowohl als Ihnen gemachte Bemerkungen giengen so tief in die Oekonomie des ganzen Prozesses ein, daß man gegenwärtig auf dem Punkte stehe, sich zu entscheiden, welche man annehmen wolle.

Die Gründe, welche für die von Ihnen vorgeschlagene Einrichtung sprächen, seien bereits angegeben worden, und Sie könnten um so weniger von Ihrer früher geäusserten Meinung abgehen, als die angenommene Oekonomie, welche auf grose Masse und Unwissen gestellt, Ihnen zu abstrakt und für den praktischen Gang des Kriminal Prozesses nicht geeignet scheine. Gewinne diese Ansicht die Beistimmung der übrigen Mitglieder nicht, so könnten Sie hierüber nichts mehr sagen, sondern müßten sich auf das bereits Gesagte und Lytographirte verziehen.

Herr Geheimer Rath Freiherr von Aretin stimmten dafür, daß da die Haupt Oekonomie des Prozesses bereits angenommenen, und keiner weiteren Discussion mehr unterliegen könne, ohne die ganze Arbeit nochmal zu prüfen, so würden Sie die neue Bearbeitung dieses Kapitels erwarten, und glaubten, dasselbe könne nach den Ansichten der Trennung so hingestellt werden, daß es nicht mehr Kapitel sondern nur Unterabtheilung bedürfen.

Herr Geheimer Rath von Effner äusserten, daß über die Haupt-Oekonomie des Prozesses keine Frage sein könne, indem diese bereits angenommen, allein wäre dieses auch noch nicht beschlossen, so würden Sie dennoch diese Oekonomie vorziehen, weil sie manches Vorzügliche habe, und es nicht ausführbar seie, die Handlungen des Richters in dem Prozesse so vorzuschreiben, wie sie den Umständen nach vorgenommen werden müßten.

Der Beurtheilung und Kenntniß des Richters müsse dieses überlassen bleiben.

Wegen der Lehre von den Verhören glaubten Sie, daß Alles darauf beruhe, daß der Unterschied zwischen dem summarischen und dem ordentlichen Verhöre genau bezeichnet, und der Karakter dieser beiden gehörig ausgeschieden, auch bestimmt werde, in welchen Fällen das erste summarische Verhör in ein erstes ordentliches übergehen könne.

Die neue Bearbeitung dieses Kapitels zu erwarten, hiemit vereinigten sich Herrn Geheimer Rath von Effner, und äusserten, folgende Haupt Eintheilung könnte demselben zum Grunde gelegt werden:

1.) Von dem summarischen Verhöre;
2.) Wann hat dasselbe anzufangen;
3.) Wann kann dasselbe in ein ordentliches übergehen,
4.) Von dem ordentlichen Verhöre.

In Folge dieser Abstimmungen wurde beschlossen, die neue Bearbeitung des Herrn Referenten von den Verhören in der nächten Sizung erwarte.

Herr Geheimer Rath von Feuerbach trugen nun die folgenden Art: vor, und bemerkten, daß dieselbe unabhängig von den vorhergehenden, die zu einer neuen Redakzion verwiesen worden, vorgenommen und geprüft werden könnten; Dieselben enthielten einstens Vorschriften, wie die Richter sich zu benehmen, und seien eigentlich mehr instruction als gesezliche Bestimmungen.

Art: 175.

V.) <u>Von dem Verhöre zur Bewirkung des Bekenntnisses läugnender Inquisiten.</u>

Läugnet der Angeschuldigte die That entweder durchaus, oder in einzelnen Hauptumständen, und kann die Wahrheit durch Aussage mehrerer Zeugen unmittelbar und vollständig bewiesen werden, sosoll die Untersuchung durch verzögernde Bemühung um das Gestä-ndniß des Inquisiten nicht unnötig aufzuhalten, sondern vornemlich zur vollkommenen Herstellung des gesezlichen Zeugenbeweises das Nötige unausgesezt verfügt werden.

Ist aber über die abgeläugneten Punkte kein unmittelbarer vollständiger Beweis durch Zeuge herzustellen, oder ist dieses noch zur Zeit wenigstens zweifelhaft; so hat sich der Untersuchungs-Richter hauptsächlich zu bemühen, den Inquisiten durch zwekmäsige Fragen zum Geständniß der Wahrheit zu führen, wobei derselbe die nächstfolgenden Regeln als allgemeinen Leitfaden seines Verfahrens zu beobachten, übrigens aber das Nähere nach den besondern Umständen jedenfalls und den Eigenheiten des Inquisiten mit Klugheit zu bemessen hat.

<u>Art: 176.</u>

Überhaupt muß der Inhalt und die Anordnung der in solchem Verhöre vorzulegenden Fragen, so wie das Benehmen des Untersuchungs-Richters im Allgemeinen vornemlich dahin gerichtet sein, den Inquisiten durch dessen eigene Aussagen der Unwahrheit zu überführen, und von der Zwekmäsigkeit seines Leugnens lebhaft zu überzeugen.

<u>Art: 177.</u>

Zu diesem Ende soll ein Inquisit, welcher durch lügenhaft Angaben und Erzehlungen dem Geständnisse auszubeugen sucht; nicht unvorsichtlich unterbrochen, vielmehr nach geendigter Erzehlung durch besondere Fragen angehalten werden, die einzelnen Umstände der vorgeblichen Thatsache möglichst genau zu den Akten zu geben.

Auch ist derselbe durch zwekmäsig veränderte Fragen zur wiederholten Erzehlung derselben Umstände allenfalls in einem der folgenden Verhöre zu veranlassen.

Der Untersuchungs-Richter ist sodann verbunden, nicht nur denangegebenen einzelnen Umständen, so weit deren Wahrheit oder Unwahrheit nicht bereits aus den Akten erhellet fleisig nachzuforschen, sondern auch dem Inquisiten die Unwahrheit, Unwahrheitscheinlichkeit oder Ungereimtheit seiner Angaben nebst den Gründen, weswegen man dieselben für blose Lügen erkannt habe, Nachdrüklich vorzuhalten.

Lezteres ist auch in dem Falle zu beobachten, wenn verstandene Behauptungen des Inquisiten unter sich selbst ein Widerspruche stehen.

Gegen die Fassung dieser Art: wurde in der Hauptsache nichts erinnert, nur vom Herrn Geheimen Rathe Freiherrn von Aretin bemerkt, daß Sie glaubten der lezte Saz des Art: 177. könnte ganz ausgelassen werden, weil Widersprüche dieser Art auch Lügen wären, und schon unter den vorigen sich verstehen ließen.

Nach verfügter Umfrage und nach Ablesung der litographirten Bemerkungen Siner Exzellenz des Herrn Geheimen Rath Carl Grafen von Arco

wurden diese drei Artikel mit folgenden Änderungen angenommen.

Im Art: 177. im ersten Absaze sollte statt: <u>unvorsichtlich</u> ge-

sezt werden "unvorsichtig"
und statt: genau zu den Akten zu geben
   "genau anzugeben"
In dem dritten Absaze dieses Art: statt
   oder Ungereimtheit seiner Angaben
   "oder die Widersprüche in seinen Angaben"
der lezte Absaz dieses Art: wäre ganz ausgelassen.
   Der Fehler im Abschreiben in Art: 176. wo Zwekmäsigkeit statt Zweklosigkeit gesezt ist, wurde verbessert.

Art: 178.
Sucht Inquisit, ohne in Erzehlungen einzugehen, sich an bloses Läugnen zu halten, so soll ihn der Untersuchungs Richter durch Umwege auf solche Umstände führen, welche mit dem Verbrechen im Zusammenhange stehen, damit er entweder diese ihn verdächtigenden Thatsachen von selbst angebe, oder, um diese auszuweichen, zu Behauptungen verleitet werde, von deren Lügenhaftigkeit er durch klare Beweise oder aus dem Inhalt seiner eigenen Äusserungen überführt werden kann.

Art: 179.
Der Untersuchungs-Richter hat sorgfältig zu verhüten, daß nicht der Verhörte den ganzen Umfang der ihm widrigen Verdachtsgründe und Beweise, oder durch die an ihn gestellten Fragen einzelne bestimmte Umstände der Übertretung erfahre.
Ist indessen Inquisit durch die allgemeine Befragung, durch die ihm vorgehaltenen Widersprüche und Unwahrheiten und sonstige Mittel der Überführung zum Geständnisse nicht zu bewegen, so mögen ihm nach und noch einzelne Verdachts-Gründe, oder auch Umstände der That selbst bestimmt, und ausdrüklich mit dem Befragen vorgehalten werden, wie er sich dagegen zu rechtfertigen, oder bei seinem Läugnen zu behaupten vermöge.

Art: 180.
Dabei soll aber
1.) in der Ordnung des Vorhaltens mit denjenigen Anzeigungen, welche nicht die Vollbringung der That selbsten betreffen, und unter diesen mit den entfernten Schwächern, der Anfang gemacht, sodann zu den nähern und stärkeren fortgeschritten, hierauf endlich zu den gleichzeitigen Nebenumständen der That, und wenn auch dieses fruchtlos bleibt, zu dem einen oder andern Hauptumstande selbst übergegangen werden. Auch darf sich
2.) die Vorhaltung nur auf solche Thatsachen erstrecken, welche schon wenigstens bis zur Wahrscheinlichkeit aktenmäsig dargethan sind, oder wobei die Wahrheit oder Unwahrheit der Behauptung des Inquisiten bei weiterer Nachforschung unzweifelhaft erwiesen werden kann. Vor allem aber soll
3.) Der UntersuchungsRichter beobachten, daß, zumal, wo es dieser dem Geständniß an andern Beweisen mangelt, nicht

einzelnen Umstände der That selbst Zurückgehaltenen die Glaubwürdigkeit des Geständsisses geprüft werden möge.

Art: 181.

Bei solchen Vorhaltungen soll, je nach Beschaffenheit der Umstände, der Inquisit entweder zu dem betreffenden Orte hingeführt, oder demselben der Gegenstand der Vorhaltung selbst, das gebrauchte Werkzeug, das mit Blut beflekte Kleid, die entwendete Sache, die beweisende Urkunde uns unvermuthet zur Anerkennung vorgelegt, oder auch den über den Umstand aussagende Zeuge unverhaft vorgestanden und ihm von diesem seine Aussage in das Angesicht widerholt werden.

Die Fassung des Art: 180. unterlag mehreren Bedenken, indem einige Mitglieder der Meinung waren, daß wenn der Richter ermächtiget werde, dem Angeschuldigte nur wahrscheinliche Thatsachen vorzuhalten, derselbe durch den Beweis der Unrichtigkeit dieses Vorhaltens sehr leicht von dem Angeschuldigten in Verlegenheit gesezt werden könnte. Sie waren der Meinung, daß dem Angeschuldigten nur bewiesene Thatsachen vorgehalten werden dürfen.

Die übrigen Mitglieder aber erklärten sich für die Vorhaltung solchen Thatsachen, welche schon wenigstens bis zu hoher Wahrscheinlichkeit aktenmäsig dargethan sind, indeme man bei dem artifiziellen Beweise solche zulassen müsse, und der Richter in der Art, wie er dieselbe dem Angeschuldigten vorhalte, der Verlegenheit, einer Unrichtigkeit beschuldiget zu werden sehr leicht ausweichen könne.

Wohl aber waren dieselbe der Meinung, daß der Nachsaz in No. 2. ausgelassen werden müsse, weil solches erst in der Folge geschehen könne, und eine Thatsache, wobei diese Richtigkeit oder Unrichtigkeit vorher hergestellt worden, nicht mehr wahrscheinlich sei.

Auch die Fassung des Schlusses des N. 3. des Art: 180. fanden mehrere Mitglieder nicht deutlich, sondern glaubten, es müsse ausgedrükt werden, daß noch ein oder der andere Umstand der That zurükbehalten werden müsse, an welchen vorzüglich die Glaubwürdigkeit des Gestandnisses geprüft werden möge.

Nach verfügter Umfrage stimmten alle Mitglieder mit Ausnahme der Herrn Geheimen Räthe von Krenner, und Carl Grafen von Arco für Auslassung des Nachsazes in No. 2. des Art: 180.

<u>oder wobei die Wahrheit</u>
und für Beifügung des Wortes "hohen" Wahrheit.

Herr Geheimer Rath von Krenner stimmten dafür in No.2. zu sezen:

<u>was Aktenmäsig bewiesen ist</u>
statt und bis zur Wahrscheinlichkeit Aktenmäsig dargethan ist.

Seine Exzellenz Herr Geheimer Rath Carl Graf von Arco erklärten sich für die Fassung des Num: 2. dieses Art: ohne Änderung.

Mit der Änderung des Num: 3. dieses Art: waren alle Mitglieder vorstanden.

Die litographirten Bemerkungen Seiner Exzellenz des Herrn Carl Grafen von Arco wegen diesem Art: wurden abgelesen.

Übereinstimmend mit diesen Äusserungen und der sich ergebenen Mehrheit,

wurden die Art: 179. und 181. nach ihrer Fassung angenommen, in den Art: 178. und 180. aber folgende Änderungen beliebt.
In Art: 178. wäre statt
verdächtigenden Thatsachen
zu sezen:
"beschwerenden Thatsachen"
und statt, zu Behauptungen verleitet werden
"zu Behauptungen veranlaßt werden"
Die Nummern 2. und 3. des Art: 180. wären zu fassen, wie folgt:
Auch darf sich
2.) die Vorhaltung nur auf solche Thatsachen erstrecken, welche schon wenigstens bis zu hoher Wahrscheinlichkeit Aktenmäsig dargethan sind. Vor allem aber solle
3.) Der UntersuchungsRichter beobachten, daß zumal wo es ausser dem Geständniß an anderen Beweisen mangelt, nicht alle einzelne Umstände der That selbst vollständig vorgehalten, sondern noch ein und andere zurückbehalten werden, an welchen vorzüglich die Glaubwürdigkeit des Geständnisses geprüft werden kann.

Art: 182.
Bei Fragpunkten, welche des Befragten eigne Handlung in ihren Hauptumständen betreffen, und wobei eine Vergessenheit nicht wohl vorauszusezen ist, soll derselbe auf der Stelle zu antworten angehalten, und möglichst verhütet werden, daß er nicht Zeit zu lügenhaften Ausflüchten gewinne.

Art: 183.
Auch soll das Verhör nicht unzeitig abgebrochen, sondern in demselben Termine solange fortgesezt werden, bis derselbe Umstand, über welchen die Befragung angefangen, oder eingeleitet worden, vollständig erschöpft ist.

Bei diesen beiden Art: machten Herr Geheimer Rath von Feuerbach den Vorschlag, dieselbe in einen Art: zusammen zu ziehen.

Dieser Vorschlag und die Fassung dieser beiden in einen verbunden werdenden Art: wurde angenommen.

Art: 184.
Zeigt Inquisit Bestürzung, Neue, oder andere dem Bekenntniß günstige Gemüthsbewegung, so soll diese der Untersuchungs-Richter durch Ernst oder freundliche Ermahnung, durch Vorhaltung der beobachteten Gemüths-Äusserung, durch Fragen über deren Veranlassung und Ursache, und sonst durch kluges den Umständen angemessenes Betragen, zur Erlangung des Geständnisses zu benuzen trachten.

Bei Verbrechen, wo die Strafbestimmung zum Theil dem richterlichen Ermessen überlassen ist, und das reumüthige Bekenntniß eine gelindere Strafe bewirkt, soll der Inquisit dieses Vortheil bei schiklichen Gelegenheiten eindringlich erinnert werden.

Art: 185.
Läßt sich Inquisit zu einem Geständnisse an, so ist, was sowohl die erste Aufnahme desselben, wie auch die vollständige Herstellung des Standes der Sache durch punktweise Befragung über einzelne Umstände betrift, nach den Verordnungen der Art: 172. 173. und mehr zu verfahren.

Die Fassung dieser beiden Art: wurde mit der einzelnen Änderung beibehalten daß ein Art: 185. statt
<u>wie auf die vollständige Hestellung</u>
gesezt werde
"als die vollständige Herstellung"

V.) <u>Unerlaubte Mittel zur Erlangung eines Geständnisses.</u>
1.) <u>betrügliche Versprechungen.</u>

Art: 186.
Der Untersuchungs-Richter, welcher durch das Versprechen der Ungestraftheit oder anderen Betrug, ein Bekenntniß der Schuld zu erlangen sucht, ist von dem Obergerichte in Strafe zu ziehen.

2.) <u>Verfängliche Fragen.</u>

Art: 187.
Deßgleichen soll sich der Untersuchungs-Richter aller solchen Fragen enthalten, welche durch ihre Stellung oder Fassung, oder wegen der zufälligen Gemüthslage des Inquisiten, diesen aus Irrthum oder Unwissenheit unabsichtlich zu einem blos scheinbaren Bekenntnisse verleiten könnten.

Dahin gehören alle unbestimmten, vieldeutigen, verschiedene Umstände zugleich umfassenden Artikel, wie auch, zumal bei einfältigen, schüchternen Inquisiten, solche Fragen, wobei vorausgesetzt wird, als habe derselbe etwas anderes bereits gestanden, was von ihm entweder geläugnet, oder wenigstens noch nicht eingestanden worden ist.

In einer das Selbstbewußtsein verdunkelnden Gemüthslage darf Inquisit nicht mit vielerlei Fragen über einzelne Umstände bestürmt, sondern allenfalls nur im Allgemeinen zum offenen Bekenntnisse ernstlich ermahnt werden.

3.) <u>Unerlaubte Suggestionen.</u>

Art: 188.

Fragen, welche dem Inquisiten den besondern Umstand, den man von ihm eingestanden haben will, zur blosen Bejahung oder Verneinung bestimmt vorsagt, sind in der Regel verboten.

Hievon ist dasjenige ausgenommen, was in den Art: 179. f.f. über Vorhaltungen verordnet ist.

Auch kann der schon bekennende Inquisit, welcher zur Angabe des einen oder andern in den Akten wenigstens zum Theil erwiesenen Umstandes durch allgemeine Fragen nicht geführt werden könnte, im Nothfalle durch bestimmte Vorhaltung desselben befragt werden.

Art: 189.

Der Name oder die genaue Bezeichnung eines muthmaslichen Mitschuldigen darf dem Inquisiten nicht vorgehalten, sondern dieser soll nur im allgemeinen: wer ihm geholfen befragt werden.

Wenn jedoch nach den Umständen die Theilnahme an ihrer nicht zu bezweifeln, auch schon wider gewisse Personen bestimmter Verdacht der Theilnahme vorhanden ist, Inquisit aber durch allgemeine Fragen zu deren Angabe nicht geführt werden kann, so dürfen ihm dieselben bestimmt genannt werden. Bekannt nun Inquisit wider eine bestimmte Person, so ist derselbe nicht nur zur Beschreibung derselben, sondern auch zur Angabe aller nähern Umstände der Beihülfe nun überhaupt solcher Thatsachen angehalten, durch die weitere Erforschung die Wahrheit der Aussage geprüft werden kann.

Art: 190.

Einfältige, blöde Inquisiten dürfen über die zu ihrer Vertheidigung dienenden Umstände, zu welchen schon die Akten Gründe der Wahrscheinlichkeit enthalten mit bestimmter Verhaltung befragt werden, sofern sie durch Allgemeine Fragen nicht darauf geführtenden konnten.

Bei dem Art: 186. machten Herr Hofrath von Gönner die Erinnerung, daß Sie glaubten, einem solchen durch Versprechen der Ungestraftheit oder andern Betrug erhaltenen Bekenntnisse könne keine Gültigkeit beigelegt werden, sondern es müsse ausgesprochen werden, daß dasselbe unwirksam seie.

Von der Richtigkeit dieser Bemerkung überhaupt, vereinigten sich Herr Geheimer Rath von Feuerbach und alle übrigen Mitglieder, und Ausnahme des Herrn Geheimen Rath Carl Grafen von Arco Exzellenz mit dem Beisaze am Schlusse des Art: 186.

"auch ist ein dadurch veranlaßtes Bekenntnisse unwirksam"

Herr Geheimer Rath Carl Graf von Arco äusserten, Sie könnten sich mit diesem Zusaze nicht verstehen, weil dieser zu grosen Mißbräuchen Anlaß geben könnte, indem der Begrif von

Betrug zu weit ausgedehnt sei.

Nach der Mehrheit

wurde dem Art: 186. der angetragene Beisaz am Schlusse angefügt, und derselbe so angenommen.

Gegen die Fassung des Art: 187. wurden mehrere Erinnerungen gemacht.

Die Definition des Begrifs einer verfänglichen Fragen im ersten Absaze dieses Art: wurde für nicht zwekmäsig gehalten, theils weil sie mehr der Schule als der Gesezgebung angehöre, theils weil sie nicht vollständig alles zu erschöpfen schein, theils endlich weil in dem nächst folgenden Absaze die einzelne Arten verfänglicher Fragen ohnehin erschöpfend aufgezählet seien.

Den zweiten Absaz wollten mehrere Mitglieder nicht auf einfältige schüchterne Inquisiten beschränken, sondern allgemein machen, weil dieser Grundsaz für alle gleich wirksam sein müsse.

Den dritten Absaz ganz auszulassen, war die Meinung aller Mitglieder, indem derselbe sich bei dem kranken oder zur Beantwortung unfähigen Inquisiten von selbst verstehe, und leicht zu Mißdeutungen Anlaß geben könnte.

Herr Geheimer Rath von Effner stellten die Fragen auf, ob nicht ein durch solche Fragen erwirktes Geständniß ebenfalls nichtig sein sollte, allein die Richtigkeit, daß man die Richtigkeit der Bekenntnisse nicht zu sehr erweitern dürfe, wenn man nicht alle Untersuchungen erschweren wolle, auch eine verfängliche Frage nicht den nemlichen Grund zur Unwirksamkeit des Geständsnisses habe, wie ein durch Betrug oder falsches Versprechen veranlaßtes Bekenntniß.

Nach verfügter Umfrage

wurde folgende Fassung des Art: 187. angenommen.

Art: 187.

Deßgleichen soll sich der Untersuchungs Richter aller verfänglichen Fragen enthalten.

Dahin gehören, alle unbestimmten, vieldeutigen, verschiedene Umstände zugleich umfassenden Artikel, wie auch solche Fragen, wobei vorausgesezt wird, als habe derselbe etwas Anderes bereits gestanden, was von ihme entweder verläugnet, oder wenigstens noch nicht eingestanden worden ist.

Die Art: 188. 189. und 190.

unterlagen keiner Erinnerung und wurden angenommen; nur der Anfang des Art: 190. erhielt die Abänderung, daß statt

einfältige blöde Inquisiten

gesezt wurde.
"Inquisiten"
indem man auch diese Maasregel für alle Angeschludigte allgemein machen zu müssen glaubte.

Art: 191.

4.) <u>Zwang zum Geständnisse.</u> Zwang zum Geständnisse durch körperliche Schmerzen oder durch Bedrohung mit denselben ist dem Richter verboten, und ein hiedurch erpreßtes Geständniß ist ungültig, vorbehaltlich der wider der Untersuchungs-Richter zu verhängenden Strafen.

Doch kann der Inquisit wegen sträflichen Ungehorsams gegen das Gericht, jedoch nur in den nachher bestimmten Fällen, und unter genauer Beobachtung der dabei gegebenen Vorschriften wegen Ungehorsams gezüchtiget werden.

Wurde ohne Erinnerung angenommen.

Art: 192.

5.) <u>Von Ungehorsams Strafen.</u> Wenn sich Inquisit während des Verhörs oder in seinem Gefängnisse durch Schmähungen, Drohworte, VersuchteGewalt oder sonst durch hartnäkige Weigerung des Gehorsams gegen Befehle des Richters oder dessen Diener eines ungebührlichen Betragens schludig macht, so darf derselbe nach Erkenntniß des Inquirenten, mit Verschärfung der Kost oder mit körperlicher Züchtigung bestraft werden.

Herr Geheimer Rath von Feuerbach bemerkten, daß dieser Art: geändert werden müßte, weil ein Theil der darin aufgenommenen Bestimmungen schon dem Kapitel wegen den Untersuchungs Gefängnissen einverleibt worden.

Sie machten zu Fassung dieses Art: folgenden Vorschlag:

Art: 192. "Wenn der Inquisit während des Verhöres durch Schmähung, Drohworte, versuchte Gewalt, oder sonst hartnäkige Weigerung des Gehorsams gegen Befehle des Gerichtes sich eines ungebührlichen Betragens schludig macht, so darf derselbe in Gemäsheit des fünften Kapitels Art: f. bestraft werden."

Diese vorgeschlagene Fassung des Art: 192. wurde nach verfügter Umfrage angenommen.

Art: 193.

Deßgleichen findet Ungehorsams-Strafe statt wegen verweigerter Vernehmlassung, wenn der Beklagte auf die ihm vorgelegten Fragen gar keine Antwort giebt, oder die verlangte Erklärung durch Berufung auf eine schon anderwärts gethane Aussage hartnäckig von sich ablehnt, oder aber sich taub, stumm, wahnsinnig oder fallsüchtig stellt, und nach Aussage beeideter Sachverständigen oder Zeugen diese Verstellung unbezweifelt ist.

In diesen Fällen soll Inquisit, nach vorgängiger fruchtloser Ermahnung zuerst bei Wasser und Brod drei Tage in engem Gefängnisse gehalten, sodann bei fortdauerndem Ungehorsam mit fünf bis zwanzig Streichen bestraft, und diese Strafe nötigenfalls von drei zu drei Tagen, jedoch nicht mehr als dreimal wiederholt werden.

<u>Art: 194.</u>

Ist der Untersuchte demungeachtet zur Vernehmlassung nicht zu bewegen, so soll die Untersuchung, so weit es ohne Befragung des Inquisiten geschehen kann, bis zum Ende fortgeführt werden, worauf sodann, wenn sonst der gesezliche Beweis wider ihn vorhanden, die verdiente Strafe auszusprechen, oder wo dieses nach Lage der Akten unmöglich, von dem Kriminal-Obergerichte zu erkennen ist, daß Inquisit solange in Gefangenschaft gehalten werden soll, bis er sich zur ordentlichen Vernehmung bereit erklären werde.

<u>Art: 195.</u>

Wenn Inquisit zwar nicht die Vernehmlassung überhaupt, jedoch bei einer oder der andern Fragen entweder die Antwort verweigert, oder aus hartnäkigen Ungehorsam durch unbestimmte Antwort zu umgehen sucht, so kann ebenfalls die Verordnung des Art: 193. in Anwendung gebracht werden.

Für eine unbestimmte Antwort ist nur zu achten:

1.) diejenige, mit welcher kein, oder nur vieldeutiger Sinn verbunden werden kann,
2.) die auf einen von dem Fragepunkt ganz verschiedenen Gegenstand sich bezieht;
3.) die auf Schrauben gestellt ist, und weder eine Bejahung noch eine Verneinung, noch die deutliche Erklärung des Süchtigerissens in sich enthält;
4.) eine ganz allgemeine Antwort, welche keine Äusserung über die einzelne in Frage stehende Thatsache in sich enthält, wie z.B. auf die Frage: "wie sich Inquisit genährt habe!", die Antwort: "wie ehrliche Leute," und dergleichen.

<u>Art: 196.</u>

In allen vorhin (:Art:195:) aufgezählten Fällen darf eine Ungehorsams-Strafe nicht eher angenommen werden, als nachdem der Richter durch mehrmalige Widerholung und deutliche Erklärung seiner Fragen vollkommen überzeugt worden, daß solche Antwort nicht in blosem Mißverstand, Mangel an Sprachfertigkeit, schwerer Fassung gabe des Befragten, sondern in dessen bösen Vorsaz ihren Grund habe.

<u>Art: 197.</u>

Während Inquisit eine Ungehorsams-Strafe leidet, darf derselbe über das in Untersuchung begriffene Verbrechen nicht befragt werden, auch ist alles dasjenige, was er ungefragt während der

Zuchtigung vor bringen möchte, als Bekenntniß ungültig, wenn nicht daßselbe nach Verlauf von wenigstens zwei Tagen nach überstandener Züchtigung von ihm wiederholt worden ist.

Art: 198.

Auch soll vor wirklicher Anwendung einer Ungehorsams-Strafe dem Inquisiten deutlich und umständlich vorgehalten werden, welches die Ursache solcher Züchtigung sei, und daß sie ihn nicht darum treffe, um von ihm das Geständniß seiner Schuld zu erpressen.

Art: 199.

Bei jeder Ungehorsams-Strafe soll die Veranlassung, die Art: und die Grade derselben nicht blos in allgemein Ausdrüken, sondern mit genauer Anführung aller Umstände pünktlich zum Protokolle bemerkt werden. Was die Züchtigung wegen unbestimmter Vernehmlassung (Art: 195.:) ins besondere anbetrift, sollen alle Antworten des Inquisiten mit seinen eigenen Ausdrüken, nebst den götlichen Bemühung des Richters um eine bestimmte Antwort genau aus dem Protokolle erhellen.

Art: 200.

Wenn irgend das Untergericht über die Anwendbarkeit oder Nichtanwendbarkeit einer Ungehorsams-Strafe im Zweifel ist, so soll es die Akten zu dem Obergerichte einsenden, und dessen Entscheidung erwarten.

Art: 201.

Gegen Untersuchungs-Richter, welche sich wider die vorhergehenden Verordnungen durch Nachlässigkeit oder Vorsaz vergehen, ist von dem Obergerichte mit Ordnungs-Strafen unnachsichtlich zu verfahren, vorbehaltlich dessen, was in <u>dem Gesezbuche über Verbrechen und Vergehen</u> verordnet ist.

Das Veranlaß dieser Art: bemerkten Seine Exzellenz der königliche geheime Staats- und Konferenz-Minister Herr Graf von Reigersberg.

Es scheine Ihnen höchste bedenklich, die Anwendung dieser leicht in eine Gattung von Tortur ausartenden Zwangsmittel, nemlich der körperlichen Züchtigung bis zu 25. Streichen dem untersuchenden Richter überlassen. Daß die Regierung einem wegen erheblichen Inzichten in Untersuchung Gezogenen, Antwort Versagenden, einen hohen Grad daher von Halsstarrigkeit und Verdorbenheit verrathenden Individuum, von Ablegung dieses strafbaren Benehmens den Genuß seiner Freiheit versage, auch gegen ihn keinen entehrenden und bleibenden Nachtheil seiner physischen Konstituzion bringende mäsige Züchtigungen erlaube, wie z.B. 3. tägige, blos in Wasser und Brod bestehende Nahrung, gesundes, jedoch engeres Gefängniß, bedürfe keiner Rechtfertigung;— Allein wenn auch diese Züchtigung mit einer bedeutenden Tracht, Schläge dürfe verbunden werden, mit einem Zwangsmittel, welches herabwürdigend, und oft bleibende

Folgen hinterlasse, welches in der Gewalt des ungedultige Inquirenten die größten Mißbräuche erzeugen könne, so scheine Ihnen hierdurch allerdings ein minderer Grad der Tortur wieder bei den Gedrichts-Behörden Baierns in Anwendung zu kommen. Daß man durch dieses Zwangsmittel nicht das Bekenntniß, sondern nur das Reden des Bezüchtigten erwirken wolle, seie nach Ihrer Ansicht eine sehr hinfällige Angabe. Der Zwek seie kein anderer, als das Bekenntniß zu erwirken, der Erfolg kein anderer, als ein durch körperliche Schmerzen hervorgebrachtes, folglich nach dem der Abschaffung der Tortur zum Grunde liegenden Prinzip nichtiges, erzwungenes Geständniß.

Sie hielten daher diese Art: der sorgfältigsten Prüfung würdig, und könnten nach Ihrer Überzeugung im allgemeinen nie anrathen, gegen den nicht überwiesenen Angeschludigten und Bezüchtigten solche Zwangsmittel geltend zu machen, welche entweder durch körperlichen Schmerz Geständnisse herbeiführen, oder grosen Misbräuchen die Thüre öfnen.

Allein, da die übrigen Mitglieder diese körperliche Züchtigung nicht nur für nothwendig hielten, um einen verstokten Angeschludigten zum Reden zu bringen, gleich viel, ob er gestehe oder nicht, und die meisten der Mitglieder hierin keine Art der Tortur zu finden glaubten, so wurden nach verfügter Umfrage

diese Art: nach ihrer Fassung angenommen, und nur folgende Änderung dahin getroffen, daß in dem Art: 197. statt 2. Tage sezt wurde
"24. Stunden"
weil man 2. Tage für zu lang hielt, auch in den Art: 200. und statt
<u>Obergericht</u>
gesezt
Kriminal-Gericht".

Hiermit endigte sich die heutige Sizung.
    unterzeichnet: Graf von Reigersberg,
      von Zentner,
    Carl Graf von Arco,
   Adam Freiherr von Aretin,
     von Effner,
     Feuerbach,
     Gönner,
      Zur Beglaubigung:
      Egid Kobell

15. Sitzung Nr. XII

Abgehaltn den 18. August, 1811.
Gegenwärtig waren;
Seine Exzellenz, der königliche geheime Staats- und Konferenz-
Minister, Herr Graf von Reigersberg,
Die königliche wirkliche Herrn geheimen Räthe:
von Zentner,
von Krenner, Senior, war verreist,
Seine Exzellenz Carl Graf von Arco,
Freiherr von Aretin,
von Effner,
von Feuerbach,
Herr Hofrath von Gönner,
Herr Graf von Welsperg, war mit allerhöchster Bewilligung verreist.

Nach Ablesung und Unterzeichnung des Protokolls der lezten Sizung äusserten Herr Geheimer Rath von Effner, daß Ihnen wegen den Bestimmungen der Art: 92. bis 202 in Beziehung auf die Ungehorsamsstrafen nach der Sizung noch manche Bedenken sich gezeigt und Sie die Bemerkungen Seiner Exzellenz des Herrn Justiz-Ministers in mehereren Rücksichten und vorzüglich um deßwillen treffen und richtig gefunden, weil dem Inquisiten, so roh und ungebildet er auch sein, doch durch die Anwendung der Ungehorsams-Strafe der Eindruk bleibe, als ob sie in Ausübung komme, um ein Geständniß von ihme zu erzwingen, welcher Begriff aus dem Grunde so gehässig erscheine, da er die Ähnlichkeit mit der als grausam abgeschaften Tortur immer mit sich trage, und die Mißbräuche, so dadurch veranlaßt werden könnten, die bedenklichsten Folgen nach sich ziehen dürften.

Auch Herr Geheimer Rath von Feuerbach entwikelten gleiche Ansichten rücksichtlich dieser Bestimmungen, und lezten den vereinigten Sekzionen den Wunsch vor, diese Art: einer wiederholten näheren Prüfung zu unterwerfen, um Alles zu entfernen, was diesen Bestimmungen entgegen gesezt werden könnte, und alle Ähnlichkeit mit der abgeschaften Tortur zu beseitigen.

Um die vereinigte Sekzionen von allen Umständen in Kenntniß zu sezen, welche Sie zu Annahme dieser Ungehorsams-Strafe geführt, giengen Sie auf die Entstehung dieser Ungehorsams-Strafen zurück, und bemerkten, was in Preussen anfänglich deßwegen geseslich gewesen, welche Mängel die Einrichtung dort gehabt, und welche Vorsichts-Maasregeln in dem baierischen Prozesse getroffen worden, um allein den Fehlern auszuweichen, welche Preussens-Angehorsams-Strafen an sich getragen, und welche nachher selbst dort eine Veränderung hervorgebracht.

Den richtigen Bemerkungen Seiner Exzellenz des Herrn Justiz-Ministers zu denen, daß durch Schläge die Roheit der ersten Klassen der Nazion erhalten, diese sklavische Behandlung selbst Keim zu einer besseren Bildung stücke, machten Herr Geheimer Rath von Feuerbach den Vorschlag, alles Schlagen in diesem Prozeß abzuschaffen, und statt denen engeres Gefängniß mit Wasser und Brod nach zu bestimmenden Gradazionen anzunehmen, und wenn diese Vernehmung des Gerichts-Arztes dreimal fruchtlos angewendet, die Bestimmungen des Art: 194. eintreten lassen.

Die übrigen Mitglieder, welche rüksichtlich der als Ungehorsams Strafe anzuwendenden Schläge zum Theil nicht ganz die gegebene Ansichten theilnahmen, überzeugten sich gleichwol von der Nothwendigkeit, diese Art: nochmal zu durchgehen, weil der Art: 195. wegen Anwendung der Ungehorsams-Strafen bei unbestimmten Antworten wirklich zu weit gehe.

Auf diese Äusserungen legten Seine Exzellenz der königliche geheime Staats- und Konferenz Minister Herr Graf von Reigersberg die Präjudizial Frage zur Abstimmung auf: Solle in dem Prozesse Schläge als Ungehorsams-Strafe angewendet werden oder nicht? oder solle der Gefängniß mit Wasser und Brod nach Gradazionen als Strafe des Ungehorsams statt haben.

Nach einer über diesen Gegenstand statt gehabten Besprechung äusserten Herr Hofrath von Gönner, Sie müßten bekennen, daß die Ungehorsams Strafe durch Schläge Ihnen schon bei dem ersten Vortrage anstößig gewesen, denn die Verschiedenheit der Strafe des Ungehorsams von der Erpressung zum Geständnisse seie in einer viel zu feinen Nuauce gegeben, als daß nicht der Angeschludigte dieselbe vewechseln, und so wie der ungebildete Theil der Nazion immer glauben würde, die Schläge würden angewendet, um ein Bekenntniß zu erpressen. Diese Verwechslung, wenn auch der Richter dieselbe nie begehe, und sich bemühe, solche zu erläutern, hielten Sie von so nachtheiligen Folgen, daß Sie froh seien, den Gegenstand noch einmal zur Prüfung gebracht zu wissen, und so richtig der Saz seie, daß auf den Fall, wo der Angeschludigte sich hartnäkig bezeige, und aus Bosheit jede Antwort verweigern, eine Züchtigung müsse angewendet werden können, eben so richtig scheine Ihnen der Saz, daß Schläge eine die Menschheit herabwürdigende Art der Züchtigung seien und durch Gefängniß mit Wasser und Brod nach Gradazionen das Nemliche errreichet werde.

Sie hätten gegen die im Entwurfe vorkommenden Kontumazial Strafen deßwegen nichts erinnert, weil sie in einer früheren königlichen Verordnung bereits sakzionirt seien, und Sie daher die Sache als entschieden betrachtet.

Weil indessen der Herr Referent selbst diesen Gegenstand reproponire, und auf Abschaffung der Zweiten Gradazion, nemlich der Schläge, den bestimmten Antrag mache, so benüzten Sie die Gelegenheit, diesen Antrag nach Ihrer ganzen Überzeugung zu unterstüzen, weil die Kontumazial Strafen durch Schläge

1.) auf den Inquisiten den nemlichen Eindruck mache, wie die Tortur; der Inquisit könne nicht so scharf, wie die Doktrin, zwischen einer Strafe des Läugnens, verwikelter oder aus weichender Antworten und zwischen einer Peinigung zum Geständnisse unterscheiden: ein Gesichtspunkt, der
2.) selbst der Art: 197. unterstüze, worin einem, während der Kontumazial-Strafe abgelegten Geständnisse die Gültigkeit abgesprochen wird, wenn es nicht nach 24. Stunden wiederholt worden, gerade so, wie es bei der Tortur war
3.) weil die Richter von diesen Kontumazial Strafen einen grosen Mißbrauch machen, und sie über Nebendinge und Nebenfrfagen verhängen können, weshalb vormals nicht einmal die Tortur statt fand.

Nur in dem einzigen Falle, welchen der Herr Geheime Rath von Zentner in der statt gehabten Unterredung sehr richtig ausgehoben haben, in dem Falle nemlich

> wenn der Inquisit gar nicht antwortet, wenn er sich taub, stumm verrükt, wahnsinnig u.d. anstellt,

halten Sie eine augenblikliche Correction durch Schläge für zwekmäsig, weil nach der ganz richtigen Bemerkung des Herrn Geheimen Raths von Zentner ein solcher Mensch mit einer aus Viehische angränzenden Verstoktheit, oder mit einer determinirten Bosheit vor dem Gerichte stehet, und hier eine kräftige psychologische Kur an ihrem Plaze erst sein.

Dem vorbemerkten Falle würden Sie nur dies einzige gleichstellen, wenn der Inquisit auf die ihm vorgelegte Fragen verwirrte, auf die Frage selbst nicht gehende Antworten gebe, oder sich auf andere, nicht zu den gegenwärtigen Untersuchungs-Akten abgegebene Antworten oder Erklärungen berufte; weil solche Antworten gar keiner Antwort ganz gleich seien, folglich sich zur nemlichen Korrekzion qualifizirten.

Jede andere Erweiterung der Kontumazial-Strafen, jede Entfernung von dem Gesichtspunkte, welchen der Herr Geheime Rath von Zentner angegeben, würde ohne irgend eine wesentliche Abänderung zu der vorigen Theorie und Art der Kontumazial-Strafen zurükführen, deren Abänderung selbst vom Herrn Referenten bei der heutigen Reproposizion vorgeschlagen würden.

Herr Geheimer Rath von Zentner konnten die gegebenen Ansichten nicht ganz beistimmen, denn wenn man davon ausgehe, mit welcher Menschen Gattung der Richter gewöhnlich in Kriminal-Untersuchungen zu thun habe, so werde man sich überzeugen, daß soviel sich auch gegen die Züchtigung durch Schläge sagen lasse, man dieselbe dermal noch nicht ganz umgehen könne, denn welche Wirkung werde engeres Gefängniß, wenn auch mit Hunger begleitet, bei einem rohen ungebildeten hartnäkigen Menschen haben, der von Ehrgefühl nicht den mindesten Begrif habe, und auf den nur augenbliklicher Schmerz, gleich dem Viehe Eindruk mache, keinen, und werde das Gesez bei dem rohen Haufen einmal bekannt, daß Niemand wegen hartnäkiger Verweigerung der Antwort, oder wegen Ungehorsam und groben Betragen mit Schlägen, sondern nur mit Gefängniß gezüchtiget werden dürfe, so werde die Folge zeigen, welchen Auftritten die Richter ausgesezt, wo im Gegentheile eine angenbliklich angebrachte körperliche Züchtigung mit Schlägen, ohne in Grausamkeit überzugehen, selten ihren Zwek verfehle.

Übrigens gleiche Gefängniß und Hunger einer Tortur so gut als Schläge, und noch könne man bei der Klasse von Menschen die man vor Augen haben müsse, den Grad der Kultur nicht voraussezen, der nötig um diese Art von Züchtigung ganz zu entbehren, was vielleicht nach mehreren Jahren der Fall sein könne.

Nach diesen Ansichten stimmten Sie dafür, daß in allen Fällen, die im Art: 192. angegeben, und in jenem des Art: 193., wo der Angeschuldigte jede Antwort verweigert, die Züchtigung mit Schlägen angewendet werden könne; vollkommen vereinigten Sie sich aber damit, daß sowohl Schläge als jede UngehorsamsStrafe bei den unbestimmten Antworten nicht in Anwendung kommen, denn nur in diesen Fällen könnten Mißbräuche statt finden, und die Bestimmung, ob die Strafe anzuwenden, hänge zu sehr von der Beurtheilung des Richters ab, ob er nemlich etwas für unbestimmt halte oder nicht. Bei den übrigen so deutlichen als ausführlichen Bestimmungen, wann eine Ungehorsams Strafe zu verhängen, könnten Sie sich keinen Mißgrif denken, oder der Richter müßte boshaft oder äusserst ungeschikt sein.

Was Herr Referent wegen Preußen angeführt, passe nicht auf Baiern, und alle diese groben Mißgriffe, deren Sie erwähnet, seien auch meistens nur in Fehlen geschehen, wo Roheit und Sclaverei noch an der Tages-Ordnung gewesen.

Seine Exzellenz Herr Geheimer Rath Carl Graf von Arco giengen in ihrer Abstimmung auf die Frage zurück, ob man für nötig halte, auf den ungehorsamen Angeschuldigten durch Strafen zu wirken.

Diese Frage bejahend beantwortet, führe die weitere Frage herbei, sollen diese Strafen in Schläge oder Gefängniß mit Wasser und Brod nach Gradazionen bestehen?

Beide Mittel würden bei einigen Menschen wirken, bei andern nicht, und lezteres vorzüglich da nicht, wenn der Angeschuldigte nach dem begangenen Verbrechen Todes- Ketten- oder eine lange Zuchthaus-Strafe zu erwarten.

Nach Ihren Ansichten glaubten Sie, daß man nichts Besseres machen werde, als was bereits angenommen; Sie fänden die Lehre bestimmt, deutlich und so ausgefährt, daß nur von einem boshaften oder unwissenden Richter ein Mißbrauch hiebei geschehen könne.

Glaube man aber, die Schläge aus und dagegen angeführten Gründen ganz abschaffen zu müssen, so würden Sie folgende Gradazion vorschlagen.

Beträgt sich der Angeschuldigte wie in Art: 192. angegeben, oder weigert er sich nach Art: 193. zu antworten, so wäre derselbe das erstemal mit halber Kost und mit Fesseln auf 8. Tage in ein engeres Gefängniß zu bringen, das zweitemal auf 14. Tage, und das drittemal auf 4. Wochen, will er dann noch nicht sprechen, so komme der Art: 194. zur Anwendung.

Sie würden statt Wasser und Brod die Halbe Kost annehmen, indem Sie dazu das Gutachten der Ärzte nicht brauchten, welches nicht immer mit den gegründeten Ansichten des Richters übereinstimmen, und halbe Kost zum Leben noch hinreiche.

Herr Geheimer Rath Freiherr von Aretin äusserten, auch Sie wünschten die Schläge entfernt, weil es Etwas herabwürdigendes und sclavenmäsiges seie, den Menschen dem Viehe gleich zu schlagen, allein noch stünde, die bereits erwehnt worden, diese Klasse von Menschen nicht auf dem Grade der Bildung, daß dieselbe ganz vermieden werden könnten. Sie stimmten deßwegen mit Herrn geheimen Rathe von Zentner, die Züchtigung durch Schläge und auf die Fälle des Art: 192. und auf das haftes Verweigern aller Antwort zu bewschränken, bei den unbestimmten Fragen aber jede Züchtigungs Strafe zu umgehen, indem hier die Beurtheilung des Richters zu sehr einwirke, und Mißbräuche sehr leicht entstehen könnten.

Herr Geheimer Rath von Effner kamen auf Ihre im Anfrage der heutigen Sizung gemachte Äusserungen zurück, und wiederholten, daß Sie nicht sowohl den Mißbrauch fürchteten, den der Richter von diesen Bestimmungen machen könnte, als den widrigen Eindruk, den dieselbe auf das Allgemeine und den Inquisiten hervorbringe, und in ihm den Begrif lebhaft mache, als ob eine der Tortur ähnliche Anstalt angeordnet worden, um sein Geständniß zu erpressen, vorzüglich wenn man Schläge bei Verweigerung der Antwort odere bei unbestimmten Antworten anwenden lasse.

Ihre Antrag gehe dahin, die Züchtigung durch Schläge nur bei dem Falle des Art: 192. beizubehalten, Jedoch in der Fassung desselben den Ausdruk, hartnäkige Weigerung zu ändern, weil dieser wieder Mißdeutungen unterliegen könne. Bei verweigerten Antwort aber die Gefängniß-Strafe mit Wasser und Brod nach Gradazionen, und wenn diese fruchtlos, den Art: 194. anzuwenden, die Züchtigungs Strafen bei unbestimmten Antworten aber ganz zu umgehen.

Herr Geheimer Rath von Feuerbach und Herr Hofrath von Gönner durch die Gründe, welche Herr Geheimer Rath von Zentner angegeben, überzeugt, daß die Züchtigung mit Schlägen bei dem Grade der Bildung, auf welchem die Klasse von Menschen, auf die man vorzüglich gehen müsse, gegenwärtig noch stehe, nicht wohl umgangen werden könne, vereinigten sich mit dem vom Herrn von Zentner gemachten Antrage, und so wurde als Folge dieser wiederholten Deliberationen und Abstimmungen als Grundsaz angenommen, daß die Züchtigung mit Schlägen nur in den Fällen des Art: 192. und bei Verweigerung der Antwort nach Art: 193. angewendet, jede Züchtigungs-Strafe aber bei den unbestimmten Antworten umgangen werde. Die Art dieser Züchtigung durch Schläge solle in der Instrukzion bestimmt, und eine andere als Ruthenstreiche angenommen werden, weil diese nicht augenbliklich angewendet werden kann, und folglich an ihrer Wirkung verlieren würde.

Um die Art: 192. bis 203., welche von diesen Ungehorsams-Strafen handeln, diesem angenommenen Grundsaze anpassend zu redigiren, wurden dieselbe wiederholt durchgangen.
Der Art: 192.

blieb ohne weitere Erinnerung, die die Mehrheit der Ausdruk <u>hartnäkige Weigerung</u> als zwekmäsig beurtheilet, und nicht glaubten, daß er mißdeutet werden könnte.

Art: 193.
Herr Hofrath von Gönner äusserten, der Nachsaz, <u>oder die verlangte Erklärung durch Berufung</u>: müsse ausgelassen werden, weil eine solche Berufung auf ein schon abgelegtes Bekenntniß keine Verweigerung der Antwort sein, und nicht gestraft werden könnte, ohne wieder eine Art der Tortur einzuführen.

Dieser Einwurf veranlaßte neue Diskussionen, indem Herr Geheimer Rath von Feuerbach und mit ihm einige Mitglieder der Meinung waren, daß eine solche blose Berufung auf ein schon früher abgelegtes Bekenntniß dem Inquisiten nicht gestattet werden könne, ohne dem Richter eines der vorzüglichsten Mittel, den Inquisiten zum Geständnisse zu bringen, nemlich dasjenige zu entziehen, daß er die Wiedersprüche und Lügen des Inquisiten benuze, um von ihm das Wahre zu erfahren; der Angeschuldigte müßte die schon einmal angegebene Umstände so oft wiederholen, als es der Richter für nötig halte, und es von ihm vorlange. Bei aufgehobener Tortur müßte dem Richter dieses Mittel offen belassen werden, indem darin die Hauptstärke liege, um einen Inquisiten durch verschiedene aus den früheren Angaben gezogene Fragen dahin zu führen, daß er entweder durch gleiche Aussagen den Richter von der Wahrheit derselben überzeuge, oder ihm durch die sich zeigende Widersprüche den Veranlaß geben, dem Inquisiten näher zu kommen, und von ihm das Bekenntniß der Wahrheit zu erhalten.

Andere Mitglieder waren mit Herrn Hofrath von Gönner der Meinung, daß eine Berufung auf frühere bei dem nemlichen Gerichte abgebene Aussagen dem Inquisiten allerdings erlaubt sein müßten, und eben so wenig gestraft werden könnten, als wenn er sage, ich erinnere mich nichts mehr, ich weis nichts. Dieses so wie die Berufung auf frühere bei demselben Gerichte gemachte Aussagen seien bestimmte Antworten, und könnten nicht als Verweigerung der Antwort beurtheilet, noch weniger darauf die Ungehorsams Strafe gesezt werden.

Eine andere Zweideutigkeit liege in dem Worte anderwärts und es müsse, wenn auch der Grundsaz gegen ihre Meinung angenommen werde, doch deutlich ausgedrükt werden, daß unter diesem anderwärts zu verstehen seie, daß er sich auf eine entweder aussergerichtliche, oder bei einer andern Gerichts-Behörde gethanene Aussage berufen dürfe.

Die Mehrheit der Mitglieder entschied sich für den Grundsaz, daß eine Berufung auf eine schon gemachte Aussage dem Inquisiten nicht gestattet, und die hartnäkige Besezung auf einer solchen Berufung als eine Verweigerung der Antwort angesehen werden solle. Nur die Fassung dieses Sazes fanden sie nicht ganz entsprechende, und glaubten, die Worte, die verlangte Erklärung, könnten zu Mißdeutungen Anlaß geben.

Herr Geheimer Rath von Feuerbach machten den Vorschlag, diesen Nachsaz auf folgende Art zu fasten:

"oder die Antwort durch blose Berufung auf eine schon anderwärts gethanene Aussage hartnäkig verweigert, oder aber sich taub, stumm."

Seine Exzellenz Herr Geheimer Rath Carl Graf von Arco schlugen übereinstimmend mit Ihrer geäusserten Meinung, daß eine Berufung auf eine bei dem nemlichen Gerichte gemachte Aussage dem Inquisiten erlaubt seie, folgende Fassung dieses Nachsazes vor:

"oder die Antwort durch blose Berufung auf eine entweder schon aussergerichtlich oder bei einer andern Gerichtsbehörde gethanenen Aussage von sich ablehnet."

    Die Fassung des Art: 193. wurde mit der vom Herrn Geheimen Rathe von Feuerbach vorgeschlagenen Änderung von der Mehrheit angenommen.

Gegen den Art: 194.

    wurde nichts erinnert.

Art: 195.
Einige Mitglieder waren der Meinung, daß dieser Art: nach dem wegen den Ungehorsams Strafen aufgestellten Grundsaze ganz ausgelassen werden könnte.

Allein auf die Erläuterung des Herrn Geheimen Rath von Feuerbach, daß zwar alle auf die unbestimmte Fragen Bezug habende Bestimmungen in Folge des angenommenen Grundsazes zu umgehen, allein der Anfang desselben mit Auslassung der

Worte, <u>oder aus hartnäkigem Ungehorsam durch unbestimmte Antwort umgehen suchte</u>, beibehalten, und ein Zusaz beigefügt werden müßte, indem der Fall sich ergeben könne, daß durch Verweigerung der Antwort auf eine oder die andere Frage die Untersuchung nicht aufgehalten, und wenn auch die Anwendung der Ungehorsams Strafe fruchtlos bleibe, doch in der Hauptsache gesprochen werden könne, wo hingegen auch der Fall eintreten könne, daß bei Verweigerung einer Antwort, welche die Fortsezung der Untersuchung selbst hindere, nach angewandten Ungehorsams Strafen auch die Bestimmungen des Art: 194. in Anwendung kommen müßten, vereinigte sich die Mehrheit, den Anfang des Art: 195. mit dem von Herrn Geheimen Rathe von Feuerbach vorgeschlagenen Zusaze und mit Auslassung der angeführten Worte beizubehalten.

Nur Seine Exzellenz Herr Geheimer Rath Carl Graf von Arco und Herr Hofrath von Gönner hatten diese Ansichten nicht. Ersterer äusserten, Sie würden diesen Art: ganz streichen, überhaupt könnten Sie nicht bergen, daß Sie die erste Fassung der Art: von den Ungehorsams Strafen, welche in der lezten Sizung angenommen worden, weit vorzüglicher hielten, als das was man gegenwärtig beschliese. Anfangs hätten mehrere der Mitglieder sich ganz gegen die Anwendung der Schläge als Ungehorsams Strafe geäussert, nachher habe man sich mit Modifikazionen wieder dazu vorstanden, und nun werde diese Maasregel wieder so weit ausgedehnt, daß es zuverlässig besser seie, auf die erste Fassung wieder zurükzukommen, die alles bestimmt und erschöpfend behandle, als die nun vorgeschlagen werdende Theilweise anzunehmen. Ihrer innigen Überzeugung nach hätten die heute statt gehabte lange Deliberationen über diesen Art: kein für die Sache vorzügliches Resultat hervorgebracht, im Gegentheile dieselbe an ihrem inneren praktischen Werthe geschwächt.

Auch Herr Hofrath von Gönner stimmten für die gänzliche Auslassung dieses Art. Der ganze Zwek, den man habe erreichen wollen, die Schläge zu entfernen, oder doch zu beschränken, gehe verloren, nun könne der Inquisit nach diesen vielen Ausnahmen, wenn der Richter Lust habe, wieder so viel Schläge bekommen, als vorher, und dem Mißbrauche, dem man habe Schränken sezen wollen, seie wieder Thür geöffnet, besonders aber nach dem Nachsäze des Art: 193. Bleibe inzwischen die Mehrheit der Stimmen bei der Meinung stehen, den Anfang des Art: 195. beizubehalten, so müßte allerdings der Zusaz wegen dem Falle, wo der Art: 194. in Anwendung komme, wie Sie bereits früher geäussert, beigefügt warden, allein Sie seien nicht damit verstanden.

Nach Widerlegung der Äusserung des Herrn Geheimen Rath Carl Graf von Arco Exzellenz, als hätten die heute veranlaßte Deliberationen die Lehre wegen den Ungehorsams Strafen eher schlechter als besser gemacht, indeme durch dieselbe doch der Hauptmißbrauch entfernet worden, der mit diesen Ungehorsams Strafen bei unbestimmten Antworten hätte eintreten können, auch diese Strafen nur auf Fälle beschränkt worden, wo eine augenblikliche Züchtigung wirksam und von der Art sei, daß man sie nicht als ein Mittel ein Geständniß zu erpressen ansehen könne, wurde von der Mehrheit

folgende Fassung des Art: 195. beliebt:
Wenn der Inquisit zwar nicht die Vernehmlassung überhaupt, jedoch bei einer oder andern Frage die Antwort verweigert, so kann ebenfalls die Verordnung des Art: 193. in Anwendung gebrachten werden:
Ist jedoch solche Weigerung auf einzelne Fragen von der Untersuchung ganz vereitelt werden, so kommt im Falle hartnäkiges Ungehorsams der Art: 194. gleichfalls in Anwendung.

Den Art: 196. ganz auszulassen

wurde beschlossen, weil derselbe sich blos auf die im Art: 195. gestrichene unbestimmte Antworten bezogen.

Die Art: 197. und 198.

bleiben ohne Erinnerung.

Art: 199.

Dieser Art: wurde mit Weglassung der Worte:
was die Züchtigung wegen unbestimmter Vernehmlassung.
bis zum Schlusse beibehalten.

Art: 200. und 201.

wurden nach der Fassung angenommen.

Herr Geheimer Rath von Feuerbach trugen nur den Art: 202. von den Verhörs-Protokollen vor.

Art: 202.

VII.) Von Verhörs-Protokollen. In Anfang der Form und Einrichtung der Verhörs-Protokolle ist alles dasjenige pünktlich zu beobachten, was in den Art: 50.ff. hierüber im Allgemeinen verordnet ist.
Übrigens soll der Untersuchungs-Richter das Benehmen des Inquisiten während des Verhörs sowohl überhaupt, als auch bei einzelnen Fragstücken sorgfältig beobachten, und seine Bemerkungen in einem eigenen Gebährden-Protokoll verzeichnen.

Bei diesem Art: wurde erinnert, daß ich der Fassung scheine, als ob ein eigenes Gebährde-Protokoll von dem Richter abgehalten werden müße, welches die Mehrheit der Mitglieder für unnötig, und die Vernehmung aufhaltend beurtheilten, und der Meinung waren, es seie hinlänglich, am Schlusse zu sezen:
"und seine Bemerkungen in dem Protokolle Besonders aufzunehmen."

Seine Exzellenz Carl Graf von Arco waren nicht dieser Meinung, sondern bestimmten sich für die Fassung, weil die Abhaltung eines eigenen Gebährden-Protokolls nach Ihren Ansichten weit zwekmäsiger und vorzuziehen seie, auch sonst die Ablegung des Protokolls entweder unterbrochen würde, oder mit den Bemerkungen der gemachten Gebährden geschehen müßte.

Nach dem Schlusse der Mehrheit wurde der Art: 202. mit der bemerkten Änderung angenommen.

Art: 203.

VIII.) <u>Von dem Verhöre der Tauben, Stummen.</u>

Wenn der Inquisit die Sprache des Untersuchungs Richters jeder dieser Weise ehe des ersten nicht versteht, so soll das Verhör mit Zuziehung eines oder zweier Dollmetscher vorgenommen, und dabei Frage und Antwort, sowohl in der Ursprache, als in der Übersezung zum Protokoll verzeichnet werden.

Art: 204.

Einem tauben Inquisiten sind die gerichtlichen Fragen schriftlich vorzulegen. Ein Stummer hat die gerichtlichen mündlichen Fragen schriftlich zu beantworten.

Kann der Taube nicht lesen, oder der Stumme nicht schreiben, oder ist Inquisit taubstumm, und in Lesen und Schreiben nicht unterrichtet, so soll die Vernehmung geschehen mittelst Zuziehung zweier vereideter Personen, welche den Zeichen des Inquisiten kundig sich demselben verständigen können, wesfalls dann zuerst jedes Zeichen genau zum Protokolle zu beschreiben, sodann aber dessen Erklärung in Worten beizufügen ist.

Das Marginale dieser Art: schien einigen Mitgliedern nicht erschöpfend, weil von dem, der die deutsche Sprache nicht spreche, nichts darin vorkomme, und diese Abtheilung doch damit anfange.

Zu Hebung dieser Erinnerung, und um das Marginale nicht zu lang zu machen, wurde der Art: 204.

vor, und der Art: 203. nachgesezt, sohin die Nummern verändert, die Fassung derselben aber angenommen, und nur in dem Art: 204. neu, das im Abschreiben ausgelassene Wort.
"vereideter Dollmetscher"
beigesezt.

Dem 4n Kapitel, vom Verhör der Zeugen, fügten Herr Geheimer Rath von Feuerbach die Bemerkung bei, daß hierin noch nichts von der Kraft der Beweise durch Zeugen vorkomme, sondern sich diese Bestimmung nur auf die Form der Zeugen Verhöre und darauf beziehe, was der Richter hiebei zu beobachten. Sie machten aber den Vorschlag in der Rublik dieses Kapitels statt
    Vom Verhöre der Zeugen
zu sezen:
    "Vom Vernehmung der Zeugen"

Art: 205

Allgemeine Bestimmungen.

Wenn der Angeschuldigte der That überhaupt oder einzelne Anschuldigungs-Punkte auf befriedigenden Art nicht geständig ist; so sind die durch eigene Aussage des Beschuldigten nicht erwiesene Umstände durch andere Beweise so vollständig als geschehen kann, zur Gewißheit zu bringen, und ist zu diesem Ende besonders mit dem Zeugenverhör zu verfahren.

Art: 206.

Ist das Verbrechen an sich gewiß, auch Inquisit der That geständig, so bedarf es keines weitern förmlichen Beweises; doch sind, zumal bei Verbrechen, worauf Todes- oder Kettenstrafe gesetzt ist, die vorhandenen Zeugen in so weit abzuhören, als erfoderlich ist, um dadurch die Glaubwürdigkeit des Geständnisses überhaupt zu prüfen und zu bestärken.

Zu diesem Zwek allein aber weder die eidliche Abhörung der Zeugen, noch die übereinstimmende Aussage zweier Personen, noch auch, daß dieselben ganz Einwendungsfreie Zeugen seien, erfoderlich.

Die von Seiner Exzellenz dem königl. Geheimen Rathe Herrn Carl Grafen von Arco und Herrn Hofrath von Gönner wegen diesen beiden Art: litographirte Bemerkungen wurde, so wie die allegirten Art: des Oesterreichischen Gesezbuches abgelesen, und da die Mehrheit der Mitglieder sich für die vom Herrn Hofrathe von Gönner vorgeschlagene Fassung, wodurch die Regel, daß in allen Fällen Zeugen vernommen werden müssen, vor, Ausnahmen aber nachgesetz werden, erklärten, wodurch nur die Stellung dieser Art: geändert werde, es auch unnötig seie, zu sagen, in wie weit die Zeugen zu vernehmen, da es nur auf die Zahl der Abzuhörenden Zeugen ankomme, eben so es überflüssig scheine, von Beeidigung der Zeugen hier etwas zu erwehnen, da der Grundsaz, daß alle Zeugen beeidiget werden müssen, bereits oben angenommen worden, so machten Herr Geheimer Rath von Feuerbach den Vorschlag, die Art: 205. und 206. in einen zu verschmelzen, und demselben zu redigiren, wie folgt, dabei aber auch auszusprechen, daß auch diejenige

Zeugen vernommen weerden müssen, wodurch die geringere Strafbarkeit oder gänzliche Schuldlosigkeit des Angeschuldigten hergestellt werden kann.

Art: 205. In allen Fällen sind diejenigen Zeugen, wodurch die Gewißheit eines Verbrechens, oder der Schuldigen, ihrer gröseren oder geringeren Strafbarkeit oder gänzliche Schuldlosigkeit hergestellt werden kann, von dem Richter zu vernehmen. Ist jedoch das Verbrechen an sich gewiß, auch Inquisit der That geständig, so sind nur so nur so viele Zeugen abzuhören, als erfoderlich ist, ein durch ihre Aussagen, zumal bei Verbrechen, worauf Todes- oder Kettenstrafe gesezt ist, die Glaubwürdigkeit des Geständnisses überhaupt zu prüfen, und zu bestärken.

Zu diesem Zweke allein ist übrigens weder die übereinstimmende Aussage zweier Personen, noch auch, daß dieselbe ganz Einwendungsfreie Zeugen seien, erfoderlich.

Seine Exzellenz Herr Geheimer Rath Carl Graf von Arco blieben bei Ihren vorgelegten Ansichten über die Fassung dieser beiden Art:

>Die übrigen Mitglieder vereinigten sich mit der Verbindung der Art: 205. und 206. und mit der vom Herrn geheimen Rathe von Feuerbach vorgelegten Fassung.

Art: 207.

Sind schon bei der General Untersuchung die erfoderlichen Beweise zu den Akten gekommen, so ist in der Spezial-Inquisizion ein besonderes Beweis Verfahren, oder eine wiederholte Vernehmung dere Zeugen über Artikel nicht erfoderlich.

Soweit dieses aber in der General-Inquisizion nicht geschehen, müssen über alle, das Endurtheil bestimmenden Thatsachen die noch mangelnden Beweise zu den Akten gebracht,

alle noch nicht vereidete Zeugen, so ferne diese eidfähig und eidpflichtig sind, vereidet und über alle wesentlich Umstände, worüber dieselben in ihren früheren Verhörs sich noch nicht vollständig, bestimmt und im klaren Zusammenhange erklärt haben, mittelst besonderes Fragstüke vernommen werden.

>Die Fassung dieses Art: unterlag keiner weiteren Änderung, als daß im zweiten Ansaze statt
> <u>soferne diese Eidfähig und Eidpflichtig</u>
>gesezt wurde
> "so ferne Sie eidpflichtig sind."

Art: 208.

<u>Von der Vorladung der Zeugen und deren Verbindlichkeit zur Zeugnißablegung.</u>

An die seiner Gerichtsbarkeit untergebenen Zeugen erläßt der Untersuchungs Richter die Ladung unmittelbar. Andere werden noch vorgängigem Hülfsschreiben dem Gerichte, vor welchem sie ihren persönlichen Gerichtsstand haben, entweder an das untersuchende Gericht zur Abhörung verwiesen, oder, wo dieses wegen zu groser Entfernung unthunlich, über die dem Hülfsschreiben beizulegenden Verhörspunkte vernommen.

Die von Seiner Exzellenz dem königlichen geheimen Rathe Herrn Carl Grafen von Arco wegen diesem Art: gemachte litographirte Bemerkungen wurden abgelesen, und die Frage, ob die Entfernung gesezlich bestimmt werden solle: zur Abstimmung gebracht.

Herr Geheimer Rath von Feuerbach äusserten, daß, wenn in dem Gesezbuche die Entfernung bestimmt werden sollte, Sie jene des Oesterreichischen Gesezbuches nicht annehmen, sondern ausdrücken würden, daß die Entfernung mehr als eine Tagreise betragen müsse, um von einen andern als dem untersuchenden Gerichte über die Verhörspunkte vernommen zu werden.

Herr Hofrath von Gönner waren nicht dieser lezten Meinung, sondern würden blos die Konvenienz des Untersuchungs Richters überlassen, ob er den Zeugen persönlich zu vernehmen, oder durch ein anderes Gericht vernehmen zu lassen nothwendig finde, auch seie der Ausdruk eine Tagreise zu relativ, was für Einen eine Tagreise ausspreche, dazu brauche ein Anderer öfters frei. Sie würden es bei der Fassung belassen.

Nach diesen lezteren Ansichten stimmten auch die übrigen Herrn Geheimen Räthe

und so wurde der Art: 208. nach seiner Fassung beibehalten.

Art: 209.

Die den Zeugen zu vergütenden Reise- Zehrungs- und Versäumnißkosten fallen denjenigen zur Last, welcher die Prozeßkosten trägt, sind jedoch dürftigen Personen von dem Gerichte einstweilen vorschußweise zu bezalen.

Art: 210.

Jedermann ist schuldig, auf Erfodern als Zeuge vor Gericht zu erscheinen, über alles, was ihm über den Vorfall bekannt ist, ein gewissenhaftes Zeugniß abzulegen, und den ihm abgefoderten Eid zu leisten.

Gegen diese Art: wurde nichts erinnert, und dieselbe angenommen.

Art: 211.

Von der Verbindlichkeit zum Zeugniß in peinlichen Sachen sind befreit:
1.) Die Mitglieder der königlichen Familie, ausser auf besondern königlichen Befehl;
2.) Alle diejenigen Personen, welche nach I. L. Art: 79. des Ge-

sezbuches über Verbrechen und Vergehen zur Anzeige des Verbrechens nicht verpflichtet sind;

3.) Geistliche in Ansehung dessen, was ihnen in der Beichte anvertraut worden;

4.) Staatsbeamte, wenn sie durch das Zeugniß die ihnen obliegende Amts Verschwiegenheit verlezen würden, so ferne sie nicht diese Pflicht von dem ihnen vorgesezten Staatsministerium für den vorliegenden Fall entlediget worden sind.

Die litographirte Bemerkung des Ihren Hofrath von Gönner gegen die Beichte wurde abgelesen, und von mehreren Mitgliedern erinnert, daß der Num: 1. dieses Art: von Mitgliedern der königl. Familie ganz wohl umgangen werden könne, indem in einem solchen Falle ohnehin nicht ohne erhalten königl. Befehl verfügt werden könne.

Der Erinnerung des Herrn von Gönner wurde entgegen gesezt, daß die von ihm vorgeschlagene Fassung zu weit gehen, und zu bdeutenden Mißbräuchen Anlaß geben könnte, nur dasjenige, was einem Geistlichen in der Beichte, die allen Religionen gemein seie, anvertraut werde, solle derselbe nicht als Zeugniß anzugeben schuldig sein, allein weiter dürfen diese Befreiung nicht ausgedehnt werden. Auch machten Seine Exzellenz der Königliche Geheime Rath Herr Carl Graf von Arco wegen dem lezten Saze diese Art: die Erinnerung; es scheine Ihnen doch in mehreren Rüksichten bedenklich, die Erlaubniß zu einem Zeugnisse von einem Staatsbeamten, wodurch Dessen Amtsverschwiegenheit verlezt werde, von dem Ministerio abhängig zu machen, indeme mancher Unschuldige in einem solchen Zeugnisse seiner Rettung finden, und diese aus Abneigung oder andern Ursachen an dem Ministerio verweigert werden könnte.

Dieser Erinnerung wurde keine Folge gegeben, weil der Staatsbeamte, gleich dem Geistlichen kein Zeugniß abgeben dürfe, wodurch er seine Amtsverschwiegenheit verlezet, ohne von dem ihm vorgesezten Ministerio hiezu ermächtiget zu sein.

Da die erholte Abstimmungen übereinstimmend mit diesen von der Mehrheit geäusserten Ansichten ausfielen,

so wurde die Fassung des Art: 211. mit Weglassung des Num: 1. angenommen.

Art: 212.

Jeder Zeuge ist auf Erfodern in Person vor dem Untersuchungs Richter zu erscheinen verbunden, ohne Rüksicht auf den ihm sonst zustehenden befreiten Gerichtsstande.

Doch sind in ihrer Wohnung zu vernehmen, Personen der königl. Familie, die königlichen Minister, Kronbeamten und förstlichen Personen, daß gleichen alle diejenigen, welche wegen Alters, Krankheit oder Gebrechlichkeit persönlich zu erscheinen verhindert sind.

Bei den in diesem Art: enthaltenen Ausnahmen rüksichtlich derjenigen, die nicht verbunden, persönlich vor Gericht zu erscheinen, wurde bemerkt, daß dieser Art: ausgesezt bleiben müsse, bis die königliche Entschliesung wegen den, den Majorats Besizern zu bewilligenden Vorrechten erfolgt sein werde, und dann näher bemessen werden könnte, ob diese Ausnahmen noch mehr zu erweitern oder zu beschränken seien. Auf jeden Fall aber mußten die fürstlichen Personen ganz ausgelassen werden, indem dieselben nicht mehr Vorrechte geniesen, als die übrige erste Adelige des Reichs.

Diesen Art: auszusezen, bis die königliche allerhöchste Entschliesung wegen den Marorats Besizern erfolget, und die fürstliche Personen auszulassen, wurde beschlossen.

Art: 213.
In der Vorladung ist Ort und Zeit des Verhörs genau zu bestimmen.
Wer in dem Termin ungehorsam ausbleibt, darf mit Gewalt vor Gericht geführt, und wegen solchen Ungehorsams, wie auch, wenn er die Ablegung des Zeugnisses oder die Leistung des Eides ohne rechtlichen Grund verweigert, mit einer Geldbuße von Fünf bis Fünfzig Gulden, oder mit angemessener Gefängniß-Strafe belegt werden.

Gegen die Fassung dieses Art: wurde nichts erinnert.

Hiermit endigte sich die heutige Sizung,
    Unterzeichnet: Graf von Reigersberg.
                  von Zentner,
                  von Krenner, der Ältere.
                  C. von Freiherr von Aretin.
                  von Effner,
                  Feuerbach,
                  Graf von Welsperg,
                  Gönner,
                      Zur Beglaubing:
                      Egid Kobell

16. Sitzung Nr. XIII

Abgehaltn den 25n. August, 1811.

Gegenwärtig waren:

Seine Exzellenz, der königliche geheime Staats- und Konferenz-Minister, Herr Graf von Reigersberg,

Die königliche wirkliche Herrn geheimen Räthe:

von Zentner,

von Krenner, Senior, war mit allerhöchster Erlaubniß verreiset.

Seine Exzellenz Carl Graf von Arco.

Freiherr von Aretin,

von Effner,

von Feuerbach,

Graf von Welsperg, war mit allerhöchster Bewilligung verreiset.

Herr Hofrath von Gönner,

Nach Ablesung und Unterzeichnung des Protokolls der lezten Sizung trugen Herr Geheimer Rath von Feuerbach die Art:214. vor.

Art: 214.

Von der Zeugen-Vernehmung selbst. Jeder Zeuge ist einzeln, in Abwesenheit des Angeschuldigten und der Mitzeugen zu vernehmen.

Art: 215.

Bei seinem Erscheinen vor Gericht wird er zuvörderst ermahnt, über den Vorfall, worüber er werde vernommen werden, seine Wissenschaft in einer unverfälschten Wahrheit, ohne Rükhalt auszusagen, und sodann, seines entweder schon geleisteten, oder nachher zu leistenden Eides erinnert, auch, wenn er eine ungebildete oder einfällige Person ist, über die Bedeutung des Eides und die bürgerlichen Folgen eines falschen Eidschwurs, belehrt.

Dieselbe bemerkten hiebei, daß da der Art: 214. unverhältnißmäsig kurz seie, und sich an den folgenden sehr leicht und zwekmäsig anschliesen lasse, Sie vorschlagen, diese beide Art: in einen zu verbinden.

Dieser Vorschlag fand keinen Widerspruch, und da auch Herr Hofrath von Gönner den Wunsch äusserten, daß eine Warnung vor dem Meineide jeder Vereidung vorhergehe, indem Sie dieses auch bei dem verständigen und gebildeten Menschen der feierlichen Handlung wegen für nothwendig hielten, und dadurch die nicht ganz passende Ausnahmen bei ungebildeten und einfälligen Personen wegfalle, so wurde hierüber die Meinung der übrigen Mitglieder erholet.

Dieselbe fanden eine Meineids Warnung in allen Fällen zwar allerdings geeignet, glaubten jedoch, daß es nach den individuellen Verhältnissen des zu Beeidigenden, und nach den Personen, so der Richter vor sich habe, zu bemessen seie, ob eine solche Warnung umständlich oder nur im Allgemeinen geschehen solle.

Für Weglassung der bezeichneten Ausnahmen bei ungebildeten oder einfältigen Personen waren alle Stimmen einig.

Nach diesen Ansichten wurde die Zusammenziehung dieser beiden Art: in einen beliebt, und folgende Fassung dafür angenommen.

Art: 214. Jeder Zeuge ist einzeln in Abwesenheit des Angeschuldigten und der Mitzeugen zu vernehmen.

Bei seinem Erscheinen vor Gericht wird er zuvörderst ermahnet, über den Vorfall, worüber er werde vernommen werden, seine Wissenschaft in reiner unverfälschten Wahrheit ohne Rükhalt auszusagen, und sodann seines entweder schon geleisteten oder nachher zu leistenden Eides erinnert, auch nach Beschaffenheit der Umstände und der Person über die Bedeutung des Eides und die bürgerlichen Folgen eines falschen Eidschuwures umständlich belehrt.

<u>Art: 216.</u>
Die Vernehmung selbst beginnt mit Beantwortung persönlicher Fragen über des Zeugen Tauf- und Zunamen, Alter, Geburts- und Wohnort, über dessen Stand und Erwerb; ob er dem Inquisiten verwandt, oder mit besondern Pflichten zugethan? ob er demselben besonders Freund oder Feind sei? ob er in solchen Verhältnissen zu dem Beleidigten, oder, wenn ein Angeber aufgetreten, zu diesem stehe? ob er von seiner Aussagen Nuzen zu hoffen, oder Schaden zu fürchten habe? ob ihm Jemand wegen des Zeugnisses etwas anzubieten, oder zu geben gewagt? ob er von dem Inhalt der Vernehmung schon im Voraus unterrichtet sei? ob er sich nicht zuvor mit seinen Nebenzeugen, wenn solche vorhanden, über seine Aussagen besprochen habe?

Gegen den in diesem Art: enthaltenen Ausdruk; <u>anzubieten oder zu geben gewagt</u>, erinnerten Herr Hofrath von Gönner, daß er Ihnen nicht vollkommen genüge, und Sie glaubten, die Frage müsse bestimmt darauf gestellt werden, ob Ihnen etwas angeboten oder gegeben worden, denn nur hierin könne etwas Verfängliches liegen.

Diese Bemerkung wurde von mehreren Mitgliedern unterstüzt, weil dieser Ausdruck <u>gewagt</u>, mißdeutet werden könnte.

Herr Geheimer Rath v. Feuerbach gaben als Ursache dieses gewählten Ausdukes an, weil Sie geglaubt, es seie in etwas delikater, einen rechtlichen Mann zu fragen, ob Jemand gewagt, ihm etwas anzubieten oder zu geben, als wenn man die Frage so bestimmt stellte. Sie könnten sich jedoch auch zu dieser bestimmten Frage verstehen.

Eine weitere Erinnerung wurde gegen den Saz gemacht:
<u>ob er von dem Inhalte der Vernehmung schon im Voraus unterrichtet seie,</u> −
<u>und ob er sich nicht zuvor mit seinen Nebenzeugen, wenn solche vorhanden, über seine Aussagen im Voraus benommen habe.</u>

Mehrere Mitglieder glaubten, daß in diesen Fragen etwas Verfängliches liegen könne, und es hinlänglich seie, wenn diese Fragen allgemein gestellt würden. Z.B. Ob er sich nicht mit andern Personen über seine Aussagen im Voraus benommen habe, unter diesem Saz seie der Vorige begriffen, allein die Absicht, welche dieser Frage zum Grunde liege, werde energischer ausgedrükt, darunter auch sowohl alles schriftliche als mündliche Benehmen begriffen.

Nach verfügter Umfrage und in Übereinstimmung mit diesen beiden Erinnerungen wurde

der Schluß des Art: 216. Auf folgende Art geändert:
"ob Ihme Jemand wegen des Zeugnisses etwas angeboten oder gegeben; − Ob er sich nicht mit andern Personen über seine Aussagen im Voraus benommen habe."

Die vorhergehende Fassung dieses Art: wurde angenommen.

Art: 217.

Bei der Vernehmung über die Hauptsache selbst ist der Zeuge zu veranlassen, sich über den Gegenstand seines Zeugnisses in einer zusammenhängenden Erzelung frei aus sich selbst zu erklären. Es hat jedoch der Untersuchungs Richter, sobald dieses zur nähern Aufklärung, Bestimmtheit, Deutlichkeit und Vollständigkeit der Aussage erfoderlich ist, besondere Fragen vorzulegen, und überhaupt die Vernehmung dergestalt zu leiten, daß alles zu Erweisende in seinem wahren Zusammenhange möglichst genau bestimmt und erschöpfend in das Licht gesezt werde.

Art: 218.

Die einem Zeugen vorzulegenden besondere Fragen müssen
1.) rüksichtlich aller näher zu erörternden Umstände erschöpfend,
2.) bestimmt und deutlich abgefaßt,
3.) nur auf einen einzigen Thatumstand gerichtet, überhaupt
4.) unverfänglich sein, und
5.) keine bestimmte Vorhaltung des fraglichen Umstandes selbst (:Suggestion), zumal nicht eines Hauptumstandes der That in sich enthalten.

Art: 219.

Die Vernehmung eines Zeugen muß über den Grund seiner Wissenschaft: ob er den Umstand von Andern gehört, oder nur aus andern Thatsachen geschlossen, oder mit eigenen Sinnen erfahren habe? deßgleichen: ob er unter den gegebenen Umständen die von ihm ausgesagte Thatsache mit seinen Sinne habe wahrnehmen können? befriedigende Auskunst geben.

Auch soll lezteres, wenn darüber eine gegründete Bedenklichkeit obwaltet, allenfalls durch Besichtigung des Orts oder anzustellende Proben näher erforscht werden.

Behauptet der Zeuge von dem Vorfalle nichts zu wissen, so muß der Richter durch weitere Befragung des Zeugen selbst und durch andere Mittel untersuchen, ob nicht etwa der Zeuge vermöge besonderer Verhältnisse des Ortes, der Zeit und Gelegenheit den fraglichen Vorfall, wenn sich derselbe wirklich ereignet hätte, wahrscheinlich oder gewiß hätte wahrnehmen müssen.

Art. 220.

Der Untersuchungs Richter soll das Benehmen der Zeugen während ihres Verhörs aufmerksam beobachten, alle an ihnen wahrgenommenen bedenklichen Umstände sorgfältig zum Protokolle bemerken, sie bei Widersprüchen oder Unwahrscheinlichkeiten zur nähern Erklärung ihrer Aussage auffodern; ihnen bei unbestimmten oder unpassenden Antworten die Frage selbst nochmals wiederholen und erklären, und wenn sie Zurükhaltung, Verlegenheit, oder sonst verdächtiges Benehmen äussern, dieselben ihres Eides und der bürgerlichen Strafe falschen Zeugnisses ernstlich erinnern.

Art: 221.

<u>Vereidung der Zeugen</u>

Die Zeugen werden am Schluße des Verhörs, und nachdem ihnen ihre Aussage nochmals vorgelesen, und von ihnen genehmiget worden, vereidet, sodann aber unter Auflegung des Stillschweigens entlassen.

Art: 222.

Vereidete Staatsbeamte, wenn sie über einen Gegenstand ihrer Amtspflicht Zeugniß geben, Kunst- oder Sachverständige, welche schon im Allgemeinen vereidet sind, und über Gegenstände ihrer Kunst oder Wissenschaft vernommen werden, endlich Zeugen, welche schon in derselben Sache eidliches Zeugniß abgelegt haben, sind blos ihres früher abgelegten Eides zu erinnern.

Art: 223.

Bei Mitgliedern der königlichen Familie gilt die zu Protokoll gegebene Versicherung "auf Fürstenwort," dem Eide gleich.

Dasselbe findet statt, rüksichtlich der feierlichen Versicherungs Formel solcher Religionsparteien, welchen die Leistung eines förmlichen eidschwurs durch ihre Religion verboten ist.

Art: 224.

Auch sind nicht zu vereiden
    unzüchtige Zeugen (: Art: 293. 294:)
welche blos zur Erkundigung vernommen werden, so wie diejenige, welche der Mitschuld, oder daß sie selbst das Verbrechen begangen haben, verdächtig sind, oder sich bei dem Verhör der Unwahrheit und des falschen Zeugnisses verdächtig ge-

macht haben, solange nicht solcher Verdacht wieder beseitiget worden.

Aus Veranlaß dieser vorgetragenen Art: bemerkten Herr Hofrath von Gönner, daß in Übereinstimmung mit der früheren Bestimmung des Art: 86. die Vereidung aller eidesfähigen Zeugen unmittelbar nach den persönlichen Fragen eintreten müsse. Sowohl diese ganz zwekmäsige Anwendung, ohne welche einer Zeugenvernehmung in Kriminal-Sachen keine gültige Folge zu geben seie, als auch der geseliche Gang im Kriminal-Verfahren, führe Sie zu dem Vorschlage, die Art: 222. 223. und 224., welche von Vereidung der Zeugen handeln, unmittelbar nach den persönlichen Fragen folgen zu lassen, sohin dieselbe dem Art: 217. vorhergehen zu laßen.

Diese Vorschlag wurde zur Beratgung, und hatte die Folge gehabt, daß alle übrige Mitglieder sich mit dieseer Ansicht vereinigten, und für geeigneter erklärten, wenn die Art, welche von Beeidigung der Zeugen handeln, den speziellen Fragen, so an die Zeugen gestellt werden, vorhergehen, indeme dadurch dem in Art: 86. angenommenen Grundsaze mehr entsprochen, und der geszliche Gang im Kriminal-Verfahren noch dem Geiste des Prozesses eingehalten werde.

Herr Geheimer Rath von Feuerbach selbst, welche Anfangs gegen diesen Vorschlag aus dem Grunde sich geäussert, daß der Richter aus den generellen Fragen noch nicht wissen könne, welche Zeugen er zu vereiden, indem sich dieses erst aus der weiteren Untersuchung ergebe, verstanden sich nachher ebenfalls zu dieser Versezung, und glaubten, die Art: 222. 223. und 224. könnten unmittelbar nach dem Art: 216. folgen, nur müßten die verschiedene Marginalien dieser Art: geändert werden.
<u>von Vernehmung der Zeugen.</u>
dem alten Art: 222. der so wie die folgenden 223. und 224. post: 216. eingeschaltet werden, jenes
<u>Von Vereidung der Zeugen</u>
dem alten Art: 217. der nach dem alten Art: 221. folgt
<u>Von Vernehmung der Zeugen über die Haupt Sache</u>
und dem alten Art: 2 2 1. dessen neuer Nummer noch nicht bestimmt werden könne,
<u>Von dem Beschlusse der Zeugen Vernehmung.</u>
Da alle Miglieder mit dieser Veränderung verstanden waren, so gingen dieselbe zur Prüfung der einzelnen Art: über.

Der Art: 217., der aber nun nach dem alten Art: 224. könnt

unterlag keiner Erinnerung, nur wurde der Anfang desselben so geändert:
"bei der Vernehmung über die Hauptsache solle der Zeuge veranlaßt werden."

Bei den Art: 218. 219. 220., deren Nummern sich ebenfalls ändern, wurde rüksichtlich des ersten vom Herrn Geheimen Rathe von Effner erinnert, es scheine ihnen schwer, in den Vernehmungen der Zeugen einzelne Fragen, welche auf den Hauptumstand der That Bezug haben, zu umgehen. Ein anderes seie es in dem Verhöre des Angeschuldigten, ein Anderes bei Vernehmung der Zeugen.

Sie glaubten, dem Richter müsse hier die erfoderliche Latitude gelassen werden, und ihme ohnbenommen bleiben die Fragen nach den individuellen Umständen einzurichten.

Dieser Bemerkung sezten Herr Geheimer Rath von Feuerbach entgegen, daß auch in den Zeugen Vernehmungen von dem Richter keine solche Frage gestellt werden dürfe, welche auf einen Hauptumstand der That selbsten sich beziehen, überhaupt auch keine Probatorial Artikel angewendet werden dürften, denn sonst seze man sich der Gefahr aus, daß die Zeugen über den Gegenstand, über welchen sie vernommen werden, sich unter einander verständigen, und der Zwek der ganzen Vernehmung vereitelt werde.

Gegen den Ausdruk am Schlusse des Art: 220. <u>und der bürgerlichen Strafen falschen Zeugnisses</u> bemerkten Herr Hofrath von Gönner, daß Sie vorziehen würden zu sezen, die nachtheiligen Folgen eines falschen Zeugnisses, weil bei einem grosen Theile des Volkes religiöse Begriffe von den Folgen eines Meineides oft mehr wirkten, als die Furcht vor bürgerlichen Strafen.

Nach verfügter Umfrage über die Art: 218. 219. und 220.

>wurden dieselben mit der einzigen Änderung angenommen, daß am Schluße des Art: 220. statt
>> <u>und der bürgerlichen Strafen</u>
>
>gesezet wurde:
>> "und der nachtheiligen Folgen eines u."

Der Art: 221. der dieses Kapitel schliesen wird, wurde auf Vorschlag des Herrn Geheimen Rath von Feuerbach, daß nun die vorausgehende Vereidung hier wegfallen müsse, und mit Rüksicht auf die vom Herrn Geheimen Rathe Freiherrn von Aretin und Herrn Geheimen Rathe von Effner gemachte Erinnerungen, indem lezterer ausgedrükt wünschten, daß die Zeugen das abgehaltene Protokoll zu unterzeichnen haben, und Ersterer den Ausdruk <u>genehmiget</u>, nicht passend fanden

>auf folgende Art redigirt:
>Art: 221. Die Zeugen werden, nachdeme ihnen ihre Aussagen nochmals eingelesen, und diese von ihnen bestätiget, auch das Protokoll von denselben unterzeichnet worden, unter Auflegung des Stillschweigens entlassen.

Der Art: 222. der post: Art: 216. zu sezen könnt, unterlag mehreren Erinnerungen.

Zuerst wurden die von Seiner Exzellenz dem Kgl. Geheimen Rathe Herrn Carl Grafen von Arco deßwegen gemachte litographirte Bemerkungen abgelesen, und dann von mehreren Mitgliedern erinnert, daß sowohl Staatsbeamten als Sach- und Kunstverständige, worunter auch die Landärzte und Land Shisici gehörten, wenn sie als Zeugen bei einem Gerichte auftreten, nicht als Staatsbeamte erscheinen, sondern hier nur als Privat Personen deponiren. Ein anderes Verhältniß trete ein, wenn dieselbe als Staatsbeamte zur Abgabe eines Zeugnisses über einen oder den andern Gegenstand aufgefodert werden, allein dann würden sie nicht persönlich vorgeladen, und erschienen auch nicht als Zeugen. Diese Ausnahmen für Staatsbeamten, Sach- und Kunstverständige zu machen, schiene mehreren Mitgliedern um so unmutiger und zwekwidriger, als die nähere Bestimmungen über die Art, wie sie sich wegen Ausstellung der Zeugnisse zu benehmen, unten in der Lehre von dem Augenscheine vorkomme, und durch eine solche blose Berufung auf den Amtseid mehrere Meineiden und Nullitäten veranlaßt werden könnten.

Als Grund ihrer Fassung führten Herr Geheimer Rath von Feuerbach an, daß die wiederholte und bei jedem Falle vorzunehmende Beeidigung Ihnen unnötig und zweklos geschienen, da der Diensteid, welchen die Staatsbeamten, Sach- und Kunstverständige beim Antritte ihres Amtes ablegen, schon sie für die richtige Angabe der Wahrheit verbindlich mache, und es daher ganz überflüssige Vervielfältigung der Eide veranlassen würde, diese Männer bei jedem einzelnen Falle wieder schwören zu lassen.

Die übrigen Mitglieder wurden durch diesen Grund von ihren gegebenen Ansichten nicht abgebracht, im Gegentheile hielten sie es für unumgänglich nötig, daß diese Männer, wenn sie als Privat-Personen zur Zeugen-Abgabe aufgerufen und vorgeladen werden, einen Eid zur Bekräftigung der Wahrheit ihrer Aussagen ablegen.

Als weiteren Grund für diese Meinung führten Seine Exzellenz Herr Geheimer Rath Carl Graf von Arco an, daß ein vielleicht vor 20. Jahren abgelegter Amtseid dem Beamten nicht mehr so gegenwärtig und nicht mehr so wirksam sein, als derjenige, so er im Augenblike seiner Deposizion schwöre, und es nicht unwahrscheinlich von wirksameren Folgen sein würde, diese Eides-Erneuerung auch bei jedem im Kriminale vorzunehmenden Augenscheine verfügen zu lassen.

Herr Hofrath von Gönner bemerkten ebenfalls noch, daß es um so nötiger sein werde, diese Befreiung von der Eides Ablegung zu umgehen, als es ausser den Landärzten und Physikern auch noch andere Sachverständige geben, die beim Antritte ihres Dienstes beeidet würden, z.B. ein verpflichteter Stadt-Maurermeister, Stadt Schlossermeister. Zu welchen Mißbräuchen könnte es führen, wenn solch ein Sachverständiger unter Berufung auf seinen Diensteid als Zeuge deponiren könnte, ohne geschworen zu haben.

Diese statt gehabte Diskussionen und die darin vorgekommene Gründe überzeugten auch Herrn Geheimen Rath von Feuerbach, daß es zwekmäsiger seie, diese Ausnahme zu umgehen; Sie machten daher den Vorschlag, diesen Art: der ohnehin wegen seiner Versezung eine andere Stellung erhalten müßte, auf folgende Art zu faßen.

Art: 222. Nach Beantwortung vorgedachter persönlicher Frage sind alle Zeugen, wenn gegen deren Eidesfähigkeit keine Bedenklichkeiten obwalten, zu vereiden.

Zeugen, welche schon in derselben Sache Eidliches Zeugniß abgelegt haben, sind blos ihres früheren abgelegten Eides zu erinnern.

Diese vorgeschlagene Fassung des Art: 222. wurde von den vereinigten geheimen Raths Sekzionen angenommen.

Die litographirte Bemerkung Seiner Exzellenz des Königl. Geheimen Raths Herrn Carl Grafen von Arco über den ersten Absaz des Art: 223. so wie jene des Herrn Hofrath von Gönner, mündlich vorgelegt, daß es nothwendig zu bestimmen, daß jeder von einem Individuen abgelegt werdende Eid nach den Grundsäzen und Formen seiner Religion geleistet, und Gleiches auch bei den statt des Eides angenommen werdenden feierlichen Versicherungs Formeln geschehen müsse, gab den Veranlaß, daß Seine Exzellenz der königliche geheime Staats- und Konferenz Minister Herr Graf von Reigersberg hierüber abstimmen ließen.

Herr Geheimer Rath von Feuerbach fanden für nötig, daß eine Bestimmung in dem Gesezbuche enthalten sein müße, wer von der Eidesleistung befreit seie, und da, wie Herr Geheimer Rath Graf von Arco bemerket, es schwer seie, die richtige Grenzlinie bis wie weit bei den Mitgliedern der Königl. Familie diese Befreiung eintreten solle; so würden sie die Fassung beibehalten. Mit einer bestimmten Fassung des Nachsazes könnten sie sich vereinigen.

Herr Hofrath von Gönner äusserten, der Regel nach seie nur der Regent allein als Herrscher von der Eides-Leistung ausgenommen, alle übrige Mitglieder der königlichen Familie seien Unterthanen, und als solche könnten Sie auf diese Befreiung keinen Anspruch machen.

Sie würden daher nur Seine Majestät den König von der Eidesleistung ausnehmen.

Die Herrn Geheimen Räthe von Zentner, Carl Graf von Arco und von Effner berüksichtigten sowohl auf der einen Seite die Ehrfurcht, die das Gesez der königlichen Familie shuldig seie, auf der andern Seite aber auch, welche Nachtheile in manchen Fällen damit verbunden sein könnten, wenn diese Eidesbefreiung zu weit ausgedehnt würde, und da überhaupt eine richtige und bestimmte Fassung dieser Bestimmung sehr delikat seie, auch die Fälle nicht sehr häufig seien, und wenn ein Fall der Art sich ergeben sollte, sehr leicht einzeln entschieden werden könnte, so erklärten sie sich für Umgehung des ersten Sazes. Mit einer deutlicheren Fassung des Nachsazes waren sie verstanden.

Herr Geheimer Rath Frieherr von Aretin stimmten mit dem Grundsaze überein, daß die Ehrfurcht, die man den Mitgliedern der königl. Familie schuldig, nicht gestatte, daß eines derselben mit den übrigen Klassen der Nazion in gleiches Verhältniß gesezt werde, allein eben um diesen Grundsaz auszudrücken, erklärten sie sich für die Fassung des ersten Sazes. Den Nachsaz würden Sie deutlicher geben.

Da die Mehrheit der Stimmenden

für Auslassung des ersten Sazes war, so wurde der Art: 223. nach dem Vorschlage des Herrn Geheimen Rath von Feuerbach redigirt, wie folgt:

Art: 223. "Jeder Zeuge muß den Eid, oder wenn ihm ein förmlichen Eid durch seine Religion verboten ist, die dessen Stelle vertretende feierliche Versicherung noch den Grundsäzen seiner Religion ablegen."

Die Fassung des Art: 224. wurde nach Weglassung der ersten Ausnahme als nicht mehr ganz passend beurtheilt, und da auch gegen den Schluß derselben einige Erinnerungen vorkamen, daß nemlich bei der vorhergehen müssen den Vereidung der Zeugen dieses nicht früher hergestellt werden könne, auf den ganzen Nachsaz sich auch die vorgeschlagene nachherige Beeidigung beziehe,

so wurde folgende Redakzion angenommen:

Art: 224. Untüchtige Zeugen, so wie diejenigen, welche der Mitschuld, oder daß sie selbst das Verbrechen begangen haben, verdächtig sind, sollen zwar zur Erkundigung vornommen, jedoch nicht vereidet werden."

Da über das dritte Kapitel

von der Gegenstellung oder Kofrontazion

zu welchem Herr Geheimer Rath von Feuerbach nun übergehen wollten, sowohl von Seiner Exzellenz dem königl. Geheimen Rathe Herrn Carl Grafen von Arco als Herr Hofrath von Gönner mehrere wichtige Bemerkungen gemacht und lytographirt waren, so wurde sich vereinbaret, nach Ablesung der Art: 225. 226. und 227. welche die Abtheilungen und das Sistem der Konfrontazion, so Herr Referent angenommen, entwikeln, und nach Vortrag der erwehnten litographirten Bemerkungen des Herrn Hofrath von Gönner und Herrn Geheimen Rath Carl Grafen von Arco diese in ihren Folgen und Wirkungen wichtige Lehre einer nähern Berathung zu untergeben.

In den deßwegen eingetretenen Diskussionen wurde von mehreren Mitgliedern das Gefahrvolle entwikelt, welches mit der Konfrontazion der Zeugen unter sich sowohl als dieser mit dem Angeschuldigten verbunden, und die von Herrn von Gönner aufgestellte Bedenken hingegen als treffend und wahr beurtheilet, aus diesem Grunde auch nicht nur die von dem Herrn Referenten aufgestellten drei Abtheilungen der Konfrontazion nach dem Zweke derselben als nicht geeignet, und nicht ausführbar verworfen, und jene nach den Personen, unter welchen die Kofrontazion geschehen solle, angenommen, wobei die Lehre an Deutlichkeit gewinne, sondern es äusserte sich auch eine entscheidene Mehrheit dafür, die Konfrontazion der Zeugen unter sich, und seie der Zeugen mit den Angeschuldigten, aus den sehr richtig dagegen gemachten Bemerkungen, welche in der Unterredung noch mehr erläutert und auseinander gesezt wurden, zu umgehen, und nur jene der Mitschuldigen unter sich beizubehalten.

Herr Geheimer Rath von Feuerbach gaben die Ursachen und die Ihnen nicht unwichtig scheinende Rüksichten an, wodurch sie auf die Idee geführt worden, die drei Abtheilungen der Konfrontazion, zur Erläuterung, zum Geständnisse und zur Vertheidigung, aufzustellen. Inzwischen seien die gegen die Konfrontazion der Zeugen unter sich, obschon einige davon mit vollem Erfolge widerlegt werden könnten, und für die Sicherheit des unschuldig Angeklagten eine Hauptstüze verloren gehe, wenn man diese Konfrontazionen, von deren Ausführbarkeit sie überzeugt, beschränke, angegebene Gründe überwiegend, daß Sie von Ihrem Sisteme abgehen zu können glaubten, und nicht nur die Konfrontazion der Zeugen unter sich, sondern auch der Zeugen mit dem Angeschuldigten aufgeben wollten, obschon sie nicht bergen könnten, daß ein Geständniß des Beklagten durch erlaubte Mittel erhalten, Ihnen in der Kriminal-Gesezgebung weit vorzüglicher seie, als ein zusammengesezter künstlicher Beweis.

Herr Geheimer Rath v. Feuerbach gaben die Lehre an, wie nach ihren Ansichten der zusammengesezte künstliche Beweis hergestellt werde, und machten den Vorschlag, die Konfrontazion nur auf die Mitschuldige unter sich zu beschränken, sohin die gewählte drei Abtheilungen zu verlassen. Da aber dadurch die ganze Stellung dieses Kapitels sich ändern, so seien sie bereit, dasselbe, in so ferne dieser Vorschlag angenommen werde, neu zu bearbeiten, und in der nächsten Sizung vorzulegen.

Seine Exzelenz der königl. geheime Staats- und Konferenz-Minister Herr Graf von Reigersberg liesen über diesen vom Herrn Geheimen Rathe von Feuerbach gemachten Vorschlag abstimmen.

Herr Hofrath von Gönner vereinigten sich vollkommen mit demselben, da dadurch ihre Ansichten in Ausübung kamen, und ihre Bemerkungen gelöst würden.

Auch die Herrn Geheimen Räthe von Zentner, und Carl Graf von Arco Exzellenz nahmen von den angegebenen Gründen überzeugt, den Grundsaz an, daß die Konfrontazion der Zeugen unter sich und mit dem Angeschuldigten wegfallen, und diese nur jene der Mitschuldigen unter sich beschränkt werde, äusserten aber den Wunsch, daß Herr Hofrath von Gönner, der das Ganze dieser neu zu bearbeitenden Lehre schon in ihren Bemerkungen aufgestellt, und sich den Gang, wie diese neue Lehre von der Konfrontazion in einander greifen müßte, eigen gemacht, die Bearbeitung dieses Kapitels nach ihren Ansichten übernehmen, und in der vereinigten Sizung vorlegen möchten.

Herr Geheimer Rath Freiherr von Aretin erklärten sich für den Vorschlag des Herrn Geheimen Rath v. Feuerbach, wo durch alle Bemerkungen des Herrn v. Gönner gelöst würden.

Auch Herr Geheimer Rath v. Effner nahmen diesen Vorschlag in so weit an, daß sie sich vorbehielten, ihre Meinung wegen dere Konfrontazion der Zeugen mit dem Angeschuldigten, worin sie von den Ansichten der übrigen Mitglieder abweichen, näher zu entwikeln, wenn die neue Bearbeitung dieses Kapitels vorgelegt sein werde.

In Folge dieser Abstimmung

wurde beschlossen, die neue Bearbeitung dieses Kapitels nach den angegebenen Grundsäzen vom Herrn Geheimen Rath v. Feuerbach, in der nächsten Sizung zu erwarten.

Womit die heutige Sizung sich endigte,
Unterzeichnet: Graf von Reigersberg.
von Zentner,
von Krenner, der Ältere.
C. von Freiherr von Aretin.
von Effner,
Feuerbach,
Graf von Welsperg,
Gönner,
Zur Beglaubig:
Egid Kobell

17. Sitzung Nr. XIV
Abgehaltn den 10n. Oktober, 1811.
Gegenwärtig waren:
Seine Exzellenz, der königliche geheime Staats- und Konferenz-
Minister, Herr Graf von Reigersberg,
Die königliche wirkliche Herrn geheimen Räthe:
von Zentner,
von Krenner, Senior,
Seine Exzellenz Carl Graf von Arco.
Freiherr von Aretin,
von Effner,
von Feuerbach,
Graf von Welsperg,
Herr Hofrath von Gönner,

Die nach Rüksicht mehrerer zur Prüfung des peinlichen Prozesses berufenen Mitglieder, welche mit allerhöchster Bewilligung abwesend waren, auf Heute angeordnete Sizung wurde vom Herrn Geheimen Rathe von Feuerbach damit eröfnet, daß dieselbe jenes Sistem, welches Sie rüksichtlich der Konfrontazion aufgestellt, wiederholten, und die demselben in der Sizung vom August d: J: entgegen gesezte Anstände und einwendungen nochmal kurz entwikelten, indem dieselbe vielleicht durch die inzwischen eingetretenen Unterbrechung der Sizungen dem Gedächtnisse der gegenwärtig gewesenen Mitglieder enthalten, und jenen, so in der lezten Sizung nicht anwesend gewesen ganz unbekannt seien.

Dieser zur Beurtheilung vorliegende Gegenstand, der in seiner Ausführung und Darstellung zwar leicht, nach politischen und legislativen Rüksichten aber sehr schwer zu behandeln seie, da sich so vieles dafür und dagegen sagen lasse, erfodere Ihren Ansichten nach eine reife nochmalige Deliberazion, dann die Sache, worüber es sich streite, seie von Wichtigkeit, und die deßwegen vorgelegten GesichtsPunkte bis jezt noch sehr verschieden.

Vorzüglich durch die gegen Ihren Plan aufgestellte Bemerkungen des Herrn Hofrath von Gönner hätten Sie /: von Feuerbach :/ in der lezten Sizung sich für Verlassung Ihres Sistems entschieden, und sowohl die Konfrontazion nach Verschiedenheit des Zwekes verlassen, als jene der Zeugen unter sich und der Zeugen mit dem Angeschuldigten aufgegeben, auch noch dem damit übereinstimmenden Concluso der vereinigten Sekzionen diese Lehre in diesem Geiste neu bearbeitet.   Beilage I.

Allein weiteres Denken in der Zwischenzeit, und vorzüglich die von Seiner Exzellenz dem königlichen Herrn Justiz-Minister von einem praktischen Geschäftsmanne erholte Bemerkungen über die Folgen der bisher in Ausübung gewesenen Konfrontazionen, so wie das nachgefolgte mündliche Benehmen mit diesem Geschäftsmanne hätten Sie darüber wieder wankend gemacht, ob die Konfrontazionen der Zeugen mit dem Angeschuldigten ganz verworfen, oder ob sie nicht als ein bewährtes Mittel zu Erhaltung des Geständnisses beibehalten werden sollten.

Herr Geheimer Rath von Feuerbach schlugen als zwekmäsig vor, diese von einem praktischen Geschäftsmanne entworfene und auf Erfahrung beruhende Bemerkungen abzulesen, und äusserten, nachdem dieses geschehen war, daß Sie aus den darin angegebenen Ursachen und aus Gründen, die Sie verlegen würden, Ihre frühere Meinung zurüknehmen und dafür stimmen mußten, Beilage II.

daß auch die Konfrontazion der Zeugen mit dem Angeschuldigten zum Geständnisse angenommen werde.

Die Gründe, welche Sie vorbunden mit denjenigen, so in den Bemerkungen enthalten, hiezu bestimmten, seien folgende:

Die Wirkung dieser Konfrontazion der Zeugen mit dem Angeschuldigten in vielen Fällen seie nicht zu läugnen, und wenn Sie ohne Erfolg bliebe, so liege öfters die Ursache allein in dem Benehmen des Inquirenten. Einen schon einmal angegebenen Grund müßten Sie wiederholen, daß nemlich ein Bekenntniß auf ordentlichem Wege ohne Zwang erhalten, dem zusammen gesezten und künstlichen Beweise weit vorzuziehen seie, auch scheine Ihnen die mit dieser Maasregel verbunden sein sollende Gefahr den Rache von minderer Bedenklichkeit, weil in allen größeren Staaten, in Frankreich, Italien, England und Westphalen, wo die Jury eingeführt, und alle Zeugen Verhöre öffentlich in Gegenwart des Angeschuldigten gehalten würden, man von Attentaten auf Leib und Neben aus Rache gegen solche Zeugen selten etwas höre, und doch jedes öffentliche Zeugen-Verhör gewissermasen mit einer Konfrontazion verbunden.

Wenn die bei diesem Verfahren statt habende Offenheit der Zeugen Aussagen den Angeschuldigten nicht zur Rache reize, warum sollte man dieses bei einer Konfrontazion mit einzelnen Zeugen voraussezen.

Seine Exzellenz der königliche geheime Staats- und Konferenz-Minister Herr Graf von Reigersberg liesen über diesen Vorschlag abstimmen.

Herr Hofrath von Gönner äusserten: die in den abgelesenen Bemerkungen enthaltenen und sonst noch angeführten Gründe könnten Sie nicht bestimmen, Ihre in der lezten Sizung geäusserte, und selbst von dem Herrn Referenten damals adoptirte Meinung abzuändern. Wäre die Konfrontazion der Zeugen mit dem Angeschuldigten ein nothwendiges oder zuverlässiges Mittel, so mögte die Sache weniger Bedenklichkeiten unterworfen sein. Aber die Konfrontazion seie weder das eine noch das andere. Wo das ganze Kriminal-Verfahren den Karakter der Publizität an sich trage, da gehe in die Nazion ein anderer Geist über, da seie jede Zeugen-Aussage öffentlich, da werde kein Zeugen einzeln dem Angeschuldigten entgegen gestellt, und selbst der Verbrecher wisse nicht bestimmt, welcher von den mehreren Zeugen eigentlich seine Verurtheilung bezwekt oder bewirkt habe. Bei der Konfrontazion hingegen seie es den Konfrontanten gleichsam an die Stirne geschrieben, daß ihre Aussagen den Konfrontaten zum Geständnisse bewegen solle; dadurch werde ein Zeuge nicht blos als Zeuge gebraucht, sondern als Mittel zum Geständnisse verwendet. Die Bedenklichkeiten für den Zeugen, der sich zur Konfrontazion hergeben solle, seien also durch jenes Beispiel eines von einen ganz andern Geiste belebten Kriminal-Prozesses keineswegs, und um da weniger gehoben, als nach Art: 227. des Entwurfes die Konfrontazion nicht statt finden solle, wenn ein vollständiger Zeugen-Beweis vorhanden, der Angeschuldigte also eben aus der Konfrontazion erfahre, daß es an einem vollständigen Beweise mangle, und daß er nur dreuste fortläugnen dürfe, um den Zwek der Konfrontazion zu vereiteln. Ausserdem aber bleibe noch die zweite wichtige Bedenklichkeit übrig. Man wolle den Inquisiten durch die Konfrontazion erschüttern und ihn dadurch zum Geständnisse bringen. Aber alle Eindrücke auf Menschen stünde in Wechselwirkung, auch der Zeuge könne durch den Anblick eines Inquisiten, dessen Schiksal nun gleichsam in seiner Hand stehe, erschüttert werden; wenn er nun seine Fassung verloren habe, wenn er sich seiner früheren Aussage in diesem Augenblicke nicht genau mehr erinnern, wenn er abweichende Erklärungen abgebe, wenn er aus falschen Mitleiden beim Anblike des durch Kerker entstellten Inquisiten seine Aussage mildere und abändere, stelle man dadurch nicht die Aussage des Zeugen selbst auf das Spiel? Freilich wolle der Art: 230. des Entwurfes, dem Zeugen solle seine frühere Aussage aus dem Protokolle abgelesen werden, aber eben dieses dürfe nicht geschehen, weil darin eine unerlaubte Suggestion liegen würde; müsse aber diese Vorlesung unterbleiben, so seie zu erwägen, daß der vielleicht vor einigen Monaten vernommene und durch den Eindruk bei der Konfrontazion in Verwirrung gerathene Zeuge variirte Aussagen thue, und dann arbeite die Konfrontazion gerade ihren Zweke entgegen, weil Sie den hartnäkig läugnenden Inquisiten zu einem Geständnisse nicht bewege, und den Staat in Gefahr seze, daß die Zeugen Aussage ihre Glaubwürdigkeit ganz verliere, oder dieselbe wenigstens sehr geschwächt werde. Sie glaubten dahero, daß es auch in diesem Punkte wie bei der projektirten Konfrontazion der Zeugen unter sich Erläuterung, bei dem Beschlusse der lezten Session belassen, und blos unter Mitschuldigen die Konfrontazion beibehalten werden dürfte.

Durch diese Äusserungen veranlaßt, bemerkten hierauf Herr Geheimer Rath von Feuerbach, daß nach ihren Ansichten in dem öffentlichen Verfahren durch Juri der gleiche Grund liege, Jemanden zur Rache zu reizen, wie in der Konfrontazion der einzelnen, im Gegentheile scheine Ihnen bei dem Ersteren dieses Gefühl noch leichter zu erweken, weil der Eindruk, den die Zeugen auf die Juri machten, die nur nach ihrem Gefühl und diesem Eindruke urtheilten, lebhafter und Folgen reicher seie als bei der Konfrontazion exponirt und aufgeopfert werde.

Wenn der Zeuge durch den Anblik des Angeschuldigten erschüttert, verwirrt werde, und sich in seinen Aussagen widerspreche, so diene dieses dem Angeschuldigten zur Vertgheidigung, und beweise, daß die frühere Aussagen des Zeugen nicht richtig gewesen, und daß folglich das Gericht an der Glaubwürdigkeit eines solchen Zeugen mit Recht zweifeln könne.

Dieser Grund scheine Ihren Vorschlag zu bestärken, indem der Richter dadurch eine grösere Überzeugung erhalte, ob die Aussagen der Zeugen wahr seien oder nicht.

Wenn man einmal Konfrontazion der Mitschuldigen mit dem Angeklagten zugebe, so könne aus dem nemlichen Grunde jene der Zeugen mit dem Angeschuldigten nicht wohl verworfen werden, denn der Mitschuldige seie in dieser Konfrontazion auch nichts als Zeugen, und man müsse denselben bei dem künstlichen Beweise auch als Zeuge zwar als verdächtig, aber nicht als ganz verwerflich betrachten.

Herr Geheimere Rath von Zentner verliesen Ihre in der lezten Sizung wegen Konfrontazion der Zeugen mit dem Angeschuldigten gehabte Ansicht, und erklärten sich nunmehr für diese vorgeschlagene Entgegenstellung der Zeugen, da Sie dieselbe für ein wirksames Mittel hielten, die Wahrheit einer That zu entdeken, und kein Gesezbuch eines andern Staates Ihnen bekannt seie, in welchem diese Konfrontazion ausgeschlossen.

Die vom Herrn Hofrathe von Gönner dagegen erhobene Bedenken wegen der Rache, welcher der Zeuge dadurch ausgesezt werden könnte, schienen Ihnen nicht mehr so erheblich, um deßwegen dieses Mittel, der Wahrheit näher zu kommen, zu verlassen, auch seien nach der gemachten wahren Bemerkung die Folgen einer ähnlichen Rachsucht wo nicht eher, doch eben so leicht in den Staaten, wo die Juri eingeführt, zu befürchten, und doch seien Beispiele hievon sehr selten, auch könnte ein solches Beispiel, wenn es sich ergeben sollte, das Bessere nicht hindern, und man müsse es darauf ankommen lassen. In der dargelegten Wirkung, welche diese Konfrontazion auf den Zeugen machen könne, fanden Sie den stärksten Grund, dieselbe in das Gesezbuch aufzunehmen, denn diese Erschütterung, dieser Widerspruch des Zeugen könne dem Angeschuldigten zur Rechtfertigung dienen, und der Richter hierin einen Beweis finden, daß der Zeuge unwahr ausgesagt.

Doch würden Sie die Beschränkung, daß zuvor alle andere Mittel gebraucht sein müssen, um den Angeschuldigten zum

Geständnisse zu bringen, ehe diese Konfrontazion mit dem Angeschuldigten vorgenommen werden darf, umgehen, und dem Ermessen des Richters überlassen, wenn er sie anzuwenden für räthlich finde, da sonst der Angeschuldigte sich bei fortgesezten hartnäkigen Läugnen auf diese Konfrontazion, von der er wisse, daß sie nun kommen werde, vorbereiten, und ihre Wirkung ganz vereiteln könne.

Herr Geheimer Rath v. Krenner der Ältere erklärten sich auch dafür, daß diese Konfrontazion in dem peinlichen Prozesse nicht ausgeschlossen werde, jedoch würden Sie dieselbe nach dem litographirten Vorschlage seiner Exzellenz des Herrn Geheimen Rathe Carl Grafen von Arco nur bei schweren Verbrechen eintreten lassen, wo Leib und Leben oder eine längere Zuchthausstrafe verwirkt.

Seine Exzellenz Herr Geheimer Rath Carl Graf von Arco stimmten ebenfalls für die Zulassung der Konfrontazion der Zeugen mit dem Angeschuldigten jedoch nur da, wo dem Staate wegen der allgemeinen Sicherheit viel daran liegen müsse, ein Geständniß zu haben, bei schweren Verbrechen. Sie würden folgende Modifikazionen annehmen:
1.) Konfrontazion der Zeugen mit dem Schuldigen soll nur in Fällen, wo das Gesez Todes- oder wenigstens 16. jährige Gefängniß-Strafe ausspricht, statt habe;
2.) Konfrontazion soll auch bei bestehenden zureichenden künstlichen Beweise nach dem Ermessen des Richters vorgenommen werden;
3.) Der Zeuge darf gegen seinen Willen nicht zur Konfrontazion gebraucht werden;
4.) Die frühere Aussage des Zeugen darf dem Inquisiten nie vorgelesen werden;
5.) Während der Entgegenstellung darf der Konfrontant nur über jede einzelne Frage antworten; und eben so der Inquisit;
6.) Gegenreden haben nicht statt.

Herr Geheimer Rath Freiherr von Aretin äusserten, keiner der vorgelegten Gründe habe sie von der Nothwendigkeit oder Wirksamkeit dieser Konfrontazionen überzeugt, vielmehr gäben die Erfahrungen des hierüber vernommenen praktischen Geschäfts-Mannes den Beweis, daß sie selten ihrem Zwek entsprochen. Sie erklärten sich folglich gegen derselben Anwendung als Regel, indem dieselbe mit zu vielen Gefahren verbunden, und manche nicht unwichtige Bedenken dagegen aufgestellt werden könnten.

Sollte die Mehrheit für die Zulassung dieser Konfrontazion entscheiden, so könnten Sie nur dafür stimmen, daß dieselbe als Ausnahme, wenn sonst keine Mittel wirkten, das Bekenntniß des Angeschuldigten zu erhalten, und nie anders, als nach dem Ermessen des Kriminal-Gerichtes angewendet werde.

Herr Geheimer Rath von Effner geben folgende Abstimmung:

Sie hätten schon bei der lezten Sizung sich nicht auf die Verwerfung der Konfrontazion der Zeugen mit dem Inquisiten einverstanden, und stimmten heute noch auf die Einführung der Konfrontazion, denn diese Konfrontazion seie immer ein Mittel von dem läugnenden Inquisiten ein Geständniß zu erhalten. Gelinge dieses Mittel nicht immer, so seie dieses kein Beweis seiner Verwerflichkeit, genug, daß es zuweilen gelinge, daß es wahrscheinlich gelingen werde.

Die Einwendung, daß der Zeuge der Rache des Inquisiten Preis gegeben werde, könne hier keine Aufmerksamkeit verdienen, dann man habe noch nie darauf Rücksicht genommen, daß der inquirirende oder urtheilende Richter auch dieser Rache ausgesezt bleibe, sondern man halte die Richter immer zur strengen Erfüllung ihrer Pflichten an.

Die Einwendung, daß durch diese Entgegenstellung der Zeuge psychologisch erschüttert werde, wodurch die Gefahr entstehe, daß er selbst schwankend gemacht werde, hindere auch Sie an Ihrer Meinung nicht, denn gerade durch diese Entgegenstellung werde der Zeuge auf die Probe gestellt, ob seine Aussage vollen Glauben verdiene, und ob er der Mann seie, auf dessen Angabe der Richter sein Urtheil gründen könne.

Die Suggestion des Zeugen wurde verhindert, wenn ihme seine vorige Aussage nicht vorgelesen, sondern er nur vor der Konfrontazion kurz zu derselben vorbereitet werde.

Eine weitere Frage seie, ob der Zeuge zu der Konfrontazion, wenn er sich weigerische Zeugen werden könne. Sie seien hiezu nicht einverstanden, denn es könne in dem Zeugen eine Furcht vor dieser Handlung obwalten, welche bei eintretenden Zwang ihn zum Widerruf und falschen Zeugnisse bewegen könnte.

Endlich stimmten Sie auch darauf, daß die Konfrontazion der Zeugen gegen den läugnenden Inquisiten immer statt finden solle, es möge auch ausser dem Geständnisse schon voller Beweis vorliegen, denn das Geständniß des Schuldigen seie das sicherste und beruhigendste Mittel, um die Überzeugung der Schuld des Thäters zu erhalten, und wenn dieses Mittel nur dann ergriffen werde, wenn sonst kein Beweis vorliege, so könne der schlaue Inquisit, der mit diesem Grundsaze des Richters durch die Erfahrung bekannt werde, bei dem Eintritte der Konfrontazion schon vorher argumentiren, daß gegen ihn kein reeller Beweis vorliege, und dadurch noch mehr in Läugnen bestärkt werden.

Herr Geheimer Rath Graf von Welsperg bemerkten, daß Ihnen auf Ihrer kurz erst in Italien gemachten Reise, wo die Juri eingeführt, die Erfahrung geworden, daß man kein Beispiel wisse, daß an den öffentlich deponirt habenden Zeugen von dem Angeschuldigten wäre Rache genommen worden, wohl aber habe diese Maasregel die Folge, daß Niemand mehr Zeugschaft leisten wolle, und es äusserst schwer seie, bei einem Verbrechen Zeugen aufzufinden.

Sie erklärten sich inzwischen für diese Konfrontazion der Zeugen mit dem Angeschuldigten, jedoch um jeden Misbrauch dabei zu verhindern, nur nach dem Ermessen des Kriminal-Gerichts ohne alle Beschränkung der Fälle.

Die Mehrheit dieser Abstimmungen entschied für die Zulassung der Konfrontazion der Zeugen mit dem Angeschuldigten ohne alle Beschränkung der Fälle, jedoch nur nach dem Ermessen des Kriminal-Gerichtes.

Da aber mehrere Mitglieder sich nicht über den Vorschlag, daß kein Zeuge zur Konfrontazion gezwungen werden solle, geäussert; so verfügten Seine Exzellenz der königl. Justiz Minister Herr Graf von Reigersberg hierüber die Umfrage, und als die Mehrheit der Stimmenden auch dafür entschied, daß diese Befugniß, der Konfrontazion durch blose Weigerung zu entziehen, nicht statt haben solle, indem jeder Unterthan zu dieser Konfrontazion so wie zur Ablegung eines Zeugnisses verbunden, so wurden folgende Grundsäze rüksichtlich dieser Konfrontazion angenommen

    1.) Die Konfrontazion der Zeugen findet mit dem Inkulpaten ebenfalls statt;
    2.) Sie vorzunehmen, solle selbst im Falle der Überweisung, wenn der Inkulpat läugnet, dem Ermessen des Kriminal-Gerichts überlassen werden;
    3.) Wenn der Zeuge die Konfrontazion verweigert, soll derselbe die Gründe seiner Weigerung angeben, und die Gerichtsstelle ermessen, ob derselbe hiezu mit Zwang anzuhalten.

Herr Geheimer Rath von Feuerbach bemerkten, daß diese angenommene Grundsäze eine neue Bearbeitung des Kapitels von der Gegenstellung oder Konfrontazion erheischten, und das bereits Litographirte nicht mehr passe, indeme die Resultaten sich ganz anders stellten. Aus diesen Gründen machten Sie den Vorschlag, alle damit in Verbindung stehende Art: für Heute zu umgehen, und sich mit dem IV. Kapitel
    <u>Von dem richterlichen Augenscheine und vom Gutachten der Kunstverständigen</u>
zu beschäftigen.

Als dieser Vorschlag von den vereinigten Sekzionen angenommen war, äusserten Herr Geheimer Rath von Feuerbach, daß manche Art: dieses Kapitels weggelassen werden müßten, indem die dadurch ausgesprochen werdende Bestimmungen in Folge früherer Sekzions-Beschlüsse oben bereits aufgenommen werden.

Dieselbe trugen die Art: 238. 239. und 240. vor.

	Art: 238.
I.) <u>Allgemeine Grundsäze.</u>	Sobald irgend ein auf die Untersuchung oder das Straf Erkenntniß einfliesender Umstand, er betreffe den Thatbestand, oder eine Anzeigung des Verbrechens oder des Thäters, durch Augenschein erhoben werden kann, ist der Untersuchungs-Richter in jedem Theile des Prozesses denselben unverzüglich vorzunehmen verbunden.
	Art: 239.
<u>Von wem Augenscheine vorgenommen dürfen.</u>	Wem der zuständige Untersuchungs-Richter entfernt oder werden verhidert ist, kann der Augenschein über die von dem Verbrechen zurükgebliebenen Spuren unter Beobachtung der gesezlichen Vorschriften von jeder andern Gerichts-Person gültig vorgenommen werden.
	Art: 240.
	Bei entstandenem Brande und andern Beschädigungen des Eigenthums reicht die von der hiezu ermächtigten Polizei- oder Administrativ-Behörde gehörig vorgenommene Besichtigung, und das darüber aufgenommene Protokoll zum Beweise des gestifteten Schadens zu.
	Doch ist der Untersuchungs-Richter nicht entschuldigt, wenn von ihm selbst die Vornahme des Augenscheins vernachlässiget, und dadurch irgend ein Mangel der Untersuchung veranlaßt worden ist.

Gegen die Fassung dieser Art: wurden mehrere Erinnerungen erhoben.

Im Art: 239. wurde der Ausdruk
<u>von jeder andern Gerichts-Person</u>
als zu weit gestellt, beurtheilet, und vorgeschlagen zu sezen:
"von jeder andern zum Richter-Amt verpflichteten Person."

Bei dem Art: 240. glaubten Herr Hofrath von Gönner, daß der hierin ausgesprochene Grundsaz als allgemeine Regel bei allen Verbrechen erhoben werden mögte, deren Spuren schnell vorüber gehen, oder verwischt oder vernichtet worden.

Die Mehrheit der übrigen Mitglieder stimmte diesem Vorschlage nicht bei, indem dieser Grundsaz zu weit ausgedehnt, sehr leicht Mißbräuche veranlassen könnte, und sich ausser der Brandstiftung nicht leicht Fälle ergeben würden, wo die Spuren der That so schnell verwischt oder vernichtet werden könnten, auch seie schon oben im Art: 28. ausgedrükt, daß die administrative Polizei-Stellen in allen Fällen für unveränderte Erhaltung der von dem Verbrechen zurükgelassenen Spuren zu wachen haben. Wohl aber waren einige Mitglieder, als der Art: 28. nachgeschlagen wurde, der Meinung, daß es zwekmäsig sein könnte, die Bestimmungen des Art: 236. des oesterreichischen Gesezbuches an einem schiklichen Orte, welches nach Artr: 28. sein könnte aufzunehmen, da derselbe sich sehr passend über die in Frage stehende Diskussion verbreite.

Herr Geheimer Rath v. Effner waren der Meinung, daß die Bestimmungen des Art: 234. allgemein auf alle Fälle angewendet werden könnten, wo wegen zu groser Entfernung des Gerichtes der Augenschein über den noch unveränderten Stand der verbrecherischen That nicht so schnell als nötig von demselben nicht erhoben werden konnte, denn obschon der Augenschein ein Mittel seie, den Thatbestand herzustellen, so seie es doch nicht das Einzige, und jeder, auch Anfangs unbedeutend scheinende Umstand seie für den Richter und die Fortsezung des Prozesses wichtig.

Herr Geheimer Rath Carl Graf von Arco Exzellenz glaubten, der zweite Saz des Art: 240. eigne sich nicht in den Prozeß, indem er auf diesen keinen Bezug habe.

In Folge der über diese verschiedene Ansichten verfügten Umfrage

wurde beschlossen, die Art: 238. 239. und 240. nach ihrer Fassung anzunehmen, und nur im Art: 239. zu sezen statt <u>Gerichts-Person</u>

"zum Richteramt verpflichtete Person."

Auch sollen die Bestimmungen des Art: 236. des Oesterreichschen Gesezbuches an einem schiklichen Orte, allenfalls nach Artr: 28. eingeschaltet werden.

Art: 241.

<u>Von den dabei nötigen Personen.</u> Die Vornahme eines richterlichen Augenscheins erfodert:
1.) die Gegenwart des Richters,
2.) eines vereideten Potokollführers, so wie
3.) die Zuziehung von Sachverständigen,
wenn die Erforschung und gründliche Beurtheilung des zu untersuchenden Gegenstandes die Kenntnisse oder Fertigkeiten einer besonderen Kunst oder Wissenschaft voraussezt.

Art: 242.

<u>Insbesondere von Sachverständigen.</u> Ein einziger Sachverständiger ist hinreichend, wenn derselbe zur Ausübung seiner Wissenschaft oder Kunst mittels öffentlichen Amtes bestellt ist.

Ausserdem aber sind in allen Fällen, wo ein Sachverständiges Gutachten auf das Straferkenntniß selbst vom Einfluß ist, mindestens zwei derselben erfoderlich.

Das Beiwort <u>richterlicher</u> Augenschein in Art: 241., so wie jenes <u>Sachverständiges</u> Gutachten, wurden als überflüssig beurtheilet, und mit Auslassung derselben die Art: 241. und 242. nach ihrer Fassung angenommen.

Art: 243.

Werden Sachverständige der im Art: 242. zulezt erwehnten Art während der Spezial-Inquisizion zu einer Besichtigung gezogen, oder mit ihrem Gutachten vernommen, so sind dieselben zuvor dem Inquisiten zu benennen, oder allenfalls persönlich vorzustellen, worauf demselben unbenommen ist, dieselben aus erheblichen Gründen zu verwerfen, und entweder andere unpartheiische Männer vorzuschlagen, oder auch zu verlangen, daß den vom Richter erinnerten auch ein oder anderer beigegeben werde.

Die Auslassung dieses Art: wurde von mehreren Mitgliedern vorgeschlagen, indem dereselbe zu grosem Aufenthalte, Weitläufigkeiten und zu manchen Chikanen im Prozesse von Seiten des Angeschuldigten Anlaß geben könnte.

Da aber einige Mitglieder der Meinung waren, daß der Aufschub, den man durch diese Bestimmung befürchte, leicht später bei dem Schlußverfahren wieder eintreten könnte, und man dann erst wegen der Nullität des Verfahrens dasselbe reassumiren, folglich noch grösere Verzögerung veranlaßen müßte.

So verfügten Seine Exzellenz der königl. geheime Staats- und Konferenz Minister Graf von Reigersberg hierüber die Umfrage und nach dem Schluße der Mehrheit

wurde die Auslassung des Art: 243. beliebt.

Art: 244.

Die Besichtigung durch Kunstverständige geschieht immer in Beisein des Richters.
Bewegliche Sachen als da sind: Urkunden, Münzen, Gifte, Werkzeuge, und dergleichen sollen nicht aus Gerichts-Händen gelassen, sondern stets in Gegenwart des Gerichts untersucht werden.
Sind die Sachverständigen von dem Gerichts Orte zu weit entfernt, so sollen die zu untersuchende Sachen wohl verwahrt dem Richter ihres Wohnortes zugestellt, und sodann in dessen Gegenwart die Besichtigung vorgenommen werden.

Art: 245.

Der Richter ist verbunden, alle diejenigen Fragen auf deren Beantwortung es hauptsächlich ankommt, den Sachverständigen bestimmt vorzulegen, und überhaupt darauf zu merken, daß von ihnen nichts zur Sache dienliches übersehen, und die Untersuchung gründlich erschöpfend vorgenommen werde.

Art: 246.

Die von den Sachverständigen zu untersuchende Sache ist, wo

dieses thunlich, vor der Besichtigung, oder wenn der Angeschuldigte erst nachher in Untersuchung gekommen, wenigstens nachher demselben zur gerichtlichen Anerkennung vorzuziehen.

<u>Art: 247.</u>

<u>Vom Augenscheins-Protokoll.</u>
Bei Aufnahme eines Augenscheins ist zum Protokoll und zu bemerken:

1.) die genaue Beschreibung der Merkmale und Eigenschaften des Gegenstandes, so weit dieselben irgend von Einfluß sein können, wie auch der Zeitfolge nach alle zu deren Entdekung und nähern Erforschung vorgenommenen Handlungen.

2.) bei beweglichen Dingen die pünktliche Bemerkung, und, wo möglich vollständige Beschreibung des Ortes, wo sie zur Zeit des Augenscheins sich befunden haben, auch, wenn sie ursprünglich an einem andern Orte gewesen, die Bezeichnung oder Beschreibung des Leztern, wobei zugleich diejenigen Personen, welche sie in ihrer ursprünglichen Lage gesehen, mit ihrem Zeugnisse über den Befund zu vernehmen sind;

3.) alle einigermasen auffallende, wenn gleich beim ersten Blik unwichtig scheinende Nebenumstände, welche nur möglicherweise entweder im Lauf der Untersuchung zur Entdekung oder Überführung des Thäters dienen, oder sonst auf das künftige Endurtheil von Einfluß sein können;

4.) das auf die gefundenen Merkmale gebaute Gutachten der etwa beigezogenen Sachverständigen, so fern sich diese nicht ein besonderes schriftliches Gutachten vorbehalten.

<u>Art: 248.</u>

Werden bei Gelegenheit des vorgenommenen Augenscheins bewegliche Sachen in Beschlag oder gerichtliche Verwahrung genommen. So ist das Verzeichniß derselben dem Augenscheins-Protokolle beizufügen.

Gegen die Fassung dieser Art: wurde nichts erinnert, und dieselbe

mit der Änderung angenommen, daß in Art: 246., wo zweimal nachher auf einander folgt, gesezt werden solle

"oder wenn der Angeschuldigteerst später in Untersuchung gekommen, wenigstens als dann e.e."

Hiermit endigte sich die heutige Sizung
    Unterzeichnet: Graf von Reigersberg.
        von Zentner,
        von Krenner, der Ältere.
        C. von Freiherr von Aretin.
        von Effner,
        Feuerbach,
        Graf von Welsperg,

Gönner,
Zur Beglaubing:
Egid Kobell

18. Von der Gegenstellung oder Konfrontazion

<u>Wenn die Confrontation statt findet.</u>

Art. a. (226.)
Wenn ein Inquisit hartnäckig bei seinem Läugnen beharrt, so sollen die wider ihn zeugnenden, aufrichtig bekennenden Mitschuldigen, demselben unverhofft entgegengestellt, und angehalten werden, ihre Beschuldigung ihm in das Angesicht zu wiederholen.

Solche Gegenstellung durch jedoch nicht eher statt finden, als wenn die Vorhaltung besonderer Umstände erleicht ist (Art. 179. 181.), und nachdem andere Mittel des Angeschuldigten Geständniß zu erlangen, fruchtlos geblieben sind.

<u>Wie die Confrontation geschieht.</u>

Art. b. (228.)
Niemals können mehr als zwei Personen zu gleicher Zeit einander entgegengestellt warden.

Art. c. (231.)
Bei der Gegenstellung selbst wird zuerst der Zeuge befragt: ob er den ihm vorgestellten Inquisiten kenne? wie dieser heiße? ob er dieselbige Person sey, welche er bei seiner Vernehmung ein Sinne gehabt habe?

Sodann ist der Inquisit zu befragen: ob er den ihm Gegengestellten von Person oder mit Namen kenne?

Art. d. (232.)
Hierauf schreitet das Gericht zu der Haupthandlung selbst, und fodert den Confrontanten auf, seine Aussage dem Angeschuldigten in das Angesicht zu wiederholen und sodann den Angeschuldigten, sich zu erklären, wie er sich dagegen zu rechtfertigen vermeine.

Begreift der Gegenstand der Confrontation mehrere, unter sich unmittelbar zusammenhängende Hauptumstände, oder sind dieselben zu sehr verwickelt, so soll der Richter jeden einzelnen Punkt oder Haupttheil des Factums besonders, einen nach den andern erörtern laßen, und hierzu der Confrontation durch zweckmäßige Fragen veranlaßen.

Art. e. (233.)
Die Reden und Gegenreden über jeden angestellten Punkt sind so lange fortzusezen als Hoffnung vorhanden ist, dadurch der Zweck der Gegenstellung zu erreichen.

Art. f. (234.)
Läßt sich der Inquisit während der Confrontation zu einem Bekenntniße an, so ist dieses sogleich zum Protokolle zu nehmen, sodann aber, nachdem der Confrontant abgetreten, mit der Vernehmung des Inquisiten solange ununterbrochen fortzufahren, bis durch deßen Bekenntniß alle Hauptumstände in völlige Klarheit gesezt worden sind.

<u>Von dem Confrontations-</u>
<u>protokolle.</u>

Art. g. (236.)

Das Protokoll über die Gegenstellung ist dergestalt einzurichten, daß die Aeußerungen und Fragen des Richters in der Mitte des Blattes, die Behauptungen des Confrontanten auf der einen, die Antworten des Confrontanten auf der andern Seitenhälfte geschrieben stehen.

Dabei ist das Benehmen des einen und des andern, die Standhaftigkeit oder Verlegenheit des Zeugen oder Inquisiten und dergleichen sorgfältig anzumerken.

19. Beilage zum Protokoll Nr: XIV.
No. II

§ 1. Die Confrontation ist ein durch Gewohnheit und Observanz entstandener – und dann zum Gesez erhobener Theil des peinlichen Prozeßes – und das Mittel, durch gegeneinander Stellung zweier in ihren gerichtlichen Aussagen sich widersprechender Personen, und durch ihre gegenseitige persönliche Besprechung die Wahrheit zu erforschen.

§ 2. Sie findet nicht nur zwischen Zeugen unter sich, sondern auch zwischen diesen und dem Inquisiten, und endlich zwischen mehreren Mitschuldigen deßelben Verbrechens statt.

§ 3. <u>Die Baierische Malefiz-Prozeß Ordnung vom Jahre 1616.</u> sagt sehr passend:

  Solche Konfrontation in einem und andern Fall ist zu Erkundigung der Wahrheit oft nuz, und schädlich, derhalben kann diesorts kein gewiße Regel fürgeschrieben werden, sondern der Richter muß aus allen Umständen selbst ermeßen und erwägen, ob solche Konfrontation und Zusammenstellung zu Erkundigung der Wahrheit und daß der Uebelthäter desto eher zur Bekeentniß möchte gebracht werden, nuzlich und diestlich sein möge.

§ 4. Sind die Zeugen in solchen Thatumständen, welche wesentlichen Einfluß oder auf Beurtheilung des verübten Verbrechens, oder auf die Person des Thäters haben, unter sich widersprechend, und kann auf andern Art der im Irrthum versirende Zeug nicht zu Erkennung seiner falschen Ansicht bewegen warden, oder ist zweifelhaft, welcher von beiden Zeugen Wahrheit spricht, so tritt der Fall der personlichen Entgegenstellung ein.

Konfrontation dieser Art sind selten; sie können aber nie spädlich werden, weil der eidliche Zeug /:bei beeidigten Zeug tritt auch diese Art Konfrontation nur ein:/ wenn er von der Aechtheit und Wahrheit seiner Angabe einmal überzeugt ist, die irrige Ansicht des ihm gegenüberstehenden nie adoptirt, vielmehr dieser der Wahrheit, wenn er solche erkennt, unbedenklich sich anschließt.

§ 5. Häufiger tritt der Fall der Konfrontation zwischen Zeugen und dem Inquisiten ein.

Eine Schädlichkeit dieser Konfrontation ist nur in dem denkbar, wenn der Inquirent, den geszlichen Vorschrift zu wider, Suggestionen zuläßt, d.h. wenn er dem Zeugen gestattet, dem Confrontaten alle jene spezielle Umstände und Handlungen in den Mund zu legen, welche nun eigentlich von ihm zuerst, und ohne Veranlaßung haben sollte.

Es scheinen zwar Suggestiven bei Confrontationen vermeidlich zu sein, weil in denselben der Zeuge der angeschuldeten eben deßwegen persönlich entgegen gestellt wird, damit er diesem die Handlungen und Umstände in das Gericht sagen, und ihn einer Lüge beschuldigen soll.

Allein der vorsichtige Inquirent wird dieser Gefahr begegnen, wenn er durch vorläufige genaue Instruktion des Zeugen über das, was er sagen darf, unendlich durch genaue Aufmerksamkeit bei dem Konfrontations Abt, und durch augenblickliches Einfassung in die allenfalls zu weit gehende Rede des Zeugen sorgt, daß der Zeug dem Inquisiten nicht mehr von den Umständen der That vorhaltet, als nöthig ist.

Die Konfrontation zwischen Zeugen und dem Inquisiten solle selten der Zwek verfehlen, wenn der Konfrontations Akt mit jener Würde und Scharfsinn behandelt würde, wie er sollte. Gewöhnlich fragt man in einem frühere Verhör schon Tag lang vorher der Inquisiten, ober es darauf ankommen laßen wolle, daß man ihm den Zeuge, der ihn dieser oder jener Handlung beschuldigt, unter das Angesicht stellen; der Zwischenraum zwsischen dieser Frage und dem erst nach Tagen erfolgenden Konfrontations Akt dient dem Inquisiten, sich in seinem angenommenen Läugnen zu befestigen, sein Benehmen bei diesen Akt durchzustudiren, und dann mit unerschütterlichem Muth die Vorwürfe der Zeugen anzuhören.

Ohne dem zur Konfrontation bestimmten Zeug den nöthigen Unterricht über sein Verhalten bei dem Konfrontations Akt zu ertheilen, ohne den eigentlichen Standpunkt der Konfrontation aus den Akten durch genaues Studium derselben auszuheben, unternimmt gewöhnlich der unerfahren Inquirent∗ diesen wichtigen Akt; in etwelchen Minuten ist er oberflächig vorüber und die gedeyliche Resutate, die sich erwarten ließen, sind unwiderbringlich verlohren.

Nach meiner geringer Ansicht sollten der Inquisit nie vorher gefragt warden, ob er es auf die persönliche Entgegenstellung ankommen laßen wolle, sondern in dem nemlichen Augenblick, da Inquisit in dem widerholten Verhör sein Läugnen verfolgt, soll der schon in Verwarth stehende Zeug demselben unversehens unter das Angesicht gestellt werden.
Sind deren mehr Zeugen zur Konfrontation über einen und den nemlichen Umstand vorhanden, was sehr ersprießlich ist, so sollen auch diese gleich nach einander ohne dem Inquisiten zur Erholung Zeit zu laßen, zur Konfrontation vorgeführt werden.
Um einen sinnlichen Eindruk mit dieser Handlung zu verbinden, soll beim Eintritt des Zeugen ein Kruzfix mit zwei brennenden Wachslichtern auf die Commissions Tisch gesezt, der Zeug in Angesicht des Inquisiten seines bereits abgelegten Eides erinnert, und dann gleich ohne dem Inquisiten Zeit zum Nachsinnen zu gönnen, der Konfrontationsakt begonnen werden.
Vorher schon soll der Inquirent die nothwendigen Konfrontations Fragen genau überlegt, und Aktenmäßig entworfen haben, damit er nicht während den Konfrontationsakt in die Verlegenheit gerathe, die paßende Frage erst zu finden. Hierbei ware zu wünschen, daß wie es ehemal gehalten wurde, der Inquirent die entworfenen Konfrontations Fragen, bei der ohnehin bei den Untergerichten eingeführten kollegialichen Verfassung im Collegio vortrage.
Der Konfrontations Akt selbst soll besonders, wenn der Confrontat als ein beharrlicher Läugner erscheint, so viel möglich in die Länge gezogen und andauernd abgehalten werden, da eine kurze Gegeneinanderstellung theils selten den gehofften Effekt hat, theils dem Inquirenten die Gelegenheit nicht giebt, das Benehmen und die Gebährden des läugnenden Inquisiten genau und gründlich zu würdigen.
Sollte auch der wesentliche Gegenstand der Konfrontation nicht Stoff genug geben, um den Konfrontations Akt zu verlängern, so wird jeder geschikte Inquirent leicht minder wesentliche und doch in entfernter Verbindung mit dem Haupt Umstand stehende Thatsachen in der Akten auffinden, um damit dem Akt zwekmäßig zu verlängern.
Wenn bei allen diesen Vorsichts Regeln und bei dem scharfsinnigsten Verfahren des Inquirenten doch der Konfrontationsakt den eigentlichen Zweck nemlich das Geständniß des Inquisiten verfehlt, so ist doch diese Handlung nicht selten für den entscheidenden Richter von besonderm Werth, da era us dem als einem wesentlichen Bestandtheil der Konfrontation angehängten Gebährden Protokoll das Benehmen und Betrazion des Inquisiten ersieht, und dadurch das allenfalls geaeußerte böse Gewißen des Inquisiten zu würdigen Gelegenheit erhält.
§ 6. Konfrontationen zwischen Mitschuldigen unter sich waren ehemals, wo sich noch mehrere Verbrecher in Banden zusammengesellten, sehr haeufig, und wenn solche fruchtlos abliefen, war allzeit die peinliche Frage die unmittelbare Folge.

∗ Es ist eine traurige Wahrheit, daß die weit größere Zahl der zur peinlichen Rechtspflege auf dem Lande vertheilten Aßeßoren und Aktuarien in der Kunst processe zu instruiren, sehr ungefahren sind, das einige Mittel erfahret Inquirenten zu bilden, ware, daß men junge Leute, welche eine Criminal Aktuar Falle sole begleiten wollen, an bei einem geschickten Inquisiten einige Zeit zu praktiziren, denn nur wenigstens kunst kriminal Prozeße zu instruiren, trent sich aus Beisein.

Heut zu Tag, wo selten mehrere zu Verübung eines Verbrechens sich verbinden, hört man weniger den Konfrontationen unter Mitschuldigen, und diese haben bald einen guten, bald gar keinen Erfolg.

Bekommen beide Mitschuldige, und sind sie nur in Nebenumständen miteinander in Widerspruch, so ist bei der deswegen eintreffenden Konfrontation die Gefahr nicht groß.

Sehr gefährlich aber ist die Konfrontatin in dem Fall, wenn der eine Mitschuldige alles gesteht, und den andern als seinen Theilnehmer angiebt, dieser lezte aber alles läugnet. Bei dieser Konfrontation ist zu befürchten, daß oder der eine den andern falsch beschuldigt, oder der geständige, falls der läugnende auf seinem Läugnen verharrt, dadurch zum Widerruf verleitet wird.

Um jeder dieser Besorgnißen so viel möglich zu begegnen, muß daher der Inquirent sich vor allem von der Wahrheit der Angabe des geständigen überzeugen, vor seiner Beständigkeit versichert sein, und die nöthigen Erfahrungen über den Leutmund des Angeschuldigten und seiner Gemeinschaft mit dem geständigen erheben.

Der Eidige solcher Confrontationen bleibt immer ungewiß; Bei Gelegenheit der von mir vor einigen Jahren geführten weitwendigen Untersuchung, nahm ich mehrere Konfrontationen unter Mitschuldigen vor; ohngeachtet ich aber alle nur andenkliche Vorsichts Regeln beobachtete, und auf die zwekmäßigen Art versuche, dabei auch noch den Vortheil hatte, daß meine zwei Konfrontanten selbst ihren Kameraden zum Bekenntniß beweglich zuredeten, so erfolgte doch kein Bekenntniß. Glücklicher war der Erfolg einer im Jahre 1801 bei dem Landgerichte Schwaben gegen Andreas Hamberger und 4 Mitschuldige gegen mehrere verübten Diebstählen geführten Untersuchung, Andreas Hamberger, ein verhärteter Bösewicht läugnete mehrere Verhöre hinduch; es wurde die Konfrontation mit seinen Mitschuldigen beschloßen: auch bei dem Konfrontations Akt läugnete er mehrere Fragstücke durch; die von dem geschickten Landrichter Sartori gesezten zwekmäßigen Fragen, und überhaupt deßen ganz einer solchen Handlung entsprechende Manipulation aber hatten endlich den Erfolg, daß Inquisit in den folgenden Konfrontationsfragen ein Reihe von Vrebrechen einbekannte, auf dieses Bekenntniß wurde Inquisit zum Todt verurtheilt, in dia grotiae aber eine 12 jährige Zuchthaus Strafe surogirt.

§ 7. Streh eine Gattung von Konfrontation ist die Confrontatio per Litteras; es werden nemlich dem läugnenden Inquisiten die gegen ihn erhobene Beschuldigungen und Aussagen vorgelesen.

Diese Confrontation tritt ein, wenn die Zeugen oder Mitschuldige Beweis todt oder zu weit von dem Ort des Gerichts entfernt sind oder wenn man der Beständigkeit des zum Konfrontanten bestimmten Mitschuldigen nicht traut, und einen Wiederruf zu befürchten Ursache hat.

Eine Konfrontation dieser Art ist sehr selten, und eben so selten von einem Erfolg. Wir sollte auch den hartnäkig läugnenden Inquisiten, dem aus dem ernsten Mund des Richters schon alle gegen ihn stehende Beschuldigungen vorgehalten wurden, das kalte mit keinem sinnlichen Eindruk verbundene Vorleßen derselben zu einer weichern Gemütsstimmung, und zum Bekenntniß bewegen können?

20. Sitzung Nr. XV
Abgehaltn den 16n. Oktober, 1811.
Gegenwärtig waren:
Seine Exzellenz, der königliche geheime Staats- und Konferenz-
Minister, Herr Graf von Reigersberg,
Die königliche wirkliche Herrn geheimen Räthe:
von Zentner,
von Krenner, Senior,
Seine Exzellenz Carl Graf von Arco,
Freiherr von Aretin,
von Effner,
von Feuerbach,
Graf von Welsperg,
Herr Hofrath von Gönner.

Das Protokoll der Sizung vom 10ten dieses wurde angelesen und unterzeichnet.

Herr Geheimer Rath von Feuerbach machten hierauf in Folge des in diesem Protokolle enthaltenen Beschlusses den Vorschlag, die in dem Art: 236. des Oesterreichischen Gesezbuches gegebene Bestimmungen rüksichtlich des von den Polizei-Behörden in eilenden Fällen vorzunehmenden Augenscheins dem Art: 28. unter Nummer 3. in Kurze einzureihen, und diesen neuen Nummer des Art: 28. auf folgende Art mit dem übrigen in Verbindung zu sezen.

Wie auch

3.) in eilenden Fällen, wo nemlich wegen Entfernung des Gerichtes die Erlöschung; oder Veränderung der Spuren des Verbrechens mit Grund zu besorgen ware; Alles, was zu deren unvorzüglicher Erforschung gehöret, selbst zu besorgen, und sodann die ganze Verhandlung dem Gerichte zu übergeben.

Nächstdem ist es Pflicht der Polizei-Behörden e.e.

4.) Die folgenden Nummern dieses Art: änderten sich nach dieser Beifügung, und dadurch werde das Nemliche erreicht, was das Österreichische Gesezbuch in breiteren Säzen enthalte.

Diesem Vorschlage wurde Nichts entgegen gesezt

und dieser Zusaz unter No 3. zu Art: 28. angenommen.

Auf eine vom Herrn Hofrath von Gönner gemachte Bemerkung, daß durch diesen zwar sehr zwekmäßigen Vorschlag dennoch die Frage nicht gelöset, ob ein solches von den Polizei-Stellen abgegebenes Votum in dem Kriminal Verfahren Fidem habe; hierüber müsse eine Bestimmung ausgesprochen werden, und da dieselbe zur Kraft der Beweise sich eigne, so würde es passend sein, im Art: 239. auf den Art: 28. hinzuweisen.

Von der Richtigkeit dieser Bemerkung überzeugt, Schlugen Herr Geheimer Rath von Feuerbach vor, dem Art: 239. nach zum Richteramte verpflichteten Personen beizufügen:

"wie auch unter den Art: 28. No 3. bestimmten Voraussezungen von einer Polizei-Behörde,"

auch dieser Zusaz zu dem Art: 239. wurde von den vereinigten Sekzionen beliebt.

Herr Geheimer Rath von Feuerbach trugen nun das nach dem lezten Sekzions-Beschlusse neu bearbeitete Kapitel von der Gegenstellung oder Konfrontazion vor, und lassen nach einer kurzen Wiederholung des Sistemes, worauf dasselbe Gestellet, die Art: A. B. und C. ab.

Schon bei dem Art: A. wurde vom Herrn Geheimen Rathe von Effner das Sistem, daß immer das Ermessen des Kriminal-Gerichtes nothwendig, um eine Konfrontazion zu veranstalten, angegriffen, und von demselben behauptet, daß Ihren Ansichten nach die Frage, ob eine Konfrontazion statt haben solle oder nicht? werde bedenklich noch gefährlich, wohl aber jene so an den Angeschuldigten während der Konfrontazion gestellet, und die Umstände, so demselben vorgehalten werden, von der äussersten Wichtigkeit seien.

Allein, da die Mehrheit der übrigen Mitglieder auf dem einmal angenommenen Sisteme blieb, so wurde nach Diskussion dieser aufgestellten Bemerkung aus den in dem früheren Protokolle schon entwikelten Gründen dasselbe beibehalten, und in dessen Folge

die Fassung der Art: A. B. blos in der Änderung angenommen, daß in ersterem statt möglicher Weise gesezt werden solle, "wo möglich"

Als aber bei der Stelle im Art: C., wo dem Untersuchungs-Richter aufgegeben wird, die Fragen, welche dem Konfrontanten vorzulegen, schriftlich zu entwerfen, die oben gemachte Bemerkung vom Herrn Geheimen Rathe von Effner wiederholet, und dadurch mehr erhoben wurde, daß dieselben noch mehr auseinander sezten, von welch geringer Wichtigkeit die Frage über die Verhängung der Konfrontazion ohne Vorlage der zu stellenden Fragen sein, und daß Sie vorziehen würden, wenn die entworfene Fragen nicht zur Prüfung und Genehmigung des Kriminal-Gerichtes mit eingesendet werden sollten, die Entscheidung, ob die Konfrontazion angewendet werden sollte, eher auch dem Unterrichter zu überlassen. Sie schilderten noch, von welchen Folgen die dem Konfrontanten vorzulegende Fragen und Umstände seien, und wie leicht durch den Inquirenten, welches meistens junge rasche Leute seien, der ganze Prozeß verdorben, und dem Konfrontanten oder Konfrontaten Nachtheile bereitet werden könnten, so fanden Sich die Sekzionen veranlaßt, auf die in der lezten Sizung zwar schon entschiedene Frage zurückzukommen, ob die Genehmigung des Kriminal-Gerichtes zur Verhängung der Konfrontazion nothwendig, oder ob nicht aus den dagegen angebrachten Gründen die Entscheidung dem Unterrichter überlassen werden könnte, oder ob, wie Herr Geheimer Rath von Effner vorgeschlagen, die von den Unterrichtern entworfene und den Konfrontanten vorzuhaltende Umstände dem Kriminal-Gerichte zur Beurtheilung und Genehmigung ebenfalls vorzulegen wären.

Seine Exzellenz der königliche geheime Staats- und Konferenz-Minister Herr Graf von Reigersberg foderten die Mitglieder der vereinigten Sekzionen auf über diese zur wiederholten Berathung aufgeworfen Fragen Ihre Ansichten und Meinungen zu äussern.

Herr Geheimer Rath von Feuerbach entwikelten die Gründe, welche für und gegen die Erholung der Genehmigung des Kriminal-Gerichtes sich anführen lassen, ehe der Unterrichter zur Konfrontazion schreitet, konnten sich aber davon nicht überzeugen, daß, wie geäussert worden, es so bedenklich seie, dem Inquirenten, dem man doch die Führung der ganzen Inquisizion anvertrauen müsse, die Entwerfung der Konfrontazions-Fragen ohne Genehmigung des Kriminal-Gerichtes und ihre Anwendung zu überlassen.

Dieser Grund würde Sie in ihrer gegebenen früheren Meinung nicht wankend machen, und der Vortheil der Einsendung, daß dadurch eine Menge Konfrontazionen unterblieben, weil das Kriminal-Gericht aus den Akten gleich beurtheilen könne, ob sie nach den vorliegenden Beweisen noch nothwendig oder nicht, würde Sie eher dafür bestimmen, bei dieser zu erholenden Genehmigung stehen zu bleiben, wenn nicht der Zwek und das Wesentliche der Konfrontazion dabei auf das Spiel gesezt werde, denn der Moment und die Benuzung einer günstigen Stimmung des Angeschuldigten zum Gestehen könne oft ganz verloren gehen, wenn der Unterrichter zuvor bei dem Kriminal-Gerichte anfragen müße, ob eine Konfrontazion vorgenommen werden dürfe, und zu diesem Ende die Akten dahin gesendet werden mußten. Blos diese Rüksicht auf den Zwek und da sie keine Gefahr damit verbunden glaubten, dem Unterrichter auch die Entscheidung zu überlassen, ob die Konfrontazion anzuwenden oder nicht, bestimmten Sie darauf anzutragen, daß von der angenommenen Genehmigung des Kriminal-Gerichtes wieder abgegangen werde.

Herr Hofrath von Gönner giengen von gleichen Ansichten aus, und legten ihre Überzeugung vor, daß wenn einmal die Konfrontazion der Zeugen mit dem Angeschuldigten Ihrer Meinung entgegen angenommen werde, durch die zu erholende Genehmigung des Kriminal-Gerichtes der eigentliche Zwek der Konfrontazion zerstört, und ein gröserer Verzug bei den Kriminal-Verhandlungen veranlaßt werden würde.

Ohne Akten könne das Kriminal-Gericht nicht entscheiden, ob die Konfrontazion statt haben solle oder nicht. Durch die Akten Einsendung aber gehe viele Zeit verloren, und sie könne auch dem Unterrichter zur Ausflucht dienen, wenn er eine Inquisizions-Sache verzögern.

Diese zu erholende Genehmigung raube den Unterrichtern die Benuzung des sich in den Verhören vielleicht darbietenden günstigen Augenblikes; wo er durch eine zwekmäsig Angebrachte Konfrontazion auf die Gemüths-Stimmung des Angeschuldigten wirken, und das Geständniß einer durch andere Beweise schon hergestellten That erhalten könne. Ein solcher Augenblik laße sich oft in der ganzen Untersuchung nicht wieder herbei führen, und er werde wegen einer Formalität versäumt, die ihnen ohne praktischen Nuzen scheine. Auch hielten Sie die Entwerfung der Konfrontazions-Fragen nicht für so schwer, daß sie nicht dem Unterrichter, dann die Führung der ganzen Inquisizion überlassen seie, ohne Besorgniß über Mißgriffe anvertraut warden könnte. Aus diesen Gründen stimmten Sie auf Umgehung der zu erholenden Genehmigung des Kriminal-Gerichtes.

Herr Geheimer Rath von Zentner äusserten, die gegenwärtige Deliberazion seie hauptsächlich dadurch herbeigeführt worden, weil Anfangs die Majorität sich gegen die Konfrontazion der Zeugen mit dem Angeschuldigten erkläret, und nachher sich dazu verstanden, daß sie zwar aber nur nach dem Ermessen des Kriminal-Gerichtes zugegeben werden könne. Nun hätten einige Mitglieder auch diese Meinung wieder verlassen, und geglaubt, die Entscheidung, ob die Konfrontazion vorzunehmen, wäre den Unterrichtern zu überlassen.

Sie könnten diese Meinung nicht theilen, indem Sie zu viele Gefahr damit verbunden glaubten, dem Unterrichter die Konfrontazion in allen Fällen, wo er es für angemessen fände, zu erlauben. Sie glaubten, die Gründe, aus welchen die Genehmigung des Kriminal Gerichtes vorausgesezt worden, seien noch immer von größterem Gerichte, und blieben deßwegen bei Ihrer Meinung, daß das Kriminal-Gericht erkennen müsse, ob die Konfrontazion statt haben solle oder nicht.

Die Konfrontazions-Fragen zur Genehmigung einsenden zu lassen, fänden Sie deßwegen nicht räthlich, weil sonst dem Untersuchungs-Richter zu sehr die Hände gebunden würden, und er selbst, wenn er den entscheiden Vortheil zu Erreichung seines Zwekes voraussehe, die Fragen nicht anders stellen und nicht weiter gehen dürfe.

Würde aber die Mehrheit sich gegen diese Meinung erklären, so seie es doch nothwendig, den Fall auszunehmen, wo der Zeuge sich der Konfrontazion weigere, und hier müsse immer die Entscheidung des Kriminal-Gerichtes eintreten.

Herr Geheimer Rath von Krenner schilderten die Schwierigkeit, über die vorliegende Frage, welche nach so verschiedenen Ansichten beurtheilet, und dargestellt worden, eine bestimmte Meinung zu äussern, indem jede durch ihre eigene Gründe unterstüzt werde, inzwischen erklärten sie sich dennoch für diejenige, welche dem Unterrichter, dem die Führung des ganzen Inquisizions-Prozesses obliege, mehr Zutrauen schenke, und Sie würden also in der Regel demselben überlassen zu entscheiden, ob die Konfrontazion anzuwenden oder nicht; und nur den Fall ausnehmen, wo der Zeuge sich weigere, sich Konfrontazion zu laßen.

Herr Geheimer Rath Carl Graf von Arco Exzellenz hielten die Frage, ob eine Konfrontazion vorzunehmen, und die Art, wie sie vorgenommen werden solle, für einen der delikateßen Punkte in dem Kriminal-Prozesse, und würden es aus diesem Grunde nicht der Beurtheilung des Unterrichters, der nicht wie in Oesterreich, aus einem zusammengesezten Gerichte sondern aus einer Person bestehe, überlassen, diese Frage zu entscheiden, da groser Nachtheil und manche Gefahr für den Zeugen und den Gang des Prozesses damit verbunden sein könnte. Sie erklärten sich daher für die schon angenommene Anfrage bei dem Kriminal-Gerichte.

Herr Geheimer Rath Freiherr von Aretin waren gleicher Meinung, daß ehe eine Konfrontazion vorgenommen werde, vorher immer bei dem Kriminal-Gerichte angefragt werden müße, wie bereits in der lezten Sizung beschlossen worden, glaubten aber, daß es nicht nothwendig seie, daß die Unterrichter die einzusendenden Akten mit einem Gutachten einbegleiten, noch die entworfene Konfrontazions-Fragen zur Genehmigung einsenden, indem das Erstere den Untersuchungs Richtern Gelegenheit geben würde, sich mit dem Mangel von Zeit zu entschuldigen, wenn dieses Gutachten nicht erstattet, und der Inquisizions-Prozeß verzögert, oder aber der Angeschuldigte längere Zeit in Verhaft gehalten würde, es auch unnötig seie, da das Kriminal Gericht doch die Akten genau einsehen, und sich darüber vortragen lassen müße. Durch das Zweitere der Untersuchungs Richter in Stellung oder Erweiterung der Fragen selbst aber zu sehr eingeschränkt würde.

Herr Geheimer Rath von Effner wiederholten Ihre schon geäusserte Meinung, daß Sie die Frage, ob eine Konfrontazion vorzunehmen oder nicht? nicht für so wichtig und nicht geeignet fänden, daß hierüber allein des Kriminal-Gericht entscheide, wohl aber glaubten Sie, daß die zu stellenden Fragen und die vorzuhaltenden Umständen für den ganzen Gang der Untersuchung, der Zeugen und des Angeschuldigten von der Wichtigkeit seie, daß hierüber die Entscheidung des Kriminal-Gerichtes allerdings eintreten sollte. Würde daher ihr Vorschlag, die Konfrontazions Fragen dem Kriminal-Gerichte zur Genehmigung einzusenden, nicht angenommen, so müßten Sie doch darauf antragen, daß dasselbe die Haupt Umstände, worüber zu konfrontiren, so wie die Hauptfragen dem Unterrichter vorschreibe, welcher sodann dieselbe nach Umständen anwenden und stellen könnte.

Herr Geheimer Rath Graf von Welsperg führten an, daß in Frankreich und Italien der allgemeinen Regel nach die Entgegenstellung der Zeugen mit dem Angeschuldigten geschehe, ohne hiezu von einem höhern Richter ermächtiget zu sein, und daß Sie auch keine Gefahr dabei sähen, wenn dieses bei den baierischen Untergerichten ebenfalls geschehe beobachtet werde, denn davon könne man bei der Kriminal-Gesezgebung nicht ausgehen, daß der Staat zufällig unfähige Unterrichter anstellen, und man müsse voraussezen, daß der Richter, dem der Staat die ganze Inquisizion eines Kriminal-Falles übertrage, auch eine Konfrontazion vorzunehmen wissen werde.

Sie stimmten deßwegen dafür, die Entscheidung, ob die Konfrontazion anzuwenden, den Unterrichter mit Ausnahme des Falles zu übertragen, wo der Zeuge sich weigert.

Dadurch diese Abstimmungen keine eigentliche Majora sich ergeben, indem Herr Geheimer Rath von Effner zu denjenigen gezählt wurde, welche sich für die Anfrage an das Kriminal Gericht erklärten, so bildeten Seine Exzellenz der königliche geheime Staats- und Konferenz-Minister Herr Graf von Reigersberg die Meinung erklärten, daß die, die peinlichen Untersuchungs-Prozesse sehr verzögernde, und die Geschäften der oberen Kriminal-Behörden sehr vermehrende Akteneinsendung der Konfrontazion nicht vorausgehen müsse, sondern dem Unterrichter die Entscheidung der Frage, ob die Konfrontazion anzuwenden oder nicht? und ihre Vornahme wie bisher mit Ausnahme des Falles übertragen werde, wo der Zeuge sich weigert.

Als Gründe Ihrer Meinung geben Seine Exzellenz an, Sie glaubten, die Konfrontazion sein jederzeit, wo das Geständniß des Inkulpaten nicht vorliege, zu begünstigen. Das eigene Bekenntniß zu erwirken, seie bisher in allen von Ihnen gekannten Gesezbüchern, selbst im Falle der Überweisung dem Richter auf jede Weise zur heiligsten Pflicht gemacht.

Sie diene zur Beruhigung des urtheilenden und bestrafenden Richters. Die Nachtheile, so durch Resilirung der Mitschuldigen und Zeugen von bereits abgelegten Geständnisse und Zeugenschaft besorgt würden, entferne ein vorsichtiges Verfahren des Inquirenten bei der Konfrontazions-Handlung. Unter dieser Voraussezung müsse es dem Untersuchungs-Richter lediglich überlassen bleiben, zur Vornahme der Konfrontazion den günstigsten Moment, die Überraschung des Inquisiten und dessen zufällige Gemüthsbewegung zu benüzen, auch seie keine Ursache vorhanden, dem Untersuchungs-Richter, welchem die Vornahme der gleich wichtigen Spezial-Untersuchung überlassen werde, das Geschäft der Konfrontazion nicht anzuvertrauen. Im Allgemeinen bewährten die Berichte des Oberappellazions-Gerichtes über die peinliche Rechtspflege, daß die bei den Untergerichten hiemit Beauftragten dieses Mistrauen nicht verdienten.

Von den vereinigten Sekzionen wurde nach dieser von der Mehrheit ausgesprochenen Meinung der frühere wegen der Konfrontazion gefaßte Beschluß dahin abgeändert, daß die Konfrontazion der Zeugen mit dem Angeschuldigten mit der Mitschuldigen mit dem Inquisiten von dem Unterrichter; mit Ausnahme bei dem Kriminal-Gerichte vorgenommen werden kann, wo der Zeuge sich der Konfrontazion weigert.

Übereinstimmend mit diesem neuen Beschlusse kamen die vereinigten Sekzionen auf die schon vorgetragen Art: A. B. und C. zurück, und folgende nun darin nothwendig werdende Änderungen wurden beliebt, nachdem die Frage, ob im Anfrage des Art: A. gesezt werden müsse, <u>sollen</u> oder <u>dürfen dem läugnenden Inquisiten Zeugen oder Mitschuldige entgegen gestellt werden</u>, diskutirt und darüber abgestimmt war, auf die Mehrheit sich für Beibehaltung des Wortes dürfen erkläret hatte, indeme der so eben von der Mehrheit gefaße Beschluß die Konfrontazion der Zeugen mit dem Angeschuldigten auch nicht zur Regel erhoben habe, und hierauf eigentlich die frühere Abstimmungen sich nicht bezogen.

Die Minorität war der Meinung, daß der Konsequenz wegen mit dem eben genommenen Beschlusse es heißen müsse, sollen.

Im Art: A. wäre statt <u>nach dem Ermessen des Kriminal-Gerichtes</u> zu sezen:
"nach vorsuchtigem Ermessen des Untersuchungs-Richters"
um dem Untersuchungs-Richter anzudeuten, daß er die vorliegenden Umstände jedesmal prüfen, und dieselbe vorsichtig ermessen solle, ehe er eine Konfrontazion vorinnent.

Der Art: B. solle wegen der Ausnahme, wo ein Zeuge sich weigert, die Konfrontazion zu bestehen, auf folgende Art gefaßt wurden:

Art: B. "Jeder Zeuge ist verbunden, sich der Konfrontazion mit dem Angeschuldigten zu unterziehen.

Wenn jedoch ein Zeuge sich der Gegenstellung weigert, so hat derselbe seine Weigerungs-Gründe anzugeben, welche sodann das Kriminal Gericht zu würdigen und darüber zu erkennen hat."

Dem Art: C. wurde auf die gemachte Erinnerung, daß es zwekmäsig seie, hier Etwas von der Art: 180. No. 1. bestimmten Ordnung, daß in den Verhören mit dem Minderwichtigen angefangen, und so Stufenweis zu dem Wichtigeren fortgeschritten werde, zu sagen, und etwas wegen Vermeidung der Suggestiv Fragen beizufügen, vom Herrn Geheimen Rathe von Feuerbach der Zusaz <u>nach vorzulegen sind</u>, vorgeschlagen

"mit Beobachtung der Art: 180. No. 1. bestimmten Reihefolge der Vorhaltung, und in nicht suggestiver Form schriftlich entwerfen."

Der Art: C. wurde mit diesem Zusaze angenommen.

Herr Geheimer Rath von Krenner glaubten, daß auch die Worte <u>nach zwekmäsigem Plane</u> beibehalten, zwekmäsig und nicht überflüssig seie, weil auch die Reihenfolge der Vorhaltung zu einem gewissen Plane, den der Inquirent vorzüglich im Auge habe, benuzt werden könnte.

Bei Vorlage des Art: D. bemekten Herr Geheimer Rath von Feuerbach, daß Sie durch diesen Art: zweierlei bezwekten:
1.) der Standhaftigkeit des Konfrontanten sich zu versichern, und
2.) die schädliche Suggestionen zu verhindern.

Einige Suggestionen müßten statt haben, wenn man von der Konfrontazion einigen Erfolg erwarte, allein daß sie nicht auf den ganzen Prozeß nachtheilig wirken, und daß der Konfrontant nicht zu weit gehe, hierauf müsse der Untersuchungs-Richter aufmerksam gemacht, und demselben die Macht übertragen werden, dieses zu hindern.

Diese Bestimmungen des 2ten Absazes des Art: D. wurden vom Herrn Hofrathe von Gönner angegriffen, und dagegen bemerkt, daß der Zeuge, den man sich der Regel nach bei Kriminal-Verbrechen aus der ungebildeten Klasse denken müsse, durch diese ihme vom Richter ertheilt werdende Instrukzion konfus werde, und auf die lezt nicht mehr wissen würde, was er sagen, was er nicht sagen dürfe.

Sie fänden in dieser Instruirung des Konfrontanten eine wahre Suggestion, und würden dieselbe als grosen Bedenklichkeiten unterworfen und gefährlich auslassen.

Bei der hierüber verfügten Umfrage erklärten sich alle übrige Mitglieder für die Beibehaltung dieses Nachsazes, da er keine Instrukzion für den Konfrontanten enthalt; sondern nur ausspreche, was ihme verboten werden könne zu sagen, und es eine zwekmäsige Vorsichts-Maasregel seie, denselben zum Voraus auf dasjenige aufmerksam zu machen, wovon er nichts erwehnen sollte, denn sage er einmal Etwas, so lasse sich dieses nicht mehr zurüknehmen.

In Folge dieser Bestimmungen

wurde der Art: D. nach seiner Fassung angenommen.

Die Art: E. und F. wurden vom Herrn Geheimen Rathe von Feuerebach vorgetragen.

Herr Geheimer Rath von Krenner beurtheilten die hier angegebene Bestimmungen als ganz zwekmäsig, nur glaubten Sie, daß dieselbe mehr zu einer Instrukzion für die Richter als in das Gesezbuch sich eigneten.

Da dieser Meinung die übrigen Mitglieder nicht beistimmten, indem es von gutem Erfolge sein könnte, wenn die Menschen in dem Geseze fänden, was durch die Konfrontazion bezwekt werde;

So wurden die Art: E. und F. angenommen.

Der Art: G. den Herr Geheimer Rath von Feuerbach vortrugen

wurde, um jeder unrechten Auslegung zuvorzukommen, auf folgende Art gefaßt, und rüksichtlich des Benehmens der Unterrichter, wenn mehrere Konfrontanten dem Inquisiten entgegen zu stellen, und wegen der Stufenweisen Fortschreitung der nachstehende Beisaz gemacht:

Art: G. "Niemals kann zu gleicher Zeit mehr als eine Person dem Inquisiten entgegen gestellt werden, wenn mehrere Konfrontanten dem Inquisiten entgegen zu stellen sind, so ist nach Anleitung des Art: 180. No 1. mit Gegenstellung derjenigen der Anfang zu machen, welche über entfernte weniger gravirende Umstände aussagen, und sodann Stufen, weis von dem Minderwichtiger zu dem Bedeutenden fortzuschreiten."

Dem Art: H. wurde auf Erinnerung des Herrn Hofrath von Gönner, daß es nothwendig seie, daß die Konfrontazion ihres abgelegten Zeugen Eides erinnert werden, nach, wird zuerst der Zeuge der Beisaz beigefügt,

"seines abgelegten Eides erinnert, und als dann u."
und mit diesem Zusaze der Art: H. angenommen.

Der Art: I. unterlag mehreren Erinnerungen, welche vorzüglich gegen den Saz gerichtet,

"daß der Inquisit aufgefordert werden solle, sich gegen die Beschuldigungen, die ihm Konfrontant in das Angesicht sagen werde, wenn er es vermöge, zu verantworten."

Nach habe der Konfrontant nicht gesprochen, und folglich komme diese Auffoderung zu früh, welche überhaupt überflüssig scheine, da sie von selbst erfolgen werde, wenn der Angeschuldigte Etwas gegen den Konfrontanten und zu seiner Vertheidigung vorzubringen wisse.

Auch scheine es zwekmäsiger hier auf die Vorlegung der Konfrontazions-Fragen zu verweisen, als zu sagen, durch Vorlegung einzelner jedoch nicht suggestiver Fragstücken, indem oben die Art umständlich vorgeschrieben worden, wie diese Fragstücke entworfen werden müßten.

Nach diesen Bemerkungen

> wurde folgende Fassung des Art: I. angenommen.
> Art: I. Hierauf schreitet der Untersuchungs Richter zur Haupthandlung selbst, und veranlasset den Konfrontanten durch Vorlegung der Konfrontazions-Fragen sein Zeugniß dem Angeschuldigten unter die Augen zu wiederholen.

Den Art: K. begleiteten Herr Geheimer Rath von Feuerbach mit der Äusserung, daß Ihrer Überzeugung nach die hierin enthaltene Bestimmungen der Konfrontazion eine besondere Zwekmäsig- und Wirksamkeit beilegten, und dadurch alle jene Nachtheile und Vorwürfe entfernt würden, die man, wie Sie glaubten, mit Recht wegen der bisherigen Art, die Konfrontazion vorzunehmen, aufgestellt.

Die Konfrontazion höre dadurch auf, eine blose Zeremonie zu sein, und nebst dem Eindruk, der sich von dem Anblike eines Mitschuldigen oder eines Zeugen der That erwarten lasse, wirkten auch noch manche kleine Umstände, welche der Konfrontant dem Angeschuldigten ins Angesicht sage, und woran ihn dieser erinnere, nach gemachten Erfahrungen auf den Inquisiten so sehr, daß er auf die Angabe der Wahrheit hingeleitet, nicht länger zu läugnen vermöge, und auf diese Art durch die lebendige Darstellung so in die Enge getrieben werde, daß er sein Verbrechen gestehe.

Dieses Mittel, durch Reden und Gegenreden die Konfrontazion wirksam zu machen, scheine ihnen unter der Leitung eines vernunftigen Inquirenten, der den Zeitpunkt zu beobachten wisse, wo er durch Zwischenfragen einfallen oder dieselben unterbrechen, oder auch Ihnen Schweigen auflegen müsse, so bewähret, daß Sie ohne dieses die Konfrontazion für überflüssig und unwirksam beurtheilten, und sich eher dazu verstehen würden, keine Konfrontazion, als eine ohne diese Reden und Gegenreden zu haben.

Um die Idee, die Sie hiebei zum Grunde gelegt, den vereinigten Sekzionen anschaulich zu machen, so führten dieselbe eine solche Konfrontazion nach ihrem Sisteme aus, und zeigten, wie dadurch dem Inquisiten zugesezt werde.

Seine Exzellenz der königliche geheime Staats- und Konferenz-Minister Herr Graf von Reigersberg liesen über die Fassung des Art: K. abstimmen.

Herr Hofrath von Gönner unterstüzten die von dem Herrn Referenten vorgeschlagene Einrichtung, bei der Konfrontazion Reden und Gegenreden unter der Leitung des Richters zu gestatten, und äusserten, daß die Konfrontazion, wie sie bisher angewendet worden, nicht viel mehr nüze, als die Confrontatio per litteras, wo im Gegentheile durch Vorhaltung mancher kleiner Umstände aus dem Munde des Konfrontanten die Wirksamkeit dieses Mittels möglichst erhöhrt würde. Sie stimmten der Fassung des Art: K. vollkommen bei.

Die übrigen Mitglieder konnten sich von der Richtigkeit dieser Grunden zu Einführung des Reden und Gegenreden bei der Konfrontazion nicht überzeugen, vielmehr glaubten Sie, daß diese theoretisch vielleicht schöne Idee praktisch gar nicht ausführbar und sehr geführlich sein würde, denn wie wolle der Richter zwei miteinander disputirende rohe Menschen, denen das Reden und Gegenreden erlaubt werde, leiten, und sie so im Zaum halten, daß Sie nicht von der Sache abspringen, und ganz aus dem Geleise kommen, wie würde es möglich sein, hierüber ein Protokoll zu fassen, und könne dieses nicht geschehen, zu was sollten diese so leicht ausartenden Reden und Gegenreden führen. Diese Mitglieder waren der Meinung, daß diese Reden und Gegenreden nicht zu gestatten, sondern die Konfrontazion, so wie biher durch einzelne bestimmte Fragen und bestimmte Antworten gehalten werden solle.

Da diese Meinung jene der Mehrheit war,

so wurde sie als Beschluß angenommen, und dem Herrn Geheimen Rathe von Feuerbach aufgegeben, dem Art: K. hiernach abzuändern.

Bei den Art: L. und M. wurden besondern Erinnerungen gemacht,

und dieselben mit der Änderung im Art: M. angenommen, daß im ersten Absaze die Worte
<u>Äusserungen und</u>
ausgelassen, und im zweiten statt
<u>des Zeugen oder Inquisiten</u>
gesezt wurde
"des Konfrontanten und des Inquisiten"

Die Sizung wurde hiermit geschlossen;
Unterzeichnet: Graf von Reigersberg.
von Zentner,
von Krenner, der Ältere.
C. von Freiherr von Aretin.
von Effner,
Feuerbach,

Graf von Welsperg,
Gönner,
   Zur Beglaubing:
    Egid Kobell

21. Beilage zum Protokoll Nr. XV

Drittes Kapitel.
Von der Gegenstellung oder Confrontation.

Art: a. (226.)

<u>Wenn die Confrontation Statt findet.</u>

Wenn ein Inquisit hartnäckig bei seinem Läugnen beharrt, so dürfen ihm, nach dem Ermessen des Criminalgerichts, die wider ihn aussagenden Zeugen, oder die wider ihn zeugenden, aufrichtig bekennenden Mitschuldigen, unverhofft entgegen gestellt werden, damit ihm von diesen ihr beschuldigendes Zeugniß in das Angesicht wiederholt und derselbe dadurch möglicherweise zum Geständniß der Wahrheit gebracht werde.

Solche Gegenstellung darf jedoch nicht eher Satt finden, als wenn die Vorhaltung besonderer Umstände erlaubt ist. (Art. 179. 181.), und nachdem andere Mittel des Angeschuldigten Geständniß zu erlangen, feuchtlos geblieben sind.

Art. b.

Jeder Zeuge ist auf Verfügung des Criminal Gerichts verbunden, sich der Confrontation mit dem Angeschuldigten zu unterziehen.

Doch kann der Zeuge von dem Criminalgerichte aus besonders erheblichen Ursachen von dieser Verbindlichkeit losgezählt werden.

<u>Von den Vorbereitungen zur Confrontation.</u>

Art. c.

Ehe der Untersuchungsrichter zu einer Confrontations Handlung schreitet, soll er sich über den eigentlichen Gegenstand der Confrontation gehörig aus den Akten vorbereiten, und zuvor die Tragen, welche dem Confrontanten vorzulegen sind, nach zweckmäßigem Plane schriftlich entwerfen.

Art. d.

Auch hat der Untersuchungsrichter den Confrontanten selbst auf die bevorstehende Handlung gehörig vorzubereiten, insbesondere aber denselben nochmals zum Protokolle zu befragen: ob er sich seiner früheren Aussagen erinnere? ob er dabei beharre? und ob er sich getraue, dieselbe dem Beschuldigten in das Angesicht zu wiederholen?

† Art. post. ○.
Desgleichen kann zur Confrontation nebst nicht eher geschritten werden. Bevor nicht Confrontanten dem Inquisiten dem Confrontaten insgeheim gemäß Art. 237. vergestellt, und jener von diesem retographirt worden ist.

Dabei sind zur Vermeidung schädlicher Suggestion, diejenigen von dem Confrontanten ausgesagten Umstände, deren Zurückbehaltung zur Prüfung des dereinstigen Geständnißes für wesentlich erachtet wird (Art.), dem Confrontanten besonders anzuzeigen, und deren Vorhaltung demselben ernstlich zu untersagen. †

Art. e.

Niemals ist Inquisit durch die vorläufige Befragung: ob er es auf eine Gegenstellung ankommen lassen wolle? oder durch andere dergleichen Aeusserungen auf die bevorstehende

Confrontation vorzubereiten, vielmehr auf alle Weise dahin zu trachten, daß Inquisit durch die unerwartete Gegenstellung der wider ihn aussagenden Zeugen oder Mitschuldigen überrascht werde.

Art. f.

Unmittelbar vorher, ehe die Confrontation vorgenommen wird, soll Inquisit vorgeführt, und über diejenigen Gegenstände, vorüber er bisher im Läugnen beharrt ist, nochmals, jedoch nur im Allgemeinen, vernommen demselben die Unglaubwürdigkeit seiner Aussagen nachdrücklich vorgehalten, und sodann, wenn er demungeachtet bei seinem Läugnen beharrt, auf der Stelle und so unerwartet als möglich zur Confrontation selbst geschritten werden.

Art. g. (228.)

Wie die Confrontation geschieht.

Niemals können mehr als zwei Personen zu gleicher Zeit einander entgegen gestellt werden.

Art. h. (231.)

Bei der Gegenstellung selbst wird zuerst der Zeuge befragt: ob er den ihm vorgestellten Inquisiten kenne? wir dieser heisse? ob er dieselbige Person sey, welche er bei seiner Vernehmung im Sinne gehabt habe?

Sodann ist der Inquisit zu befragen: ob er den ihm Gegengesteellten von Person oder mit Namen kenne?

Art. i. (232.)

Hierauf schreitet das Gericht zu der Haupthandlung selbst, fodert den Inquisiten auf, sich gegen die Beschuldigungen, die ihm Confrontant in das Angesicht sagen werde, wenn er es vermöge, zu verantworten, und veranlaßt sodann den Confrontanten durch die Vorlegung einzelnen, jedoch nicht suggestiver Fragstücke sein Zeugniß dem Angeschuldigten unter die Augen zu wiederholen; welches Alles, samt den Antworten des Inquisiten getreu zum Protokoll zu verzeichen ist.

Art. k. (233.)

~~Die Reden und Gegenreden des Confrontanten und Confrontaten über jeden einzelnen Confrontationsartikel sind so lange fortzusezen, als Hoffnung vorhanden ist, den Zweck der Gegenstellung dadurch zu erreichen.~~

Der Untersuchungsrichter hat den ganzen Vorgang sorgfältig zu beobachten und zu leiten, die eine oder andere der gegengestellten Personen allenfalls gehörigen Ortes durch Zwischenfragen oder Auflegung des Stillschweigens zu unterbrechen, insbesondere aber, wenn in dem Inquisiten Bestürzung, Verlegenheit oder Gewissensrührung wahrgenommen wird, diese Gemütsstimmung durch zweckmäßige Fragen oder eindringliches Zureden zu benuzen.

Art. l. (234.)

Läßt sich der Inquisit während der Confrontation zu einem Bekenntniße an, so ist dieses sogleich zum Protokolle zu nehmen, sodann aber, nachdem der Confrontant abgetreten, mit der Vernehmung des Inquisiten solange ununterbrochen fortzufahren, bis durch dessen Bekenntniß alle Hauptumstände in völlige Klarheit gesezt worden sind.

Art. m. (236.).

<u>Von dem Confrontationsprotokolle.</u>

Das Protokoll über die Gegenstellung ist dergestalt einzurichten, daß die Aeusserungen und Fragen des Richters in der Mitte des Blattes, die Behauptungen des Confrontanten auf der einen, die Antworten des Confrontanten auf der andern Seitenhälfte geschrieben stehen.

Dabei ist das Benehmen des einen und des andern, die Standhaftigkeit oder Verlegenheit des Zeugen oder Inquisiten und dergleichen sorgfältig anzumerken.

22. Sitzung Nr. XVI

Abgehaltn den 20n. Oktober, 1811.
Gegenwärtig waren:
Seine Exzellenz, der königliche geheime Staats- und Konferenz-Minister, Herr Graf von Reigersberg,
Die königliche wirkliche Herrn geheimen Räthe:
von Zentner,
von Krenner, Senior,
Seine Exzellenz Carl Graf von Arco,
Freiherr von Aretin: waren verhindert.
von Effner,
von Feuerbach.
Graf von Welsperg, waren verhindert.
Herr Hofrath von Gönner.

Mit Ablesung des Protokolls vom 16n dieses wurde die heutige Sizung eröfnet, und hierauf vom Herrn Geheimen Rathe von Feuerbach in Folge des gefaßten Beschlusses nachstehender Zusaz in dem Art: 7. und folgende Änderung in dem Art: K. des Kapitels von der Konfrontazion vorgeschlagen.

Dem Art: 7. würden Sie am Schlusse nach <u>zu wiederholen</u> beifügen:

"welches Alles samt den Antworten des Inquisiten getreu zu Protokoll zu verzeichnen ist,"

den ersten Saz des Art: K. sohin ganz auslassen, und den Art. so anfangen:

Art: K, "Der Untersuchungs-Richter hat die ganze Konfrontazions-Handlung sorghältig zu beobachten, und zu leiten"

Diese beide Vorschläge des Referenten wurden ohne Erinnerung angenommen.

Herr Geheimer Rath von Feuerebach kamen nun auf den Art: 237. des litographirten Entwurfes des Prozesses, der von der Rekognizion des Inquisiten handelt, und äusserten, Ihrer Meinung nach müsse dieser Art: von der Rekognizion, nun wo die Konfrontazion zur Vertheidigung, womit die Rekognizion im Zusammenhange gestanden, in Folge der Sekzions-Beschlüsse in dem Kapitel <u>von der Entgegenstellung oder Konfrontazion</u> umgangen worden, auch hier ausgelassen, und demselben eine andere passende Stelle gegeben werden.

Sie glaubten, daß er sich am Zwekmäsigsten nach dem Art: 219. in das Kapitel <u>von Vernehmung der Zeugen</u> einrechnen lasse, indem die Bestimmungen des Art: 237. genau mit jenen des Art: 219. Zusammenhängen, und die Rekognizion eine Bekräftigung der ratio dicti sein.

Herr Geheimer Rath von Feuerbach trugen nun den Art: 237. selbst vor.

III.) Von der Rekognizion des Inquisiten.

Art: 237.

Wenn die Zeugen den Namen des Inquisiten nicht wissen, und denselben doch zu kennen sich getrauen, oder wenn Verdacht eines Irrthums in der Person oder einer falschen

Beschuldigung vorhanden ist, sollen die Zeugen vor der persönlichen Gegenstellung angehalten werden, den Inquisiten nach seiner Gestalt, Sprache, Kleidung und dergleichen genau zu beschreiben. Auch ist nach Umständen, der Inquisit von allen Kennzeichen der Gefangenschaft befreit, unter mehrere ihm möglichst ähnliche, den Zeugen unbekannte Personen zu mischen, und sodann der Zeuge, jedoch in Abwesenheit seines Mitzeugen aufzufodern, die Person, wider welche er ausgesagt, unter den übrigen herauszufinden.

Gegen die Einrichtung des Art: 237. nach 219. wurde nichts erinnert. Die Fassung dieses Art: aber unterlag mehreren Bedenken, vorzüglich in Beziehung der darin angenommenen Oeffentlichkeit der Rekognizionen, welche von mehreren Mitgliedern als gefährlich für die Zeugen und dem Zweke der Konfrontazion zuwider beurtheilet wurde, da der Eindruk der Konfrontazion und die Wirkung auf den Inquisiten verloren gehe, wenn der Zeuge von demselben vorher schon gesehen worden.

Die litographirte Bemerkung Seiner Exzellenz des kgl. geheimen Rath Herrn Carl Grafen von Arco ad Art: 237. wurde, so wie die Bestimmungen des Kreitmaier'schen Codex abgelesen, und vom Herrn Geheimen Rathe von Feuerbach hierauf geäussert, daß das, was der Kreitmaierische Codex über die Art der Rekognizion enthalte, durch die neue Fassung nicht gerade zu aufgehoben seie, und der Richter, da, wo sie so hergebracht, dieselbe nach Umständen auch noch so anwenden könne, allein Sie könnten sich von der Nothwendigkeit nicht überzeugen diese Heimlichkeit, dieses Dunkel in dem Kriminal Verfahren noch ferner gesezlich beizubehalten. Der ganze Entwurf der neuen peinlichen Gesezgebung seie nach liberalen Grundsäzen behandelt, und in einem Falle davon abzugehen, und den Geist der alten Gesezgebung herüber zu ziehen, der das ganze Verfahren in ein undurchdringliches Dunkel eingehüllet, scheine Ihnen weder räthlich noch zwekmäsig. Die Identiaet der Person seie eines der ersten Requisiten des Kriminal Verfahrens, und gleiches offenes Verfahren sollte bei der Rekognizion so wie bei der Konfrontazion eintreten.

Sie erklärten sich für die vorgetragene Fassung.

Bei der über diesen Art: verfügten Umfrage erklärten sich alle Miglieder mit Ausnahme des Herrn Hofrath von Gönner für die bisher gesezlich beobachtete Art der Rekognizion, daß sie nemlich vorgenommen werde, ohne daß der Angeschuldigte den Zeugen sehe, und der Leztere nicht der Rache des Erstern ausgesezet werde, auch um dadurch den psychologischen Eindruk, auf welchen man bei Anwendung der Konfrontazion so vielen Werth gelegt, nicht ganz zu verlieren.

Herr Hofrath von Gönner fanden die Festsezung der Art, wie die Rekognizion vorgenommen werden solle, sehr willkührlich, erklärten sich aber mit Herrn Geheimen Rathe von Feuerbach für das offene Verfahren bei diesen Rekognizions Handlungen, welches mit dem Geiste des ganzen neuen Prozeß Entwurfes übereinstimmen, indem es für die vielleicht nachfolgende Konfrontazion sowohl als das ganze Verfahren in dem Prozese bedenklich werden könnte, den Zeugen eine Art von Furchtsamkeit bliken zu lassen, und in dem Geseze dem Zeugen die Gefahr anzudeuten, der er sich bei der Rekognizion und folglich auch bei der Konfrontazion ausseze. Sie würden, wenn das bisherige Verfahren bei Rekognizionen beibehalten werden sollte, dieses nicht in dem Geseze sondern in einer besondern Instrukzion aussprechen.

Diesem lezten Vorschlage stimmten einige Mitglieder bei, allein da die Mehrheit dafür entschied, in dem Geseze die bisherige Art der Rekognizion auszudrücken, auch der von einigen Mitgliedern gemachten Erinnerung zu sezen

mehrere dem Zeugen unbekannte <u>Inquisiten</u> statt <u>Personen</u>

keine Folge gegeben war, da Niemand gezwungen werden könne, sich zu solchen Rekognizionen gebrauchen zu lassen, und man es dem Richter ohne Gefahr überlassen könne, auch einige andere Personen, wenn er sie finde, dazu zu verwenden,

so wurde der Art: 237. nach folgender Fassung angenommen, und beschlossen, denselben nach Art: 219. in das Kapitel von Vernehmung der Zeugen einzureihen.

Art: 237. post Art. 219.

III. <u>Von der Rekognizion des Inquisiten.</u>

"Wenn die Zeugen den Namen des Inquisi-ten nicht wissen, und demselben doch zu kennen sich getrauen, oder wenn auch nur der mindeste Verdacht eines Irrthums in der Person oder einer falschen Beschuldigung vorhanden ist, sollen die Zeugen allezeit angehalten werden, den Inquisiten nach seiner Gestalt, Sprache, Kleidung und dergleichen, genau zu beschreiben, und hierauf denselben zu rekognosziren, auch hiebei der Inquisit von allen Kennzeichen der Gefangenschaft befreiet, und nach Thunlichkeit nebst mehreren ihm ähnliche, den Zeugen unbekannte Personen vorzustellen."

"Die Rekognizion ist übrigens jedesmal auf die Weise zu veranstalten, daß der Zeuge von dem Inquisiten nicht gesehen werden kann."

Eine vom Herrn Geheimen Rathe von Effner Ihrer Abstimmung beigefügte Bemerkung, wie Sie glaubten, es seie unumgänglich nötig und in dem Geseze auszusprechen, daß einer jeden Konfrontazion die Rekognizion vorhergehe, um über die Identität der Person, womit der Richter die Konfrontazion vornehmen wolle, keinen Zweifel zu haben, und dem mehrmal geschehenen praktischen Falle auszuweichen, daß der zur Konfrontazion berufene Zeuge beim Anblike des Inquisiten erkläre, er kenne diesen nicht, wodurch die ganze Handlung der Konfrontazion vereitelt werde, führte zur Diskussion dieser Frage.

Herr Geheimer Rath von Feuerbach fanden diese Bemerkung sehr gegründet, und verstanden sich so wie die übrigen Mitglieder mit Ausnahme des Herrn Hofrath von Gönner, vorzüglich aus den Gründen zu einer gesezlichen Bestimmung deßwegen, damit der Zeuge nicht durch den Anblik des vielleicht schon längere Zeit im Kerker sich befundenen und dadurch unkenntlichen Inquisiten, frappiret, und in seiner Überzeugung, den Inquisiten zu kennen, wankend gemacht werde; auch seie die Identität der Person bei dem Kriminal Verfahren von der größten Wichtigkeit, und eine Rekognizion zu Herstellung derselben, werde daher in jedem Falle, wenn auch die Konfrontazion den Laufe der Untersuchung nicht für nothwendig erachtet würde, sehr zwekmäsig angeordnet, wenn der Richter nur glaube, es könnte zur Konfrontazion kommen.

Herr Geheimer Rath von Feuerbach machten den Vorschlag in dem 3n Kapitel von der Gegenstellung oder Konfrontazion nach Art: D. einen eigenen Art: aufzunehmen, und denselben so zu fassen:

> "deßgleichen kann zur Konfrontazion selbst nicht eher geschritten werden, bevor nicht der Inquisit dem Konfrontanten ins Geheim gemäs Art: 237. vorgestellt, und jener von diesem rekognosziret worden ist."

Der Hofrath von Gönner bemerkten, der Vorschlag, einer jeden Konfrontazion die Rekognizion des Inquisiten vorhergehen zu lassen, scheine Ihnen nicht ganz zwekmäsig. Herrsche über die Identitalität der Person des Angeschuldigten der minderste Zweifel, so mache ohnehin nach Art: 237. die Rekognizion einen Theil der Zeugen Vernehmung aus, seie daher als solche allemal vorausgegangen, somit bei dem Konfrontazions Akte überflüssig. Herrsche über dem Zweifel, so habe die Rekognizion keinen Zwek. – Wolle man sie aus dem Grunde der Konfrontazion vorhergehen lassen, damit der Zeuge durch den Anblik deswegen langem Arreste entstellten Inquisiten nicht frappiret werde, so bedürfe es der grosen Vorsicht nicht, die bei der Rekognizion durch Zeugen im Art: 237. mittels Zustellung anderer dem Inquisiten ähnliche Personen verordnet worden, sondern es genüge, wenn ihm der Inquisit allein ohne jene mit vieler Beschwerde verbunden Untermischung vorgestellt werde.

Sie glaubten daher, dieser vorgeschlagene Zusaz, zur Lehre von der Konfrontazion seie entweder ganz auszulassen, oder es seie wenigstens dabei auf den Art: 237. nicht zu verweisen, damit nicht das Kriminal Verfahren durch überflüssige Formalitäten erschweret werde.

Da die übrigen Mitglieder dieser Äusserung des Herrn Hofrath von Gönner ungeachtet, bei dem auf die Bemerkung des Herrn Geheimen Rath von Effner gemachten Vorschlage stehen blieben,

> so wurde der vorgeschlagene Art: a post D. im 3. Kapitel von der Konfrontazion angenommen.

Herr Geheimer Rath von Feuerbach bemerkten nun, daß da durch die von dem Sekzionen wegen der Konfrontazion überhaupt gefaßten Beschlüsse die Konfrontazion zur Vertheidigung des Inquisiten in diesem Kapitel ausgelassen worden, es nothwendig andern Orte aufzunehmen, indem ohne Verlezung der Pflichten, so der Staat gegen jeden Menschen habe, und ohne das Kriminal Verfahren dem Gehäßigen und Unmenschlichen einer spanischen Inquisizion ähnlich zu machen, dem Angeschuldigten die Bekanntmachung und Entgegenstellung der gegen ihn ausgesagt habenden Zeugen nicht verweigert werden könne. Der Inquisit habe in dem ganzen Verfahren gegen ihn noch keine Namen der gegen ihn auftretenden Zeugen gehöret, keinen gesehen, folglich wisse er nicht, wie und gegen wen er sich vertheidigen, oder den Richter aufmerksam machen sollte, daß vielleicht die Aussagen der Zeugen gegen ihn durch Feindschaft oder andere Ursachen veranlaßt worden.

Diese Unwissenheit des Inquisiten müsse entfernt, und ihm alle Mittel sich zu vertheidigen gegeben werden, † damit er seine Einwendungen gegen ihre Glaubwürdigkeit dem Richter mit Bestimmtheit und ohne alle Zweifel der Person vorlegen könne. Selbst der Kreitmayer'sche Codex gestatte diese Wohlthat dem Inquisiten, zwar mit Beschränkungen, die aber nach dem Geiste der gegenwärtigen Gesezgebung nicht mehr beizubehalten. Auch alle andere Gesezbücher giengen von diesem Grundsaze aus, nur in der Anwendung desselben seien sie verschieden.

Ihren Ansichten nach würden diese Bestimmungen zur Defension am zwekmäsigsten in das 5n Kapitel, von dem <u>Beschlusse der Untersuchung und dem Vertheidigungs-Verfahren</u> aufgenommen werden, und machten den Vorschlag, dem ersten Absaz des Art: F. nach <u>selbst vorzunehmen</u> Folgendes anzufügen:

> "Es macht daher der Untersuchungs-Richter am Ende des lezten Verhöres den Inquisiten mit dem bevorstehenden Vertheidigungs-Termin und mit dessen Zwek,

† er müsse die Zeugen kennen, sie müßten ihm auf Verlangen vorgestellt werden,

so wie mit den ihm zustehenden Rechten der Vertheidigung bekannt. Zugleich nennet er dem läugnenden Angeschuldigten, welcher durch Zeugnisse überführt werden soll, die Namen der Zeugen, befragt denselben, ob er sie kenne? und ob er allenfalls die persönliche Gegenstellung derselben verlangen?

Der Richter hat sodann Alles dasjenige, was zu Einleitung und Vorbereitung des Vertheidigungs-Verfahrens dienet, ungesäumt zu vorfügen."

Der Grundsaz des Herrn Referenten, daß dem Inquisiten die gegen ihn ausgesagt habende Zeugen bekannt, und ihm vorgestellt werden müssen, wurde zwar von allen Mitgliedern angenommen, nur Seine Exzellenz Herr Geheimer Rath Carl Graf von Arco waren nach Ihrer ad Art: 157. und 227. litographirten Bemerkung noch immer der Meinung, daß hiebei unter schwereren und geringeren Verbrechen und unter den Personen, welche dieselben begangen, unterschieden werden müßte; allein darin kamen alle Mitglieder überein, daß der Vorschlag des Herrn Referenten zu weit gehe, zu dem größten Aufenthalte in allen Kriminal Prozessen und zu unabsehbaren und kostspieligen Verzügerungen den Veranlaß geben würde, indem er die Auffoderung des Inquisiten auspreche, ob er allenfalls die persönliche Gegenstellung der gegen ihn ausgesagt habenden Zeugen verlangen; Jeder schlaue Inquisit würde diese gesezliche Bestimmung benuzen, um die Gegenstellung aller noch so sehr entfernten Zeugen zu fodern, und unter mancherlei Vorwänden dieselben zu verwerfen suchen, um die Entscheidung seines Schiksals aufzuschieben. Dem Richter liege nach den früheren Anordnungen ob, auf alles das ex officio aufmerksam zu sein, und alles herzustellen, was zur Vertheidigung des Angeschuldigten dienen könne, folglich müsse dieser schon sich der Glaubwürdigkeit der Zeugen versichern, und Alles untersuchen, was ihnen allenfalls entgegen stehen könne. Nebstdem seie dem Defensor des Inquisiten erlaubt, die Akten und dann die Zeugen Aussagen einzusehen, sich mit dem Inquisiten darüber zu besprechen, und die Einwendungen desselben gegen die Zeugen zu seiner Vertheidigung zu benuzen.

Diese Sicherheits-Maasregel für die bürgerliche Freiheit, verbunden mit der dem Richter zur Pflicht zu machenden Bekanntgebung der gegen den Angeschuldigten ausgesagt habenden Zeugen, so wie derselben Vorstellung, wenn er es verlangt, schienen Alles zu erschöpfen, was zur Vertheidigung des Angeschuldigten nach den strengsten Foderungen begehet werden könnte.

Sie würden daher die Auffoderung des Inquisiten umgehen, ihm nur die Namen des Zeugen durch den Richter, aber ohne Vorhaltung ihrer Aussagen eröfnen, und ihm diese, wenn er es verlange, vorstellen lassen, dieses Recht aber nur dem läugnenden Inquisiten zugestehen, und es auf jene Zeugen beschränken, durch welche der überführt werden solle.

Übrigens glaubten die Mitglieder der Sekzionen, daß diese Bestimmungen zwekmäsiger in das 2te Kapitel von Vernehmung der Zeugen als in das 5te, von dem Beschlusse der Untersuchungen oder dem Vertheidigungs Verfahren, aufzunehmen seien.

Nach diesen Meinungen, welche im Verfolg verfügter Umfrage als Beschluß

ausgesprochen wurden, übernahmen Herr Geheimer Rath von Feuerbach die Redakzion dieses neuen Art: in der nächsten Sizung vorzulegen, und machten den Vorschlag, denselben nach Art: 221. zu sezen, und das zweite Kapitel <u>von Vernehmung der Zeugen</u> damit zu schliesen.

Herr Geheimer Rath von Feuerbach fuhren nun in dem litographirten Entwurfe Art: 249. fort, und bemerkten, daß mehrere der folgenden Art: bis zu dem 5n Kapitel von dem Verfahren bei Urkunden in Folge früherer Beschlüsse, und weil sie oben schon eingereihet worden, hier ausgelassen werden müßten. Es scheine Ihnen zwekmäsig, diese zuerst auszustreichen, und jene, welche blos auf Formen sich beschränkten, und beibehalten würden, im Zusammenhange zu lesen und zu prüfen.

Das Marginale dieser Art: müßte geändert werden, und statt

    II. <u>Von dem Augenscheine in besonderen Fällen</u>
        1tens bei der Tödtung

gesezt werden:

    II. "Insbesondere von dem Augenscheine bei vorgefallener Tödtung."

Dann müßten in diesem Kapitel ausgelassen werden die

	<div align="center">Art: 249.</div>
II.) <u>Von dem Augenschein in besondern Fällen.</u> 1. bei der Tödtung.	Ergeben sich Anzeigen eines gewaltsamen Todes, so soll der Leichnam, wenn nicht der Tod offenkundiger unzweifelhafter Weise, durch blosen Unglüksfall verursacht worden, eher nicht, als nach gerichtlichen Augenschein beerdiget, oder, wenn dieses gleichwohl geschehen, und dabei noch die Erreichung eines Zwekes richterlicher Untersuchung zu hoffen ist, wieder ausgegraben werden.
	<div align="center">Art: 251.</div>
	Ehe zur Leichenöfnung geschritten wird, soll man den Leichnam denjenigen Personen, welche den Verstorbenen im Leben gekannt, und wenn der muthmasliche Thäter bereits verhaftet ist, auch diesem zur Anerkennung vorzeigen.
	Ist der Tode Niemanden bekannt, so soll eine genaue Beschreibung desselben zu den Akten genommen, und in öffentlichen Blättern bekannt gemacht werden.
	<div align="center">Art: 252.</div>
	Das Augenscheins Protokoll muß umständlich enthalten: 1.) Den Ort wo, und die Lage, in welcher der Leichnam von dem

Gerichte gefunden worden ist;
2.) Die Bemerkung des Geschlechts und des muthsmaslichen Alters des Gestorbenen;
3.) Die genaue Beschreibung aller Verlezungen und Spuren erlittener Gewalt nach ihrer Beschaffenheit, Größte und Lage, oder wenn solche Spuren nicht wahrzunehmen, die ausdrükliche Bemerkung dieses Umstandes;
4.) Die Bemerkung des Art, wie und durch welche Mittel oder Werkzeuge die Verlezungen wahrscheinlich zugefügt worden sind;

wobei übrigens noch insbesondere alles dasjenige zur Anwendung kommt, was im Art: 247. No 3. überhaupt verordnet ist.

Art: 254.

Bei vorgefallener Kindestödung ist ausser der Beschaffenheit und Tödlichkeit der Verlezungen, zu untersuchen, ob das Kind lebendig geboren, und lebensfähig gewesen sei, wobei alle betreffenden Erscheinungen, und die zur Entdekung derselben angewendeten Proben umständlich zum Protokolle zu verzeichnen sind.

Art: 255.

Bei Vergiftungen ist nächst den allgemeinen Erfodernissen vornemlich dahin zu trachten, daß das Gift selbst in dem Körper aufgesucht, und sodann chemisch untersucht werde.

Lezteres gilt zugleich von allen verdächtigen Substanzen welche in der Wohnung des Verstorbenen, in den noch übrigen Speisen und dergleichen, oder auch bei dem Verdächtigen selbst gefunden werden.

Art: 258.

2.) Bei weiblichen Besichtigungen.

Wenn wegen Verdachts heimlicher Geburt oder aus andern Gründen die Untersuchung der Geburtstheile eine Person erfoderlich ist, so soll die Besichtigung von dem Gerichtsarzte, wenn derselbe zugleich als Geburts Helfer verpflichtet ist, oder von zwei beeidete Hebamme oder Hebärzten vorgenommen werden.

Bei einer durch Nothzucht zugefügten Beschädigung oder Verwundung sind die Spuren der Gewaltthat, wie bei körperlichen Verlezungen überhaupt, von dem Gerichts-Arzte zu untersuchen.

Art: 259.

3.) Bei Entwendungen und Beschädigungen des Eigenthums.

Bei Beschädigungen des eigenthums, bei Entwendungen besonders durch Einbruch oder Einsteigen ist durch Augenschein hauptsächlich die Art und Größe der gebrauchten Gewalt oder List, der gestiftete Schaden, oder das Dasein solcher Thatsachen zu erforschen, welche auf die Entdekung oder Überweisung des Thäters führen können.

Art: 260.

4.) Insbesondere bei Brandstiftungen.

Bei Brandstiftungen ist insbesondere der Ort, wo zuerst das Feuer ausgekommen, die Beschaffenheit und Größte des erregten

Brandes, die Entfernung der Brandstätte von andern Wohnungen oder Behältnissen, und übehaupt alles dasjenige, worin die Größe der Gefahr ermessen werden kann, durch den Augenschein möglichst genau erforschen.

Die bleibenden Art: 250. 253. 256. 257. wurden einer nähern Prüfung unterworfen, und hiebei vom Herrn Geheimen Rathe von Feuerbach bemerkt, daß die Bestimmungen des Art: 257. besonders wichtig, indem die Erfahrung beurkunde, welche verschiedene von den juridischen Ansichten abweichende Meinungen die Ärzte öfters in diesen Fällen geäussert, und wie unbestimmt ihre Antworten ausgefallen, welchem nun durch Vorlegung bestimmter Fragen entgegen gearbeitet werde.

Art: 250.

Die Leichenschau erfodert ausser dem Richter und beeideten Prokollisten die Zuziehung des ordentlichen Gerichts Arztes, oder wenn dieser den Verstorbenen in seiner lezten Krankheit behandelt hat, oder sonst verdächtig oder verhindert ist, eines andern Gerichts Arztes desselben, oder nächst angrenzenden Gerichts.

In Nothfällen kann die Besichtigung von jedem andern öffentlich angestellten Arzte, oder von zwei zur Praxis berechtigten und beeideten Ärzten oder Wundärzten vorgenommen werden.

Art: 253.

Die Vollständigkeit der Besichtigung erfodert die Oeffnung der drei Haupthöhlen des menschlichen Körpers, und der Untersuchungs-Richter, welcher hiezu den Gerichtsarzt anzuhalten, unterlassen, oder der Gerichtsarzt, welcher der Aufforderung des Untersuchungs-Richters pflichtwidrig entgegen gehandelt hat, ist nach Umständen mit einer Geldstrafe von fünf bis fünfzig Gulden zu belegen.

Doch entsteht aus dieser Unterlassung keine Nichtigkeit oder Mangel an dem Thatbestande, wenn ausserdem die Tödlichkeit der Verlezungen keinen gegründeten Zweifel unterliegt.

Art: 256.

Das wissenschaftlich ausgeführte Gutaftlich /: Parere :/ über den Befund und die Todes-Ursache, soll jedesmal von dem Gerichtsarzte schriftlich in einem besondern Aufsaz verfaßte, und von demselben unterschrieben und untersiegelt werden.

Art: 257.

Dieses Gutachten muß, was die Bestimmung der Todes-Ursache, anbetrift, die bestimmte Antwort auf folgende Fragen enthalten:

I. Ob die untersuchte Person eines gewaltsamen Todes, und zwar an den bemerkten Verlezungen oder Mißhandlungen gestorben sey? oder im Gegentheil: ob aus besondern Umständen als gewis oder wahrscheinlich angenommen werden könne, entweder daß sie schon vor entstandener Verlezung tod gewesen, oder daß sie an einer zu den ungefährlichen Verlezungen später hinzu gekommenen Ursache gestorben sei?

Wenn über die erste Hauptfrage bejahend entschieden worden, so ist zu beantworten:

II. Von welcher Natur und Beschaffenheit die tödlichen Verlezungen und Mißhandlungen sind? nemlich:

    1.) ob dieselben nothwendig tödlich sind, oder nur zuweilen den Tod zu bewirken pflegen?

    2.) ob derselben ihrer allgemeinen Natur nach den Tod bewirkten, oder nur im gegenwärtigen Falle wegen ungewöhnlicher Leibes-Beschaffenheit des Beschädigten, oder wegen zufälliger äusserer Umstände, Ursache des Todes gewesen sind?

    3.) ob die Verlezung unmittelbar, oder mittels einer Zwischen-Ursache, welche durch jene erst in Wirksamkeit gesezt worden, den Tod verursacht habe?

Dagegen die Auslassung der bemerkten Art:, so wie gegen die bleibende keine Erinnerungen gemacht wurden, so wurden die beizubehaltenden Art: 250. 253. 256. 257.

mit dem Vorbehalte angenommen, daß über den Art: 250. das Gutachten des Ober-Medizial Bureau zuerst erholet werde, in wie weit die darin enthaltene Bestimmungen mit der Organisazion des Medizinal-Wesens übereinstimmen.

In Art: 256. wäre statt <u>untersiegelt</u>
    zu sezen: "besiegelt"
und Art: 257. in No I. statt
    <u>zu den ungefährlichen Verlezungen</u>
    "zu den nicht gefährlichen Verlezungen."

Herr Geheimer Rath von Feuerbach trugen das 5te Kapitel
<u>von den Verfahren bei Urkunden</u>
Art: 261. 261. 263. 264. und 265. vor.

Art: 261.

<u>Allgemeine Bestimmung</u>

Sobald der Richter Gewißheit oder Vermuthung für das Dasein eiener den Untersuchungs-Gegenstand betreffenden Urkunde erlangt hat, soll derselbe unverzüglich deren Besiz zu erlangen suchen, und zu diesem Ende entweder bei dem Verdächtigen die Haussuchung in gesezlicher Art vornehmen, oder, wenn sie von einem Dritten besessen wird, diesem die Auslieferung derselben anbefehlen.

Art: 262.

Bei Urkunde, welche von dem Verdächtigen selbst herrühren, und woraus ein Beweis der That, oder einer Anzeigung wider denselben abgeleitet werden soll, hat sich zugleich der Richter,

<u>Vom Verfahren bei Anerkennung der Urkunden.</u>

wo möglich, anderer unverfänglicher Schriften, welche unzweifelhaft von dem Angeschuldigten herrühren, zu versichern.

Art: 263.

Bevor dem Angeschuldigten die betreffende Haupturkunde zur Anerkennung vorgelegt wird, soll derselbe durch zwek-mäsige Fragen über allgemeine, mit der Abfassung der Urkunde in Verbindung stehende Umstände, z.B. über seine Correspondenz, welche Papiere er überhaupt beseze, und andern dergleichen Thatsachen vernommen, sodann aber erst zur Anerkennung unverfänglicher Papiere, oder, wenn solche nicht vorhanden, zum Niederschreiben eines Aufsazes vor Gericht selbst angehalten werden.

Art: 264

Wenn sodann nach vorgelegter Haupt-Urkunde sich der Verdächtige zu deren Anerkennung nicht versteht, sollen ihm die Gründe, weswegen man ihn für deren Urheber halten müsse, nach und nach vorgehalten, endlich auch die beeidigten Schreibverständigen, welche die Urkunde für die seinige erkennen, oder die Zeugen, welche bei derer Abfaßung zugegen waren, unter die Augen gestellt werden.

Art: 265.

Bekennt sich der Angeschuldigte zwar zu seiner Unterschrift, nicht aber zu deren Inhalt, so soll, wenn er wahrscheinliche Gründe eines Mißbrauchs seiner Unterschrift oder sonstiger Verfälschung anführt, diesen Umständen sorghältig nachgeforscht werden.

Mit Auslassung der Worte in Art: 263.
<u>welche Papiere er überhaupt besize</u>
weil dieses zu Mißverständnissen Anlaß geben, und zu weit führen könne, da der Angeschuldigte oft nicht wisse, welche Papiere er besize,

wurden diese Art: angenommen, und nur im Art: 261. statt
<u>Urkunde erlangt hat,</u>
gesetzt,
"Urkunde erhalten hat"

Das 6te Kapitel
Von der Haussuchung

I.) <u>Wann und wo eine Haussuchung statt finde.</u>

Art: 266.

Der Richter ist berechtigt, sich in die Wohnung eines Verdächtigen zu begeben, um daselbst zur Entdekung verborgener Beweismittel der Schuld alle dessen Behältnisse, Sachen und Papiere zu durchsuchen.

Dabei wird vorausgesezt, daß der Hauseigenthümer oder Bewohner entweder schon der Spezial-Inquisizion unterworfen, oder durch bestimmte Anzeigungen eines Verbrechens verdächtig, oder wenigstens nach seinem Karakter und Lebenswandel eine Person sei, zu welcher man sich der That versuchen kann.

Art: 267.

In Gast- und anderen öffentlichen Häusern darf eine Haussuchung veranlaßt werden, sobald Vermuthungs Gründe vorhanden sind, daß daselbst entweder ein Verdächtiger sich verbergen halte, oder Spuren eines Verbrechens zu enrdeken seien.

Es darf jedoch der Richter wider Willen des unbescholtenen Hausbewohners weder dessen verschlossene Behältnisse öfnen, noch von dessen Papieren Einsicht nehmen.

Art: 268.

Privat-Wohnungen können, ausser dem Falle des Art: 266. nicht anders, als mit Bewilligung des Hauseigenthümers oder Bewohners, oder in vorzüglich wichtigen Fällen auf besondern Befehle des Kriminal-Obergerichts durchsucht werden.

Doch ist jeder Hauseigenthümer oder Bewohner, welcher überwiesen wird, einen Übelthäter oder die Spuren des Verbrechens bei sich verborgen zu haben, als Begünstiger zu bestrafen.

Art: 269.

II.) <u>Wie eine Haussuchung anzustellen.</u>

Eine Haussuchung erfodert nothwendig die Gegenwart des Richters und eines vereideten Protokollführers.

Auch soll entweder der Verdächtige selbst, oder wenn dieser nicht zu haben, eine Person seiner Familie, und in deren Ermanglung zwei andere Hausbewohner oder Nachbarn zu der Handlung beigezogen werden.

Art: 270.

In dem über die Haussuchung aufzunehmenden Protokolle soll die ganze Handlung, so wie ein Ort nach dem andern durchsucht, und was daselbst bemerkt, was an verdächtigen Sachen entdekt oder gefunden, oder in gerichtliche Verwahrung genommen wird, genau verzeichnet werden.

Art: 271.

Papiere und andere bewegliche Sachen sollen in Gegenwart der Art: 269. benannten Personen unter ein Couvert oder in ein Behältniß gethan, und mit dem Gerichts Siegel verschlossen werden.

Auch ist dem Verdächtigen oder andern dabei Betheiligten sein eigenes Siegel beizudrücken, gestattet.

Art: 272.

Die Entsiegelung der auf diese Weise in Verwahrung genommenen Sächen geschieht in Gegenwart derjenigen Personen, welche bei der Besiegelung selbst zugegen gewesen sind, und nach vorgängiger Anerkennung des unverlezten Siegels.

Art: 273.

Bei Vornahme einer Haussuchung soll der Untersuchungs Richter durch zwekmäsige Anstalten und strenge Aufmerksamkeit zu verhindern trachten, daß nicht unterdessen Sachen unter-

> drükt, veränderet oder hinweggeschaft, oder verdächtige Personen seiner Nachforschung entzogen werden können, wobei derselbe übrigens jede nicht zum Zwek dienliche Belästigung oder Kränkung der Hausbewohner, bei strenger Ahndung zu vermeiden verpflichtet ist.

Unterlag ebenfalls keinen Einwurfen, und

> wurde nach seiner Fassung beibehalten, und nur das Wort Ober bei Kriminal-Gericht Art: 268. in Folge des schon früher angenommenen Grundsazes auch hier ausgelassen.

Hiermit wurde die heutige Sizung beschlossen.

23. Sitzung Nr. XVII
München, den 21n Oktober.

Protocoll über die Sizung der vereinigten Sekzionen der Justiz- und des Innern, welches in Gegenwart den gestern anwesend gewesenen Mitgliedern abgehaltn worden.

Herr Geheimer Rath von Feuerbach lasen die Note vor, welche sie an das Ministerium des Innern wegen Vernehmung des Obermedizinal Bureau über den Art: 250. entworfen, und führten hierauf folgende Fassung an, nach welcher, wie Sie glaubten, der in das zweite Kapitel von Vernehmung der Zeugen nach Art: 221. einzureihendeneue Art: wegen Benennung und Vorstellung der Zeugen in Folge des Gestern gefaßten Beschlusses redigirt werden könnte.
Art: A. post 221.
Mit dem Marginale
Von Benennung und Vorstellung der Zeugen.
Der Richter ist von Amtswegen verbunden, dem Inquisiten bei schiklicher Gelegenheit entweder im Laufe der Untersuchung oder am Schluße derselben die Namen der Zeugen, durch welche er überführt werden solle, jedoch ohne Vorhaltung des Inhaltes mit dem Befragen vorzuhalten, ob er die genannte Person kenne, woher und wie lange, in welchem Verhältnisse er zu ihr gestanden, ob und was er etwa gegen sie, einzuwenden habe.

Behaupt Inquisit die ihme genannten Zeugen nicht zu kennen, so kann ihm auf sein Verlangen die persönliche Vorstellung der Zeugen selbst nicht verweigert werden.

In den hierin angegebenen Bestimmungen seien jene des Kreitmaier'schen Codex mit Umgehung der darin enthaltenen Beschränkung benutzt, und dieselben beruheten auf dem Prinzip, daß der Richter ex officio Alles herstellen müsse, was zum Wesen des Verfahrens und zu Führung des Beweises, so wie zur Vertheidigung des Angeschuldigten aufzufinden. Der dem Angeschuldigten beigegebene Defensor trete keineswegs als derjenige auf, der den Beweis der Unschuld des Angeschuldigten herzustellen habe, sondern der den Richter in seinem Verfahren kontrolliren, und dem Inquisiten eröfne, was die Zeugen gegen ihn ausgesagt, und auf dasjenige aufmerksam mache, was ihm zu seiner Vertheidigung dienen könne.

Deßwegen werde der Richter angewiesen, dem Angeschuldigten die Zeugen, durch welche er überführt werden solle, jedoch, um nicht an einen Zeitpunkt gebunden zu sein, nur nach seinem Ermessen, entweder bei schiklicher Gelegenheit im Laufe oder am Schlusse der Untersuchung, nahmhaft zu machen, und wenn er es verlange, diese demselben vorzustellen.Diese Maasregel seie um so wesentlicher, als die Kraft der Beweise auf die Glaubwürdigkeit der Zeugen-Aussagen beruhen.

Seine Exzellenz Herr Geheimer Rath Carl Graf von Arco

fanden diesen Vorschlag weit gestellt, und legten die Frage vor, wie es nach dieser Lehre bei Prozessen mit diesen Banden gehalten werde: müßten dem Mitgliede neuer solchen Bande, wenn der es begehre, alle Zeugen vorgestellt zu werden? wie verzögernd und kostspielig würde eine solche gesezliche Anordnung werden.

Auch Herr Geheimer Rath von Effner machten die Bemerkung, es werde nothwendig sein, auszudrücken, daß diese Benennung Eid Vorstellung der Zeugen nur bei dem läugnenden Inquisiten eintrete, denn so sehr Sie überzeugt, daß es eine unerläßliche Folge der Rechte des Menschen seie, daß ihm nicht verweigert werde, die Zeugen, die gegen ihn ausgesagt, zu kennen, und jene, welche er nicht kenne, muß sehen, um seine Vertheidigung darnach neu bemessen, so dürfte diese Maasregel wegen der Verzögerung und den damit verbundenen Kösten, und dafür die Sicherheit des Angeschuldigten bereits hinlänglich gesorget, doch nicht zu sehr erweitert werden.

Auch müßten Sie auf die früher schon gemachte Bemerkung zurükkommen, daß Sie fürchteten, in Fällen, wo eine Konfrontazion der Vorstellung folge, werde leztere durch die erstere geschwächt, und der Eindruk auf den Angeschuldigten den Zeugen schon gesehen, und ihn sein wiederholter Anblik nicht mehr frappire. Sie würden deßwegen den Beisaz machen, daß in dem gegebenen Falle der Richter zu bemessen habe, ob nicht die Vorstellung mit der Konfrontazion verbunden werden solle.

Herr Geheimer Rath von Feuerbach äusserten auf diese Bemerkungen, daß eine Vorstellung der Zeugen auch dem Inquisiten der rohesten Klasse nach dem allgemeinen Pflichten der Staaten gegen die Menschen, wenn er diese nicht kenne, und es begehre, nicht verweigert werden könne, es mögten dann mehrere oder nur einer sein.

Daß dieses sich nur auf den läugnender Inquisizion beziehe, glaubten Sie dadurch schon hinlänglich angedeutet zu haben, daß Sie ausgedrükt, <u>durch welche der Inquisit überführt werden solle</u>, inzwischen könnten Sie sich auch dazu verstehen, daß, um den Saz noch deutlicher zu machen, beigesezt werde, <u>dem läugnenden Inquisiten</u>.

Den Beisaz wegen Vereinigung der Vorstellung mit der Konfrontazions Handlung in dem Falle, wo eine Konfrontazion nachfolgen könne, hätten Sie bereits aufgenommen gehabt, allein die Rüksicht, daß ein geschikter Richter dieses auch ohne Vorschrift thun werde, wenn er aus dem Laufe der Untersuchung vermuthen könne, daß solche nötig werde, auch seie es unmöglich, in dem Inquisizions Prozesse dem Richter alles vorzuschreiben, was, und wann er das aus den Haupt-Bestimmungen Folgende zu thun; in diesem Prozesse habe keine Handlung einen bestimmten Plaz, und die Beurtheilung des Richters müße das Nichtausgestrafene ersezen. Nach den vom Herrn Geheimen Rathe von Effner angegebenen Gründen könnten Sie sich auch zu diesen Beisaze verstehen.

Seine Exzellenz der Herr Justiz-Minister Graf von Reigersberg verfügten die Umfrage, und alle Mitglieder mit Ausnahme des Herrn Carl Grafen von Arco Exzellenz verstanden sich mit der Fassung des Art: A post 221. mit beiden Zusäzen, da sie die Benennung der Zeugen und deren Vorstellung, wenn der Inquisit es verlange, für unumgänglich nothwendig fanden, es auch dem Geiste des Gesezes entspreche, dem Angeschuldigten alle Mittel zur Vertheidigung zuzulassen.

Herr Geheimer Rath Carl Graf von Arco Exzellenz äusserten unter Beziehung auf Ihre ad Art: 157. und 227. litographirte Bemerkungen, daß Sie, wie sie bereits öfters erwehnet, bei den Sicherheits-Maasregel für die Angeschuldigte rüksichtlich der Natur der Verbrechen und der Personen, welche Sie begangen, immer unterscheiden würden; Dem gebildeten unverderbenen Menschen würden Sie dieses Recht, daß ihme die Zeugen benannt, und vorgestellt werden, unbedenklich einräumen, und wie Sie bereits schriftlich bemerkt, noch weiter ausdehnen, allein bei dem gewohnten geübten Verbrecher, bei Banden fänden Sie dasselbe zu gefährlich, und von der Art, daß ein verschmizter Verbrecher darin leicht Mittelfinden könnte, das Strafurtheil auf lange Zeit zu verzögern, wo nicht unmöglich zu machen.

Sie würden deßwegen, so wie es auch in dem Kreitmaier'schen Codex geschehen, unterscheiden, und wenn die Majorität die vorgeschlagene Idee der Benennung und Vorstellung der Zeugen annehmen würde, eher vorziehen, das ganze Inquisizions-Verfahren mit Umgehung der Jury öffentlich zu machen.

Nach dem Schlusse der Mehrheit wurde folgende Fassung des Art: A post 221. angenommen.

Art: A post: 221.

Marginale.

<u>Von Benennung und Vorstellung der Zeugen.</u>

"der Richter ist von Amtswegen verbunden, dem läugnenden Inquisiten entweder bei schiklicher Gelegenheit im Laufe der Untersuchung oder am Schlüsse derselben die Namen der Zeugen, durch welche er überführt werden solle, jedoch ohne Vorhaltung des Inhaltes ihrer Aussagen mit dem Befragen zu eröfnen, ob er die genannte Person kenne, woher und wie lange, in welchem Verhältnisse er zu ihr gestanden, und ob und was er etwas gegen sie einzuwenden habe.

Behauptet Inquisit die ihm genannten Zeugen nicht zu kennen, so kann ihm auf sein

Verlangen die persönliche Vorstellung des Zeugen selbst nicht verweigert werden; wenn übrigens nach den Umständen vorauszusehen ist, daß eine eigentliche Konfrontazion des Inquisiten mit den benannten Zeugen /: Cap: 3./ erfoderlich sein dürfte, so ist dessen Vorstellung bis dahin zu verschieben, und sodann mit der Konfrontazion zu verbinden."

Herr Geheimer Rath von Feuerbach giengen nun zu der vierten Abtheilung, /: welche aber nach der getroffenen Änderung der Eintheilung Vierter Titel heißen müsse :/
<u>Von dem Beweise und dessen rechtlicher Kraft</u>
über, und lasen das erste Kapitel ab.
<u>Allgemeine Bestimmungen rüksichtlich des Beweises in peinlichen Sachen.</u>

<u>Art: 274.</u>

I.) <u>Von den Gegenständen des Beweises.</u>

Niemand kann in die Strafe eines Verbrechens verurtheilt werden, ausser wenn durch positive Beweise zur Gewißheit gebracht ist,
1.) daß das in Frage stehende Verbrechen wirklich geschehen sei, (: Thatbestand des Verbrechens :) und
2.) daß der Angeschuldigte entweder dessen Urheber sei, oder als Gehülfe oder Begünstiger dabei mitgewirkt habe.

<u>Art: 275.</u>
Ist der Thatbestand des Verbrechens und die rechtswidrige Handlung des Angeschuldigten erwiesen, so wird dessen rechtswidriger Vorsaz, dessen Zurechnungs-Fähigkeit, und was sonst zu den Bedingungen der Strafbarkeit der Person gehört, solange als vorhanden angenommen, als nicht aus erwiesenen Thatsachen die Gewißheit oder Wahrscheinlichkeit des Gegentheils sich ergiebt.

<u>Art: 276.</u>
Wenn die wider den Angeschuldigten erwiesene rechtswidrige That nach Verschiedenheit der dabei zum Grunde liegenden Absicht des Beweg-Gründes und Entzwekes, in dem Grade ihrer Strafbarkeit gesezlich unterschieden wird, so ist für den geringern Grad des Verschuldens so lange zu vermuthen, als nicht die strafbarere Absicht erwiesen ist.

<u>Art: 277.</u>

II.) <u>Von den Beweis-Mittel.</u>

Die zur Verurtheilung erfoderliche rechtliche Gewißheit kann unter Voraussezung der näheren Bestimmungen der nächstfolgenden Kapitel begründet werden.

    durch richterlichen Augenschein,
    durch Gutachten der Sachverständigen,

durch eigenes Bekenntniß des Angeschuldigten,
durch Zeugen,
durch Urkunden, und endlich
durch das Zusammentreffen tüchtiger Anzeigen oder Indizien.

Diesem Kapitel fügten Herr Geheimer Rath von Feuerbach die Bemerkung bei, daß der Art: 275. zwar schon im ersten Theile enthalten, allein zur Vollständigkeit, für den Richter Alles beisammen zu haben, was sich auf den Beweis beziehe, hätten Sie diesen Art: wiederholet. Der Art: 276. enthalte Bestimmungen, die in dem ersten Theile nicht enthalten, und die dem Richter bezeichneten, was Gegenstand des Beweises und Gegenbeweises seie, und wie er sich dabei zu verhalten.

Herr Hofrath von Gönner fanden die beiden Art: 275. und 276. nicht in den Prozeß geeignet, sondern glaubten, daß sie um so mehr hier aus gelassen werden könnten, als der Art: 275. schon wörtlich in dem ersten Theile enthalten, und der Art: 276. unter den im ersten Theile wegen der Zurechnung gegebenen Bestimmungen begriffen sein müßten, wohin Sie beide gehörten.

Da dieser lezten Meinung sich alle übrige Mitglieder mit Ausnahme des Herrn Geheimen Rath von Krenner des Ältern, welche mit dem Herrn Referenten für Beibehaltung dieser beiden Art: stimmten, anschlossen, so wurde nach Ablesung der erwehnten Art: des ersten Theils, und der litographirten Bemerkungen Seiner Exzellenz des Herrn Geheimen Rath Carl Grafen von Arco, und nachdem die vom Herrn Geheimen Rath von Feuerbach für die Beibehaltung dieser beiden Art: angeführten Gründe gewürdiget waren, † die Art: 275. und 276. als offenbare Wiederholung des bereits im ersten Theile Gesagten und als nicht zum Prozesse geeignet auszulassen.

† beschlossen,

Herr Geheimer Rath von Zenker blieben zwar bei dem Schluße der Mehrheit, glaubten aber, daß wenn diese Art: ausgelassen wurden, man sich doch auf die Frühere hier beziehen müsse.

Für die Beibehaltung führten Herr Geheimer Rath von Feuerbach an, daß es sich hier im Prozesse von der Frage handle, was gehört zum Beweise, was zum Gegenbeweise, in wie weit und wie darf der Richter, der solche ex officio herstellen muß, hiebei präsumiren?

Die Bestimmung des ersten Theiles seie blos für die Menge gegeben, seie des Art: 275. und 276. aber schreibe dem Richter vor, wie er sich zu benehmen: Sie hätten diese Wiederholung absichtlich eintreten lassen, um dem Richter alles faßlich und im Zusammenhange vorzustellen, was er bei Aufsuchung der Beweise und Gegenbeweise zu berüksichtigen habe.

Auch seien die Vorschriften des Art: 276. nicht im ersten

Theile aufgenommen, und daher als nötig für den untersuchenden Richter im Prozesse nachgeholt worden, wohin sie, so wie die Wiederholung des Art: 275. Ihrer Überzeugung nach gehörten.

Nach dem Schlusse der Mehrheit

wurden die Art: 274. und 277. nach Ihrer Fassung angenommen; Die Artr: 275. und 276. aber in dem Prozesse ausgelassen.

In dem zweiten Kapitel
 Von dem Beweise durch Augenschein und Gutachten
  der Sachverständigen,
welches Herr Geheimer Rath von Feuerbach vortrugen, wurden die Art: 278. und 279.

I.) <u>Von dem Augenschein.</u>

Art. 278.

Eine Thatsache, welche durch obrigkeitlichen in gesezlicher Arrt vorgenommenen Augenschein mit sinnlicher Gewißheit erkannt worden ist, es gehöre solche Thatsache zu dem Thatbestande des Verbrechens, oder zu den Anzeigungen des Thäters, ist als rechtlich erwiesen zu betrachten.

Art: 279.

Wenn der Untersuchungs-Richter aussergerichtlich die Begehung eines Verbrechens durch seine eigenen Sinne erfahren hat; so gilt seine Aussage blos als Zeugniß.

Uebertretungen, welche während der Ausübung seines Amtes, und in Beisein des Gerichtsschreibers begangen worden, sind durch das in gesezlicher Form darüber aufgenommene Protokoll, sowohl was die That selbst, als deren Urheber anbetrifft, für rechtlich erwiesen zu halten.

ohne weitere Erinnerung angenommen, als daß in Art: 279. statt
 <u>im Beisein des Gerichtsschreibers</u>
gesezt werden:
 "im Beisein des Protokoll-Führers."

II.) <u>Von Sachverständigen.</u>

Art: 280.

Eine Thatsache über deren Dasein oder Nichtsein blos nach Regeln einer besondern Wissenschaft oder Kunst, die in dem Umfang der einem Richter pflichtmäsig obliegenden Kenntnisse nicht gehört, mit zuverlässiger Gründlichkeit geurtheilt werden mag, wird durch ein in rechtlicher Form ertheiltes Gutachten der Sachverständigen erwiesen.

Art: 281.

Zur vollen Beweiskraft eines solchen Gutachtens wird erfodert:
1.) daß die Sachverständigen, von welchen es abgegeben wor-

den, alle Eigenschaften vollgültiger Zeugen an sich haben;

2.) daß dieselbe entweder für diesen besondern Fall vereidet, oder ihres schon früher geleisteten Eides erinnert werden;

3.) daß, wenn ihr Gutachten die Beaugenscheinung einer Sache erfodert, dieser Augenschein von ihnen selbst und zwar in Gegenwart des Gerichts vorgenommen worden;

4.) daß das Gutachten durch Gründe gehörig unterstüzt sei, und endlich

5.) durch keine Einmischung falscher Thatsachen, durch Widersprüche, Unbestimmtheiten und andere dergleichen Mangel, den Verdacht einer Partheilichkeit oder Ungeschiklichkeit wider sich habe.

<u>Art: 282.</u>

Unter mehreren Sachverständigen entscheidet, die Stimmen-Mehrheit.

Sind aber die Meinungen derselben über das Resultat des Gutachtens gleichgetheilt, oder ist dieses wegen des Mangels an Gründlichkeit, Genauigkeit, oder Vollständigkeit unbefriedigend, so ist die Entscheidung anderer Sachverständigen von höherer Ordnung oder Dignität, wie bei ärztlichen Gutachten der Medizinal- Komitee und zulezt des Ober Medizinal- Kollegiums, bei Handwerks-Gutachten der Innung einzuholen.

Wenn keine Sachverständige einer höhern Ordnung oder Dignität zu haben sind, so sollen andere in verdoppelter Anzahl über den Gegenstand vernommen worden, wo denn unter diesen gleichfalls die dem Angeschuldigten günstigere Meinung entscheidet.

Bei dem Art: 281. machten Herr Hofrath von Gönner die Bemerkung, daß nirgends die vorherige Vereidung der Sach- und Kunstverständigen Angeordnet, uns es doch nothwendig sein werde, in dem 4n Kapitel von dem <u>richterliche Augenscheine und von dem Gutachten der Kunstverständigen</u>, so wie es bei den Zeugen geschehen, auszusprechen, daß die Kunst- und Sachverständigen vor dem Augenscheine beeidet, oder ihres früher geleisteten Eides erinnert werden, welch neuer Art: nach Ihrer Meinung am schiklichsten nach Art: 242. statt des ausgelassenen Art: 243. eingereichet werden könnte, in Art: 281. dem Nummer 2. wäre sich hiernach nur auf den Art: 243. zu beziehen.

Nach dieser von den Sekzionen als gegründet befundenen Bemerkung wurde vom Herrn Geheimen Rathe von Feuerbach für diesen neuen Art: 243. folgende Fassung vorgeschlagen:

Art: 243. "Kunst- und Sachverständige

sind vor Einnehmung des Augenscheins und Abgebung ihres Gutachtens zu beeidigen, oder wenn sie bereits im Allgemeinen beeidet, ihres früher geleisteten Eides zu erinnern."

Der Nummer 2. des Art: 281. könnte sohin lauten:

"Nummer 2. daß dieselbe in gehöriger Art /: Art: 243 :/

beeidet werden."

Die Fassung des neuen Art: 243. und die Änderung des Nummer 2. des Art: 281. wurde angenommen.

Eine weitere bei Nummer 3. des Art: 281. vom Herrn Hofrath von Gönner gemachte Erinnerung, daß es Ihnen bedenklich scheine, zur vollen Beweiskraft eines Gutachtens der Sachverständigen als Regel zu erfodern, daß diejenige Sach- oder Kunstverständige, welche das Gutachten abgeben, den Augenschein zuvor selbst müssen eingenommen haben, da es Fälle geben könnte, wo dieses wegen Krankheit oder andern zufälligen Ursachen nicht ausführbar, und dann einem solchen von andern, welche nicht den Augenschein vorgenommen, abgegebenen Gutachten keine volle Beweiskraft beigelegt würde, diese Bestimmung scheine auch jener des folgenden Art: 282. zu widersprechen, wurde von den übrigen Mitgliedern als nicht so erheblich beurtheilet, daß hierauf eine Änderung in der Fassung des Nummer 3. zu treffen, denn das Gutachten könne mit mehrerer Vollständigkeit und Sicherheit von denjenigen abgegeben werden, welche den Augenschein vorgenommen, als von andern, und besondere Fälle würden durch besondere Entschliesungen geleitet werden, auch beruhe der Art: 282. auf ganz andern Voraussezungen.

Die Art: 280. 281. und 282. wurden daher mit den in Nummer 2. des Art: 281. schon beleiten Änderungen und der Art: 282. mit jenen angenommen, daß statt

Obermedizial-Kollegium

zu sezen

"Obermedizial-Behörde"

und die Worte, oder Dignität durch gehends ausgelassen wären.

Herr Geheimer Rath von Feuerbach trugen von dem dritten Kapitel von dem Beweise durch Bekenntniß des Angeschuldigten die Art: 283. 284. 285. 286. und 287. vor.

Art: 283.

I.) <u>Allgemeine Bestimmung.</u>

Was der Angeschuldigte über eine ihm zur Schuld gereichende Thatsache aussagt, begründet gegen ihn einen vollkommenen Beweis, so ferne ein solches Geständniß mit den in folgenden Artikeln bestimmten geseznlichen Eigenschaften versehen ist.

Art: 284.

II.) <u>Von dem gerichtlichen Geständnisse.</u>

Zur vollen unmittelbaren Beweiskraft eines Geständnisses wird erfodert, daß dasselbe abgelegt worden:

1.) vor einem gehörig besezten Kriminal-Gericht;

2.) nicht blos im ersten, summarischen Verhöre, sondern in einem der folgenden;

3.) bestimmt und deutlich mit Worten, nicht durch blose Zeichen, in unzweideutigen Ausdrücken;
4.) nicht blos allgemein, sondern mit Angabe der einzelnen auf seinen Gegenstand Bezug habenden Umstände;
5.) nicht aus Irrthum oder durch Zwang, oder Betrug, oder auf verfängliche Fragen, oder im Zustande einer Gemüths-Verwirrung;
6.) nicht auf blose Bejahungaller durch die Fragstücke selbst vorgesagten einzelnen Umstände. Überdies muß die Erzehlung des Inquisiten
7.) in sich selbst zusammenhängend, und in wesentlichen Dingen keine Widersprüche enthalten, desgleichen
8.) in Hauptumständen mit andern erwiesenen oder wahrscheinlichen Thatsachen nicht im Widerspruche stehen.

Art: 285.

<u>Was durch Geständniß Bewiesen werden kann?</u>

Durch ein solches Geständniß kann nicht nur erwiesen werden, I.) die eigene Handlung des Inquisiten, und alle hierauf Bezug habenden Umstände, sondern auch II.) die That an sich (: Thatbestand :) sowohl im Ganzen, als auch rüksichtlich einzelner Bestandtheile derselben; jedoch lezteres nur unter den in dem nächstfolgenden Artikel bestimmten Voraussezungen.

Art: 286.

<u>Von Beweis des Thatbestandes ins besondere.</u>

Soll durch eigenes Bekenntniß der Thatbestand eines Verbrechens als erwiesen betrachtet werden, so wird, zumal wo es auf den Beweis eines bestimmten Erfolgs der That oder eines andern von der Handlung des Bekennenden selbst verschiedenen Umstandes ankommt, ausser den im Art: 284. verordneten allgemeinen Bedingungen noch besonders erfodert,

1.) daß die Aussage des Inquisiten nicht blos auf Schlüssen beruhe, sondern eine mit seinen eigenen Sinnen erkannte Thatsache zum Gegenstande habe, vermöge welcher an dem Dasein des zu dem bestimmten Verbrechen gehörenden Umstandes vernünftigerweise nicht gezweifelt werden kann, wie wenn eine Kindesmörderin nicht blos aussagt, daß ihr Kind gelebt, sondern daß sie es schreien gehört, und gesehen, wie es sich bewegt habe;
2.) daß solche Aussage noch durch andere besondere Umstände glaubhaft unterstüzt sei, und endlich
3.) daß sich bestimmt erklären lasse, warum die That, welche ihrer Natur nach oder gewöhnlich Spuren zurükläßt, dergleichen in dem vorliegenden Falle nicht zurükgelassen habe, oder warum auf anderem Wege der Thatbestand nicht erhoben werden könne.

Art: 287.

Der Thatbestand der Tödung kann durch Geständniß nur als dann erwiesen werden, wenn der Umstand, daß die angeblich getödete Person nicht mehr am Leben sei, auf andere Weise dargethan ist.

Ausgenommen jedoch, wenn der Angeschuldigte bekannt hat, daß er den Leichnam absichtlich zerstört, in das Wasser geworfen, oder sonst der Möglichkeit einer Untersuchung entzogen habe, und dieses Bekenntniß durch andere Umstände glaubwürdig unterstüzt wird.

Herr Geheimer Rath von Feuerbach bemerkten, daß in Folge der früheren Beschlüsse im Nummer 1. des Art: 284. statt <u>Kriminalgericht</u>, "Untersuchungs Gericht" gesezt, und der Nummer 2. dieses Art: ganz ausbleiben müße, wodurch die folgende Nummern dieses Art: sich änderten.

Gegen die Fassung des Art: 286. und den darin aufgestellten Grundsaz, daß das eigene Bekenntniß des Angeschuldigten ohne ein Corpus Delicti zu haben, einen vollen Beweis geben solle, wurden mehrere Bedenken erhoben, und vorzüglich dagegen angeführt, daß mit der Anwendung dieses Grundsazes zu viele Gefahr verbunden, und einen seines Lebens überdrüssigen unglüklichen Menschen die Mittel von dem Geseze selbst gegeben würden, das Leben zu verlieren, ohne Hande an sich zu legen, auch das dadurch den Tod eines Unschuldigen veranlassen und ihm ein unersazliches Gut rauben könnte.

Die Bestimmungen des Kreitmaier'schen und Oesterreichischen Gesezbuches über diesen Saz wurden nachgelesen, und die Stimmung aller Mitglieder mit Ausnahme des Herrn Referenten einigte sich dahin, ein eignes Geständniß, welches nicht durch ein vorgefundenes Corpus Delicti Glaubwürdigkeit erhalte, nicht in der Art, wie vorgeschlagen, als einen vollen Beweis anzunehmen.

Herr Geheimer Rath von Feuerbach unterstüzten ihre Fassung durch folgende Gründe.

Der Grundsaz angenommen, daß bei aufgehobenem Zwangs-Mittel der künstliche Beweis Kraft haben, und die Beweismittel überhaupt erweitert werden sollen, könnten Sie sich keine Ursache denken, welche die Ausschliesung des eigenen Geständnisses, vereiniget mit allem den angegebenen übereinstimmen müssenden Nebenumständen als vollen Beweis rechtfertigen könnte; denn nehme man dieses Bekenntniß nicht an, so hebe man den Grundsaz auf, der Beweis solle erweitert werden, und man gebe dem schlauen Inquisiten, den man während den Deliberazionen so oft im Auge gehabt, das sicherste Mittel in die Hände, der Strenge der Geseze zu entgehen, indem er nur Alles aufbieten dürfte, das Corpus Delicti zu vernichten, und dadurch die Natur seines begangenen Verbrechens zu verändern, auch seie Alles so vorgesehen, und solche Vorsichte-Maasregel nach den Art: 286. und 287. getroffen, daß ein Mißgrif des Gesezes, welches auch bei allen andern Beweisen der Fall sein könne, wohl möglich aber nicht wahrscheinlich seie.

Herr Geheimer Rath von Feuerbach durchgiengen wiederholt diese beiden Art: versinnlichten dieselben durch Beispiele, und äusserten, Alles was man von dem Geseze erfodern könne, um die möglichste Gewißheit des begangenen Verbrechens zu haben, seie so erschöpft als thunlich, nur geben sie zu, daß der Nummer 2. des Art: 286. vielleicht eine bestimmtere Ausarbeitung erfodern.

Würden aber die übrigen Mitglieder bei ihrer geäusserten Meinung stehen bleiben, und den gegebenen Saz aufheben, wodurch die Gesezgebung auf die alte so oft angegriffene Bestimmungen zurükfalle, so müßten sie sich vorbehalten, in der nächsten Sizung Ihre Ansichten und jene bewährter Kriminalisten über die zur Disenssion vorliegende wichtige Frage umständlich vorzutragen, um die vereinigte Sekzionen zu überzeugen, daß von dem aufgestellten Grundsaze nicht abgegangen werden könne, ohne jeden künstlichen Beweis, der auf dem eigenen Geständnisse beruhe, zu vereiteln, und jede Erweiterung des Beweises unmöglich zu machen.

Als diese Äusserungen des Herrn von Feuerbach die übrigen Mitglieder nicht vermachten, Ihre gegen den Grundsaz des Art: 286. erhobene Bedenken aufzugeben

So wurden zwar die Art: 283. 284. und 285. mit der vom Herrn Geheimen Rathe von Feuerbach vorgeschlagenen Änderung in dem Art: 284. und mit Auslassung der Worte
<u>in zweideutigen Ausdrüken</u>
in dem neuen Nummer 2. dieses Art: angenommen, die weitere Deliberationen über die Art: 286. und 287. so wie die Entscheidung hierüber bis zur nächsten Sizung verschoben.

Die Sizung wurde hiemit beschlossen.
Unterzeichnet: Graf von Reigersberg.
von Zentner,
von Krenner, der Ältere,
Carl Graf von Arco,
von Effner,
Feuerbach,
Gönner.
Zur Beglaubigung:
Egid Kobell

24. Sitzung Nr. XIII

Abgehaltn den 27n. Oktober, 1811.
Gegenwärtig waren:
Seine Exzellenz, der königliche geheime Staats- und Konferenz-Minister, Herr Graf von Reigersberg,
Die königliche wirkliche Herrn geheimen Räthe:
von Zentner,
von Krenner, Senior,
Seine Exzellenz Carl Graf von Arco,
Freiherr von Aretin: waren verhindert.
von Effner,
von Feuerbach.
Graf von Welsperg,
Herr Hofrath von Gönner.

Die Protokolle der Sizungen vom 20. und 21. wurden abgelesen, und von den Mitgliedern unterzeichnet.

Zu Begründung Ihrer in der lezten Sizung geäusserten Meinung, daß auch der Thatbestand eines Verbrechens durch das eigene Bekenntniß des Angeschuldigten erwiesen werden könne, und nach dem in der lezten Sizung gemachten Vorbehalte der näheren Ausführung Ihrer Ansichten über diese Frage, lasen Herr Geheimer Rath von Feuerbach das anliegende Votum ab, und bemerkten, die gegen die Art: 286. und 287. entstandene Einwendungen mögten dadurch veranlaßt worden sein, daß Sie die Säze nicht gehörig gestellt, und nicht scharf genug ausgedrükt, daß ein solches Bekenntniß des Angeschuldigten durch Zeugnisse, oder wenigstens durch Andere mit dem Verbrechen im Zusammenhange stehende und besonders erhobene Umstände glaubwürdig übereinstimmen müßen.   Beilage I.

Auch seien die Bestimmungen in Ansehung der Tödtung und Ledalität und ihren Folgen in der ersten Fassung nicht deutlich genug ausgesprochen, und Säze, die zwar implicite darin gelegen nicht hinlänglich ausgehoben gewesen.

Dieses zu verbessern, hätten Sie folgende neue Fassung bearbeitet, und statt der Art: 286. und 287. drei Art: entworfen, die Sie den vereinigten Sekzionen zur Prüfung und Beurtheilung hiemit vorlegten, und wodurch, wie sie glaubten, alle gegen die frühere Fassung erhobene Anstände entfernt würden.

<u>Vom Beweis des Thatbestandes ins besondere</u>
<u>Art: 286.</u>

"Bei Verbrechen, zu deren Thatbestand eine bestimmte Wirkung erfodert wird, und welche ihrer Natur nach Spuren zurückzulassen pflegen, kann in Ermanglung anderer Beweise der Thatbestand durch eigenes Bekenntniß erwiesen werden, vorausgesezt, daß sich aus den Umständen bestimmt erklären lasse, warum die That, welche gewöhnlich Spuren zurückzulassen pflegt, dergleichen in dem vorliegenden Fall nicht zurükgelassen habe, oder warum aus den zurükgelassenen Spuren der Thatbestand nicht ausgemittelt werden können."

Zudem muß solche Aussage des Inquisiten:
1.) auf dessen eigener sinnlicher Erkenntniß beruhen, und unmittelbar die Thatsache selbst zu ihrem Inhalte haben, welche den Thatbestand als einen Theil desselben ausmacht, daher solche Aussagen des Inquisiten, welche ein bloses Urtheil ausdrücken, z.B. daß der Andern nach empfangenen Streichen gestorben, daß das Kind nach der Geburt gelebt habe, und dergleichen nicht genügen. Auch muß solche Aussage
2.) entweder mit Zeugnissen oder wenigstens mit Andern mit dem Verbrechen im Zusammenhange stehenden und besonders erhobenen Umständen glaubwürdig übereinstimmen.

Art: 287.
"Der Beweis des Thatbestandes der Tödtung durch eigenes Bekenntniß ist nur dann zulässig, wenn zuvor der Umstand, daß die vorgeblich getödtete Person nicht mehr am Leben seie, auf andere Weise dargethan ist, ausgenommen, wenn der Angeschuldigte bekannt hat, daß er den Leichnam verbrannt, in das Wasser geworfen, oder sonst zerstört, und der möglichen Untersuchung entzogen habe, —"

"auch dieses Bekenntniß mit andern besonders erhobenen Umständen, welche mit dem Verbrechen in Verbindung stehen, glaubwürdig übereinstimmt,"

Art: A.
"Was ins besondere die Tödtlichkeit der Mißhandlungen oder Verlezungen anbetrift, so kann dieselbe durch das Bekenntniß nur dann als erwiesen betrachtet werden, wenn der von dem Inquisiten eingestandene Vergewaltungen oder Verlezungen von der Art sind, daß daraus nach allgemein bekannter Erfahrung der Tod nothwendigerweise erfolgen mußte, oder wo dieses zweifelhaft , wann durch das Gutachten von Sach-Verständigen dargethan ist, daß aus den von dem Inquisiten bekannten Mißhandlungen der Tod des Andern habe erfolgen müssen."

Seine Exzellenz der Königliche Geheime Staats- und Konferenz-Minister Herr Graf von Reigersberg liesen über diesen Vorschlag abstimmen:

Herr Hofrath von Gönner gaben folgende Abstimmung zu Protokoll:

Ob Sie gleich nach den eben abgelesenen Motiven überzeugt seien, daß das Corpus Delicti im Mangel anderer Beweise auch durch das Geständniß des Angeschuldigten bewiesen werden könne, wenn die übrigen nothwendigen Voraussezungen hinzutreten, so dürfe dennoch hier durch die Regel nicht aufgehoben werden, daß das Geständniß hierin nur ein subsidäres Beweismittel sei, und daß der Thatbestand, solange möglich, durch Augenschein, Zeugen, Vernehmung der Damnifikaten u.d. ausgemittelt werde. Eine Regel, welche vom Königlichen Geheimen Rath schon im Art: 205. anerkannt worden. Daß nur im Mangel solcher direkter Beweismittel auch das Geständniß zum Beweise des Thatbestands dienen müsse, gehe aus den vom Herrn Referenten abgelesenen Motiven §: 2. so deutlich hervor, und Sie wollten nur diese beisezen, daß sonst Vergehen, die im Geheimen vollbracht werden, und das seien wohl die meisten, das Corpus Delicti allemal entweder gar nicht oder wenigstens unvollständig bewiesen werden könnte. Inzwischen zeigten die bisherigen Diskussionen, daß die Differenz der Meinungen grosen theils auf Verschiedenheit des Begrifs vom Corpus Delicti beruhe, und daß man sich vordersamst darüber ganz verständigen müsse; nur denn könne es licht werden, aber es werde auch der zu scharf eingehaltene Abstand der Verbrechen, welche gewöhnlich Spuren zurüklassen, von jenen, welche gewöhnlich keine Spuren zurüklassen, zum Theil verschwinden, und die Nothwendigkeit einleuchten, Bestimmungen zu machen, welche für beide anwendbar seien. Gelt es nun den Ausnahmen von obiger Regel, so komme es auf 2 Fragen an:

1.) wann trit eine Ausnahme ein; und diese beantworte sich leicht, nemmlich deme, wann durch die regelmäsigen Mittel der Thatbestand nicht vollkommen erhoben werden könne; –

2.) unter welchen Bedingungen wird durch das Geständniß der Thatbestand plene bewiesen? – Dem §: 1. der Motive angegebenen Grund von der Beweiskraft des Geständnisses und den zu hohen Werth, welcher ihm beigelegt werde, könnten Sie nicht ganz beipflichten, weil indessen Art: 254. No 7. selbst bestimmt seie, daß das Geständniß nur bei dessen Übereinstimmung mit andern erhobenen Umständen vollkommen beweise, so komme es auf den Grund, worauf dessen Beweiskraft überhaupt ruhe, weniger an. Da nun in dem neuern Entwurfe die Ausnahmen im Ganzen eben so, als die Beschränkungen, unter welchen das durch Zusammentreffen der Umständen unterstüzte Geständniß den Thatbestand beweise, richtig angegeben seien, ferner der lezte Arrt: über den Beweis der Lethalität durch Geständniß die Linke des ersten Projekts ergänzt, und das Resultat einer zwischen dem Herrn Referenten und Ihnen statt gehabten Diskussion sind, so hätten Sie bei dem neuen Projekte ausser obigen Bemerkungen nichts wesentliches zu erinnern, Sie müßten jedoch aus Ihren litographirten Bemerkungen zu diesem Art: den Antrag wiederholen, der grösern Deutlichkeit wegen den §: 400. des Oesterreichischen Gesezbuchs beizufügen, vermöge dessen das Geständniß allein, wenn sich gar keine andere Spuren des Verbrechens entdeken liesen, kein rechtlicher Beweis seie.

Herr Geheimer Rath von Zentner äusserten, Herr Referent hätten sich in der neuen Fassung der vorgetragenen Art: den Ansichten der übrigen Mitglieder mehr genähert, als in dem früheren Entwurfe, und sich auch überzeugt, daß es nicht möglich, Jemanden auf ein bloses Bekenntniß ohne irgend ein Corpus Delicti der auf das Verbrechen gesezten Strafe zu unterwerfen; und so wie der Richter bei Beurtheilung eines Falles von der Gewisheit ausgehen müsse, daß der Angeschuldigte der Urheber der That seie, eben so müsse er die möglichst wahrscheinliche Gewißheit haben, daß das Verbrechen begangen worden, ehe er einem Menschen die Strafe des Verbrechens zuzuerkennen befugt seie.

Herr Hofrath von Gönner hätten nach Ihren Ansichten zwischen den Delictis Facti transenetis und Facti permanentis sehr richtig unterschieden. Bei ersterem könne der nicht mehr zu erhebende Thatbestand nie durch das eigene Geständniß ersezt und der Angeschuldigte, wenn dieses nicht durch andere glaubwürdige Umstände herzustellen, nicht mit der ordentlichen Strafe belegt werden.

Bei dem leztern müßten, um die auf das Verbrechen gesezte Strafe zu erkennen noch solche Spuren oder solche Umstände vorhanden sein, die die begangene That ausser Zweifel sezten, und die als Theile des Thatbestandes das eigene Geständniß des Angeschuldigten kontrollirten.

Seie dieses nicht der Fall, und mangle dem eigenen Geständnisse diese Basis, so könne Ihrer Überzeugung nach auch hier die ordentliche Strafe nie eintreten.

Nach diesen Ansichten beurtheilten Sie den vorgetragenen Gegenstand, müßten sich aber vorbehalten, die Fassung der von dem Herrn Referenten neu bearbeiteten Art: nach einzeln und näher zu durchgehen.

Herr Geheimer Rath von Krenner der Ältere fanden die ganze, von dem Herrn Referenten angegebene Doktrine äusserst gefährlich, und nicht praktisch; den Saz als Regel vorauszuschicken, daß ein Thatbestand ohne alle Spuren, und ohne damit übereinstimmende Umstände durch das eigene Geständniß erwiesen werden könne, seie so auffallend, daß Sie sich hiezu nicht verstehen könnten.

Der Unterschied zwischen den Delictis Facti Transenutis und Facti permanentis der von Ihnen schon einmal auseinander gesezt worden, nähmen Sie auch an, und nur darin seien sie einer abweichenden Meinung, daß Sie in den Fällen, wo kein Corpus Delicti vorhanden, welches die eigene Aussage des Angeschuldigten bekräftige, und die begangene That ausser Zweifel seze, sondern wo nur Spuren oder übereinstimmende Umstände diesem Bekenntnisse zur Seite stehen, nie Todes-Strafe, sondern poena extraoriuaria erkennen lassen würden.

Seine Exzellenz Herr Geheimer Rath Carl Graf von Arco gaben folgende Abstimmung zu Protokoll.

I. Handle es sich hier nicht allein von der Beweiskraft des Geständnisses gegen den Angeschuldigten, sondern auch von den rechtlichen Folgen dieser Beweiskraft bei Erlassung des Urtheils, das ist, von der vollen Strafe.

II. Auch bei unserer vollkommenen Gesezgebung bleibe es noch immer möglich, daß Inquisit ein Interesse habe, durch ein mit den genauesten Umständen begleitetes Geständniß /: wenn schon weder die That noch irgend einer dieser angegebenen Umstände wahr wäre :/ sich um Freiheit oder Leben zu bringen.

Wie aber, wenn die vorgebliche Kindes Mörderin sich aus Melancholi durch Angabe eines Mordes um das Leben bringen wollte?

Es seie zwar hergestellt, daß das Mädchen schwanger gewesen, daß sie geboren, und daß das Kind unsichtbar geworden. – Folge daraus schon, daß es von der Mutter ermordet worden?

Sie werde zwar nach Art: 286. ihres qualifizirten Geständnisses wegen mit der Todesstrafe belegt, nach ihrer Hinrichtung zeige es sich aber, daß das für tod gehaltene Kind noch lebe, und von der Mutter, ehe sie sich angegeben, einige Stunden weit guten Freunden zur Verpflegung anvertraut worden.

III. Daß bei Delictis, welche keine Spuren hinterlassen, daß bei Geständniß des Conatus kein Thatbestand hergestellt werden könne, verstehe sich von selbst, allein hier träten keine Strafen ein, woraus ein <u>unersezlicher Schaden</u> entstehe, keine Lebensstrafe;

Daß der Thatbestand eines jeden Verbrechens durch Augenschein hergestellt werden müße, habe Niemand je behauptet.

Über Diebstahl und Raub werde der Thatbestand durch eidliche Aussagen des Bestohlnen oder des Beraubten hergestellt.

Was man gegen die Kraft dieser eidlichen Aussagen gesagt habe, seie in etwas weit gesucht, dem der Bestohlene, oder den Diebstahl beschwöre, ohne zu wissen, wer ihn bestohlen, schwöre weder aus Haß noch aus Leidenschaft, und seiner Aussage möge wohl geglaubt werden.

IV. Aber wie sehr nehme das Geständniß des Inquisiten an Kraft zu, wenn dasselbe mit der Aussage des Beschuldigten /: der nicht einmal wisse, wer ihn bestohlen :/ vollständig übereinstimmen.

Erst dadurch werde das Bekenntniß <u>gründlich</u> und vollständig. Erst durch die Übereinstimmung des Bekenntnisses mit der Aussage des Beschuldigten, oder mit dem auf andere Art erhobenen Thatbestande und dessen Umständen erreiche das Geständniß den höchsten Grad der Glaubwürdigkeit, und folglich volle Beweiskraft.

Das vom Herrn Referenten in fine angebrachten Beispiel des Vaganten, der den im Walde Ermordeten finde, und sich dann als Thäter umständlich bekenne, und der selbst bei der Konsonanz des Geständnisses mit dem erhobenen Thatbestande eines begangenen Mordes doch unschuldig gewesen, Beweise gewored, wie waglich es seie, /: wenigstens bei unbescholtenen Leuten :/ ein qualifizirtes Geständniß bei mangelnden Corpore Delicti als vollen Beweis anzunehmen.

V. Übrigens erklärten Sie hier nochmals, daß Sie den Saz der nothwendigen Übereinstimmung des qualifizirten Geständnisses mit einem erhobenen Thatbestande, nur bei übrigens unbescholtenen Personen und wegen nicht gemeinen Verbrechen, Angewendet und aufrecht zu erhalten wünschen.

Bei habituirten Verbrechern, bei bekannten Mitgliedern von Räuberbanden, Jänner-Gesinde, Heimathlosen Menschen, welche vom ihren begangenen Diestählen, Mordthaten, Räuben, Brandstiftungen eingeständen, möge wohl das umständliche Geständsniß zureichen, vorzüglich wenn nur über das eine oder das andere, selbst geringer Verbrechen, durch einen hergestellten Thatbestand verificirt ist.

Der neueren, von dem Herrn Referenten sie nicht durchgängig beistimmen, weil sie den obersten Grundsaz, daß durch das umständliche Geständniß, durch einen erhobenen Thatbestand, oder wenigstens durch eine erhobene Cerliludo effectus Delicti kontrollirt werden müsse, darin durchgängig vermißten. Auch seie darin als Regel festgesezt, was Herr Hofrath von Gönner nur als Ausnahme gestatten wolle. Es seie dieß um so gefährlicher, als man hier ein Gesezbuch vor Augen habe, wo die so wichtige Lehre vom Thatbestande nur sehr fragmentarisch behandelt werden, und Herr Hofrath von Gönner habe sehr richtig bemerkt, daß man in dem Richter die Meinung begründen werde, es bedürfe keiner Herstellung des Thatbestandes mehr.

Sie könnten daher nur den Wunsch äussern, daß des Herrn Referenten neuere Redakzion und die Bemerkungen des Herrn von Gönner den Herrn Votanten schriftlich mitgetheilt werden mögten, wornach Sie nicht ermangeln würden, sich noch bestimmter darüber zu äussern, und einen Redakzions Entwurf vorzulegen.

Herr Geheimer Rath von Effner äusserten:

Sie stimmten zwar mit dem Herrn Referenten in den seinem Vortrage zum Grunde gelegten Prinzipien nicht überein, doch würden Sie an Resultaten nicht sehr verschieden sein.

Sie beschritten vorzüglich den Saz, daß der Thatbestand in je einem Falle durch das Geständniß hergestellt werden könne.

Es scheine Ihnen ein Hauptgrundsaz einer peinlichen Gesezgebung zu sein, daß Thatbestand und Geständniß der That durch den Inquisiten /: Corpus Delicti et Corpus Delinquentis :/ abgesöndert, isolirt, und besonders selbstständig für sich immer bestehen, daß eines durch das Andere kontrollirt, beglaubiget, und beurkundet werden müße.

Die Frage seie also nur die, in welchen Fällen kann ein Thatbestand durch Augenschein bei vorwaltenden Geständnisse des Inquisiten entbehrlich und auf andere Art ersezlich sein.

Diese Frage beantworteten Sie zum Theil übereinstimmend mit dem Herrn Referenten bei Delictis Facti permanentis, und selbst bei Delictis Facti transeuntis, mit Ausnahme des Conatus.

Es müße neuer gewiß sein, daß die That in ihrem ganzen Umfrage, ohne in ihre besondere Umstände und Begebungen einzugehen, geschehen seie, es müße faktisch die physische Gewißheit hergestellt sein, daß diese That überhaupt geschehen; daß der Ermordete nicht mehr lebe, daß das Haus abgebrannt seie, daß das Kind geboren worden.

Diese Gewißheit könne auch in einigen Fällen durch eidliche Aussagen des Beschuldigten erholet werden.

Seie diese physisch- oder juridische Gewißheit vorhanden, welche nicht allein durch Augenschein sondern auch durch Zeugen und andere Erhebungen herzustellen, so mögte dann <u>in gewissen Fällen</u>, und nach den vom Herrn Referenten angeführten Modifikazionen der Rest des Thatbestandes entweder ganz entbehrlich oder durch andere Nebenumstände, die mit dem Geständnisse übereinstimmten ersezt werden.

Wenn sie daher mit der Redakzion des Herrn Referenten übereinstimmten, so geschehe dieses nur mit der Bedingung, daß der Saz: es könne das Geständniß den Thatbestand gestellen, in den umgeandert werde: es könne der Thatbestand, wenn er auch durch Augenschein nicht erhoben seie, und nicht erhoben werden könne, auf andere Art ersezt werden.

Über die Redakzion des Gesezes-Entwurfes und der deßwegen vorgeschlagenen 3. Art: behielten Sie sich die detaillirte Meinung vor, und wünschten, daß der Aufsaz des Herrn Referenten den übrigen Mitgliedern schriftlich mitgetheilt werde, damit sie mit vollem Bedachte auch hierüber stimmen könnten.

Herr Geheimer Rath Graf von Welsperg äusserten, daß Sie den von der Mehrheit geäusserten Ansichten beistimmten, wornach zwischen den Delictis Facti transeuntis und jenen Facti permanentis unterschieden werde, und das eigene Geständniß des Angeschuldigten nur in so weit die ordentliche Strafe zur Folge haben sollte, als erhobene Umstände oder andere aufgefundene Theile des Thatbestands solches unterstüzten, und den Richter über die Wirklichkeit der begangenen That ausser Zweifel sezen.

Auch zur Aufnahme des Artr: 400. des Oesterreichischen Gesezbuches nach dem Vorschlage des Herrn Hofrath von Gönner könnten Sie sich verstehen, nur müßten Sie den Wunsch äussern, daß die Redakzion der nach diesen Grundsäzen zu entwerfenden Art: lytographirt, und zur Prüfung vorher vertheilt werde.

Dem in diesen Abstimmungen sowohl als in der eingetretenen Besprechung geäusserten Wunsche zu Folge, wurde beschlossen, den Herrn Hofrath von Gönner aufzufodern, seine vorgelegte Ansichten über diesen Hochwichtigen Gegenstand in ein detaillirtes schriftliches Votum zu fasten, und dieses, so wie jenes des Herrn Geheimen Rath vo Feuerbach, nebst den von jeden einzeln zu bearbeitenden Gesezes-Entwurf über die vorliegende Frage lytographiren und zur nähern Berathung vertheilen zu laßen.

Da nach der Meinung des Herrn Referenten und der Sekzionen ohngeachtet die Art: 286. und 287. noch ausgesezet, mit Prüfung der folgenden Art: dieses Kapitels fortgefahren werden konnte, so trugen Herr Geheimer Rath von Feuerbach die folgenden Art: vor:

Art: 288.

Von eingeschränkten qualifizirten Geständ-nissen.

Das Geständniß der That wird durch die beigefügte Einrede der mangelnden Zurechnung, der Abwesenheit rechtswidrigen Vorsazes, vorhandener Nothwehr, oder eines Andern, die Strafbarkeit aufhebenden oder mindernden Umstandes, in Ansehung welches Inquisit die Vermuthung wider sich hat, weder in seiner Wirkung geschwächt, noch aufgehoben, ausser soferne die Wahrheit solcher Einrede durch Beweis oder bestimmte Gründe der Wahrscheinlichkeit glaubwürdig unterstüzt wird.

Art: 289.

Vom Widerruf eines Geständnisses.

Der gänzliche oder theilweise Widerruf eines Geständnisses hebt dessen Gültigkeit nicht auf, wenn nicht derselbe durch glaubhafte erwisliche Gründe unterstüzt ist, aus welchen wenigstens bis zu hoher Wahrscheinlichkeit dargethan werden kann, daß und warum der Inquisit zur Zeit seines abgelegten Geständnisses die Wahrheit entweder nicht habe sagen können, oder nicht habe sagen wollen.

Art: 290.

Von mehreren Bekenntnissen.

Wenn der Inquisit verschiedene Bekenntnisse ablegt, von welchen das eine dem andern widerspricht, so verdient dasjenige den Vorzug, welches in sich selbst das wahrscheinlichste ist, und mit andern Umständen am genauesten zusammentrifft.

Alles übrige gleichgesezt, verdient dasjenige Bekenntniß, welches dem Angeschuldigten nachtheiliger vor demjenigen, welches ihm günstigere Umstände enthält, den Vorzug.

Art: 291.

III. Vom aussergericht-lichen Geständnisse.

In wie fern auf ein gerichtlich erwiesenes aussergericht-liches Geständniß der in Untersuchung begriffenen That eine peinliche Strafe erkannt werden könne, ist in dem VII. Kapitel der gegenwärtigen Abtheilung bestimmt.

In dem Marginale des Art: 288. wünschten Herr Hofrath von Gönner das Beiwort qualifizirten weg, indem es zweideutig ausgelegt werden, und man unter einem qualifizirten Bekenntnisse bald ein limitirtes verstehen könnte.

Da Herr Referent und die übrigen Mitglieder sich zu Weglassung des Wortes qualifizirtes verstanden,

>so wurde dieses in dem Marginale geändert, und der Art: 288. angenommen.

Der Artr: 289. unterlag keiner Erinnerung, und wurde

>ebenfalls angenommen.

Dem Art: 290. wurde die lytographirte Bemerkung des Herrn Hofrath von Gönner beigefügt, und diese Verschiedenheit dere Fassung einer nähern Diskussion unterworfen.

Herr Geheimer Rath von Feuerbach rechtfertigten Anfangs die vorgetragene Fassung als konsequent mit dem aufgestellten in der frühern Sizung angenommenen Grundsaze, daß gegen den Angeschuldigten, der sich eines Verbrechens schuldig bekennet, die Präsumzion stehe, und den für ihn nachtheiligen Umständen mehr Glauben, als den ihm günstigen beigeleget werden müßten. Sie waren nicht dafür, die vorgeschlagene Fassung des Herrn Hofrath von Gönner anzunehmen, bestimmten sich aber nachher zu der von den übrigen Mitgliedern angegebenen Auslassung des Nachsazes im Art: 290. indem sie sich durch die von denselben geäusserten Gründen überzeugten, daß der Nachsaz schon in dem ersten enthalten, und es in der Natur eines Bekenntnisses und dessen Folgen auf die Beweiskraft liege, demjenigen, was der Angeschuldigte zu seinem Nachtheile aussage, mehr Glauben beizumessen, als jenen Depositionen, die er zu seinem Vortheile mache. Sie stimmten daher damit überein, daß es unnötig seie, den Nachsaz anzuführen, und derselbe den Richter gegen den Geist des Gesezbuches mißleiten oder zu weit führen könnte.

Der Grundsaz im Allgemeinen, daß dem Angeschuldigten, der sonst rechtlich und noch nicht überwiesen, in den Aussagen, die er zu seinem Vortheile mache, die Präsumzion der Unwahrheit entgegen stehe, wurde vom mehreren Mitgliedern bestritten, und vielmehr das Gegentheil angenommen, auch die hierüber gegebene Bestimmungen als nur so verstanden beurtheilet, daß hierin immer von dem Richter die vorliegenden Umstände ermessen und berüksichtiget werden müßten.

Diese Diskussionen und die hierauf erfolgte Abstimmungen

>führten zu dem Beschlusse, daß der erste Saz des Art: 290. Angenommen, der Nachsaz aber ausgelassen werden solle.

Herr Geheimer Rath von Feuerbach giengen nun zu dem 4n Kapitel von

<u>dem Beweise durch Zeugen</u>

über, da aber schon gegen den Nummer 1 desselben mehrere bedeutende Erinnerungen gemacht wurden, und die vom Herrn Hofrathe von Gönner erhobene Bemerkung, daß es auch im Nothfalle nicht zu umgehen sein würde, diese Zeugen Aussagen vor den Zivil Gerichten und Polizei-Behörden ablegen zu lassen, und in dessen Folge den Nummer 1. hier auszulassen, von dem Herrn Referenten widersprochen wurde, so überzeugten sich die übrigen Mitglieder der Sekzionen, daß die deßwegen eintretende Diskussionen wegen vorgerükter Mittagszeit heute nicht würden beendiget werden können, und es

wurde das 4e Kapitel von dem Beweise durch Zeugen auf die Morgen statt habende Sizung ausgesezt, und die Heutige aufgehoben.

25. Beilage N. I. zum Protokoll XVIII. vom 27. October 1811

Um die Frage zu beantworten: <u>ob auch der Tatbestand von Verbrechen durch Bekenntniß bewiesen werden könne?</u> oder ob <u>dieser immer nur durch Augenschein herzustellen sey</u>? muß man zuvor kürzlich auf den Grund der Glaubwürdigkeit und Beweiskraft eines Bekenntnißes überhaupt zurückgehen.

Das Bekenntniß des Angeschuldigten ist das überzeugendste aller Beweismittel, weil

1.) dem Angeschuldigten der Gegenstand, über welchen er aussagt, am besten bekannt ist, am besten bekannt seyn kann; meine eigene Handlungen und was mit meinen Handlungen in Verbindung steht, kann ich besser wissen, als irgend ein Dritter;

2.) weil der allgemeine Character der menschlichen Natur, das allgemeine Interesse der Sinnlichkeit, dafür bringt, daß kein Mensch von gefundene Verstande, frei und ungezwungen eine Aussage thun werde, welche ihn um Freiheit oder Leben bringen kann. Daß zwei, vier, sechs Zeugen sich aus Interesse, aus Haß, aus Subornation eines Dritten vereinigen, um gegen einen Unschuldigen unwahres Zeugniß zu geben, das ist weil eher möglich, als daß ein Angeschuldigter selbst eine Missethat auf seinen Kopf liegt, die er nicht begangen hat. Es bleibt

3.) freilich die Möglichkeit, daß auch einmal ein Unschuldiger sich schuldig bekennt, nicht ausgeschlossen. Allein hierauf antworte ich zuvörderst

a.) mit <u>Tittmann</u> *) "Möglichkeiten gibt es überall, und wenn man die <u>Möglichkeiten</u> berücksichtigen wollte, so würde man <u>keinem</u> Beweismittel trauen dürfen; denn alle, so viel ihrer auch immer nach den Gesezen zur Wirkung eines vollen juridischen Beweises für hinreichend erklärt worden sind, lassen die Möglichkeit einer Täuschung."

b.) Jene Möglichkeit ist nur möglich, unter zwei Hauptvoraussezungen, wenn entweder der Angeschuldigte durch <u>Zwang</u> zu einem Geständnisse angehalten wird, weil als dann das gegenwärtige Uebel das zukünftige überwiegen kann, oder weil der Angeschuldigte ein besonderes <u>Interesse</u> hat, die Strafe zu erleiden, welche das Gesez dem Verbrechen droht, dessen er unschuldig sich schuldig bekennt. Allein

c.) die erste Voraussezung fällt in einer Gesezgebung hinweg, welche keinen <u>Zwang</u> zum Geständniß duldet, wo jedes Bekenntniß frei abgelegt wird.

---

*) über Gestandniß und Widerruf. § i.

d.) Die zweite Voraussezung kann wieder in zwei Fällen eintreten, bei einer bevorstehenden Todesstrafe, wenn der Angeschuldigte aus Melancholie den Staat zum Werkzeuge des Selbstmordes machen will, oder bei einer bevorstehenden Freiheitsstrafe, wenn ein Mensch es bequemer fände in sorgloser Gefangenschaft gefüttert zu werden, als in Freiheit zu arbeiten. Allein daß ein solches lügenhaftes Bekenntniß den Richter täusche, ist nur in einer Gesezgebung möglich, welche schon einem allgemeinen Geständnisse, oder einem Einzeln. In, das auf detaillirte Vorhaltung der Anklagspunkte abgelegt worden, volle rechtliche Wirkung beilegt, wie dieses größtentheils in den Criminalprozessen des Mittelalters der Fall vor, wie es nach dem Charakter des Prozesses von einer Jury, noch bis diesen Tag in England der Fall ist. — Nähere Erläuterung. — Da aber nicht ein allgemeines, sondern ein detaillirtes Bekenntniß, eine auf einzelne Umstände der That und ihrer Begehung gerichtete Aussage des Inquisiten erfodert wird, da dieses detaillirte Bekenntniß auf allgemeine Fragen, ohne Suggestion abgelegt seyn muß, da die Erzählung einzelner

Umstände nicht sich selbst widersprechen, nicht mit andern erwiesenen Thatsachen im Widerspruche stehen darf, so ist in allen diesem der sicherste Prüfstein der Richtigkeit und Wahrhaftigkeit des Bekenntnisses gegeben, und für jene, unter vielen tausend Fällen vielleicht nicht ein einzigesmal zur Wirklichkeit kommende Möglichkeit mit aller Vorsicht gesorgt.— Aber, wendet man ein, sind denn nicht auch selbst in diesem Gesezbuche besondere Vorhaltungen einzelner Umstände erlaubt, ja sogar dem Richter unter gewissen Voraussezungen zur Pflicht gemacht? — Freilich! aber erst als dann, wenn der Angeschuldigte zuvor hartnäckig geläugnet, also — durch dieses Läugnen den Beweis gegeben hat, daß er aber keine Lust daran habe, Strafe zu leiden.

Durch die vorhergehenden Bemerkungen ist nicht nur im Allgemeinen die Frage beantwortet: warum das Bekenntniß überhaupt für das sicherste Beweismittel gelten müsse? Was dadurch bewiesen werden könne; will ich jezo kürzlich erörtern.

Darüber ist kein Streit, daß das gehörig qualificirte Bekenntniß zum vollen Beweis der Handlung des Beschuldigten hinreiche; daß der Urheber der That und die sogenannte imputatio facti dadurch zu einer grösseren Gewißheit gelange, als durch irgend ein anderes Beweismittel. Allein es wird von verschiedenen Mitgliedern dieser hochansehelichen Versammlung behauptet: anders sey es mit der That selbst, mit dem was man das corpus delicti nennt. Dieses müsse — durch gerichtlichen Augenschein jedesmal erhoben seyn, ohne diesen könne die ordentliche Strafe niemals Statt finden. Hierauf antworte ich nun folgendes:
1.) die oben entwickelten Gründe der Glaubwürdigkeit einer

Aussage, welche der Angeschuldigte zu seinem Nachtheile ablegt, also eines Bekenntnisses, kommen mit voller Stärke eben sowohl rücksichtlich des Bekenntnisses über die That an sich und deren objectiven Beschlossenheit, als rücksichtlich des Geständnisses über die subjective Thätigkeit des Angeschuldigten selbst zur Anwendung. Jene ist eben so wichtig für den Prozeß, eben so nachtheilig für den Inquisiten, als diese, und diese ist es nicht mehr, als jene. Sobald daher Inquisit einen factischen Umstand erzählt, welcher die objective Beschaffenheit seiner That selbst betrifft, und welche er nach seinem Verhältnisse wissen, mit seinen Sinnen wahrnehmen konnte, so kann man die Glaubwürdigkeit dieser seiner Aussage nur dann mit Grund bezweifeln, wenn man die Glaubwürdigkeit des Geständnisses überhaupt zu bezweifeln den Muth hat. Glaube ich der Kindesmörderin, indem sie sagt "ich habe mein Kind ermorden wollen, ich habe in dieser Absicht das Kind in das Wasser geworfen; warum soll auf einmal ihre Glaubwürdigkeit aufhören, wenn sie auch bekennt, — es habe sich das Kind nach der Geburt bewegt, es habe geschrien, — welches leztere Umstände sind, die zum Thatbestande gehören? — Es heißt allen Grundsäzen über die Nation historischer Beweise widersprechen, wenn man hier, um bei diesem Beispiele zu bleiben, einem Augenschein mehr glauben will, als dem Bekenntniß. Jener hat nur den todten Körper vor sich und muß aus bekanntlich sehr zweideutigen Merkmalen, z.B. aus der Grösse des Kindes, aus seinem Gewicht, aus der Beschaffenheit seiner Lungen, den — wie alle Aerzte behaupten, — meistens sehr unsicheren Schluß ziehen, daß das Kind nach der Geburt auch wirklich gelebt habe. Die willkührliche Bewegung des Kindes, frei Zappeln, sein Schreien, welche Umstände in der Regel nur die Kindesmörderin selbst mit ihren Sinnen vernehmen kann, sind unmittelbare Zeichen des Lebens selbst; alle Proben an dem Leichnam geben nur Vermuthungen und Wahrscheinlichkeiten. —

2.) Eine Herstellung des Thatbestandes durch <u>Augenschein</u>, ist nur bei denen Verbrechen denkbar, welche zu ihrem Begriff eine vor der Handlung des Verbrechers selbst verschiedene <u>äussere Wirkung</u> erfodern, und deren zu ihrem Begriff erfoderliche Wirkung sich zugleich in <u>bleibenden sinnlich erkennbaren</u> Spuren darstellte. —

Es gibt aber zuvörderst viele Verbrechen, zu deren Thatbestand <u>keine bestimmte Wirkung</u> gehört, wo also der Thatbestand mit der <u>Thathandlung</u> des Verbrechers identisch ist, und verschwindet, so wie diese geendigt ist. Hier ist denn eine Absonderung des Bekenntnisses über die <u>Handlung</u> von dem Bekenntnisse über die Beschaffenheit der <u>That</u>, gar nicht einmal denkbar. Dahin gehören alle Arten blos versuchter Verbrechen von dem conatus umotus, bis zum conatus proximus und dem delictum perfectum. Dahin gehören Injurien, Verläumdungen, qualificirtte Betrügereien, Meineide. Dahin gehört nach dem I. Theile dieses Gesezbuchs sogar der Raub, welcher zu seinem Begriff die vollendete Entwendung selbst nicht erfodert, sondern bei welchem Gewalt oder Bedrohung in der Absicht einer Entwendung genüzt. Dahin gehört endlich die Nothzucht, wenn nicht zufälliger Weise sichtbare körperliche Verlezungen damit verbunden waren. Dahin gehören alle andere Fleischesverbrechen, sammt der Entführung und dergleichen.

Es gibt ferner viele Verbrechen, zu deren Thatbestand eine von der That verschiedene Wirkung gehört, deren Wirkung aber gleichwohl nicht als bleibende Wirkung und als Theil des Thatbestandes sinnlich erkannt werden kann. Die zum Wesen des einfachen Diebstahls erfoderliche Wirkung ist das rechtswidrige Wegnehmen der Sache aus fremdem Gewahrsam. Wie ist nun aber hier durch Augenschein der Thatbestand auszumitteln? Doch wohl nicht dadurch, daß man die gestohlene Sache betrachtet, oder dadurch, daß man in die leere Riste hineinschaut. Um hier der Unmöglichkeit der Berichtigung des Thatbestandes durch Augenschein ein anderes Surrogat zu geben, lassen hier einige ältere Geseze, wie auch Kreitmaier, den Schwur des Bestohlenen, daß ihm diese oder jene Sache gestohlen worden sey, als Beweis des Todesstrafe gegründet werden kann. Wer mag aber behaupten, daß dieses Zeugniß eines einzigen Menschen, das Zeugniß des Beleidigten, das Zeugniß eines Zeugen in seiner eigenen Sache, vielleicht eines heimlichen Feindes des Beklagten wider den er zeugt, über die That selbst grössere Gewißheit geben, als das eigene Bekenntniß? Hier ist höchstens die einzige, unendlich entfernte Möglichkeit, die überdies, wenn sie eintritt, leicht entdeckt worden kann, — daß nämlich der Inquisit sich selbst verderben wolle; dort sind unzählige Möglichkeisgründe vorhanden, Haß oder Eigennuz in tausenderlei Gestalten, welche einen Menschen bestimmen können, daß er einen Dritten verderben wolle.

Es gibt endlich Verbrechen, zu deren Thatbestand eine Wirkung gehört, welche auch in bleibenden Spuren sich offenbaren, und wobei gleichwohl der vollständige Thatbestand kein Gegenstand einer Beaugenscheinigung ist.— Die Brandstiftung z.B. lößt freilich die Brandstätte zurück. Allein ist denn die Brandstätte allein das corpus delcti? oder besteht nicht vielmehr der Thatbestand der Brandstiftung in den rechtswidrig angezündeten brennbaren Materialien, welche mit dem Hause in Verbindung gesezt werden, durch diese Verbindung ihr Feuer dem Hause mittheilen und dieses in Brand sezen? das corpus delcti verzehrt sich hier in dem Verbrechen selbst und es kann, wenn auch der Brand selbst durch Zeugen erwiesen wird, demnach das objective des Verbrechens der Brandstiftung ein anderes als durch das Bekenntniß, und niemals durch Augenschein erwiesen werden. Wie der Tod eines Menschen noch kein Thatbestand des Mordes ist, so ist auch weder die Brandstätte noch das brennende Haus selbst Thatbestand der Brandstiftung. Es kann der Bliz eingeschlagen haben, es kann innerlich das Feuer entstanden seye, durch Schwur der Einwohner, ohne alle ihre Schuld, durch Thiere und tausend andere Zufälle. Will man um gegen den Brandstifter mit der Todesstrafe zu verfahren, Hestellund des Verbrechens durch Augenschein fodern, so weiß man entweder selbst nicht, was man fodert, oder man hebt die in dem Ersten Theil verordnete Todesstrafe in dem zweiten wieder auf und bestätiget durch ein allgemeines Gesez die Meinung, welche bei Gelegenheit der Aburtheilung des Mordbrenners Dobmaier in dem hiesigen Appelationsgericht von mehreren Appelationsgerichtsräthen geäussert worden ist.— Nähere Erläuterung.

3.) Wenn die Herstellung des Thatbestandes unbedingt von der Möglichkeit eines <u>Augenscheins</u> abhängig gemacht wird, so macht es die Gesezgebung von dem guten Willen oder von der Dummheit eines Verbrechers allein abhängig, ob er sich der Gefahr einer ordentlichen Strafe aussezen will oder nicht? und sagt dagegen jedem Bösewicht, der schlau genug ist, so etwas zu verstehen und zu befolgen, daß er nur die Spuren des Verbrechens zu bereichten, und das delictum facti permanentis in ein delictum facti transenatis zu verwandeln brauche, in wenigstens vor der <u>Todesstrafe</u> in jedem Falle sicher zu seyn. Schon <u>Leyser</u> Spu: 598. num. 10 − 12 sagt daher unter andern: Potest corpus delicti in homicidis certum esse, gramvis cadaver hominis occisi nuspiam appareat. Qui contia sentinet, atque tuni non nisi extraordinariae poenae lacum faciunt, malitiis hpminum mirifice indulgent, atque sicariis egreziam cautionem suggerunt, ut scilicet post facinus peractum cadaver vel igne vel calie viva aboleant, vel in profluentem abjiciant atque sic se tutos ab ultimo supplicio faciant. Nihi indignius, nihil insanius profecto. Daher ist kein einziges Schriftsteller älterer und neuerer Zeit, kein positiver, kein philosophischer Rechtsgelehrter, der nicht wenigstens unter dieser Voraussezung den Augenschein für überflüssig geachtet, und entweder Zeugnisse oder eigenes Bekenntniß für hinreichend erkannt hätte. — <u>Bichelscher</u> Fall.

4.) Die Meinung, als wenn Augenschein überall erfodert werde, macht die Anwendung der ordentlichen Strafe blos von dem <u>Zufalle</u> abhängig— davon nämlich, ob sich glücklicher Weise die Spuren bis zum Augenschein erhalten oder nicht.— Wird z.B. der Körper des an einem einsamen Ort Ermordeten erst nach Wochen gefunden, und war es nun die Zeit der Ermordung heisses Wetter, so daß die Fräulniß schnell eintrat; wurde das Kind in das Wasser gestürzt, und schnell von Fischen angefressen, wenn gleich wenige Tage nachher gefunden; wurde der Mord in einem Walde begangen, und der Leichnam von wilden Thieren zernagt; so ist es in solchen Fällen meistens ganz unmöglich, wenigstens die <u>Todesart</u> durch Autorbesichtigung auszumitteln: — <u>Zellner</u>.

"Aber man erwäge doch die Möglichkeit, daß der Inquisit nun seinen eigenen Kopf redet!" So wendet man ein. Allein ich antworte

5.) dieser Einwendung ist schon oben hinreichend begegnet. Und zugegeben diese Möglichkeit einstweilen, sogar die dringende Gefahr; so ist einleuchtend, daß dieselbe Möglichkeit, dieselbe Gefahr auf alsdann eintritt, wenn der Thatbestand durch Augenschein hergestellt ist. Man denke sich folgenden Fall: ein Mensch stößt an einem abgelegenen Ort auf einen frisch ermordeten Leichnam, das Messer ist noch in seiner Brust, die Spuren des Raubmordes sind ihm vor Augen; er will den Leichnam aufheben, um zu sehen, ob noch Leben in ihm ist. Er besudelt sich hiebei mit Blut, und in demselben Augenblicke kommen andere Menschen hiezu. Des ersteren Gegenwart bei dem Leichnam an abgelegenem Orte, seie über den Anblick des Leichnams erschrockenes zerstörtes Aussehen, die Blutspuren an seinen Kleidern, alles macht ihn verdächtig. Er wird gefangen genommen und vor Gericht gestellt. Man findet überdies bei ihm noch verschiedene verdächtige Sachen, die er von dem Leichnam hinweggenommen hat, er ist zum Ueberfluß ein dürftiger Mensch, ein Bettler und Vagabund. Aber dieser Vagabund war längst seines Lebens überdrüssig, nur die Furcht Leib und Seele zugleich zu verderben, hielt ihn bisher vom Selbstmorde zurück. Er bekennt sich bald des Verbrechens schuldig, er erzählt, wie, warum, an welchem Orte er den andern entleibt und nachher beraubt habe. Alles in seinem Bekenntnisse erhobenen Thatbestand überein; der Ort der That, die Wunde, das Instrument. Und doch ist er unschuldig. Wenn also solche Denkbarkeiten und Möglichkeiten über die Kraft der Beweise entscheiden sollen. So hat alle Kunst der Gesezgebung ein Ende, so höre man überhaupt zu strafen und zu richten auf. Denn es ist keine Beweisart, bei welcher nicht solche Möglichkeiten einträten. Nur die Beweise der Mathematik schliessen die Möglichkeit und Denkbarkeit des Gegentheils aus. Ein historischer Beweis, wie er dem Richter gegeben wird, einmals. Es können zwei ganz unverdächtig scheinende Zeugen von einem Dritten bestochen seyn, sie können durch gemeinschaftlichen Haß gegen den Angeschuldigten sich verbunden haben; es wird diese Möglichkeit nicht ausgeschlossen, wenn vier, zehn, zwanzig Zeugen aussagen. Und daß auch Zeugen fälschlich ausgesagt und falsch geschworen, darüber lassen sich mehr Anekdoten aufbringen, als über freiwillig falsche Selbstbekenntnisse der Inquisiten. Will man zu einem Criminalbeweis mehr, als historische Gewißheit fodern und dann consequent seyn, so begrift man schwer, wie man den Muth haben kann, auf zwei Zeugenaussagen einen Menschen zu verurtheilen? Will man das durch Umstände unterstüzte Bekenntniß über die Thatbeschaffenheit eines Verbrechens wegen jener Möglichkeit für unzureichend halten, so begreift sich gar nicht, wie jene Möglichkeit auf einmal da zur

Unmöglichkeit wird, wo der Verbrecher rücksichtlich der Handlung selbst, wider sich ein Zeugniß gibt, oder wenn auch hier jene Möglichkeit bleibt, warum durch sie die volle Kraft des Bekenntnisses doch nicht aufgehoben wird.

26. Sitzung Nr. XIX

München, am 4ten November, 1811.
Protocoll über die Sizung der vereinigten Sekzionen der Justiz und des Innern, welches in Gegenwart der gestern anwesend gewesenen Mitgliedern abgehaltn worden.

Herr Geheimer Rath von Feuerbach kamen in der heutigen Sizung auf den Art: 292. des 4. Kapitels vom Beweise durch Zeugen,

I.) <u>Von der Gültigkeit der Zeugen-Aussagen überhaupt.</u>

<u>Art: 292.</u>
Eine Zeugen-Aussage dient zu rechtlichen Überzeugung,
1.) wenn sie vor gehörig besezten Kriminal-Gerichte abgelegt ist,
2.) auf eigener unmittelbaren Erfahrung der zu erweisenden Thatsache, nicht blos auf Hörensagen, Vermuthungen oder Schlüssen beruht, übrigens aber
3.) die in dem Art: 284. No 3. bis 8. bemerkten Eigenschaften an sich hat, auch
4.) keine Gründe vorhanden sind, zu befürchten, daß der Zeuge die Wahrheit entweder nicht sagen wolle, oder nicht sagen könne.

und auf den Gestern gemachten Vorschlag zurük, den Nummer 1. desselben das Zulassen, und hier in dem Art: <u>von der Gültigkeit der Zeugen-Aussagen</u> nichts zu sagen, vor welcher Stelle sie abgelegt sein müßten, sondern diese Bestimmung auf den Art: 300. <u>von der Kraft und Wirkung der Zeugen-Aussagen</u> zu verweisen. Sie machten die vereinigten Sekzionen aufmerksam, daß obschon hier noch nicht von dem Grade der Glaubwürdigkeit einer Zeugen-Aussage und ihrer rechtlichen Wirkung auf ein Straferkenntniß die Rede seie, doch ihrer Überzeugung nach der Nummer 1. des Art: 292. und die Bestimmung, vor welcher Stelle eine solche Zeugen-Aussage zur blosen Erkundigung abgelegt sein müsse, um ihr Gültigkeit zu geben, nicht ausgelassen werden könnte. Es müsse ausgesprochen werden, daß nur die vor einem Gerichte geschehene Zeugen-Aussagen gültig, um alle aussergerichtliche und schriftliche Zeugnisse im Kriminal-Prozesse auszuschliesen.

Den vor einer Polizei Behörde abgelegten Zeugnissen würden Sie diese juridische Gültigkeit in keinem Falle beilegen, da die Erfahrung beweise, wie oberflächlich diese Stellen bei ähnlichen Handlungen zu Werk giengen, und wie wenig sonst geschikte Polizei Kommissaire von dem Kriminal-Verfahren Kenntniß hätten.

Sie machten den Vorschlag den Nummer 1. in Art: 292. beizubehalten, ihm aber folgende Fassung zu geben:

"wenn sie vor einem in Form eines Untersuchungs-Gerichtes §: 46. besezten Gerichte abgelegt ist."

Herr Hofrath von Gönner vereinigten sich nicht mit dem gegebenen Gesichtspunkte, und dem damit übereinstimmenden Vorschlag. Der Nummer 1. so gefasst, sage zu viel und zu wenig; zu viel, weil hier nach des Herrn Referenten eigener Äusserung es noch nicht auf die Glaubwürdigkeit Einer Zeugen-Aussage und ihre rechtliche Wirkung auf ein Straferkenntniß ankommt; zu wenig, weil dadurch die Fälle nicht gehörig aus einander gesezt, und nichts von denjenigen gesagt, wo die Zeugen-Aussagen vor einer Polizei-Behörde abgelegt, ebenfalls Gültigkeit haben müßten, denn sie könnten sich nicht überzeugen, daß dieses in Nothfällen umgangen, und überhaupt dem öffentlichen Glauben anderer königlichen Stellen nicht bei diesen Zeugen-Aussagen eben so viel Vertrauen gegeben werden solle, als einem Kriminal Gerichte.

Sie würden daher in Num: 1. des Art: 292. nur überhaupt sagen, daß diese Zeugen-Aussagen gültig, wenn sie vor einem Gerichte abgelegt, welches Gerichte es aber sein müsse, wenn dieselben Beweiskraft haben sollten, würden sie im Art: 300., so wie auch jene Nothfälle ausdrüken, wo die vor einem Zivil-Gerichte oder einer Polizei-Behörde abgelegte Zeugen-Aussagen ebenfalls auf die Beweiskraft wirken könnten.

Mit diesem Vorschlage des Herrn Hofrath von Gönner vereinigten sich Herr Geheimer Rath von Feuerbach.

Auch die Herrn Geheimer Räthe von Zentner, von Krenner, Carl Graf von Arco Exzellenz und Graf von Welsperg nahmen diesen Vorschlag in der Voraussezung an, daß die Frage, wie es in Nothfällen zu halten, unter bei Art: 300. näher geprüft, und ein Eingang des Art: 292. der Saz,

"eine Zeugen-Aussage dient zur rechtlichen Überlegung"
ausgelassen, und nur gesagt werde,
eine Zeugen-Aussage ist gültig.

Herr Geheimer Rath von Effner glaubten, daß in Art: 292. der eigentliche Ort seie, wo die verschiedene Stellen ausgedrükt werden sollten, vor welchen sowohl in Nothfällen als sonst Zeugen-Aussagen gültig abgelegt werden könnten, indem, wenn auch diese Aussagen noch nicht auf die Beweiskraft bei dem Straf-Erkenntnisse wirkten, sie dennoch als Basis des ganzen Verfahrens anzusehen.

Sie könnten daher dem Vorschlage, die nähere und umständlichere Bestimmungen hierüber in Art: 300. aufzunehmen, nur unter dem Vorbehalte beitreten, daß der Anfang des Art: 292. so redigirt werde:

"Eine Zeugen-Aussage dient zur rechtlichen Überzeugung /: Art: 300 :/, wenn sie vor einem Untersuchungs-Gerichte, oder vor einem in Form eines Untersuchungs-Gerichtes für diesen Fall besezten Civil-Gerichte abgelegt ist.

Zeugen-Aussagen vor Zivil-Gerichten, oder in dringenden Norhfällen vor einem Polizei Gerichte in geeigneter Form abgelegt, dienen auch zum Beweise des Thatbestandes, oder zu einem andern adnimikulirenden Beweise."

Diese Abstimmung des Herrn Geheimen Rath von Effner und die darin angegebenen Gründe machten mehrere Mitglieder wieder zweifelhaft, ob vorzüglicher sein, hier in Art: 292. nebst dem Untersuchungs-Gerichten diejenigen Gerichten und Behörden zu nennen, verwerfen Nothfalle solche Zeugnisse gültig abgelegt werden können, und zu bestimmen, in wie weit diese zum Beweis dienen können, und hatte die Folge, daß die Frage einer wiederholten Diskussion unterworfen, und von Seiner Exzellenz dem Herrn Geheimen Rathe Carl Graf von Arco folgende Fassung des Art: 292. auf den Fall vorgeschlagen wurde, wo die Sekzionen sich zu Aufnahme der nähern Bestimmungen in Art: 292. verstehen würden, wobei der Grundsaz aufgestellt, daß solche Zeugen-Aussagen in Nothfällen vor andern Behörden erhoben, wo möglich vor dem gehörig besezten Untergerichte wiederholt werden müßten, wodurch alles Mistrauen gegen das Verfahren anderer als Kriminal-Behörden entfernt, und die beschränkte Beweiskraft dieser Zeugen-Aussagen nur dann bestehe, wenn eine Wiederholung derselben wegen Tod des Zeugen oder andern Ursachen nicht möglich gewesen, in welchen Fällen es immer vorzuziehen seie, auch nicht ganz förmliche Zeugen-Aussage als gar keine zu haben.

Art: 292. 1) "Eine Zeugen-Aussage ist in der Regel nur dann gültig, wenn sie vor dem gehörig besezten Untersuchungs-Gerichte abgelegt worden ist.

   2.) Sie ist aber Ausnahmsweise auch dann gültig, wenn sie entweder

      a.) vor einem in Form eines Untersuchungs-Gerichtes für diesen Fall besezten Civil-Gerichte, oder

      b.) vor einem Polizei-Gerichte abgelegt ist, jedoch nur in den Art: 2 8. No 2. bestimmten Nothfällen, und als dann nur zum Beweise des Thatbestandes, oder irgend eines adnimikulirenden That-Umstandes.

      Jedoch muß die vor solchen Behörden in Noth- oder Eil- Fällen abgelegte Zeugen-Aussage, wenn es immer möglich ist, vor dem gehörig besezten Untergerichte wiederholt werden.

   3.) Die Zeugen-Aussage muß auf eigene unmittelbare Erfahrung u.

Herr Geheimer Rath von Feuerbach konnten sich nicht nicht überzeugen, daß, wo es noch nicht auf die Kraft der Zeugen-Aussagen zum vollen Beweise ankommen, hier die geeignete Stelle seie, die näheren Bestimmungen wegen diesen Aussagen aufzunehmen, und machten die vereinten Sekzionen aufmerksam, daß wenn man hier diesen Grundsaz aussprechen, man denselben in vielen der folgenden Art: wiederholen müsse. Auch gaben Sie zu bedenken, daß wenn man diesen vor einem Andern als Untersuchungs-Gerichte, oder einer Polizei Behörde abgelegten Zeugen-Aussagen, wenn sie auch nicht vor einem Untersuchungs-Gerichte wiederholt worden, die Kraft zum Beweise des Thatbestandes oder irgend eines adnimikulirenden Thatumstandes beilage, man die Kraft der Beweise in einer Kriminal-Sache von dem Zufalle oder Unachtsamkeit des Richters abhängig mache, denn daß ein solches Verfahren, wenn auch die noch möglich Wiederholung der Zeugen-Aussagen nicht geschehen, daß wegen nicht für nichtig erklärt werden könne, leuchte von selbst ein.

Würde jedoch die Sekzionen gegen Ihre Meinung den Beschluß fassen, diese Bestimmungen in Art: 292. aufzunehmen; so könnten Sie doch der Fassung, so Herr Geheimer Rath Carl Graf von Arco Exzellenz vorgeschlagen, nicht ganz betreten.

In Lt: B. würden Sie statt

<u>Zum Beweise des Thatbestandes oder irgend eines adnimikulirenden Thatumstandes</u>

sezen:

"Zum Beweise des Thatbestandes oder zu Vervollständigung eines vor Gericht erhobenen unvollständigen Beweises."

wodurch der eigentliche Grad des Beweises dieser vor einer andern Behörde als dem Untersuchungs-Gerichte in Nothfällen erhobenen Zeugen-Aussagen näher und geeignet bestimmt werde.

Der Nachsaz wegen Wiedererholung dieser Zeugen-Aussagen vor dem Untersuchungs-Gerichte stehe hier nicht an seinem Plaze, und Sie müßten vorschlagen, denselben nach Art: 29. einzureihen, wo er sich sehr passend anfügen lasse, da ohnehin der Art: 29. nach diesem Grundsaze geändert werden müßte.

Auch würden Sie die Bestimmungen des Art: 292. in zwei Art: fassen, und der Ausdruk Polizei Behörde müßte genauer bezeichnet werden, daß man darunter nicht den Obmann oder Schulzen eines Dorfes verstehe, und glauben könne, auch diese seien zur Erhebung der Zeugen-Aussagen befugt.

Diesen Bemerkungen des Herrn Referenten wurde von allen Mitgliedern entgegengesezt, daß sie den Art: 292. der dagegen angegebenen Gründe ohngeachtet als den geeigneten Ort annahmen, um die nähere Bestimmungen einzureihen, welche Gerichte in ordentlichen und ausserordentlichen Fällen gültige Zeugen-Aussagen erheben können, und daß, wenn es bei den folgenden Art: einer gleichen Bestimmung bedürfe, man sich leicht auf den Art: 292. beziehen könne.

Die Änderung, so Herr Geheimer Rath von Feuerbach in Lit. B. der Fassung des Grafen von Arco Exzellenz vorgeschlagen, glaubten die Sekzionen nicht beistimmen zu können, weil dadurch die Beweise zu irgend einem adnimikulirenden Umstande ausgeschlossen würden, wohl aber verstanden sie sich dazu, daß statt dieses Sazes angenommen werde, <u>oder der Anzeigungen</u>, und dem Lit. B. noch beigefügt werde

"oder zu Vervollständigung eines vor Gericht erhobenen unvollständigen Beweises",

so wie auch eine Erinnerung des Herrn Geheimen Rath von Effner, daß wenn diese vor andern als dem Untersuchungs-Gerichte erhobene Zeugen-Aussagen zum Beweise gegen den Angeschuldigten dienten, sie auch für denselben müßten gültig sein können, den weitern Beisaz in Lit: B. anzufügen

"oder auch zur Vertheidigung des Inquisiten dienende Umstände."

Mit Bildung zweier Art: aus dem Art: 292. und mit Verweisung des vom Herrn Geheimen Rathe Carl Grafen von Arco Exzellenz vorgeschlagenen Nachsazes wegen Wiederholung dieser Zeugen Aussagen von dem Untersuchungs-Gerichte, wenn dieses noch möglich, nach Art: 29., vereinigten sich die Mitglieder, nur glaubten Carl Graf von Arco Exzellenz, es seie zwekmäsiger, auch diesen Nachsaz in Art: 292. beizubehalten, und Herr Hofrath von Gönner, dieser Nachsaz ware am Geeignetsten nach Art: 207. einzureihen. Der Ausdruk Polizei-Behörde, wurde für hinlänglich gehalten, weil die Obmänner und Schulzen in den Dörfern keine eigentlich Behörden, sondern nur subdelegirte Polizei-Personen seien, und Falls ein Anstand darüber sich ergeben sollte, derselbe leicht gehoben werden könnte.

Da die von Seiner Exzellenz, dem königlichen geheimen Staats- und Konferenz-Minister, Herr Grafen von Reigersberg über die wegen dem diskutirten Art: 292. verfügte Umfrage die von der Mehrheit ausgesprochene Meinung bestätigte,

so wurde Folgendes beschlossen:
Im Art: 29. solle der Schluß so geändert werden:
"selbst vorzulegen, oder Stekbriefe zu erlassen; Eben so wenig ist derselben gestattet, ausgenommen in dringenden Nothfällen, förmliche Zeugen-Verhöre abzuhalten."
Statt dem gestrichenen Art: 30. wäre der Nachsaz des vorgeschlagenen neuen Art: 292. auf folgende Art aufzunehmen:
Art: 30. "Alle von einer Polizei-Behörde in Gemäsheit der Art: 28. und 29. No 3. vorgenommene Verhandlungen sind, so ferne dieses nur immer geschehen kann, sobald als möglich zu wiederholen."
Aus dem in dem litigraphirten Entwurfe des Prozesses enthaltenen Art: 292. aber zwei Art: mit folgender Geänderter Fassung gebildet werden.
Art: 292. "Eine Zeugen Aussage ist in der Regel nur dann gültig, wenn sie vor dem gehörig besezten Untersuchungs-Gericht abgelegt worden ist.
Ausnahmsweise ist dieselbe jedoch auch als dann gültig,

wenn sie entweder
1.) von einem in Form eines Untersuchungs-Gerichtes für diesen Fall besezten Zivil-Gerichte, oder
2.) unter den Art: 28. No. 3. und Art: 29.bestimmten Voraussezungen von einer Polizei Behörde förmlich zu Protokoll genommen worden ist, jedoch als dann nur zum Beweise des Thatbestandes oder der Anzeigungen, oder zur Vervollständigung eines vor Gericht erhobenen unvollständigen Beweises, oder auch der zur Vertheidigung des Inquisiten Umständen.

Art: a. post 292. Überdieß wird zur Gültigkeit einer Zeugen Aussage erfodert, daß dieselbe
1.) auf eigener unmittelbarer Erfahrung der zu erweisenden Thatsache, nicht blos auf Hörensagen, Vermuthungen oder Schlüssen beruhe,
2.) die in dem Art: 284. No 2. bis 7. bemerkten Eigenschaften an sich habe, auch
3.) keine Gründe vorhanden sind, zu befürchten, daß der Zeuge die Wahrheit entweder nicht sagen wolle, oder nicht sagen könne."

Den folgenden

<u>Von tüchtigen völlig unglaubwürdigen Zeugen.</u>

Art: 293.

Schlechterdings untüchtige und zum Beweis untaugliche Zeugen sind:
1.) Kinder unter acht Jahren;
2.) Wahnsinnige, Rasende, Blödsinnige, höchst Betrunkene sowohl rüksichtlich der Zeit des Vorfalls, als des abgelegten Zeugnisses;
3.) Personen, welche des zur Wahrnehmung des Beweis-Gegenstandes erfoderlichen Sinnes ermangeln;
4.) Diejenigen, welche nicht durch Worte, sondern nur durch Zeichen ihre Gedanken auszudrüken vermögen;
5.) bürgerlich Tod;
6.) wer wegen Verläumdung, falscher Denunziazion, falschen Zeugnisses oder Meineides verurtheilt, oder von der deshalb wider ihn verhängten Untersuchung noch nicht vollkommen losgesprochen worden ist;
7.) Diejenigen, welche für Ablegung oder Nichtablegung ihres Zeugnisses irgend etwas empfangen, oder ein hierauf gerichtetes Versprechen angenommen haben; endlich
8.) alle diejenigen, welche von dem ihrer Aussage gemäsen Ausgang der Sache einen unmittelbaren sichern Vortheil zu Erlangen, oder einen Schaden an Leben, leib, Ehre oder Gütern von sich abzuwenden haben.

Art: 294.

Ein Zeuge, welcher in den Hauptumständen seiner Erzehlung sich selber widersprochen hat, oder bei einem solchen Umstande der Unwahrheit überführt ist, verliert auch in Ansehung anderer Punkte seines Zeugnisses allen Glauben.

fügten Herr Geheimer Rath von Feuerbach die Bemerkung bei, daß diese Bestimmungen vergleichen mit jenen des bestehenden baierischen Gesezbuches aussprechen, daß mehrere Personen, so bis jezt unter die untüchtige Zeugen gerechnet worden, ausgelassen seien, so z.B. alle nahe Verwandten sie mögen für oder gegen den Angeschuldigten aussagen. Nach Ihrer Lehre dürften diese zu Ablegung eines Zeugnisses nicht gezwungen, könnten aber zugelassen werden, in welchem Falle sie nicht als untüchtige, wohl aber als verdächtige Zeugen zu beurtheilen.

Da Herr Hofrath von Gönner Ihre wegen N. 6. des Art: 293. litographirte Bemerkung, auf eine vom Herrn Geheimen Rath von Feuerbach gegebene Auseinandersezung, warum dieser Nummer 6. in Übereinstimmung mit den Anordnungen des ersten Theiles so gesezt werden müsse, zurüknahmen, und nicht darauf befinden,

so wurden die Art: 293. und 294. mit der Änderung angenommen, daß in No 3. statt <u>des zu Wahrnehmung des Beweis Gegenstandes erfoderlichen Sinnes ermangelt</u>, gesezt werde

"der zur Wahrnehmung des Beweis Gegenstandes erfoderliche Sinn mangelt;"

und der Nummer 4. des Art: 293. von den Taubstummen zu mehrerer Deutlichkeit so gefasst werde:

N: 4. "Diejenige, welche nicht mündlich oder schriftlich durch Worte, sondern nur durch Zeichen ihre Gedanken auszudrüken vermögen.

Art: 295.

<u>Von verdächtigen Zeugen überhaupt.</u>

Verdächtig (: nicht vollgültig :) ist ein Zeuge:

1.) wenn derselbe an einer Schwäche des erfoderlichen Sinnes leidet, oder Beweis gegeben hat, daß er seine Erfahrungen nicht getreu im Gedächtnisse zu behalten, oder andern bestimmt mitzutheilen vermöge;

2.) wenn er eine dem Gerichte vollkommen unbekannte Person ist;

3.) wenn er wegen eines Verbrechens oder Vergehens verurtheilt, oder nur von der Instanz losgesprochen worden ist, oder noch dem Prozesse unterliegt, oder sonst gegen die Rechtlichkeit seiner Aufführung gegründete Bedenken obwalten;

4.) wenn er mit demjenigen, zu dessen Vortheil das Zeugniß abgelegt wird, verheurathet, oder in gerader Linie, oder bis zum vierten Grad der Seitenlinie ainschlüssig verwandt, oder bis in den zweiten Grad der Seitenlinie verschwägert, oder demselben durch Freundschaft, häusliche Gemeinschaft, Amt, Dienst, oder andere Pflichten zugethan ist;

5.) wenn der Zeuge mit demjenigen, wider welchen er Zeugniß giebt, in Streit oder Feindschaft lebt;

6.) wenn derselbe bei dem seiner Aussage gemäsen Ausgang der Sache irgend einen, wenn gleich mittelbaren entfernten und ungewissen Vortheil zu erwarten hat, und endlich

7.) wenn derselbe während der Ablegung seines Zeugnisses durch zurükhaltendes unsicheres oder sonst befremdendes Benehmen, oder durch den Gehalt seiner Aussage selbst, durch Übertreibungen, durch Unwahrheit oder Widerspruch in Nebenumständen der Erzehlung, den Verdacht der Partheilichkeit wider sich erreget hat.

Herr Geheimer Rath von Feuerbach führten an, daß es schwer gewesen, alle Fälle, dem Zeugen verdächtig werden könnten, anzuführen, ohne in eine zu detaillirte Spezifikazion sich zu verliegen, daß Sie aber glaubten, die gegebene Bestimmungen seien hinreichend, um dem Ermessen des Richters, welchem die Würdigung der jeden einzelnen Fall begleitenden Umständen überlassen bleiben müsse, nicht zu viel Spielraum zu lassen, ihn aber auch auf der andern Seite nicht zu sehr zu beschränken.

Sie hätten den Mittelweg gewählt, und das Prinzip befolget, daß jeder Zeuge – die durch das Gesez als ganz untüchtig Erkannte ausgenommen – im Allgemeinen die Glaubwürdigkeit für sich habe, bis nicht das Gegentheil bewiesen, oder nicht Vermuthungs-Gründe den Richter dahin führen, glauben zu müssen, der Zeuge wolle oder könne die Wahrheit nicht sagen.

Da dieser Art: keinen Bemerkungen unterlag,

so wurde derselbe mit der einzigen Änderung angenommen, in No 3. statt seiner Aufführung zu sezen,
"seines Betragens:"

Art: 296.

<u>Insbesondere von minderjährigen Zeugen.</u>

Ein Minderjähriger ist nach zurükgelegtem sechzehnten Jahre eidesfähig, wenn zuvor durch glaubwürdige Zeugnisse seiner Lehrer und Erzieher – bescheiniget ist, daß er eines hinreichend verständigen gesezten Karakters und von der Wichtigkeit des Eides gehörig unterrichtet sei; in welchem Falle er sodann, wenn nicht andere Gründe seiner Glaubwürdigkeit entgegen stehen, auch in Ansehung der in früherem Alter erfahrnen Thatsachen, als vollgültig zu betrachten ist.

Die Aussage eines eidesunfähigen Minderjährigen kann, jedoch nach vorsichtiger Erwägung aller Umstände, als entfernte Anzeigung gelten.

Herr Geheimer Rath von Feuerbach unterstüzten dessen Fassung mit folgenden Gründen.

Die Ursache der Unfähigkeit eines nicht 20. Jahre alten Menschen habe bis jezt in dem Mangel an Unterricht und in dem Karakter des Beichtsinnes gelegen, der diesem Alter eigen, allein die Rüksichten, daß bei den im Reiche fortgerükten Bildungs-Anstalten, Zeuge Leute sich früher entwikelten, und da die That-Handlungen bei einem Kriminal-Verbrechen gewöhnlich so beschaffen, daß sie auch dem gemeinsten Menschen faßlich und einleuchtend seien, verbunden mit der Nothwendigkeit, bei dem künstlichen und erweiterten Beweise, das Alter der Eidesfähigkeit früher als bisher geseglich zu machen, hätten Sie zu dem Antrage bestimmt, daß man das 16te Jahr als Termin zur Eidesfähigkeit, und den Nachsaz, ein solcher abgelegter Eid seie auch in Ansehung der in früherem Alter efahrenen Thatsachen als vollständig zu betrachten, annehmen könne; indem die Aussage eines Kindes, z.B. bei Raub, Mord oft das einzige seie, wodurch ein Verbrecher überführt werden könne, und die Zulassung zum Eide nur deßwegen ausgeschlossen bleibe, weil ihm noch nicht die gehörige Beurtheilung zugetraut werden könne, trete diese aber mit der bei Kindern über 8. Jahren oft lebhafteren Erinnerung zusammen, so seie kein Grund, einer solchen eidlichen Aussage die Vollgültigkeit eines Beweises abzusprechen: Nur werde es nothwendig sein, übereinstimmend mit dem Art: 293. <u>nach früherem Alter</u> beizusezen

"nach zurükgelegtem 8ten Jahre"

um vorzubeugen, daß man nicht glaube, als ob sich dieses auf, noch frühere Jahre beziehe.

Die litographirte Bemerkungen Seiner Exzellenz des Herrn Geheimen Rath Carl Grafen von Arco, und Herr Hofrath von Gönner wurden abgelesen, und die darin vorgelegten Ansichten in so weit von den Sekzionen angenommen, daß das 18te Jahr als gesezlicher Termin zur Eidesfähigkeit Bestimmt werde.

Gegen den Saz, daß diese Eidesfähigkeit nach Zurükgelegtem 18ten Jahre auch in Ansehung der in früherem Alter nach zurükgelegtem 8n Jahre erfahrnen Thatsachen einen vollgültigen Beweis geben solle, äusserten sich vorzüglich Seine Exzellenz der königlichen geheimen Staats- und Konferenz-Minister Herr Graf von Reigersberg, und Herr Geheimer Rath Graf von Welsperg, indem Sie es für zu bedenklich hielten, einer zehenjährigen Erinnerung den vollen Beweis beizulegen.

Da auch die übrigen Mitglieder diese Ansicht theilten, und bemerkten, daß man bei einem jungen Menschen dieses Alters noch nicht die vollständig klare Fassung und und die Kraft der Beurtheilung voraussezen könne, die nötig, um in einer Thatsache zu deponiren, wo es sich um das Leben und die Ehre eines Menschen handle, so wurde in Folge verfügter Umfrage nebst Festsezung des 18n Jahres zur Eidesfähigkeit, in Ansehung der in früherem Alter erfahrnen Thatsachen beliebt, auszusprechen, daß eine solche, von einem nunmehr Eidesfähigen abgelegten eidliche Aussage nur bei jenen Thatsachen vollgültigen Beweis machen soll, die nach seinem zurükgelegten 14. Jahre geschehen, und der er sich folglich noch erinnern kann, auch dieselbe zu beurtheilen im Stande ist;

Rüksichtlich des Nachsazes, daß die Aussage eines Eidesunfähigen Minderjährigen als entfernte Anzeigungen gelten soll, äusserten Seine Exzellenz Herr Geheimer Rath Carl Graf von Arco einige Bedenken, indem bei dem erweiterten und künstlichen Beweise auch solche entfernte Anzeigungen zugerechnet wurden, und leicht auf die Verurtheilung des Angeschuldigten wirken könnten.

Da aber die übrigen Mitglieder diese Ansicht von dem Nachsaze nicht theilten, sondern glaubten, er könne ohne Gefahr beibehalten werden, und könne bei dem erweiterten Beweise in manchen Fällen zu Überführung des Angeschuldigten beitragen

> so wurde folgende Fassung des Art: 296. angenommen:
> Art: 296. Ein Minderjähriger ist nach zurükgelegten 18ten Jahr eidesfähig, in welchem Falle er sodann, wenn nicht andere Gründe seiner Glaubwürdigkeit entgegen stehen, auch in Ansehung der nach zurükgelegten 14. Jahre erfahrnen Thatsachen als vollgültig zu betrachten ist.
> Die Aussage eines eidesunfähigen Minderjährigen kann jedoch noch vorsichtige Erwägung aller Umstände als entfernte Anzeigung gelten.

Hiermit endigte sich die heutige Sizung.
> Unterzeichnet: Graf von Reigersberg.
> > von Zentner,
> > von Krenner, der Ältere.
> > C. von Freiherr von Aretin.
> > von Effner,
> > Feuerbach,
> > Graf von Welsperg,
> > Gönner,
> > > Zur Beglaubing:
> > > Egid Kobell

27. Sitzung Nr. XX
Abgehaltn den 3n. November, 1811.
Gegenwärtig waren:
Seine Exzellenz, der königliche geheime Staats- und Konferenz-
Minister, Herr Graf von Reigersberg,
Die königliche wirkliche Herrn geheimen Räthe:
von Zentner,
von Krenner, Senior,
Seine Exzellenz Carl Graf von Arco,
Freiherr von Aretin, waren verhindert,
von Effner,
von Feuerbach,
Graf von Welsperg und
Herr Hofrath von Gönner.

Mit Ablesung und Unterzeichnung der beiden Protokollen vom 27n und 28n v. M. wurde die heutige Sekzions-Sizung eröhnet, und hierauf vom Herrn Geheimen Rathe von Feuerbach bemerkt, daß Sie nach dem lezten Beschlusse die Art: über die Lehre des Thatbestandes neu bearbeitet, und solche vorlegen würden.

Um dieselben vollständig beurtheilen zu können, fanden Herr Geheimer Rath von Feuerbach nötig, auf die frühere Redakzion zurükzukommen, und die Verschiedenheit derselben mit der gegenwärtigen darzustellen, wodurch sich zeigen werde, daß diese nicht sowohl in dem Sinne als in der Stellung liege.

Der allgemeine Saz, daß das blose Bekenntniß eines Angeschuldigten allein ohne Begleitung glaubwürdiger erhobener Umstände nichts beweise, stehe nun an der Spize dieser Lehre, dann folgen die Ausnahmen in dem Art: 6. und das ganze schliese sich mit den Bestimmungen, in wie weit das Geständniß bei der Tödtung und Legalität wirke.

Sie glaubten, daß diese Fassung den Ansichten der vereinigten Sekzionen entsprechen, und die, dieser wichtigen Lehre entgegen gesezten Anstände nun entfernt sein würden, da der Grundsaz, daß das eigene Geständniß ohne Harmonie mit andern glaubwürdigen Umständen nichts beweise, schärfer bezeichnet, und dem Richter in das Auge gestellet, auch der ganzen Lehre mehr Präzision gegeben werden.

Die Art: a. b. c. und d. nach diesen Ansichten redigirt, wurden vom Herrn Geheimen Rathe von Feuerbach vorgelegt.   Beilage I.
Seine Exzellenz der königliche geheime Staats- und Konferenz-Minister Herr Graf von Reigersberg liesen über diese neue Fassung abstimmen.

Herr Hofrath von Gönner äusserten, daß Sie es für überflüssig beurtheilten, Ihre litographirte Abstimmung über den   Beilage II.
Beweis des Thatbestandes durch Geständniß, und ihre Ansicht

über die vorgetragene Art: nochmal abzulesen, und in das Wesentliche derselben, sowie in die Prinzipien, welche dabei zum Grunde gelegt, wieder einzugehen, da dieselbe den Mitgliedern der vereinigten Sekzionen vor der Sizung bereits mitgetheilt, und von denselben würden durchgangen worden sein.

Sie seien mit der Fassung des Herrn Geheimen Rath von Feuerbach, wie sie bereits in der legten Sizung geäussert, ganz verstanden, nur würden sie in dem ersten an der Spize stehenden Art: A. den Grundsaz aussprechen, daß der Untersuchungs Richter selbst bei einem von Thatbestand eines Verbrechens ausmachenden Bekenntnisse sich bestreben solle, durch Augenschein oder Vernehmung der Zeugen oder des Beleidigten, soweit es möglich den Beweis des Thatbestandes herzustellen. Dadurch werde ex plicite gesagt, daß ein Geständniß ohne diese Requisiten in der Regel nichts beweise, und dem Richter werde die wichtige Bestimmung wiederholt, was er zu Herstellung eines Thatbestandes vorzüglich zu beobachten.

Nun würden sie die Ausnahmen, sowie Herr Geheimer Rath von Feuerbach, sie vorgeschlagen, folgen lassen, und die ganze Lehre mit den in dem Oesterreichischen Gesezbuche Art: 400. enthaltenen Bestimmungen schliesen.

Sie hielten es für wesentlich, daß der erste Art:, der die Regel ausspreche, nach ihrem Vorschlage gefaßt werde, und hierin allein seien sie mit dem Herrn Referenten verschiedener Meinung.

Gegen diese Äusserung des Herrn Hofrath von Gönner glaubten Herr Geheimer Rath von Feuerbach bemerken zu müssen, daß jene Bestimmungen, welche für den Art: a. vorgeschlagen worden, nicht hieher gehörten, und oben schon bei dem Verfahren bestimmt ausgesprochen seien. Hier sie wiederholen, könne den Richter verwirren, und in der Lehre von dem Verfahren seie der Inquirent schon angewiesen, Alles aufzubieten, durch Augenschein, durch Vernehmung der Zeugen oder des Beschädigten den Thatbestand herzustellen, allein, hier, wo es sich von Ergänzung des Thatbestandes durch das eigene Geständniß handle, oder wo dieses, wenn obige Requisiten nicht vorhanden, und zu erholen nicht möglich gewesen, denselben ersezen solle, könnten diese Anordnungen nicht wiederholt werden, indem die Regel nur ausdrücken solle, was wirkt das eigene Geständniß auch ohne eigentlichen Thatbestand, ohne noch zu sagen, welche Bewewiskraft ihm beigelegt werde.

Mit Anfügung des lezten Art: der die Bestimmungen des Art: 400. des Oesterreichischen Gesezbuches ausdrücke, könnten sie sich verstehen, obschon sie glaubten, er lasse sich schon aus dem ersten Art: subsumiren.

Diese Gründe überzeugten Herr Hofrath von Gönner nicht, von seiner vorgeschlagenen Fassung des Art: a. abzugehen, und die Wiederholung dessen was der Richter zu Herstellung des

Thatbestandes zu verfügen habe, scheine ihnen nicht nur nicht überflüssig, sondern als allgemeine Regel sogar nothwendig.

Der Hauptsaz gehe voran, was geschehen sein müsse, ehe das eigene Geständniß des Angeschuldigten über den Thatbestand einige Wirkung haben, dann folgten die Ausnahmen, und die Lehre schliese mit der Bestimmung, daß wenn ausser dem Bekenntnisse des Angeschuldigten sich Nichts erforsschen lasse, dasselbe keinen hinreichenden Beweis gebe.

Herr Geheimer Rath von Zentner entwikelten die Verschiedenheit der Ansichten des Herrn Geheimen Rath von Feuerbach und des Herrn Hofrath von Gönner, und stimmten darin dem erstern bei, daß die Handlungen, welche der Richter vornehmen müsse, um den Thatbestand herzustellen, sich nicht hieher, sondern zu dem Verfahren eigneten; Allein, auch mit der vom Herrn von Feuerbach gegebenen Fassung des Art: a. welcher die allgemeine Regel aussprechen solle, daß das eigene Geständniß des Angeschuldigten ohne erhobenen Thatbestand, oder ohne von glaubwürdigen hergestellten Umständen unterstüzt zu sein, keinen hinlänglichen Beweis gebe, könnten sie sich nicht verstehen, und glaubten, es müßte bestimmter ausgedrükt sein, daß dasselbe der Regel nach keine Wirkung habe, wohl aber begleitet von glaubwürdigen Umständen zu Ergänzung eines Beweises gebraucht werden könne, und den übrigens erehobenen Umständen mehr Gültigkeit gebe.

Sie wiederholten ihren Wunsch, daß Herr Hofrath von Gönner, welche den Begrif des Thatbestandes in ihren litographirten Bemerkungen sehr richtig gegeben, und konsequent ausgeführt, einen vollständigen Entwurf der Lehre vom Thatbestande bearbeiten und vorlegen mögten, wornach sich die Verschiedenheit der Ansichten am leichtesten heben würde.

Herr Geheimer Rath von Krenner der Ältere äusserten, Sie müßten noch immer darauf bestehen, daß in der Lehre <u>von dem Beweise des Thatbestandes das Bekenntniß des Angeschuldigten als ein Beweismittel nicht aufgeführt</u> werden könne. Die Folgen einer gegentheiligen Behauptung seien ihrer inneren Überzeugung nach viel zu gefährlich, und man falle damit in den Fehler die ältesten Kriminal-Geseze, und müße sogar die Hexen-Verbrennungen wieder an der Tages Ordnung sein lassen.

Herr Geheimer Rath Carl Graf von Arco Exzellenz in dem früher gegebenen Saze, daß <u>das blose Geständniß den gar nicht erhobenen Thatbestand beweisen könne</u>, eine so gefährliche und auffallende Bestimmung, daß sie denselben unter gar keiner Voraussezung und folglich auf keine auf diesen Saz gebauete, wie auch immer limitirte und modifizirte Redakzion annehmen könnte.

Sie müßten auf ihre schon öfters wiederholte Bemerkung wegen dem zu machenden Unterschied zurückkommen, und könnten in Folge dessen bei bekannten und verschrienen Verbrechern und bei Mitgliedern von Räuberbanden in Anwendung dieses Grundsazes etwas nachlassen, nie aber demselben huldigen, wenn er so allgemein auf alle eines Verbrechens Angeschuldigte geltend gemacht würde, sich auch nicht denken konnten, wie man gegen rechtliche unbescholtene Menschen auf eigenes Bekenntniß ohne einen Thatbestand auf andere Art erhoben zu haben, die Pena ordinaria erkennen, und dem Menschen ein wiederbringliches Guth, sein Leben rauben wolle.

Auch Sie müßten mit Herrn Geheimen Rath von Zentner einen vollständigen Entwurf des Herrn Hofrath von Gönner über diese Lehre, nach dessen sehr schön und richtig entwikelten Ansichten über den Thatbestand erwarten, ehe sie hierüber definitiv abstimmen könnten.

Herr Geheimer Rath von Effner äusserten, daß sie dem vom Herrn Geheimen Rathe von Gönner angegebenen Begriffe des Thatbestandes vollkommen beistimmten, und folgende Säze ihren Ansichten den von Feuerbach vorgeschlagenen Art: vorausschiken müßten.

Das Bekenntniß könne <u>in keinem Falle</u> den Thatbestand <u>herstellen</u>, es kann und einen <u>unvollständig</u> vorhandenen Thatbestand vollständig machen.

Ein unvollständiger Thatbestand <u>ein Thatbestand überhaupt</u> muß immer zugegen sein.

Thatbestand überhaupt seie nur Herstellung der Gewißheit des Ereignisses, welches im vorliegenden Falle verbunden mit der rechtswidrigen Handlung Verbrechen seie.

Unvollständig seie ein Thatbestand, und dieser reiche bei vorhandenem Bekenntnisse zu, wenn die Gewißheit, daß die einbekannte verbrecherische Handlung überhaupt begangen worden, durch Augenschein, Zeugniß des Beschädigten oder auf andere Art wenigstens so hergestellet seie, daß keine gegründete Vermuthung mehr übrig, daß das Ereigniß, woraus das Verbrechen entstanden, ganz unterblieben sein könnte.

Sie würden daher den Art: a. der neuen Fassung zwar annehmen, aber den Art: b. so fassen:

Art: b. "Es kann jedoch das Bekenntniß auch hne förmlich erhobenen Thatbestand vollen Glauben verdienen, so ferne

    1.) die Gewißheit, daß die angegebene verbrecherische Handlung überhaupt begangen worden seie, durch Augenschein oder durch Zeugniß des Beschädigten oder auf andere Art so hergestellt ist, daß keine gegründete Vermuthung übriget, daß diese Handlung ganz unterblieben sein könne, wenn

    2.) das Geständniß des Angeschuldigten auf seiner eigenen sinnlichen Erkenntniß beruhet u.

Diese Grundsäze würden Sie als Basis einer neuen Fassung aufstellen, und könnten sich damit, vereinigen, daß jene vom Herrn Hofrath von Gönner noch zu entwerfende erwartet werde.

Seine Exzellenz Herr Geheimer Rath Carl Graf von Arco fügten ihrer früheren Abstimmung bei, daß sie übereinstimmend mit Herrn Geheimen Rath von Effner den Saz annehmen könnten:

> daß ein übrigens mit allen gesezlichen Requisiten versehens Geständniß selbst bei unvollkommen erhobenem Thatbestande einen solchen Grad von Glaubwürdigkeit erhalten könne, daß hierauf die volle Strafe des Verbrechens erkannt werden dürfe, wenn nur hinsichtlich des Thatbestandes so viel hergestellt ist, daß dem Richter kein vernünftiger Zweifel übrig bleiben kann, es seie die That, wozu sich Inquisit als Urheber bekennet, begangen worden, oder mit andern Worten, daß dem Richter keine gegründete Vermuthung mehr übrige, daß das Ereigniß, woraus das Verbrechen entstanden ist, ganz unterblieben sein könne.

Sie stimmten daher auf eine neue Redakzion, welche auf diesen Grundsaz gebauet.

Herr Geheimer Rath Graf von Welsperg geben folgende Abstimmung zu Protokoll:

Um ihre Abstimmung, nach dem Resultaten betrachtet, abzugeben, so erklärten sie sich, daß sie mit der von dem Königlichen Geheimen Rath von Zentner vorgeschlagenen neuern Redakzion des §: 285. der in seinen zweiten Theil nicht mehr ganz bestehen könne, und dann mit der Aufnahme in der Folge des neuen Antrags des Herrn von Feuerbach mit dem ad Art: f. am Herrn von Gönner vorgeschlagenen Zusaz ganz einverstanden seien, um so mehr, als sie den noch bestehenden Unterschied zwischen den beiden lezteren nicht vereinbarlich glaubten.

Was aber die Theorie dieser Sache selbst betreffe, gestünden sie, daß sie die Meinungen der gesammten Herostraten, und so die Ihrigen mit in vom Herrn Referenten eben nicht so sehr verschieden Fänden, und nur die mehrere, und so viel Gegenstände umfassende Materie habe, die Discussion und Deliberation abstrakt,† daher seie es Noth gewesen, zu Definizionen und nähern Bestimmung, der Idee zu ekueriren, die aber ihrer Meinung nach immer noch durch Einmengung fremder, oder nur mitverbundener Fragen wieder ins Dunkle sich verlohren.

† weitwendig und dunkel gemacht

Sie wünschten die Begriffe logisch auseinander zu sezen, und glaubten, man würde sich bald nähern.

Die Frage seie nicht: Wie? sondern: Ob der Thatbestand eines Verbrechens auch durch Bekenntniß bewiesen werden könne?

Nähmen sie nun die oben §. §. 283. et 284. angenommene Lehre von dem Beweis des Bekenntnisses der Angeschuldigten /: eine Lehre die bereits keiner Controvers mehr unterliege :/ so müßten Sie allerdings ihre Anwendung auch zu dem Beweis des Thatbestandes geltend erkennen; denn wie die Zeugen-Aussagen, wie Urkunden, wie der Augenschein, so seie auch das Selbstbekenntniß eine Beweiß-Art, und habe noch in vieler Hinsicht einen Vorzug; denn wenn man das Selbstbekenntniß §: 283. zur Zurechnung der Schuld für vollgültig annehmen dürfe, so könne es wahrlich auch zur Herstellung des Thabestandes dienen.

Das Selbstbekenntniß könne und müße also logisch richtig, als eine Beweis-Art, auch zum Beweiß des Thatbestandes des Verbrechens dienen können.

Wo nun das Selbstbekenntniß hierin beim Thatbestande allein hinreiche? das heiße, welche Kraft und Wirkung es zu diesem Beweis habe? Ob es anderer Beweismittel, als wirklichen Augenschein, Zeugen Aussage u. bedürfe? dieses seien von der obigen gesönderte Fragen, und diese könnten nur nach vorausgegangenen Distinkzionen nach einzelnen Fällen beantwortet werden, alle bishero wenigstens in Allgemeinen pro et contra gemachte Behauptungen leideten Widerspruch nach Unterschied des sich vorgezeichneten Falls, und die Behauptung: bei jedem Verbrechen zur ordentlichen Bestrafung müsse das Corpus Delicti durch <u>Augenschein</u> erwiesen werden; so wie die Behauptung zu Erweisung des Thatbestandes reiche das <u>Selbstbekenntniß allein für sich</u> hin; Beide Behauptungen im Allgemeinen fanden nicht statt, wohl aber fänden sie theilweise, oder vereinigt, ihre Anwendung bei vorausgeschikter Verschiedenheit der Fälle.

Sie würden also unterscheiden, ob die Erhebung des Thatbestandes immer, und überhaupt nötig, und wohl auch möglich seie? Ob dieser Thatbestand durch andere Beweisarten erwiesen werden könne, oder nicht? Von welcher Natur das Verbrechen seie, ob es kapitalisch, und diesem gleich, oder von geringerer Art seie? ob es Spuren zurükgelassen, warum nicht, oder ob es transitorisch seie?

Nach diesen Verschiedenheiten also, und nach der Möglichkeit oder Unmöglichkeit andere Beweise zu erhalten, würden sie nun auch die Kraft und Wirksamkeit des Selbstbekenntnisses zur Erweisung, oder Ergänzung des Thatbestandes bemessen, das heißte, sie würden sich bei dieser Erhebung auch des Thatbestandes namentlich an die bereits von den Sekzionen gutgeheisenen Lehre von dem Beweise durch Selbst-Geständniß halten; Was sie noch nur vieles mehr in der neuen Redakzion gemüsigt aufgenommen zu sehen glaubten, und sich also mit derselben um so mehr einverstehen könnten, da der Art: f. bei dieser Entscheidung der Frage wohl eine gänzliche Beruhigung geben könne.

Nach diesen verschiedenen Ansichten und Äusserungen

vereinbarten sich die Sekzionen, die vom Herrn Hofrathe von Gönner zu entwerfende neue Fassung der Lehre von der Wirkung des eigenen Geständnisses zu Herstellung des Thatbestandes zu erwarten ehe hierüber definitiv entschieden werde.

Herr Geheimer Rath von Feuerbach kamen nun auf den

<u>Art: 297.</u>

<u>Von dem Zeugnisse des Beleidigten.</u>
Das Zeugniß desjenigen, an welchem das Verbrechen begangen worden, ist unverdächtig, so weit dasselbe blos darauf gerichtet ist, daß der Inquisit das angeschuldigte Verbrechen an ihm begangen habe, nicht aber rüksichtlich der die That erschwerenden besonderen Umstände.

und bemerkten den vereinigten Sekzionen, daß diese Fassung geändert werden müsse. Sie hätten aus Versehen hier Bestimmungen ausgesprochen, die demjenigen gerade entgegen, was Sie hätten sagen wollen.

Der Art: müsse so heißen:

Art: 297. "Das Zeugniß desjenigen, an welchem das Verbrechen begangen worden, ist unverdächtig, so weit dasselbe blos darauf gerichtet ist, daß das angeschuldigte Verbrechen an ihm verübt worden, nicht aber rüksichtlich der Person des Thäters oder der die That erschwerenden Umständen."

Die Gründe für diese Bestimmungen seien Folgende:

Sobald der Beschädigte nur aussage, daß eine That geschehen, seie kein Grund vorhanden, Mißtrauen oder Zweifel in seine Deposizion zu sezen, weil man kein Interesse vermuthen könne, welches ihn leite, diese Aussage zu machen, sowie er aber sage, diese oder jene Person hat dieses Verbrechen begangen, so verdienen diese Angabe keinen vollen Glauben, weil er in der Absicht, sich an einer bestimmten Person zu rächen, diese Aussage gethan haben, durch Leidenschaft oder Interesse hiezu verleitet sein könne, und gereizt, durch so manche im Menschen liegende Nebenursache kein Bedenken trage, vor Gericht und eidlich auszusagen, diese bestimmte Person habe dieses Verbrechen begangen.

Ihrer innigsten Überzeugung nach verdiene das Zeugniß des Beschädigten nie vollen Gauben, und er seie immer ein verdächtiger Zeuge, sobald er gegen eine bestimmte Person deponire. Auch über die erschwerenden Umstände einer That könnten sie denselben nicht als vollgültigen Zeugen annehmen, da Schreken und Furcht bei demjenigen, an dem ein Verbrechen begangen worden, nur zu oft verursache, daß er das, was geschehen, übertreibe, oder verdopple.

Diese Säze fanden von einigen Mitgliedern Wiedersprüche, und es wurde von diesen behauptet, daß ein rechtlicher Mann so gut und mit oben der Gültigkeit aussagen könne, Dieser hat die That an mir begangen, als wenn er sage, diese That ist an mir begangen worden.

Wie würde es möglich sein, wenn man des Herrn Referenten Sistem anerkennen, bei so vielen Verbrechen den Thäter aufzufinden, wenn man dem Beschädigten, der den Urheber kenne, und gegen ihn bestimmt aussage, keinen Glauben beilegen würde.

Diese Lehre angenommen, würde die meisten Kriminal Prozesse vereiteln, wenn der Verbrecher nur so schlau wäre, bei Begehung eines Raubes, eines Diebstahles den Augenblick zu benüzen, wo Niemand als derjenige zugegen, den er berauben, bestehlen wolle. Sie könnten sich nie dazu verstehen, dem Beschädigten nicht gleichen Glauben in seinen Aussagen gegen den Thäter, so wie in jenen über die That beizulegen, in so ferne nicht wichtige, von dem Richter zu beurtheilende Umstände eintreten, die ihn verdächtig machten.

Bei diesen verschiedenen Ansichten über die Bestimmungen des Artikel 297. verfügten. Seine Exzellenz der königliche geheime Staats- und Konferenz-Minister, Herr Graf von Reigersberg die Umfrage.

Herr Geheimer Rath von Feuerbach, Herr Hofrath von Gönner, Herr Geheimer Rath von Krenner und Herr Geheimer Rath, Graf von Welsperg, erklärten sich für den Saz, daß der Beschädigte, wenn er gegen eine bestimmte Person aussagt, ein verdächtigere Zeuge seie, indem derselbe immer ein Interesse haben, und Leidenschaft oder böse Absichten hier sehr leicht im Spiele sein könnten.

Herr Hofrath von Gönner, welche zwar für den Hauptsaz als Regel stimmten, wollten jedoch die Fälle, so in Art: 306. bestimmt, ausnehmen, und hier den Beschädigten als unverdächtigen Zeugen erkennen, deßwegen auch den Art: 297. und jenen 306. zusammenstellen".

Auch glauben Sie der Nachsaz des Art:297., daß der Besschuldigte rüksichtlich der erschwerenden Umstände einer That, ein verdächtiger Zeuge seie, müßte umgangen werden. Die Nebenumstände, sie mögten den Angeschuldigten beschweren, oder ihm zur Vertheidigung dienen, gehörten zur That, und rüksichtlich dieser müsse man ihm vollen Glauben zugestehen.

Mit Auslassung des Nachsazes in Art: 297. vereinigten sich die übrigen drei Mitglieder, nicht aber mit Ausnahme der im Art: 306. bezeichneten Fällen und mit Vereinigung dieser beiden Art:

Gegen die Aufstellung dieses Grundsazes äusserten sich die Herrn Geheimen Räthe von Zentner, Carl Graf von Arco Exzellenz und von Effner, und waren der Meinung, der Beschädigte müsse auch in der Regel in seine Posizionen gegen den Thäter als gültiger Zeuge angesehen werden, in so fern nicht Gründe vorhanden, welche ihn verdächtig machten.

Sie vereinigten sich mit der vom Herrn Geheimen Rathe

von Effner in Übereinstimmung mit diesem Grundsaze vorgaschlagenen Fassung dieses Art: jedoch mit Auslassung der Stelle, wo von dem Denunzianten gehandelt werde, indem der Art: 298. hievon spreche.

Art: 297. "Das Zeugniß desjenigen, an welchem das Verbrechen begangen worden, so weit dasselbe blos auf die That gerichtet ist, verdienet vollen Glauben, wenn ihm sonst keine Exzepzion entgegen stehet.

Das Zeugniß desselben rüksichtlich der Person des Thäters ist unverdächtig unter obigen Bedingnissen, wenn er nicht selbst Denunziant des Thäters war."

Herr Geheimer Rath von Effner bemerkten auch, daß oben im Art: 293. schon eine Ausnahme rüksichtlich des Beschädigten gemacht werden müsse, indem er nach dem Nummer 8. dieses Art: als ein ganz untüchtiger Zeuge erklärt werde, welches mit dem Bestimmungen des Art: 297. wie sie auch angenommen würden, im Widerspruche stehe.

Daß die Aussagen des Beschädigten auch über die erschwerenden Umständen der That Glauben haben müssen, hievon überzeugten Sich auch die erwehnten drei Herrn Geheimen Räthe.

Da die Bemerkung des Herrn Geheimern Rath von Effner keine Änderung des Art: 293. veranlaßte, da sich die hierin aufgenommene Bestimmungen nicht eigentlich auf den Beschädigten beziehen, und es zu gefährlich sein würde, diejenigen von dem da die Rede, nicht als ungültige Zeugen auszuschliesen;

So wurde nach dem Schlusse der Mehrheit die sich für den Saz, daß der Beschädigte in Rüksicht des Thäters immer ein verdächtiger Zeuge seie, erklärte

folgende Fassung des Art: 297. angenommen:

Art: 297. "Das Zeugniß desjenigen, an welchem das Verbrechen begangen worden, ist unverdächtig, soweit dasselbe blos darauf gerichtet ist, daß das angeschuldigte Verbrechen an ihm verübt worden, nicht aber rüksichtlich der Person des Thäters."

Art: 298.

<u>Von dem Zeugnisse des Angebers.</u>

Ein Angeber (: Denunziant :) ist nur dann als tüchtiger Zeuge der That und des Thäters zulässig, wenn er vermöge seines Amtes zur Anzeige verpflichtet war, und ihm nicht besondere Gründe der Partheilichkeit oder eines persönlichen Interesses an dem Ausgange der Sache entgegen stehen.

Diesem Art: fügten Herr Geheimer Rath von Feuerbach die Bemerkung bei, daß diese Bestimmungen auf die Lehre des ersten Theiles, wo es jedem Unterthan zur Pflicht gemacht werde, ein ihm bekannt werdendes Verbrechen anzuzeigen, berechnet, und konsequent mit demselben behandelt worden; denn nach der älteren Kriminal-Gesezgebung seie ein Denunziant in allen Fällen als ein untüchtiger Zeuge angenommen worden.

Herr Geheimer Rath von Feuerbach schlugen vor, im Anfange dieses Art: noch beizufügen
<u>als vollkommen tüchtiger Zeuge</u>.

Mit dem Zusaze
<u>vollkommen tüchtiger Zeuge</u>
wurde der Art: 298. angenommen, und

Die heutige Sizung hiemit beschlossen.

28. No 1. zum Protocoll Nr. 20. von Gönner

Abstimmung
über
den Beweis des Thatbestandes durch Geständniss
in Gemäsheit des Beschlusses des königlichen
geheimen Raths vom 27. Oktober, 1811.

So wichtig die Lehre vom Thatbestand corpus Delicti, in Kriminal-Rechte ist, so vieles liegt über dieselbe noch im Dunkeln, und vergebens hoft man, sich über die Frage:
"wie der That-Bestand bewiesen werde, und ob er durch Geständniß bewiesen werden könne?"
zu vereinigen, wenn man nicht über die Frage:
"was denn eigentlich unter Thatbestand, Corpus Delicti, zu verstehen sei?"
im Reinen ist. Meine Abstimmung muß also mit Lösung dieser Vorfrage beginnen.

I. Was ist unter Corpus Delicti zu verstehen?

Wer unter dem Worte Thatbestand nichts anders verstehet, als
"die Gewißheit, daß ein Verbrechen begangen worden sei"
denn kann freilich die Brandstätter das Corpus Delicti des Mordes, nicht sein, nicht einmal die noch am Hause angelehnte Leiter, worauf der Dieb einstieg, weil das Faktum des Einsteigens daraus nicht hervorgehet.

Noch diesem Begriff ist der Erfolg von der wirkenden Ursache bei dem Thatbestand untrennbar, und mit andern Worten der Thatbestand nichts, als
"die objektive Gewißheit eines begangenen Verbrechens."
Da nun das Begehen eines Verbrechens nothwendig die Handlung eines Menschen voraussezt, und diese Handlung der Vergangenheit angehört, so könnte, wenn jener Begrif des Thatbestandes richtig ware, das Corpus Delicti nur als Beweis des Vergangenen gedacht, folglich nur durch historische Beweise, niemals durch Beweis der Gegenwart, Augenschein, hergestellt werden. Nur zwei Beispiele zur Aufklärung!

Hier liegt der Leichnam eines an Gift verstorbenen Menschen: die Ärzte haben das Gift für die nothwendige Ursache des Todes erklärt; alle Welt wird gegen, der Thatbestand sei legal erhoben, aber er ist es gewiß nicht, sofern man darunter
"die Gewißheit, daß das Verbrechen der Vergiftung begangen worden"
verstehen soll, denn der Verstorbene kann es durch Zufall verschlukt haben, die Vergiftung als Handlung kann durch Okularinspektion gar nicht bewiesen werden.

Der Bestohlne kann, wenn er nicht den Diebstahl verüben sah, doch wohl nichts anders aussagen, als daß ihm eine Sache ohne sein Wissen und Willen aus seiner Gewahrsam entkommen sei. Wo ist hier Gewißheit des begangenen Verbrechens? und doch zweifle ich nicht an der Gewißheit des Thatbestandes, welcher in Gewißheit eines Verbrechens übergeht, sobald die Gewißheit einer widerrechtlichen Handlung hinzutritt, wodurch der Thatbestand als Erfolg hervorgebracht wurde.

Darin also glaube ich die ganze Täuschung und den Grund der bisherigen Verschiedenheit der Meinungen über den Beweis des Thatbestandes zu finden, daß der Herr Referent in den abgelesenen Motiven dem Begriffe des Thatbestandes das Merkmal von
"Begehen einer rechtswidrigen Handlung"
beigemischt hat, und ich zweifle sehr, ob nicht schon dem Worte nach der Brand oder Leichnam das Corpus Delicti ist, woraus, wenn damit eine rechtswidrige, jenen Erfolg hervorbringende, Handlung in Verbindung tritt, das Verbrechen der Tödtung oder Brandstiftung selbst hervorge-

het.

Wenn daher ältere und neuere Kriminalisten den richtigen Saz aufstellen:
"bei Verbrechen, welche Spuren zurüklassen, müsse der Thatbestand, wo möglich, durch Augenschein hergestellt werden,"
so haben sie mit dem Worte Thatbestand einen ganz andern Sinn als den, eines begangenen Verbrechens verbunden, und einen Saz ausgesprochen, welcher auch bei den sogenannten Delictis Facti transeuntis nicht bedeutungslos ist.

Unter Thatbestand, Corpus Delicti, kann nicht mehr und nicht weniger verstanden werden, als
"ein Ereigniß, welches, wenn es mit der rechtswidrigen Handlung eines Menschen in Verbindung gedacht wird, ein Verbrechen ist."
Diesem nach scheide ich aus dem Begriffe des Thatbestandes das Merkmal der Begehung oder der Handlung gänzlich aus, weil
    a.) das Ereigniß verbunden mit der rechtswidrigen Handlung das Delictum selbst ist;
    b.) weil man sonst von dem Beweise des Corporis Delicti durch Augenschein gar nicht sprechen könnte.

In diesem Sinne ist nun offenbar der Leichnam und die an ihm entdekte Verlezung das Corpus Delicti ∗ für die Brandstiftung, das Entkmmen einer Sache aus der Gewahrsam des Eigenthümers ohne dessen Wissen und Willen bildet das Corpus Delicti bei dem Diesbstahl, die Leiter das Corpus Delicti für den durch Einsteigen verübten qualifizirten Diebstahl u.s.f.

Eben darum darf man mit dem Corpus Delicti die Werkzeuge, womit ein Verbrechen verübt worden, nicht verwechseln. In machen allerdings, wo man sie hat, einen Theil des Thatbestandes aus, aber der Begrif des Corpus Delicti darf auf sie nicht eingeschränkt werden.

In diesem Sinne aber wird man, was Prinzipien angeht, zwischen Delictis Facti permanentis und Facti transeuntis keinen Unterschied wahrnehmen, jeder Unterschied ist bei ihnen nur scheinbar und beruhet lediglich in der Anwendung derselben Grundsäze.

Mag auch der Inquisit bekennen, an dem Bauer N. einen Strasenraub begangen zu haben, mag er die That mit allen Umständen erzehlen, dennoch muß der Bauer N. vernommen werden, und wenn nun dieser nichts davon aussagt, wenn sich aus keinen Umstande etwas für die eingestandene That herauswirft, – wenn das Mädchen die Inquisiten eingestandene an ihr vollbrachte Nothzucht abläugnet – wenn der angeblich Bestohlene nichts davon wissen will, daß eine Sache aus seiner Gewahrsame gebracht wurde – so wird wohl Niemand, des vom Inquisiten abgelegten Bekenntnisses der That als Handlung ungeachtet, bei diesen Verbrechen ob sie gleich Facti transeuntis sind, an eine Verurtheilung denken, weil es an der Gewißheit jenes Ereignisses mangelt, welches mit einer Handlung in Verbindung gesezt werden muß, um den Begrif eines Verbrechens zu vollenden – d.h. weil es am Beweise des Thatbestandes mangelt.

Der einzige Unterschied zeichnet die Delicti Facti permanentis aus, daß bei denselben, weil wie gewöhnlich Spuren hinterlassen, die Gewißheit des Ereignisses /: noch nicht des begangenen Verbrechens :/ durch Einsicht und Beurtheilung dieser Spuren gewöhnlich erholet werden kann.

II. Wie kann das Corpus Delicti bewiesen werden?

Das Corpus Delicti gehört unstreitig
1.) zu den Momenten, deren Gewißheit bei Fällung eines Straf Urtheils erfodert wird; also müssen auch alle Mittel, wodurch die auf das Strafurtheil einwirkenden Umstände bewiesen werden können, bei dem Beweise des Corpus Delicti mit gleicher Kraft wnwendbar sein, man könnte auch

---

∗ Bey Todschlag, und Brandfällen Corpus Delicti

2.) gar keinen befriedigenden Grund auffinden, weswegen ein Beweismittel, wodurch der Urheber einer verbrecherischen That erwiesen werden kann, zum Beweise jenes Ereignisses nicht hinreiche, das, mit der That in Verbindung gesezt, eigentlich das Verbrechen ausmacht.

3.) am allerwenigstens kann man den Saz allgemein aussprechen, das Corpus Delicti könne nur durch Augenschein bewiesen werden, weil bei allen Delictis Facti transeuntis ihrer Natur nach gar kein Augenschein, wohl aber nach dem angegebenen Begriffe ein Corpus Delicti denkbar ist, und weil selbst

4.) bei Delictis Facti permanentis, ungeachtet bei denselben die Erhebung des Thatbestandes durch Augenschein die Regel ist, und bleiben muß, Fällen möglich sind, wo die Spuren schnell verwischt, oder gar vernichtet wurden, wo also der Beweis durch Augenschein gar nicht angewendet werden kann. Durfte man es vom Zufall oder von des Verbrechers Schlauheit abhängig machen, daß er durch Vernichtung des Corporis Delicti sich wenigstens von der ordentlichen Strafe befeie?

Es kann demnach nicht blos durch Augenschein, sondern durch alle andere Beweismittel die Gewißheit des Thatbestandes hergestellt werden.

III. Insonderheit, ob das Corpus Delicti durch Geständniß bewiesen werden könne?

1.) Prüfung seiner Beweis Kraft überhaupt.

Unter den Beweismitteln verdient das Geständniß des Angeschuldigten billig den ersten Plaz, es ist also die Frage, wieferne durch desselbe das Corpus Delicti bewiesen werden könne?

Der Herr Referent hat dem Geständnisse in Kriminal-Sachen eine Kraft beigelegt, von der ich mich nicht ganz überzeugen kann.

Wohl weiß ich, daß in Zivilsachen Regina probatisnum heißt, aber wenn die Herrschaft dieser Königin sogar in Causis civilibus da aufhört, wo ein Streit, es sei wegen Qualität der Person oder der Sache in das Gebiet des Unveräusserlichen übertritt, so zweifle ich billig an ihrer unbeschränkten Herrschaft im Gebiete des Kriminal-Rechts. Wenn ein, seines Vermögens ganz mächtiger, Mensch dem Gegner 100 f. schuldig zu sein einbekennt, so muß der Richter des Einbekannte als unstreitig annehmen, er darf nicht einmal der Wahrheit des Eingestandenen durch Zeugen-Vernehmungen nachforschen, denn der Bekennende, berechtiget 100 f. zu veräussern, war befugt, sie durch ein Geständniß, es sei wahr oder nicht, zu veräussern, und hat sie durch das Geständniß veräussert. Wenn aber in einem Ehescheidungs-Prozesse eine Partei ihre absolute Impotenz sogar eidlich einbekennwollte, so hat dieses Geständniß allein keine Kraft, weil der Gegenstand für den Bekennenden unveräusserlich ist, und nur nach einem beistimmenden Gutachten der Sachverständigen, nach genommenem Augenschein, kann auf Ehescheidung erkannt werden. In gleicher Art kann niemals das Geständniß eines Verschwenders oder eines Gemthirerers allein beweisen.

Mit noch höherem Rechte gilt dieses in Kriminal-Sachen, bei welchen allemal unveräusserliche Rechte auf dem Spiele stehen. Wollte man hier dem Geständnisse allein jene volle Beweiskraft beilegen, welche ihm in veräusserlichen Privatsachen zukommt, so würde man die Folgen weiter erstreken, als der Grund reicht: man dürfte gar nicht nachforschen, ob das Eingestandene wahr sei, ob es mit anderen gerichtlich erhobenen Umständen übereinstimmen. Aber eben dadurch, daß die Kriminalisten und selbst der Entwurf Art: 284. mit Recht fodern, daß das Geständniß ein umständliches sei, und daß dasselbe mit andern gerichtlich erhobenen Umständen zusammenstimmen, ist dem Geständnisse allein die absolute Beweiskraft abgesprochen, und die Wahrheit desselben einer richterlichen Kontrole mittelst Vergleichung des Eingestandenen mit den übrigen Umständen unterworfen. Diese Beschränkung gilt vom Geständnisse in Kriminal-Sachen überhaupt, und wirkt nicht blos in Ansehung des Thatbestandes, sondern auch in Ansehung der einbekannten Handlung selbst.

Wenn der Bauer A., an welchem der Inquisit einen Straseraub, oder das Mädchen B., an welcher er eine Nothzucht begangen zu haben, mit allen Umständen einbekennt, eidlich aussagt, daß an ihm kein Strasensaub, an ihr keine Nothzucht, oder wenigstens nicht von dem bekennenden Inquisiten verübt worden sei, so beweiset das Geständniß gar nichts; Mehr bedarf es wohl nicht, um einzusehen, daß in Kriminal-Sachen das Geständniß nicht so, wie in Zivil-Sachen, Regina probationum sei, daß hier das Geständniß allein nichts beweise, und daß es vielmehr erst durch seine Harmonie mit andern gerichtlich erhobenen Umständen Beweiskraft erhalte.

Das bisher Ausgeführte ist kein Wertstreit; der Grund, worauf die Bweiskraft eines Geständnisses überhaupt beruhet, ist sogar noch bei Kollision der Beweise entscheidend. Beweiset das Geständniß des Inquisiten schon für sich allein, so würde in den beiden kurz vorher angeführten Beispielen für die Existenz des Verbrechens und für die Wirklichkeit des Thäters ein voller Beweis durch Geständniß da sein, welchem in der Aussage des Bauer A. oder des Mädchen B. nur ein unvollständiger Gegenbeweis gegenüber stünde, und es müßte nach dem Grundsaz probatis plena vincit reprobationem minus plenam ein Verdämmerungs-Urtheil erfolgen: und doch wird Niemand dieses behaupten!

Die vereinigten Sekzionen des königlichen geheimen Raths haben schon diese Grundsäze angenommen, und deßwegen den Art: 205. des Entwurfs abgeändert, woselbst, harmonisch mit dem in gegenwärtigen Kapitel auf das Geständniß gelegten hohen Werthe, nur dann Zeugenvernehmung angeordnet war, wenn der Inquisit der That nicht geständig ist: Sie haben, in der Überzeugung, daß das Geständniß allein keinen Beweis ausmache, an die Stelle dieses Art: 205. die richtigere Bestimmung gesezt.

"In allen Fällen sind diejenigen Zeugen, wodurch die Gewißheit eines Verbrechens oder der Schuldigen hergestellt werden kann, zu vernehmen."

Indessen behaupte ich dadurch nicht, daß der Thatbestand oder der Urheber neben dem Geständnisse durch andere Beweismittel plena bewiesen sein müsse, ich erkenne vielmehr dem Geständnisse den höchsten Grad von Wahrscheinlichkeit zu, aber Etwas muß noch hinzutreten, wenn diese Wahrscheinlichkeit zur juristischen Gewisheit emporsteigen soll, und dieses Etwas kann nur in der Übereinstimmung mit andern unvollständigen Beweisen oder mit andern gerichtlich erhobenen zur That gehörigen Umständen liegen.

Selbst die Autorität des Oesterreichischen Strafgesezbuchs spricht für diese Meinung, indem sie dasselbe in dem von dem königlichen geheimen Rathe schon adoptirten §: 400. die merkwürdigen Bestimmung enthält:

"wenn sich ausser dem Geständnisse keine andere Spuren des begangenen Verbrechens entdeken lassen, so ist das Geständniß allein kein rechtlicher Beweis."

2.) Besonders zum Beweise des Thatbestandes. Wende ich diese Grundsäze auf den Beweis des Thatbestandes in dem von mir berichtigten Begriffe an, ergiebt sich:

1.) daß hier das Geständniß seiner Natur nach in der Regel selbst bei den meisten Delictis Facti transeuntis blos ein subsidiäres Beweismittel sei, und niemals, selbst nicht bei seiner Übereinstimmung mit andern Umständen die Erhebung jener Beweismittel entbehrlich mache, wodurch der Thatbestand direkt erhoben werden kann, wo diese Beweismittel zu erheben noch möglich ist. Diese machen eine zuverlässige Kontrole, und die Verurtheilung darf nicht auf schwankende Mittel gebaut werden, solange nicht die bestimmten direkten Mittel mangeln oder fruchtlos gebraucht wurden. Wenn im obigen Beispiel der Bauer A., an welchem der

Inquisit einen Strasenraub verübt zu haben einbekennt, eidlich aussagt, daß an ihm kein Strasenraub verübt worden sei, so muß der Inquisit von diesem Straseraub absolvirt werden, weil über den Thatbestand die Aussage des Damnifikaten das Prinzipale, dagegen das Geständniß des Inquisiten, nur das subsidiäre Beweismittel ist. Wenn aber der Bauer A. noch gar nicht vernommen wurde, so ist, wenn seine Vernehmung noch möglich ist, die Untersuchung unvollständig, wenn gleich mit dem Geständnisse alle erhobenen Umstände /: die nur indirekte Beweise sind :/ übereinstimmen. Deshalb würde es gut sein, hier die Regel auszusprechen, welcher ich den ersten Artikel wiedmen würde. Mag es auch nicht streng systematisch oder eine Wiederholung sein, wir waren ja längst darüber einig, daß das Sistem der Doktrin den Gesezgeber nicht feseln dürfe, und wo man im Grunde eine neue, von ältern Gesezen abweichende, Bestimmung macht, sind solche Wiederholungen zwekmäsig.

2.) Nach der Regel folgen die Ausnamen, wo nemlich der Thatbestand ausser den direkten Mitteln durch Geständniß bewiesen werden kann. Dieser Fall kann nicht nur bei Verbrechen, die eine Spur hinterlassen, sondern auch bei Delictis Facti transeuntis eintreten, wenn z.B. die Damnifikaten oder Zeugen vor der Vernehmung gestorben sind; daher müssen

a.) die allgemeinen, und auf beide Arten von Verbrechen anwendbaren Regeln vorausgehen, hierauf

b.) diejenigen folgen, welche sich blos auf Delicta Facti permanentis beziehen; sie haben das einzige Eigenthümliche, daß aus den Umständen die Ursache glaubhaft erhellen muß, warum ein solches Verbrechen im gegenwärtigen Falle keine Spuren zurükgelassen habe, oder warum sie nicht erhoben wurden.

c.) dann folgt dasjenige, was Tödtungen insonderheit, und

d.) die dabei zum Thatbestand gehörige Lethalität angehet.

3.) Weil nun in sämmtlichen vorausgehenden Artikeln die Beweiskraft des Geständnisses durch Übereinstimmung mit andern erhobenen Umständen bedingt ist, so wurde der §: 400. des Oesterreichischen Gesezbuchs als Corrollarium, besser am Schlusse stehen, wobei er jedoch in einer mehr allgemeinen und auch auf Delicta Facti transeuntis passenden Art abzufassen ist.

                unterzeichnet:
                Gönner

29. Beylaage zum Prot: No. XX

<u>Zur Lehre vom Thatbestand.</u>

Art. a.

Das bloße Bekenntniß des Angeschuldigten ist zur Gewißheit des Thatbestandes, zumal, wenn es dabei auf einen bestimmten Erfolg der Handlung ankommt, für sich allein nicht genügend.

Art. b. (286.)

Es kann jedoch in Ermangelung anderer Beweise, der Thatbestand durch das Bekenntniß zur Gewißheit gebracht werden, so ferne dieses

1.) entweder mit andere, wiewohl unvollständigen, Beweisen oder mit einzelnen zur That gehörigen, oder damit in Verbindung stehenden, besonders erhobenen, Umständen, übereinstimmt, imgleichen

2.) auf der eigenen sinnlichen Erkenntniß des Angeschuldigten beruht, und den zu erweisenden Thatbestand zu seinem unmittelbaren Inhalte hat, daher solche Aussagen des Inquisiten, welche ein blosses Urtheil ausdrücken, z.B. daß der andere nach empfangenen Streichen gestorben, daß das Kind nach der Geburt gelebt habe und dergleichen nicht genügen.

Über dieses

3.) muß sich, zumal bei solchen Verbrechen, welche ihrer Natur nach Spuren zurückzulassen pflegnen, aus besonderen Umständen deutlich ergeben, warum die That in dem vorliegenden Fall keine Spuren zurückgelassen habe, oder warum der Thatbestand aus den zurückgelassenen Spuren nicht ausgemittelt worden sey, oder nicht habe ausgemittelt werden können.

Art. c. (287.)

Der Beweis des Thatbestandes der Tödung durch eigenes Bekenntniß, ist nur dann zulässig, wenn zuvor der Umstand, daß die vorgeblich getödtete Person nicht mehr am Leben sey, auf andere Weise dargethan ist, ausgenommen, wenn der Angeschuldigte bekennt hat, daß er den Leichnam verbrannt, in das Wasser geworfen, oder sonst zerstört und der möglichen Untersuchung entzogen habe, auch dieses Bekenntniß, mit andern besonders erhobenen Umständen, welche mit dem Verbrechen in Verbindung stehen, glaubwürdig übereinstimmt.

Art. d. (a.)

Was insbesondere die Tödlichkeit der Misshandlungen oder Verlezungen anbetrifft, so kann deiselbe durch das Bekenntniß nur dann als erwiesen betrachtet werden, wenn die von dem Inquisiten eingestandenen Vergewaltigungen oder Verlezungen von der Art sind, daß daraus noch allgemein bekannter Erfahrung der Tod nothwendigerweise erfolgen musste, oder, wo dieses zweifelhaft, wenn durch das Gutachten von Sachverständigen dargethan ist, daß aus den, von dem Inquisiten bekennten Mißhandlungen der Tod des andern habe erfolgen müssen.

                    Feuerbach

30. Beylaage zum Prot: No. XX

Zur Lehre vom Thatbestand.

Da ich schon in der Sizung vom 27. Oktober, so wie in meiner Abstimmung, was die Resultate angehet, vollkommen mit dem vom Herrn Geheimen Rathe von Feuerbach vorgelegten neuen Entwurfe einverstanden war, so finde ich meinerseits eine besondere Redaction nicht nothwendig; nur mein Vorschlag die Regel, an die Spitze zu stellen, und mit der Bestimmung, in welchen Fällen auch das Bekenntniß nichts beweise, zu schliessen, würde von mir als Zusaz zu dem lezthin abgelesenen Entwurfe redigirt.

Post. 285. Art. a.

"Wenn gleich ein Angeschuldigter alles dasjenige, was den Thatbestand eines Verbrechens ausmacht, einbekennt, so soll dennoch das Untersuchungsgericht sich bestreben, durch Augenschein oder Vernehmung der Zeugen oder Beleidigten, so weit es noch möglich ist, den Beweis des Thatbestandes herzustellen."

Art. b. c. d. e.

Bleiben bei der lezthin abgelesenen Redaction.

Art. f.

"Wenn sich ausser dem Bekenntnisse des Angeschuldigten nichts erforschen lässt, woraus in Uebereinstimmung mit dem Geständnisse wahrscheinlich hervorgehet, daß eine rechtswidrige That geschehen sey, so ist das Geständniß allein kein hinreichender Beweis, das Verbrechen mag seiner Natur nach gewöhnlich Spuren zurücklassen oder nicht."

Gönner.

31. Sitzung Nr. XXI

München, am 4ten November, 1811.
Protocoll über die Sizung der vereinigten Sekzionen der Justiz und des Innern,
welches in Gegenwart der gestern anwesend gewesenen Mitgliedern abgehaltn worden.

Herr Geheimer Rath von Feuerbach eröfneten die heutige Sizung mit Ablesung des

<u>Art: 299.</u>

<u>Von dem Zeugnisse eines Mitschuldigen.</u>

Das Zeugniß eines Angeschuldigten gegen einen angeblichen Mitschuldigen ist ohne alle Beweiskraft, wenn jener dadurch die Schuld ganz, oder zum Theil von sich auf diesen Andern zu bringen sucht.

Ausserdem ist ein Verbrechen, welcher seine Schuld reumüthig bekannt hat, (: die in dem Art: 293. No 5. und 6. bestimmten Fälle ausgenommen :) wider seine Mischuldige zwar nicht als vollgültiger, jedoch als zulässiger Zeuge zu betrachten, so ferne nicht andere besondere Gründe der Partheilichkeit, oder persönlichen Interesses die Glaubwürdigkeit seiner Aussage zerstören.

Dieser Art: enthalte die Anwendung von den Sekzionen schon angenommener Säze: dejenige, der einer Kriminal-Untersuchung schon unterliege, der bürgerlich tod, oder wegen eines Meineides bestraft worden, seie im Allgemeinen unfähig erkläret, ein gültiges Zeugniß abzulegen, wie vielmehr müßten daher dieselbe in den besondern Fällen unfähig sein, Zeugniß zu geben, wenn es auf Verurtheilung eines Menschen ankommen, und wo jedes Zeugniß, in so fern es Gültigkeit habe, bei dem erweiterten und künstlichen Beweise von so hoher Bedeutung seie.

Ein Verbrecher, der wegen Übertretung der Geseze im Gefängnisse seie, habe gewiß hinlänglichen Bedacht gegen sich, um als ein verdächtiger Zeuge beurtheilt zu werden, und ohne in Widerspruch mit den früheren Bestimmungen zu verfallen, könne diese geszliche Anordnung nicht anders gegeben werden.

Der Fassung dieses Art: wurde von seiner Exzellenz dem königlichen geheimen Rathe Herrn Carl Grafen von Arco und Herrn Geheimen Rathe von Effner entgegengesezt, daß diese Lehre, in so weit ein wegen Verbrechen Angeschuldigter gegen rechtliche Menschen aussage, ganz zwekmäsig scheine, nicht aber, wenn ein Inhaftirter gegen einen andern Verbrecher, gegen welchen bereits mehrere Indizien vorlägen, deponire. In lezterem Falle würden Sie der Aussage des Mitschuldigen volle Gültigkeit beilegen, in so ferne nicht andere Umstände demselben entgegen stünden.

Nach den bisherigen Gesezen hätte die Deposizion eines Mitschuldigen vor seinem reumüthige Tode abgelegt, volle Gültigkeit zur Folge gehabt, und Sie fänden nothwendig, auch hier die angegebenen Fälle zu unterscheiden.

Auch gegen das Wort, zulässiger Zeuge, erinnerten Herr Geheimer Rath von Effner, daß dasselbe noch nicht gebraucht worden, und es nötig sein werde, die gleiche Terminologie in dieser wichtigen Lehre beizubehalten, um bei dem Richter keinen Zweifel zu erregnen, als ob das Gesezbuch dieser neuen Benennung einen andern Sinn beilege.

Her Hofrath von Gönner äusserten, Sie glaubten, daß die Bestimmungen des Art: 410. des Oesterreichischen Gesezbuches, der abgelesen wurde, sehr zwekmäsig hier angewendet werden könnten, um festzusezen, wann das Zeugniß eines Mitschuldigen gültig seie.

Als Regel würden sie den vom Herrn Geheimen Rath von Feuerbach aufgestellten Grundsaz annehmen, daß ein Mitschuldiger in den gegebenen Fällen ein verdächtiger Zeuge seie.

Herr Geheimer Rath von Feuerbach bemerkten, daß der Fall, wo ein Mitschuldiger gegen einen andern Mitschuldigen, der bereits inhaftirt, und gegen den andere Indizion vorhanden, eine Ausnahme von der in Art: 299. enthaltenen Regel zu erfodern scheine, nur seie hiebei mit der äussersten Behutsamkeit zu sorgen, daß dieser Saz nicht mißbraucht werde, denn der Fall seie denkbar, daß zwei Mitschuldige, wenn einmal verurtheilt, durch ihre Aussagen einen zwar auch als Mitschuldigen bezüchtigten, aber Unschuldigen um das Leben bringen könnten. Diese Bestimmung als allgemeiner Grundsaz, seie im Anfange der gegenwärtigen Regierung als ein barbarisches Gesez aufgehoben worden, und sie seien mit sich nicht einig, wie dieser Unterschied zwischen der Deposizion gegen einen Mitschuldigen und einen rechtlichen Menschen in ihrer Wirkung gestellt werden solle, um nicht zu weit zu gehen. Auf jeden Fall eigne sich dieser Beisaz, wenn er auch angenommen werden wollte, nicht in den Art: 299. sondern vielmehr in den Art: 304. wo von der Wirkung der Zeugen Aussagen gehandelt werde, und wo diese Frage näher diskutirt werden könnte.

Das Wort zulässig habe gleiche Bedeutung wie die früher gebrauchte Benennungen, zur Gleichförmigkeit des Ausdrukes aber würden sie sezen, statt: <u>zwar nicht als vollgültiger jedoch als zulässiger Zeuge zu betrachten,</u>

"nur als verdächtiger Zeuge zu betrachten."

Die hierüber von Seiner Exzellenz dem königlichen geheimen Staats- und Konferenz-Minister Herrn Grafen von Reigersberg veranlaßte Umfrage gab das Resultat, daß die Diskussion über die von Seiner Exzellenz dem Herrn Geheimen Rathe Carl Grafen von Arco und Herrn Geheimen Rath von Effner aufgeworfene Frage bis zum Art: 304. verschoben wurde, obschon diese beide Herrn glaubten, daß sich dort eine hierauf Bezug habende Bestimmung schwer einreichen lassen werde, und der objektive Unterschied der im Art: 297. ausgesprochen worden, auch hieher gehöre.

Herr Geheimer Rath von Krenner fanden der Bestimmungen des Art: 410. des Oesterreichischen Gesezbuches nicht so geeignet, und nicht von dem Werthe, daß sie hier mit Erfolg zu benuzen wären.

Die Fassung des Art: 299. wurde mit der vom Herrn geheimen Rathe von Feuerbach vorgeschlagene Änderung rüksichtlich des Ausdrukes zuläßig angenommen.

Art: 300.

II.) <u>Von der Kunst und Wirkung der Zeugen-Aussagen.</u>

Zeugen-Aussagen begründen vollkommenen unmittelbaren Beweis, wenn wenigstens zwei vereidete Zeugen, von welchen jeder Einzelne für sich vollkommen glaubwürdig ist, in den Hauptumständen übereinstimmend, über die zu beweisende Thatsache gerichtlich ausgesagt haben, vorbehaltlich dessen, was in den Art: 222. 223. 227. 306. und 307. verordnet ist.

Herr Geheimer Rath von Feuerbach äusserten, daß bisher blos von der Frage, was gehört zur Gültigkeit einer Zeugen-Aussage, und von der Qualität, welche einen Zeugen zulässig mache, gehandelt worden, nunmehr würden die verschiedene Grade der Wirkungen und Kraft der Beweise aufgestellt, noch immer aber nicht von der Conviction des Angeschuldigten gesprochen, wovon erst in dem folgenden Art: die Rede seie.

In Folge des früheren Beschlusses müsse hier gerichtlich ausgelassen werden, da dieses Requisit einer Zeugen Aussage nur bei der Conviction nach dem abgeänderten Art: 292. nothwendig bleibe.

Die litographirte Bemerkungen Seiner Exzellenz des Herrn Geheimen Rath Carl Grafen von Arco wurden abgelesen, blieben aber ohne Folgen, da das, was der Herr Graf wünschten, oben schon ausdrüklich festgesezt.

Herr Hofrath von Gönner bemerkten, daß die Allegazionen der Art: 222. 223. und 227. ausgelassen werden müßten, da diese Art: gestrichen worden, auch würden sie statt in dem <u>Hauptumstande übereinstimmend</u>, sezen,

"in allen wesentlichen Umständen"

da oft auch Nebenumstände wesentlich sein könnten und man diese nicht ausschliesen dürfe.

Herr Geheimer Rath von Krenner der Ältere äusserten sich bestimmt dafür, auszusprechen, daß diese Zeugen-Aussage, in allen Haupt- und Neben-Umständen übereinstimmen müßten, um einen unmittelbaren Beweiß zur Conviction zu grunden, und um bei Verurtheilung eines Angeschuldigten mit aller Vorsicht zu verfahren, und den Verdacht zu entfernen, daß die Zeugen, welche nur in den Hauptumständen übereinstimmen, nicht solche seien, die sich zum Verderben eines Dritten verabredet.

Herr Geheimer Rath von Effner glaubten, daß in dem Marginale dieses Art, das Wort Kraft auszulassen wäre, da in dem frühren Art: auch schon gewissermasen von der Kraft der Zeugen Aussagen gehandelt worden, und hier eigentlich nur von der Wirkung die Rede seie.

Die Mitglieder der vereinigten Sekzionen vereinigten sich in ihren von Seiner Exzellenz dem Herrn Justiz-Minister erholten Abstimmungen mit den Vorschlägen des Herrn Referenten, des Herrn Hofrath von Gönner und Herrn Geheimen Rath von Effner; jener des Herrn Geheimen Rath von Krenner wurde entgegen gesezt, daß die vorgeschlagene Fassung zu weit führen, und die Aburtheilung der Kriminal-Prozesse zu sehr erschweren würde, wenn man annehme, daß die Abweichung zweier Exceptionis freier Zeugen in einigen Neben-Umständen den unmittelbaren Beweis schwächen könnte.

Der Art: 300. wurde nach folgender Fassung angenommen.

Art: 300.

<u>Von der Wirkung der Zeugen Aussagen.</u>

Zeugen-Aussagen begründen vollkommenen unmittelbaren Beweis, wenn wenigstens zwei vereidete Zeugen, von welcher jeder einzelne für sich vollkommen glaubwürdig ist, in allen wesentlichen Umständen übereinstimmend, über die zu beweisende Thatsache ausgesagt haben, vorbehaltlich dessen, was in den Art: 306. und 307. verordnet ist.

Art: 301.

Die Aussage eines verdächtigen Zeugen gilt blos als entfernte Anzeigung des von ihm ausgesagten Thatumstandes.

Gegen die Fassung dieses Art: wurde nichts erinnert, und

dieselbe angenommen.

Art: 302.

Zwei, einzeln verdächtige Zeugen, welche unter sich nicht verwandt oder befreundet sind, auch sonst kein gemeinschaftliches Interesse haben, überdieß einer Verabredung unter sich nicht verdächtig sind, und in allen Haupt- und Neben-Umständen ihrer Erzehlung zusammentreffen, sind einem einzigen vollgültigen Zeugen gleich zu achten.

Der Fassung dieses Art: wurden mehrere Bedenken entgegen gesezt.

Herr Geheimere rath von Zentner waren der Meinung, daß es zu gefährlich werden könnte, die Grade der Beweiskraft der Aussagen eines oder mehrerer verdächtigen Zeugen durch einen Machtspruch des Gesezgebers zu bestimmen, indem hier auf Umstände und die individuelle Verhältnisse des Verdächtigen zu viel ankomme, und das Ermessen des Richters hiebei nicht ausgeschlossen werden könnte.

Herr Geheimer Rath von Krenner äusserten, sie könnten den Saz nicht annehmen, denn durchgehe man die Qualification der Personen, welche in den früheren Art: als verdächtige Zeugen aufgezählet, so werde man nach dieser mathematischen Würdigung der Zeugen-Aussagen finden, daß, wenn eine Person, welche an einer Schwäche des erfoderlichen Sinnes leide, und eine dem Gerichte völlig unbekannte Person, oder zwei der leztern Art mit einem Exceptious freien Zeugen gegen einen Dritten gleich aussagten, ein unmittelbarer Beweis vorhanden sein würde.

Auch wünschten Sie die Frage gelöset, ob, wenn zwei ganz Exceptious freie Zeugen, welche aber unter sich sehr nahe verwandt, gegen einen Dritten aussagen, dadurch ein voller Beweis gebildet wird?

Auch die übrigen Mitglieder beurtheilten die Faßung dieses Art: nach gleichen Ansichten, wie eben geäussert worden, und glaubten, daß mit Umgehung aller Nebenbestimmungen wegen der Verwandtschaft und sonsten nur auszusprechen seie, daß zwei einzelne verdächtige Zeugen, welche in allen wesentlichen Umständen ihrer Erzehlung zusammentreffen, nach Ermessen des Richters der Grade ihrer Glaubwürdigkeit einem einzigen vollgültigen Zeugen gleich geachtet werden könnten.

Herr Geheimer Rath von Krenner stimmten konsequent mit ihrer früheren Äusserung dafür, zu sezen, in <u>allen Haupt- und Nebenumständen ihrer Erzehlung zusammentreffen</u>.

Die vom Herrn Geheimen Rathe von Krenner aufgeworfene Frage, ob die Verwandtschaft zweier Excetious freier Zeugen nicht den vollen Beweisschwäche, fanden Herr Hofrath von Gönner einer besondern Aufmerksamkeit würdig, indem nach ihrer Überzeugung die übereinstimmende Aussage zweier auch ganz Exceptious freier Brüder oder Schwächer keinen vollen Beweis bilden könnte.

Auch gaben sie dem Herrn Referenten zu beurtheilen, ob nicht im Gegensaze mit dem Art: 301. in einem eigenen Art: ausgedrükt werden wollte, wieviel die Aussage eines einzigen vollgültigen Zeugen wirke.

Herr Heheimer Rath von Feuerbach erwiederten, auf das Angeführte, daß die Einwendung der Mitglieder sehr richtig, und es immer bedenklich seie, in dem Geseze den Grad des Beweises zu bestimmen, welcher einer Aussage verdächtiger Zeugen beigelegt werden solle; Alle Kriminalisten der Regierungen, wo die Jury eingeführt, hätten dagegen geschrieben, und die Gefahr, so mit solchen geseszlichen Bestimmungen verbunden, auseinander gesezt, indem die Würdigung der Beweise mehr Sache des individuellen Gefühles als des Verstandes seie, und der Gesezgeber nicht alle Umstände abmessen und alle Fälle nach gleichem Maasstabe beurtheilen sollte.

Die Bestimmungen seien willkührlich Inzwischen, da bis jezt dieser Saz unentschieden geblieben, so hätten sie geglaubt, es seie zwekmäsig, denselben in dem Geseze zu bestimmen, könnten sich aber, da die Grade des Verdachtes sehr verschieden, auch zu der Fassung verstehen, daß die Beurtheilung dere Grade der Glaubwürdigkeit dieser Aussagen von verdächtigen Zeugen dem vorsichtigen Ermessen des Richters überlassen bleibe.

Die Frage, so Herr Geheimer Rath von Krenner, ob die nahe Verwandtschaft ganz Exceptious freier Zeugen auf den durch dieselbe hergestellt werdenden unmittelbaren Beweis würke, müßten sie verneinend beantworten, indem sie annehmen, daß diese Verwandtschaft den Beweis nicht schwäche, in so ferne die Zeugen sonst als rechtliche Leute keiner Exception unterlägen, und sie in den wesentlichen Umständen ihrer Deposizion übereinstimmten.

Die Bemerkung des Herrn Hofrath von Gönner, was ein gültiger Zeuge beweise, fänden Sie durch die allgemeine Praxis, die jeder Jurist kenne, gelöset, und überflüssig, deßwegen eine Bestimmung aufzunehmen.

Nach verfüfter Abstimmung

wurde folgende Fassung des Art: 302. angenommen.

Art: 302. "Zwei einzelne verdächtige Zeugen, welche in allen wesentlichen Umständen ihrer Erzehlung zusammentreffen, können nach vorsichtigem Ermessen des Grades ihrer Glaubwürdigkeit, einen einzigen vollgültigen Zeugen gleich geachtet werden."

Art: 303.

III.) <u>Was durch Zeugen erwiesen werden kann.</u> Soll ein Angeschuldigten durch Zeugen der That unmittelbar überführt werden, so muß ihre Aussage nicht blos auf Anzeigungen, sondern unmittelbar auf die Begehung des Verbrechens selbst gerichtet sein.

Herr Geheimer Rath von Feuerbach machten die vereinigte Sekzionen aufmerksam, daß hier, wo es auf Conviction des Angeschuldigten ankommen, es selbst nach den Diskussionen über den Art: 292. und demselben eingereiheten Bestimmungen unumgänglich seie, daß die Aussagen vor gehörig besezstem Untersuchungs-Gerichte abgelegt worden.

Sie schlugen daher vor, dem Art: am Ende beizufügen:

> "und überdieß vor gehörig beseztem Untersuchungs Gerichte abgelegt seie,"

Herr Hofrath von Gönner erklärten sich gegen diesen Beisaz, weil sonst die oben gegebene Regel, daß die Zeugen-Aussagen in Nothfällen vor einem Zivil-Gericht oder Polizei-Behörde abgelegt, wenn ihre Wiederholung vor einem Untersuchungs-Gericht nicht mehr möglich, wieder aufgehoben würde.

Bei dieser Äusserung machten Herr Hofrath von Gönner den vereinigten Sekzionen den Vorschlag, dieses wichtige Kapitel vom Beweise durch Zeugen, in dem schon mehrere Haupt-Grundsäze geändert, und neue Ansichten aufgenommen worden, einer wiederholten Redakzion durch den Herrn Referenten zu unterwerfen, damit das Ganze im Zusammenhange und übereinstimmend mit den schon beschlossenen Abänderungen durchdacht bearbeitet werde, denn bei jedem einzelnen Art: in den Sekzionen die nothwendig werdende Änderungen zutreffen, habe viele Schwierigkeit und erfodere viele Zeit.

Da Herr Geheimer Rath von Feuerbach und alle Mitglieder der Sekzionen diesem Vorschlage beistimmen, so wurde

> beschlossen, die folgenden Art: des Kapitels vom Beweise durch Zeugen auszusezen und eine neue Redakzion dieses Kapitels übereinstimmend mit den schon angenommenen Grundsäzen, und nach vorherigen Benehmen des Herrn Geheimen Rath von Feuerbach und Herrn Hofrath von Gönner in der nächsten Sizung zu erwarten.

Seine Exzellenz Herr Geheimer Rath Carl Graf von Arco äusserten, daß sie sich noch immer überzeugten, daß der aufzunehmende Beisaz wegen dem zumachenden Unterschiede zwischen den Deposizionen eines Mitschuldigen gegen einen andern Mitschuldigen und einen rechtlichen Menschen nicht wohl in dem Art: 304. einzureichen seie, sondern daß er sich zu dem Art: 299. eigne.

In Folge der bereits deßwegen statt gehabten Diskussionen stimmten Sie daher für folgende Fassung des 2ten Absazes dieses Art:

"Wenn aber ein Verbrecher seine Schuld Treuemüthig bekannt hat, und ihm das Strafurtheil eröfnet worden ist, so kann er gegen seinen, bereits schon der Untesuchung unteliegenden, jedoch stets läugnenden Mitschuldigen als vollgültiger Zeuge betrachtet werden, mit Ausnahme des in Art: 293. No. 6. bestimmten Falles, und so ferne nicht andere besondere Gründe der Partheilichkeit oder persönlichen Interesses die Glaubwürdigkeit seiner Aussagen schwächen, oder gar zerstören."

> Diese entworfene Fassung des 2ten Absazes des Art: 299.

solle dem Herrn Geheimen Rathe von Feueerbach zur Berüksichtigung bei der Redakzion des Kapitels vom Beweise durch
Zeugen zugestellt werden.

Herr Geheimer Rath von Feuerbach giengen nun zu dem
fünften Kapitel
Vom Beweise durch Urkunden
über, und lasen dasselbe ab.

I.) Allgemeine Bestimmung.

Art: 311.
Eine Privat-Urkunde beweist nur dann gegen einen Angeschuldigten, wenn zuvor bewiesen ist, daß sie entweder unmittelbar
von ihm selbst, oder gemäs seinem Befehl oder Auftrag von einem Andern verfertiget worden sei.

II.) Vom Beweis des
Urhebers der Urkunde.

Art: 312
Der Beweis, daß der Angeschuldigte Ueheber der Urkunde sei,
(:Ächtheit der Urkunde :) wird vollkommen hergestellt:

1.) Durch gerichtliche Anerkennung derselben von Seite des
Angeschuldigten selbst, wobei die Anerkennung der Unterschrift zugleich die Anerkennung des Inhalts umfaßt, so ferne
nicht eine Fälschung bewiesen oder wahrscheinlich gemacht
werden kann.

2.) wenn geschworene Zeugen mit eigenen Sinnen wahrgenommen haben, wie der Urheber dieselbe verfaßt, oder zu deren
Verfertigung den Auftrag oder Befehl ertheilt hat, auch daß die
vorliegende Urkunde eben dieselbe sei, keinem gegründeten
Zweifel unterworfen ist.

Art: 313.
Die Vergleichung der Handschrift durch vereidete Schreib Verständige,

deßgleichen die eidliche Versicherung von Personen, welche mit den Schriftzeugen des Angeschuldigten bekannt sind,
daß sie in der fraglichen Urkunde die Hand des Angeschuldigten wieder erkennen,

begründet nur eine, nach Umständen nahe oder entfernte
Vermuthung der Ächtheit.

Art: 314.
Wenn vollkommen bewiesen ist, daß die fragliche Urkunde von
dem Angeschuldigten aussergerichtlich anerkannt worden sei,
so kommt rüksichtlich des Beweises der Autorschaft dasjenige
zur Anwendung, was im Art: 384. f. von dem gerichtlich erwiesenen aussergerichtlichen Geständnisse verordnet ist.

III.) Von der rechtlichen
Wirkung und Beweiskraft
der Urkunden.

Art: 315.
Eine Urkunde, deren Ächtheit durch eigene Anerkennung oder
andere Beweise zu vollkommener Gewißheit gebracht ist, gründet wider ihren Urheber den vollen Beweis ihres Inhalts.

Art: 316.

Ist der Inhalt der Urkunde die Anzeigung eines Verbrechens, wie z.B. wenn sie die Erklärung oder Drohung, das Verbrechen begehen zu wollen, oder solche Äusserung enthält, welche als Anstalten und Vorbereitungen zu demselben zu betrachten sind, und dergleichen, so ist unter vorgedachter Voraussezung solches Indizium vollkommen erwiesen.

<u>Art: 317.</u>

Enthält die Urkunde das Bekenntniß des in Frage stehenden Verbrechens, so ist durch gerichtliche Anerkennung derselben, oder bei sonst vollständigem Beweise ihrer Ächtheit das aussergerichtliche Geständniß der That vollkommen erwiesen, wo sodann die Art: 348 f. enthaltene Bestimmungen zur Anwendung kommen.

<u>Art: 318.</u>

Eine Urkunde, welche den Thatbestand des Verbrechens selbst ausmacht, als da sind, schriftliche Verläumdungen, Pasquille, betrüglich verfertigte Dokumente, verrätherische Beweise, Aufträge und Befehle zur Begehung eines Verbrechens und dergleichen, gründen den Beweis des Verbrechens selbst und, wenn zugleich die Autorschaft des Angeschuldigten erwiesen ist, seines Urhebers.

Wenn indessen zur Vollständigkeit des Verbrechens noch ein von der Abfaßung der Urkunde selbst verschiedener Umstand erfodert wird, so kann die ordentliche Strafe nur dann statt finden, wenn zugleich dieser Umstand, wie z.B. die Bekanntmachung des Pasquills, die wirkliche Vollziehung der befohlenen oder aufgetragenen That und dergleichen, durch andere Beweismittel dargethan ist.

<u>Art: 319.</u>

Eine Privat-Urkunde, sie rühre von dem Angeschuldigten, oder von einem Dritten her, gilt nur dann zu dessen Entschuldigung oder Vertheidigung, wenn die Zeit ihrer Verfertigung gewiß ist, und keine Vermuthungs-Gründe eines Betrags vorhanden sind.

<u>Art: 320.</u>

Eine Urkunde, welche zur Überweisung des Angeschuldigten gebraucht wird, gilt auch für ihn zur Abwendung oder Milderung der Strafe.

Gegen die Faßung dieses Kapitels wurden keine Erinnerungen gemacht, und dasselbe als vollständig und zwekmäsig bearbeitet

mit Auslassung des Wortes in Art: 312. No 2.
<u>geschworne</u>
angenommen, weil schon früher ausgesprochen, daß alle Zeugen vor ihrer Vernehmung beeidiget werden müssten.

Im Art: 314. wurde Statt: <u>Autorschaft</u> gesezet
"Ächtheit."

Dem sechsten Kapitel
>Von Anzeigungen oder Indizien<

welches Herr Geheimer Rath von Feuerbach nun vortrugen, fügten Dieselben die Bemerkung bei, daß sie in demselben den Gesichtspunkt getreu befolget, dessen sie für diese wichtige Lehre schon öfters erwehnet. Zuerst handle es sich von den Anzeigungen überhaupt, dann von den besonderen, von den Grundsäzen, nach welchen sie berechnet würden, und von der Wirkung welche sie hätten.

Herr Geheimer Rath von Feuerbach führten die von Ihnen angenommenen Abtheilungen dieser Anzeigungen aus, und stellten das Sistem auf, welches hiebei zum Grunde liegt.

Herr Geheimer Rath von Feuerbach lasen folgenden Art: vor:

Art: 321.

I.) >Von Anzeigungen überhaupt.< Anzeigungen /: Indizien, Inzichten :/ sind Thatsachen, welche mit einem Verbrechen in natürlichen Zusammenhange stehen, so daß hievon auf das Verbrechen selbst, oder auf die Person, welche es begangen, vernünftigerweise geschlossen werden kann.

Das inklavirte Wort, >Inzichten<, auszulassen, wurde vorgeschlagen, weil in Altbaiern demselben Eine andere Auslegung gegeben werde, als Herr Referent hiemit verbunden.

Mit Auslassung des inklavirten Wortes, >Inzichten<, wurde der Art: 321. angenommen.

Art: 322.

Die persönliche Verdachts-Gründe können hergenommen werden I.) von Umständen oder Thatsachen, welche einem Verbrechen als dessen Ursachen oder Vorbereitungen vorhergehen (: >vorausgehende Anzeigungen< :), oder II.) von solchen, die als Bestandtheile der Haupthandlung, oder als gleichzeitige Umstände derselben erscheinen (: >gleichzeitige Anzeigungen< :); oder endlich III.) von solchen, welche das schon begangenen Verbrechen voraussezen, und als Folge der Wirkung desselben zu betrachten sind (: >nachfolgende Anzeigungen< :).

Bei diesem Art: bemerkten Herr Hofrath von Gönner, Sie glaubten, das Wort persönlich bei Verdachts-Gründen könnte umgangen werden, weil nach des Herrn Referenten Sistem die Verdachts-Gründe in einander griffen, und bald auf den Thäter sich beziehen könnten.

Einverstanden mit dieser Erinnerung

wurde mit Auslassung des Wortes >persönliche< der Art: 322. angenommen.

Der Schreibfehler: als Folge der Wirkung, wurde geändert, und gesezet:
"als Folge oder Wirkung"

Art: 323.

II.) <u>Allgemein bestimmte Anzeigungen.</u>
1.) <u>Vorausgehende.</u>

Zu den vorausgehenden Anzeigungen ist zu zählen,
I.) wenn gegen eine Person erwiesen ist, daß dieselbe ein besonderes Interesse gehabt habe, das vorgefallene Verbrechen zu begehen;
II.) wenn Jemand dem Beleidigten mit demselben oder einem gleichartigen Verbrechen ernstlich gedrohet; oder
III.) einem Dritten erklärt hat, ein solches Verbrechen begehen zu wollen; oder
IV.) Handlungen vorgenommen hat, welche als Mittel und Vorbereitungen des begangenen Verbrechens erscheinen, wie wenn sich Jemand die zum Verbrechen dienlichen Werkzeuge bestellt, angeschaft oder zugerichtet; sich über einen mit Begehung des Verbrechens zusammenhängenden Umstand Raths erholt, oder Kundschaft eingezogen hat, und dergleichen.

Art: 324.

2.) <u>Gleichzeitige.</u>

Gleichzeitige Indizien, soweit diese bei allen Verbrechen vorkommen können, sind
I.) Die erwiesene Gegenwart einer Person um die Zeit und an dem Orte des Begangenen Verbrechens, oder ein anderer erwiesener Umstand, aus welchem solche Anwesenheit geschlossen werden kann, als da sind: genau zusammentreffende Fußstapfen, das Finden einer dem Dritten gehörigen Sache, welche dieser wahrscheinlich an solchem Orte verloren hat, oder wenn Jemand zu ungewöhnlicher Zeit ohne bekannte unschuldige Veranlassung oder sonst auf verdächtige Art von seinem Hause oder Wohnorte abwesend war, und dergleichen;
II.) Der Besiz der Werkzeuge und Mittel, womit die That gewiß oder wahrscheinlich begangen worden;
III.) Wenn sich an einer Person oder an den ihr zugehörigen Sachen Spuren finden, welche nicht wohl anders, als aus dem Verbrechen erklärt werden können;
IV.) Wenn Jemand, ohne sich gehörig über die Redlichkeit seines Besizes auszuweisen, Sachen besizt, oder erweislich besessen hat, welche entweder Theile oder Gegenstände des Verbrechens sind, oder sich zur Zeit der begangenen That bei dem Beschädigten befunden heben.

Art: 325.

3.) <u>Nachfolgende.</u>

Zu den Anzeigungen der dritten Art, gehören alle solche Thatsachen, woraus auf das Bewußtsein der Schuld einer Person geschlossen werden kann, als da sind:
I.) wenn jemand, ohne daß dieses aus einer unschuldigen Veran-

lassung wahrscheinlich erklärt werden könnte, die Spuren des Verbrechens absichtlich entfernt, vernichtet, zu entfernen, oder zu unterdrüken versucht hat;

II.) Wenn eine Person, welche noch nicht als verdächtig angesprochen worden, den Verdacht des Verbrechens zuvorkommend von sich abzuwenden, oder betrüglich auf einen andern zu wälzen, bemüht gewesen ist;

III.) Wenn Jemand durch Bestechung, List, Betrug, oder andere unerlaubte Handlungen die Nachforschungen des Gerichts zu verhindern, irre zu leiten, oder zu vereiteln, oder den Beleidigten zu gewinnen, und denselben zum Stillschweigen zu bewegen gesucht hat;

IV.) Wenn Jemand bald nach begangener oder ruchtbar gewordenen That sich von seinem gewöhnlichen Aufenthalts Orte entfernt hat, und eine andere unschuldige Ursache seiner Entfernung glaubhaft nicht vorausgesetzt werden kann.

Art: 326.

III.) Allgemein unbestimmte, oder blos unterstüzende Anzeigungen.

Alle nicht unmittelbar mit dem vorgefallenen Verbrechen in Verbindung stehende, deßgleichen alle unbestimmte schwankende Umstände, als da sind: dere Karakter einer Person im Allgemeinen, ihr bisher geführter Lebenswandel, die wegen eines gleichartigen Verbrechens schon erlittene Strafe, Bekanntschaft mit Verbrechern, Veränderung der Gesichts-Farbe, Stottern, Zittern und dergleichen, gründen für sich allein keinen rechtlichen Verbacht, sondern dienen dazu, um einen schon rechtlich begründeten Verdacht zu bestärken, oder den Richter in seiner Untersuchung auf bestimmte Verdachts-Gründe zu leiten.

Gegen die Fassung dieser Artr wurde nichts erinnert, und dieselben mit berichtigung des Schreibfehlers in Art:324. No IV. wo statt Rechtlichkeit, Redlichkeit gesezt worden, angenommen.

Art: 327.

IV.) Besondere Anzeigungen.

Die den einzelnen Verbrechen eigenthümlichen Anzeigungen ergeben sich aus der besondern Beschaffenheit jedes Verbrechens, aus den eigenthümlichen Veranlassungen und Beweg-Gründen derselben, so wie aus den dieselben gewöhnlich begleitenden besondern Umständen.

Art: 328.

1.) Bei Diebstählen und andern aus Eigennuz begangenen Verbrechen.

Dergleichen sind bei Diebstählen oder andern Verbrechen, welche aus Eigennuz begangen werden:

wenn eine sonst unvermögliche Person von verdächtigem oder übel berüchtigtem Lebenswandel plözlich einen übermäsigen aufwand macht;

wenn Jemand Sachen von Werth, welche dessen Vermögen, Stand oder Lebensart widersprechen, bei sich hat, heimlich zum Verkaufe bringt, oder um unverhältnißmäsig wohlfeilen Preis anbietet;

wenn Jemand die gestohlenen, geraubten, oder sonst bei Gelegenheit des Verbrechens entfremdeten Sachen besizt, ohne sich über die Redlichkeit des Besizes glaubhaft ausweisen zu können;

wenn ein schon im Allgemeinen Verdächtiger oder übel berüchtigter Mensch solche Gelgsorten, wie die entfremdeten sind, in beträchtlicher anzahl bei sich sehen läßt, oder ausgiebt;

wenn bei einer Person, deren Gewerbe es nicht mit sich bringt, Diebsschlüssel, Dietriche, falsche Schlüssel, Brecheisen und dergleichen gefunden werden.

Art: 329.

2.) Bei Verbrechen aus Haß und Rachsucht.

Bei Verbrechen, welche aus Haß oder Rachsucht begangen werden, ist es besondere anzeigung:

wenn Jemand, zu dem man sich solcher That sonst versehen kann, mit dem Beleidigten in groser Feindschaft gelebt hat;

wenn Jemand schon vorheer den Beschädigten mißhandelt und beleidiget, dasselbe oder ein ähnliches Verbrechen, wie das Vorgefallene an ihm zu begehen versucht, oder demselben damit bedroht hat.

Art: 330.

3.) Bei Staatsverrath, Konspirazion.

Besondere Anzeigungen des Staats-Verraths und anderer Verbrechen, welche durch Konspirazion und heimliche Verabredungen begangen werden, sind insbesondere:

heimliche Zusammenkünfte, besonders zur Nachtszeit, oder verdächtiger Briefwechsel mit Personen, welche desselben Verbrechens überwiesen oder verdächtig sind;

heimliche Zusammenkünfte oder verdächtiger Briefwechsel mit dem Feinde, oder mit Personen, die mit dem Feinde in Verbindung stehen;

heimliches Geschenknehmen, von Seite feindlich gesinnter auswärtiger Staaten;

heimliches Aufhäufen von Waffen Vorräthen.

Art: 331.

4.) Bei Mord, Todschlag und Verwundung.

Als besondere Anzeigungen von Mord, Todschlag oder Verwundung ist zu betrachten:

wenn bald nach der That an Jemandes Kleidern, Geräthen und dergleichen, besonders aber, wenn an den der Person gehörenden Waffen, womit die Verlezung wahrscheinlich geschehen, Blutspuren gefunden werden;

wenn Jemand Handlungen vorgenommen hat, woraus zu schliesen ist, daß derselbe solche Spuren zu vertilgen oder zu verbergen gesucht habe, wie wenn derselbe bald nach der That zu ungewöhnlicher Zeit seine Kleider gewechselt, dieselben heimlicherweise gereiniget, verborgen, vergraben hat, und dergleichen;

wenn Jemand ein Gewehr der Art besizt, womit wahrscheinlich die Verlezung geschehen ist, besonders wenn aus den Umständen sich ergiebt, daß dasselbe um die Zeit des begangenen Verbrechens gebraucht worden sei; wie wenn ein Schiesgewehr erweislich vor der That geladen war, und kurz darauf losgeschossen befunden wird.

Bei Todschlag oder Verwundung in Raufhändeln ist noch besondere Anzeigung:

wenn von mehreren Theilnehmern an solchem Handel nur Einer oder Einige Gewehr, womit die Verlezung wahrscheinlich oder gewiß zugefügt worden, gehabt oder gebraucht haben.

<u>Art: 332.</u>

5.) <u>Bei Kindermord und dergleichen.</u>

Besondere Anzeige des <u>Kindermordes</u>, des <u>Abtreibens</u>, oder der <u>Kinderaussezung</u> ist es:

wenn eine Weibsperson, an welcher eine plözliche Leibesveränderung oder anderer verdächtiger Umstand wahrgenommen worden, durch Sachverständige körperlich besichtiget (: Art: 258 :), und von diesen ausgesagt worden ist, daß dieselbe vor Kurzem geboren habe.

Auch gegen die Fassung dieser Art: wurden keine wesentliche Bemerkungen gemacht, und nur eine bestimmte Stellung des lezten Sazes in Art: 328. gewunschen, um jeder unrechten Auslegung zuvorzukommen.

Diese 6. Art: wurden von den vereinigten Sekzionen angenommen, und nur in Art: 328. dem 3. Absaze der Schreibfehler <u>Redlichkeit</u> in Rechtlichkeit umgeändert, auch folgende Fassung für den lezten Saz dieses Art: beliebt:

"Wenn bei einer Person, deren Geschäft es nicht mit sich bringt, Dietriche, Sperrzeuge, Brecheisen, fremde Schlüssel und dergleichen gefunden werden."

Die Sizung wurde hiermit beschlossen.

Unterzeichnet: Graf von Reigersberg.
von Zentner,
von Krenner, der Ältere.
C. von Freiherr von Aretin.
von Effner,
Feuerbach,
Graf von Welsperg,
Gönner,
Zur Beglaubing:
Egid Kobell

32. Sitzung Nr. XXII

Abgehalten den 10n November, 1811.
Gegenwärtig waren:
Seine Exzellenz der königliche geheime Staats- und Konferenz-Minister,
Herr Graf von Reigersberg,
Die königliche wirkliche Herrn geheimen Räthe:
von Zentner,
von Krenner, Senior,
Seine Exzellenz Carl Graf von Arco,
Freiherr von Aretin,
von Effner,
von Feuerbach,
Graf von Welsperg,
Herr Hofrath von Gönner.

Nach Ablesung und Unterzeichnung des Protokolls vom 3n und 4n dieses Monats trugen Herr Geheimer Rath von Feuerbach den Art: 333. vor

V.) <u>Von Beurtheilung des Gerichts der Verdachts-Gründe.</u>

<u>Art: 333.</u>

Um das Gewicht der Anzeigungen und den Grad der hieraus hervorgehenden Vermuthung oder Überzeugung zu ermessen, hat der Richter zu erwägen:

I.) Die Beschaffenheit der Anzeigung, nach dem Grade und der Nähe ihres Zusammenhanges mit dem Verbrechen;

II.) Die Art des Zusammenhanges verschiedener Anzeigungen unter sich;

III.) Die Anzeigungen der Unschuld, welche dem Verdächtigen zur Seite stehen;

IV.) Den Beweis der Thatsache selbst, in welcher die Anzeigung besteht.

Dieselbe bemerkten, daß bisher in dem Prozesse sich blos mit Aufzählung der verschiedenen Indizien beschäftigt worden, ohne hinein zu gehen, welche Wirkung und Beweis-Kraft demselben bei dem richterlichen Urtheile beigelegt werde. – Allein, nun beginner diese Lehre, und der vorgetragene Art: gebe die Haupt Prinzipien, und stelle den Gesichts-Punkt summarisch auf, welchen der Richter bei Beurtheilung des Gewichtes der Verdacht-Gründe zum Grunde legen müsse, denn bei allem Spielraume, der dem Richter in der Anwendung dieser Grund Prinzipien gegeben werden könne, seie es doch in mancher Hinsicht bedenklich, demselben die Beurtheilung der einzelnen Umstände ohne bestimmte Vorschrift zu überlassen.

Die verschiedenen Gesichtspunkte, welche dem Richter durch den Art: 333. summarisch gegeben seien, würden in dem folgenden Art: einzeln behandelt, und näher auseinander gesezt.

Der Fassung des Art: 333. wurde keine Erinnerung entgegen gesezt

und derselbe angenommen.

Herr Geheimer Rath von Feuerbach lasen den folgenden Art: ab.

Art: 334.

1.) <u>Von Beschaffenheit der Indizien selbst.</u>

Eine Anzeigung ist um so dringender, je genauer dieselbe mit dem Verbrechen im Zusammenhange steht, je gewöhnlicher sie der Erfahrung nach als Ursache, Wirkung oder gleichzeitiger Umstand mit demselben verbunden ist, und je weniger sich dieselbe nach den besondern Umständen anders, als unter Voraussezung des Verbrechens genügend erklären läßt.

So ist, was die allgemeinen Anzeigungen der ersten Gattung (: Art: 323. :) betrifft, der Verdacht um so starker, je heftiger die Leidenschaft, und je mannigfaltiger die Vorbereitungen gewesen sind, woraus auf das Verbrechen geschlossen wird, und je weniger solche Handlungen anders, als in Beziehung auf das beabsichtete Verbrechen erklärt werden können; je ernstlicher oder je öfter wiederholt die Drohungen waren, und in je kürzerer Zeit das Verbrechen darauf gefolgt ist.

Dieser Art: unterlag keinen weiteren Erinnerung, als daß das Wort dringend im Anfange desselben nicht ganz geeignet befunden wurde.

Herr Geheimer Rath von Feuerbach dieser Bemerkung beistimmend, machten den Vorschlag, statt: <u>ist um so dringender</u> zu sezen: "ist um so stärker"

Mit dieser Änderung, und mit Beifügung der Wort "und dergleichen" am Schluße, wurde der Art: 334. angenommen.

Art: 335.

2.) <u>Vom Zusammentreffen mehrerer Anzeigungen.</u>

Der Verdacht wird verstärkt durch das Zusammentreffen mehrerer Anzeigungen, welche sich unter einander gegenseitig unterstüzen, und zu einer und derselben Voraussezung führen; wogegen der Verdacht geschwächt wird, wenn mehrere Thatsachen, welche einzeln Verdachts Gründe sind; sich unter einander selbst widerstreichen, wie wenn z.B. bei einem Diebstahl das eine Indizien die Vermuthung einer Entwendung durch Aufbruch, ein anders die Vermuthung desselben Diebstahls ohne Aufbruch begründete.

Die litographirte Bemerkung Seiner Exzellenz des Herrn

Geheimen Rath Carl Grafen von Arco über diesen Art: wurde abgelesen, und da Herr Referent und die übrigen Mitglieder sich überzeugten, daß die Anführung dieses Beispiels füglich unterlassen werden könnte, da die Fassung dieses Art: an sich deutlich, und auch ohne gegebene Beispiel nicht wohl zu mißdeuten seie

so wurde der Art: 335. angenommen, das darin gegebene Beispiel
<u>wie wenn z.B. bei einem Diebstahle u.</u>
ausgelassen.

Art: 336.

3.) <u>Von den Anzeigungen der Unschuld.</u>

Die gute Aufführung, der bekannte Karakter oder die Lebensart eines Menschen, vermöge welcher sich das vorgefallene Verbrechen von ihm nicht erwarten läßt, giebt eine allgemeine Vermuthung der Unschuld, so daß gegen einen solchen immer stärkere Verdachtsgründe erfodert werden, als wo jene Voraussezungen mangeln, oder die entgegengesezten vorhanden sind.

Art: 337.

Besondere Vermuthungs-Gründe der Unschuld sind hauptsächlich:

I.) Der Mangel eines bekannten Interesses an Begehung der That, die Geringfügigkeit des Vortheils im Verhältniß zur Größe des Verbrechens, vorzüglich aber wenn nach den vorliegenden Umständen zu urtheilen, das Verbrechen mit dem Interesse des Verdächtigen, oder andern erwiesener Absichten desselben im Widerspruche stand;

II.) Wenn bei einem Verbrechen, welches unmittelbare Gegenwart voraussezt, die Vermuthung der Abwesenheit des Verdächtigen zur Zeit und am Orte des begangenen Verbrechens vorhanden ist;

III.) Wenn bei Begehung des Verbrechens Schwierigkeiten und Hindernisse vorhanden waren, deren Überwindung nach der besondern Beschaffenheit oder Lage der Person und Umstände unerklärbar ist; endlich

IV.) wenn sich die Person nach vorgefallenem Verbrechen so benommen hat, wie von demjenigen, der sich der That schuldig weis, nicht wohl erwartet werden kann.

Art: 338.

4.) <u>Von dem Beweis der Anzeigungen.</u>

Eine Anzeigung hat nur dann volle Wirkung, wenn sie vollkommen gerichtlich bewiesen ist.

Eine unvollständig bewiesene Anzeigung ist um so schwächer, je mehr an der Vollständigkeit ihres Beweises mangelt.

Der Fassung dieser drei Art: wurde keine Erinnerung entgegen gesetzt, und dieselben angenommen, in Art: 338. aber das Wort <u>gerichtlich</u> in Folge eines früheren Beschlusses ausgelassen.

Herr Geheimer Rath von Feuerbach bemerkten, daß Sie bei der Lehre von der Überzeugung, – Kraft der Anzeigungen jene Eintheilung wieder befolget, die aus den gegebenen Prinzipien sich herleite; zuerst werde von den entfernten Anzeigungen, dann von den nahen, und hierauf von der Gewißheit gehandelt.

Sie trugen die folgenden Art: vor.

VI.) <u>Von der Überzeugungs Kraft der Anzeigungen.</u>
1.) <u>entfernte Anzeigungen.</u>

Art: 339.
Anzeigungen gründen gegen eine Person nur entfernten Verdacht, wenn sie entweder an sich unbestimmt sind, und mit dem untersuchten Verbrechen selbst nicht in besonderem Zusammenhange stehen, oder wenn die anzeigende Thatsache unter den gegebenen Umständen eben so leicht aus dem begangenen Verbrechen, als auf andere Weise vernünftig erklärt werden kann, oder wenn, bei übrigens an sich nahen Inzichten, gleich starke besondere Anzeigungen der Unschuld (: Art: 336. 337 :) denselben entgegen stehen.

Den Bestimmungen dieses Art: wurde die schriftliche Bemerkung Seiner Exzellenz des Herrn Geheimen Rath Carl Grafen von Arco beigefüget, und von Herrn Geheimen Rath von Effner und Herrn Hofrath von Gönner erinnert, daß die Fassung desselben Ihnen zu weit zu gehen scheine, und sie sich nicht überzeugen könnten, daß wenn an sich nahen Indizien gleich starke Anzeigungen der Unschuld entgegenstünden, noch ein Grad von Verdacht übrig bleibe, der die Lossprechung von der Instanz zur Folge habe.

Herr Geheimer Rath von Effner halten die Meinung, daß wenn gleich starke Anzeigungen der Unschuld jenen des Verdachts entgegen stünden, sich der Verdacht ganz aufhebe, und ein solcher Mensch nicht ab instantia absolviret werden kann, sondern demselben ein gerichtliches Zeugniß, daß nichts gegen ihn erwiesen, gegeben werden müße.

Sie gründeten auf diese Ansicht den Vorschlag ein Mittelding zwischen der Lossprechung von der Instanz und der Verurtheilung zu statuiren, allenfalls solche gerichtliche Zeugnisse, daß Nichts erwiesen, da es doch zu weit gehe und zu hart seie, Jemanden, gegen den kein juridischer, wenn auch ein moralischer Verdacht mehr vorhanden, nur ab instantia zu absolviren.

Herr Hofrath von Gönner und mehrere der übrigen Mitglieder theilten diese Bemerkung, und Ersterer waren dafür, dieses bestimmt nach des Herrn Geheimen Rath von Effner Antrag festzusezen, denn mit der Lossprechung ab instantia seien zu nachtheilige Folgen in dem Gesezbuche verbunden, und sonst werde derjenige, der gleiche Anzeigungen der Unschuld für sich habe, wie jener behandelt, dem ein halber Beweis entgegen stehe.

Herr Geheimer Rath von Zentner machten den Vorschlag, um den Saz deutlich zu geben, und jede Mißdeutung zu entfernen, zu sezen:

"oder wenn die an sich nahen Indizien durch besondere Anzeigungen der Unschuld /: Art: 336. 337:/ geschwächt werden,"

dadurch werde implicita ausgesprochen, daß wenn ganz gleiche Anzeigungen der Unschuld den nahen Indizien gegenüber stünden, leztere keinen entfernten Verdacht mehr gründeten, sondern dieser Fall nur eintrete, wenn die nahen Indizien durch besondere Anzeigungen der Unschuld nur geschwächt wurden, und es bleibe richtig, daß wenn Jemand die gegen ihn stehende nahe Indizien durch ganz gleiche Anzeigungen der Unschuld elidire, demselben noch die allgemeine Praesumtio innocentiae bleibe, und dadurch das Übergewicht für seine Unschuld bewirkt werde.

Herr Geheimer Rath von Feuerbach erläuterten durch Beispiele, daß die Lossprechung der Instanz in dem gegebenen Falle ganz geeignet; da immer ein entfernter Verdacht bleibe, wenn auch ganz gleiche Anzeigungen der Unschuld den nahen Indizien entgegenstünden, denn der Verdacht werde dadurch nicht aufgehoben, sondern nur balencirt, und derjenige, den dieses treft, könne in so lange: auf kein Unschulds-Attestat Anspruch machen, als er nicht den Grund des auf sich liegenden Verdachtes ganz gehoben. Würden die Sekzionen zwekmäsig finden, wegen anderen Fällen die Ertheilung vom Zeugnisse als ein Mittelding zwischen der Lossprechung von der Instanz und der Verurtheilung einzuführen, so seie doch hier nicht der Plaz, hievon Etwas aufzunehmen, und es würde geeigneter sein, diesen Vorschlag noch zu verschieben, um sich nicht zu verwirren.

Herr Geheimer Rath von Effner machten die noch weitere Bemerkung, daß Herr Referent sich in der Fassung des Art: 339. des Ausdrukes: <u>Anzeigungen welche in besonderem Zusammenhange stehen</u> bedienet, wo dieselbe in den vorhergehenden Art: <u>immer von</u> dem <u>Zusammentreffen der Anzeigungen</u> gesprochen. – Diese Verschiedenheit des Ausdrukes könnte Mißdeutungen veranlaßen, und derselbe müßte daher entweder in Art: 333. oder 339. geändert werden.

Die von Seiner Exzellenz dem königlichen Geheimen Staats- und Konferenz-Minister Herrn Grafen von Riegersberg hierüber veranlaßte Umfrage führte zu dem

> Beschlusse, daß dem Art: 339. nach der litographirten Bemerkung Seiner Exzellenz des Herrn Geheimen Rath Carl Grafen von Arco und nach dem Vorschlage des Herrn Geheimen Rath von

Zentner folgende Redakzion gegeben wurde.

Art: 339.

VI.) Von der Überzeugungs-Kraft der Anzeigungen.
1.) entfernte Anzeigungen.

"Anzeigungen gründen gegen eine Person nur entfernten Verdacht, wenn sie entweder an sich unbestimmt sind, und mit dem untersuchten Verbrechen selbst nicht in besonderem Zusammenhange stehen, oder wenn die anzeigende Thatsache unter den gegebenen Umständen eben so leicht auf andere Weise als aus dem begangenen Verbrechen vernünftig erklärt werden kann, oder wenn die an sich nahen Indizien durch besondere Anzeigungen der Unschuld (: Art: 336. 337 :) geschwächt werden."

Auch sollen in Art: 333. den Num. II. auf folgende Art geändert werden:

"No II. Das Zusammentreffen und die Art des Zesammenhanges verschiedener Anzeigungen unter sich."

Art: 340.

2.) nahe Anzeigungen.

Anzeigungen geben einen dringenden Verdacht gegen eine Person und heißen nahe Anzeigungen, wenn daraus, zwar nicht mit Gewißheit, doch nicht hoher Wahrscheinlichkeit auf diese bestimmte Person geschlossen werden kann, welches der Fall ist, wenn die in dieser Person zusammentreffenden Thatsachen mit dem vorliegenden Verbrechen selbst im bestimmtem Zusammenhange stehen, und eine andere vernünftige Erklärungs-Art derselben zwar noch möglich, jedoch unter den vorliegenden Umständen unwahrscheinlich ist, und überdieß entweder keine besonderen Anzeigungen der Unschuld vorhanden sind, oder von den Anzeigungen der Schuld an Gewißheit und Stärke entscheidend überwogen werden.

Die Bemerkung des Herrn Carl Grafen von Arco Exzellenz bei diesem Art: wurde abgelesen, vom Herrn Geheimen Rath von Feuerbach aber erinnert, daß das Wort Handlungen hier zu beschränkt sein würde, und oft Thatsachen mit dem vorliegenden Verbrechen im Zusammenhange stehen könnten, welche keine Handlungen seien, so z. B. das blutige Kleid, so man bei Jemanden finde; wohl aber könnten Sie sich dazu verstehen, daß man statt: zusammentreffende Thatsachen seze:

"zusammentreffende Umstände"

mit dieser leztvorgeschlagenen Änderung wurde der Art: 340. angenommen.

Art: 341.

3.) Gewißheit.

Aus Anzeigungen entsteht überzeugende Gewißheit, daß sich die angezeigte Person der That schuldig gemacht habe:

1.) wenn mehrere mit dem vorliegenden Verbrechen in bestimmtem Zusammenhange stehende gleichzeitige und mit vorausgehenden und nachfolgenden Anzeigungen verbundene Anzeigungen, welche einzig vollständig erwiesen sind, in der angezeigten Person zusammentreffen, und

2.) unter sich selbst dergestalt in Zusammenhange stehen, daß solche Übereinstimmung nach dem Gange der Erfahrung nicht anders, als aus der Ergehung des Verbrechens vernünftigerweise erklärt werden kann, auch dieselben

3.) mit andern erwiesenen Umständen der That nicht im Widerspruche stehen, überdieß

4.) der Inquisit keine besonderen gegründeten Anzeigungen der Unschuld für sich hat, und endlich

5.) durchaus keine Umstände vorhanden sind, welche die Vermuthung geben, daß die That von einer andern Person wäre begangen worden.

Übrigens vorbehaltlich dessen, was in dem Art: 344. fl. verordnet ist.

Herr Geheimer Rath von Feuerbach machten die vereinigte Sekzionen aufmerksam, daß diese Lehre nach welcher die Gewißheit der Anzeigungen von dem Richter zu beurtheilen, von der bisherigen ganz abweiche, auch von den Bestimmungen des Oesterreichischen Gesezbuches verschieden seie, denn dieses enthalte nicht, wie der Art: 341. allgemeine Regeln nach welchen die verschiedene Anzeigungen zusammengestellt, dem Richter eine Gewißheit geben.

Des Herrn Grafen von Arco Exzellenz litographirte Erinnerung wurde vorgetragen, und von Herrn Hofrath von Gönner bemerkt, daß Sie den in No 1. auf die <u>gleichzeitige</u> Anzeigungen gelegte Akzent nicht billigen, und sich nicht erklären könnten, warum diese vorzüglich ausgehoben; nicht die gleichzeitige, nicht die vorausgehende und nicht die nachfolgende Anzeigungen <u>einzeln</u>, sondern das Zusammentreffen aller Indizien gebe eine wiewohl nicht vollkommene Gewißheit, worauf der Richter zu urtheilen, durch das Gesez befugt werde.

Aus diesem Grunde, und da Sie das Suppositum nicht annehmen könnten, daß bei dem Zusammentreffen von Indizien, eines, es seie gleichzeitig, vorausgehend, oder nachfolgend, bei dem Zusammenrechnen um sich Gewißheit zu verschaffen, wichtiger sein könne, als das andere, würden Sie in der Fassung auf die gleichzeitige kein stärkeres Gewicht als auf die übrige legen.

Herr geheimer Rath von Feuerbach entgegneten dieser Erinnerung, daß durch Ihre Fassung selbst der Anstand des Herrn Hofrath von Gönner gehoben scheine, denn sie spreche den Saz aus, daß alle Anzeigungen, gleichzeitige, vorausgehende und nachfolgende zusammentreffen, und in bestimmten Zusammenhange stehen müssen, ehe sie eine entscheidende Gewißheit geben, folglich seie keiner dieser Anzeigungen mehr Gewicht beigelegt, als der andern. Sie hätten die gleichzeitige Anzeigungen vorausgesezt, weil sie dieselbe für die stärkere hielten, welches aber das Gesez nicht ausdrücke.

Die über den Art: 341. verfügte Umfrage hatte die Folge, daß derselbe mit folgenden Änderungen angenommen wurde:
In No 1. wurde zu Entfernung der Wiederholungen statt: <u>verbundene Anzeigungen</u> gesezt: "verbundene Indizien" und der Schreibfehler, <u>welche einzig vollständig</u> durch: "einzeln vollständig"
verbessert.
In No 2. wurde statt
<u>nach dem Ganze der Erfahrung</u>
gesezt: "nach dem ordentlichen Laufe der Dinge"

Art: 342.

<u>Erweiternder Zusaz.</u>

Die in den Art: 333. bis 341. in Ansehung der persönlichen Verdachts-Gründe aufgestellten Grundsäze, kommen auch bei den blosen Anzeigungen der That selbst oder einzelnen Thatumstände in vollkommene Anwendung.

Herr Geheimer Rath von Feuerbach machten den Vorschlag, diesen Art:, der auf die persönlichen Verdachts Gründe berechnet gewesen, nunmehr als überflüssig auszulassen, da das Wort persönlich in Art: 322. gestrichen worden.

Mit Auslassung des Art: 348. waren alle Mitglieder verstanden.

Art: 343.

VII.) <u>Von den rechtlichen Wirkungen der Anzeigungen.</u>

Wegen blosen Verdachts kann auf keine Strafe, sondern nur auf Spezial-Inquisizion, und, was Endurtheile anbetrift, auf Lossprechung von der Instanz erkannt werden.

Art: 344.

Wenn der Angeschuldigte mit Einhelligkeit der der Stimmen des in erster Instanz erkennenden Kriminal-Gerichts, der That aus dem zusammentreffen der Anzeigungen für überwiesen geachtet wird, so kann derselbe selbst zur Todes- oder Kettenstrafe verurtheilt werden.

Diese Strafe kann in lezter Instanz bestätigt werden, wenn zwei Drittheile der Stimmen den Inquisiten ebenfalls für überwiesen erkannt haben.

Art: 345.

Andere, als die in vorhergehenden Artikel genannten peinlichen Strafen, können dem Inquisiten zuerkannt werden, wenn er der

That wenigstens durch eine Mehrheit von fünf Stimmen gegen zwei in erster, und durch einfache Stimmenmehrheit in zweiter Instanz für überwiesen geachtet wird.

Art: 346.

Bei vorhandener Stimmenmehrheit, wie auch bei einfacher Stimmenmehrheit des Kriminal-Gerichts erster Instanz, ist der Inquisit aus Anzeigungen für überwiesen nicht zu achten; demnach von der Instanz loszusprechen.

Herr Geheimer Rath von Feuerbach fügten diesen Art: die Bemerkung bei, daß zwar streng genommen, diese Art: sich nicht hieher sondern zu dem Cap: von dem Urtheile eigneten, allein, da eine ganz neue Lehre darin aufgestellt werde, und für den Richter es von Wesenheit seie, hier bei der Beurtheilung über die Anzeigungen das Ganze in Zusammenhange zu haben, so hätten Sie dieselbe heraufgerükt, da die darin angegebene Bestimmungen die ganze Aufmerksamkeit des Richters erfoderten, und dem, was bisher wegen der Beweiskraft der zusammentreffenden Anzeigungen bestanden, ganz widerspreche.

Die litographirte Bemerkungen Siener Exzellenz des königlichen geheimen Raths Carl Grafen von Arco und des Herrn Hofrath von Gönner wurden abgelesen, und diese wichtige Art: einer nähern Würdigung untergeben.

Herr Geheimere Rath von Feuerbach erwiederten Auf die Bemerkung des Herrn Carl Grafen von Arco Exzellenz wegen den Art: 343., daß sie in den Resultaten Ihrer Ansichten nicht sehr verschieden, und es sich zeigen würde, daß sie zwar auf entgegengesetzten Wegen zum nemlichen Ziele gelangten.

Auch ihre Absicht seie nicht, daß ein verdächtiger gefährlicher Mensch, der wegen nicht ganz zusammentreffenden Indizien und mangelndem Beweise von der Instanz losgesprochen werden müsse, gegen den aber ein hoher Grad von Verdachts-Gründen bleibe, und dessen schlechter Leumuth, Bosheit und Gefährlichkeit ausser Zweifel, auf freien Fuß gestellt werde, nur könnten Sie hierüber kein richterliches Erkenntniß annehmen, denn zu verhüten, daß ein solcher Mensch dem Staate und den Unterthanen nicht gefährlich werde, seie nicht mehr Sache des Rciters, sondern der administrativen Polizei-Stellen, welchen zu Erreichung diese Zwekes das Gericht die Anzeige von einem solchen ab instantia losgesprochenen Menschen machen, die demselben entgegenstehenden Umständen, allenfalls auch die Untersuchungs-Akten mittheilen, und ihr Gutachten, auf welche Art, und wie lange er in Polizei-Arrest zu sezen, oder unter Polizei-Aufsicht zu stellen, abgeben müßte.

Der Polizei-Straf Codex müße hierüber die nähern Bestimmungen enthalten, und nach Ihrer Eintheilung desselben würde dieser Gegenstand in einem eigenen Kapitel behandelt worden sein.

Zur Genügung der Bemerkung des Herrn Carl Grafen von Arco Exzellenz über den Art: 343. und um vorzubeugen, daß dieses Kapitel im Polizei-Straf Codex nicht übersehen werde, könnten Sie sich dazu verstehen, daß in Art: 343. am Schlusse beigefügt werde:

"jedoch borbehaltlich der in dem Polizei-Straf-Gesezbuch verordneten Sicherheits-Maasregeln."

Rücksichtlich der Bemerkungen über die folgenden Art: 344. 345. und 346. hätten Sie entgegen gesezte Ansichten, und glaubten, daß wenn alle Voraussezungen des Art 341. pflichtmäsig erfüllet, und dadurch und durch das Zusammentreffen aller Anzeigungen eine That zur überzeugenden Gewißheit erhoben worden, die Todes-Strafe allerdings hierauf erkannt werden könnte, nur würden sie in diesen Fällen nicht durch die Majora in der ersten Instanz entscheiden lassen, sondern einhellig müßte bei allen Richtern die Überzeugung da sein, dieser Mensch ist schuldig, auch nicht einem dürfte ein Zweifel darüber übrig bleiben. Seie dieses Schuldig von allen Mitgliedern des Gerichtes ausgesprochen worden, dann könne die Bestimmung der Strafen nach der Mehrheit erfolgen.

Sie legten Ihre Überzeugung vor, daß sie in diesen Anordnungen eine solche Beruhigung für den Gesezgeber fänden, daß derselbe ein Urtheil der Art mit gleicher Sicherheit, wo nicht mit gröserer vollziehen lassen könnte, als wenn zwei Zeugen gegen einen Menschen ausgesagt, und er hierauf zum Tode verurtheilt worden.

Allein einstimmig müßten alle Justizräthe dafür ausgesprochen haben, daß derselbe eines Kriminal-Verbrechens schuldig, und auch nicht einer dürfte hierüber den leisesten Zweifel haben.

Nun seie diese Lehre, allein Sie glaubten, daß sie sowohl für den Gesezgeber beruhigend als für den geübten Verbrecher abschreckend seie, indem der leztere nicht mehr unter dem Schuze der Geseze ein durch Greuel-Thaten verwirktes Leben fristen könne, wenn er nur schlau genug seie, den Zeitpunkt aufzufinden, wo er ohne Zeugen das beabsichtete Verbrechen begehe.

Alle der bisherigen Gesezgebung entgegengestellte Gegründete Vorwürfe rüksichtlich der hierauf Sich beziehenden Bestimmungen wurden mit einemmale entfernt.

Seine Exzellenz der königliche geheime Staats- und Konferenz-Minister Herr Graf von Reigersberg foderten die übrigen Mitglieder der Sekzionen auf, sich hierüber zu äussern.

Herr Hofrath von Gönner erklärten sich gegen die Annahme der von dem Herrn Referenten angegebenen Bestimmungen, so viel vorzügliches sie auch als Theorie haben mögten.

Jeder Beweis auf die vom Herrn Referenten in Art: 341. vorgeschlagene und von den Sekzionen angenommene Art erhoben bleibe immer nur der höchste Grad von Wahrscheinlichkeit, nie werde er den Karakter von possitiver moralischer Gewißheit annehmen, und was objektiv nicht gewiß, könne durch subjektive Zusäze nie zur Gewißheit erhoben werden.

Auch seie die Anwendung der gegebenen Grundsäze zu komplizirt, und es bleibe immer gefährlich, einem Menschen auf diese Voraussezung das höchste unersezliche Guth, das Leben zu nehmen.

In welche Verlegenheit seze der Gesezgeber den Richter, der nach seinen Dienstjahren das lezte Votum habe; Peinigend werde es für diesen, sein Gefühl dem kalten Verstande unterzuordnen, und durch seine Stimme einem Menschen das Leben abzusprechen, bei dem Tanz aller Kombinazionen die Möglichkeit noch obwalte, daß er unschuldig. Nie würden Sie an dieses Richters Stelle das bedeutende Wort schuldig aussprechen, sondern immer durch Zweifel in die Richtigkeit der Gewißheit der Anzeigungen, das Gesez, welches den Tod eines solchen, blos durch Zusammenstellung der Anzeigungen zu Verurtheilenden ausspreche, unwirksam zu machen.

Auf diese Gründe sich stüzend, glaubten Sie, daß die in den Art: 344. 345. und 346. gegebene gesezliche Bestimmungen als zu schwankend, zu sehr komplizirt und in ihrer Anwendung zu gefährlich, nicht aufzunehmen, sondern auszusprechen wäre, daß wo die Gewißheit eines Verbrechens blos durch die Zusammenstellung der Anzeigungen herzustellen, wie auf den Tod von den Gerichten erkannt werden könne, hiernach aber, wie bisher, blos die Majora in den Gerichtsstellen über das Schuldig oder Nichtschuldig und die Strafe zu entscheiden haben sollen.

Herr Geheimer Rath von Zentner äusserten, daß obschon die Lehre, so Herr Referent über diesen wichtigen Gegenstand aufgestellt, Vieles für sich habe, sie dennoch für die mildere Meinung sich erklärten, und dafür stimmen müßten, daß in dem gegebenen Falle nie Todes-Strafe, wohl aber wie Herr Geheimer Rath Carl Graf von Arco Exzellenz vorgeschlagen, Kettenstrafe, welche der Todesstrafe gleich gesezt worden, erkannt werden sollte, weil da dem Gesezgeber noch Mittel und Wege offen blieben, auf den Fall, wo die Gerichte sich in ihren Kombinazionen geirret, das Geschehene wieder gut zu machen, und den unschuldig Gestraften einigermasen zu entschädigen, welches bei erfolgter Todesstrafe ausser der Möglichkeit des Gesezgebers liege.

Herr Geheimer Rath von Krenner der Ältere stimmten mit Herrn Geheimen Rath von Zentner und Herrn Geheimen Rath Carl Grafen von Arco Exzellenz, weil Ihnen die Möglichkeit, daß auch durch die einhellige Meinung aller Gerichts Personen, auf irrige Zusammenstellung der Anzeigungen und Kombinazionen gebauet, ein Unschuldiger zum Tode verurtheilt würde, so schreklich scheine, daß der Gesezgeber solches nie gestatten dürfe, da es ausser den Genuzen der Möglichkeit liege, den Menschen für das Leben zu entschädigen.

Herr Geheimer Rath Carl Graf von Arco Exzellenz wiederholten Ihre schriftlich gegebene Äusserungen, und erklärten, daß Sie davon abzugehen nie vermogt werden könnten, da die Gründe, so Ihre Meinung unterstüzten, in so lange nicht zu widerlegen, als der Gesezgeber nicht die Macht erhalte, im geraubtes Leben dem Unschuldigen zurükzugeben, und ihn dafür zu entschädigen, welches Mittel aber dem Gesezgeber bei allen auf den härtesten Strafe gegen den Unschuldigen offen bleibe, wenn durch einen Mißgrif der Gerichte solche ein Fall praktisch werden solle.

Herr Geheimer Rath von Effner entwikelten die Frage, was giebt es in Kriminal-Fällen für eine Gewißheit? und äusserten, ihren Ansichten nach gebe es ein oder nur äusserst selten eine physische untrügliche Gewißheit; allein diejenige, so der Gesezgeber durch die einstimmige Anerkennung der Räthe erster Instanz des Zusammentreffens aller Anzeigungen, und der im Art: 341. bestimmten Voraussezungen erhalten, scheine ihnen gröser als diejenige, so ihme durch die Aussagen zweier Exceptious freier Zeugen werde.

Diese Gewißheit beruhe auf Thatsachen, nicht auf der imaginären Ansicht, so man von der Rechtlichkeit der Zeugen haben müße, und Ihrer innigsten Überzeugung nach könne der Gesezgeber mit voller Beruhigung das Todesurtheil an einem Angeklagten vollstreken lassen, denn alle Mitglieder nach ruhiger kalter Konbinazion der Umstände, und nach Würdigung Alles dessen, was zu seiner Vertheidigung angebracht worden, für schuldig erkannt, und ihn in Folge dessen dem Tode überliefern.

Sie stimmten daher mit der vom Herrn Referenten vorgeschlagenen Fassung, und würden nur auch in dem Gerichte zweiter Instanz, so wie in jenem der ersten eine vollkommene Einhelligkeit der Stimmen erfodern.

Sollte die Mehrheit sich für die entgegengesezte Meinung erklären, so glaubten Sie, daß Kettenstrafe ein in diesen Fällen erkannt werden dürfe, sondern daß in allen Verbrechen, wo die Gewißheit derselben nur durch Zusammenstellung der Anzeigungen hergestellt werde, wie die volle Strafe, so das Gesez auf das Verbrechen ausspreche, angewendet, sondern einer unter dieser erkannt werden müsse, denn sonst würde der Verbrecher, der die Todesstrafe verdienet, davon befreiet bleiben, wo der Geringere, z.B. bei Zuchthaus-Strafe die volle Strafe zu leiden hätte.

Herr Geheimer Rath Graf von Welsperg fanden keinen Anstand, dem Antrage des Herrn Referenten beizustimmen, denn da die Sekzionen in Art: 341. den Grundsaz angenommen, daß die überzeugende Gewißheit eines Verbrechens durch Zusammenstellung von Anzeigungen hergestellt werden könne, so scheine

Ihnen die Bestimmung der folgenden Art: 344. 345. und 346. weder bedenklich noch gefährlich, sondern eine zwekmäsige Anordnung, daß die gesezliche Anwendungen des Art: 341. nicht mißdeutet und nicht mißbraucht würden.

Sie stimmten daher der Fassung dieser Art: jedoch mit der vom Herrn Geheimen Rathe von Effner vorgeschlagenen Modifikazion rüksichtlich der zweiten Instanz bei.

Herr Geheimer Rath von Feuerbach bemerkten, daß wenn die Majora nicht Ihren Anträgen entgegen wären, Sie sich auch damit vereiniget haben würden, daß in zweiten Instanz, ebenfalls Einhelligkeit der Stimmen wäre vorgeschrieben worden, um auf den Tod zu erkennen.

Da aber die Mehrheit gegen ihren Vorschlag entscheiden, so müßten Ihren Ansichten nach die Art: 344. 345. und 346. ganz ausbleiben, dagegen aber rüksichtlich der von der Majorität angenommenen Bestimmungen ein eingeschaltet werden, zu welchem Sie folgende Fassung vorschlagen:

Art: 344 "Wenn der Angeschuldigte der That blos durch das Zusammentreffen der Anzeigungen in Gemäsheit des Art: 341. überwiesen ist, so kann derselbe zu jeder peinlichen Strafe, selbst zu Ketten-Strafe die Todesstrafe allein ausgenommen, vorurtheilt werden."

In Folge des von der Mehrheit gefaßten Beschlusses wurde angenommen, daß dr Art: 343. wie folgt gefaßt werde:

Art: 343.

VII.) <u>Von den rechtlichen Wirkungen der Anzeigungen.</u>

"Wegen blosen Verdachts /: 339. 340. :/ kann auf keine Strafe, sondern nur auf die Spezial-Inquisizion, und was Endurtheile anbetrifft, auf Lossprechung von der Instanz erkannt werden, jedoch vorbehaltlich der in dem Polizei Strafgesezbuch verordneten Sicherheits-Maasregeln."

Die Art: 344. 345. und 346. sollen nach der früheren Fassung des litographirten Entwurfes ganz ausgelassen, dagegen aber der Art: 344. nach dem Vorschlage des Herrn Geheimen Rath von Feuerbach aufgenommen werden.

Herr Geheimer Rath von Feuerbach kamen nun auf das siebente Kapitel <u>vom zusammen gesezten Beweise</u> und trugen die Art: 347. 348. 349. 350. und 351. vor.

Art: 347.

<u>Allgemeine Bestimmung.</u>

Der Beweis heißt zusammengesezt, wenn Beweismittel verschiedener Art, welche einzeln genommen zur Begründung rechtlicher Gewißheit unzureichend sind, dergestalt zusammentreffen, daß aus solcher Übereinstimmung die vollständige rechtliche Gewißheit der zu beweisenden Thatsache hervorgeht.

Art: 348.

<u>Vom Zusammentreffen aussergerichtlichen Geständnisses mit dem Zeugen-Beweiß.</u>

Ein aussergerichtlich abgelegtes gerichtlich erwiesenes Bekenntniß begründet vollkommene Überweisung, wenn dasselbe mit der gerichtlichen Aussage Eines ganz vollgültigen Zeugen, welcher unmittelbare über die Begehung der That selbst Zeugniß gibt, in allen Hauptumständen übereinstimmt, so ferne nicht zugleich dieser Zeuge zum Beweise des Bekenntnisses selbst gebraucht worden ist.

Art: 349.

Gleiches findet statt, wenn mit einem solchen aussergerichtlichen Bekenntnisse die Aussage zwar nicht ganz vollgültiger, jedoch nicht untüchtiger Zeugen, welche über die Handlung des Verbrechens selbst vollkommen übereinstimmend aussagen, genau zusammentrft, so ferne solche Zeugnisse für sich allein schon einen halben Beweis begründen, und unter der am Schlusse des vorhergehenden Art: bestimmten Voraussezung.

Art: 350.

<u>Vom Zusammentreffen der Anzeigungen mit aussergerichtlichem Bekenntniß oder gerichtlichem Zeugniß.</u>

Wenn gegen den Inquisiten nahe durch vollkommenen Beweiß erhobene Anzeigungen vorhanden sind, welche für sich allein zu dessen Überweisung nicht hinreichen, mit welchen aber entweder ein umständliches gerichtlich erwiesenes aussergerichtliches Geständniß, oder ein unvollständiger, jedoch einer halben Überweisung gleichkommender Zeugenbeweis (: Art. 348. und 349 :) zusammentrift; so kann Inquisit nach sorgfältiger Erwägung aller besonderen Umstände der That überwiesen geachtet werden; wobei jedoch dasjenige zur Anwendung kommt, was in dem Art: 344. f. von dem Beweis durch zusammentreffende Anzeigungen verordnet ist.

Art: 351.

<u>Erweiternder Zusaz.</u>

Die Bestimmung vorstehender Artikel gilt nicht blos von der Überweisung des Thäters, sondern von dem Beweise anderer Geständnisse des peinlichen Verfahrens.

Diese Art: unterlagen keiner Erinnerung, und wurden

angenommen, nur wurde in Folge eines früheren Beschlusses im Art: 348. statt
<u>in allen Hauptumständen</u>
gesezt:
"in allen wesentlichen Umständen"
auch das <u>Folgende</u> nach Art: 344.in Art: 350. ausgelassen, da die Art: 345. und 346. gesteigen worden.
Eben so der Schreibfehler in Art: 351.
<u>anderer Geständnisse</u>
durch <u>andere Gegenstände</u>: verbessert.

Die Sizung wurde für Heute hiemit beendiget.

33. Sitzung Nr. XXIII
München, am 12n November, 1811.

Protocoll über die Sizung der vereinigten Sekzionen der Justiz und des Innern, welche in Gegenwart der vorgestern anwesend gewesenen Mitglieder abgehalten worden.

Herr Hofrath von Gönner, aufgefodert von Seiner Exzellenz, dem königl. geheimen Staats- und Konferenz-Minister Herrn Grafen von Reigersberg entwikelten in mündlichem Vortrage die in dem anliegenden litographirten Motive ausgeführten Grundsäze, worauf die bearbeiteten Art: über den Beweis des Thatbestandes durch Geständniß beruheten; Sie wiederholten, daß Sie in der Hauptsache mit Herrn Geheimen Rath von Feuerbach nicht verschiedener Meinung seien, und diese nur sich eigentlich in der Stellung der Art: nicht in ihrem Inhalte finden lasse.

Beilage I.

Ihr Art: a. spreche den Grundsaz bestimmt aus, daß der Thatbestand in der Regel nicht durch Geständniß zur Gewißheit gebracht werde, welches in der Fassung des Herrn von Feuerbach nicht so ausdrüklich gelegen, welches Sie aber absichtlich ausgehoben, weil die Gerichte in Anwendung neuer Säze so gerne zu weit giengen.

Herr Hofrath von Gönner lasen hierauf die Art: a. b. c. d. e. und f. ab.

Herr Geheimer Rath von Feuerbach erklärten sich für diese vom Herrn Hofrathe von Gönner vorgetragene Fassung der Art:, und äusserten, Sie könnten sich vollkommen damit verstehen, und man werde sich jezt nach Durchgeheung derselben überzeugt haben, daß Herr Hofrath von Gönner und Sie in nichts Wesentlichem in Beziehung auf die Bestimmungen dieser Lehre verschienen; diese neue Fassung entspreche Ihren Ansichten vollkommen.

Nicht so beurtheilten die übrigen Mitglieder die neu bearbeitenden Art: über den Beweis des Thatbestandes durch Geständniß; Sie fanden dieselben weder den lezthin ausgesprochenen Meinungen entsprechend; noch auch den Saz hinlänglich dadurch ausgedrükt, daß in keinem Falle der Thatbestand durch das Geständniß erwiesen werden könne, wohl aber, daß das eigene Geständniß auch bei nicht hinlänglich erhobenem Thatbestande die ordentliche Strafe nach sich ziehen könne, wenn nur in der Exitenz der That vernünftigerweise nicht mehr zu zweifeln, und das eigene Geständniß durch erhobene andere Umstände unterstüzt seie.

Dieses seie der Grundsaz, um welchen es sich streite, und der in der neuen Fassung nicht hinlänglich gewürdiget und herausgehoben worden.

Herr Geheimer Rath Carl Graf von Arco Exzellenz äusserten sich rücksichtlich dieses wichtigen Sazes in der eingetretenen Besprechung wie folgt:

Sie hätten sich überzeugt, daß Herr Hofrath von Gönner die vorliegende neueste Redaction rein nach der von ihm geschriebenen Abstimmung Beilage No1. zum Protokoll No 20. ausgearbeitet habe.

Sie seien aber eben so sehr überzeugt, daß diese Redaction jenem Beschlusse der Majorität nicht entspreche, welche sich über diese Lehre in der Sizung vom November gebildet habe.

Diese Majorität habe als einen bestimmten Saz ausgesprochen:

"daß der Thatbestand nie, unter keinerlei Modifikazionen, unter keiner Voraussezung, auch nie als Ausnahme durch das Geständniß beweisen, oder daß das Geständniß den unvollkommenen Beweiß des Thatbestandes suppliren könne.

Wohl aber könne unter gewissen Voraussezungen und Vorsichtsmasregeln ein qualifizirtes, – und wohl gewürdigtes Geständniß jenen Grad von Glaubwürdigkeit erhalten, welcher zureiche, um auf ein so beschaffenes Geständniß, selbst bei unvollkommen hergestelltem Thatbestande ein volles kondemnatorisches Urthei zu bauen."

Von diesem dürfe, wie Sie glaubten, von der Minorität nicht mehr abgegangen werden; denn sonst lasse sich nie an ein Ende kommen, und deßhalb wären der Art: a. in No II. und Art: b. in fine nach dieser Ansicht der Majorität zu fasten.

Die praktische Folge des Unterschiedes zwischen den Ansichten der Majorität und jenen der Minorität bestünden darin, daß die Richter durch das System der Majorität eine weit grösere Sorgfalt auf die Würdigung des Geständnisses würden verwenden müssen, und doch nie ein kondematorisches Urtheil würden erlassen können, wenn nicht der Thatbestand, abgesehen von dem Geständnisse, wenigstens in so weit hergestellt wäre, daß sich an der Exitenz des begangenen Verbrechens, wozu sich der Inquisit als Urheber bekenne, vernünftigerweise wohl nicht zweifel lasse, wohin gegen nach dem Sistem der Minorität, ein kondenmatorisches Urtheil wohl ohne alle Herstllung eines Thatbestandes auf ein simples Geständniß erfolgen könne.

Sie vereinigten sich daher ganz mit dem von Herrn Geheimen Rath von Effner vorgeschlagenen Abänderungen und dem von ihme angetragenen sehr wesentlichen Zusaze ad Art: e.

Auch Herr Geheimer Rath von Zentner giengen von dem durch Herrn Geheimen Rath Grafen von Arco Exzellenz so eben angeführten Saze aus, und fanden schon gegen den Art: a. folgende Erinnerung zu machen.

Die Bestimmung des Nummer 1. dieses Art: spreche zu viel aus, und habe in gewisser Hinsicht die in No 2. gegebene Regel auf, denn sehr oft begreife die Handlung den Thatbestand selbst in sich, z.B. bei Mord. Werde nun in No 1. ausgesprochen, daß das eigene Geständniß des Angeschuldigten die Handlung mit allen Nebenumständen beweisen könne, so dürfte in No 2. ohne Widerspruch nicht gesagt werden, der Thatbestand kann durch das eigene Geständniß in der Regel nicht bewiesen werden, welchen lezten Saz Sie zwar annehmen, aber bestimmter, und ohne daß er anders verstanden werden könne, ausdrüken würden.

Die gegen die Fassung der folgenden Art: noch zu machende Bemerkungen würden Sie bei der einzelnen Durchgehung derselben vorlegen, könnten aber den Wunsch nicht unterdrüken, daß eine andere Stellung und Bearbeitung dieser Lehre übereinstimmend mit den gegebenen Säzen Erfolgen, und gleich in der Sizung redigirt werden mögte.

Herr Geheimer Rath von Krenner äusserten, daß Sie Ihre Überzeugung nicht verlassen könnten, nach welcher der Thatbestand durch das eigene Geständniß nie und unter keinen Voraussezungen weder hergestellt noch ergänzt werden könne.

Die vorgeschlagene Fassung der dieser von ihnen widersprochene Saz, wenn auch unter Modifikationen zum Grunde liege, könnten Sie daher nicht annehmen, und müßten sich auf Ihre in der lezten Sizung abgegebene Meinung beziehen.

Herr Geheimer Rath von Effner glaubten, die vorgelegte Fassung könne mit wenigen Abänderungen der von der Mehrheit angenommenen Meinung entsprechen, und es scheine Ihnen nur darin die grose Abweichung zu liegen, daß nicht bestimmt genug ausgedacht, daß das eigene Geständniß weder den Thatbestand herstellen noch ergänzen könne.

Der unvollständige Thatbestand erhalte durch das eigene Geständniß nicht mehr Glaubwürdigkeit als er schon habe, jedes stehe isolirt für sich, und so wenig das Geständniß ihn schwächen könne, eben so wenig könne dasselbe ihn bestärken.

Der Thatbestand könne nur durch Augenschein, durch Aussagen der Zeugen oder des Beschädigten erhoben werden. Das Geständniß wirke hierauf nicht; Allein auch bei einem unvollständigen Thatbestande könne das eigene Geständniß, wenn es durch andere glaubwürdige Umstände unterstüzt, und wenn kein vernünftiger Zweifel an der Existenz des Verbrechens mehr übrige, die Folge haben, daß ein solch Gestehender der ordentlichen auf das Verbrechen gesezten Strafe unterworfen werde.

Sie würden daher in Art: a. die Worte <u>in der Regel</u> auslassen, den Schluß des Art: b. worin der Hauptanstand gegen diese vorgetragene Fassung gegründet scheine, ändern, und in Art: c. beifügen, daß der Richter vorher Alles gethan haben müsse, um sich zu überzeugen, daß vernünftigerweise an der Existenz des Verbrechens nicht mehr gezweifelt werden könne.

Die übrige Fassung deer Art: würde Ihren Ansichten nach dann wenigen Erinnerungen mehr unterliegen.

Herr Geheimer Rath Graf von Welsperg glaubten, die Resultate der verschiedenen Ansichten führten zu gleichen Zweke, inzwischen müßten Sie nach Ihren früheren Abstimmungen auf die vom Herrn Geheimen Rathe von Effner vorgeschlagene Änderungen antragen, da sie die gegen die Fassung Erhobene Zweifel am sichersten entfernten.

Diese in der eingetretenen Besprechung von allen Mitgliedern geäusserte Meinungen liesen voraussehen, daß die Mehrheit sich für jene Abänderungen in der vorgelegten Fassung erklären würde, die Herr Geheimer Rath von Effner vorgeschlagen, und daß die verschiedenheit dann nur in der Stellung und Fassung der Art: bleibe.

Durch diese Rüksicht veranlaßt, machten Seine Exzellenz der königliche geheime Staats- und Konferenz-Minister Herr Graf von Reigersberg den vereinigten Sekzionen den Vorschlag, sich mit Durchgehung der einzelnen Art: wiederholt zu beschäftigen, und über deren Fassung, so wie über die darin in Folge gemachter Erinnerungen nothwendige Änderungen zu vereinbaren.

Dieser Vorschlag wurde von den vereinigten Sekzionen angenommen, und in dessen Folge die Art: a. b. c. d. e. und f. des Kapitels vom Beweise durch Geständniß wiederholt durchgangen, nachdem zuvor Herr Geheimer Rath von Feuerbach und Herr Hofrath von Gönner, welche beide die vom Herrn Geheimen Rathe von Effner vor geschlagene Änderungen und Zusäze vorzüglich jenen zu Art: c. angegriffen, sich überzeugt hatten, daß sich dieselben mit ihrem Sistem vereinigen liesen, und dem verschiedenen Ansichten der gleiche Zwek zum Grunde liege, nemlich, daß das eigene Geständniß eines Angeschuldigten von glaubwürdigen Umständen unterstüzt, auch selbst bei nicht hergestellten Thatbestande, nicht durch das Gesez straflos erklärt werde.

Herr Hofrath von Gönner lasen nun ihre Fassung dieser Art: vor.

     Art: a. /: alt 285. :/

Herr Geheimer Rath von Feuerbach glaubten, daß der Art: a. noch einen Zusaz erfodern, indeme nach den Bestimmungen des Art: 341. auch der Angeschuldigte durch das Zusammentreffen der Umstände und Zusammenstellung der Anzeigungen überwiesen werden könnte.

Sie machten daher den Vorschlag, nach
     <u>oder Beschuldigten</u>
beizufügen:
     "oder durch das Zusammentreffen der Umständen in Gemäsheit des Art: 341."

Denn wenn die Umstände und Anzeigen dergestalt zusammenträfen, daß der Richter annehmen könne, daß die That geschehen, und der Angeschuldigte, der dieselbe gestehe, der Urheber daran seie, so müsse auch dadurch die volle Gewißheit in Ansehung des Thatbestandes suppliret werden können, und Alles, was von den Indizien zum Beweise der That und gegen den

Urheber gelte, müße auch rüksichtlich des Thatbestandes von Wirkung sein.

Die übrigen Mitglieder theilten diese Ansicht nicht, daß der vorgeschlagene Beisaz nothwendig, denn zwischen dem Beweise aus Indizien gegen den Urheber und jenem des Thatbestandes müsse unterschieden werden, auch seie dieser vorgeschlagene Beisaz schon in dem folgenden Art: gewissermasen Enthalten, und eine Aufführung desselben im Art: a. der die Regel der ganzen Lehre ausspreche, könne den Richter verwirren, und würde eine umständliche Auseinandersezung in Art: b. erfodern.

Mit Umgehung dieses Beisazes bestimmten sich die Mitglieder der Sekzionen dafür

> die Fassung des Art: a. mit Auslassung der Worte in No II.
> "in der Regel
> anzunehmen."

Art: b. und c.
Zu Entfernung der gegen den Schluß des Art: b. erhobenen Anständen machten Herr Hofrath von Gönner den Vorschlag, denselben so zu sezen:

> "so ist das Geständniß des Angeschuldigten hinreichend, um gegen denselben auf die ordentliche Strafe zu erkennen."

Mit diesem Vorschlage verstanden, bemerkten Herr Geheimer Rath von Feuerbach nur, wie Sie sich überzeugten, daß der Art: e. mit Auslassung des Einganges und des Nummer I. und mit Einreichung der Bestimmung, daß an der That Überhaupt vernünftigerweise nicht gezweifelt werden dürfe, sich sehr zwekmäsig und Sisteme mit dem Art: b. vorbinden lasse.

Das Marginale diese Art: b. würden Sie aber auslassen.

Die hierüber erholte Abstimmung bestimmte die Annahme dieser Vorschläge, und es wurde

> beschlossen, mit Umgehung des Einganges und des Nummer I. des Art: c. den Nummer II. desselben mit dem Art: b. zu verbinden, und leztern zu fassen wie folgt:
>
> Art: b. "Wenn jedoch aus besondern Umständen deutlich erhellet, warum der Thatbestand durch die vorbemerkten Beweismittel nicht erhoben wurde, insbesondere warum bei Verbrechen, welche ihrer Natur nach Spuren zurükzulassen pflegen, die That in gegenwärtigen Falle entweder keine Spuren zurükgelassen habe, oder warum der Thatbestand aus den zurükgelassenen Spuren nicht ausgemittelt wurde, oder nicht ausgemittelt werden konnte; so ist das Geständniß des Angeschuldigten hinreichend, um gegen denselben auf die ordentliche Strafe zuerkennen, soferne sein Bekenntniß entweder mit einem Andern unvollständigen Beweise des Thatbestandes oder mit besonders erhobenen,

419

zum Thatbestand gehörige, oder damit in Verbindung stehenden Umständen dergestalt übereinstimmt, daß an der Existenz der That überhaupt vernünftigerweise nicht gezweifelt werden kann."

Das Marginale solle ausgelassen werden.

Art: d. und e.
Um die Art: d. und e. an die vorhergehenden anzuschliesen, wurden vom Herrn Geheimen Rath von Feuerbach und Herrn Hofrathe von Gönner folgende Abänderungen des Einganges dieser beiden Art: vorgeschlagen:

Art: d. welcher nun c. wird.
"Insbesondere kann wegen Angeschuldigter Tödtung nur dann auf die ordentliche Strafe erkannt werden, wenn u."
Art: e. nun Art: d.
"Wenn die Tödtlichkeit der Mißhandlungen oder Verlezungen durch Augenschein und Gutachten der Sachverständigen nicht erhoben wurde, so kann unter den in Art: b. und c. bestimmten Voraussezungen nur als dann auf die ordentliche Strafe erkannt werden, wenn die u."
Das Marginale des Art: c. wäre ebenfalls auszulassen.

Die vorgeschlagene Abänderungen des Einganges der Art: c. und d. wurden mit Weglassung des Marginale des Art: c. angenommen.

Art: f.
Diesen Art: nun nach der neuen Stellung dieses Kapitels als überflüssig auszulassen

wurde von den vereinigten Sekzionen beschlossen.

Herr Geheimer Rath von Krenner der Ältere, welche in allen Ihren Abstimmungen rüksichtlich des zu dieser Lehre als Basis angenommenen Grundsazes eine entgegengesezte Meinung aufgestellt, erklärten, Sie könnten zwar die neue Fassung des Art: b. jedoch nur unter der Modifikazion annehmen, daß bei dem vorwaltenden mangelnden Beweise des Thatbestandes bis zur Todesstrafe nicht geschritten werden dürfe, zur Annahme der Art: c. und d. könnten Sie sich aber nie verstehen, indeme Ihnen dieselben noch immer viel zu gefährlich gestellt schienen.

Die auf Veranlassung Seiner Exzellenz des königlichen geheimen Staats- und Konferenz-Ministers Herrn Grafen von Reigersberg von mehreren Geschäfts-Männern über die Frage abgegebene Meinung:

welche Beweiskraft die Aussagen eine durch ein Verbrechen Beschädigten /: Damnificaten :/ nach den Oesterreichischen Preussischen, und ehemalig fürstlich Bambergischen

Beilage III.

Strafgesezen habe? wurde abgelesen, und hierauf der Art: 297. weg seiner Wichtigkeit auf den Ganze des Prozesses von Seiner Exzellenz dem königlichen geheimen Staats- und Konferenz-Minister Herrn Grafen von Reigersberg einer wiederholten Abstimmung untergeben, da die gegen die angenommene Fassung vorgelegten Gründe vorzüglich jener wegen Erschwerung der Kriminal-Untersuchungen als sehr erheblich beurtheilet, und die Mehrheit für die gegenwärtige Stellung des Artr: 297. nur durch eine Stimme gebildet worden.

Der Herrn Geheimen Räthe von Zentner, Carl Graf von Arco Exzellenz und von Effner erklärten sich unter Wiederholung ihrer in der Sizung vom 3n d. M. geäusserten Gründen dafür, daß auch das Zeugniß eines Beschädigten gegen den Thäter in so ferne unverdächtig sein, und einen halben Beweis bilden solle, als er nicht als Denunciant auftrete, und ihme nicht andere Umstände entgegen stünden, welche seine Glaubwürdigkeit schwächten.

Als Hauptgrund dieses Vorschlages geben dieselben an, daß es die Untersuchung und Aburtheilung der Kriminal Prozesse ausserordentlich hemmen werde, wenn man den Beschuldigten blos aud der Ursache, weil er beschädiget worden, als verdächtigen Zeugen annehmen, seien andere Gründe da, die ihn verdächtig machten, so werde er schon nach früheren Bestimmungen als solcher beurtheilet.

Das Interesse des Beraubten oder Bestohlenen, wenn er aussage, der hat noch bestohlen, der hat mich beraubt, scheine nicht so groß, um deßwegen eine Theorie aufzustellen, welche den Verbrecher straflos mache, sobald Niemand als der, den er bestehle, beraube, bei der That zugegen gewesen; auch seie zu bedenken, daß bei den meisten Kriminal-Verbrechen der Fall eintrete, daß sie unter vier Augen begangen würden.

Die Herrn Geheimen Räthe von Krenner der Ältere, von Feuerbach, Graf von Welsperg und Herr Hofrath von Gönner kannten durch diese wiederholte, gegen die angenommene Fassung angebrachten Gründe nicht überzeugt werden, daß ein Beschädigter, der immer ein Interesse habe, wenn er gegen eine bestimmte Person aussage, die hat mich beschädiget, als ein unverdächtiger Zeuge angesehen, und dadurch einen halben Beweis bilden sollte. Der Leidenschaft, Rache und anderen menschlichen Beweggründen werde dadurch zu viel Spielraum gegeben, und es scheine ihnen höchst bedenklich, eine entgegengesezte Theorie aufzustellen.

Auch sie blieben unter Beziehung auf die in der Sizung vom 3. d. M. gegebene Gründe auf ihrer damals geäusserten Meinung um so mehr, als sonst, wenn zwei Beschädigte sich verabredeten, einen Menschen zu verderben, ein ganzer Beweis da sey, und folglich die Verurtheilung eines Unschuldigen erfolgen könnte; – denn, wenn ein Beschädigter durch seine Aussage gegen eine bestimmte Person einen halben Beweiß mache, so würde der Richter durch zwei solche Aussagen den vollen Beweiß als hergestellt annehmen müssen.

Die lezte Bemerkung der Majorität, welche allerdings etwas für sich habe, glaubte die Minorität dadurch haben zu können, wenn aus drüklich in dem Geseze verordnet würde, daß die Aussagen mehrerer Beschädigten zusammen, gleich jener eines Einzigen nur einen halben Beweiß machten.

Da dieses Vorschlages ohngeachtet sich keiner der Mitglieder, welche die Majorität gebildet, abänderten,

> so wurde die in der Sizung vom 3n d. M. angenommene Fassung des Art: 297. unverändert beibehalten.

Herr Geheimer Rath von Feuerbach legten nun die noch dem Beschlusse der Sekzionen vom 4. d. M. umgeänderte Fassung der Art: 299. 300. 301. 302. 303. und 304. vor, und bemerkten, daß Sie den Vorschlag des Herrn Geheimen Rath Carl Grafen von Arco Exzellenz wegen der Gültigkeit der Zeugen Aussagen eines Mitschuldigen gegen einen andern Mitschuldigen unter gewissen Voraussezungen aufgenommen; auch sich von der Zwekmäsigkeit überzeugt hätten, um das Sistem in seinem Gange nicht zu unterbrechen, nach der Erinnerung des Herrn Hofrath von Gönner einen eigenen Art: nach Art: 300. folgen zu lassen, wodurch im Gegensaze mit dem folgenden Art: bestimmt werde, welchen Werth die Aussage eines einzigen vollgültigen Zeugen habe.

Anzuführen, daß diese Zeugen Aussagen zu ihrer Gültigkeit immer vor einem Untersuchungs-Gericht abgelegt sein müßten, hätten Sie hier umgangen, weil die Nothfälle die oben eine Ausnahme veranlaßt, auch hier eintreten könnten, und bereits durch die früheren Bestimmungen allen Mißgriffen vorgebeugt seien.

Dem Art: 303. hätten Sie wegen den Bestimmungen des Art: 299. einen eigenen Art: anzufügen für nothwendig gefunden, und der Art: 304. seie den Art: 303. vorgesezt worden.

Nach diesen Erläuterungen lasen Herr Geheimer Rath von Feuerbach die litographirte Fassung dieser Art: vor. Beilage IV.

Der vorgetragenen Fassung dieser Art: wurde keine Erinnerungen entgegen gesezt, und in Folge verfügter Umfrage

> die neue litographirte Redakzion der Art: 299. 300. Art: a. post 300. 301. 302. 304. 303. Art: a. post 303. angenommen, und nur das undeutlich geschriebene Wort im Art: 303. verbessert, durch
>
> "mit ihren eigenen Sinnen erfahren haben."

Herr Geheimer Rath von Feuerbach trugen nun Art: 305. vor.

<u>Art: 305.</u>

<u>Insbesondere vom Beweiß des Thatbestandes.</u>

Auch der Thatbestand eines Verbrechens kann durch Zeugen hergestellt werden, wenn dieselben aus unmittelbarer eigener Sinnenerkenntniß Umstände bezeugen, welche an dem Dasein der zu dem Verbrechen erfoderlichen Eigenschaften keinen vernünftigen Zweifel übrig lassen, und überdieß aus besondern Ursachen bestimmt erklärbar ist, warum das Verbrechen, wenn es sonst Spuren zurükzulassen pflegt, solche in dem vorliegenden Falle nicht zurükgelassen habe, oder warum dessen Thatbestand auf andere Weise nicht erhoben werden könne.

Diesem Art: fügten Herr Geheimer Rath von Feuerbach, nachdem die litographirte Erinnerung des Herrn Geheimen Rath Carl Grafen von Arco Exzellenz abgelesen war, die Anfrage bei, ob nicht zu Ergänzung der darin angegebenen Bestimmungen sich auf die Art: c. und d. des Kapitels vom Beweise durch Geständniß bezogen werden sollte.

Auch machten Sie die Sekzionen auf einen Umstand aufmerksam, den sie bereits vorhin hätten erinnern wollen, daß nemlich die angenommene Bestimmung der Art. c. und d. die Auslassung des Nummer III. des Art: 281. erfoderten.

Herr Hofrath von Gönner hätten dieser Nummer 3. schon bei Prüfung des Art: 281. bestritten, und gezeigte, daß die darin enthaltenen Anordnungen, die Erhebung eines Gutachtens der Sachverständigen, dem volle Beweiskraft beigelegt werden solle, in manchen Fällen ausserordentlich erschwerten, wo nicht unmöglich machten.

Damals hätten Sie von Feuerbach, diese Bemerkung nicht als wesentlich beurtheilt, allein gegenwärtig, wo durch die Art: c. und d. in der Lehre von dem Beweise durch Geständniß festgesetzt, daß auch bei nicht erhobenem Thatbestande auf das eigene Geständniß eines Angeschuldigten, einen getödtet oder tödlich verwundert zu haben, die ordentliche Strafe erfolgen könne, in so ferne an der Gewißheit der That kein Zweifel übrige, und durch Gutachten der Sachverständigen dargethan ist, daß aus den von dem Inquisiten eingestandenen Mißhandlungen oder Verlezungen der Tod des Andern habe erfolgen müssen, seie eine nothwendige Folge, daß auch das Gutachten derjenigen Sachverständigen volle Beweis Kraft haben müsse, welche nicht den Augenschein selbst vorgenommen.

Sie stimmten daher um so mehr für Auslassung des Nummer 3. in Art: 281. als oben in Art: 247. bei dem Verfahren bereits enthalten, daß in der Regel diejenige Sachverständige, welche den Augenschein vorgenommen, auch das Gutachten abzugeben haben.

Mit Auslassung des No 3. im Art: 281. und mit Aufnahme der in Art: c. und d. des Kapitels vom Beweis durch Geständniß enthaltenen Bestimmungen rüksichtlich der Tödlichkeit und Bedalität in dem Art: 305. verstanden sich die übrigens Mitglieder, doch waren sie der Meinung, daß die Anordnungen oben in dem Art: 247. in Beziehung auf die festzusezenden Regel noch etwas beigefüget werden müße, wodurch diese Regel bestimmter ausgesprochen werde, − allenfalls den Inhalt des Art: 248. dem Art: 247. unter No 4. einzureihen, und aus dem bisherigen No 4. des Art: 247. und der bestimmt aufzunehmenden Regel den Art: 248. zu bilden.

Herr Geheimer Rath Carl Graf von Arco Exzellenz, welche Anfangs dafür waren, daß in Art: 281. der Nummer 3. als Regel beibehalten werden müße, und nicht umgangen werden könne, stimmten nach diesem Vorbehalte der Sekzionen ebenfalls der eben geäusserten Meinung bei.

Diesen Abstimmungen zu Folge

wurde beschlossen:
den Nummer 3. in Art: 281. auszulassen, dagegen aber in Art: 248. deutlicher zu bestimmen, daß der Regel nach immer das Gutachten von den Sachverständigen abgegeben werden müsse, welche den Augenschein vorgenommen.

der Vorschlag der Herrn Geheimer Rath von Feuerbach, auf welche Art dieses einzurücken, so wie eine von demselben zu bearbeitende neue Fassung des Art: 305. solle in der nächsten Sizung erwartet werden.

Art: 306.
So ferne andere Zeugen nicht zu haben sind, wird der Thatbestand eines Raubes, einer Entwendung, Veruntreuung oder Verlezung des Eigenthums durch eidliche Aussage des Beschädigten vollkommen erwiesen.

Was den Betrag der Entwendung, Veruntreuung oder Beschädigung anbetrift, so ist derselbe durch Sachverständige, wenn dieses nicht geschehen kann, durch Personen, welchen die fragliche Sache und deren Werthe bekannt ist, und, wo auch dieses unthunlich, durch eidliche Schäzung des Beschädigten oder desjenigen, welche die Sache im Besiz oder in Verwahrung hatte, zu erhaben.

Ist das Verbrechen an Gold oder solchen Sachen verübt, zu deren Schäzung die gemeinen Kenntnisse des Lebens zureichen, oder rüksichtlich welcher der Angeschuldigte vermöge seines Gewerbes oder Geschäfts als Sachverständiger zu betrachten ist, so genügt in Ermanglung anderer Beweise des Bekenntniß des Angeschuldigten zur Herstellung des Betrags.

Denn Eingange dieses Art: fügten Herr Hofrath von Gönner die Bemerkung bei, ob es nicht geeignet sei, nebst den schon angegebenen Verbrechen auch noch jenes der Nothzucht und gewaltsamen Entführung zu erwehnen, indeme auch bei diesen beiden Verbrechen selten Zeugen aufzufinden seien, und sie, wie die angeführten durch die eidliche Aussagen des Beschädigten vollkommen müßten erwiesen werden können.

Die Konsequenz scheine einen Beisaz zu Erfodern.

Die übrige Mitglieder fanden die in der Fassung angegebene Beispiele von Verbrechen, bei welchen gewöhnlich keine andere Zeugen als der Beschädigte zugegen, selbst mit der vom Herrn Hofrath von Gönner vorgeschlagene Vernehmung, worunter übrigens die gewaltsame Entführung nicht zu gehören scheine, da dieselbe ohne Hilfe anderer Personen geschehen könne, nicht erschöpfend, sondern waren der Meinung, der Saz müßte allgemeiner, und auf alle Verbrechen der Art passend gestellt werden.

Da auch Herr Geheimer Rath von Feuerbach führten, daß in den aufgestellten Bemerkungen etwas liege, welches eine andere Stellung des Art: 306. erfodern, wenn der erste Saz nicht ganz umgangen werden wolle, so erboten sie sich, denselben neu zu bearbeiten, und in der nächsten Sizung vorzulegen.

Die Sekzionen verstehenden sich, diese neue Bearbeitung des Art: 306. in der nächsten Sizung zu erwarten, und

die heutige Sizung wurde aufgehoben.
Unterzeichnet: Graf von Reigersberg.
von Zentner,
von Krenner, der Ältere.
C. von Freiherr von Aretin.
von Effner,
Feuerbach,
Graf von Welsperg,
Gönner,
Zur Beglaubing:
Egid Kobell

34. Beilage zum Protokoll No XXII

Zum Tit. IV. cap. III.
Vom Beweise durch Geständniß.

Wer durch Geständniß bewiesen werden kann.	Art: a. /: alt 285. / Durch ein solcher Geständniß kann I. die eigene Handlung der Angeschuldigten mit allen hierauf Bezug habenden Umständen bewiesen werden. II. der Thatbestand hingegen wird ~~in der Regel~~ nicht durch Geständniß, sondern durch Augenschein, durch Aussage der Zeugen oder Beschuldigten zur Gewißheit gebrachten.
~~Wie ferne der Thatbestand.~~	Art: b. (alt 286.) Wenn jedoch nur besondere Umständen deutlich erhellet, warum der Thatbestand durch die vorbemerkten Beweismittel nicht erhoben wurde, insbesondere warum bei Verbrechen, welche ihrer Natur nach Spuren zurükzulaßen pflegen, die That im gegenwärtigen Fälle entweder keine Spuren zurükgelaßen habe, oder warum der Thatbestand aus den zurükgelaßenen Spuren nicht ausgemittelt würde, oder nicht ausgemittelt werden konnte, so ist das Geständniß des Angeschuldigten ~~unter die in folgenden Artikeln enthaltenen Voraussezungen~~ hin(*), um einen unvollständigen Beweis der Thatbestands vollständig zu machen.
(*) gegen den seltene auf die ordentliche Strafe zu erkennen; soferne sein Bekenntniß entweder mit einem andern unvillständige Beweise des Thatbestandes	Art: c. (alt 286.) ~~Hie~~zu wird nebst den allgemeinen Bedingungen (Art: 284.) insbesondere erfordert, 1) daß das Bekenntniß auf der eigenen sinnlichen Erkenntniß der Angeschuldigten beruhet und den zu erweisenden Thatumstand zu seinen unmittelbarren Inhalte hat: daher solche Aussagen des Inquisiten, welche ein bloßes Urteil ausdrüken, zumal wo es auf den Beweis eines bestimmten Erfolgs der That oder eines von der Handlung des Erkennenden verschiedenen Umstands ankennt, nicht genügen; annebst muß 2.) das Bekenntniß entweder mit einem andern unvollständigen Beweise des Thatbestands oder mit den besonders erhobenen zum Thatbestand gehörigen oder damit in Veerbindung stehenden Umständen gnau übereinstimmen.
Insbesondere bei Tödungen.	Art: d. (alt 287.) ~~Der Beweis der Thatbestands der Tödung durch Geständniß ist selbst unter vorgedachten Voraussezungen nur dann zuläßig.~~ Wenn der Umstand, daß die vorgeblich getödtete Person nicht mehr am Leben sey, auf andere Weise dargethan ist, ausgenommen wenn der Angeschuldigte bekennt hat, daß er den Leichnam verbrannt, in das Wasser geworfen oder auf andere Art zerstört und der Untersuchung entzogen habe, auch dieses Beken-

ntniß mit andern besonders erhobenen Umständen, welche mit dem Verbrechen in Verbindung stehen, glaubwürdig übereinstimmt.

Art: e. (2te Redact. Art: d)

~~Was insbesondere die Tödlichkeit der Mißhandlungen oder Verletzungen anbetrift, so kann dieselbe durch das Bekenntniß nur dann als erwiesen betrachtet werden,~~ (*) wenn die von dem Inquisiten eingestandenen Vergewaltigungen oder Verletzungen von der Ort sind, daß daraus nach allgemein bekannter Erfahrung der Tod nothwendig erfolgen mußte, oder wo dieses zweifelhaft, wenn durch Gutachten der Sachverständigen dargethan ist, daß aus den vom Inquisiten eingestandenen Mißhandlungen der Tod der Andere habe erfolgen müssen.

Art: f. (2 4 Redact. Art: a)

~~Läßt sich außer dem Geständniße des Angeschuldigten nichts erforschen, woraus in Uebereinstimmung mit dem Geständnisse wahrscheinlich hervorgehet, daß eine rechtswidrige That geschehen sey, so hat das Geständniss allein keine Beweiskraft.~~

(*) Wenn die Tödlichkeit der Mißhandlungen, oder Verletzungen durch Augenschein, und Gutachtungen des Sachverständigen nicht erhoben würde, so kann unter dem im Art. b. und c. bestimmten Voraussezungen nur als dann auf die ordentliche Strafe erkennt werden.

~~Wo das Geständniß allein beweise?~~

Gönner:

Beilage zum Prot: No. XXII.
Motifs
zur neuen Redaktion der Artikel
über
Beweis des Thatbestandes
durch Geständniß
vom
Hofr: Gönner.

Die in gegenwärtiger, dem Beschluße vom 4ten Nov: zu Folge übergebenen Redaktion gewählte Ordnung ist schon in meiner litographirten Abstimmung gerechtfertigt.

Er ist wohl ein natürlichsten, zuerst die Regel, dann die Ausnamen vorzutragen, hiemit deren Anwendung auf besondere Gegenstände (hier die Tödung) zu verbinden, und mit der allgemeinen Limitation zu schließen.

So enthält Art. a. die Regel, Art. b. und c. die Ausname, Art. d. e. deren Anwendung auf die Tödung und der Art. f. die allgemeine Limitation.

Zum Art. a.

Nach dem in meiner Abstimmung rectifizirten Begriffe des Thatbestands ist es eine unwidersprechliche Regel, daß das Geständniß bei deßen Beweise nur eine subsidiäre Rolle spielen kann, und daß der Thatbestand vordersamst durch andere Beweismittel hergestellen ist.

Diese Regel macht einen wesentlichen Theil der Antwort auf die Frage aus, was durch Geständniß bewiesen werden könne, wie dies Herr Geheimer Rath von Zentner in der Sitzung vom 4ten d. M. richtig bemerkte, sie wurde also mit dem Art. 285. verbunden, und hiernach den Num. II des Entwurfs abgeändert.

Zum Art. b.

Bei der Ausname schien mir die Deutlichkeit eine Sonderung der zwei an sich verschiedenen Fragen:

1) Wann tritt der Fall einer Ausname ein?
2) Was wird erfordert, wenn in einem solchen Falle das Geständniß beweisen soll?

in zwei Artikel anzurathen. Ich habe also im Artikel b. die erste, sodann im Art. c. die zweite Frage beantwortet. Daß im Art. b. am Ende dem Geständniße in Ansezung des Thatbestands nur die Wirkung beigelegt worden, einen unvollständigen Beweis vollständig zu machen, hat seinen Grund darin, daß jede Ausname von der Regel einzuschränken ist, es weicht aber auch weder von den Ansichten des Herr Referenten noch von den Prinzipien des Entwurfs wesentlich ab. Das Zusammentreffen der Umstände, welches noch Art. 341. – 346. sogar dem vollen Beweise gleich gestellt ist, hat als Uebereinstimmung mehrerer Indicien /: im Gegensatz des Zusammentreffens aller Umstände :/ wenigstens die Kraft eines unvollständigen Beweises; da nun der Herr Referent entweder einen unvollständigen Beweis oder die Uebereinstimmung des Bekenntnißes mit andern erhobenen Umständen fordert, so bin ich mit demselben über die Sache selbst vollkommen einverstanden, weil der unvollständige Beweis ein <u>direkter</u> oder ein <u>indirekter</u> /: per indicia :/ sein kann.

Zum Art. c.

Bei Beantwortung der zweiten Frage waren nur 2 Erfordernße zu bemerken. Ich firei, wie auch der Herr Referent in ersten Entwurfe (Art. 286.) that, mit dem Gegenstand an, worin das Bekenntniß, bezogen auf der Thatbestand, überhaupt etwas beweisen kann, und sezte das Erfordernß seiner Uebereinstimmung mit einem unvollständigen Beweise oder mit andern Thatumständen nach.

In lezter Rüksicht kommen nur zwei Abweichungen vor: 1) den unvollständigen Beweis habe ich in der <u>einfachen</u> Zahl gestellt, damit man nicht glaube, es müßten <u>mehrere</u> unvollständige Beweise vorhanden sein; 2) den Beisatz "<u>einzelnen</u> Umständen" habe ich vermieden, um keine Mißdeutung zu veranlassen, und weil die Uebereinstimmung des Geständnißes mit den Umständen mehr nach dem Ensemble als nach Einzelnheiten zu beurtheilen ist.

Zum Art. d. e.

In beiden Artikeln treffe ich mit den vorigen Redactionen des Hl. Referenten beinahe wörtlich überein.

Zum Art. f.

Dieser Artikel ist in Gemäßheit eines frühern Beschlußes aus dem oesterreichischen Strafcodex § 400. entnommen, jedoch in einer größeren Allgemeinheit abgefast worden, daß er auf alle Verbrechen paßt, sie mögen ihrer Natur nach gewöhnlich Spuren zurüklaßen oder nicht. Eben dieser Allgemeinheit wegen hielt ich für zwekmäßig, ihn mit neueren eigenen Marginale zu versehen.

Gönner

Beilage zum Protokoll No 22.

Die Beilage enthalten die von verschiedenen Geschäftsmännern auf Befehl Seiner Exzellenz des Königlichen Geheimen Staats- und Conferenz-Ministers Herrn Grafen von Reigersberg über die Frage abgegebenen Meinungen:
"welche Beweiskraft die Aussagen eines durch ein Verbrechen Beschädigten (Damnificaten) nach dem österreichischen, preußischen, und ehemalig fürstlich Bambergischen Strafgesezen"
haben.

München den 4.ten November 1811.

Ueber die Frage:
> Welche Beweiskraft die Aussage eines durch ein Verbrechen Beschädigten (Damnificaten) in Criminalfällen nach dem Oesterreichischen Strafgeseze habe,

eile ich hiemit dem Auftrage Folge zu leisten.

Die Aussage eines Damnificaten ist jener eines andern Zeugen gleich.

Damit sie also zu einem rechtlichen Beweise überhaupt diene, muß sie nach Vorschrift des §. 403. I. Theil des Strafgesezes

    a.) freimüthig abgelegt, weder durch Verständniß, Anstiftung, Verdrehung, Bestechung, Belohnung, noch durch Bedrohung von Gewaltthätigkeit dem Zeugen in den Mund gelegt seyn;

    b.) sie muß die That oder den Umstand, wovon sie die Wahrheit bestätigen soll, deutlich und bestimmt enthalten, und

    c.) auf des Damnificaten eigener sicheren Kenntniß, nicht auf Hörensagen, Vermuthungen, Wahrscheinlichkeiten oder Schlußfolgerungen beruhen;

    d.) sie muß beschworen seyn.

    e.) Es muß sich weder aus den persönlichen Verhältnissen des Damnificaten, noch aus dem Inhalte der Aussage einer Bedenklichkeit äussern, welche nach unparteiischen Begriffe die Glaubwürdigkeit schwächt; endlich

    f.) die Aussage muß mit den übrigen vorhandenen Erfahrungen wenigstens in so weit übereinstimmen; daß in wesentlichen Umständen kein Widerspruch erscheint.

Wenn daher die Aussage des Damnificaten sich selbst widerspricht, ohne daß er eine zureichende Ursache des Irrthums anzugeben vermag, oder wenn sie mit den eingeholten Erfahrungen in wesentlichen Punkten im Widerspruche stehet, oder wenn gegen ihre Glaubwürdigkeit aus der Verantwortung des Beschädigten, oder sonst aus dem Untersuchungsgeschäfte einiges Bedenken hervorkommt, (§.409. Thl. I. des Strafgesezes) so kann ihr eine rechtliche Beweiskraft nicht beigelegt werden.

Ist der Damnificant aber wegen eines Verbrechens in der Untersuchung oder Strafe, oder ist er selbst des Verbrechens oder einer Theilnahme, worüber er abgehört wird, verdächtig, oder hat er das 14te Jahr noch nicht zurükgelegt, oder lebt er mit dem Beschuldigten in Feindschaft, und sagt gegen denselben aus, oder hat er in seinen Verhör wesentliche Umstände angegeben, deren Unwahrheit erwiesen ist, und worüber er nicht einen unverfänglichen Irrthum ausweisen kann, so kann er noch §. 384. des Strafgesezes zu Beschwörung seiner Aussagen nicht zugelassen werden, und seine Aussage hat also wegen Mangels dieser Eigenschaft keine Beweiskraft.

Die Aussage des Damnificaten hingegen, die mit den §. 403. vorgeschriebenen Eigenschaften versehen ist, macht in der Regel, wie die Aussage eines andern Zeugen, einen halben Beweis.

Von dieser Regel macht das Gesez §. 404. Thl. I. zwei Ausnahmen, wo es sogar der Aussage des Demnificaten vollständige Beweiskraft beilegt, indem es verordnet, daß

    a.) im Falle, wo der Beweis der That auf andere Arrt nicht möglich wäre, die Aussage desjenigen, an dem das Verbrechen verübet worden, für zureichend anzusehen sey, um die Beschaffenheit der That zu beweisen, und daß

    b.) der Betrag des aus dem Verbrechen entstandenen Schadens, in so weit es sich um dessen Ersaz handelt, durch das Zeugniß desjenigen rechtlich erwiesen werden, dem der Schaden zugefügt worden.

Wenn daher die That selbst auf eine andere Art, z.B. durch Zeugen erwiesen werden kann, oder wenn sie von der Art ist, daß sie Merkmale zurükläßt, die durch richterlichen Augenschein mit Beziehung von Kunstverständigen zu erforschen sind, so ist die Aussage des Damnificaten nicht zureichend, um die Beschaffenheit der That zu erweisen.

Ebenso beweiset nach diesen gesezlichen Vorschriften die Aussage des Damnificaten nur den aus dem Verbrechen entstandenen Schaden, in so weit es sich um dessen Ersaz handelt, eben bei Verbrechen, deren Bestimmung von der Größe des Schadens abhängt, z.B. beim Diebstahle, bei der Veruntreuung, beim Betrage nicht die verschiedene Eigenschaft des Verbrechens.

Wenn z.B. der Bestohltene behauptet, es sezen ihm aus seiner Kasse durch einen vor 3. Tagen geschehenen Einbruch 360. fl. entwendet worden, der Beschuldigte aber zwar den Einbruch eingestechet, aber nicht mehr als 275. fl. entwendet zu haben behauptet, so ist zwar die Aussage des Damnificaten zum Beweise des Schadens, um so weit es sich um dessen Ersaz handelt, hinreichend; sie reicht aber nicht zu, um diesen Diebstahl als einen Diebstahl über 300. fl. nach §. 159. des Strafgesezes bestrafen können.

Eben so macht die Aussage des Damnificaten über die Person des Thäters, wenn sie mit allen §. 403. vorgeschriebenen Eigenschaften versehen ist, gegen einen läugnenden Beschuldigten nur einen halben Beweis.

Denn da das Gesez die Ueberweisung eines läugnenden Beschuldigten im §. 409. nur durch zwei beeidete Zeugen, deren jeder zur Zeit des geschehenen Verbrechens schon das 18te Jahr seines Alters zurükgelegt hat, und die unmittelbar von dem durch den Beschuldigten verübten Verbrechen einstimmig aus eigener vollkommer Gewißheit aussagen, und ihm ihre Aussagen bei der Gegenstellung ins Angesicht bestätigen, oder ein §. 411. zwar auch durch solchen Zeugen und durch einen Mitschuldigen, oder nach §. 410. durch zwei Mitschuldige, oder endlich nach §. 412. durch Zusammentreffen der Umstände zuläßt; so ist in keinem Falle die Aussage des Damnificaten allein zureichend, um über der Person des Thäters einen vollständigen Beweis herzustellen.

München den 4 ten November.
1811.

Joh. Christoph Granner.

Ueber die Frage:
Ob und wie ferne die Aussage des Damnificaten in Criminalsachen Glauben verdiene?
die desfallsigen Bestimmungen des Bamberger peinlichen Gesezbuches anzuzeigen, bemerkte ich in Gemäßheit dieses Auftrags:

1.) Im II. Theil, Ersten Abschnitt. §.6. heißt es:
Wenn der angeblich Beschädigte oder Beleidigte Jemand als den Thäter bezüchtiget; so ist zur näheren Untersuchung nur als dann zu schreiten,
a.) wenn die Umstände die Bezüchtigung an und für sich glaubhaft machen,
b.) auch solche entweder durch dessen Tod, oder wenigstens, wenn er des Meineides nicht verdächtig ist, mittelst körperlichen Eides bestätiget werden.

2.) Cit. loi. §.50. heißt es:
Diejenigen, welche aus einem Zeugnisse Vortheile erlangen können, mögen zwar summarisch und ohne Eidesleistung, zur Erforschung näheren Umstände vernommen werden, einmalen aber eine Leibes- oder Lebensstrafe darauf gebauet werden. Hiernach ist also

3.) anzunehmen, daß der Damnificat nach diesem Gesezbuch nicht als vollgültiger Zeuge, dessen Aussage, ohne andere adminiculirende Umstände die Kraft eines halben Beweises haben könnte, anzusehen sey.

München den 4ten November
1811.

Adam Molidor.

Die Angabe eines Damnificaten in peinlichen Fällen, hat noch dem preußischen Criminalprozeß und dem Gerichtsgebrauch, meines Wissens, keinen größeren und geringeren Beweiswerth, als die Aussage eines jeden andern Zeugen, welcher zu Begründung des Corpus Delicti vel deliquentis verwendet wird. Hieraus scheint mir dann zu folgen, daß, wenn der Damnificat regelmäßig in die Cathegorie eines Zeugen überhaupt, jenem Prozeß directorio gemäß, gesezt ist, der Grad seiner individuellen Glaubmäßigkeit in den einzelnen Fällen, nach der Rechtstheorie, richterlich bemessen werden muß, welche von dem Zeugenbeweise, im Allgemeinen formaliter gilt. Nur alleine bei dem Verbrechen des Diebstahls, und der damit verwandten Delicten, als Raub, Stellionat, und dergl. ist in einer Novelle vom 26. Hornung 1799. 15. specielle und ausnehmend verordnet:

> Daß der Damnificate, wenn er sonst eine glaubhafte Person und vom unbescholtenen Ruhe ist, den Werth des Gestohlenen nicht durch den Eid zu verificiren braucht, sondern daß hierinnen seiner unbeschwornen Taxe, voller Glauben beigemessen wird.

München den 4. November
1811.

v. Sebunn Geijers

Von dem Zeugniß
eines Mitschuldigen.

Art. 299.

Das Zeugniß eines Angeschuldigten gegen einen angeblichen Mitschuldigen ist ohne alle Beweiskraft, wenn jener dadurch seine Schuld ganz, oder zum Theil von sich auf diesen andern zu bringen sucht.

Außerdem ist ein Verbrechen, welcher seine Schuld reumüthig bekannt hat, (die in dem Art: 293. Nr 5. u 6. bestimmter Fälle ausgenommen) wider seine Mitschuldige nur als verdächtiger Zeuge zu betrachten, soferne nicht andere besondere Gründe der Partheilichkeit, oder persönlicher Interesses die Glaubwürdigkeit seiner Aussage zerstören.

Doch erlangt ein solcher reumüthig bekennender Mitschuldiger in Ansehung eines anderen Beweis der That verdächtiger Mitschuldigen, die Eigenschaft eines vollgültigen Zeugen, wenn er seine Aussage nicht nur dem Beschuldigten bei der gerichtlichen Gegenstellung in das Angesicht widerholt, sondern auch dieselbe, nach der ihm geschehenen Verkündigung des Strafurtheils, vor neuem bekräftiget hat.

II.) Von der Wirkung der Zeugenaussagen.

Art. 300.

Zeugenaussagen begründen vollkommenen unmittelbaren Beweis, wenn wenigstens zwei vereidete Zeugen, von welchen jeder einzelne für sich vollkommen glaubwürdig ist, in allen wesentlichen Umständen übereinstimmend, über die zu beweisende Thatsache ausgesagt haben, vorbehaltlich dessen, was in dem Art. 306. und 307. verordnet ist.

Art. a.

Die Aussage eines einzigen vollgültigen Zeugens, wenn dieselbe alle übrigen gesetzlichen Erfodernisse an sich trägt, wird einem halben Beweise gleichgeachtet.

Art. 301.

Die Aussage eines verdächtigen Zeugen gilt blos als entfernte Anzeigung des von ihm ausgesagten Thatumstandes.

Art. 302.

Zwei, einzeln verdächtige Zeugen, welche in allen wesentlichen Umständen ihrer Erzählung zusammentreffen, können, nach vorsichtigem Ermessen des Grades ihrer Glaubwürdigkeit, einem einzigen vollgültigen Zeugen gleichgeachtet werden.

Art. 304.

Wenn die Aussage zweier vollkommen übereinstimmenden, nicht ganz untadelhaften Zeugen mit der Aussage Eines vollgültigen zusammenstimmt, oder wenn vier oder mehrere, nicht untadelhafte Zeugen unter sich in ihrer Aussagen vollkommen übertreffen; so kann, nach Erwägung aller besondern Umstände, die von silchen Zeugen übereinstimmend ausgesagte Thatsache, als vollkommen erwiesen angenommen werden.

III.) <u>Was durch Zeugen erwiesen worden kann.</u>

Art. 303.

Ein Angeschuldigter ist durch Zeugen unmittelbar für überführt zu achten, wenn zwei oder mehrere Zeugen, nach den im Artr. 300. und 304. bestimmten besonderen Voraussezungen, nicht blos über Anzeigungen, sondern darüber aussagen, daß sie, gegenwärtig an dem Orte und zur Zeit des begangenen Verbrechens die Begehung der verbrecherischen Handlung durch den Angeschuldigten, unmittelbar mit ihren eigenen Sinnen erfahren haben.

Art. a.

Die Aussage eines Mitschuldigen, sie treffe mit der Aussage anderer Zeugen, oder Mitschuldigen zusammen, kann nur dann zu unmittelbarer Ueberweisung dienen, wenn dieselbe unter den im Art. 279. §.3. bestimmten Voraussezungen abgelegt worden ist.

35. Sitzung Nr. XXIV
Abgehalten den 17n November, 1811.
Gegenwärtig waren:
Seine Exzellenz, der königliche geheime Staats- und Konferenz-
Minister, Herr Graf von Reigersberg,
Die königliche wirkliche Herrn geheimen Räthe:
von Zentner,
von Krenner, Senior,
Seine Exzellenz Carl Graf von Arco,
Freiherr von Aretin,
von Effner,
von Feuerbach,
Graf von Welsperg,
Herr Hofrath von Gönner;

Die Protokolle der Sizungen vom 10n und 12n d. wurden abgelesen und unterzeichnet, und hierauf vom Herrn Geheimen Rathe von Feuerbach zu Genügung der von den geheimen Raths-Sekzionen in der Sizung vom 12n gefaßten Beschüsse vorgeschlagen, im Art: 247. den Nummer 4. und den folgenden Art: 248., so wie er gegenwärtig redigiret, zu durchstreichen, dagegen aber den Nummer 4. des Art: 247. auf folgende Art zu fassen:

"Auch ist
4.) das Verzeichniß aller bei Gelegenheit des vorgenommenen Augenscheines in Beschlag oder gerichtliche Verwahrung genommener Sachen dem Augenscheins-Protokoll beizufügen."

Der folgende Artr: 248. wäre demnach so zu faßen:

Art: 248. "Das Gutachten der Sachverständigen über den Befund der Sache ist sogleich zum Augenscheins Protokoll selbst abzugeben, es hätten sich denn dieselbe eine besondere schriftliche Ausführung vorbehalten.
Im Falle einer Tödtung ist jedesmal ein besonderes schriftlich verfaßtes Gutachten erfoderlich.
Übrigens ist das Gutachten, unvermeidliche Nothfälle ausgenommen, von demselben Sachverständigen abzugeben, welche bei dem Augenscheine gebraucht worden sind."

Diese Fassung spreche die Regel bestimmt aus, welche die Sekzionen aufzunehmen für nötig erachtet, auch werde die gleich wichtige Regel dadurch gegeben, daß bei einer vorgefallenen Tödtung immer ein schriftliches Gutachten erfoderlich.

Die vereinigten Sekzionen verstanden sich zu diesen vorgeschlagenen Abänderungen des Nummer 4. in Art: 247. und des Art: 248. und

dieselben wurden angenommen.

Herr Geheimer Rath von Feuerbach glaubten nothwendig, zu Rechtfertigung des Beschlusses der Sekzionen in der lezten Sizung, nach welchem der neue Art: 344. gefaßet, und der vom Herrn Geheimen Rathe von Effner durch seine zu Protokoll gegebene Bemerkung angegriffen worden, anführen zu müssen, wie Sie zwar nicht widersprechen könnten, daß in den durch den Art: 344. angenommenen Bestimmungen einige Inkonsequenz liege, allein, es seie für den Gesezgeber nicht nur in so vielen Fällen äusserst schwer, die strenge Konsequenz durchzuführen, sondern das baierische Gesezbuch habe auch den darin allenfalls liegenden Widerspruch mit allen übrigen, in welchen der erweiterte und künstliche Beweis aufgenommen, gemein, und dieser bleibe doch immer minder, als wenn man das entgegengesezte Sistem befolge, und bei einer als gesezlich anzuerkennenden – auf die Zusammenstellung der Anzeigungen und Umständen gebaute Gewißheit in allen Fällen von der ordentlichen Strafe abgehe, und dadurch selbst gestehe, daß diese Gewißheit nicht ganz gewiß seie.

Diesen zwar nicht konsequenten Saz bei der Todtes-Strafe auszusprechen; lasse sich noch rechtfertigen, weil dem Gesezgeber immer eine Ängstlichkeit bleiben würde, wenn durch einen auf solche Artr hergestellten Beweiß ein Mensch sein Leben verlieren solle, und selbst die Einhelligkeit der Richter, welches eine Bestimmung aus der Gesezgebung der Jury seie, nie eine vollständige Garantie gebe, daß das Verbrechen wirklich begangen worden. Es bleibe immer eine eigene bedenkliche Sache, auf diesen zusammen-gesezten Beweiß einem Menschen sein heiligstes, sein Leben zu nehmen, und die Menschheit im Menschen Selbst zu zerstören.

Herr Geheimer Rath von Effner gaben zwar zu, daß es schwer sein, diesen Widerspruch in den gesezlichen Bestimmungen des Art: 344. zu haben, ohne in einen andern zu fallen, allein eine Inkonsequenz bleibe es immer, bei den Todtes-Strafen herabzusteigen, und die übrige bei gleichen Beweiß-Mitteln in ihrer vollen Wirkung zu lassen.

Zu Genügung des Ihnen gewordenen Auftrages in Beziehung auf eine neue Fassung des Art: 305. legten Herr Geheimer Rath von Feuerbach die Redakzion eines nach Art: 305. einzureihenden Art: a. vor, welche so lauten, und dem in der Sizung vom 12n d. gefaßten Beschlusse entsprechen würde.

Art: a. post 305. "Der Thatbestand der Tödtung kann nur in so ferne durch Zeugen erwiesen werden, als der Umstand, daß die mißhandelte oder verwundete Person nicht mehr am Leben sein, durch andere Zeugnisse vollkommen zu rechtlicher Gewißheit gebracht ist, ausgenommen, wenn zugleich wider den Angeschuldigten behauptet worden, daß er den Leichnam absichtlich zerstört, oder sonst einem möglichen Augenscheine entzogen habe, und die Aussagen der Zeugen mit andern besonders erhobenen, mit der That zusammenhängenden Umständen glaubwürdig übereinstimmt.

Was übrigens den Beweiß der Tödtlichkeit der Mißhandlungen oder Verlezungen durch Zeugen anbetrift, so kömmt auch hier alles das jenige zur Anwendung, was im Art: d*⁾ verordnet ist."

*⁾ cap. vom Geständniß

Herr Geheimer Rath von Feuerbach bemerkten aber, daß obschon Sie in der lezten Sizung wegen Aufnahme dieser Bestimmungen bei dem Art: 305. den Antrag gemacht, Sie dennoch nach reiferem ruhigen Nachdenken sich überzeugt, daß dieselben unnötig und für den Richter verwirrend hier wiederholet würden, denn die frühere Fassung des Art: 305. enthalte bereits alle Vorsichts-Maasregel, die der Gesezgeber rüksichtlich der Gewißheit der Tödtung erfoderlich glaube, und weiter zu gehen, scheine Ihnen die früher gegebene gesezliche Anwendungen wieder aufzuheben, oder doch so zu schwächen, daß in diesen Fällen der Beweiß durch Zusammenstellung der Anzeigungen und Umständen nicht mehr geführt werden könne.

Die eidlich deponirenden Zeugen müßten über die Existenz des Todes aus eigenem Sinnen-Erkenntnisse aussagen, oder solche Verwundungen und Verlezungen eines Menschen selbst gesehen haben, daß nach dem Gutachten der Sachverständigen der Tod darauf habe erfolgen müssen, oder daß an demselben vernünftigerweise nicht mehr gezweifelt werden könne.

Wolle der Gesezgeber noch weitern Bedingungen als diese eidliche Deposizionen von zwei Exzeptions freien Zeugen, unterstüzt von allen Neben-Umständen, so habe er gewissermasen die Möglichkeit auf, einen Verbrecher auf diese Art zu überführen und zu bestrafen.

Herr Geheimer Rath von Krenner der Ältere und Herr Geheimer Rath Carl Graf von Arco Exzellenz bestritten diese Säze als zu gefährlich und auf zu schwankenden Grunde gebaut.

Ihren Ansichten nach erfodern die Sicherheit der Gesezgebung und die Basis worauf dieselbe beruhen müße, daß wenn eine <u>Tödtung</u> durch Zeugen bewiesen werden solle, der Richter auch einen Thatbestand haben müsse, wodurch er die volle Überzeugung erhalte, daß dieser Mensch wirklich gewaltsam umgekommen, sohin das Leben wirklich verloren habe. Den That-Umstand <u>des erfolgten Todes</u>, müßten also die Zeugen selbst in dem Falle der Ausnahme, − wovon der Art: 305. handelt, eidlich erhärten, denn daß in der Regel der Thatbestand der Tödtung durch richterlichen Augenschein das Visum repertum hergestellt werden müße, verstehe sich von selbst, und seie auch von Niemand widersprechen. Aber selbst in diesem Falle der Ausnahme dürfe kein Zweifel über den <u>erfolgten Tod</u> mehr bleiben, und in so ferne man das Zeugniß zweier klassischen Zeugen als <u>juridische Gewißheit</u> annehme, müße das Gegentheil juridisch nicht mehr denkbar sein. Dieß trete aber bei der vorgelegten Fassung des Art: 305. nicht ein. Nach dieser bleibe selbst, wenn man annehmen wolle, daß die Umstände, worüber die Zeugen aus eigener Sinnen-Erkenntniß deponiren, <u>vernünftigerweise</u> an der Existenz der That der Tödtung nicht zweifeln lassen, das Gegentheil <u>doch noch als möglich denkbar</u>, und daß man einen Thatbestand als <u>erwiesen erkläre</u>, von dem das Gegentheil sich selbst juridisch möglich, auch denken läßt, dürfe nach ihrer Ansicht eine gute Gesegebung nicht bestimmen.

Über die Existenz und den Erfolg des verübten Verbrechens der Tödtung dürfe also kein Zweifel bleiben, denn selbst die eigene Sinnen-Erkenntniß könne trügen, Verwundungen oder Verlezungen, welche der Mensch im Augenblike des Dazukommens oder Dabeiseins für tödtlich halte, könnten öfters nicht den Tod zur Folge behabt haben, und nun verurtheile der Richter, auf die gesezliche Bestimmungen sich stüzend, auf einen solchen unsicher hergestellten Thatbestand.

Herr Geheimer Rath Carl Graf von Arco Exzellenz bezogen sich auf ihre wegen dem Art: 305. litographirte Bemerkung, und erklärten, daß Sie nie den Grundsaz verlassen würden, daß in Fällen der Tödtung der Thatbestand anders als durch gerichtliche Besichtigung des Leichnams hergestellt werden könne.

Sie zeigten durch Vorlegung einzelner Fälle, wohin die Anwendung der Bestimmungen des Art: 305. führen würde, und behielten sich vor, eine Fassung vorzulegen, wie dieser Art: nach Ihren Ansichten redigirt werden müßte.

Herr Geheimer Rath von Krenner der Ältere theilten diese entwikelte Ansichten vollkommen.

Da mehrere Mitglieder glaubten, daß alles das, was Seine Exzellenz Herr Geheimer Rath Carl Graf von Arco rüksichtlich des Thatbestandes als nothwendig erfoderten, schon in der früheren Fassung des Art: 305. enthalten, und allen Mißgriffen der Gerichte so viel möglich vorgesehen, und nur einige Mitglieder der Meinung waren, daß Herr Referent eine neue Redakzion bearbeiten und litographirter vorlegen sollten, Herr Referent selbst aber sich erklärten, daß Sie keine andere Redakzion zu machen müßten. Fänden die Sekzionen gegen seine Überzeugung einen Zusaz zu dem Artr: 305. nötig, so seie derselbe in dem vorgeschlagenen Art: a. umständlich enthalten. Entschieden Sie für das Gegentheil, so genüge die frühere Fassung des Art: 305.

So suchten Seine Exzellenz der Herr Geheimer Staats- und Konferenz-Minister, Graf von Reigersberg diese Verschiedenheit der Ansichten durch die Umfrage zu berichtigen.

Herr Hofrath von Gönner erkannten die frühere Fassung des Art: 305. für hinreichend, und würden sich nur am Schlusse auf den Art: d./: alt 285:/beziehen.

Eben so Herr Geheimer Rath von Zentner.

Herr Geheimer Rath von Krenner erklärten, daß Sie von der von Seiner Exzellenz dem Herrn Geheimen Rathe, Carl Grafen von Arco geäusserten litographirten Meinung rüksichtlich dieses Art: nicht abgehen könnten.

Seine Exzellenz Herr Geheimer Rath Carl Graf von Arco fanden sich aufgeruhen, gegen die Annahme dieser früheren Fassung des Art: 305. die mit dem in der lezten Sizung gefaßten Beschlusse ganz im Widerspruche stehe, feierlich zu protestiren, und zu erklären, daß Sie sich keinen Begriff von einer Gesezgebung machen könnten, die auf so schwankende Voraussezungen den Thatbestand einer Tödtung annehmen, und hierauf verurtheilen lassen wolle.

Die Herrn Geheimen Räthe Freiherr von Aretin, von Effner und Graf von Welsperg fanden in der früheren Fassung des Art: 305. Alles enthalten, was die Vorsicht erheische. Mit der Beziehung auf den Art: d./:alt 285:/ verstanden sie sich zu Annahme desselben.

Nach dieser Mehrheit

wurde die in dem litographirten Entwurfe des Prozesses enthaltene Fassung des Art: 305. mit folgenden Zusaze am Schlusse angenommen:

"wobei zugleich rüksichtlich der Tödtlichkeit der Mißhandlungen oder Verlezungen die Bestimmung des Art: d./: alt 285:/in Anwendung zu bringen ist."

In Folge des in der lezten Sizung weiter gefaßten Beschlusses in Beziehung des Einganges des Art: 306. machten Herr Geheimer Rath von Feuerbach den Vorschlag, aus dem Eingange dieses Art: einen eigenen Art: zu bilden, und denselben so zu faßen:

Art: b. "Der Thatbestand der Entführung, der Notzucht, und anderer Fleisches Verbrechen, ingleichen der Thatbestand eines Raubes, eines Betruges, einer Entwendung, Veruntreuung oder Verlezung des Eigenthums wird durch eidliche Aussage des jenigen, an welchem es begangen worden, vollkommen erwiesen, so ferne aus der Art und Beschaffenheit der Handlung sich ergiebt, warum die That auf diese und nicht auf andere Art erwiesen werden könne."

Dabei könnten die zwei folgenden Säze den Art: 306. bilden.

Allein dieselben kamen auf die schon in der lezten Sizung gemachte Bemerkung zurük, daß dieser Eingang, der Ihnen selbst bedenklich scheine, und zu weit gehen könne, nach den Bestimmungen des Art 297. ohne die geringste Lüke zu besorgen, auszulassen wäre.

Da dieser Ansicht einige Mitglieder beistimmten, andere aber, obschon sie den Grundsaz, so wie Herr Referent ihn vorgeschlagen, zu weit gestellt, sich nicht zu Weglassung des Einganges des Art: 306. verstehen zu können glaubten, so wurden die Deliberazionen über den Eingang dieses Art: 306.

bis zur nächsten Sizung verschoben, und

Die Heutige aufgehoben.
     Unterzeichnet: Graf von Reigersberg.
            von Zentner,
            von Krenner, der Ältere.
            C. von Freiherr von Aretin.
            von Effner,
            Feuerbach,
            Graf von Welsperg,
            Gönner,
              Zur Beglaubing:
              Egid Kobell

36. Sitzung Nr. XXV

Abgehaltn den 24. November, 1811.
Gegenwärtig waren:
Seine Exzellenz, der königliche geheime Staats- und Konferenz-
Minister, Herr Graf von Reigersberg,
Die königliche wirkliche Herrn geheimen Räthe:
von Zentner,
von Krenner, Senior,
Seine Exzellenz Carl Graf von Arco,
Freiherr von Aretin,
von Effner,
von Feuerbach,
Graf von Welsperg,
Herr Hofrath von Gönner.

Mit Ablesung des Protokolls vom 17. dieses wurde die heutige Sizung eröffnet, und als dasselbe unterzeichnet war, vom Herrn Geheimen Rathe von Feuerbach die Anstände wiederholet, welche von mehreren Mirgliedern und von Ihnen selbst gegen den Eingang des Art: 306. erhoben, und wodurch die Sekzionen veranlaßt worden, die Diskussionen hierüber auf Heute zu verschieben.

Der Hauptpunkt, worüber die Ansichten verschieden, und auf dessen Berichtigung es ankommen, liege in dem Saze, den die erste Fassung dieses Art: ausgesprochen:

"daß bei gewissen Verbrechen, in so ferne andere Zeugen nicht zu haben, der Thatbestand durch die eidliche Aussage des Beschädigten vollkommen erwiesen werde."

In der früheren Sizung seie die Meinung aufgestellt worden, diesen Saz zu generalisiren, und obschon Sie, von Feuerbach, damals schon geglaubt, daß nach den bereits früher gegebenen Bestimmungen derselbe als unnötig zu umgehen seie, so hätten Sie dennoch eine geänderte Redakzion des Einganges des Art: 306. vorgelegt, und darin zur Erläuterung Beispiele angeführt; – Allein eben diese Beispiele hätten wahrscheinlich mehrere Mitglieder aufmerksam gemacht, wie gefährlich es selbst in den bezeichneten Verbrechen seie, von der oben in Art: 297. aufgestellten Regel, wo dem Zeugnisse des Beschädigten in Ansehung des Thatbestandes nur in halber Beweis beigelegt werde, abzugehen, und durch diese Ausnahme den vollen Beweiß herstellen zu lassen.

Diese Ausnahme von der gegebenen Regel aufzustellen, hielten Herr Geheimer Rath von Feuerbach auch gegenwärtig noch für zu bedenklich, und fanden sich aufgeruhen, Ihren Antrag zu erneuern, diesen in Eingange des Art: 306. ausgesprochenen Saz zu umgehen. Um zu beweisen, daß dabei nichts gewagt werde, durchgiengen dieselben die Folgen, so in der praktischen Anwendung sichergeben würden, wenn die Regel beibehalten werde, und zeigten durch Beispiele, daß das Zeugniß des Beschädigten, so ferne auch andere Zeugen nicht zu haben, in dem artifiziellen Beweise nach Art: 341. als ein halber Beweis Konkurrire, und folglich, wenn andere Anzeigungen und Umständen damit übereinstimmten, zur Herstellung des Thatbestandes in so weit hinreichten, daß wenn der Urheber der That entdekt, und auf eine der bestimmten Beweis Arten überführt, die ordentliche Strafe des Verbrechens eintreten könne.

Seie dieses nicht der Fall, so bleibe freilich nur ein halber Beweiß, und wenn sonst keine Umstände gegen den Thäter sprächen, so könne Gegen denselben die ordentliche Strafe nicht verhängt werden. – Allein diese Fälle würden sehr selten sein, und solte auch einmal ein Angeschuldigter durch diese Bestimmung der auf das Verbrechen gesezten Strafe entgehen, so scheine Ihnen dieses von minder bedenklichen Folgen, als wenn das Gesezbuch mit sich selbst im Widerspruche stehe, und einem einzigen Zeugen, der noch dabei als Beschädigter immer einiges Interesse habe, volle Glaubwürdigkeit zu Herstellung des Thatbestandes beilege. Auch könne der Grund, der eigentlich diesem Saze allein zur Seite stehe, daß nemlich die Wahrheit auf sonst keine Art erhoben werden kann, bei allen übrigen Verbrechen zur Anwendung kommen, und es müßte daher, wenn man konsequent denselben durchführen wolle, die Ausnahme zur Regel erhoben werden.

Herr Geheimer Rath von Feuerbach stimmten Wiederholt für Auslassung der in dem Eingange des Art: 306. gegebenen Ausnahmen.

Seine Exzellenz, der königliche geheime Staats- und Konferenz-Minister, Herr Graf von Reigersberg verfügten über diesen Antrag die Umfrage, nachdem die verschiedene Ansichten in einer eingetretenen Besprechung näher berichtet waren; alle Mitglieder, mit Ausnahme Seiner Exzellenz des kgl. geheimen Rath Herrn Carl Grafen von Arco Exzellenz erklärten sich nach dem Vorschlage des Herrn Geheimen Rath von Feuerbach dafür, daß die in dem Eingange des Art: 306. gegebene Ausnahme zu umgehen seien.

Als Gründe für diese Meinung wurden angegeben, daß diese Abweichung von der oben Art: 297. ausgesprochenen Regel und den dort aufgestellten Grundsäzen in ihren Folgen sehr bedenklich werden könne, auch das Zeugniß des Beschädigten als halber Beweiß bereits in Konkurrenz mit den andern Beweismittel gezogen werde, und diese Lehre eben so gewagt sein würde, als jene, die so sehr bestritten worden, daß ohne allen Thatbestand die ordentliche Strafe angewendet werden könne.

Konsequenz in der Gesezgebung, und die Pflicht des Gesezgebers, der Bosheit und dem Interesse der Menschen keine

Mittel zu geben, nur einen vielleicht Unschuldigen zu verderben, erfodere die Auslassung des in dem Eingange des Art: 306. enthaltenen Sazes.

Seine Exzellenz, Herr Geheimer Rath Carl Graf von Arco waren entgegen gesezter Meinung und glaubten, daß diese in dem Eingange des Art: 306. ausgesprochenen Ausnahmen von der oben Art: 297. gegebenen Regel beizubehalten wären, indeme man sonst in den Fällen, wo keine andere Zeugen zu haben, gar keinen Thatbestand haben, und der Richter alle Basis verlieren würde, wodurch er eine Untersuchung einleiten, und den wahrscheinlichen Thäter greifen könne.

Bei Raub und Diebstählen, so wie bei mehreren anderen Verbrechen seie diese Lehre nicht zu umgehen, weil selten andere Zeugen als de Beschädigte auftreten könnten, und man sich sonst der Gefahr ausseze, eine Menge Verbrecher unbestraft lassen zu müssen.

Im Art: 305. habe man den Beweiß des Thatbestandes sehr erweitert, und nun wolle man ihn in 306. so beschränken, daß in den moisten Fällen einen herzustellen nicht möglich, und folglich dadurch das Amt des Richters gelähmt werde.

In so lange daher der Grundsaz nicht bestimmt in dem Gesezbuche ausgesprochen seie, daß auch auf einen halben Thatbestand ein Prozeßinstruirt, und das Urtheil gesprochen werden könne, in welchem Falle Sie sich mit Weglassung der Ausnahme im Art: 306. verstehen wollten, müßten Sie für Beibehaltung desseben stimmen, um nicht sich auszusezen daß man aus Rüksichten für den Angeschuldigten in so vielen Fällen gar keinen Thatbestand erhalte.

Da die Mehrheit sich für Weglassung des Einganges des Art: 306. erklärte, so machten Herr Geheimer Rath von Feuerbach den Vorschlag den Art: 306. auf folgende Art anzufangen:

"Der Betrag der Entwendung, Veruntreuung oder Beschädigung ist, durch Sachverständige, wenn dieses nicht geschehen kann, durch Personen, welchen die fragliche Sache bekannt ist, oder wo auch dieses unthunlich, durch eidliche Schäzung des Beschädigten oder desjenigen, welcher die Sache in Besiz oder Verwahrung hatte, zu erheben. Ist das Verbrechen in Geld u."

Diese Fassung des Art: 306. wurde angenommen.

Art: 307.

Bei Amts Verbrechen gilt das Zeugniß der vorgesezten Amtsbehörde, zur Festsezung des Thatbestandes.

Ist die vorgesezte Amtsbehörde ein geordnetes formirtes Kollegium, so genügt ein umständlich abgelegtes, und, wo möglich mit den erfoderlichen Belegen versehenes schriftlich ertheiltes von dem Vorstande des Kollegiums unterschriebens, und amtlich besiegeltes Zeugniß.

Ist jedoch die vorgesezte Amtsbehörde kein geordnetes Kollegium, so muß solches Zeugniß mit Beziehung auf den geleisteten Amtseid in Person vor Gericht abgelegt werden.

Diesem Art: fügten Herr Geheimer Rath von Feuerbach die Bemerkung bei, daß Sie auf die darin angegebene Bestimmungen durch mehrere praktische Fälle bei dem Justiz Ministerium geführt worden, und es für Geschäftsbefördernd und dem Staatsdienste zwekmäsig gehalten, zu Entfernung mancher Kollisionen auf diese gesezliche Anwendungen anzutragen.

Verschiedene, gegen die Fassung dieses Art: gemachte Einwendungen, und die in Zweifel gezogene Frage, ob es räthlich, durch das Zeugniß eines Collegii einen Thatbestand festsezen zu lassen, und ob dieser nicht vielmehr durch die erhobenen Protokolle und Akten festgestellt werden sollte, führten Herrn Geheimen Rath von Feuerbach auf die weitere Bemerkung, ob die Sekzionen nicht die Ansicht theilten, daß der Art:307. hier zu umgehen, und ein eigenes Kapitel, wie die Untersuchung wegen den Amts-Verbrechen der Staatsbeamten zu führen, dem geeigneten Titel beizufügen ware, da dieses Frage mit jener, so in mehreren geheimen Raths Sizungen wegen der General und Spezial-Untersuchung diskutirt worden, in enger Verbindung stehe, und vielleicht auf diesem legislativen Wege alle hierüber obwaltenden Anstände beseitigt werden könnten, wenn angenommen werde, daß bei Amts Verbrechen und Vergehen der Staatsbeamten den administrative-Behörden die General-Untersuchung zustehen sollte, weil diese Verbrechen und Vergehen immer in der Amts Sphäre dieser Stellen begangen würden, und ein Gericht nicht so in dem Wirkungs-Kreis derselben eindringen könne, wie es zu Erforschung einer strafbaren Handlung nothwendig.

Anders verhalte ein sich bei gemeinen Verbrechen, welche ein Staatsbeamter begehe, hier trete derselbe aus seinem Amte heraus und unterliege gleichem Verfahren wie jeder Andere, nur daß die Administrativ Stellen wegen der nötigen Besezung des Amtes in Kenntniß gesezt würden.

Stimmten die Sekzionen Ihren Ansichten bei, so würden Sie dieses Kapitel bearbeiten, und darin die verschiedene Fälle auseinandersezen, und bestimmen, in wie weit die Protokolle und Untersuchungs-Akten der Administrativ-Stellen bei Amts Verbrechen in dem darauf folgenden Kriminal-Verfahren gegen einen Staatsbeamten fidem haben, was das Kriminal Gericht ruksichtlich der allenfalls nötigen Ergänzungen zu verfügen, und wann der Zeitpunkt eintrete, wo die konstituzionelle Entscheidung des königlichen geheimen Raths wegen der Vorgerichtstellung eines Staatsbeamten einzutreten habe.

Herr Geheimer Carl Graf von Arco Exzellenz glaubten

nicht, daß der Art: 307. in einigen Verbande mit der in dem geheimen Rathe diskutirten Frage wegen der Vorgerichtstellung eines Staatsbeamten stehe, und daß derselbe ohne in diese weitere Frage hier einzugehen, mit einigen Änderungen beizubehalten wäre.

Würde diese Frage von Seiner Majestät dem Könige in dem Geheimen Rathe zur wiederholten Diskussion gebracht, wozu die Polizei Sekzion den Veranlaß gegeben, so würden Sie sich da hierüber äussern, allein hier in die nähere Entwikelung derselben einzugehen, glaubten Sie weder geeignet, noch nothwendig.

Da alle Mitglieder in Folge verfügter Abstimmung für ehebedenklich fanden, wenn der Entwurf eines eigenen Kapitels über das Verfahren bei Amtsverbrechen und Vergehen der Staatsbeamten bearbeitet und diskutirt werde, worauf man durch den Art: 307., der allerdings mit der in dem geheimen Rathe vorgekommenen Frage in Verbindung zu stehen scheine, gekommen,

so wurde beschlossen, den Art: 307. hier auszulassen, und die Bearbeitung dieses Kapitels zu erwarten.

Art: 308.

IV.) Von der Kollision der Zeugen-Aussagen.

Wenn die Aussagen verschiedener Zeugen mit einander im Wiederspruche stehen, ohne daß solcher Widerspruch durch Konfrontazion gehoben werden kann, so hat der Richter nach folgenden Regeln zu entscheiden:

1.) Ist die eine Zeugenparthie sowohl rücksichtlich der Zahl als der Glaubwürdigkeit der andern vollkommen gleich, so ist für die dem Angeschuldigten günstigere Aussage zu entscheiden;
2.) steht den behauptenden – wie den widersprechenden Zeugen vollkommen dieselbe Glaubwürdigkeit zur Seite, sie jedoch in der Zahl ungleich, so ist die Aussage derjenigen als mehr anzunehmen, welche die Zahl des Gegentheils um das doppelte übersteigen, so, daß in solchem Falle drei Zeugen gegen einen entscheiden, wo hingegen, wenn ein solches Übergewicht der Mehrheit nicht vorhanden ist, die Beweiskraft der Aussage des einen Theils der Zeugen durch die in geringerer Anzahl widersprechenden, verhältnißmäsig geschwächt wird;
3.) Wenn aber der eine Theil der Zeugen entweder kraft ihrer persönlichen Eigenschaften, oder wegen des Gehaltes ihrer Aussagen und deren gröseren Übereinstimmung mit andern erwiesenen Umständen einen höhern Grad der Glaubwürdigkeit für sich hat, so ist ohne Rüksicht auf die Zahl der widersprechenden Zeugen, blos nach den ersteren zu entscheiden.

Herr Geheimer Rath von Feuerbach erinnerten, daß in dem Eingange dieses Art: der Saz:

<u>ohne daß solcher Widerspruch durch Konfrontazion gehoben werden kann</u> ausbleiben müsse, weil die Konfrontazion der Zeugen unter sich nicht angenommen worden.

Über die Bestimmungen des Art: selbsten bemerkten Sie, daß hier noch nicht von der Wirkung die Rede seie, welche die Kollision dieser Zeugen Aussagen auf das Strafurtheil habe, sondern daß man hievon, um das Problem nicht zu vervielfältigen, noch ganz abstrahiren, und sich nur mit dem Prinzip beschäftigen müsse, was man bei diesen Kollisionen als wahr annehmen könne.

Um hier einen richtigen Leitfaden zu haben, müsse man die Fälle dieser Kollisionen gehörig auseinandersezen. Die Sekzionen würden sich überzeugen, daß dieselbe consequent mit dem Sistem durchgeführt, und die schwierige Aufgabe so gelöset seie, daß der Richter in diesen, in keinem Kriminal-Gesezbuch noch entschiedenen Fällen, bestimmte Normen habe, nach welchen er die Grade des Gewichtes der sich ergebenden Kollisionen bemessen könne.

Herr Hofrath von Gönner entwikelten in der anliegenden Abstimmung Ihre Ansichten über die Bestimmungen des Art: 308., und erläuterten dieselbe mündlich.

Beilage I

In der über diese wichtige Frage eingetretenen Unterredung äusserten Herr Geheimer Rath von Zentner, daß Sie glaubten, man verliere sich, wenn man in die von dem Herrn Referenten vorgeschlagene Subtraction eingehe, man müsse sich blos allein, um in der Sache mit Sicherheit und nach bestimmten Grundsäzen zu verfahren, an das Produkt halten, so dem Richter aus den sich kollidirenden Zeugen-Aussagen werde, und auf die Zahl der Zeugen keine Rüksicht nehmen, sondern nur das, was sich auf der einen oder andern Seite herauswerfe, der Beurtheilung zum Grunde legen, und mit den übrigen Anzeigungen und Umständen in Verbindung bringen, so, daß wenn auf der einen Seite, seie es auch durch 6. oder mehrere Zeugen ein ganzer juridischer Beweis hergestellt, und diesem auch nur ein klassischer Zeugen entgegen stehe, doch dem Richter nicht mehr als ein halber Beweis übrig bleibe.

Die Subtrakzion nach Zahlen führe zu weit, und es bleibe richtig, daß wenn einer juridischen Wahrheit eine gleiche juridische Wahrheit entgegen stehe, diese sich aufhebe, oder aber wenn dieses nicht der Fall, die erstere immer geschwächt werde.

Mit dieser Meinung in der Hauptsache übereinstimmend, äusserten sich Herr Geheimer Rath von Krenner, da auch Sie die Substrakzion der Zeugen nach Zahlen nicht für geeignet hielten, und sich dafür erklärten, daß dieses auf das Produkt, so man aus den Zeugen-Aussagen erhalte, beschränke. Allein in

Ansehung des Nummer 3. der vorgelegten Fassung müßten Sie die Ansicht des Herrn Hofrath von Gönner theilen, daß hier die Persönlichkeit des Zeugen in keinen Betracht kommen könne, und jeder klassische Zeuge dem andern gleich seie.

Herr Geheimer Rath Carl Graf von Arco Exzellenz fanden in den für beide Sisteme entwikelten Gründen manches Erhebliche, allein jedes des Herrn Referenten habe nach ihren Ansichten der dagegen gemachten Anstände ohngeachtet, den Vorzug, weil ein Beweis durch zwei klassische Zeugen gesezlich hergestellt, in so lange nicht aufgehoben werden sollte, als nicht ebenfalls zwei klassische Zeugen zum Gegenbeweis vorhanden, und obschon in der vom Herrn Hofrath von Gönner nachgetragenen mundlichen Erinnerung etwas liege, daß dadurch die Prozesse unendlich verzögert wurden, indem der Richter alle auch noch so entfernte Zeugen abhören müsse, um gewiß zu sein, daß die Zahl der deponiren könnenden Zeugen erschlägt seie, so würden sie dennoch das Sistem des Herrn von Feuerbach verziehen. Werde der Gegenbeweis durch ebenfalls zwei klassische Zeugen geführt, so hebe sich die gegen den Beklagten angebrachte Beschuldigung, und er werde von der ordentlichen Strafe freigesprochen, trete der erste Fall nicht ein, so werde nach den Nummern 2. und 3. des Art: verfahren, alle Inkonsequenz dadurch beseitiget, und dem Richter in Fällen bestimmte Normen gegeben, wo er bis jezt nach seinem eigenen Ermessen habe handeln müssen.

Das entgegen gesezte Sistem nicht nach der Zahl der Zeugen sondern nach dem Produkt ihrer Aussagen sich zu richten, habe mehrere Anstände, man müsse dabei dennoch die Subtrakzion, die man habe vermeiden wollen, eintreten lassen, und riskier, nicht leicht zu irgend einem Beweise zu kommen, auch würde dadurch der Fall nicht ausgeschlossen, daß zwei klassische Zeugen, in deren übereinstimmenden Aussagen die eigentliche Kraft des Beweises liege, durch einen elidirt werden könnten.

Sie würden den Saz aufstellen, daß ein durch zwei klassische Zeugen geführter Beweiß nicht umgestoßen, und in seinen Folgen nicht geschwächt werden könne, wenn nicht der Gegenbeweis ebenfalls durch zwei klassische Zeugen hergestellt, denn ein vollgültiger oder mehrere verdächtige Personen könnten der Kraft nicht entgegen wirken, welche das Gesez in die Übereinstimmung zweier Exzepzionsfreier Menschen geleget.

Würde diese ihre besondere Meinung, worin sie von der durch den Herrn Referenten vorgelegten Fassung abgewichen, nicht angenommen werden, so könnten Sie auch dem Sistem des Herrn Referenten; so wie es durchgeführt, beistimmen.

Herr Geheimer Rath Freiherr von Aretin äussereten, daß alle Mitglieder, der Sekzionen darin einig zu sein schienen, daß das Sistem, so man annehme, konsequent durchgeführt werden müsse, welches aber in dem Entwurfe nicht geschehen, indem Herr Referent in No 3. von demselben abgeherend hier die Entscheidung ohne gegebene Norme blos dem Ermessen des Richters überlasse.

Um dieses berichtige, und die geäusserten Meinungen rüksichtlich der erhebenen Anstände benüzet zu sehen, wünschten Sie, daß Herr Geheimer Rath von Feuerbach den Art: 308. nochmal bearbeite, und das Resultat seines wiederholten ruhigen Nachdenkens vorlege. Sie aber müßten sich für seines Sistem erklären, nach welchem die Zahl der Zeugen berüksichtiget, und die Subtrakzion hiernach wirksam gemacht werde, denn bei dem Entgegengesezten fänden sie den noch nicht gelößten wichtigen Anstand, daß das Gefühl beleidiget werde, wenn Zehen und mehrere Zeugen gegen einen Menschen aussagten, und derselbe auf die Aussage zweier frei gesprochen werden.

Auch Herr Geheimer Rath von Effner verstanden sich dazu, eine neue Bearbeitung dieses wichtigen Art: von dem Herrn Referenten nach Benuzung der vorgelegten verschiedenen Ansichten zu erwarten, entwikelten aber folgende Säze über das anzunehmende Sistem.

Die subjektive Qualität der vollgültigen, verdächtigen oder ungültigen Zeugen könne bei diesen Kollisions-Fällen nicht, wohl aber die objektive Qualität der Zeugen/:Gehalt ihrer Aussagen:/berüksichtiget werden.

Bei gleichen Zeugnissen auf beiden Seiten/:in der Zahl und dem Gehalte/:seie der Inquisit als nicht schuldig, zu erkennen.

Bei Kollisionen zwischen vollkommenem Beweis mit unvollkommenem oder mit vollkommenem, könne nie ein vollkommener Beweiß übrig bleiben.

Ergebe sich aber ein Gewicht auf einer oder der andern Seite, so gehe dieses Gewicht entweder zu Gunsten oder zum Nachtheil des Inquisiten.

Im ersten seie er nicht schuldig, im zweiten könne jedoch der Rest des Gewichtes zum zusammengesezten Beweise hingeworfen und benuzt, oder wenn keine andere Arten von der Instanz losgesprochen werden.

Herr Geheimer Rath Graf von Welsperg wünschten ebenfalls eine neue Fassung bearbeitet nach dem Sisteme der aritmetischen Subtrakzionnur in dem Nummer 3. müsse dieselbe mehr durchgeführt werden, da Sie die Ansicht des Herrn Hofraths von Gönner vollkommen theilten, daß hier die persönliche Eigenschaften der Zeugen nicht berüksichtiget werden dürften.

Diesen Äusserungen folgte eine wiederholte wechselseitige Mittheilung, wie die veschieden Ansichten in Übereinstimmung gebracht, und ein Sistem konsequent durchgeführt werden könne, wovon das Resultat war, daß Herr Geheimer Rath von Feuerbach Ihr Sistem verliesen, und den Vorschlag machten, diese Lehre nach folgenden Grundsäzen zu bearbeiten.

1.) Bei einem unvollständigen Zeugenbeweise auf der einen, und einem gleichen auf der andern Seite, wird der eine aufgehoben, oder im Falle der Ungleichheit der Kraft des stärkennen Beweises um so viel geschwächt, als das Gewicht des Widersprechenden beträgt;

2.) Bei einem von einer Zeugen Parthei vollkommen erwiesenen Saze wird derselbe durch wiedersprechende unvollständig beweisende Zeugen verhältnißmäsig geschrächt, so ferne ersteren nicht mehr betragt, als das Gesez zu einem vollständigen Beweise erfodert, weßfalls, wenn das widersprechende Zeugniß blos dem Mehrbetrag jenes vollständigen Beweises gleichkömmt, lezterem durch solchen Widerspruch an seiner vollen Beweiskraft nichts entzogen wird.

3.) Wenn aber die Behauptung sowohl als die Gegenbehauptung so viele Zeugen für sich hat, als das Gesez zu einem vollständigen Beweis erfodert, so ist ohne Rüksicht auf die Mehrzahl diejenige Aussagen als überwiesen zu betrachten, welche in sich selbst und mit andern erwiesenen Umständen am gegenauesten übereinstimmt.

Diesen 3. Säzen wäre noch der 4te beizufügen, daß in dem Fällen, wo die Zeugen Aussagen für und gegen den Angeschuldigten von gleicher Stärke sind, das Urtheil nach der dem Inquisiten günstigeren Meinung zu fassen, auch in dem Falle, wo derselbe für überwiesen geachtet, wird, nie die Todesstrafe in Anwendung kommen könne.

Würden die vereinigte Sekzionen diese Prinzipien, welche den von der Mehrheit aufgestellten Ansichten zu entsprechen, und die verschiedene Meinungen zu vereinigen schienen, annehmen, so wollten Sie, von Feuerbach dieselbe mehr ausarbeiten und Morgen in der Sizung vorlegen.

Die von Seiner Exzellenz dem königlichen geheimen Staats- und Konferenz-Minister, Herrn Grafen von Reigersberg hierüber vefügte Umfrage gab das Resultat, daß alle Mitglieder mit Ausnahme des Herrn Geheimen Rath Carl Grafen von Arco Exzellenz sich mit den vom Herrn Geheimen Rathe von Feuerbach vorgelegten Grundsäzen zur Fassung des Art: 308. vereinigten, und dessen Bearbeitung übereinstimmend mit diesem Ansichten erwarten zu wollen, sich erklärten.

Herr Geheimer Rath Carl Graf von Arco Exzellenz erklärten, daß Sie sich durch die gegen und für die beiden Systeme eingetretene Diskussionen überzeugt, wie es zwekmäsiger sein würde, über diese Kollisionen der Zeugen nichts zu bestimmen, sondern die Entscheidungen der sich ergebenden Fällen dem Ermessen des Richters zu überlassen, da es zu schwer seie, hierüber dem Richter bestimmte auf alle Fälle passende Normen zu geben, aus welchem Grunde auch wahrscheinlich alle andere Gesezgebungen nichts hierüber gesagt.

Sie würden daher den Art: 308. so fassen:

IV.) <u>Von der Kollision der Zeugen Aussagen.</u>
   <u>Art: 308.</u> "Wenn die Aussagen der Zeugen gegen einander kollidiren, so hat das Gericht den Werth derselben und die Stärke des durch sie geführten Beweises und Gegen-Beweises nach Befund der Umstände zu ermessen."
Nach der Mehrheit wurde beschlossen

die neue Bearbeitung des Art: 308. nach den vom Herrn Geheimen Rathe von Feuerbach zusammen gestellten Grund-Ideen zu erwarten.

Herr Geheimer Rath von Feuerbach trugen die folgenden Art: vor.

<u>Art: 309.</u>
Ein blos verneinenden Zeuge ist als widersprechender Zeuge nicht zu betrachten, wenn nicht eine Aussage durch Ort, Zeit und Umstände dergestalt bestimmt ist, daß hieraus abgenommen werden kann, es hätte der Zeuge die fragliche Thatsache wahrnehmen müssen, wenn dieselbe wirklich vorhanden gewesen wäre.

Art: 310.
Wenn sich verschiedene Zeugen blos zum Theil widersprechen, so sind gleichwohl die übrigen, und von dem widersprochenen Theil der Aussage nicht abhängigen Punkte, in welchen sie mit einander zusammentreffen, für erwiesen zu halten, so ferne nicht dem einen oder andern Theil besondere Gründe des Verdachts entgegen stehen.

Diese beiden Art: wurden nach ihrer Fassung angenommen, und nur im Art: 309. der Schreibfehler
<u>eine Aussage</u>
durch "seine Aussage"
verbessert.

Die heutige Sizung wurde damit beendiget.

37. Sitzung Nr. XXVI
Sessions Protocoll
Der vereinigten Sekzionen der Justiz und des Innern: welches in Gegenwart der Gestern anwesend gewesenen Mitglieder abgehalten worden. München den 25. Nov. 1811.

In Folge der Gestern wegen dem Art: 308. statt gehabten Diskussionen und der hierauf erfolgten Vereinbarung legten Herr Geheimer Rath von Feuerbach die neue Bearbeitung dieses Art: in der Beilage vor, und bemerkten, daß Sie zwei Art: daraus gebildet, und in dem Lezteren den Fall bestimmt, wo die Kollision der Zeugen eine Ungewißheit übrig lasse, welche nach den vorhergehenden Bestimmungen nicht berichtiget werden könne, und eben so, daß in diesen ungewissen Fällen nie auf die Todesstrafe erkannt werden dürfe.

Beilage I.

Sie hätten die Grundsäze dabei so allgemein gestellt, daß die wissenschaftlichen Fortschritte über die noch mancher Ausbildung empfängliche Lehre vom Beweise nicht gehemmt, und der Richter, dessen Ermessen in manchen Fällen einwirken müsse, nicht gestört werde, dieselbe, in so ferne sie mit den gegebenen Normen nicht im Widerspruche stünden, zu benuzen.

Diese neue Fassung wurde abgelesen, und nachher in ihren einzelnen Abtheilungen genau durchgangen.

Herr Geheimer Rath von Effner warfen die Frage auf, ob der gewählte Ausdruk <u>Gewicht</u> von dem Richter in der Bedeutung werde genommen werden, wie ihn Herr Referent verstanden, und ob nicht vielleicht ein anderer gewählt werden wolle.

Allein auf die Gegenbemerkung des Herrn Geheimen Rath von Feuerbach, daß die bei den Juristen angenommene Terminologie schon den Sinn des Wortes <u>Gewicht</u> in seiner wahren Bedeutung ausspreche, und nach den vorhergehenden und in demselben Art: folgenden Bestimmungen dem Richter so deutlich bezeichnet werde, was der Gesezgeber darunterverstehe, daß hierüber nicht wohl ein Zweifel werde entstehen können, nahmen Herr Geheimer Rath von Effner diese Erinnerung zurük.

Seine Exzellenz, der Königliche Geheime Staats- und Konferenz Minister, Herr Graf von Reigersberg verfügten über diese neue Fassung die Umfrage.

Alle Mitglieder verstanden sich mit derselben, auch Seine Exzellenz Herr Geheimer Rath Carl Graf von Arco fanden in so ferne nichts dagegen zu erinnern, als die Sekzionen die von Ihren vorgelegte allgemeine Fassung nicht annehmen, und in das Detail dieser Lehre eingehen wollten.

Herr Geheimer Rath von Zentner bemerkten, daß diese Bestimmungemn eigentlich gesezliche Normen seien, welche dem Richter das jenige Fällen der Kollision der Zeugen zu beobachten, und worüber die Gesezbücher anderer Staaten Nichts aussprächen. Als solche stünden Sie hier in dem Gesezbuche, dabei bleibe aber noch vieles dem Gefühle und dem Gewissen des Richters überlassen.

Da folgliche diese litographirte neue Fassung des Art: 308. und des Art: a. post 308. den Ansichten der Mitglieder entsprach,

so wurde dieselbe angenommen.

Herr Geheimer Rath von Feuerbach giengen nun zu dem 8n-Kapitel vom
     <u>Vertheidigungs-Beweise</u>
über, und bemerkten, daß hier von dem Rechte gehandelt werde, worauf der Angeschuldigte in Ansehung des Vertheidigungs-Beweises Anspruch machen könne, und daß Sie gesucht, alles dasjenige in ein Sistem zu bringen, was in andern Gesezbüchern umgangen, und gar nicht durchgeführt worden.

Sie lasen den Art: 352. und folgende vor

<u>Art: 352.</u>

<u>Allgemeine Bestimmungen</u>

Dieselben Beweismittel, aus welchen die Anschuldigung erwiesen werden kann, gelten auch zur Vertheidigung des Angeschuldigten als Beweismittel derjenigen Thatsachen, welche die Abwendung aller Strafe, oder die Anwendung einer milderen Strafe begründen.

    Auch kommt, was die Gültigkeit, so wie die Vollkommenheit oder Unvollkommenheit des Vertheidigungs-Beweis anbetrift, alles dasjenige zur Anwendung; was in den vorhergehenden Kapiteln von dem Anschuldigungs-Beweise verordnet ist.

Derselbe wurde ohne Erinnerung angenommen.

<u>Art: 353.</u>

Der Mangel geseziich vorgeschriebener Förmlichkeiten, welche nach vorliegenden Umständen nicht mehr ersezt, oder verbessert werden können, benimmt einen zur Vertheidigung dienende Beweismittel nichts an seiner Gültigkeit oder Glaubwürdigkeit.

    Unter solcher Voraussezung sind daher selbst aussergerichtliche oder unbeschworne, oder vor nicht gehörig besezten Gericht abgelegte Zeugnisse als vollgültig zu betrachten;

    jedoch vorbehaltlich der hiebei von dem Untersuchungs-Richter etwa verwirkten Ahndungen oder Strafen.

Als Grund dieser Fassung führten Herr Geheimer Rath von Feuerbach an, daß der Staat seine Unterthanen nicht büßen lassen dürfe, was der Richter aus Zufall oder Versehen versäume, und hieraus kein Nachtheil für dieselben entstehen solle.

Auch handle es sich hier nicht von den Materialien des Beweises, sondern blos von den Formen.

Dieser Saz habe eine besondere Beziehung auf die von vielen Rechts-Lehrern, besonders des gemeinen Rechtes behauptete Meinung, daß zur Defension ein in jeder Rüksicht unvollkommener Beweis genüge. Dieser Saz seie in seiner Allgemeinheit durchaus falsch. Das Wahre in ihm könne sich blos auf die Mangel, die äussere Form, und zwar nur unter den im Art: gegebenen Einschränkungen beziehen.

Der Art: 353. wurde ebenfalls angenommen.

Art: 354.

II.) <u>Orten des Vertheidigungs Beweises.</u>

Der Vertheidigungs-Beweis kann auf dreifache Weise geführt werden:

1.) Durch den Beweis solcher Thatsachen, welche die Gültigkeit oder Glaubwürdigkeit der wider den Angeschuldigten gebrauchten Beweismittel aufheben oder schwächen;

2.) Durch den direkten Beweis des Gegentheils derjenigen Thatsachen, auf welche der Anschuldigungs-Beweis gerichtet ist;

3.) Durch den Beweis der die Strafbarkeit aufhebenden oder mindernden Einreden des Inquisiten, bei welchen derselbe die Vermuthung wider sich hat.

Herr Geheimer Rath von Gönner bemerkten, daß Sie in No. 2. dieses Art: das Wort <u>direkten</u> auslassen würden, weil der Gegensaz fehle, und nicht gesagt werde, welche Folgen der indirekte Beweis habe, auch hier das Alibi berüksichtigetwerden müsse. Auch machten Sie den Vorschlag, in No 3. den Nachsaz zu umgehen, indem hier nicht die Frage behandelt werde, wie wird der Beweis geführt?

Die meisten Mitglieder stimmten dieser Bemerkung bei, allein auf die Gegenerinnerung des Herrn Geheimen Rath von Feuerbach, daß das Wort <u>direkten</u> hier wegen dem folgenden Art: 356. würde beibehalten werden müssen, wenn nicht in diesem Art: eine umständige Auseinandersezung des direkten Gegenbeweises aufgenommen werden sollte, welches zu weitläufig und dabei überflüssig sein dürfte, in so ferne man in dem Art: 354. stehen lasse, <u>direkten Beweis</u>, bestimmten sich alle Mitglieder für dessen Beibehaltung:

Wegen dem Nachsaz in No 3. liesen Seine Exzellenz der königliche geheime Staats- und Konferenz-Minister Herr Graf von Reigersberg abstimmen, und alle Mitglieder mit Ausnahme des Herrn Geheimen Rath von Krenner, welche sich für Beibehaltung dieses Nachsazes erklärten, waren der Meinung, daß er auszulassen wäre, indeme sonst der Richter bei Anwendung dieses Art: auf etwas fallen könnte, woran der Gesezgeber bei dieser Lehre nicht gedacht.

Herr Geheimer Rath von Feuerbach, welche Anfangs diesen Nachsaz als wesentlich darstellten, stimmten nachher ebenfalls für dessen Weglassung, weil er mißdeutet werden könnte.

Nach diesen Abstimmungen

>wurde der Art: 354. Mit folgenden Änderungen angenommen. Im Eingange solle gesezt werden statt <u>geführet</u> "begründet"
>und der Nachsaz in No 3.
><u>bei welchem derselbe die Vermuthung wider sich hat</u>
>wäre auszulassen.

Herr Geheimer Rath von Feuerbach bemerkten, daß nun in dem folgenden Art: die drei in dem Art: 354. gesezten Fälle analisiret würden, allein noch immer handle es sich nicht von der Kraft dieser Beweismittel; Diese Lehre seie nun, und in keinem Gesezbuche noch abgehandelt, bis jezt hätten die Kriminal-Gesezgebungen hierüber nichts ausgesprochen, sondern die Beurtheilung des Verhältnisses des Vertheidigungs-Beweises zum Anschuldigungs Beweis dem Ermessen des Richters überlassen.

Art: 355.

III.) <u>Von dem Kraft des Vertheidigungs-Beweises im Verhältnisse zum Anschuldigungsbeweis.</u>

Ist der in den Akten vorliegende Vertheidigungs-Beweis vollständig und dergestalt geführt, daß sich daraus die gänzliche Untüchtigkeit der wider den Inquisiten gebrauchten Beweismittel ergiebt, wie wenn z.B. bewiesen, daß die Zeugen bestochen, die vorgebrachten Urkunden verfälscht gewesen, und dergleichen; so ist dadurch der Anschuldgungs-Beweis rüksichtlich der betreffenden Punkte völlig aufgehoben.

Wenn aber solcher Vertheidigungs-Beweis nur unvollständig geführt oder blos auf Minderung der Glaubwürdigkeit der anschuldigenden Beweismittel gerichtet ist, oder wenn nächst den durch den Vertheidigungs-Beweis angegriffenen Beweismitteln noch andere nicht angegriffene vorhanden sind, so ist der Anschuldigungs-Beweis wohl als geschwächt, doch nicht als aufgehoben zu achten.

Herr Geheimer Rath von Effner erinnerten, daß aus dem Grunde, weil, wie Herr Referent bemerkt, noch nicht von der Kraft dieser Beweismittel gehandelt werde, Sie auch das Marginale dieses Art: geändert wünschten.

Diese Bemerkung unterstüzten Hofrath von Gönner, und machten auch den Herrn Referenten aufmerksam, daß das Marginale des Art: 358. <u>von der rechtlichen Wirkung des Vertheidigungs Beweises</u> aus demselben und dem weiteren Grunde würde ausbleiben müssen, weil der Art: 358. und folgenden immer noch die Arten dieser Beweismittel analisire, und folglich unter das nemliche Marginale wie Art: 355. sich eigne, noch wünschten Sie, daß in der Fassung des Art: 355. der Hauptgegenstand, worauf es ankomme, mehr hervorgehoben werde.

Durch diese und einige weitere Bemerkungen, so wegen der Stellung des Art: 355. und wegen Umgehung des Sazes im Eingange, <u>in den Akten vorliegenden</u> erhoben wurden, veranlasset, machten Herr Geheimer Rath von Feuerbach den Vorschlag, das Marginale des Art: 355. so zu sezen:

<u>Von dem Verhältnisse des Vertheidigungs-Beweises zum Anschuldigungs-Beweise,</u>

jenes des Art: 358. aber ganz auszulassen.

Der Art: 355. selbst wäre auf folgende Art zu fassen:

III. <u>Von dem Verhältnisse des Vertheidigungs Beweises zum Anschuldigungs-Beweise.</u>

Art: 355. "Wenn durch den Vertheidigungs Beweis die gänzliche Untüchtigkeit der wider den Inquisiten gebrauchten Beweismittel, und zwar vollkommen dargethan ist, z.B. daß die Zeugen bestochen, die vorgebrachten Urkunden verfälscht gewesen, und dergleichen, so wird dadurch der Anschuldigungs Beweis rüksichtlich der betreffenden Punkte völlig aufgehoben. Ist aber solcher Vertheidigungs-Beweis nur unvollständig oder blos auf Minderung der Glaubwürdigkeit der anschuldigenden Beweismittel gerichtet, oder sind nebst den durch den Vertheidigungs-Beweis angegriffene vorhanden, so ist der Anschuldigungs-Beweis wohl als geschwächt, doch nicht als aufgehoben zu achten."

Diese Anträge des Herrn Geheimen Rath von Feuerbach rüksichtlich der Marginalien der Art: 355. und 358. und die abgeänderte Fassung des Art: 355. wurde von den Sekzion angenommen.

<u>Art: 356.</u>

Widerspricht dem Anschuldigungs-Beweis ein direkten Gegenbeweis, so wird jener nur dann völlig kraftlos, wenn er dem lezteren an Stärke und Vollkommenheit übertroffen wird.

Steht aber der Anschuldigungs-Beweis an Stärke und Vollkommenheit dem Vertheidigungs Beweise gleich, oder ist der leztere schwächer als der Erstere, jedoch für sich allein betrachtet bis zur Wahrscheinlichkeit erhoben, so ist die Überzeugungskraft des Anschuldigungs-Beweises zwar gemindert, doch nicht aufgehoben.

Herr Hofrath von Gönner machten die Bemerkung, daß hier dem angenommenen Grundsaze zuwider der Anschuldigungs Beweis nur dann für völlig kraftlos erklärt werde, wenn er von dem lezteren an Stärke und Vollkommenheit übertroffen werde, dieses müßte aber in Folge des gefaßten Beschlusses auch dann eintreten, wenn derselbe nur aufgewogen werde;

Sie würden daher beisezen:

"an Stärke und Vollkommenheit aufgewogen oder übertroffen wird."

Auch fänden Sie für nötig, die vereinigten Sekzionen aufmerksam zu machen, daß es nötig sein werde, dem Nummer 2. des Art: 356. beizufügen:

"vorbehaltlich dessen, was Art: 308. über widersprechende Zeugen Aussagen verordnet worden."

Zu Begründung dieser Ansicht bezogen Sie sich auf eine rüksichtlich des Art: 308. bearbeitete weitere Abstimmung, die Sie aber abzulesen für überflüssig gehalten, weil Herr Referent durch seine neue Fassung, ohne daß Sie sich mit einander besprochen, allem dem genüget, was Sie gewünschen.

Beilage II.

Da die übrigen Mitglieder diesen vom Herrn Hofrathe von Gönner entwikelten Ansichten beistimmten, so wurde nach dem Vorschlage des Herrn Geheimen Rath von Feuerbach folgende Fassung des Art: 356.

angenommen:

Art: 356. "Widerspricht dem Anschuldigungs-Beweise ein direkter Gegenbeweis, so wird jener kraftlos, wenn er von dem Lezteren an Stärke und Vollkommenheit aufgewogen oder übertroffen wird.

Ist aber der Vertheidigungs-Beweis schwächer als der Anschuldigungs Beweis, jedoch für sich allein betrachtet, bis zur Wahrscheinlichkeit gebracht, so ist der lezte zwar gemindert, doch nicht aufgehoben.

Übrigens kommt hier alles dasjenige in Anwendung, was über die Kollision der Zeugen-Aussagen in dem Art: 308. und Art: a post 308. verordnet ist."

Art: 357.

Der vollkommene Beweis, daß sich der Angeschuldigte in der Unmöglichkeit befunden, die That zu begehen, wie bei einem Verbrechen zu dessen Verübung die Gegenwart der Person erfoderlich gewesen, der Beweis der Abwesenheit von dem Orte des Verbrechens und zur Zeit seiner Begehung, hebt die Wirkung jedes Auschuldigungs Beweis gänzlich auf.

Diesem Art: fügten Herr Geheimer Rath von Feuerbach die Bemerkung bei, daß bei sich hier nicht auf den Beweis des Alibi beschränkt, sondern den Saz allgemeiner gefaßt, indem es ausser diesem noch andere Umstände geben könnte, woraus die physische Unmöglichkeit, eine That begangen zu haben, dargethan werden könne.

Durch diese Fassung des Art: 357. fanden Seine Exzellenz

Herr Geheimer Rath Carl Graf von Arco Ihre litographirte Bemerkung gelöset, und machten nun den Vorschlag beizusezen, <u>in der absoluten</u> Unmöglichkeit befunden.

>Mit dem Beisaze: <u>durchaus in der Unmöglichkeit befunden</u>,
>dann mit Auslassung des Wortes <u>und</u> vor <u>zur Zeit</u>
>wurde der Art: 357. angenommen.

>Art: 358.

IV.) <u>Von der rechtlichen Wirkung des Vertheidigungs Beweises.</u>

>Ist der Anschuldigungs-Beweis durch den Vertheidigungs Beweis völlig aufgehoben, rüksichtlich solcher Thatumstände, welche zu einem Straferkenntnisse überhaupt wesentlich vorausgesezt werden, so wird der Angeschuldigte von aller Schuld und Wenn aber der Anschuldigungs-Beweis durch den Vertheidigungs-Beweis nach den oben bestimmten Grundsäzen, blos als geschwächt zu betrachten ist, so kann nur auf zeitige Lossprechung (:Absoluzion von der Instanz:) erkannt werden.

Den Bestimmungen dieses Art: sezten Herr Geheimer Rath von Effner die Bemerkung entgegen, daß hier gegen den Plan des Herrn Referenten schon von den Wirkungen und Beweises gesprochen werde, und Sie glaubten, Alles was hierauf sich beziehe, müßte in diesem Kapitel umgangen werden.

Dieser Erinnerung beistimmend, machten Herr Geheimer Rath von Feuerbach den Vorschlag, den Art: 358. hier wegzulassen, und denselben bis zu dem Kapitel von der Lehre über Auffassung des Urtheils auszusezen, auch in dem nachfolgenden Art: dieses Kapitels alle auf die Wirkungen und geszliche Folgen Bezug habende Anordnungen abzuändern.

Da die Sekzionen diesen Vorschlag dem angegebenen Sisteme angewiesen beurtheilten,

>so wurde der Art: 358. hier weggelassen, und bis zur Lehre vom Urtheile ausgesezt.
>Die litographirte Abstimmung des Herrn Hofrath von Gönner in Beziehung auf den Art:358. wurde ebenfalls bis zur Lehre vom Endurtheilung auszusezen beschlossen.

>Art: 359.
>Wenn eine alle Strafbarkeit aufhebende Einrede vollkommen erwiesen ist, so folgt die gänzliche Freisprechung des Inquisiten; hingegen blos zeitige Freisprechung desselben, wenn solcher Beweis zwar unvollkommen, jedoch bis zur Wahrscheinlichkeit geführt worden ist.

Dem oben geäusserten Vorschlage gemäs, legten Herr Geheimer Rath von Feuerbach folgende geänderte Fassung dieses

Art: vor.

Art: 359. "Wenn eine alle Strafbarkeit aufhebende Einrede vollkommen erwiesen ist, so ist der Anschuldigungs-Beweis in seiner Wirkung gänzlich aufgehoben, hingegen nur geschwächt, wenn solcher Beweiß zwar unvollkommen, jedoch bis zur Wahrscheinlichkeit gebracht ist."

Diese abgeänderte Fassung des Art: 359. wurde angenommen.

Art: 360.

Einreden, welche nur auf Milderung der Strafe gerichtet sind, und in Ansehung welcher Inquisit die Vermuthung gegen sich hat, schliesen die ordentliche Strafe aus, wenn der Beweis derselben wenigstens bis zur Wahrscheinlichkeit gebracht ist.

Dieser Art: blieb ohne Erinnerung.

Art: 361.

Wenn aber die Anschuldigung auf ein mit Todes- oder Kettenstrafe bedrohtes Verbrechen gerichtet ist, so soll zwar Inquisit, wenn solche strafmildernde Einrede nicht vollständig, doch bis zur Wahrscheinlichkeit dargethan werden, in die mildere Strafe verurtheilt, jedoch wegen noch bestehenden Verdachts rüksichtlich der schwereren Punkte der Anschuldigung blos von der Instanz losgesprochen werden.

Gleiches ist der Fall, wenn solche nicht vollständig erwiesene, jedoch bis zur Wahrscheinlichkeit erhobene Einrede von der Art ist, daß, wie bei der Einrede blosser Fahrlässigkeit, der eines Verbrechens Beschuldigte blos wegen Vergehens bestraft werden kann.

Art. 362.

Was in dem vorhergehenden Artikel von theilweiser Verurtheilung und Lossprechung im Fall eines unvollständigen Vertheidigungs Beweises verordnet ist, soll auch als dann beobachtet werden, wenn der Anschuldigungs Beweis selbst in Ansehung eines Theils der Anschuldigung vollständig, rüksichtlich des einen oder andern beschwerenden Punktes, oder eines andern mit in Untersuchung liegenden schweren Verbrechens unvollständig geführt worden ist.

Diese beiden Art: ebenfalls hier wegzulassen, und sie zu dem Kapitel von dem Urtheile zu verweisen, machten Herr Geheimer Rath von Feuerbach den Vorschlag

welcher auch angenommen wurde.

Herr Geheimer Rath von Feuerbach trugen nun die fünfte

Abtheilung nach der geänderten Oekonomie, den fünften Titel vor, der von dem Urtheile handelt, und lasen das erste Kapitel von
      Abfassung des Urtheiles
ab.

Allgemeine Bestimmung.

Art: 363.

Über jeden Angeschuldigten muß durch förmliches Urtheil entschieden werden. Eine blos stillschweigende Lossprechung von der Instanz durch Entlassung des Angeschuldigten ohne rechtliches Erkenntniß findet nicht statt.

Von Beschleunigung des Urtheils.

Art: 364.

Innerhalb 8. Tagen von der Zeit, wo die Akten zum Spruche vorgelegt worden, und bei besonders wichtigen oder weitläufigen Untersuchungen innerhalb drei Tagen, soll daas Urtheil gesprochen werden.

Von Vorlegung der Akten zum Spruche.

Art: 365.

Sobald die geschlossenen Akten von dem Untersuchungs Gerichte dem Kriminal-Obergerichte zum Spruche eingesendet worden sind, soll von dessen Vorstande unverzüglich ein Referent zur Erstattung des Vortrags ernannt werden.

    Wer die Untersuchung geführt hat, ist als Referent zur Erstattung des Hauptvortrages nicht zulässig.

Pflichten des Referenten.

Art: 366.

Der Referent, sobald ihm die Akten zugestellt werden, hat nach fleisiger Durchlesung derselben vor allem darauf sein Augenmerk zu richten, ob die Untersuchung bereits zum Spruche reif, oder ob nicht zuvor in Ansehung der Förmlichkeit oder der Sache selbst, noch Ersezungen nachzuholen räthlich oder nothwendig sei?

    Zeigen sich ihm wesentliche Mängel oder Unvollständigkeiten, welche noch zur Zeit die Abfassung eines Endurtheils verhindern, so hat er vor Erstattung seines Hauptvortrags dem Gericht hierüber vorläufigen Vortrag zu thun, von welchem sodann, wenn jene Anstände erheblich befunden werden, die Untersuchungs Akten zur Ergänzung an die untersuchende Behörde mit den nötigen Aufträgen zurückgesendet werden.

Art: 367.

Der Hauptvortrag in jeder Kriminalsache muß immer schriftlich verfaßt, und sodann im versammelten Rathe abgelesen werden.

    Dieser Hauptvortrag muß nächst der Veranlassung und kurzen Geschichte des Prozesses selbst, eine getreue bündige Darstellung des Vorfalles mit allen Umständen, welche nur immer auf das Endurtheil Einfluß haben können, nebst deren rechtlichen Beurtheilung, sowohl hinsichtlich der Förmlichkeiten als der Sache selbst, und nach Maasgab der im Art: 368. bestimmten Berathungs-Gegenstände, enthalten.

Dabei sollen aber alle erheblichen Beweisstücke, als das Bekenntniß des Thäters, die Zeugen-Aussagen, durch welche der Inquisit zu überweisen, die Befundscheine und Gutachten über den Thatbestand und dergleichen, aus den Akten selbst wörtlich verlesen werden.

Art: 368.

<u>Von den Gegenständen der Berathung.</u>

Bei jedem Hauptvortrage sind folgende drei wesentliche Punkte in nachstehender Ordnung zu behandeln und von dem Kollegium in Berathung zu ziehen.

I.) <u>ob die Akten zum Spruche reif?</u> oder ob nicht zuvor einzelne wesentliche Umstände oder Förmlichkeiten zu ergänzen seien?

II.) <u>ob der Angeschuldigte für schuldig zu achten sei?</u> wobei vorzüglich in Erwägung zu nehmen, ob das Verbrechen an sich, (: Thatbestand des Verbrechens :) gehörig dargethan; ob der Angeschuldigte der That geständig oder überwiesen; ob endlich nicht etwa ein oder anderer die Rechtswidrigkeit der That, oder die Zurechnungsfähigkeit der Person ausschliesender Umstand vorhanden sei?

Endlich wenn die Strafbarkeit überhaupt entschieden:

III.) <u>welche Strafe wider den Angeschuldigten zu erkennen sey?</u> wobei denn die Vollständigkeit oder Unvollständigkeit des Thatbestandes, die Natur des wider den Angeschuldigten erwiesenen Verbrechens, die vorhandenen Milderungs- und Schärferungs Gründe, endlich die Art der Übertretung, ob der Angeschuldigte mit Vorsaz oder aus Fahrlässigkeit gehandelt, ob er als Urheber, Gehülfe oder nur als Begünstiger mitgewirkt, in hauptsächliche Erwägung kommen.

In Folge verschiedener rüksichtlich der Fassung gemachter Erinnerungen

wurden nachstehende Änderungen in diesen Art: beliebt.

Im Art: 363. wäre statt

<u>eine blos stillschweigende Lossprechung von der Instanz</u>

zu sezen:

"eine stillschweigende Lossprechung"

da es nicht nötig, hier zu sagen, von der Instanz, und die Frage, wenn und auf welche Art die Lossprechung von der Instanz eintrete, noch auf besondere Diskussionen ausgesezt.

Im Art: 365. wäre in Folge früheren Beschlusses das Wort Ober – bei Kriminal-Gericht auszulassen, und eben so im Art: 366. der Saz

<u>nach fleisiger Duchlesung derselben</u>

weil dieses bei jedem Rathe sich von selbst voraussezen lasse.

Auch der Nachsaz am Schluße des Art: 366. <u>von welchem sodann</u>, wäre bis aus Ende auszulassen, und statt dessen nach

Vortrag zu thun

zu sezen

"welches sodann hierüber das Nötige zu verfügen hat."

indeme die Bestimmungen des Nachsazes aus dem Vorhergehenden von selbst fliesen.

Im Art: 367. wäre im Eingange der Saz

<u>und sodann im versammelten Rathe abgelesen</u>

als in der Rath Ordnung enthaltend und sich von selbst verstehend zu umgehen, auch in dem zweiten Absaze dieses Art: statt <u>nächst der Veranlassung und kurzen Geschichte des Prozesses selbst</u>, zu sezen

"nebst der Veranlassung und bündigen Geschichte des Prozesses selbst"

und dagegen das Wort bündig bei Darstellung zu streichen.

<u>Art: 369.</u>

<u>Von der Abstimmung.</u> Jeder, der seine Stimme zu geben hat, muß bei dem Vortrage und bei der Berathung fortdauernd zugegen sein.

Bei der Abstimmung gebührt die erste Stimme dem Referenten, sodann dem jüngsten Rathe nach dem Dienstalter, von welchem Rükwärts bis zu dem Ältesten, und von diesem zu dem Vorstand hinauf gegangen wird.

Als Gründe zu dieser von der bisherigen Art der Abstimmung abweichenden Fassung führten Herr Geheimer Rath von Feuerbach an, daß ein junger Rath in der Regel dem Vortrage einer Relazion mehr Aufmerksamkeit wie deme, als ein Älterer, und man annehmen könne, daß ein in das Appellazions-Gericht beförderter Rath bereits so viele Erfahrung und Beurtheilung sich eigen gemacht, daß er die Hauptmomente richtig auffassen und die Gründen und Gegengründe abwiege, ehe er sein Votum ablege; auch werde er durch die der Abstimmung vorhergehenden Deliberazionen hierauf so vorbereitet, daß ohne Gefahr ihm das erste Votum anvertraut werden könne.

Auch seie es dem jüngeren Rathe eigen, daß er sich von dem Älteren gewöhnlich prädominiren laße, und nicht leicht eine dem Vote des älteren Rathes entgegenstehende Meinung äussere, auch werde diesem durch lange Praxis und die Gewohnheit, so viele und oft grausame Kriminal Fälle gehört zu haben, eine gewisse Härte eigen, und deßwegen weit eher die mildere Meinung bei sich obsiegen lasse.

Gleiche Vorschrift für die Abstimmung bestehe bei den Militair-Gerichten, und seie auch bei den Spezial-Gerichten eingeführt gewesen.

Da gegen diese Art der Abstimmung verschiedene Anstände erhoben wurden, so verfügten Seine Exzellenz der königliche geheime Staats- und Konferenz-Minister Herr Graf von Reigersberg über den Art: 369. die Umfrage.

Herr Hofrath von Gönner äusserten, da hier die Frage von der Abstimmung in einem formirten Collegio seie, bei welchem keine vorläufige Deliberazionen über den zu entscheidenden Fall statt haben könnten, so würden sie von dem bisherigen Prinzip der Stimmen Ordnung nicht abgehen, denn das erste Votum, welches im Grunde eine wiederholte Zusammenstellung des facti und der Gründen, so der Referent vorgetragen, enthalten sollte, erfodere eine so richtige Auffassung, und einen solchen Scharfblik und Beurtheilung, daß man dasselbe einem jungen Rathe bei allen theoretischen Kenntnissen nicht anvertrauen könne, auch würde es auffallen, im Criminale eine mit dem Civile abweichende Ordnung einzuführen, bei Militair-Gerichten habe diese Art der Abstimmung ihren Grund darin, weil der gemeine Mann: bei den bestehenden Subordinazions Verhältnissen nicht leicht anderst, als sein Vorgesezter sprechen würde, welches aber bei einem formirten Kriminal-Gerichte, wo alle Mitglieder gleich, nicht der Fall seie.

Herr Geheimer Rath von Zentner fanden, daß sich für und gegen diese Art der Abstimmung manche gleich starke Gründe angeben liesen, besonders aber habe diese neue Ordnung das für sich, daß der junge Rath die Rechts Theorie lebhafter mit in das Collegium bringe, als derjenige, der schon lange Jahre in dem Collegio seie, welches rüksichtlich der Anwendung der neuen Gesezgebung von Vortheilen sein würde, allein, da von dem jungen Rathe nicht immer die Aufmerksamkeit, der Scharfblik und die richtige schnelle Beurtheilung erwartet werden könne, und an dem ersten Voto viel gelegen, so würden Sie es bei der bisherigen Stimmen Ordnung lassen.

Herr Geheimer Rath von Krenner erklärten sich ebenfalls für die bisherige Art der Abstimmung, da junge Leute sehr oft leidenschaftlicher und eigensinniger als Ältere seien, von ihnen das Auffassen der Hauptmomente und die schnelle Beurtheilung nicht immer erwartet werden könne, und der Grund, weßwegen dieses bei den Militair Gerichten eingeführt, bereits angeben worden, die nicht auf ein Kriminal Collegium paßten.

Die Herrn Geheimen Räthe Carl Graf von Arco Exzellenz, Freiherr von Aretin und Graf von Welsperg stimmten ebenfalls für die bisherige Art, da der erste Votant den Referenten eigentlich zu kontrolliren, das Factum zu wiederholen und die Initiative zu geben habe.

Herr Geheimer Rath von Effner überzeugten sich ebenfalls, daß sich Vieles für und gegen diese Art der Abstimmung sagen lasse, allein ein Hauptgrund für diese Art scheine Ihnen dieser, daß wenn der jüngste Rath zuerst stimme, die Bildung der Majora meistens auf die ältere Räthe, denen man mehr Scharfblik und ein richtigeres Auffassen der Momente zu trauen müsse, fallen würde. Da Sie inzwischen das erste Votum ebenfalls für wichtig hielten, so machten Sie den Vorschlag, nach dem Referenten den Vorstand, und nach diesem von dem jüngsten Rathe an votiren zu lassen.

Da die Mehrheit sich für die bisherige Art der Abstimmung entschieden erklärte, so

wurde beschlossen, den Art: 369. auszulassen.

Art: 370.

Die Abstimmung selbst geschieht in der Hauptsache nach geendigter Berathung über folgende Fragen, über welche einzeln Umfrage gehalten werden muß:

1.) Ist die Untersuchung soweit erschöpft, daß ein Endurtheil gesprochen werden kann?

Wenn für diese Frage bejahend entschieden ist, so schreitet der Vorstand zu der andern Frage:

2.) Ist der Angeschuldigte schuldig?

Und wenn auch diese bejahend entschieden werden, zu der lezten

3.) Welche Strafe ist dem Angeschuldigte zuzuerkennen?

Diese Art: als überflüssig auszulassen

wurde beschlossen, da in Art: 368. bereits die nemliche Ordnung vorgeschrieben, nach welcher der Referent zu arbeiten, und das Collegium seine Berathung einzuleiten, und folglich auch zu votiren hat.

Art: 371.

Über jede dieser Fragen entscheidet einzeln die Mehrheit der Stimmen, jedoch vorbehaltlich desjenigen was rüksichtlich der zweiten Uetheils Frage im Falle der Überweisung durch zusammentreffende Anzeigungen (: Art: :) verordnet ist.

Sind die Stimmen über die eine oder andere Urtheils-Frage getheilt, so daß keine entschiedene Mehrheit vorhanden, so sind die dem Angeschuldigten härteren Stimmen zu den nächst gelinderen hinzuzuzählten.

Herr Geheimer Rath von Feuerbach fanden sich aufgerufen, die vereinigste Sekzionen aus Veranlaß dieses Art: aufmerksam zu machen, ob es nicht geeignet, und der Wichtigkeit eines Urtheiles, wodurch einem Menschen das Leben abgesprochen werde, angemessen sei, von der bestehenden Anordnung abzugehen, wodurch die simple Majora den Todesspruch fällten, und geseßlich zu bestimmen, daß 2/3 der Votanten auf den Tod stimmen müßten; dadurch werde verhütet, daß nicht durch das Übergewicht einer einzigen Stimme ein Mensch sein Leben verliere.

Diese Rüksicht bestimmten Sie zu dem Antrage, sogleich

anzuordnen, daß ein Todes Urtheil nur dann gegen einen Angeschuldigten ausgesprochen werden könne, wenn 2/3 der Votanten auf den Tod gestimmt.

Durch die Wichtigkeit dieser Frage veranlaßt, verfügten Seine Exzellenz der königliche geheime Staats- und Konferenz-Minister Herr Graf von Reigersberg hierüber die Umfrage.

Herr Hofrath von Gönner äusserten, daß in neueren Zeiten, besonders von Sonnefels in Wien sich gegen die Erkennung eines Todten Urtheils nach der simplen Mehrheit geäussert worden, und auch manches darin liege, daß 4. Stimmen gegen 3. folglich 1. einzige überwiegende Stimme einem Menschen das Leben absprechen sollte. Eine absolute Majorität, folglich unter 7. Votanten 5. gegen 2. scheine daher das Sicherste, besonders bei diversen Abstimmungen, um den Unterthanen vor jeder nicht mit hinlänglicher Umsicht gefällten Sentenz zu verwahren, wenn es sich um das Leben eines Menschen handle.

Allein, da die Frage, ob der Angeklagte schuldig? von jener, wie er zu bestrafen? so scharf getrennt, und das Factum, so wie die gegen den Inquisiten stehenden Gründe so umständlich und genau bei jeder dieser Fragen von den Votanten abgewogen würden, so glaubten Sie, daß der simplen Majorität bei der anzunehmenden Voraussezung, daß die Abstimmungen mit Kaltblütigkeit, welche den Richter nie verlassen solle, und nach logischen Grundsäzen erfolge, eben so viel Vertrauen als 2/3 der Votanten nur so mehr gegeben werde, als der Angeschuldigte noch einen Defensor habe, und die Appellation an das Obergericht in einem mit 2. Mitgliedern vermehrten Separate dem Inquisiten vorbehalten seie.

Herr Geheimer Rath von Zentner haben zwar zu, daß durch die neue Gesezgebung dem Angeschuldigten mehr Sicherheit gegeben werde, als er bisher gehebt, allein die Zahl der Räthe, welche nach der Justiz Organisazion nicht wohl vermehrt werden könne, und die über das Leben eines Menschen abstimme, seie sehr klein, und da der Spruch der ersten Instanz doch immer und selbst bei der zugestandenen Appellazion von bedeutenden Einfluß bleibe, so würden Sie nach des Herrn von Feuerbach Vorschlag den übereinstimmenden Ausspruch von 2/3 der Votanten in der ersten Instanz zu einem Todesurtheile erfodern, in der zweiten Instanz aber die simple Majora für hinreichend annehmen.

Herr Geheimer Rath von Krenner erklärten sich für die Meinung des Herrn Referenten, daß wenn 7. Votanten in einem Separate vorhanden, fünf auf den Tod gestimmt haben müßten.

Herr Geheimer Rath Carl Graf von Arco Exzellenz fanden die Zahl von Sieben Räthen in der ersten Instanz für unzureichend, um über das Leben eines Menschen absprechen zu können, und da Sie glaubten, daß die Instanz-Organisazion den ihr obliegenden heiligen Pflichten entsprechend eingerichtet sein müße, so stimmten Sie dafür, daß die Separate in erster Instanz, so wie in der zweiten, wenn über das Leben eines Menschen geurtheilet werden solle, mit 9. Räthen und einem Vorstande besezt werden, als dann aber würden Sie die simple Majora gelten lassen.

Herr Geheimer Rath Freiherr von Aretin waren der Meinung, daß die simple Majora hinreicht, da dem Angeschuldigten ein Defensor zugestanden, und eine Appellazion gegen das Erkenntniß bei dem Obergerichte offen belassen.

Nach gleichen Ansichten stimmten die Herrn Geheimen Rathe von Effner, und Graf von Welsperg, und

als Folge der dadurch sich ergebenen Mehrheit

wurde beschlossen, es bei der bisherigen Erkennung eines Todes Urtheiles nach dem Spruche der Mehrheit zu belassen, und folglich den ersten Saz des Art:371. als unnötig zu umgehen.

Die Diskussionen über den zweiten Absaz dieses Art: wurden bis zur nächsten Sizung ausgesezt, und

die Heutige aufgehoben.
Unterzeichnet: Graf von Reigersberg,
von Zentner,
von Krenner, der Ältere,
Carl Graf von Arco,
AO. Freiherr von Aretin,
von Effner,
Feuerbach,
Graf von Welsperg,
Gönner.
Zur Beglaubigung:
Egid Kobell

Beilage zum Protokoll No XXV.
Über Kollesion des Zeugen Beweises.

Abstimmung des Hofrath von Gönner.

Zum Art: 308.

Schon in meinen litographirten Bemerkungen bestimmte ich die Grenzen, wie weit meinem Dafürhalten nach die Subtrakzion bei Kollesion der Zeugen entscheiden könne; ich gestand ihr in Übereinstimmung mit den Bestimmungen der Zivil-Gerichts-Ordnung Cap.X. § .20. Num.6. und 7. Nur in dem einzigen Falle Wirksamkeit zu, wenn auf der einen Seite ein unvollkommener Zeugenbeweis mit einem vollkommenen oder unvollkommenen Zeugnisbeweise auf der andern Seite kollidirt, z.B. wenn für den Inquisiten 1. Zeuge, gegen ihn aber nur 2. Zeeugen aussagen, so bleibt nur 1. Zeuge gegen ihn übrig, also nur halber Beweis; dagegen bleibt, wenn 3. Zeugen gegen den Inquisiten nur 1. Zeuge für denselben gegenüberstehet, in 2. Zeugen ein voller Beweis gegen ihn übrig.

Sobald aber auf jeder Seite – für und gegen – ein vollständiger Zeugenbeweis vorhanden ist, erlaubt der Cod. jud: c. l. nicht, "auf Anzahl und Würde der Zeugen" zu sehen; da nun 1.) im unterstellten Falle die Qualität eines beiderseits vollständigen Beweises nicht mehr erlaubt, auf die Qualität d.h. Anzahl der Zeugen zu sehen, da ferner 2.) in der Natur der Kriminal-Sachen kein Grund ist, den Kriminal-Prozeß mit dem Zivil-Prozesse in diesem Punkte in einen Widerspruch zu versezen, so trage ich darauf an, den Nummer 2. des Art: 308. nach der Unterscheidung dieser Fälle in Harmonie mit der allegirten Stelle des Codecis Judicara abzuändern.

Eben so wird der Nummer 3. einer Abänderung bedürfen, so ferne derselbe den Vorzug nach persönlichen Eigenschaften der Zeugen abmessen will, denn ein klassischer Zeuge hat nun einmal den höchsten Grad der Glaubwürdigkeit vor dem Geseze, und keine persönliche Eigenschaft kann dieses gesezliche Maximum erhöhen. Ohnehin würde man durch eine Rüksicht auf persönliche Eigenschaften bei klassischen Zeugen, um hiernach einen Vorzug unter ihnen zu bestimmen, der richterlichen Willkühr alle Thore öffnen, weil für diese Eigenschaften es an allen gesezlichen Bestimmungen, und ich glaube, sogar an der Möglichkeit solcher Bestimmungen mangelt. Auch in diesem Punkte sollte man also bei dem Cod: Judic: Civ: bleiben.

Wenn wir nun das Prinzip annehmen, daß zwei einander entgegengesezte vollständige Zeugenbeweise sich ohne Rüksicht auf Anzahl und persönliche Eigenschaften der Zeugen destruiren, so bleibt noch die Frage übrig:
>worauf in solchem Falle zu erkennen sey?

Eine Frage, worüber ich mich in meinen litographirten Bemerkungen nicht hinreichend erklärte, daher an denselben noch etwas ergänzen muß.

Der Cod: Jud: civ: loco cit: Num: 7. giebt jenen Zeugen den Vorzug
>welche am wahrscheinlichsten deponiren

und der Entwurf Num: 3. stimmt damit so überein, daß er sogar den Num: 2. ausgesprochenen Maasstab der Subtrakzion wieder aufhebt, und diese Rüksicht über die Anzahl der Zeugen vorwalten läßt.

Allein ich finde in der grosen Disparität zwischen Zivil- und Kriminal Sachen einen Grund, der nur eine besondere Einschrankung hiebei zu erfodern scheint.

In Zivil-Sachen muß für den Kläger oder für den Beklagten entschieden werden, der Gesezgeber ist also in die Nothwendigkeit versezt, durchzugreifen, indem er verordnet, jenen Aussagen zu glauben, die wahrscheinlicher sind. Wenn ich aber schon in Zivilsachen glaube, es sei konsequenter, nach solchen Wahrscheinlichkeiten auf ein Furamentum Suppletorium vel puryatorium zu erkennen, so halte ich es für umpassend, nach Wahrscheinlichkeiten das Straferkenntniß fällen zu lassen.

1.) Der Gesezgeber ist hier zu einem Durchgriffe nicht genötiget, denn wer möchte behaupten, daß ein Inquisit eben so bestraft werden müsse, als in Zivil-Sachen eine Parthei Recht haben muß?

2.) Der Gesegeber würde erlauben, auf blose Wahrscheinlichkeiten ein Strafurtheil zu bauen, indem da, wo den Zeugen sich als Zeugen nun einmal destruiren, im Grunde doch nicht der Zeugenbeweis als solcher, sondern nur die Wahrscheinlichkeit entscheiden wurde.

Daher glaube ich, bei Kriminal Sachen könne im Fall, wo sich der Zeugenbeweis für und gegen den Angeschuldigten destriirt, nur dann, auf eine Strafe erkannt werden, wenn nach Art: 341. aus dem Zusammentreffen aller sonst erwiesenen Umstände die Gewißheit vorhanden ist, daß die angeschuldigte Person sich der That schuldig gemacht hebe, welchenfalls auch dasjenige, was Art: 344. verordnet worden, zur Anwendung kommt.

       unterezeichnet:
         Gönner

Beilage zum Protokoll XXVI.

Ad Pitilum IV. Cap. IV.

IV.) <u>Von der Collision der Zeugenaussagen.</u>

<u>Art: 308.</u>

Wenn die Aussagen verschiedener Zeugen mit einander im Widerspruche stehen, so hat der Richter folgende Regeln beobachten:

1.) ist der Widerspruch von der Art, daß ein unvollständiger Zeugenbeweis auf der einen Seite einen unvollständigen Zeugenbeweise auf der andern gegenübersteht, so wird, wenn beide sich gleich sind an Gewicht, die Behauptung der einen Zeugenpartei durch die Behauptung der widersprechenden aufgewogen, oder im Falle der Ungleichheit, die Kraft des stärkeren Beweises um so viel geschwächt, als das Gewicht des widersprechenden Zeufnisses beträgt;

2.) ist durch die eine Zeugenpartei, für sich allein betrachtet, der von ihr behauptete Saz als vollkommen erwiesen zu betrachten, so wird dieser Beweis durch widersprechende unvollständig beweisende Zeugnisse verhältnißmäsig geschwächt, so ferne nicht ersterer noch mehr beträgt, als das Gesez zu einem vollständigen Beweise erfodert, wesfalls, wenn das widersprechende Zeugniß blos dem Mehrbetrag jenes vollständigen Beweises gleichkommt, lezterem durch solchen Widerspruch an seiner vollen Beweiskraft nichts entzogen wird.

Wenn aber

3.) sowohl die Behauptung als die Gegenbehauptung so viele Zeugen für sich hat, als das Gesez zu einem vollständigen Beweise erfodert, so ist, ohne Rücksicht auf die Mehrzahl der Zeugen, welche auf der einen oder andern Seite überwiegen mögen, diejenige Aussage als erwiesen zu betrachten, welche in sich selbst und mit anderen sonst erwiesenen Umständen am genauesten übereinstimmt.

<u>Art: a.</u>

Sind dem Falle des Art:308. §.3. die Aussagen der einen oder andern Partei, nach ihrem Gehalt, nach ihrer Uebereinstimmung unter sich und mit andern erwiesenen Umständen, von gleicher Stärke, oder ist nicht mit vollkommener Gewißheit auszumitteln, auf welcher Seite ein entscheidendes Uebergewicht vorhanden sey; so ist das Urtheil nach der dem Angeschuldigten günstigeren Meinung zu fassen.

Auch kommt als dann, wenn der Angeschuldigte, gemäß der im Art: 308. §.3. enthaltenen Bestimmung, der That für überwiesen geachtet worden, rücksichtlich des Straferkenntnisses dasjenige zur Anwendung, was im Art: 344. verordnet ist.

Beilage II. zum Protokoll No XXVI.

Weitere Abstimmung
über Kollision des Zeugenbeweises zum Art: 308.

Vom Hofrath Gönner.

Die Diskussionen über den Art: 308. und über meine gegen diesen Art. abgelesenen Bemerkungen haben besonders ein Frage noch im Dunkeln gelassen.

Warum man, ohne die Konsequenz zu verlezen, in dem Fall, wenn ein voller Beweis durch 2. Zeugen einem vollen Beweise durch mehr als 2. Zeugen gegenüberstehe, die Subtrakzion nicht zulasse, also dem Beweise durch 4. Zeugen beilege: und warum man demnach in dem Fall, wenn nur ein Zeuge (: der einen halben Beweis ausmacht :) dem vollen Beweise durch 2. Zeugen gegenüberstehet, den Beweis als um 1. Zeugen geschwächt, kraft der Subtrakzion nur als einen nunmehr halben Beweis annehmen wolle?

Noch immer halte ich dafür, dieser von mir nach dem Cod: civ: Jud: Cap: §: 20. Num:6. in Antrag gebrachte Saz seie streng rechtlich, und ich erlaube mir die Gründe hier kurz anzugeben:

1.) aus dem Gesichtspunkt der <u>Legislazion</u> finde ich den Grund in folgendem: daß 2. Zeugen und <u>eben 2. Zeugen</u> einen vollen Beweis vor Gericht ausmachen, ist ein Asupruch, welchen eine Art von <u>Nothrecht</u> dem Gesezgeber abdringt. Es kann sich zur Noth mit der übereinstimmenden Aussage Zweier unverdächtigen Zeugen beruhigen und erklärt deshalb ihre übereinstimmende Aussage für juristische Wahrheit. Stehet nun der Beweis eben auf <u>dieser Grenze der äussersten Nothdurft</u> durch 2. Zeugen, und stehet demselben die Aussage eines klassischen Zeugen entgegen, so muß der Kraft der Aussage Zweier Zeugen gerechten Zweifel tragen; Es darf dasjenige, was er ohnehin nur aus Noth für genügend erklärte, nicht mehr mit einem gesezlichen Durchgriffe als volle Wahrheit annehmen, und am allerwenigsten in Kriminal-Sachen auf einen solchen schwankenden Beweis ein Straferkenntniß bauen.

2.) Auch halte ich es nicht für inkonsequent, gerade in <u>diesem</u> Fall nach der Zeugen Zahl eine <u>Subtrakzion</u> eintreten zu lassen, und diese Subtrakzion in dem Fall, wenn auf jeder Seite ein vollständiger, obgleich der Zahl nach ungleicher, Zeugenbeweis vorhanden ist, zu verwerfen. Warum fodert des Gesez die Aussage <u>2er Zeugen</u> zu einem vollständigen Beweise? Gewiß nur aus dem Grunde, weil es durch den zweiter Zeugen die Wahrnehmung und Wahrhaftigkeit des andern Zeugen kontrolliren will: Hierdurch entsteht aus der <u>Zahl</u> (: Quantität :) eine neue <u>Eigenschaft</u> (: Qualität :). Sind nun für Ja eben nicht mehr als 2. Zeugen vorhanden, welchen ein Zeuge für <u>Nein</u> gegenüberstehet, so wird durch diese <u>quantitative Kollision</u> selbst die <u>Qualität</u> des Beweises verändert, denn die Kontrolle des einen Zeugen oft durch die entgegengesezte Aussage des Gegenzeugen entkräftet, also hört der Grund auf, welcher den Gesezgeber zu dem Nothausspruche bestimmte, die Aussage zeier Zeugen für Wahrheit vor Gericht anzunehmen.

Ganz anders verhält sichs wenn auf jeder Seite die übereinstimmende Aussage zweier klassischen Zeugen doch mit einer Verschiedenheit in der Zahl vorhanden ist. Hier ist blos Qualität gegen Qualität in Kollision, und der Gesezgeber kann hier volle Wahrheit von voller Wahrheit zweier Zeugen von 4. Zeugen nicht mehr subtrahiren.

Aber es ist noch eine Frage zu entscheiden von gleichere Wichtigkeit:
Solle im Gesezbuche ausgedrukt werden, daß 2. Zeugen gegen einen Zeugen nur einen halben, dagegen 3. Zeugen gegen 1. Zeugen einen vollen Beweis ausmachen?

Ich halte dieses für nothwendig und zwar wegen dem Art: 356. §. 2. wo gesagt ist, daß

> wenn der Vertheidigungs Beweis schwächer ist, als der Anschuldigungs Beweis, jedoch für sich bis zur Wahrscheinlichkeit erhoben, die Kraft des Anschuldigungs-Beweises zwar gemindert, doch nicht aufgehoben sei.

Wollte man nun bei dieser Bestimmung stehen bleiben, ohne jene nur bei dem Zeugenbeweise möglichen Kollisions-Fälle zu normiren, so müßten die Richter nach dem Geiste und dem Buchstaben dieses Gesezes durch die Aussage eines klassischen Zeugen die übereinstimmende Aussage von zwölf klassischen Zeugen für gemindert, und zwar um die Hälfte gemindert ansehen, welches doch mit der Natur des Zeugenbeweises nicht ganz vereinbar sein möchte.

Daher glaube ich nach dem vorliegenden Sisteme des Kriminal Prozesses seie

1.) bei dem Art: 308. die Frage, wie weit die sich widersprechenden Zeugen des Zahl nach elidiren, mit Unterscheidung der Fälle und zwar dahin zu beantworten, daß

   a.) wo nur 2. Zeugen 1. klassischen Zeugen gegenüberstehen, der Beweis zur Hälfte aufgehoben werde;

   b.) wo 3. Zeugen 1. Zeugen gegenüberstehen, der Beweiß für vollständig zu achten, und der Gegenbeweis durch einen Zeugen caetoris poribus gar nicht zu berüksichtigen sei;

   c.) wo auf jeder Seite Zwei Zeugen aber auf einer Seite ein Übergewicht, in der Anzahl der Zeugen vorhanden sind, nicht auf die Mehrzahl der Zeugen gesehen werden dürfe.

2.) Daß sodann, wenn der §. 2. des Art: 356. angenommen wird, der Beisaz:
vorbehaltlich dessen, was Art: 308. über widersprechender Zeugen Aussagen verordnet werden,
gemacht werden solle.

unterzeichnet:
Gönner

Nach
Den Beschlüßen der vereinigten geheimen Raths Sekzionen
sind die beifolgende Änderungen in dem Entwurfe
des ersten Theils des Strafgesezbuches
für das Königreich Baiern gefällig zu treffen.
München, am 9n Dezember, 1812.

General Secretariat
des
Königlichen Geheimen Rathes.

Nachträgliche beliebte Veränderungen,
in
dem Ersten Theil des Entwurfs zu einem allgemeinen
Strafgesezbuche für das Königreich Baiern.

1.) <u>Artikel 1.</u> sind zu streichen die Worte:
<u>dem Übertreter zur Abschrekung</u>

2.) <u>Artikel 2.</u> §: 4. wurde nun so gelesen:
"Handlungen oder Unterlassungen, welche zwar an und für sich selbst <u>Rech</u><u>te des Staats oder eines Unterthans nicht verlezen, jedoch wegen der Gefahr für rechtliche Ordnung und Sicherheit unter Strafe verboten oder geboten sind, deßgleichen diejenigen geringeren Rechtsverlezungen, welche durch besondere Geseze den Polizei Behörden zur Untersuchung und Bestrafung überwiesen</u> werden, <u>heißen</u>, Polizei-Übertretungen."

3.) <u>Artikel 22.</u> Das Marginale geändert in:
"<u>Ehren und demüthigende Strafen</u>"
Dann im Texte initio:
"Als <u>Ehrenstrafen</u> sollen künftig angesehen werden, I.) die Dienstentsezung u, – nach sich zieht.
Hierauf wird bei Num: IV. so fortgefahren:
"Als demüthigende Strafen gelten I.) Die Herabsezung u, II.) Widerruf und Abbitte, III.) gerichtlicher Verweis."

4.) <u>Artikel 27.</u>
  a.) deleatur "entweder in der Frohnfeste oder"
  b.) deleatur "entfernt von allem menschlichen Umgange."

5.) <u>Artikel 28.</u> Zeile 2. von unten statt: Verbrecher
"Übertreter"

6.) <u>Artikel 30.</u> a.) Im Marginale legatur:
Von Verwandlung der <u>Gefängniß</u>-Strafe
b.) in conteatu statt: einfache Freiheits Strafe:
"<u>Gefängnißstrafe</u>"

7.) <u>Artikel 31.</u> Zeile 3. von oben statt: Freiheitsstrafe:
"<u>Gefängnißstrafe</u>"

8.) Das Zweite Kapitel bekommt die Überschrift:
Von
Vollendung des Verbrechens, vom rechtswidrigen
<u>Vorsaz und Urheber.</u>

9.) <u>Artikel 37.</u> wird gestrichen.

10.) <u>Artikel 38.</u> wird Art: 37. und im Marginale werden die Worte "I.) <u>von den einzelnen Erfodernisse insbesondere</u>" gestrichen.

11.) Der §: 2. des Artikel 38./: alt :/wird Art: 38.

12.) <u>Artikel 43.</u> Zeile 2. von oben statt: "vermuthet" ist nun zu lesen "<u>gesezlich angenomen.</u>"

13.) <u>Artikel 49.</u> bekommt am Ende den /: nicht sehr wohl klingenden :/Zusaz: "<u>vorbehaltlich der in besondern Verordnungen erhaltenen Bestimmungen.</u>"

14.) <u>Artikel 50.</u> a.) deleatur §: 2.
b.) §: 3. legatur:
"diejenigen, welche ohne an der Hauptverbindung p – geleistet haben, <u>sind blos als Gehülfen zu bestrafen, so ferne die Art:45. No II. Bestimmte Vorsezung nicht zur Anwendung kommt.</u>"

15.) Das <u>dritte Kapitel</u> soll zur Überschrift bekommen:
Von
dem Versuch, von der Fahrlässigkeit und von
<u>der Theilnehmer.</u>

16.) <u>Artikel 57.</u> soll gestrichen werden.

17.) <u>Artikel 58.</u> wird Artikel 57.

18.) Bei Artikel 58. §: 2. fängt der neue Art: 58. an, in welchem doch Wörtlein: "<u>jedoch</u>" gestrichen wird.

19.) <u>Artikel 60.</u> bleibt zwar seinem Inhalte nach ganz unverändert, allein die Fassung ist anders invertirt, wie folgend,
Wenn ein strafbarer Versuch der Vollbringung des Verbrechens oder Vergehens so nahe gekommen, daß der Übertreter schon in derjenigen Handlung begriffen war, durch welche das Verbrechen oder Vergehen sogleich und unmittelbar in Wirklichkeit gebracht werden sollte, so ist ein nächster Versuch vorhanden, dessen Strafe im Verhältniß zur Strafe des vollendeten Verbrechens folgender gestellt zugemessen werden soll.
I.) Statt der Todesstrafe ist die <u>Kettenstrafe</u> oder das Zuchthaus auf unbestimmte Zeit anzuwenden;
II.) Ist das vollendete Verbrechen mit Kettenstrafe oder Zuchthaus auf unbestimmte Zeit, oder wenigstens auf zwanzig Jahre belegt, so soll <u>zehen</u> – bis <u>fünfzehenjährige</u> Zuchthausstrafe statt haben;
III.) Bei andern zeitlich begrenzten Freiheitsstrafen soll von dem niedrigsten Grade der auf das vollendete Verbrechen oder Vergehen gesezten Strafe der <u>Vierte Theil</u> nachgelassen, und allenfalls bis zur <u>Hälfte</u> jedoch nicht weiter herabgesezt werden.

20.) <u>Artikel 62.</u> bleibt ebenfalls in der Sache ganz unverändert; damit aber die Worte: "ordentliche" "ausserordentliche Strafe" vermieden werden, folgendermasen redigirt:
"Ein u – soll I.) wenn das vollendete Verbrechen mit Todesstrafe belegt ist, mit u. – III.) wenn bei der Vollendung der Strafe des Arbeitshauses eintrit, mit

21.) <u>Artikel 63.</u> Zeile 5. von oben deleatur:

		"ordentliche"
22.)	Artikel 65.	Zeile 9. von oben statt: das Verbrechen: legatur:
		"der rechtswidrige Erfolg"
23.)	Artikel 69.	bleibt der Sache nach unverändert; um aber das Wörtlein "ordentliche Strafe" zu umgehen, wurde der Nachsaz zum Vordersaz gemacht, und redigirt wie folgt:

Eine strafbare Handlung oder Unterlassung, welcher kein rechtswidriger Vorsaz, sondern nur Fahrlässigkeit zum Grunde liegt, soll nur als Vergehen, daher nicht härter als mit Gefängniß, und zwar bei grober Fahrlässigkeit im folgenden Verhältniß bestraft werden:

I.) mit Gefängniß von <u>Achtzehen Monaten</u> bis <u>Zwei Jahre</u>, wenn die strafbare Handlung bei vorhandenem rechtswidrigen Vorsaze ein Kapitel-Verbrechen wird;

II.) mit Gefängniß von <u>einem Jahre</u> bis zu <u>Achtzehen Monaten</u>, wenn in der vorbemerkten Voraussezung Kettenstrafe eintreten würde;

III.) mit <u>sechs Monaten</u> bis zu <u>einem Jahre</u>, wenn der rechtswidrige Vorsaz Zuchthausstrafe zur Folge hätte;

IV.) mit <u>einmonatlichem</u> – bis <u>sechsmonatlichem</u> Gefängniß, wenn rechtswidrige Vorsaz mit Strafarbeitshaus belegt;

V.) mit Gafängniß, jedoch nicht über <u>einem Monat</u>, wenn auf dem rechtswidrigen Vorsaze eine Gafängnißstrafe stehet, welche die Dauer von sechs Monate übersteigt.

24.)	Artikel 70.	No II. deleatur:
		"ordentliche"
25.)	Artikel 75.	unverändert in der Sache, verändert in Worten, wie folgt;

Ein Gehülfe des ersten Grades soll I.) mit <u>Zuchthaus auf unbestimmte Zeit</u>, oder mit der <u>Kettenstrafe</u> belegt werden, wenn gegen den Urheber die Todesstrafe gesezt ist; II.) bestehet die Strafe des Urhebers in Zuchthaus auf unbestimmte Zeit, oder in Kettenstrafe, so hat der Gehülfe <u>fünfzehen</u> bis <u>zwanzig jährige Zuchthausstrafe</u> verwirkt;   III.) Ist die Strafe des Urhebers eine zeitlich begrenzte Freiheitsstrafe, soll der geseziche geringte Grad dieser Strafe gemindert um den <u>vierten Theil</u> und allenfalls bis die Hälfte gegen einen solchen Gehülfen angewendet werden; IV.) Wenn wider den Urheber eine Geldbuße statt findet, so hat der Gehülf ebenfalls eine Geldbuße zu entrichten, welche die <u>Hälfte</u> bis zu <u>drei Viertheilen</u> jener erreichet; V.) Widerruf, Abbitte und Beweis ist, wie gegen den Urheber, so auch gegen den Gehülfen sowohl in diesem, als auch in dem nächstfolgenden Grade /: Art:76 :/ anzuwenden.

26.)	Artikel 77.	wird aus gleichem Grunde folgendergestalt redigirt:

Gegen Gehülfen dieser Art soll I.) bei Kapital Verbrechen <u>Zwölf</u>- bis <u>Sechzehenjähriges Zuchthaus</u>; II.) bei Verbrechen, gegen deren Urheber zwanzigjähriges Zuchthaus, oder eine noch schwerere Freiheitsstrafe gesezt ist, <u>acht</u>- bis <u>zwölfjähriges Zuchthaus</u>; III.) in den Fällen, wo gegen den Urheber eine geringere zeitlich begrenzte Freiheitsstrafe stattfindet, nicht mehr als die <u>Hälfte</u> und nicht weniger als der <u>vierte Theil</u> dieser Strafe nach deren gesezlichen niedersten Grade angewendet werden; IV.) Bei Geldstrafe sind solche Gehülfen in den <u>vierten Theil</u> bis zur <u>Hälfte</u> der wider den Urheber bestimmten Strafe zu verurtheilen.

27.)	Artikel 78.	Die Redakzion lautet nun so:

Wenn aber pusque, dann soll gegen denselben I.) bei Kapital-Verbrechen <u>vier</u> bis <u>sechsjähriges Arbeitshaus</u>; II.) bei Verbrechen, welche Zuchthaus oder Kettenstrafe zur Folge haben, ein bis <u>dreijähriges Arbeitshaus</u>; III.) Wenn Arbeitshaus die Strafe ist, <u>ein monatliches</u> bis <u>halbjähriges Gefängniß</u> angewendet werden.

28.) <u>Artikel 82.</u> Seite 50. Deleatur das Wörtlein:
"ordentliche"

29.) <u>Artikel 137.</u> legatur wie folgt:
<u>Marginale. B.</u> wodurch die Strafarbeit getilgt werde:
1.) Richterliches Erkenntniß und überstanden Strafe.
Niemand darf wegen derselben Verbrechens, ausser den im Theil II. Art: 406. Vorgesehenen Fällen mehrmals bestraft werden. Wieferne wider denjenigen, welcher durch ein rechtskräftiges Erkenntniß losgesprochen worden, eine Wiederaufnahme der Untersuchung statt finde, ist im Theile II. Art: 394. – 396. näher bestimmt.

30.) <u>Artikel 145</u> initio statt: blose Vermuthungen, legatur:
"blose Muthmasungen"
dann wird in fine als neuer §. hinzugesezt:
"Übrigens kommen bei rechtswidrigen Beschädigungen und Mißhandlungen an der person /:Art: 178ff:/ diejenigen Grundsäze in analoge Anwendung, welche in den Art: 143. bis 145. enthalten sind."

31.) <u>Artikel 216.</u> a.) legatur:
"Ohne Rüksicht auf die Summe ist der Diebstahl ein Verbrechen I.) wegen pp. II.) wegen pp. III.) wegen pp.
b.) Deleatur No IV.

32.) <u>Artikel 218.</u> werde von No 3. an so gelesen:
3.) Wilddiebstahl, Diebstähle an Vieh auf der Weide oder vom Triebe, an Bienenstöcken, an Holz in Wäldern oder auf öffentlichen Holzlegen, an Bleichstocken, und andern dergleichen Dingen, welche nicht zuweichend verwahrt werden können; 4.) <u>nächtliche</u> Entwendungen an Baum- Feld- oder Garten-Früchten; endlich 5.) diejenigen u."

33.) <u>Artikel 226.</u> Im Marginale ist blos die Zahl 4.) zu deliren, und Simpliciter zu sagen: " <u>Von wiederholten Diebstählen</u>"

34.) <u>Artikel 372.</u> wird so redigirt:
"Ist eine Ehe von dem Zivil Gerichte deßwegen für ungültig erklärt worden, weil die Eltern ihr Kind zu derselben durch Zwang oder fortgesezte Drohungen genötiget haben, so sollen die Eltern mit. u."

Der Autor:
Masakatsu ADACHI
Geboren 1943 in Tokio, Professor für Strafrecht an der Universität Kanto-gakuin.
Homepage: http://home.kanto-gakuin.ac.jp/~adachi/
Email:adamasa@fg7.so-net.ne.jp
Wissenschaftliches Fachgebiet:
Forschung des früh-modernen Strafrechtes in Deutschland und Österreich
Forschung des Prangers und Galgens in Deutschland und Österreich
Analyse des gegenwärtigen japanschen Strafgesetybuches, insbesondere der antimenschenrechtlichen Bestimmungen
Buch:
Die staatliche Strafgewalt nud der Urbild des modernen Strafrechtes (japanisch), Tokio 1933;
Das reelle Bild des modernen Strafrechtes(japanisch), Tokio 2000;
Entwicklung der Nationalstaaten im 19 und 20. Jahrhundert aus japanischer Sicht(deutsch), in: Rechtsgeschichtliche Vorträge Band 38: Bp., ELTE Lehrstuhl für Ungarische Rechtsgeschichte, 2006, Kubon & Sagner;
Artikel(deutsch):
Die Enrwicklung der Nationalstaaten im 19 und 20. Jahrhundert aus japanischer Sicht, in: Kanto Gakuin Law Review Vol.15 No.2, 2006
Die Höchstgerichtsbarkeit in der Japanischen TOKUGAWA Zeit, in: Kanto Gakuin Law Review Vol.16 No.1, 2006
Das Material des Kodifikationsprozesses des baierischen Strafgesetzbuches von 1813 (1)～(14), in: Kanto Gakuin Law Review Vol.14 No.3-4, 2005～Vol.19 No.4, 2010
Die Erörterung im Kodifikationsprozeß des bazerischen Strafgesetzbuches von 1813 (1), (2) − Der Nachdruck des handschriftlichen Nachlaß Feuerbach −, in: Kanto Gakuin Law Review Vol.20 No.1, 2010 und No.4, 2011

足立昌勝(あだち・まさかつ)

　1943年東京生まれ。中央大学法学部、大学院法学研究科博士課程終了後、静岡大学法経短期大学部教授を経て、1992年より、関東学院大学法学部教授。1997年より法学研究科博士後期課程指導教授。

　1976年8月より1977年10月まで、オーストリア・ウィーン大学近世法史研究所に留学し、ヴェルナー・オグリス教授に師事。1787年制定のヨセフィーナ刑法典の制定過程を明らかにする。また、2003年8月から2004年1月にかけて、ドイツ・ミュンヘンにあるバイエルン国立史料館に留学し、1813年刑法の制定過程を明らかにするとともに、多くの資料を持ち帰った。本書は、その資料の一部である。

　また、Pranger(晒し台)やGalgen(絞首台)の研究にも意を注ぎ、現存するそれらを実際に調査している。それらの研究については、日本の第一人者である。

　主たる著書としては、単著として『国家刑罰権力と近代刑法の原点』(1993年、白順社)『刑法学批判序説』(1996年、白順社)『近代刑法の実像』(2000年、白順社) 共著として、『警察監視国家と市民生活』(1998年、白順社)『共謀罪と治安管理社会』(2005年、社会評論社)『未決勾留16年』(2007年、人文・社会科学書流通センター)『さらば！共謀罪』(2010年、社会評論社)などがある。

1813年バイエルン刑事訴訟法制定委員会での議論
――バイエルン国立資料館収蔵議事録の翻刻――

2011年3月31日　初版第1刷発行

編　　著	足立昌勝
装　　幀	桑谷速人
発 行 人	松田健二
発 行 所	株式会社 社会評論社
	〒113-0033 東京都文京区本郷2-3-10
	電話 03(3814)3861　FAX 03(3818)2808
	http://www.shahyo.com
組　　版	有限会社 ケーズグラフィック
印刷・製本	倉敷印刷株式会社